Die Frauen der Habsburger

Hellmut Andics

Die Frauen der Habsburger

J&V

ISBN 3-224-10755-3
Farbbild auf dem Einband: Kaiserin Elisabeth.
Gemälde von F. X. Winterhalter. Kunsthistorisches Museum, Wien.

Gesamtherstellung: M. Theiss, Wolfsberg

941133/70/1–2 STR

Inhalt

Heimkehr in die Kapuzinergruft

1. April 1989. Ein Samstag. Nach verfrühter Sommerhitze Ende März hatte sich das Wetter wieder der Jahreszeit und auch dem Ereignis angepaßt. Begräbnistag. Der Kondukt bewegte sich vom Stephansdom, in dem die Leiche aufgebahrt worden war, durch den Regen der Wiener Innenstadt zum Neuen Markt, wo die Beisetzung des Sarges in der Kapuzinergruft erfolgen sollte. Zur ewigen Ruhe gebettet wurde Zita, geboren am 9. Mai 1892 in der Villa Reale delle Pianore bei Lucca in der Toscana, Tochter des letzten Herzogs von Parma aus dem Hause Bourbon, verstorben am 14. März 1989 im St. Johannes-Stift in Zizers bei Chur in der Schweiz. 1911 mit dem Erzherzog Karl Franz Joseph verheiratet. 1916 Kaiserin. Die letzte Kaiserin.

Der Monarchie waren damals nur noch zwei Jahre geblieben. 1919 hatte Zita die Republik Österreich verlassen, in der sie nun, sieben Jahrzehnte später, zu Grabe getragen wurde; auf kaiserliche, königliche und sonstige Titel verzichtet hatte sie nie. Ihr Tod holte die barocke Prunkkarosse aus der musealen Ruhe der Wagenburg im Schloß Schönbrunn. Die sechs schwarzen Noriker-Hengste, die das fast drei Tonnen schwere Gefährt zogen, stammten aus dem Gestüt Stadl-Paura. Der »Kutscher« war ein Oberoffizial aus der Bundesanstalt für Pferdezucht, Johann Steininger. Ihm war gerade eine Woche Zeit geblieben, die mächtigen Rappen aneinander und an das Gespann zu gewöhnen. Erfahrung und Übung fehlten; zuletzt hatte die nun zu neuem schwarzen Glanz aufpolierte Trauerkalesche den toten Kaiser Franz Joseph in die Kapuzinergruft gebracht. Damals, am 30. November 1916, einem fast spätsommerlich warmen Herbsttag, war Zita, 24jährig, mit ihrem Mann Karl und dem vierjährigen Kronprinzen Otto an der Spitze des Trauerzugs, dem Leichenwagen zu Fuß vom Stephansplatz zum Neuen Markt gefolgt. Nun wurde für sie selbst an das Tor der Kapuzinergruft gepocht.

Dem Zeremoniell gemäß fragte hinter der verschlossenen Pforte die Stimme des Paters Guardian, wer Einlaß begehre. Ebenso dem Zeremoniell gemäß ertönte die Antwort: Zita, Kaiserin von Österreich, Königin von Ungarn, von Böhmen, von Dalmatien, Kroatien, Slavonien, Galizien, Lodomerien, Illyrien . . . In der Aufzählung der vielen Herrschertitel, wie sie die Dynastie Habsburg-Lothringen im Verlaufe der Jahrhunderte angesammelt hatte, fehlte auch der König von Jerusalem nicht.

»Die kenne ich nicht«, kam die Stimme aus dem Inneren der Grabeskirche dumpf zurück. Das Tor wurde erst geöffnet, bis das seit Jahrhunderten an dieser Stelle geübte Frage- und Antwortspiel mit der traditionellen Bitte um Einlaß für die arme Sünderin Zita geendet hatte, einer rechtgläubigen Tochter der katholischen Kirche.

In den mehr als dreieinhalb Jahrhunderten, da hier Habsburger beigesetzt wurden, hatte das Ritual am Eingang zur Kapuzinergruft wohl noch nie so eindringlich an die Vergänglichkeit von Macht und Größe irdischer Majestät erinnert. Das einstige Kind Otto, das 1916 dem Sarg des Kaisers Franz Joseph gefolgt war, folgte nun als alter Herr von 77 Jahren dem Sarg seiner Mutter, der von Kronen und Thronen nur die inhaltsleeren Titel aus einer nicht mehr wiederkehrenden Vergangenheit geblieben waren. Er selbst: Ein Kronprinz, der nie eine Krone getragen, ein Thronfolger, der nie einen Thron bestiegen hatte.

An diesem 1. April 1989 bekamen die Massen an den Straßenrändern der Wiener Innenstadt zu sehen, was sie sich erhofft hatten und was immer schon zum Lieblingsspektakel hierzulande gehört hatte: Eine schöne Leich'. So harrten sie trotz Regen stundenlang aus. Kanonenschüsse wurden abgefeuert. Auf den bunten Waffenröcken der Schützenkompanien klimperten die Orden verflossener Heldenzeitalter. So manche der mitgeführten Fahnen und Standarten gab Rätsel auf, an welches der vielen dahingeschiedenen Königreiche sie wohl erinnern sollte.

Beim Requiem im Stephansdom war die alte Volkshymne erklungen: »Gott erhalte, Gott beschütze unsern Kaiser, unser Land . . .« Kein Kaiser mehr und kein Land. Zitas Heimkehr in die Kapuzinergruft hat, so manchen zuvor geäußerten Befürchtungen zum Trotz, die Republik nicht ins Wanken gebracht. Da hat sie – die Republik – seit 1918 härtere Schläge überstehen müssen, und sie hat sie überstanden. Es wäre auch schlecht um sie – eben die Republik – bestellt, würde sie die Konfrontation mit den Särgen aus dreieinhalb Jahrhunderten nicht verkraften können.

Zwei kistenförmige Metallsärge mit den Löwenköpfen als einzigem Schmuck stehen auf dünnen Beinen mit klumpenförmigen Füßen unscheinbar da. Ein schmiedeeisernes Gitter schließt die enge Gruft, die von oben her nur spärliches Licht erhält, vom überladenen Barockprunk späterer Generationen ab.

In einem der schlichten Särge ruht seit dem Jahr des Herrn 1618 Anna, Tochter jenes Erzherzogs Ferdinand von Tirol, der zuerst die schöne Kaufmannstochter Philippine Welser geheiratet hatte und nach deren Tod Anna Katharina von Mantua, Annas Mutter. 1611 heiratete Anna von Tirol selbst den Kaiser Matthias, der jetzt in dem zweiten der einfachen Särge neben ihr liegt.

Anna war nur knapp sieben Jahre verheiratet, sie war erst 33 Jahre alt, als sie starb, sie hat keine Kinder hinterlassen, weder Sohn noch Tochter und auch sonst keine Spur in der Geschichte. Was von ihr blieb, ist außer einem Namen im Stammbaum nur der eigene Sarg in dieser Gruft, in der seit dem Jahre 1633 die Kaiser und Könige, die Erzherzoge und Erzherzoginnen aus dem Hause Österreich bestattet werden.

Haus Österreich. Zunächst Familie Habsburg, dann Familie Lothringen. Man nannte sie immer Habsburger, obwohl sie eigentlich längst Lothringer hätten heißen müssen, und sie nennen sich selbst auch so. Dem letzten Oberhaupt der Familie, Dr. Otto Habsburg, bescheinigte das Innenministerium der Republik Österreich 1957, daß er sich nicht Dr. Otto Österreich nennen dürfe, sondern daß sein Name Dr. Otto Habsburg-Lothringen zu lauten habe.

Gewissenhafte Historiker entgehen der Divergenz zwischen Gewohnheit und Genauigkeit, indem sie eben vom Haus Österreich sprechen. Wie denn das Herrscherhaus offiziell auch hieß, gemäß dem Pragmatikalpatent des Kaisers Franz von 1804.

Hinter dem Namen steckt ein faszinierendes Phänomen; einmalig in der Geschichte. Die Traditionen fast eines halben Jahrtausends, die die Lothringer zusammen mit der Kaiserkrone, mit Königreichen und Ländern von den Habsburgern erbten, waren stärker als das Blut. Die Habsburger bis Maria Theresia, deren Sarg der prächtigste von allen ist, waren nicht anders als die Lothringer nach ihr. Eine Geschlechterfolge von Kaisern und Königen vom dreizehnten bis in das zwanzigste Jahrhundert hinein, mit der gleichen Größe und den gleichen Schwächen und den unwandelbar gleichbleibenden ehernen Gesetzen des Glaubens und des Handelns, des Lebens, des Heiratens, des Zeugens und des Sterbens ausschließlich zur höheren Ehre des Hauses. Und wo dieses selbstverordnete oberste Gesetz verletzt wurde, dort stellte die Geschichte mit unheimlicher Folgerichtigkeit durch Gewalt die alte Ordnung wieder her.

In ihrem Todesjahr, 1618, stiftete Anna von Tirol die Kapuzinerkirche auf dem Wiener Neuen Markt, und Kaiser Matthias, ihr Mann, befahl die Anlage der Gruft in demselben Jahr, als in Deutschland der große Krieg begann, der Europa dreißig Jahre lang verwüsten sollte. Religion stand im Vordergrund eines Geschehens, dessen hintergründige Ursache der Kampf um die Macht auf dem Kontinent war, der Kampf um seine Einheit oder Aufteilung. Protestantische Fürsten erhoben sich gegen den gottbezogenen Herrschaftsanspruch der römischen Kaiser aus dem katholischen Hause Österreich über das Herz Europas. Hinter dem bewaffneten Protest der Protestanten stand weit mehr als die Bekenntnisfrage. Es war der Aufstand der Säkularisierten und Nationalen gegen die Einheit von Himmel und Erde, und die Habsburger ihrerseits verteidigten mit ihrem katholischen Glauben mehr als nur die eigenen Erblande – sie verteidigten die Reichsidee des universellen Abendlandes.

An der glitzernden Phalanx der Autokühler im unablässigen Strom des Großstadtverkehrs vorbei, turnen zu jeder Jahreszeit die Touristen über den Zebrastreifen zur Kapuzinergruft und trampeln und trippeln schnatternd die enge Treppe abwärts in die kühlen Gewölbe, um mit angenehmem Gruseln zu konsumieren, was die wunderschöne Kaiserin Sisi und der ach so unglücklich liebende Kronprinz Rudolf an landläufigen Geschichtserinnerungen hinterlassen haben.

Schulkinder werden klassenweise durchgeschleust und mit Namen, römischen Ziffern, Jahreszahlen und Schlachten bombardiert. Zweimal Franz, zweimal Joseph, zweimal Leopold – die Frauen der Familie bleiben in der Versenkung. Wenn es nicht eben die Kaiserin Elisabeth ist, für den Fremdenverkehr, oder Maria Theresia, für den historischen Gebrauch, oder die Gräfin Karoline Fuchs, Maria Theresias Erzieherin, die einzige Nicht-Habsburgerin, für die Kuriositätenschau. Der Kaiser Franz Joseph wollte den Feldmarschall Graf Radetzky hier begraben; der war zwar kein Habsburger, aber er hatte das Haus Österreich davor gerettet, zur Bedeutungslosigkeit herunterbesiegt zu werden; doch der alte Soldatenvater hatte seine Leiche dem Kriegslieferanten Parkfrieder vermacht, denn er war ein glücklicher Feldherr gewesen, aber ein vom Pech verfolgter Spieler, und der Baron Parkfrieder hatte oft genug hilfreich eingegriffen.

Männer, wie gesagt. Von Männern wird viel gesprochen in dieser Kapuzinergruft. Von den Frauen ist selten die Rede, denn in dieser Hinsicht hielten es die Habsburger gutbürgerlich: Die Frau gehört in die Küche, ins Kinderzimmer, ins Schlafzimmer. Und da ein Fürstenhof keine allerhöchste Köchin braucht, weil es genug Personal gibt, und Kinder des Hauses Österreich niemals sich selbst gehören sollten oder ihren Müttern, sondern eben dem Hause, so wanderten sie schon als Säuglinge in die Kinderkammer, bekamen Ammen und Erzieher und Hofmeister – und nur in Ausnahmefällen auch eine Mutter; und so waren die Frauen der Habsburger auch als Mütter zumeist unbeschäftigt, gerade das Wochenbett blieb ihnen, um ihre Familienpflichten zu erfüllen.

Reiches Erbe mitzubringen und viele Kinder zu gebären: das war ihre Beschäftigung in dieser Welt, deshalb wurden sie geheiratet, und alles, was darüber hinausging, lag außer der Reihe und war von Übel. Dachte man.

Und so liegen die Frauen jetzt wenig beachtet in ihren Särgen, wie sie zeitlebens wenig beachtet auf Thronen gesessen sind und in den Geschichtsbüchern ein Schattendasein führen; bemerkt nur dann, wenn sie neue Königreiche als Mitgift in ihre Ehen einbrachten, denn die Habsburger hatten immer schon lieber mit Eheverträgen Machtpolitik getrieben als mit Armeen. Tu, felix Austria, nube!

Und doch waren sie, die Hintangestellten, Frauen der Kaiser und Könige und damit Mütter von Kaisern und Königen; und das Blut, das sie mitbrachten, war auf jeden Fall zukunftsbestimmend.

Dieses Buch erzählt von den Frauen der Habsburger. Von ihrem Leben in der dünnen Höhenluft des Hofes, wo von alters her das Zeremoniell jeden Atemzug dirigierte. Von ihrem Einfluß, den die Historiker nur allzuoft gering veranschlagen, weil er nicht aus Staatspapieren abzulesen ist, sondern bestenfalls aus vergilbten Briefen oder flüchtigen Tagebuchnotizen. Wer jedoch zwischen den Zeilen hochoffizieller Dokumente zu lesen versteht und wer die Tatsachen aus den Geschichtsbüchern mit den Charakteren der Akteure konfrontiert, der findet die Spuren dieses Einflusses auch dort, wo kein Schriftstück ihn festhält.

Geschichte ist die Registrierung des Außergewöhnlichen. Im Hause Österreich gab es Frauen, die Geschichte gemacht haben, weil sie außergewöhnlich waren. Von Johanna von Pfirt über Margarete Maultasch, von Maria aus Burgund bis zur Juana aus Spanien, die man die Wahnsinnige nannte, von Maria Theresia bis Sophie Wittelsbach, von Elisabeth bis Zita reicht die Liste, und bis Katharina Schratt und Sofie Hohenberg.

Dieses Buch berichtet von ihrer Herkunft, ihrem Leben und von den Spuren, die sie in der Familienchronik des Hauses Österreich und damit in der Weltgeschichte hinterlassen haben.

Kapitel 1 Die Geburt einer Dynastie

Von Gertrud von Hohenberg bis Johanna von Pfirt

Ein armer Graf heiratet die Tochter des Nachbarn
Die erste Königin des Hauses Habsburg
Mit Ehen gewinnt man Königreiche
Heiratswut im Donauraum
Die Doppelhochzeit von Iglau
Kinderehen sehr gefragt
König Rudolf und seine Heiratspolitik
Die Familie Habsburg durchdringt die europäischen Dynastien
Elisabeth von Tirol und ihre 20 Kinder
Gewählte Könige und Kaiser von Gottes Gnaden
Die Habsburger vom Aussterben bedroht
Die seltsame Ehe eines gelähmten Herzogs

Die erste Frau eines Habsburgers kam Ende der siebziger Jahre des 13. Jahrhunderts nach Wien: Gertrud von Hohenberg. An der Seite des deutschen Königs Rudolf hielt sie Einzug in die Hofburg.

Die Frauengemächer des wuchtigen Bauwerks waren zunächst einmal nur als vorübergehendes Quartier für die Dame aus dem Elsaß bestimmt. Der deutsche König kam auf Kriegszug an die Donau, und das Kriegsglück war wankelmütig. Rudolf dachte anfänglich noch nicht daran, sich hier dauernd niederzulassen. Daß die Nachfahren der Gräfin von Hohenberg dann fast 650 Jahre lang in Wien bleiben sollten, war keineswegs vorauszusehen.

Kaiser und Könige im Deutschen Reich von Anno dazumal besaßen keine feste Residenz.[1] Sie übten ihr Regierungsgeschäft vazierend aus. Sie wanderten durch die Lande, wohin Reichstage, Kriege oder Kreuzzüge sie gerade riefen. Mit Mann und Roß und Wagen, auf die Gastfreundschaft der jeweiligen Grundherren angewiesen – oder auch auf die Macht ihres bewaffneten Geleitschutzes, der je nach dem augenblicklichen allerhöchsten Kassenstand größer oder kleiner war und dementsprechend größere oder kleinere Gastfreundschaft zu erzwingen vermochte. Der Troß war ständig in Bewegung, und die Königinnen zogen oft genug mit. Das war kein angenehmes Leben für eine Frau, noch dazu, wenn sie sich gerade in anderen Umständen befand, und das waren die Königinnen in ihren Jugendjahren in schöner Regelmäßigkeit.

Daß Rudolf von Habsburg sein Quartier schließlich für mehrere Jahre in Wien aufschlug, mochte die damals schon nicht mehr ganz junge Gräfin von Hohenberg als Erleichterung empfunden haben. Die Wiener Hofburg am Ende des 13. Jahrhunderts, die sie als erste Habsburgerin bezog, darf man sich allerdings keineswegs auch nur entfernt ähnlich jenem prunkvollen Gebäudekomplex von heute vorstellen; Besucherziel jedes Wientouristen, der hinter den hochaufragenden Barockfassaden die kaiserliche Größe des Hauses Österreich zu spüren beginnt. Kein Irrgarten von Dutzenden Stiegen und endlos scheinenden Korridoren, keine riesenhaften Säle im Schimmer roter Seidentapeten und im Glanz hundertflammig glitzernder Kristalluster, keine zärtlich verspielten Schmiedeeisengitter und keine majestätische Kuppel als Krönung dieser Stadt innerhalb der Stadt.

Die Burg von damals, an der Stelle des heutigen Schweizertraktes, muß ein kantig-ungemütlicher Bau gewesen sein, viereckig, mit vier aufragenden Wehrtürmen, die keineswegs zur Zierde da waren; Mauern, Wassergraben und Zugbrücken. Eine echte Zitadelle, auf Verteidigung zugeschnitten. Im Sommer sicherlich angenehm kühl, im

Herbst und im Winter dagegen wohl feucht und kalt. Eine richtige Burg aus dem Bilderbuch. Und dazu, als die Familie Habsburg ankam, noch mitten in der Bauarbeit.[2]

Das ganze Wien von damals dürfte nicht sehr gemütlich gewesen sein, wenn die Weingärten auch bis an die Mauern des Befestigungswalls heranreichten. Die braven Untertanen von später, die ihrem Kaiser submissest zujubelten, mußten erst im Laufe der Jahrhunderte auf kaisertreu zurechtgebogen werden. Im Mittelalter galten sie als ausgesprochen rebellisches Völkchen, jederzeit zum Aufstand bereit, und mehr als einer ihrer Bürgermeister endete auf herzoglichem, königlichem oder kaiserlichem Schafott.[3] Gertrud von Hohenberg kam in eine Festung.

Wien: Hauptstadt des Babenberger-Österreich und dessen Bastion. Vorposten am Rande eines Gebildes, das Römisches Reich hieß und das man später volkstümlich das Heilige Römische Reich Deutscher Nation nannte. Das Donautal war der gegebene Anmarschweg für alles, was aus dem Osten kam, und da kam im Laufe der Jahrhunderte genug. Hunnen und Awaren, später die Magyaren, schließlich die Türken.

Als Gertrud von Hohenberg Einzug hielt, waren eben erst die Böhmen dagewesen; vorübergehend. Die hatten 1275 auch mit dem Bau einer neuen Hofburg begonnen. Der Hof der Babenberger – an jenem Platz, der heute noch in Wien Am Hof heißt – war ihnen nicht groß und nicht wehrhaft genug gewesen. Die Böhmen rechneten mit dem Feind; und der Feind war in diesem Falle aus dem Westen zu erwarten. Der deutsche König Rudolf von Habsburg.

Der Donauraum war zum Niemandsland geworden; magnetischer Anziehungspunkt für alle tatendurstigen Eroberer. Der letzte Babenberger war seit 1246 tot. Friedrich der Streitbare. Die Kriegslust, die ihm diesen Beinamen eingetragen hatte, war ihm zum Verhängnis geworden.

»Kriege mögen die anderen führen«, hieß es später, »du, glückliches Österreich, heirate!« Das war für das Haus Habsburg gedacht, doch die Heiratspolitik zwecks Ausdehnung der Macht im österreichischen Raum hatten nicht erst die Habsburger erfunden. So etwas schien hierzulande schon immer in der Luft gelegen zu sein. In diesem österreichischen Raum entlang der Donau, bis Böhmen hinauf und bis Ungarn hinunter, war im dreizehnten Jahrhundert eine wahre Heiratswut allerhöchster Herrschaften im Gange. Wer zuerst zum Traualtar schritt – mit der richtigen Braut, versteht sich, und mit der nötigen Anzahl Bewaffneter als Hochzeitsgäste –, dem winkte ein ganzes Reich als Mitgift. Eine der verzwicktesten Serien von Heiratskombinationen der Geschichte stand am Beginn des Aufstieges des Hauses Habsburg.

Mit den Heiraten der letzten Babenberger fing es schon an, wie eine alte Chronik zu berichten weiß:

»Es verehelichte sich Herzog Friedrich zu dreymalen, ohne einen Erben zu erzeugen. Und da er sich von seiner letzten Gemahlinn, einer Prinzessin von Meran, im Jahre 1243 ordentlich hatte scheiden lassen, zog er hierauf im Jahr 1245 mit einem schönen Gefolge von Rittern zu dem Kaiser nach Verona, und erhielt allda von demselben die Bestättigung der vom Kaiser Friedrich dem I. den Herzogen von Österreich im Jahr 1156 verliehenen Privilegien; worinn unter andern herrlichen Vorrechten auch dieses enthalten ist: daß, wenn der Herzog von Österreich ohne Hinterlassung eines Erbsohnes stürbe, das Herzogtum auf dessen ältere Tochter fallen, sofern er aber gar keine Erbkinder nach sich ließ, derselbe seine Länder zu schenken, und zu vermachen, an wen es ihn belieben würde, freye Macht haben sollte . . .«[4]

Ein paar Jahrhunderte später sollte ein anderer österreichischer Herrscher vor einem ähnlichen Familienproblem stehen: Karl VI., letzter Alt-Habsburger, ohne Söhne, nur mit Töchtern bedacht. Als Ausweg aus dem dynastischen Dilemma sollte dann die Pragmatische Sanktion die weibliche Erbfolge sichern.[5]

Als Friedrich der Streitbare 1245 dem Kaiser in Verona diese Privilegien abrang, war er erst 34 Jahre alt; er konnte auf Kinder, zumindest auf eine Tochter aus einer künftigen Ehe hoffen. Er hoffte vergeblich, wie die Chronik weiter zu berichten weiß:

»Es betraf aber Herzog Friedrich gleich das folgende Jahr 1246, den 15. July das Unglück, daß er nach einem, wider die Hungarn, an dem Fluß Leita, bereits erfochtenen herrlichen Sieg, in allzuhitziger Verfolgung der Feinde, von denselben auf der Stelle erschlagen wurde. Und was für die Länder noch betrüblicher war; so hinterließ Friedrich eben so wenig ein letztwilliges Geschäft, noch Erbkinder. Es waren zwey leibliche Schwestern vorhanden, Margareth die ältere, des weil. römischen König Heinrichs, eines Sohnes des Kaisers, hinterlassene Wittwe, die damals in einem Kloster zu Trier lebte, und Konstantia, die jüngere, vermählte Marggräfinn von Meissen, dann Gertrud, die oben erwähnte Bruderstochter, welche kurz vor dem Tod unseres Herzogs, mit Wladislawen, des Königs von Böhmen älterm Sohne, Marggrafen von Mähren, verehliget war. Diese aber konnten auf die Fürstenthümer und Länder um so weniger einen gegründeten Anspruch stellen, als nicht einmal Brüder und Agnaten, soferne einige vorhanden gewesen wären, die Erbfolge, weder kraft des österreichischen Privilegiums, noch nach dem alten deutschen Lehenrechte hätten fordern können.«[6]

Drei Frauen; das war, was von den Babenbergern in Österreich blieb. Bei seinem Besuch in Verona hatte Friedrich der Streitbare dem Kaiser noch seine Nichte Gertrud als Ehefrau einreden wollen, und der Kaiser wiederum sollte die Herzogtümer Österreich und Steiermark zu einem Königreich erheben; der letzte Versuch in dem jahrhundertelangen Bemühen der Babenberger, ihre Lande über den Status eines Reichslehens hinaus zum selbständig-unabhängigen Staat zu machen. Dabei setzte Friedrich seine weiblichen Verwandten bedenkenlos als Lockmittel ein. Seine älteste Schwester Margarete hatte schon sein Vater Leopold VI. Anno Domini 1225 mit dem Sohn des Hohenstaufenkaisers Friedrich II. verheiratet; ganz im Sinne angestrebter Standeserhöhung. Daß Margarete um sechs Jahre älter war als der bei seiner Hochzeit erst vierzehnjährige Kaisersohn Heinrich, spielte dabei keine Rolle.

Der Sinn dieser Eheschließung allerdings ging fehl. Heinrich, schon neunjährig zum deutschen König gewählt, revoltierte gegen den kaiserlichen Vater, landete schließlich als dessen Gefangener in Kalabrien und starb dort 1242. Ob Margarete den jüngeren

Mann geliebt hatte, blieb ungewiß. Gewiß war, daß sie Heinrichs Entmachtung und Gefangennahme nie verwinden konnte. Sie, die gehofft hatte, Kaiserin zu werden, begrub sich in einem Kloster in Trier und kultivierte dort ihren Haß auf alles, was hohenstaufisch war.

Der streitbare Friedrich versuchte immerhin unter Einsatz seiner Nichte Gertrud ein zweites Ehearrangement mit dem Kaiser; mit dem Fernziel eines österreichischen Königreiches. Erfolglos. Der Kaiser wollte Gertrud offenbar nicht haben. So verheiratete Friedrich sie nach Böhmen, an Wladislaw, den Sohn des Böhmenkönigs Wenzel I. Der Gedanke des familienmäßigen Zusammenschlusses im Donauraum wirkte eben schon vor den Habsburgern. Der ehrgeizige Babenberger kam nicht mehr zur Verwirklichung seiner Träume. Er vererbte sie denen, die nach ihm kamen. Den Habsburgern. Mit der Dame kamen sie an, der Stammutter, die wie die Babenbergernichte Gertrud hieß. Gertrud von Hohenberg aus dem Elsaß. Die erste Frau eines Habsburgers in Österreich.

Erst 650 Jahre später sollte die letzte aus der langen Reihe der Habsburgerfrauen dieses Land wieder verlassen: Zita, geborene Prinzessin von Bourbon-Parma. Dazwischen machte die Dynastie des Hauses Österreich mit ihrer Familienchronik mehr als ein halbes Jahrtausend Weltgeschichte.

Als die Hohenbergerin Gertrud ihren Nachbarn, den Grafen Rudolf von Habsburg, heiratete, war von Weltgeschichte noch keine Rede. Wien, der Donauraum, der österreichische Herzogshut – das alles lag außerhalb jeder Betrachtung und Berechnung. Der Babenberger Friedrich war zwar schon tot, der Kampf um das Erbe hatte eingesetzt, aber auf den Burgen der Habsburger und der Hohenberg dürfte man davon kaum viel gehört haben. Und falls man davon hörte, hatte man nicht das Gefühl, davon betroffen zu sein. Zwei elsässische Adelsfamilien verbanden sich miteinander fernab von der großen Politik. Den Aufstieg, der zwanzig Jahre später einsetzen sollte, konnte niemand auch nur im Traum erahnen. Die Hochzeit wurde 1253 gefeiert; da war Gertrud 21 Jahre alt. Die Mitgift, die sie in diese Ehe mitbrachte, lag im Elsaß am Rande der habsburgischen Domäne und stellte eine willkommene Abrundung der Grafschaft dar. Der Graf von Habsburg dachte damals nur an Machtzuwachs im Ausmaß von Äckern und Meierhöfen, nicht an Herzogtümer. Grundherren wie ihn gab es Tausende. Sie waren alle mehr oder weniger gleich mächtig – oder auch gleich unbedeutend. Zwanzig Jahre lang war Gertrud von Hohenberg eine brave Burggräfin und hielt das Hauswesen zusammen. Was bei dem als ebenso sparsam wie geschäftstüchtig bekannten Grafen Rudolf wohl nicht allzu schwer gewesen sein dürfte. Zwischendurch bekam sie Kinder, eines nach dem anderen in regelmäßiger Folge, während ihr Ehemann in ebenso regelmäßiger Folge seine Kleinkriege gegen Nachbargrafen und landreiche Bischöfe austrug, um seinen Besitz weiter zu vergrößern. Und dann, 1273, nach zwanzig Ehejahren provinzieller Abgeschiedenheit von der großen Welt, wurde die Gräfin von Hohenberg plötzlich deutsche Königin.

Friedrich von Hohenzollern, Burggraf von Nürnberg, soll seinen zwischen Neuß und Aare begüterten Freund Rudolf von Habsburg den deutschen Kurfürsten zur Wahl empfohlen haben. Die beste Empfehlung dürfte der recht bescheidene Machtumfang des habsburgischen Kronaspiranten gewesen sein. Die Kurfürsten wollten keinen starken Herrn über sich. Was das Krönungsmahl betraf, so ist bei Schiller, in Versen, nachzulesen:

»Zu Aachen in seiner Kaiserpracht,
Im altertümlichen Saale,
Saß König Rudolfs heilige Macht
Beim festlichen Krönungsmahle.
Die Speisen trug der Pfalzgraf des Rheins,
Es schenkte der Böhme des perlenden Weins,
Und alle die Wähler, die Sieben,
Wie der Sterne Chor um die Sonne sich stellt,
Umstanden geschäftig den Herrscher der Welt,
Die Würde des Amtes zu üben.«

Was den Böhmen anbelangt, der angeblich »des perlenden Weins« geschenkt hatte, wäre zu berichtigen: Er schenkte nicht! Diese Tatsache hatte dann für die Geschichte der nächsten 650 Jahre ihre fundamentale Bedeutung. Vielleicht hat Schiller den weder bei der Königswahl noch bei der Krönung anwesenden siebenten Kurfürsten, den böhmischen König Przemysl Ottokar II., nur des Reimes wegen dabeisein lassen.[7] Daß nämlich ausgerechnet dem Geschichtsprofessor Friedrich von Schiller die Abwesenheit des mächtigsten Herrschers dieser Zeit entgangen sein sollte, ist nicht anzunehmen. Wäre Ottokar dabeigewesen, wahrscheinlich hätten die Habsburger niemals den Weg nach Österreich gefunden.

Für die Gräfin von Hohenberg, jetzt schon 41 Jahre alt und Mutter eines halben Dutzends Kinder, war mit der Krönung ihres Gemahls ein Glanz Wirklichkeit geworden, von dem nicht einmal der kleinste Strahl ihren Hochzeitstag erleuchtet hatte. Rudolf, der neue König, ging später als der »arme Graf« in eine zur Legende entstellte Geschichte ein: Der leutselig-friedfertige, der fromme und rechtschaffene König, der vermöge dieser rühmenswerten Eigenschaften alle Herzen gewann und den stolz-gewalttätigen, in seiner Herrschsucht maßlos gewordenen böhmischen Ottokar überwunden hat.

Was die Armut des ersten Habsburgerkönigs betraf, so war sie relativ. Gefällige Hofchronisten haben später versucht, die Herkunft des Geschlechts bis auf die alten Römer zurückzuleiten, und besonders Kaiser Maximilian, der letzte Ritter, zeigte sich sehr interessiert an einer solchen Aufwertung der Familiengeschichte. Tatsächlich jedoch tauchten die ersten Habsburger erst im zehnten Jahrhundert aus dem geschichtslosen Dunkel ihrer Herkunft auf. Es läßt sich nicht einmal zweifelsfrei beweisen, daß der berühmte Graf Guntram der Reiche aus dem nördlichen Elsaß wirklich ein Habsburger gewesen ist. Dieser Guntram jedenfalls verlor wegen seiner Treulosigkeit dem

Sachsenkaiser Otto I. gegenüber jene Besitztümer, die später habsburgische Lande waren; etwa zu jener Zeit, da der erste Babenberger Leopold nach Österreich kam. Des ursprünglich so reichen, dann aber um seine Besitzungen gekommenen Guntrams Nachfahre könnte jener Graf von Habsburg gewesen sein, den man Rudolf den Alten nannte. Auch er war alles andere als arm. Anno Domini 1212 konnte er dem jungen Stauferkönig und nachmaligen Kaiser Friedrich II. für 1000 Mark Bürgschaft leisten. Das war eine gewaltige Summe, wenn man berücksichtigt, daß gleichzeitig der Kurfürst von Mainz zusammen mit fünf anderen Standesherren nur für 700 Mark geradestehen konnte. Der Enkel dieses solcherart also zweifellos recht finanzkräftigen Grafen war dann jener angeblich so arme Graf gleichen Namens, den die Kurfürsten 1273 zum deutschen König wählten. Gertrud von Hohenberg hatte jedenfalls keinen Habenichts geheiratet.

In der Geschichte blieb den Habsburgern dennoch der Ruf erhalten, arm zu sein. Wer die Wirtschaftshistorie der Dynastie schreiben wollte, bekäme es auch tatsächlich vorzugsweise mit passiven Bilanzen zu tun. Die Herrscher aus dem Hause Österreich waren zumeist in den roten Zahlen. Ihr Weg durch die Jahrhunderte ist gesäumt mit den Opfern ihrer Schuldenpolitik. Die Bankiersfamilie Oppenheimer beispielsweise verschaffte drei Kaisern, Leopold I., Josef I. und Karl VI., im Verlaufe von 44 Jahren runde 100 Millionen Gulden Kredit und ging daran auch prompt zugrunde. 1664, nach dem Türkensieg bei Mogersdorf-St. Gotthard, konnte Leopold seinem Feldherrn Montecuccoli kein Geld schicken, um die Verfolgung des geschlagenen Feinds zu finanzieren. Der Neubau der Wiener Hofburg schien ihm wichtiger. 35 Jahre später ging es dem Prinzen Eugen mit diesem Kaiser Leopold ebenso; auch der Savoyer mußte seinen Türkenkrieg wegen Geldmangels abbrechen und den wenig günstigen Frieden von Karlowitz schließen. Dafür hatte Leopold mit dem Bau des Schlosses Schönbrunn begonnen, und seinem Generalissimus Eugen schenkte er Landgüter im Wert von 80.000 Gulden. (Zum Vergleich: Ein wohlhabender Bauer zahlte damals durchschnittlich 20 Gulden Jahressteuer. Um 15.000 bis 20.000 Gulden konnte man damals eine Grundherrschaft mit einem halben Dutzend Dörfern und einigen tausend leibeigenen Bauern als Untertanen kaufen.) Der letzte gekrönte Staatsbankrotteur war der gute Kaiser Franz, 1811. Mit den zusammengeborgten und nur in sehr bescheidenem Ausmaß zurückgezahlten Millionen hatte er dafür Napoleon überdauert und seine Monarchie erhalten. Als sein Sohn, der 1848 abgedankte Ferdinand, »der Gütige« genannt, 1875 starb und seinem Neffen Franz Joseph sein Privatvermögen hinterließ, hatte dieser Kaiser zum ersten Male das Gefühl, ein »reicher Mann« zu sein, wie er bekannte.

Sein Urgroßneffe Dr. Otto Habsburg, Sohn des letzten Kaisers Karl, lebte während des II. Weltkriegs zeitweise von den Spenden, die nach seinen Vorträgen in Emigrantenzirkeln gesammelt wurden.

Fromm und rechtschaffen; diese Lesebuchtugenden des Grafen von Habsburg dürften nicht ausgeprägter gewesen sein, als die Zeit es eben zuließ. Es war die sogenannte »kaiserlose, die schreckliche Zeit« des Interregnums.[8] Es war die Zeit der Räuber und der Beraubten in allen Größenordnungen. Sie war allerdings vorher und nachher, mit Kaisern und Königen, nicht viel weniger schrecklich. Die nach Tausenden zählenden Standesherren, Herzoge, Grafen, Bischöfe und Ritter mußten ganz einfach wild um sich schlagen, wenn sie sich in dem unfertigen Gebilde, das man Deutschland nannte, behaupten wollten. Das Gesetz versuchte nur theoretisch, den Landfrieden zu bewahren. Es begnügte sich lange Zeit damit, den Straßenraub als Mittel der Politik innerhalb gewisser Formen zu halten. Der Reichstag des Jahres 1187 dekretierte beispielsweise: »Wer einem anderen Schaden zufügen oder ihn zu verletzen beabsichtigt, soll ihm mindestens drei Tage vorher durch eine sichere Botschaft absagen.« Man warf einander den sprichwörtlichen Fehdehandschuh zu, und damit war der Privatkrieg auch schon legalisiert. Kein Vorwand war lächerlich genug, um auf Raub auszugehen. Ein Herr von Praunheim etwa schickte der Stadt Frankfurt durch seinen Herold den Fehdebrief, weil eine Bürgerin der Stadt dem Vetter dieses Herrn von Praunheim beim Tanz einen Korb gegeben hatte. Ein Koch wiederum versammelte das gesamte Hauspersonal um sich und sagte einem Grafen Otto von Solms die Fehde an, weil er sich beim Schlachten eines Hammels ins Bein gestochen hatte und der Graf, für den der Hammel bestimmt war, kein Schmerzensgeld zahlen wollte. 1235 erließ zwar der Stauferkaiser Friedrich II. ein großes Landfriedensgesetz, aber die Auswirkung blieb gering. In dieser Zeit konnte man Grafschaften, Herzogtümer und ganze Königreiche in wenigen Jahren zusammenrauben, und in diese Zeit hinein wurde Rudolf von Habsburg geboren. Er war zweiundzwanzig Jahre alt, als er seinen Vater Albrecht beerbte, und er erbte die Anhänglichkeit der Habsburgergrafen an die Stauferkaiser. Schließlich hatte Friedrich II. den Säugling Rudolf seinerzeit über das Taufbecken gehalten. So ganz aus dem bedeutungslosen Dunkel abgelegener Provinzen kamen die Habsburger also nicht, und für Gertrud von Hohenberg bedeutete die Ehe mit Rudolf zweifellos einen gesellschaftlichen Aufstieg.

Seine Staufertreue bewies der junge Rudolf, indem er dem Kaiser Friedrich bei einem Italienzug streckenweise auf eigene Kosten bewaffnetes Geleit gab. Das trug ihm den Kirchenbann ein. Der Hohenstaufer zog ja gegen den Papst zu Felde, und die Päpste dieser Zeit benützten den Kirchenbann bedenkenlos als politische Waffe. Er wurde auch nicht anders gewertet; Recht und Gesetz regelten sich selbst nach der jeweiligen Nützlichkeit, und der zeitweilige Kirchenbann hinderte den Grafen von Habsburg nicht daran, später als vorbildlich fromm und gottesfürchtig zu gelten.

Im übrigen führte Rudolf allen Landfriedensgesetzen zum Trotz seinen Privatkrieg jahrelang nach allen Himmelsrichtungen, um seinen Besitz auszuweiten. Und er heiratete die Gräfin von Hohenberg ebenfalls im Sinne dieser Besitzausweitung. Vernunftehen waren neben Straßenraub das zweite durchaus legitime politische Mittel dieser Zeit. Man heiratete, um Grundherrschaften zusammenzulegen, um zu erben oder um zumindest den Schein von Erbanspruch auf ein Land zu bekommen, das man zu vereinnahmen gedachte. Oder schon vereinnahmt hatte.

Spätere Zuneigung der Ehepartner war selten, aber nicht ausgeschlossen. Vieles deutet darauf hin, daß die ursprüngliche Vernunftehe zwischen Rudolf und Gertrud von Hohenberg voll echter Zuneigung war. Die Gräfin von Hohenberg hatte einen interessanten Mann bekommen, auch wenn ein Herzogshut oder gar eine Königskrone außerhalb aller Zukunftsvorstellungen lagen. In den zwanzig Jahren zwischen Hochzeit und Königswahl wurde der habsburgische Besitz nicht unwesentlich erweitert. Trotzdem blieb Rudolf von Habsburg, gemessen an anderen deutschen Standesherren, zunächst ohne irgendwelche Bedeutung für das Reich. Und die Gräfin von Hohenberg blieb unbedeutend mit ihm.

Ein anderer Straßenräuber von wahrhaft königlichem Großformat betätigte sich, während Rudolf im Elsaß um ein paar Äcker kämpfte, am anderen Ende des Reiches mit weit spektakulärerem Erfolg: Der Przemyslide Ottokar, zweiter Sohn des Böhmenkönigs Wenzel I. Dieser junge Mann gedachte sich im Vakuum des verwaisten Babenberger-Donauraumes ein eigenes Imperium zu schaffen.

Friedrichs des Streitbaren Tod in jener Zeit der ausgehenden Stauferherrschaft war ja auch geradezu eine Herausforderung an alle Mächtigen, noch mächtiger zu werden. Und drei Babenbergerinnen rückten damit in den Mittelpunkt verwegener Ehekombinationen, um den landhungrigen Eroberern den Schimmer eines Rechtsanspruchs auf die Erbschaft zu geben: Margarete und Konstantia, Friedrichs des Streitbaren Schwestern, und Gertrud, seine Nichte. Konstantia kam als Frau des Markgrafen von Meißen allerdings vorderhand für ehelustige Aspiranten auf den österreichischen Herzogshut nicht in Frage. Umso interessierter zeigten sich dafür Margarete und Gertrud. Sie hatten nichts zu verlieren, nur zu gewinnen. So kamen beide nach Friedrichs des Streitbaren Tod auf schnellstem Wege nach Österreich. Zwei Witwen: eine alternde Frau voll Haß und eine junge Frau voll Ehrgeiz. Margarete kam aus dem Kloster in Trier und brachte ihren Hauskaplan Pernoldus mit, einen gefinkelten Juristen, der schon recht bald damit begann, die Erbansprüche seiner Herrin in langen Traktaten darzulegen.[9]

Gertrud kam aus Böhmen; nach nicht einmal einjähriger Ehe hatte sie ihren Mann, den Kronprinzen Wladislaw, schon wieder verloren. Ottokar war dadurch übrigens Thronfolger geworden.

Solche Reisen dauerten damals wochenlang. Der Troß einer hochherrschaftlichen Übersiedlung schleppte sich mühsam über holprige Straßen, Regenfälle konnten tagelange Unterbrechungen bedeuten, wenn die Bäche über die Ufer traten, Brücken wegrissen, die Räder der Kutschen im Schlamm versanken. Für den Alpenübergang von Kärnten an die Donau beispielsweise benötigte ein pferdebespanntes Schwerfuhrwerk bis in das achtzehnte Jahrhundert hinein gute zwei Wochen. Auf Überfälle mußte man ständig gefaßt sein. Bis also die Nachricht vom Tode eines Erblassers eintraf und die wirklichen oder vermeintlichen Erben zur Übernahme der Hinterlassenschaft ankamen, konnten Monate vergangen sein, und da hatten sich die Verhältnisse oft schon grundlegend verändert. Friedrich des Streitbaren weiblicher Anverwandtschaft ging es nicht anders.

Margarete und Gertrud fanden Wiens Tore verschlossen. Margarete bezog Quartier in Hainburg; Gertrud hielt hof in Mödling. Zwei Frauen auf der Warteliste. Wer das Rennen um ihre Gunst machte, der konnte – sofern er die nötige Anzahl Krieger mitbrachte – ihre vermeintlichen Rechte gegen die aufsässigen österreichischen Standesherren verfechten.

Der erste, der zum Zuge kam, war der Markgraf Hermann von Baden. Er heiratete die junge Witwe Gertrud. Nur hatte er die Rechnung ohne Kaiser und Papst gemacht.

Der Hohenstaufenkaiser Friedrich II. schickte aus Verona einen Grafen Otto von Eberstein nach Wien, um die nach des letzten Babenbergers Tod herrscherlos gewordenen Reichslehen Österreich und Steiermark einzuziehen. Den Wienern brachte er das Privilegium einer Freien Reichsstadt mit.

Der Papst wiederum, der den Kaiser in den Kirchenbann getan hatte, verlieh aus eigener Machtvollkommenheit den Königen von Böhmen und Ungarn das Recht, sich der verwaisten Herzogtümer zu bemächtigen.

Als dritter schaltete sich schließlich der von einigen der Kurfürsten 1247 als deutscher Gegenkönig gewählte Graf Wilhelm von Holland ein: Er belehnte Gertruds Ehemann, den Markgrafen von Baden, mit dem Herzogtum Österreich.

Nach zweijähriger Ehe starb der Markgraf. Ein aussichtsreicher Bewerber um den österreichischen Herzogshut war damit ausgeschieden. Das Nachfolgespiel stand wieder offen, und nun nahmen die Ehekombinationen abenteuerliche Formen an.

Entscheidendes Jahr 1251: Die österreichischen Standesherren hatten gefunden, daß Ottokar der geeignete Herzog wäre. Von Budweis her rückte der Böhmenprinz in Österreich ein. Er konnte sich dabei nicht nur auf die österreichische Einladung, sondern auch auf den päpstlichen Auftrag berufen. Um sich nach allen Seiten hin und gegen jede Möglichkeit abzusichern, sollte die Eroberung auch noch nach dem Erbrecht legalisiert werden. Da gab es doch noch Margarete, die in Hainburg darauf wartete, daß jemand kam, um ihre Partei zu ergreifen! Wohlan, Ottokar war dazu bereit. Margarete war allerdings schon 46 Jahre alt; keine begehrenswerte Braut für den zweiundzwanzigjährigen Prinzen Ottokar. Margarete hatte außerdem in Trier den Schleier genommen; das schloß eine Ehe aus. Und noch dazu, als weiteres Ehehindernis, bestand eine Blutsverwandtschaft. Wenn der Papst aber etwas wollte, dann war er mit Dispens schnell zur Hand, und Ottokar als Herr über die Babenbergerlande paßte ausgezeichnet ins päpstliche Konzept einer gegen die Hohenstaufen gerichteten Politik. Also bekam Ottokar seine Dispens. Und da er selbst Margarete wollte, weil er Österreich wollte, nahm der junge Mann auch keinen Anstoß daran, daß die Braut mehr als doppelt so alt war wie er selbst. Vor dem Traualtar in der kleinen Stadt Hainburg mußte das ungleiche Paar am 11. Februar 1252 ein groteskes Bild geboten haben: die alternde, von Haß und Rachsucht verbitterte Witwe und der abenteuerlustige Jüngling, der eine Frau ins Ehebett nahm, die seine Mutter hätte sein können.

Und niemand nahm Anstoß, denn jeder wußte, was gespielt wurde, und die beiden Hauptdarsteller dieser Tragikomödie machten sich selbst und den anderen nichts vor. Die Ehe war nur ein Wort – ein anderes Wort für Politik.

Auf den päpstlichen Auftrag, sich der verwaisten Babenberger-Herzogtümer zu bemächtigen, konnte sich allerdings auch der Ungarnkönig Bela IV. berufen. Und so marschierte auch er: über die Steiermark ebenfalls in Richtung Wien. Brennende Dörfer zeichneten seinen Weg. In Mödling fanden 1500 Menschen den Tod, die sich vor den brandschatzenden Ungarn in die Kirche geflüchtet hatten.

In Mödling fiel dem Ungarnkönig eine wertvolle Beute zu: die zweimal verwitwete Babenbergernichte Gertrud. Und da Bela schon bei der Eroberung von Wien und bei der Eroberung der alternden Margarete hinter Ottokar zu spät gekommen war, so setzte er seine Hoffnungen nun eben auf Gertrud. Er verheiratete die in seinen Machtbereich geratene doppelte Witwe in größter Eile mit seinem Neffen, dem Fürsten Roman von Halics.

In einer Entscheidungsschlacht in den Weingärten rund um den Leopoldsberg und um die Burg auf dem Gipfel schlug Ottokar die Ungarn, und Roman von Halics, der junge Ehemann, konnte der Gefangennahme gerade noch entgehen. Der Traum von der ungarischen Herrschaft über Wien allerdings war ausgeträumt, und damit hatte auch die vorher so heißbegehrte Gertrud ihren Wert verloren. Der Fürst Halics verstieß seine ihm eben erst angetraute Gemahlin so schnell, wie er sich zur Heirat entschlossen hatte. So etwas vollzog sich ohne Schwierigkeiten in dieser Zeit.

Über die Köpfe der enttäuschten und mißbrauchten Babenbergerinnen hinweg einigte man sich bald: Ottokar behielt unangefochten Österreich, Bela bekam die Steiermark. Weil aber das Kriegsglück wetterwendisch war, weil Ottokar alles wollte und weil die Ungarn die Steiermark nicht halten konnten, mußte Belas Nachfolger Stephan V. schon 1261 auch auf die Steiermark verzichten. Und weil Ottokar einen dauerhaften Frieden wollte, so griff er auf das landesübliche Mittel zurück, um diesen Frieden zu besiegeln. Das Mittel war eine Ehe, und als Braut bot sich die ungarische Prinzessin Kunigunde an.

Daß Ottokar immerhin schon neun Jahre mit Margarete verheiratet war, stellte nur eine Schwierigkeit, kein Hindernis dar. Jetzt erinnerte man sich plötzlich der Tatsache, daß Margarete seinerzeit in Trier den Schleier genommen hatte, und der gesuchte Grund für die Trennung der Ehe war gegeben. Von der päpstlichen Dispens sprach niemand mehr; auch der Papst nicht. Politik über alles! Margarete, nun 55 Jahre alt, ging wieder einmal ins Exil; verbittert wie einst, aber zu alt und zu müde, um noch zu kämpfen. Der dreißigjährige Ottokar aber heiratete die schöne Kunigunde.

Das alles begab sich zu der Zeit, als am anderen Ende des Reiches der Graf von Habsburg in verhältnismäßiger Bescheidenheit die Gräfin von Hohenberg heiratete.

Die Geschichte der letzten Babenbergerinnen wurde erzählt, um zu zeigen, daß die

Habsburger, als sie dann selbst nach Österreich kamen, nur in die Fußstapfen ihrer Vorgänger traten. Die später so hochgerühmte habsburgische Heiratspolitik war schon damals im Donauraum durchaus ortsüblich.

Kaum eine andere Zeit hat dabei die Würde der Frau, um einen heutigen Begriff zu benützen, so systematisch mit Füßen getreten, wie das späte Mittelalter. Die Frau war dem Manne schon vom Gesetz her untertan; eine Magd, mochte sie auch Königin sein. Frankreich konnte sich damals sogar einer königlichen Verfügung rühmen, die dem Ehemann ausdrücklich das Recht zustand, sein ungetreues Eheweib, oder auch sein getreues, nach Herzenslust zu verprügeln. Das alles vertrug sich seltsamerweise durchaus mit der Hochflut des schwärmerischen Minnedienstes, die gerade damals Fürstenhöfe und Ritterburgen überschwemmte. Die Frau als unerreichbare Geliebte wurde geradezu angebetet. Als Ehefrau stand sie weit weniger hoch im Kurs.

Die Königin Anna, wie Gertrud von Hohenberg sich nach Rudolfs Wahl zum deutschen König nannte, sah sich einem weitaus besseren Schicksal ausgesetzt als die meisten fürstlichen Ehefrauen dieser Zeit. Vielleicht weil Rudolf diese Frau, Stammutter des späteren Hauses Österreich, wirklich liebte. Vielleicht aber auch, weil Rudolf in seinen Jugendjahren erst gar nicht in die Verlegenheit kam, so zu handeln wie beispielsweise sein späterer Widersacher Ottokar. Für Heiratskombinationen in dessen Stil war Rudolf eben zu unbedeutend. Als er dann zum König gewählt wurde, stand er schon im fünfundfünfzigsten Lebensjahr; ein würdiger Familienvater, von einer Schar Kinder umgeben. Weitere zwei Kinder wurden sogar noch nach dem Wahljahr, 1273, geboren; Rudolf war bei seiner letzten Vaterschaft fast sechzig. Auch dieser Kindersegen nach über zwanzigjähriger Ehe sprach für ein inniges Verhältnis des Paares. Die beiden Spätlinge starben zwar im Kindesalter, aber die überlebenden Nachkommen reichten aus für die Heiratspolitik, die Rudolf ganz im Stil seiner Zeit sofort nach der Königswahl ankurbelte.

Er betrieb diese Heiratspolitik gewissermaßen im Wettlauf mit den militärischen Aktionen des Böhmenkönigs.

1274 ermächtigte der Nürnberger Reichstag den neugewählten Herrscher, die dem Reiche entzogenen Babenbergerländer zurückzuholen. Wie allerdings ein König, den man seiner vermeintlichen Schwäche wegen gewählt hatte, dieses Kunststück fertigbringen sollte, sagte der Reichstag nicht. Das blieb Rudolf überlassen.

Ein Verbündeter fand sich in Gestalt des Grafen Meinhard II. von Görz und Tirol.[10] Dem Tiroler Grafen war die Nachbarschaft des landhungrigen Böhmenkönigs ohnehin nicht ganz geheuer. Meinhard war also leicht zu gewinnen. Auf landesübliche und zeitgemäße Weise: Noch im Jahr des Reichstagsbeschlusses verheiratete König Rudolf seinen ältesten Sohn Albrecht mit Meinhards Tochter Elisabeth. Wie sich die Verhältnisse ändern konnten: Noch einige Jahre zuvor wäre der Sohn des Grafen von Habsburg für den mächtigen Tiroler keineswegs ein sehr begehrter Schwiegersohn gewesen! Jetzt marschierte Meinhard mit seinen Soldaten durch Kärnten in die Steiermark ein. Durch das Donautal kam gleichzeitig König Rudolf nach Österreich.

König Ottokars Glück näherte sich seinem Ende. Als echtes Kind seiner Zeit war der Przemyslide schnell bereit, Frieden zu schließen. Mit Friedensschlüssen ging es damals ebenso leicht, wie man leichten Herzens in den Krieg zog. Auch dies muß aus dem Geist der Zeit verstanden werden. Krieg: Das war damals nur in den allerseltensten Fällen der letzte Ausweg einer Nation, die um ihre Existenz kämpfen mußte. Den Krieg vor allem, der um die Babenbergerlande geführt wurde, hatten keine unüberwindlichen Gegensätze von Staat zu Staat ausgelöst. Die Völker im Donauraum konnten unter den Habsburgern genauso gut – oder genauso schlecht – leben wie unter den Przemysliden; und unter beiden wären sie nicht besser und auch nicht übler dran gewesen wie ehemals unter den Babenbergern. Worum es ging, das war die Macht.

Und es war zugleich die lockende Versuchung des Traumes, die Länder des Donauraumes zusammenzuschließen. Daß dieser Traum immer wieder geträumt wurde, von den verschiedensten Herrschern aus den verschiedensten Ländern und Dynastien, das zeigt wohl, daß hier über die persönliche Macht hinaus sich eine historische Notwendigkeit durchzusetzen bestrebt war.

Die militärische Situation des Jahres 1276 konnte für König Rudolf gar nicht günstiger sein. Rudolf, bis dahin nur im Kleinkrieg gegen seine Nachbarn geübt, erwies sich nun als glänzender Stratege und raffinierter Taktiker auch im großen Kriegsspiel um ganze Herzogtümer.

Rudolf täuschte seinen Widersacher geschickt. Der Böhmenkönig erwartete den Angriff auf seine Stammlande und konzentrierte seine Mannen bei Teplitz, Rudolf jedoch zog ohne Befürchtung um seine Flanke durch das Donautal geradewegs auf Wien zu. Am 10. Oktober 1276 stand er vor Linz. Am 18. Oktober lagerte er schon vor Wien. Und hierher, nach Wien, kam vom Süden her, aus der Steiermark, auch der Landgraf Meinhard mit seinen Tirolern.

Ottokar sah sich gezwungen, sein Heer in Eilmärschen quer durch Böhmen, über Pilsen, hinter dem deutschen König herzuschicken. Während Rudolf schon mit der Belagerung von Wien begann, erreichte Ottokar endlich Drosendorf. Und als dann Rudolf sich entschlossen zeigte, die Donau zu übersetzen und die Böhmen in ihrem eigenen Lager bei Drosendorf anzugreifen, gab der Przemyslide das Spiel vorderhand auf. Er schickte den Bischof von Olmütz mit einem Vergleichsvorschlag in Rudolfs Feldlager. Ottokar wollte Österreich, die Steiermark, Kärnten, Krain und die Windische Mark zurückgeben, Rudolf sollte ihn dafür erneut mit Böhmen und Mähren belehnen. Punkt 3 des Vergleichsvorschlages lautete dann:

»Drittens, dem königlichen Kronprinzen soll zu meherer Befestigung des hergestellten Friedens, und Freundschaft eine kaiserliche Prinzessinn, und dagegen einem kaiserlichen Prinzen eine königlich böhmische Prinzessinn vermählet werden. König Ottokar soll dabey dem Kaiser alle seine Güter und Besitzungen in Österreich, es seyen eigen oder Lehen, ohne Vorbehalt, abtretten; der Kaiser dagegen seinem Sohne, dem verlobten Gespons der königlichen Prinzessinn, als ein Geschänkniss der Ehe wegen, vierzigtausend Mark Silber, und ebensoviel seiner kaiserlichen Tochter, der

Braut des königlichen Prinzens, zum Brautschatz auswerfen; dann jenem dafür gedachte Güter und Besitzungen in Österreich, dem Gespons dieser aber, den Theil von Österreich, jenseits der Donau, ausgenommen Crems und Stein, für jährliche vier tausend Mark Renten zum Unterpfande überlassen . . .«[11]

Der Vergleichsvorschlag, den der Bischof von-Olmütz ins kaiserliche Feldlager brachte, zeigte nicht nur das Geschick des Böhmenkönigs, sich den Frieden wenigstens in Form einer tüchtigen Mitgift möglichst teuer bezahlen zu lassen. Er lieferte zugleich den interessanten Hinweis dafür, wie königliche Väter, die ihre Töchter verheirateten, zugleich bestrebt waren, ihre Schwiegersöhne im Range zu erhöhen.

Als man einander Anno Domini 1276 im Feldlager des deutschen Königs traf, entschied man nicht nur über das Schicksal der österreichischen Länder, man entschied auch über das Schicksal von Kindern. Da wurde zwar von Prinzen und Prinzessinnen geredet, aber es wurde zunächst nicht einmal festgestellt, wer nun wen heiraten sollte. Die Kinder des Böhmenkönigs waren auch bei noch so großzügiger Auslegung des Begriffs keineswegs im heiratsfähigen Alter. Der Kronprinz Wenzel stand erst im sechsten Lebensjahr, und ihn jetzt schon zum Traualtar zu schleppen, davor schreckten sogar die heiratsvermittlungslustigen Väter Ottokar und Rudolf zurück. Das ganze Heiratsprojekt glich einem Hasardspiel: Wer von den Partnern dereinst überleben sollte, würde alles erben. Was hier vor sich ging, war ein neuerlicher Versuch, die Länder des Donauraumes zu einigen – eben auf dem einzigen damals gangbaren Weg von Fürstenehen und Erbschaften. Wirtschaftspolitische Überlegungen dürften damals kaum maßgebend gewesen sein, und die Geopolitik war ein noch nicht erfundener Begriff. Es war eine Machtfrage, und der Machtwille ging von den Dynastien aus, in deren Händen die Macht eben lag. Und doch läßt sich in der Geschichte immer wieder beobachten, daß ganz bestimmte Zielrichtungen des Machtstrebens ständig wiederkehren. Die Mittel wechseln und die äußeren Motive wechseln, das Ziel bleibt unverändert. Wie eben der Drang nach einem Zusammenschluß im Donauraum im Verlaufe fast eines Jahrtausends immer wiederkehrte. Der historische Raum, scheint's, besitzt eine Eigengesetzlichkeit, und er zwingt denen, die Geschichte machen oder mit denen Geschichte gemacht wird, ihr Handeln und ihr Erdulden auf.

Zur Besiegelung des Paktes jedenfalls kam König Ottokar am 25. November 1276 in Rudolfs Feldlager. Die Österreicher sehen diesen entscheidenden Tag ihrer Frühgeschichte schon seit langem in hochdramatischer Form, mit des Dichters Augen. Wer seinen Grillparzer gelesen hat – obligate Lektüre im Deutschunterricht für die Unterstufe –, weiß Bescheid. Oder glaubt, Bescheid zu wissen.

Die Fabel vom zusammenbrechenden Zelt, das den gedemütigten Böhmenkönig im Staube vor Rudolf preisgab, tauchte schon in der Chronik des Aeneas Silvius Piccolomini auf.[12] Daß Grillparzer sich den dramatischen Effekt nicht entgehen ließ, ist begreiflich, auch wenn er schon längst gewußt haben mußte, daß sich alles ganz anders abgespielt hatte. Warum auch nicht? Es hatte ja auch Schiller seligen Angedenkens den

Böhmen des perlenden Weins schenken lassen. Im übrigen war König Ottokars Glück so oder so zu Ende.

Der Vertrag von Wien und die vereinbarte Doppelhochzeit lösten den Machtkonflikt nicht. Daß Rudolf die Babenberger Erbschaft seinen Söhnen zuwenden wollte, verstimmte die Kurfürsten, die schließlich einen machtlosen König hatten haben wollen. Verstimmt waren auch die Standesherren der österreichischen Lande und die Bürger von Wien, denn die wieder hatten sich vom Aussterben der Babenberger und vom Konkurrenzkampf der Erben neue Privilegien erhofft. Ein starker Herr kam ihnen denkbar ungelegen.

1278, zwei Jahre nach Ottokars Kniefall: Der österreichische Adel revoltierte, und der Böhmenkönig vergaß alle Abmachungen, als er plötzlich die Chance sah, sich wiederum in Wien und Umgebung festzusetzen. Bei Drosendorf und Laa an der Thaya tauchten seine Truppen auf. Rudolf setzte bei Hainburg über die Donau, zog nordwärts. Über die March kamen die Ungarn zu Hilfe; sie gedachten, den Konflikt für sich auszunützen.

Schlacht bei Dürnkrut und Jedenspeigen auf dem Marchfeld am 26. August 1278. Es soll die größte Schlacht im Verlaufe von Jahrhunderten gewesen sein; 30.000 Mann auf jeder der beiden Seiten.

Die Entscheidung für die nächsten 650 Jahre. Hätte Ottokar gesiegt, wer könnte sagen, was dann aus dem so plötzlich hochgekommenen Hause Habsburg geworden wäre? Gut denkbar, daß eine Niederlage den König Rudolf samt Frau und Kinderschar wieder in das bedeutungslose Dunkel der Provinz zurückgestoßen hätte.

So aber siegte Rudolf. Ottokar verlor mit der Schlacht auch sein Leben. Und die Habsburger blieben bis 1918 in dem Raum, den Rudolf mit dieser einzigen Schlacht gewonnen hatte.

Im selben Jahr, 1278, war Iglau der Schauplatz der zwei Jahre zuvor ausgehandelten Doppelhochzeit. Jetzt, nach dem Sieg, nach Ottokars Tod, bekam die Eheverbindung für Rudolf erst ihren ganzen Sinn.

Es muß wohl ein groteskes Bild gewesen sein, dieses Schaugepränge einer Kinderhochzeit; da traten vor den Traualtar der Böhmenkönig Wenzel mit seinen ganzen acht Jahren und die nicht ältere Tochter Guta des deutschen Rudolf. Das zweite Paar waren Rudolfs Sohn gleichen Namens und Ottokars Tochter Agnes. Und wie sich ein Vierteljahrhundert zuvor kein Priester gescheut hatte, die absonderliche Ehe zwischen dem zweiundzwanzigjährigen Ottokar und der sechsundvierzigjährigen Margarete einzusegnen, so scheute sich auch jetzt kein Priester, die hilflosen, von ihren Verwandten zum Traualtar wie zur Schlachtbank geführten Kinder zu trauen. Das heilige Sakrament der Ehe diente zur Bemäntelung eines politischen Aktes. Die Mächtigen, die diese Ehekomödie inszeniert hatten, konnten zufrieden sein.

König Rudolfs Spekulation ging zunächst fehl. Seine Tochter Guta und sein Sohn Rudolf starben vor Ottokars Sohn Wenzel und dessen Tochter Agnes. Das sollte später zu einem ersten blutigen Bruderzwist in Habsburg führen.

Die Königin Anna spielte in all diesen Jahren keine politische Rolle. Sie blieb die treue und offenbar innig geliebte Ehefrau des deutschen Königs.

Diesen ersten Habsburger auf dem deutschen Königsthron sah man später gerne als den Befrieder des Reiches, den Wiederhersteller seiner alten Herrlichkeit. Rudolf hatte in dieser Hinsicht wenig Ehrgeiz; zumindest nicht, was äußerlichen Glanz betraf. Er verzichtete auf den Romzug, um sich vom Papst die Kaiserkrone zu holen. Die Weltmachtträume seiner Nachfahren störten kaum jemals seinen Schlaf. Er blieb ein nüchterner Hausvater, der an sein eigenes Königreich dachte. »Krämerkönig« nannten ihn manche, weil er sich für so kleinbürgerliche Fragen interessieren konnte, beispielsweise dafür, wie sich mit Fischen und Wein zwischen Köln und Straßburg gute Geschäfte machen ließen.[13] Ein geistreicher Literat schrieb über diesen Rudolf: »Seine Haupttat, die Besiegung Ottokars von Böhmen, war eine wohlangelegte und geschickt durchgeführte Handelsspekulation in mittelalterlichem Stil. Heutzutage würde Rudolf an der Börse spielen, damals mußte er Schlachten schlagen, um seinen Söhnen das schöne Österreich zu erwerben.[14]

Und er mußte Ehen stiften, wäre noch hinzuzufügen. Trotz des vollkommenen Sieges über Ottokar blieb er, kühner Rechner, der er war, versöhnlich. Er ließ dem Sohn des getöteten Feindes, dem kleinen Wenzel, der zugleich sein Schwiegersohn war, das böhmische Erbe. Und er brachte seine übrigen Töchter an den Mann: Tochter Mechtildis wurde mit dem Herzog von Bayern verheiratet, Tochter Gertrud mit dem Herzog von Sachsen, und Clementia, die jüngste, wurde sogar bis nach Neapel geschickt, um dort den späteren König Karl III. aus dem Hause Anjou zu ehelichen.[15]

Ein Vierteljahrhundert zuvor war Rudolf von Habsburg noch ein kleiner Landgraf im Elsaß gewesen; jetzt versorgte er die wichtigsten Herrschergeschlechter Europas mit habsburgischem Blut. Er hätte auch gerne England auf die Liste seiner Verwandten gesetzt. Vor allem, weil die englische Prinzessin Johanna das Arelat als Heiratsgut zu erwarten hatte. Doch der für Johanna bestimmte Sohn Hartmann ertrank vor der Hochzeit im Rhein.

Als die Königin Anna, geborene Gräfin Gertrud von Hohenberg, nach achtundzwanzig Ehejahren 1281 starb, gab Rudolf nicht auf. Obwohl schon 63 Jahre alt, sah er selbst sich noch einmal nach einer Frau um. Er fand die ihm passend scheinende Braut in Gestalt der vierzehnjährigen Elisabeth von Burgund, auch Isabella genannt. Der Altersunterschied von mehr als einem halben Jahrhundert störte niemanden.

Das war der erste burgundische Versuch der Habsburger; Vorläufer des großen Plans, sich im Westen des Reiches festzusetzen. Er blieb bedeutungslos. Elisabeth hatte ihrem alten Mann nicht viel mehr in die Ehe mitzubringen als die Verwandtschaft mit einem weiteren Herrscherhaus in Europa. Fast zwei Jahrhunderte später sollte dann Maximilian, der letzte Ritter, den Vorstoß nach dem Westen im großen Stil wiederholen, als er die burgundische Universalerbin Maria heiratete. Damit setzte die weltweite Geltung des Hauses Habsburg ein. Da hatten die Nachfahren des »armen«

Grafen, nüchternen Hausvaters und »Krämerkönigs« aber auch schon das süße Gift des abendländischen Kaisertraums in der Erbmasse.

Rudolf selbst dürfte noch keineswegs »europäisch« gedacht haben, als er sich zuerst im Donauraum festsetzte und es dann auch im burgundischen Raum versuchte; er handelte lediglich familiengemäß, aus der Sicht des hochgekommenen, letztlich aber doch in beschränktem Rahmen bleibenden Landgrafen.

Elisabeth von Burgund, die zweite Habsburgerkönigin der Geschichte, scheint eine auffallend liebliche junge Frau gewesen zu sein. Der würdige Bischof von Speyer war von ihrer Schönheit so hingerissen, daß er sie küßte, als er ihr einmal aus dem Wagen half. Wie immer des Bischofs Gefühle gewesen sein mögen, der alte König war über die Vertraulichkeit des Kirchenfürsten so erbost, daß er ihn aus Deutschland verbannte.

Die zweite Ehe dauerte sieben Jahre. Kindersegen gab es keinen mehr. Als Rudolf 1291 starb, 73 Jahre alt, war die junge Frau bis zuletzt bei ihm und ebenso seine böhmische Schwiegertochter Agnes. Er muß wohl auch im Alter ein Mann gewesen sein, den die Frauen verehrten. Daß er ein Frauenheld gewesen wäre, wird nirgends berichtet. Soweit Frauen seine Wege kreuzten, waren sie ihm Mittel zum Zweck seiner Politik.

Familienpolitik gleich Staatspolitik. Solange Rudolf lebte, hielt er die Familie Habsburg mit starker Hand zusammen. Manches an diesem Familiensinn, der das Wohl der beherrschten Lande mit dem Glück der Dynastie gleichsetzte, erinnert an den letzten Großen des Hauses Österreich, Franz Joseph. Der eine, der ein Reich schuf; der andere, der ein zerfallendes Reich zusammenzuhalten bemüht war. Man ist versucht zu sagen: beide im gleichen Familiengeist. Dazwischen allerdings lag ein halbes Jahrtausend. Und Franz Joseph, der noch aus jener Welt des Gottesgnadentums kam, das während dieses halben Jahrtausends Geltung hatte, mußte am Ende seines Lebens feststellen, daß die Gleichung (»Dynastie = Reich«) nicht mehr aufging.

Rudolf hinterließ eine wohlbestellte Erbschaft: ein über nahezu das gesamte Abendland gespanntes Ehenetz, das nach menschlichem Ermessen seiner Zeit die beste Garantie für die künftige Größe war. Franz Joseph hatte ähnlich gedacht; er jedoch hinterließ ohne eigene Schuld ein familiäres Trümmerfeld.

»Du, glückliches Österreich, heirate!« Der Spruch wurde zwar erst auf die Heiratspolitik des letzten Ritters bezogen, doch er gilt schon für Rudolf, den Familiengründer. Rund um Franz Joseph dagegen hat das Haus Österreich fast nur noch unglücklich oder unglückselig geheiratet. Eine ganze Serie von Ehen ging schief, endete mit blutigen Tragödien, ob nun die Vernunft über das Gefühl gestellt worden war oder umgekehrt. Franz Josephs eigenes Ehedrama mit der bayerischen Elisabeth, die Tragödie des Maximilian von Mexiko und die Tragödie des Kronprinzen Rudolf, die Liebesehe des Thronfolgers Franz Ferdinand mit ihrem entsetzlichen Ende – sie alle schlossen sich als Glieder einer Kette des Verhängnisses aneinander: familiäre Trauersymphonie als Begleitmusik zum Untergang des Reiches.

Als König Rudolf 1291 in Straßburg sein Ende nahen spürte, ließ er sich nach Speyer bringen, um in der alten Kaiserstadt zu sterben und neben seinen kaiserlichen Vorgängern begraben zu werden. Der Gedanke, etwa in Wien zu sterben und hier zu ruhen, kam ihm nicht. Er hatte Österreich für seine Söhne erobert. Als Österreicher fühlte er sich deshalb noch nicht. Seine Heimat war das Reich; das ganze Deutschland. Schon die nächste Habsburgergeneration dagegen sollte Österreich als Stammland und Ausgangspunkt aller Herrscherziele betrachten.

Der Graf von Habsburg auf dem deutschen Königsthron mochte sich zwar in seinem Kampf gegen Ottokar von Böhmen von wahrhaft königlicher Überlegenheit erwiesen haben, als Familienoberhaupt blieb er ein Kind seiner Zeit und seiner Familientradition. Was da hieß: Er erfaßte die Bedeutung der Machtkonzentration in einer Hand offenbar nicht. Wie sein Großvater, Rudolf der Alte, den elsässischen Grundbesitz noch unter seine Söhne verteilt hatte, so gedachte auch Rudolf das eroberte Land im Donauraum zu teilen. An die blutigen Erbstreitigkeiten, die Rudolf der Alte damit ausgelöst hatte, dachte er nicht.

Dem Augsburger Reichstag von 1282 rang Rudolf die Zustimmung ab, seine Söhne Albrecht und Rudolf gemeinsam mit der Hinterlassenschaft der Babenberger zu belehnen: Österreich unter und ober der Enns, die Steiermark, Kärnten, Krain und die Windische Mark. Auf Kärnten leisteten die Habsburger allerdings gleichzeitig wieder Verzicht zugunsten des Grafen Meinhard von Tirol, dem die Waffenbrüderschaft gegen Ottokar schließlich honoriert werden mußte. Da sollte die Ehe des Königssohnes Albrecht mit Elisabeth von Tirol, der Tochter Meinhards, die Türen für die Zukunft offenhalten. Der Tod kam den Habsburgern auch prompt zu Hilfe, wie so oft in der Geschichte: Meinhards Sohn Heinrich starb ohne männliche Erben. Er hinterließ nur eine Tochter, die nachher so berühmt gewordene Margarete Maultasch, und über sie kam dann nicht nur Kärnten, sondern auch Tirol an Elisabeths Nachkommenschaft.

Die ursprünglich angestrebte Doppelherrschaft der beiden Brüder bewährte sich nicht. Rudolf blieb bedeutungslos im Schatten seines kraftstrotzenden Bruders Albrecht, und der österreichische Adel wollte *einen* Herzog haben, nicht deren zwei mit höchst unterschiedlichen Auffassungen. Schon ein Jahr später änderte König Rudolf deshalb die Regentschaft: Albrecht bekam die neuen Lehen allein, Rudolf sollte »entschädigt« werden. Dabei dachte der Vater zweifellos an Böhmen, denn Rudolf hatte schließlich die Schwester des knabenhaften Königs Wenzel auf dem Thron in Prag zur Frau. Nach der Marchfeldschlacht, die dem großen Ottokar den Tod gebracht hatte, war außerdem schon die Markgrafschaft Mähren als Pfand für die von Böhmen zu erstattenden Kriegskosten an Rudolf übergeben worden. Mit einem Kind als Schwager, so mochte der deutsche König gehofft haben, würde sein Sohn wohl nicht allzu schweres Spiel haben. Der Erwerb Böhmens auf diese oder andere Art stand also durchaus im Bereich der Möglichkeiten. In der Wahl der Mittel, Königreiche zu gewinnen, war man schließlich nicht wählerisch.

Der Tod machte einen Strich durch diese Zukunftsrechnung – einmal entschied sich der Tod nun gegen die Habsburger. Ottokars Sohn Wenzel behauptete sich, und des Königs Sohn Rudolf starb schon 1290, ohne die versprochene Entschädigung je gesehen zu haben. Das Kind, das zurückblieb, aufgezogen mit dem Gefühl des Betrogenen, war dann jener Johann Parricida, der seinen Onkel Albrecht tötete.

Erst später, 1308. Zunächst einmal, nach König Rudolfs Tod, war die gesamte Macht des Hauses Habsburg unvorhergesehen in einer Hand vereinigt: Albrecht. Die Kurfürsten, die Anno Domini 1273 den scheinbar so ungefährlichen Grafen von Habsburg gewählt hatten, weil sie den mächtigen Ottokar fürchteten, sahen sich nunmehr einem noch mächtigeren Herrscher im Osten des Reiches gegenüber. »Herrgott im Himmel, sitze fest, sonst nimmt dir dieser Rudolf seinen Platz«, soll der Bischof Heinrich von Basel ausgerufen haben, als er 1273 von Rudolfs Königswahl erfahren hatte. Der Graf von Habsburg trug damals eben eine seiner Fehden gegen den Basler Kirchenfürsten aus, und dem ehrwürdigen Bischof mußte die plötzliche Standeserhöhung seines Widersachers naturgemäß als ein Werk des Teufels erscheinen. Und dabei war Rudolf nur der »arme Graf«.

Achtzehn Jahre später war sein Sohn Albrecht schon der reiche Herzog. Und zum Unterschied von seinem Vater galt er weder als leutselig noch als biederer Hausvater, sondern als herrisch und gewalttätig. Was der Bischof von Basel angesichts von Rudolfs Königswahl eher rhetorisch befürchtet hatte, das traute man dem Sohn Albrecht bei einer eventuellen Erhebung zum deutschen König schon viel eher auch in der Praxis zu. Die Nachricht vom Übergang der Herrschaft auf Albrecht genügte beispielsweise, daß die drei Kantone Schwyz, Uri und Unterwalden sich zu einem Schutz- und Trutzbündnis zusammenschlossen. Sie grenzten an die habsburgischen Stammlande im Südwesten des Reiches und mußten ernsthaft damit rechnen, daß Albrecht in seinem Macht- und Landhunger versuchen würde, sie demnächst zu vereinnahmen. Auch die Kurfürsten waren verstört. Sie hatten es schon ihrem König Rudolf ein Jahr vor dessen Tod auf dem Reichstag zu Erfurt abgeschlagen, seinen Sohn Albrecht als Nachfolger zu akzeptieren. Jetzt, 1291, nach Rudolfs Tod, dachten sie erst recht nicht daran, ihn zu wählen. Sie einigten sich auf den Grafen Adolf von Nassau. Der war noch viel unbedeutender, als es der Graf Rudolf von Habsburg je hätte sein können. Und weit und breit zeigte sich kein böhmischer Ottokar, den man besiegen und beerben hätte können. Ein König also ganz nach dem Geschmack der Mächtigen im Reich.

Der Herzog Albrecht von Österreich huldigte dem machtlosen neuen König Adolf unverzüglich. Das war ein Akt der Klugheit, nicht der Unterwerfung. Denn daß Albrecht den Nassauer Grafen als einen Usurpator betrachtete, der ihm die deutsche Königskrone sozusagen gestohlen hatte, stand für ihn von Anfang an außer Zweifel.

Zum erstenmal zeichnete sich das Phänomen ab, das die Habsburger von da an durch die europäische Geschichte begleiten sollte: Gottesgnadentum in der Wahlmonarchie. Von König Rudolfs Sohn Albrecht an hatten sich die Habsburger niemals damit abfinden können, daß die deutsche Krone einem anderen Geschlecht zufiel, und in späteren Zeiten war es nicht nur die Frage der Macht, die sie an dieser Krone festhalten ließ, denn da war mit der deutschen Kaiserwürde kaum noch ein Schatten der Macht von einst verbunden. Es war die Größe des Hauses, an die man sich klammerte, je geringer die Macht wurde!

Das Recht der deutschen Kurfürsten, ihr Oberhaupt frei zu wählen, blieb formal unangetastet bis zum letzten römischen Kaiser im Deutschen Reich, Franz II.[16] Trotzdem haben die Habsburger die Kaiserkrone, die schließlich auch als Prunkstück in ihrer Schatzkammer blieb, stets als ihr Eigentum betrachtet. Nicht durch die Wahl der Kurfürsten, sondern von Gottes Gnaden dem Haus Österreich zugewendet. Schon sehr bald schien ihnen das Wahlrecht der Kurfürsten nicht viel mehr als eine Verpflichtung, mit traditioneller Selbstverständlichkeit das habsburgische Familienoberhaupt zum König beziehungsweise Kaiser zu wählen. Der Ausbruch aus dieser »Pflicht«, die freie Wahlentscheidung gegen einen Habsburger, wurde beinahe als Verrat ausgelegt. Der usurpierte Anspruch, für den es keine Rechtsgrundlage gab, war in der habsburgischen Gedankenwelt so fest verankert, daß man es in Wien um das Jahr 1740 nur natürlich fand, die Kaiserwürde nun auch für das angeheiratete neue Familienoberhaupt, den Lothringer Franz Stefan, zu reklamieren. Wie die österreichischen Erblande durch Heirat an das Haus Lothringen übergingen, so wollte man es auch mit der römischen Kaiserkrone halten.[17] Tatsächlich hat es seit Albrechts II. Königswahl vom Jahre 1438 nur noch Habsburger und nach ihnen Habsburg-Lothringer als solche »Gewählte von Gottes Gnaden« gegeben – mit der einzigen Ausnahme jenes Wittelsbachers Karl VII., den die Kurfürsten 1742 nominierten, als mit dem Aussterben der Habsburger im Mannesstamm die Gelegenheit günstig schien, das Haus Österreich endlich loszuwerden. Sonst aber haben die Habsburger ihre Wahl immer durchzusetzen vermocht; und sei es mit barem Geld, das beispielsweise Karl V. sich von den Fugger vorstrecken lassen mußte, damit er 1519 gewählt werden konnte.

Zuerst das Streben nach Macht, dann die Erhebung des Erzhauses über alle anderen Herrschergeschlechter: so verlief der habsburgische Weg durch die Geschichte. Parallel mit der wachsenden Selbstverständlichkeit der römischen Kaiserwürde für das Haus Österreich bildete sich die wachsende Selbstverständlichkeit der standesgemäßen Ehen heraus; die Forderung nach der Ebenbürtigkeit der Habsburgerbräute. Zuerst sollten die Heiraten Besitz einbringen; von Grafentöchtern schritt man zu Königstöchtern vorwärts, doch es gab in der habsburgischen Frühzeit durchaus noch tragbare »Rückfälle« – wenn König Rudolfs Enkel Albrecht II. etwa die Gräfin von Pfirt heiratete, um die habsburgischen Vorlande im Raume von Basel auszuweiten. Zweihundert Jahre später allerdings konnte Ferdinand von Tirol die schöne Augsburger Kaufmannstochter Philippine Welser nur noch zur morganatischen Frau nehmen. Seinem Onkel Karl V. hatten die Konkurrenten der Welser, die Fugger, mit ihrem Geld zwar zum Kaiserthron verholfen, sie stiegen später dem Namen nach in den Stand von Reichsfürsten auf, aber das hieß noch lange nicht, daß sie auch als Ehefrauen für die Habsburger willkommen gewesen wären. Obwohl sie mehr Geld – und damit mehr Macht – hätten mitbringen können als so manche ebenbürtige Prinzessin.

Knapp vor dem Untergang der Dynastie sollte dann der Kaiser Franz Joseph mit unnachgiebiger Härte dagegen ankämpfen, daß ein österreichisch-ungarischer Thronfolger eine einfache Gräfin Chotek heiratete. Damals wurde sogar eine spezielle Liste aller europäischen Adelsfamilien angelegt, die als »standesgemäß« gelten konnten. Seinem Großneffen, dem nachmaligen Kaiser Karl, teilte Franz Joseph unmißverständlich mit, daß beispielsweise nicht einmal eine Prinzessin Hohenlohe für einen österreichisch-ungarischen Thronfolger ebenbürtig genug sei; die Braut eines künftigen Monarchen habe aus einem regierenden oder zumindest ehemals regierenden Haus zu kommen. Das eherne Gesetz der Ebenbürtigkeit galt nicht nur für die unmittelbaren Thronerben, sondern auch für Erzherzoge, die meilenweit vom Thron entfernt standen.

Der »Wert« einer Ehefrau für die Dynastie des Hauses Österreich setzte sich solcherart schließlich aus drei Komponenten zusammen: Die Braut sollte machtpolitisch nutzbare Verbindungen schaffen; die Braut hatte als spätere Ehefrau für Kindersegen und damit für die Erben zu sorgen; und der Stand der Braut mußte schließlich dazu beitragen, den Status der Dynastie unerreichbar für alle gewöhnlichen Sterblichen in den Höhen des Gottesgnadentums zu fixieren.

Eine bescheidene Kleinigkeit wurde bei allen diesen standesgemäßen Ehen mit ebenbürtigen Bräuten im Laufe der habsburgischen Jahrhunderte allerdings nicht für wesentlich erachtet: Liebe. Daß es trotzdem glückliche Habsburgerehen gab, scheint fast wie ein Wunder.

Elisabeth von Tirol, die ihr Vater Meinhard als achtjähriges Kind an den jungen Albrecht von Habsburg verheiratet hatte, wurde schließlich doch noch deutsche Königin.

Daß Albrecht sich mit dem »Verlust« der Königswürde nicht abzufinden gedachte, war vorauszusehen gewesen. Der österreichische Herzog war nicht nur ein Mann der harten Hand, der eine ganze Reihe von Aufständen in seinen Landen brutal unterdrückte, er war auch ein raffinierter Verschwörer. Er brachte die Kurfürsten, die ihn noch ein paar Jahre zuvor wie die Pest gefürchtet hatten, schließlich dazu, ihn zum Gegenkönig gegen Adolf von Nassau zu wählen.

Albrecht hatte die Macht, dieser Wahl auch in der Praxis Nachdruck zu verleihen. Er zog gegen König Adolf zu Felde; in der Reiterschlacht bei Göllheim besiegte er seinen Widersacher nicht nur, er fügte ihm im Kampfgetümmel auch noch höchstpersönlich die tödliche Verwundung zu.

Daß Wahlen eben nur dann einen Wert besaßen, wenn hinter ihnen die Macht stand, sollten die Kurfürsten sehr schnell zu spüren bekommen. Sie wurden des landhungrigen Österreichers auf dem deutschen Königsthron nämlich schon bald wieder überdrüssig.

Im Jahre 1300 versuchte Albrecht, die Lande der eben ausgestorbenen Grafen von Holland, Seeland und Friesland an sich zu bringen – so wie ein Vierteljahrhundert zuvor sein Vater Rudolf die Lande der ausgestorbenen Babenberger am anderen äußersten Ende des Reiches an sich gebracht hatte. Die vier rheinischen von den sieben Kurfürsten erklärten den König daraufhin seiner Krone für verlustig – so unmittelbar an den Grenzen ihres eigenen Machtbereiches wollten sie den Habsburger nicht haben. Sie setzten Albrecht wieder ab!

Die Begründung für die Absetzung war einzigartig: Albrecht, hieß es, habe sich gegen seinen Herrn und König Adolf von Nassau erhoben und ihn sogar getötet! Daß die vier rheinischen Kurfürsten – die Erzbischöfe von Köln, Mainz und Trier und der Pfalzgraf vom Rhein – knapp zwei Jahre zuvor selbst emsige Teilnehmer an der Verschwörung gegen Adolf von Nassau gewesen waren, vergaßen sie verabredungsgemäß. Weil aber all das keine Rechtsfrage, sondern nur eine Machtfrage war, blieb die Absetzung eine Farce: Die vier hatten nicht die Macht, ihren Beschluß auch durchzusetzen. Albrecht blieb König, und Elisabeth von Tirol blieb neben ihm Königin bis zu jenem Tag im Jahre des Herrn 1308, an dem der sich um sein Erbe geprellt fühlende Neffe Johann zum Dolch griff.

Mit knapp 42 Jahren war Elisabeth schon wieder Witwe. Dazwischen hatte sie nicht weniger als 21 Kinder zur Welt gebracht. Unter den an Nachkommenschaft wahrhaft nicht armen Habsburgerfrauen hielt sie damit vom Anfang bis zum Untergang der Dynastie die Spitze.

Die Ehe endete zu Füßen des Stammsitzes der Familie, der Habsburg, auf der Hochebene im heutigen schweizerischen Kanton Aargau. Dort hatte Rudolfs Sohn Albrecht eben den Fluß Reuß überquert, als vier hochadelige Herren über ihn herfielen. Einer von ihnen war Johann, sein Neffe, seither als Johann Parricida in den Geschichtsbüchern zu finden. Tatmotiv des Königsmordes für die drei Standesherren: stolze Empörung über einen Herrscher, dessen straffes Regime freie Ritter zu Untertanen degradieren wollte. Für Johann: Enttäuschung eines Prinzen über den Verlust seines Erbes.

Die Dynastie war in zweiter und dritter Generation noch keineswegs so fest gefügt, daß die Familienangehörigen dynastische Größe als unantastbar über den eigenen Ehrgeiz gestellt hätten. Das oberste Hausgesetz, das später jeden Erzherzog dem absoluten Patriarchat des Kaisers unterwarf, jener zuletzt noch von Franz Joseph mit unnachgiebiger Härte gehandhabte Grundsatz, war damals noch lange nicht postuliert. Den Bruderzwisten in Habsburg standen alle Tore offen.

Die Habsburger sind als eine geradezu heiratswütige Familie in die landläufige Lesebuchhistorie eingegangen. Vermöge ihres Familiensinns, schien's, hatten sie halb Europa und schließlich noch die Neue Welt unter ihre Herrschaft gebracht. Das solcherart gezeichnete Bild stimmt nicht ganz. Man sollte eher von einem Clan sprechen, der sich zumindest in den ersten habsburgischen Jahrhunderten auf eine Art Kollegialherrschaft geeinigt hatte. Modern ausgedrückt: Es gab da kein Familienunternehmen mit einem einzigen Chef, sondern eine Holdinggesellschaft. Noch treffender wäre der Vergleich mit einem Konzern, in dem die Geschäftsführer der Einzelunternehmen mitunter recht eigenwillig ihre durchaus partikularistische Firmenpolitik führten. Oft genug auch gegeneinander. Nur das heiliggehaltene Erbrecht brachte es mit sich, daß soundso viele Male in der Geschichte der gesamte Familienbesitz wieder in einer Hand zusammenkam.

Die Habsburgergrafen in der heutigen Schweiz kannten nicht das Majorat, das Erbrecht des Ältesten auf den ungeteilten Gesamtbesitz. So wurde in der Frühzeit des Geschlechts die Hinterlassenschaft immer wieder auf die Söhne aufgeteilt. Zunächst hielt man es mit den gräflichen Landen so. Dann mit den neu erworbenen Herzogtümern im Donauraum, so daß im 16. und 17. Jahrhundert österreichische, steirische und tirolerische Linien der Habsburger entstanden. Auf dem Höhepunkt der Macht des Hauses hatte sogar Karl V. sein Weltreich mit seinem Bruder Ferdinand geteilt. Erst der letzte aus der direkten Nachkommenschaft der Grafen von Habsburg, Karl VI., machte durch die Pragmatische Sanktion der immer wiederkehrenden Erbteilung auch offiziell ein Ende.

Von Elisabeth war schon die Rede. Sie war eine kluge, geschäftstüchtige Frau, die gewisse kaufmännische Talente besaß. Der Bau der Salinenanlagen im Salzkammergut geht auf ihre Anregung zurück; und sie vergaß auch nicht, sich einen Teil der Einnahmen als Nadelgeld zu sichern. Im übrigen tat sie mit ihrem Kinderreichtum für die Dynastie, was immer sie vermochte. 21 Kinder, wie gesagt, im Laufe einer vierunddreißigjährigen Ehe.

Die Ziffern täuschen allerdings; der Kindersegen war noch kein sicherer Garant für den Bestand der Dynastie. Die Kindersterblichkeit war groß, und auch die Söhne und Töchter fürstlicher Häuser hatten bei aller Pflege nicht viel mehr Chancen zu überleben als die Nachkommenschaft der armen Leute. Von den sechs Söhnen der Tirolerin, die das Mannesalter erreichten, blieb schließlich nur ein einziger als Bewahrer der Dynastie übrig. Und dieser eine, einzige, war ein Kranker. Albrecht, in der habsburgischen Familienchronik der Zweite genannt. Und gerade diesen Albrecht hatte die Familie zunächst gar nicht wichtig genommen; so wenig bedeutungsvoll erschien er, daß man ihn die ebensowenig bedeutende Gräfin Johanna von Pfirt heiraten ließ, die dem Hause Habsburg nichts anderes mitzubringen hatte als einige Besitztümer im Gebiete des Stiftes Basel – in jener Landschaft, um die sich schon Rudolf von Habsburg vor seiner Königswahl mit dem Bischof Heinrich herumgeschlagen hatte.

Da war König Albrecht für seine anderen Söhne in Sachen Ehestiftung emsiger tätig gewesen. Er setzte mit ihnen fort, was schon sein Vater Rudolf begonnen hatte: die Durchdringung der europäischen Königshäuser mit Habsburgerblut.

Rudolf, der älteste Sohn, heiratete Blanche von Valois, Schwester des französischen Königs Phillip IV. Die Ehe blieb kinderlos, und Rudolf starb schließlich noch vor seinem Vater, dem König Albrecht.

Der zweite Sohn war Friedrich, der mit dem Beinamen eines »Schönen« als unglücklich-erfolgloser Nachfolger Albrechts auf dem deutschen Königsthron in die Geschichte eingehen sollte.[18] Er heiratete Isabella von Aragon, die Tochter des dortigen Königs Jakob. Die Söhne aus dieser Ehe starben jung. Die Kinder und die meisten Enkel der Elisabeth von Tirol waren von Jugend an schwach, für Krankheiten anfällig; Folge der Inzucht in dem Grafengeschlecht.[19]

Der dritte Sohn: Leopold. Noch ein Versuch mit einem mächtigen Geschlecht: Leopold heiratete Katharina von Savoyen. Noch ein Fehlschlag: nur Töchter als Nachkommenschaft.

Der vierte Sohn, Heinrich, mit einer Gräfin Elisabeth von Virneburg verheiratet, starb kinderlos.

Der letzte Sohn, Otto, schließlich versuchte es gleich zweimal mit Bräuten aus mächtigen Häusern: Zuerst heiratete er Elisabeth von Bayern, doch die beiden Söhne aus dieser Ehe starben früh und kinderlos. Dann nahm er Anna von Böhmen, und da gab es überhaupt keine Kinder mehr.

Blieb als letzte Hoffnung des Hauses, als einziges von den 21 Kindern, der 1298 geborene Sohn Albrecht.

Albrecht, der sich den Beinamen »der Weise« verdiente, weil er es verabscheute, Kriege zu führen, weil er dafür lieber Handel und Gewerbe förderte, weil er die Streitlust des Adels unterdrückte, die religiöse Intoleranz und die Judenverfolgung bekämpfte und weil er nicht so sehr an die deutsche Königskrone und an neue Herzogtümer dachte, dafür aber für Ordnung in seinem österreichischen Erbe sorgte.

Albrecht, den man auch »den Lahmen« nannte, weil er – dreißigjährig – an einem mysteriösen Leiden erkrankte, das ihm Arme und Beine lähmte, so daß er fortan meist nur in einer Sänfte fortbewegt werden konnte. Mit dieser Sänfte, so scheint es, mußte man ihn auch ins eheliche Schlafzimmer tragen, und dort ereigneten sich dann wahre Wunder: Der Herzog, der bis zu seiner Erkrankung schon sechs Jahre lang kinderlos verheiratet war, begann nun mit einemmal, Söhne zu zeugen.

Vier Söhne schließlich; die Erben des Hauses Österreich. Die seltsame Frau, die dieses Kunststück zuwege brachte, als Ehefrau eines Gelähmten und noch dazu in reichlich fortgeschrittenem Alter die Dynastie der Habsburger vor dem Aussterben zu retten, bevor das Haus noch zur kaiserlichen Größe aufgestiegen war, diese seltsame Frau war die Gräfin Johanna von Pfirt.

Kapitel 2 Du, glückliches Österreich, heirate

Von Johanna von Pfirt bis Maria von Burgund

Der verblüffende Kindersegen eines gelähmten Herzogs
Das seltsame Leben der Margarete Maultasch
Böhmen und Ungarn werden wieder einmal erheiratet
Krieg um einen nachgeborenen Sohn
Friedrichs des Dritten Brautfahrt
Die Tragödie der Eleonore von Portugal
Eine reiche Erbin wartet auf ihren Retter
Maria von Burgund und Maximilian
Anne de Bretagne und ihre beiden Bewerber
Maximilian läßt den Ritter von Polheim für sich heiraten
Der »Brautraub von Britannia«
Die dritte Ehefrau kommt aus Mailand
Die spanischen Hoffnungen für Maximilians Sohn und Tochter

Johanna von Pfirt trug sich mit der ersten historisch faßbaren Schlafzimmeraffäre in die habsburgische Familienchronik ein.

Unfreiwillig, und allem Anschein nach auch vollkommen schuldlos. Immerhin muß der Tratsch rund um die Ehe des Herzogs Albrecht II. von Österreich damals, um die Mitte des 14. Jahrhunderts, gewaltige Ausmaße erreicht haben; dem vergleichbar, was heutzutage die skandalumwitterten Liebesgeschichten gekrönter Häupter umgibt. Und das alles vor mehr als einem halben Jahrtausend, ohne Zeitungen, ohne Illustrierte, ohne Fernsehen. Ohne die berühmt-berüchtigten »Massenmedien« also, die in der zweiten Hälfte des 20. Jahrhunderts die Schlüssellöcher allerhöchster Schlafzimmer zur Aussichtswarte für ein in Sachen blaublütiger Erotik sensationslüsternes Millionenpublikum machen.

Johanna von Pfirt, Gräfin aus der Gegend um Basel, die Frau eines Gelähmten, der sich nur per Sänfte fortbewegen konnte – so zumindest die Historie –, und die dennoch vier Söhne zur Welt brachte! Da mußten die Leute doch reden; und sie redeten so ausgiebig, daß das Gerede bis heute überliefert ist. So weit ging der vermeintliche Skandal, so ungeniert wurde der Klatsch über den vermeintlichen permanenten Ehebruch der Herzogin, daß Albrecht, der Ehemann, sich schließlich zu einer einzigartigen Maßnahme veranlaßt sah: In einer hochoffiziellen Erklärung anerkannte er Johannas Kinder als seine Söhne; bekräftigte damit, daß er der Vater der so überraschend eingetroffenen Nachkommenschaft sei. Er und kein anderer – und er mußte es schließlich wissen.

Man darf dem Herzog heute noch glauben. Rauh, wie die Sitten damals waren, hätte Albrecht II. zweifellos radikale Maßnahmen nicht gescheut, wäre er der Ansicht gewesen, daß ihn sein Eheweib betrogen hatte. Noch dazu viermal hintereinander!

Johanna von Pfirt war 24 Jahre alt, als sie 1324 den damals sechsundzwanzigjährigen Albrecht heiratete. Und sie heiratete in ein verwirrendes Durcheinander innerhalb der Großfamilie Habsburg hinein.

Der glänzende Aufstieg des Hauses im Verlaufe von nur zwei Generationen hatte sich in wenigen Jahren ins Gegenteil verkehrt, und es schien ganz so, als sollten die Habsburger mit den Söhnen des Königs Albrecht, in dritter Generation also, schon wieder aus der hell bestrahlten Szene der Weltgeschichte abtreten. Alle Hoffnungen, die sich Rudolfs stolzer, herrschsüchtiger Sohn Albrecht gemacht hatte, als er noch zu Lebzeiten Ehebeziehungen für Söhne und Töchter nach allen Himmelsrichtungen des Kontinents hin anknüpfte, schienen schon bald nach seinem Tode dahin.

Da war zunächst die Hoffnung auf Böhmen gewesen. Immer wieder der Versuch, Böhmen und Österreich durch Ehebande und Erbschaften dauernd zu vereinigen!

Böhmen also: Im Jahre 1306 wird der blutjunge Böhmenkönig Wenzel III. bei einem Kriegszug gegen die Polen in Olmütz ermordet. Knapp ein Jahr lang hat dieser Enkel des großen Ottokar II. regiert. Jetzt sterben mit ihm die Przemysliden im Mannesstamm aus. So schnell geht das Glück mächtiger Herrschergeschlechter dahin. Ein halbes Jahrhundert zuvor noch zitterten die Kurfürsten vor dem landhungrigen Böhmenkönig Ottokar; jetzt ist kein Erbe mehr da!

Die Habsburger melden sich an. König Rudolf schon hat seinen Sohn Rudolf mit Ottokars Tochter Agnes, seine Tochter Guta mit Ottokars Sohn Wenzel verheiratet. Diese erste böhmische Zukunftsspekulation schlug fehl.[1]

Jetzt nimmt König Albrecht seines Vaters Pläne wieder auf. Da ist noch Elisabeth, ehemals polnische Prinzessin, nach Gutas Tod zweite Frau Wenzels II. und Mutter des so plötzlich ums Leben gekommenen letzten Przemysliden Wenzel III. Sie wird mit König Albrechts ältestem Sohn Rudolf verheiratet, im habsburgischen Stammbaum der dritte dieses Namens, und König Albrecht verleiht diesem seinem Sohn Böhmen und Mähren als erledigte Reichslehen. Ob die Witwe so ohneweiters damit einverstanden war, den Nachfolger ihres Sohnes zu heiraten, steht in keiner Chronik vermerkt. Es spielte in dieser Zeit auch keine Rolle.

Die Habsburger jedoch haben kein Glück mit Böhmen und den böhmischen Hochzeiten. Zunächst zumindest. Wie König Rudolf seinen nach Böhmen verheirateten Sohn noch vor dem eigenen Tod verlor, so verliert auch Albrecht seinen Sohn Rudolf schon ein Jahr nach der Hochzeit. Bald darauf wird Albrecht 1308 von seinem Neffen Johann Parricida ermordet.

Parricida, der sich um sein Erbe betrogen fühlte! Mord und Totschlag um das Erbe im Hause Habsburg – es geht bergab. Aus der böhmische Traum?

Die Kurfürsten wählen keinen Habsburger zum Nachfolger des Königs Albrecht, sondern den Grafen Heinrich von Luxemburg. Albrechts überlebende Söhne fühlen sich zunächst noch zu schwach, für das böhmische Erbe in den Krieg zu ziehen. Rudolf hat, bevor er die böhmische Elisabeth heiratete, zugunsten seiner Brüder Friedrich und Leopold auf die österreichischen Länder verzichtet. Jetzt huldigen Friedrich und Leopold sofort dem neuen König Heinrich, nehmen die Belehnung mit den österreichischen Ländern auch von ihm entgegen, versprechen dafür, dem Luxemburger bei der Erwerbung von Böhmen behilflich zu sein.

Tatsächlich kann König Heinrich seinen Sohn Johann widerstandslos mit Böhmen und Mähren belehnen, und weil vom letzten Przemysliden, Wenzel III., noch eine Schwester da ist, Elisabeth, wird sie auch gleich mit Johann verheiratet.

1313 stirbt Heinrich von Luxemburg, als deutscher Herrscher Heinrich VII. Und nun fängt das Habsburgerdrama des Niedergangs erst richtig an. Ein Teil der Kurfürsten wählt Friedrich von Österreich, der Schöne genannt, ein anderer Teil den Herzog Ludwig von Bayern. Ein achtjähriger Krieg zwischen den beiden Königen beginnt.

Die habsburgischen Brüder halten zusammen; erfolglos. Bei Mühlheim werden sie 1322 geschlagen und gefangengenommen. Der schöne Friedrich ist gebrochen und zur Kapitulation bereit.[2] Nicht so Leopold – der will, gestützt auf die Franzosen, weiterkämpfen; – schließlich hat schon sein Bruder Rudolf, der später die böhmische Elisabeth nahm, in erster Ehe die Schwester des Franzosenkönigs Philipp geheiratet. Auch die französische Verwandtschaft kann den Habsburgern weder zum deutschen Königsthron noch zu sonstigen Erwerbungen verhelfen: Leopold stirbt 1326 in Straßburg.

Keine 20 Jahre nach König Albrechts Tod also sind zwei seiner Söhne dahin, der dritte nur ein halb gewählter deutscher König ohne Macht und ein gebrochener Mann, der 1327 schließlich auf alle königlichen Rechte verzichtet und drei Jahre später stirbt.

Und so ist plötzlich der vierte Sohn, Albrecht, der bis dahin abseits stand, die ganze Hoffnung des Hauses Habsburg. Ausgerechnet jener Albrecht, der im selben Jahr 1330, da sein Bruder Friedrich stirbt, an jenem geheimnisvollen Leiden erkrankt, das er bis an sein Lebensende nicht mehr loswerden sollte.

Und Johanna von Pfirt ist über Nacht zu der Frau geworden, die die Familie vor dem Aussterben retten soll.

Im Bistum Basel, wo schon König Rudolf militärische Ambitionen gegen den Bischof zeigte, als er noch ein einfacher »armer« Graf von Habsburg war, stand die Wiege der Johanna von Pfirt. Die Herkunft der gräflichen Dame ist dunkel und düster. Dunkel, weil man nicht genau Bescheid weiß: Die Pfirt wurden auch Ferrette genannt; Johannas Mutter hieß Jeanette de Montbéliard, die französische Version von Mömpelgard. Sie soll, erzählte man sich, aus Burgund, nach anderer Version aus dem französischen Königshaus der Valois hergekommen sein.[3]

Düster, denn durch die Familienchronik der Pfirt geistert ein Vatermord als Familienfluch. Die Pfirt waren auch nicht gerade erste Garnitur im Hinblick auf ihren Stand. Ihre Lande hatten sie größtenteils nur vom Bischof von Basel zu Lehen, und gegen diesen Bischof hatten sie sich mehrfach empört. Grafen von Pfirt waren im Gefolge Rudolfs von Habsburg zu finden; wohl als dessen Vasallen. Der letzte, Ulrich von Pfirt, hatte nur zwei Töchter, Johanna und Ursula.

Für die Ahnengalerie allerhöchster Geschlechter sind die Vorfahren oft genug erst nachträglich dargestellt worden, ohne große Ansprüche auf Porträtähnlichkeit. Es galt, die Bedeutung der Gestalt symbolhaft zu idealisieren. Das uns überkommene Bildnis der Johanna von Pfirt trifft unvergleichlich ihren Wesenszug: Keine lieblich-königliche Schönheit, keine gütige Ehefrau und Mutter, sondern eine schon äußerlich fast modern anmutende Amazone tritt uns entgegen. Eine Herrin und Siegerin. Ihre wulstige, stark hervortretende Unterlippe wird immer wieder betont; die berühmte Habsburgerlippe. Johanna hat sie angeblich in die Dynastie eingebraucht.

Die habsburgischen Vorlande grenzten an die Besitzungen der Pfirt-Waisen. So kam Albrecht zu seiner Johanna.

Es war eine der vielen Vernunftehen dieser Zeit. Sie bewies zugleich die geringe Bedeutung, die man innerhalb der Familie Habsburg dem jungen Albrecht beimaß. Für ihn gab es keine Königstochter, keine Prinzessin. Er, der vierte Sohn des Königs Albrecht, mußte sich mit einer jungen Dame aus untergeordneter Familie begnügen; er war gerade gut genug, für die bescheidene Abrundung des habsburgischen Grundbesitzes im äußersten Westen des Herrschaftsbereiches zu sorgen.

Für Johanna von Pfirt wiederum war allerdings auch der vierte Sohn eines deutschen Königs noch eine gute Partie. Dann kam der Aufstieg; über die Gräber der habsburgischen Brüder hinweg. Leopold und Friedrich starben, die seinerzeit von ihrem ältesten Bruder Rudolf die Herrschaft über die österreichischen Lande übernommen hatten, als dieser böhmischer König wurde. Jetzt, 1330, trug plötzlich Albrecht den österreichischen Herzogshut.

Und im selben Jahr, 1330, geschah das Unglück. Beim Herzog traten Lähmungserscheinungen an Armen und Beinen auf. Man habe versucht, ihn zu vergiften, hieß es; zusammen mit seiner Schwägerin, mit der er gerade speiste. Jedenfalls konnte er sich nur mühsam und schmerzgepeinigt fortbewegen; meistens mußte er in einer Sänfte getragen werden. Kein Vergnügen für einen erst dreißigjähren Mann, und schon gar kein Vergnügen für dessen Ehefrau. Johanna hatte schon vorher wenig Glück als angeheiratete Habsburgerin gehabt: trotz sechsjähriger Ehe keine Nachkommenschaft. Und jetzt, da der Herzog gelähmt war, schien jede weitere Hoffnung dahin.

Albrecht allerdings gab nicht auf. Wenn die Natur ihn schon im Stich ließ, so wollte er sich die übernatürlichen Kräfte geneigt machen. Er vertraute auf Gott. 1337 begann er eine Wallfahrt zu den Reliquien der rheinischen Heiligen in Köln und Aachen. Für einen kranken Mann war eine derartige Reise recht beschwerlich, ein wirkliches Opfer. Außerdem kam die Fahrt dem Herzog sehr teuer, denn als Wallfahrer sparte er nicht mit reichen Geschenken für Kirchen und Klöster, auf daß man dort für die Erfüllung seiner Hoffnungen beten möge. Im übrigen war Albrecht immer schon ein frommer Mensch gewesen. Das vom Himmel erbetene Wunder trat ein.

Am 1. November 1339 brachte Johanna ein Kind zur Welt; ihr erstes, und es war sogar gleich ein Bub und Thronerbe. In der Taufe bekam das Kind den Namen Rudolf. Als Rudolf der Stifter sollte es in die Geschichte eingehen.

Trotz aller Wundergläubigkeit der Zeit glaubten allerdings die Mitmenschen nicht so recht an das Wunder der späten Mutterschaft. Immerhin war Johanna bei der Geburt ihres ersten Kindes schon 39 Jahre alt; die Kinderlosigkeit hatte 15 Jahre gedauert, und die Lähmung des angeblichen Vaters kam noch hinzu, um die Wundergläubigkeit der braven Untertanen über Gebühr zu strapazieren.

Eine natürliche Erklärung für die unerwartete Mutterschaft der alternden Herzogin bot sich an: ein unbekannter Liebhaber, der den gelähmten Herzog im Ehebett vertrat. Daß Albrecht selbst lautstarke Freude über den Sohn an den Tag legte, ließ sich ebenfalls leicht begründen: Der Herzog zog anscheinend ein Kuckucksei in seinem Nest einer Kinderlosigkeit mit allen ihren Folgen für das Haus Österreich vor.

So sahen es zumindest zahlreiche seiner Zeitgenossen. Doch das erste Wunder wiederholte sich. Noch drei Söhne und zwei Töchter kamen zur Welt; das letzte Kind, Leopold, wurde geboren, als Mutter Johanna schon 51 Jahre alt war. Das bewies auf jeden Fall eine recht ungewöhnliche Laune der Natur, denn Frauen um die Fünfzig galten damals schon als Matronen am Rande des Greisenalters, und so waren auch die Mitmenschen der gebärfreudigen Johanna schließlich geneigt, an ein Wunder zu glauben. Vor allem, als der Herzog, um dem Gerede ein Ende zu bereiten, sich hochoffiziell als Vater der Kinder bekannte; durch Erklärungen von den Kirchenkanzeln herunter.

Dieser Schritt mag heute überraschend wirken. Er war es nicht. Allerhöchste Ehebetten standen gewissermaßen im Blickwinkel der Öffentlichkeit, und dem Hofstaat, in Vertretung der Untertanen, wurde sogar das Recht zugestanden, den Vollzug einer Ehe auch persönlich zu überwachen:

»Die Hochzeiten wurden in den ritterlichen Kreisen in allem erdenklichen Prunk begangen und oft wochenlang fortgesetzt. Beim Übergang des Hochzeitstages in die Nacht wurde die prächtig geschmückte Braut von den Eltern oder Vormündern, vom Brautführer und von der Brautjungfer, und meist geleitet vom ganzen Hochzeitsgefolge, in die Brautkammer geführt, entkleidet und dem harrenden Bräutigam übergeben, der mit ihr das hochzeitliche Lager bestieg. In Anwesenheit dieses Gefolges. Sobald eine Decke das Paar umhüllte, galt die Ehe als rechtskräftig vollzogen. In späterer Zeit wurde das Verletzende, was in diesem ersten Beilager für das jungfräuliche Gefühl liegen mußte, wenigstens dahin gemildert, daß die Neuvermählten sich völlig angekleidet niederlegten . . .«[4]

Aus heutiger Sicht betrachtet, darf man von der Vaterschaft des Herzogs wohl überzeugt sein. Wäre Johanna von Pfirt wirklich bereit gewesen, sich bei der Auswahl von Vätern für ihre Kinder keine Hemmungen aufzuerlegen, sie hätte damit sicherlich nicht fünfzehn Jahre gewartet. Historiker, die nach einer Erklärung suchten, kamen schon früher zum dem Schluß, daß die zeitgenössischen Berichte über die Lähmungserscheinungen des Herzogs offenbar stark übertrieben waren. Die Wahrheit erfuhr die Nachwelt erst 1985, als das Grab Albrechts II. in der Pfarrkirche von Gaming geöffnet wurde. Dort hatten die sterblichen Überreste des Herzogs nach Auflassung der Kartause Gaming, der ersten Begräbnisstätte, durch Joseph II. geruht. Nunmehr, im April 1985, wurden sie in die wiederhergestellte Kartause zurückgebracht. Die Massenmedien hatten ihre Sensation. Das Fernsehen stellte seine Scheinwerfer auf, die Kameras liefen, die Fotografen schossen ihre Bilder und die Mikrophone hielten jedes Wort fest, das gesprochen wurde, während ein Team von Wissenschaftern jeden einzelnen der ehemals allerhöchsten Knochen aus den Särgen holte, mit dem Pinsel sorgfältig vom Staub der Jahrhunderte befreite und einer anthropologischen Untersuchung unterzog. Die Tagespresse berichtete über das zwar makabre, wissenschaftlich aber hochbedeutsame Ereignis:

»An chronischen Schmerzen muß Herzog Albrecht II. von Habsburg in seiner zweiten Lebenshälfte gelitten haben. Polyarthritis machte ihm jede Bewegung zur Qual, wahrscheinlich konnte er sich sogar nur an Krücken fortbewegen. Das stellten Anthropologen am Donnerstag in einer ersten Untersuchung der Gebeine nach der mit Spannung erwarteten Öffnung des Herzogsgrabes in der Pfarrkirche von Gaming fest. Neben dem Skelett Albrechts wurden auch die Gebeine seiner Frau Johanna von Pfirt und jene ihrer jung verstorbenen Schwiegertochter Elisabeth von Böhmen gefunden. Historiker, Anthropologen und Mediziner waren zur Stelle, als am Morgen die Grabplatten in der Pfarrkirche geöffnet wurden. Schließlich waren über mögliche Erkrankungen Albrechts, genannt ›der Lahme‹, zahlreiche Vermutungen angestellt worden, die nun geklärt wurden. Zwar litt er wahrscheinlich nicht an Lähmungserscheinungen, Verformungen an den Gelenken zeigen aber, daß er schon in relativ jungen Jahren an Polyarthritis erkrankt war. Außerdem dürften ihm auch seine Zähne Schmerzen bereitet haben: Aushöhlungen lassen auf eitrige Geschwüre, die damals natürlich unbehandelt bleiben mußten, schließen. Johanna von Pfirt soll diejenige gewesen sein, die die charakteristische Unterlippe der Habsburger ›in die Familie gebracht‹ hat. Dies konnte allerdings nicht bestätigt werden, da ihr Unterkieferknochen keine anatomischen Anomalien aufweist, die eine derartige Mißbildung verursacht haben könnten . . .«[5]

Jedenfalls kam der Kindersegen vor fast 650 Jahren gerade zurecht, um ein frühes Ende der Dynastie zu verhindern.

Es gab nämlich noch einen fünften Bruder, den Herzog Otto, den man den Fröhlichen nannte; einen ehrgeizigen Raufbold, der sich schon im Jünglingsalter nicht scheute, mit den Königen von Ungarn und Böhmen ein Bündnis abzuschließen, um seinen Brüdern einen Teil der habsburgischen Lande mit einigem Druck abzunehmen. Das war 1328, aber Ottos Fröhlichkeit dauerte nicht lange. Schon 1339 starb er, und seine beiden kleinen Söhne starben bald nach ihm. So blieben von der Familie Habsburg nach ihrem meteorhaften Aufstieg, 70 Jahre nach der Königswahl des »armen« Grafen Rudolf, nur noch Herzog Albrecht und seine spätgeborenen Söhne übrig. Wäre Johanna von Pfirt kinderlos geblieben, es wäre mit dem Hause Österreich aus und vorbei gewesen.

Daß das Schicksal der Familie so lange an einem Haar hing, das schien den Herzog Albrecht mit seiner vielgerühmten Weisheit ebenso schwer bedrückt zu haben wie die Erinnerung an die mörderischen Familienfehden, deren Zeuge er selbst geworden war – da der Mord an seinem Vater durch den Neffen Johann Parricida, dort der Krieg mit dem eigenen Bruder Otto. So versammelte Albrecht im November 1355 die Notabeln seiner Lande Österreich, Steiermark und Kärnten in Wien, um das von ihm entworfene Hausgesetz bekanntzugeben und beschwören zu lassen – das erste aus der Reihe der Familienstatuten:

»Während unseres ganzen Lebens haben wir den Frieden geliebt und unsere Untertanen mit Güte behandelt. Wir wünschen, daß diese zwei großen Wohltaten nicht mit unserem Leben aufhören, sondern auch nach unserem Tode noch ein fortdauerndes

Erbteil unserer Völker sein sollen. Dieser unser Wunsch wird desto gewisser in Erfüllung gehen, wenn unsere geliebten vier Söhne von einem gleichen Streben nach Tugend, von herzlicher Bruderliebe beseelt und innig miteinander verbunden sind.

Dieserwegen wollen wir, daß der älteste unter ihnen den jüngeren Brüdern eben dieselbe Liebe und Achtung erweise, welche der jüngste dem älteren zu erweisen schuldig ist.

Alle Widersetzlichkeit, alles unfreundliche Wesen, alle Entzweiung, aller Zank und Streit müssen von ihnen weit verbannt bleiben, ein jeder muß seinem Bruder mit Würde und Anstand begegnen, der älteste sowie der jüngste, das ist die Pflicht für alle.

Für den Fall, daß einer unserer Söhne dieses Gebot übertreten sollte, oder wegen Heirat außer Landes ziehen, oder auf irgendeine Weise den Frieden und die Eintracht unter seinen Brüdern stören würde, es möchte der älteste oder der jüngste sein: Für diesen Fall haben wir unsere und unserer Söhne Landherren gebeten, zur Herstellung der Einigkeit unter den Herzogen ihr Möglichstes beizutragen, und sie haben es uns und unseren Söhnen auch zugesagt und dieses ihr Versprechen mit einem Eide bekräftigt.

Sie werden dem mißvergnügten oder zänkischen Herzoge Vorstellungen machen und sich bemühen, ihn mit seinen Brüdern wieder auszusöhnen und eine innige Bruderliebe unter ihnen herzustellen.

Die Pflicht des Herzogs wird dann sein, den mahnenden Landherren Gehör zu geben und ihrem Rate zu folgen. Würde er sich dessen weigern und trotzig alle Vorschläge der Vermittler verwerfen, dann ist der Zeitpunkt vorhanden, in welchem die Landherren in Verbindung mit den landesfürstlichen Städten ihres Eides, den sie uns geschworen haben, sich erinnern, demselben gemäß unter den herzoglichen Brüdern die gestörte Eintracht und den nötigen Frieden herstellen, und dem guten Herzog wider den Schlimmen und Zänkischen ihren Beistand leisten müssen.

Fruchten freundliche Worte und wohlmeinende Ermahnungen nichts, so muß man denselben mit vereinter Macht nötigen, daß er sich zur Ruhe bequeme und in treulicher Freundschaft mit seinen Brüdern lebe, damit Land und Leute vor Schaden und Unheil bewahrt werden . . .«[6]

Diese Hausordnung läßt sich aus heutiger Sicht geradezu als Ansatz einer ersten demokratischen Verfassung betrachten: Sie stellt nicht nur das Wohl des Volkes und den inneren Frieden an die Spitze aller Herrscherpflichten, sie gibt den Untertanen – den adeligen Standesherren und den städtischen Verwaltungskörpern zumindest – auch das Recht, zur Bewahrung dieses Herrschaftsprinzips in den Fürstenstreit einzugreifen; sie macht letztlich die Untertanen zu Schiedsrichtern zwischen den Mitgliedern der Dynastie und zu Richtern über sie.

Eines allerdings kam auch dem weisen Herzog Albrecht nicht in den Sinn: Den permanenten Bruderzwisten nämlich dadurch ein radikales Ende zu bereiten, daß er das absolute Erbrecht des ältesten Sohnes für den gesamten habsburgischen Besitz einführte.

Die Primogenitur ließ noch auf sich warten, und so ließen anderseits die Bruderzwiste, trotz aller Ermahnungen, auch nach Albrechts Tod nicht lange auf sich warten.

Die Herzogin Johanna, geborene Gräfin von Pfirt: Eine ungewöhnlich interessante Frau betritt die Bühne ihrer Zeit. Und es war keine fröhliche Zeit. Die Pest kam über Europa und auch über Österreich; im Juni 1349 wütete sie so verheerend, daß an manchen Tagen in Wien mehrere hundert Personen starben. In eine der großen Pestgruben beim Kärntnertor wurden der Chronik zufolge 14.000 Leichen geworfen. Der Pest folgten die Geißler, die den Fluch des Himmels, wie sie die Pest nannten, durch religiösen Fanatismus abwenden wollten, und es folgte ein Vernichtungsfeldzug gegen die Juden, denen man vorwarf, die Brunnen vergiftet zu haben – anders wußte man sich die Seuche nicht zu erklären. Albrecht erwies sich auch hier als ein wirklicher Weiser; er machte sich zum Schutzherrn der Juden wie so mancher kluge Habsburger nach ihm, zuletzt der Kaiser Franz Joseph. Er schickte ein kleines Heer gegen die rasenden Banden, die aus der Judenverfolgung zugleich einen einträglichen Plünderungszug machten; drei der Rädelsführer wurden gehenkt, und die Städte Krems und Stein, wo der Judenhaß besonders gewütet hatte, mußten sogar Strafe zahlen.

Albrecht selbst war 1348 wieder einmal dem Tode nahe. Woran er litt, wußten die Ärzte nicht zu sagen, bis anonyme Briefe den herzoglichen Küchenmeister Stibor der Giftmischerei bezichtigten. Sechs Monate lang saß der arme Mann bei der sprichwörtlichen Häftlingsnahrung von Wasser und Brot im Kerker, bis ein schwäbischer Prediger als Verleumder entlarvt wurde. Dem Küchenmeister rettete die Entdeckung das Leben, der Verleumder aber erlebte die ganze Grausamkeit der Zeit: Auf dem Wiener Hohen Markt sperrte man ihn zwei Wochen lang in einen eisernen Käfig, dann ließ man ihn bei lebendigem Leib auf dem Friedhof zu Sankt Stephan einmauern.

Johanna, die Herzogin dieser harten Zeit, mochte vielleicht nicht aus Liebe geheiratet worden sein, sondern hauptsächlich ihres Erbes im Bistum Basel wegen; doch Albrecht hätte sich keine bessere Frau wünschen können. Sie erwies sich als kongeniale Partnerin bei seinem Bemühen, den Besitz des Hauses zu sichern. Weil ihm, dem Kranken, das Reisen Schwierigkeiten und Schmerzen bereitete, schickte er sie in diplomatischer Mission los. Sie reiste allerdings recht aufwendig. Zehn Wagen, wird berichtet, benötigte sie für ihren Troß. Zunächst unternahm Johanna 1335 die keineswegs ungefährliche Reise nach Aquileja, um den dortigen Patriarchen zu einem Bündnis zu bewegen – Vorbedingung für den größeren Plan, Kärnten, Krain und die Windische Mark endgültig dem Haus Habsburg zu sichern. Ein Jahr später vermittelte Johanna dann den Frieden zwischen Habsburgern und Luxemburgern, der die Habsburger tatsächlich in den Besitz der Landstriche bis an die Adria brachte.

Es ging um das Erbe einer anderen Frau: Margarete Maultasch. So waren es letztlich zwei Frauen, Johanna von Pfirt und Margarete Maultasch, die dem Haus Habsburg einen beachtlichen Teil jenes Fundamentes lieferten, auf dem sich später seine Größe gründete.

Margarete von Tirol kam 1318 zur Welt – und es war eine Welt, die sich schon sehr bald für das voraussichtliche reiche Erbe des Kindes interessieren sollte. Margarete war die Enkelin jenes Grafen Meinhard von Tirol, dem Rudolf von Habsburg für seine treue Waffenbrüderschaft Kärnten zugestanden hatte. Meinhards Sohn Heinrich, Vater der Margarete, zog in der Folge den Titel eines Herzogs von Kärnten dem Tiroler Grafentitel vor. Margaretes Mutter, Adelheid von Braunschweig, starb bald, eine zweite Ehe des Herzogs, mit einer Schwester des Böhmenkönigs Wenzel II., blieb kinderlos, eine Schwester der kleinen Margarete starb früh, und so blieb die junge Dame Maultasch schließlich als eine der reichsten Erbinnen im deutschen Raum auf der Interessentenliste aller angrenzenden Herrscherhäuser obenauf. Die Bayern, die Luxemburger, die sich seit dem König Heinrich VII. in Böhmen niedergelassen hatten, und natürlich die Habsburger traten zum Wettlauf um das Mädchen an.

Herzog Heinrich entschied sich für einen Luxemburger als Schwiegersohn. Johann Heinrich, Enkel König Heinrichs VII., Sohn des Böhmenkönigs Johann, bekam Margarete. Sie war im Jahr der Eheschließung zwölf Jahre alt, und man darf annehmen, daß sie schon damals alles andere als eine Schönheit war. Später nannte man sie die Dame Maultasch wegen ihres übergroßen, mißgestalteten Mundes. Die Bilder, die von ihr der Nachwelt überliefert wurden, zeigen jedenfalls eine Frau von ausgeprägter Häßlichkeit.

Weder die Häßlichkeit noch das Kindesalter erschien dem Böhmenprinzen als Ehehindernis. Schließlich brachte das unschöne Mädchen ein Herzogtum und eine Grafschaft in die Ehe mit. Im übrigen war Johann Heinrich bei der absonderlichen Eheschließung selbst erst acht Jahre alt. Die Habsburger hatten jedenfalls zunächst das Nachsehen. Daß der Tiroler Graf und Herzog von Kärnten sich für die Luxemburger entschied, als er seine Tochter an den Mann brachte, dürfte wohl auch damit zu tun gehabt haben, daß die Habsburger damals, 1330, auf dem Tiefpunkt ihres Ansehens angelangt waren und niemand mehr viel für die Zukunft des gelähmten Albrecht und seines fröhlich-intriganten Bruders Otto gab.

Albrecht allerdings konterte sofort, vorerst allerdings heimlich. In Augsburg wurde mit Kaiser Ludwig ein Geheimvertrag geschlossen. Dieser hätte selbst gern seinen Sohn Ludwig, den Markgrafen von Brandenburg, mit Margarete verheiratet, und so taten die beiden Abgeblitzten, die Bayern und die Habsburger, sich zusammen. Ludwig sagte Albrecht das Herzogtum Kärnten zu, sobald Herzog Heinrich sterben würde.

Er starb auch fünf Jahre später. 1335. Das erledigte Reichslehen Kärnten wurde vom Kaiser an den Habsburger verliehen. Johann Heinrich und Margarete behielten nur Tirol. Der junge Mann aus Böhmen hatte das häßliche Mädchen am Halse, aber nur die halbe Erbschaft. Auch die sollte er nicht lange behalten. Den Tiroler Ständen nämlich war der böhmische Knabe zuwider, und auch seiner Frau Margarete gefiel er nicht. Sie war keineswegs böse, als die Stände Johann Heinrich aus dem Lande jagten und die Ehe für ungültig erklärten. Jetzt kam der Markgraf von Brandenburg, gewissermaßen im zweiten Durchgang, doch noch zum Zuge. Auf Schloß Tirol heiratete er 1342 die inzwischen auch nicht hübscher gewordene Margarete. Sie war jetzt 24 Jahre alt, er 27.

Der Papst war dagegen. Clemens VI. sah diese Ehe als günstigste Gelegenheit an, dem ihm unbequemen Kaiser Ludwig Ungelegenheiten zu bereiten. Seiner Auffassung nach bestand die Ehe zwischen Margarete und dem böhmischen Prinzen Johann Heinrich zu Recht, und die Ungültigkeitserklärung war ungültig – was formal auch stimmte. Also lebte die Tirolerin mit dem brandenburgischen Markgrafen und Kaisersohn im Konkubinat! Daß sich beide in diesem »Konkubinat« recht wohl fühlten, wohler jedenfalls, als sich Margarete in ihrer ersten Ehe gefühlt hatte, spielte für den Papst keine Rolle. In Rom konnte man recht unnachgiebig auf der Einhaltung der kanonischen Ehegesetze bestehen, wenn die päpstliche Politik es erforderte – so lässig man sich zeigte, wenn Lässigkeit politischen Erfolg versprach!

Kaiser Ludwig und seine Familie wurden also in den Kirchenbann getan – und weil ein gebannter Kaiser nach päpstlicher Auffassung auch des Thrones und der Krone verlustig ging, trommelten die päpstlichen Sendboten auch prompt eine Kurfürstenversammlung zusammen, um einen Gegenkönig wählen zu lassen. Die Wahl fiel auf Karl von Luxemburg, den Bruder des fortgejagten Prinzen Johann Heinrich. Als Karl IV. sollte dieser Gegenkönig später eine der überragenden Herrschergestalten der abendländischen Geschichte werden; er war jener Luxemburger, der Prag zur Goldenen Stadt machte.

Zunächst allerdings blieb er ein Gegenkönig ohne Macht, denn Kaiser Ludwig behauptete sich, und deshalb behaupteten sich auch Margarete und ihr Mann in Tirol. Auch im Konkubinat, ohne päpstlichen Segen für ihre Ehe. Sogar ein Sohn kam; Meinhard III.

Aber dann starb Kaiser Ludwig; 1347 traf ihn während einer Bärenjagd in der Nähe von München der Schlag. Jetzt wurde Karl als deutscher König allgemein anerkannt, und er bewies gleich seine Größe. Er machte Ordnung auf ganzer Linie. Auf einem Fürstentag in der niederösterreichischen Ortschaft Seefeld belehnte er den Herzog Albrecht und seine Söhne mit Österreich, der Steiermark, Kärnten, Krain und der Windischen Mark: er verzichtete für seine Familie auf Tirol und belehnte Margaretes Mann, den Markgrafen von Brandenburg, mit Tirol und der Vogtei über die Bistümer Brixen und Trient. Da der ebenso lahme wie weise Herzog Albrecht trotz aller Friedensliebe aber auch Kriege zu führen verstand, wenn es ihm Vorteile versprach, so benützte der Österreicher die nächste Gelegenheit, um über den Patriarchen von Aquileja herzufallen; seine Frau Johanna hatte dort zwar 1335 ein Bündnis vermittelt, um ihrem Mann für seine Kärntner Ambitionen die nötige Rückendeckung zu verschaffen, aber jetzt, da Kärnten, Krain und die Windische Mark erworben waren, benötigte Albrecht den Bundesgenossen nicht mehr. Er nahm dem Patriarchen Chiusa, San Michele, Venzone, Gemona und noch ein paar Ortschaften ab. Der Vorstoß der Habsburger auf italienisches Gebiet hatte begonnen.

Da war Johanna von Pfirt schon tot. 1352 war sie gestorben. Eine der großen Frauen in der Geschichte des Erzhauses, das damals allerdings noch nicht so hieß. Eine neue Stammutter, die der scheinbar schon zum Aussterben verurteilten Familie eine neue Blüte verschaffte. In der von Albrecht begründeten Kartause von Gaming wurde sie begraben. 1358 folgte ihr der kranke Herzog in den Tod und in die Gruft von Gaming. Die Geschichte vergaß die beiden seltsamen Ehepartner lange Zeit. Als unter Kaiser Joseph II. auch die Kartause Gaming säkularisiert wurde, ließ man die Leichen aus den Särgen holen, um das wertvolle Metall zu verkaufen. Erst Kaiser Franz erfuhr davon und sorgte für ein zweites, würdiges Begräbnis in der Gaminger Pfarrkirche. Er begriff offenbar, daß Albrecht und Johanna mehr für Habsburg getan hatten als so mancher spätere Kaiser.

Die »böse Gretl« tat allerdings auch das Ihre für Habsburg, wenn auch mehr oder weniger unfreiwillig. »Böse Gretl«, unter dieser Bezeichnung ist Margarete Maultasch in die österreichische Volkslegende eingegangen; der zweite Beinamen war ebensowenig wohlwollend wie der erste. Die Geschichten, die man sich in den Bürgerhäusern der Städte und auf den Bauernhöfen über sie erzählte, ließen sie als eine herrschsüchtige Intrigantin erscheinen – wobei zweifellos auch der Bannfluch des Papstes dazu beitrug, die in »wilder Ehe« lebende häßliche Margarete als eine Art fürstlichen Weibsteufel erscheinen zu lassen. Knapp vor seinem Tode hatte Albrecht noch versucht, den Papst zu einer Aufhebung des Bannfluches zu bewegen; Erfolg damit hatte allerdings erst sein Sohn Rudolf.

Um der Wahrheit die Ehre zu geben: Margarete Maultasch war weder eine Amazone noch ein Weibsteufel, sondern eine nicht gerade willensstarke Frau, der man von Kindheit an übel genug mitgespielt hatte. Man verheiratete, schied und verheiratete sie erneut ganz nach politischer Notwendigkeit. Drei Fürstengeschlechter, Habsburger, Wittelsbacher und Luxemburger, machten sie zum Spielball ihrer Ambitionen; sie schoben sie – nicht wie eine Dame, sondern wie eine unbedeutende Bäuerin – auf dem Schachbrett Deutschland hin und her. Und dazu hatte sie noch das Pech, ausgerechnet mit den Tiroler Ständen in Konflikt zu geraten.

Tirol: Die Landschaft mit ihren Hochgebirgsketten und ihren schwer zugänglichen Tälern hatte den Charakter ihrer Bewohner von alters her besonders geprägt. Das Land war deutsch besiedelt bis Salurn, dazu kamen noch zwei große deutsche Sprachinseln nordöstlich von Trient und rund um Lasern. Die Abgeschiedenheit der Gebirgsdörfer verschaffte der Bevölkerung eine Unabhängigkeit von Herrscherwillkür, die sich in stolzem Selbstbewußtsein ausdrückte. Die Bauern waren frei: »Herr und Landmann in Tirol« zu sein galt als höchstes Standesprädikat. Da man mit einer Handvoll Männer die Pässe sperren konnte, hielten die Mächtigen der Zeit es stets für angebracht, sich mit den Tirolern lieber gütlich zu einigen und ihnen freiheitliche Privilegien zu gewähren. Als der Großvater der Margarete Maultasch, Graf Meinhard II., den größten Teil des Landes in seiner Hand zusammenfaßte, sah er sich gewissermaßen der ersten Demokratie Europas gegenüber.[7] Er hütete sich, die Freiheiten seiner Tiroler anzutasten. Von dem landfremden böhmischen Prinzen gedachten sich die Tiroler Stände nachher ebensowenig etwas sagen zu lassen wie später vom Brandenburger Markgrafen, und schon gar nicht von einer Frau wie Margarete Maultasch, die schließlich allein als Landesherrin übrigblieb, nachdem der Markgraf 1361 und ihr zwanzigjähriger Sohn Meinhard III. 1363 gestorben waren.

Ihren Sohn Meinhard hatte Margarete Maultasch schon früh mit Margarete von Österreich verheiratet, einer Schwester Herzog Rudolfs des Stifters. Luxemburger und Wittelsbacher waren ausgespielt; so konnten die Habsburger hoffen, am Ende doch noch das Rennen um Tirol zu machen. Die Tiroler Standesherren aber wollten auch ihr Wort mitreden, wenn das Schicksal des Landes entschieden wurde. Schon 1361 zwangen sie Margarete, ihnen ein Einspruchsrecht zuzugestehen, falls sie ihre Erbschaft einem Fremden hinterlassen wollte.

Margarete Maultasch war keine Kämpferin; sie war nicht die Amazone, als die man sie betrachtete. Immerhin war sie eine geschickte Diplomatin. Den Schritt, zu dem sie sich entschloß, kann man ihr nicht einmal übelnehmen: Von Kindheit an hatte alle Welt sie mitleidlos herumgeschupst und sie immer gezwungen, das zu tun, was andere wollten; nun gedachte sie allen jenen eins auszuwischen, die sie gekränkt, beleidigt, gedemütigt hatten.

In Bozen traf sie sich 1363 mit dem österreichischen Herzog. Ihm übergab sie ein Dokument, das die Habsburger zu Erben ihres Landes einsetzte. Außer Margaretes Unterschrift standen noch die Namen von vierzehn Tiroler Standesherren auf dem Papier. Die Namen waren echt. Das Datum allerdings war falsch. Margarete hatte nachträglich die Jahreszahl 1359 eingesetzt, um den ihr 1361 von den Ständen abgezwungenen Ausgleich rückwirkend ungültig zu machen.

Eine Fälschung also! Letztlich verdankten die Habsburger eines ihrer schönsten Erblande einem Schwindel. Die Geschichte aber geht gnädig mit Fälschern und Schwindlern um, wenn das Resultat begrüßenswert ist. Als das Bundesland Tirol 1963 seine sechshundertjährige Zugehörigkeit zu Österreich feierte, zeigte man sich über die Folgen des »Schwindels« durchaus erfreut.[8]

Mit Fälschungen hatte Herzog Rudolf übrigens schon seine Erfahrungen. 1358 hatte er in seiner Wiener Regierungskanzlei von eifrigen Geheimschreibern fünf Freiheitsbriefe anfertigen lassen, die samt und sonders Fälschungen waren. Sie sollten den österreichischen Herzogen einen besonders glanzvollen Status verleihen, um sie über die anderen Lehensherren des Reiches zu erheben.

Die wichtigste der Fälschungen trug das Datum des Jahres 1156. In jenem Jahr hatte Kaiser Friedrich I. die Babenberger Markgrafen zu Herzogen erhoben und ihnen zahlreiche Sonderrechte zugestanden. Dieses Dokument ging als »privilegium minus«, als »Kleines Privileg«, in die Chronik ein. Das Dokument selbst existiert nicht mehr. Der alte Text wurde nach den Wünschen des Stifters »erweitert« und mit dem früheren Datum versehen, und um die ganze Sache noch eindrucksvoller zu gestalten, wurden gleich vier weitere Privilegien dazu erfunden und mit der nötigen kalligraphischen Sorgfalt auf altertümlich-vergilbtem Papier ausgefertigt. Vom Fälscherstandpunkt aus eine Meisterleistung; wahrscheinlich die größtangelegte Fälschung der Geschichte. Neuere Historiker gehen mit dem gekrönten Fälscher milde ins Gericht. Was Rudolf nachträglich dokumentiert sehen wollte, war nämlich in der Praxis ohnehin schon im Gange: Die Sonderstellung der Habsburger im Südosten des Reichs entwikkelte sich zur wachsenden Unabhängigkeit von der Kaisermacht.[9]

Kaiser Karl IV. in Prag lehnte die Anerkennung der Fälschung ab. Erst ein Jahrhundert später akzeptierte ein anderer Kaiser dieses schwindelhafte »privilegium maius« – aber dieser Kaiser war Friedrich III., ebenfalls ein Habsburger, und nun erst konnten sich die österreichischen Landesherren unangefochten Erzherzoge nennen.

Was Karl IV. betraf, den Kaiser im Goldenen Prag: Er war der Schwiegervater Rudolfs des Stifters. Anno Domini 1348, als der lahme Albrecht sich in seiner Weisheit mit dem nicht weniger weisen Karl IV. einigte, hatte man nach zeitgemäßer Sitte den Ausgleich mit einem Heiratskontrakt besiegelt: der Habsburgersohn Rudolf sollte die Luxemburgertochter Katharina heiraten. Rudolf war damals erst neun Jahre alt, Katharina gerade erst sechs. 1353 fand dann die Trauung des 14jährigen Prinzen mit der elfjährigen Prinzessin tatsächlich statt. Katharina von Böhmen aus dem Hause Luxemburg hatte damit einen ungewöhnlichen Mann geheiratet. »Hektisch-präpotent« nannten spätere Historiker den Stifter-Herzog.[10] Dämonisch erschien er seinen Zeitgenossen. Diese Dämonie, so schien es ihnen, hatte er wohl von seiner Mutter Johanna von Pfirt geerbt – eine Frau mit ihrem ungewöhnlichen Schicksal, die noch dazu durch ihre politischen Ambitionen so ganz aus der weiblichen Art schlug, mußte schließlich dämonisch wirken.

Ihr Sohn Rudolf wurde von seinem Ehrgeiz und seinem Geltungsbedürfnis getrieben, und er selbst trieb das Schicksal mit geradezu hektischer Betriebsamkeit an. Es war, als hätte er von Anfang an geahnt, daß ihm nur wenige Jahre bleiben würden, und in diesen wenigen Jahren wollte er die unvergänglichen Werke eines jahrzehntelangen Herrscherdaseins vollbringen. Nur sieben Jahre lang, von 1358 bis 1365, regierte er; unmittelbar vor seinem Tod konnte er noch die Wiener Universität stiften. Der weltumspannende Geist späterer Habsburger lebte in ihm. Was später Wirklichkeit wurde, nahm er vorweg.

Die böhmische Katharina schien trotz ihrer Jugend begriffen zu haben, daß sie die Tochter eines außergewöhnlichen Kaisers und die Frau eines außergewöhnlichen Herzogs war. Als Karl IV. die Anerkennung der gefälschten Privilegien verweigerte, schaltete sie sich vermittelnd ein. Zwischen Wien und Prag wurde schließlich ein Erbvertrag ausgehandelt, der beim Aussterben der rechtmäßigen Erben aus dem Hause Luxemburg den Übergang der Krone auf Rudolf oder seine Nachkommenschaft vorsah. Einen ähnlichen Kontrakt hatte der österreichische Herzog schon vorher mit dem Ungarnkönig Ludwig vereinbart. Auch in der vierten Habsburgergeneration also das gleiche Ziel: Zusammenschluß der Länder im Donauraum!

Der dämonische Rudolf aber – oder der hektisch-präpotente, wie man will –, Rudolf also träumte jedoch von größeren Zielen: Italien.

Der Schwindel mit Margaretes Dokument hatte ihm den Anspruch auf Tirol gesichert. Die meisten Standesherren des Landes waren zwar nicht sehr begeistert davon, daß sie statt einer schwachen Frau einen starken Herzog als Grafen bekommen sollten, aber da Rudolf eben ein starker Mann war, konnte er den Schwindel auch in die Tat umsetzen. Margarete Maultasch verließ Tirol, das ihr nicht viel Glück im Leben gebracht hatte. Sie ging nach Wien, als hochgeachtete alte Tante am österreichischen Herzoghof. Zum erstenmal in ihrem Leben hatte die häßliche Frau nicht mehr das Gefühl, daß die Erbschleicher sie wie Hyänen umlauerten. Jetzt hatte sie nichts mehr zu vererben. Jetzt ließ man sie endlich in Ruhe. Wenn Margarete schließlich ein boshaftes altes Weib geworden sein sollte, so hatten die Opfer ihrer Bosheit sich das wirklich selbst zuzuschreiben.

Rudolf der Stifter konnte jedenfalls nunmehr von sich sagen, daß sämtliche Alpenübergänge nach Italien in seinen Händen waren. Von der Windischen Mark bis zum Gardasee: Österreich. Und vor den Grenzen dieses Reiches, zum Greifen nahe, lag die Traumstadt der Habsburger: Mailand. Die Lombardei, die einmal das schönste der habsburgischen Königreiche werden sollte.

Was tut man als Habsburger, um neue Königreiche zu erobern? Man sieht sich nach passenden Ehefrauen um. In Mailand gab es das Mädchen Viridis, Tochter des Barnabo Visconti. Eine uneheliche Tochter allerdings, aber wen störte dieser kleine Schönheitsfehler schon! Rudolfs jüngerer Bruder Leopold, in der Familienchronik der dritte dieses Namens, bewarb sich um das schöne Kind der Liebe.

Schön war sie wirklich, diese Viridis Visconti. Barnabo hatte sich seine Geliebte nicht nach dynastischen Grundsätzen ausgewählt, und dementsprechend war die Tochter Viridis keine jener anämischen, durch Inzucht degenerierten Prinzessinnen, zu denen die allerhöchsten Herren höchst ungern und nur dem Stammbaum zuliebe ins Ehebett stiegen.

Rudolf der Stifter selbst unternahm 1365 die Reise nach Mailand, um das Bündnis mit den Visconti zustande zu bringen.

Italien um die Mitte des 14. Jahrhunderts. Ewige Sonne und zukünftige Renaissance. Ein Land von unvergleichlicher Schönheit und voll angehäufter Reichtümer. Schätze lagen scheinbar auf der Straße, griffbereit für jeden, der da kam, um sie aufzuheben, denn das Land war ein machtpolitisches Vakuum. Mit dem Ende des abendländischen Kaisertraums der Hohenstaufen gab es keine Ordnungsmacht mehr auf der Halbinsel südlich der Alpen. Rudolf von Habsburg und seine Nachfolger waren ein Jahrhundert lang viel zu sehr mit der Festigung ihrer Hausmacht beschäftigt gewesen, als daß sie an kraftvolle Romzüge hätten denken können. In Italien selbst war niemand stark genug, das Land in einer Hand zu vereinigen. Auch die Päpste schafften es nicht, obwohl sie ihre höchst weltlichen Ambitionen mit sehr irdischen Mitteln zu befriedigen suchten.

Jetzt erlebte Italien sein Interregnum, aber die kaiserlose war keine unbedingt schreckliche Zeit. Die Städte etablierten sich als Stadtrepubliken. Dann etablierten sich innerhalb der Stadtrepubliken die mächtigsten Familien zu Tyrannen über die Signorien und schließlich zu monarchischen Dynastien.

Die Mächtigsten, das hieß: die Reichsten. Es war wie ein Jahrhundert zuvor in Deutschland die Zeit der Straßenräuber und Strauchritter. Während aber nördlich der Alpen die Straßenräuberei von Adelsgeschlechtern betrieben wurde, die auf ihren Burgen saßen und um Äcker und Meierhöfe Kleinkrieg führten, saßen die italienischen Strauchritter in den Kontoren ihrer Bankhäuser und Faktoreien, praktizierten das Geschäft mit den Lombardwechseln, die nach der Kreditpraxis der lombardischen Geldverleiher so hießen, und ließen ihre Kriege von gutbezahlten Söldnerhäuptlingen führen. Sie waren Parvenüs, und wie alle Emporkömmlinge und Neureiche ersetzten sie den Mangel an Tradition durch Prunk, der gar nicht protzig dick genug aufgetragen werden konnte. Die Medici in Florenz dürfen als das perfekte Produkt dieser Zeit gelten.

In Mailand waren die Visconti anderen Ursprungs. Eine Familie von Ministerialen; die Vicecomites der deutschen Kaiser in der kaiserlichen Stadt Mailand.[11] Dem Namen nach Reichsvikare, herrschten sie, seit Lucchino Visconti 1338 an die Macht kam, in der Praxis als Herzoge selbstherrlicher als manche deutschen Lehensfürsten, denn der Kaiser war weit weg. Anderseits aber lag Mailand doch zu nahe, und die Schätze der Lombardei reizten zu sehr, als daß man jenseits der Alpen auf die Dauer darauf vergessen hätte.

Nur zwei potentielle Eroberer kamen in Frage: die Habsburger, die seit Rudolf dem Stifter sämtliche deutsche Alpenpässe kontrollierten, und die französischen Könige, die über Savoyen in die Poebene gelangen konnten. Fast zwei Jahrhunderte lang sollte das Haus Österreich brauchen, bis es durch Karls V. Sieg über den König Franz dieses Mailand endgültig gewinnen konnte. Endgültig, mit Unterbrechungen durch immer neue Franzosenkriege, bis 1859.

Der Wettlauf um die Lombardei begann, als Rudolf der Stifter 1365 höchstpersönlich nach Mailand reiste, um sich mit den Visconti zu verbünden; zunächst noch mit dem bescheidenen Ziel einer Rückendeckung bei seiner Auseinandersetzung mit dem Patriarchen von Aquileja, bei der es um Krain und die Markgrafschaft Friaul ging. Die Mailandreise endete mit halbem Erfolg. Rudolf konnte für seinen Bruder Leopold nur die uneheliche Tochter des Barnabo Visconti erobern, während Barnabos Bruder Galeazzo seinen Sohn mit der französischen Königstochter Isabella von Valois verheiratete.

Und außerdem starb Rudolf in Mailand nach kurzer Krankheit. Nur 26 Jahre alt wurde der Stifter der Wiener Universität, dem die wichtigste Aufgabe nicht gelungen war: Frieden in seiner Familie zu stiften. Wieder begann nach Rudolfs Tod das Unglück der gemeinsamen Herrschaft ungleicher Brüder; – so weit ging der Konflikt, daß Albrecht III. und Leopold III. den habsburgischen Länderkomplex regelrecht teilten. Im Kloster Neuberg im Mürztal vereinbarten sie 1379 die Machtabgrenzung: Albrecht erhielt Österreich ober und unter der Enns, Leopold hingegen bekam die Steiermark, Kärnten, Krain, Tirol und die sogenannten Vorlande.

Albertiner und Leopoldiner, wie man die Nachkommenschaft nach den Begründern der beiden Familienzweige nannte, marschierten von da an getrennt, nicht selten auch gegeneinander durch die Geschichte eines Jahrhunderts von Bruderzwisten im Hause Habsburg. Ein verwirrendes Hin und Her wenig bedeutender Herzoge, die sich Beinamen wie Ernst der Eiserne oder Friedrich mit der leeren Tasche verdienten, ist seither der Schrecken aller Untermittelschüler, denen diese traurige Epoche des österreichischen Niedergangs eingetrichtert wird.

Am Ende dieser hundert ruhelosen und ruhmlosen Jahre blieb von allen den Söhnen, Enkeln und Urenkeln, die der so spät und auf so wunderbare Weise fruchtbar gewordenen Johanna von Pfirt ihr Dasein verdankten, nur ein einziger Mann über.[12] Er vereinigte wieder das ganze Erbe in einer Hand – nicht durch Macht, nicht durch Klugheit, sondern nur durch das Glück des Zufalls, der alle anderen Habsburger vor ihm wegsterben ließ:

Friedrich. Als österreichischer Herzog der Fünfte, als deutscher König und römischer Kaiser der Dritte.

58 Jahre lang herrschte er in Österreich. 53 Jahre lang war er deutscher König, 41 Jahre lang trug er die römische Kaiserkrone. Nur einer in der langen Reihe der Habsburger übertraf ihn in der Länge der Regierungszeit: Franz Joseph.

Friedrich der Dritte: Ein Leben lang vom Pech verfolgt, vom Mißgeschick begleitet.

Die kriegerischen Ungarn kommen zweimal bis Wien. Sein Bruder Albrecht rebelliert gegen ihn und nimmt ihm die Hauptstadt ab. Der Adel rebelliert gegen ihn, die Bürger rebellieren gegen ihn. Sein halbes Leben lang ist er auf der Flucht vor irgendwelchen Feinden, niemals hat er genug Geld, seine Gegner spotten seiner. Er verliert Böhmen und Ungarn, das die Habsburger nach fast zweihundertjährigen Bemühungen endlich an sich gebracht haben.

Die Geschichte ist später nicht freundlich mit ihm umgegangen. Untätig, kleinlich, mißtrauisch – das waren die Prädikate, die man ihm gab. Aber es hieß auch: »Viel Gift über Friedrich III. ist bloß moderner Nationalliberalismus. Nach vierhundert Jahren tritt man auf einem zu seiner Zeit hilflos gewesenen Manne herum und kichert zu allem, was dem Hause Österreich in den fernsten Zeiten zu Leid und Schmach geschehen ist.«[13]

Die Politik, die dieser Kaiser führte, war die Politik des Überdauerns; er lebte von der Hoffnung aufs Überleben. Man konnte ihn verlachen, man konnte ihn besiegen, man konnte ihn verjagen. Eines konnte man nicht: Ihn zum Verzicht auf irgendein Recht veranlassen, das er für sein Recht hielt. Wenn er aber nichts weiter getan hätte in seinem Leben, als alle diese Rechte und Ansprüche, die man ihm streitig machte und abzuringen versuchte, gewissermaßen zu sammeln und aufzubewahren für einen Habsburger, der nach ihm kommen würde, für einen, der dann stark genug sein würde, diese Rechte und Ansprüche auch durchzusetzen – wenn Friedrich nicht mehr getan hätte, als diese Rechte und Ansprüche niemals aufzugeben, dann hätte er schon genug getan für sein Haus. Der Stärkere kam. Sein Sohn Maximilian. Friedrich, dem vermeintlich schwächsten aller Habsburger, sollte der vermutlich stärkste, wagemutigste folgen. Dem Schauspiel eines ruhmlosen Niedergangs folgte der einzigartige Aufstieg zur Weltherrschaft.

Die Frau, die an der Seite des unglückseligen Friedrich litt und ihm den glückseligen Sohn Maximilian gebar, war Eleonore von Portugal.

Eleonore von Portugal fuhr per Schiff in ihre Ehe. Die Portugiesen rüsteten im November 1451 eine ganze Flotte aus, um ihre Prinzessin sicher nach Italien zu bringen, wo sie in Telamone an Land gehen und dann in Siena mit ihrem Auserwählten zusammentreffen sollte.

Der Auserwählte war der deutsche König Friedrich III. Daß man Siena als Treffpunkt ausgewählt hatte, geschah nicht ohne Grund. Zunächst einmal lag Siena auf dem Weg nach Rom, und der König wollte mit seiner Braut gleich in die Heilige Stadt weiterreisen, um sich beim Papst die Kaiserkrone zu holen. Sodann war der Bischof von Siena ein gewisser Aeneas Silvius Piccolomini, den Friedrich für einen großen Dichter und seinen Freund hielt und den er mehrere Jahre lang in seiner Wiener Staatskanzlei als Sekretär beschäftigt hatte. Für den König, der lediglich achthundert bewaffnete Reiter für diesen Romzug aufgebracht hatte, schien es beruhigend zu wissen, daß der mächtigste Mann der Stadt, in der er seine zukünftige Frau treffen wollte, ein verläßlicher Vertrauensmann war.

Friedrich täuschte sich, wie er sich so oft in seinem Leben täuschen sollte. Piccolomini war zwar ein vorzüglicher Dichter, der lebendige Zeitschilderungen und reichlich unzüchtige Gedichte verfaßt hatte, bevor er im fortgeschrittenen Alter von 44 Jahren in den geistlichen Stand trat, aber in seiner Vaterstadt Siena hatte er wenig zu sagen.[14] Die Piccolomini gehörten einem der ältesten Adelsgeschlechter Sienas an, aber eine republikanische Signoria hatte sie entmachtet. Jetzt, als Friedrich mit seinen achthundert Reitern von Florenz in Richtung Siena marschierte, fürchteten die Ratsherren, ihr Bischof könnte mit Hilfe der königlichen Kavallerie versuchen, die Adelsherrschaft in der Stadt wiederaufzurichten. Der deutsche König mußte die Demütigung erleben, daß die Bürger von Siena zunächst einmal vor ihm die Stadttore verriegelten. Ihn waren sie zwar bereit einzulassen, der Troß aber sollte draußen bleiben! Wahrhaftig keine ermutigende Einleitung für das ganze Unternehmen und gewiß auch nicht dazu geeignet, der anreisenden Braut ein imponierendes Bild von ihrem zukünftigen Ehemann zu vermitteln.

Friedrich war Herabsetzungen und Mißerfolge längst gewöhnt. Wahrscheinlich hätte es ihn fast überrascht, wenn bei dieser Romfahrt alles glatt gegangen wäre.

Wie diese Kaiserehe vermittelt wurde, das gibt heute noch ein eindrucksvolles Beispiel für das komplizierte Verfahren, allerhöchste Heiratskandidaten unter die Haube zu bringen.

Der erste Gedanke dürfte von Herzog Philipp III. von Burgund gestammt haben. Der war mit Isabella von Portugal verheiratet, und außerdem wollte er aus seinem

Herzogtum gerne ein Königreich machen. Wenn es ihm gelang, dem künftigen Kaiser eine reiche Braut zu verschaffen, vielleicht zeigte sich Friedrich diesen Wünschen dann geneigt. Friedrich war immerhin schon 32 Jahre alt und noch immer unverheiratet, und bei seiner prekären Finanzlage konnte ihm eine reiche Braut aus einem mächtigen Geschlecht nur willkommen sein. Eleonores Onkel, Dom Pedro, war übrigens ein weitgereister Mann; er hatte einmal auch Wien besucht und dabei Friedrich persönlich kennengelernt. Ein neuer Impuls für Ehebande! Als Friedrich dann seine Brautwerber nach Portugal schickte, war Dom Pedro allerdings schon tot – gefallen im Kampf gegen seinen Neffen Alfonso, Eleonores Bruder. Alfonso hatte zwar gegen den Onkel und Vormund Krieg geführt, um möglichst schnell an die Herrschaft zu kommen, aber die von Pedro eingeleiteten Verlobungsgespräche führte er gerne weiter.

Die österreichische Gesandtschaft wurde freundlichst empfangen. Die beiden Edelleute hatten sogar einen Maler mit auf die weite Reise genommen, denn Friedrich wollte ganz genau wissen, wie seine Braut aussah, bevor er sich überhaupt entschloß, sie als seine Braut zu betrachten. Er hätte sich zwar auch ein Bild von ihr schicken lassen können, doch auch an diesem kleinen Detail zeigte sich der ewig mißtrauische Charakter des Königs. Wenn die Hofmaler Porträts ihrer Prinzessinnen anfertigten, pflegten sie zu schmeicheln; verständlicherweise. Vor allem dann, wenn es darum ging, die junge Dame an den Mann zu bringen. Friedrich wollte nicht die Katze im Sack kaufen. Er wollte Eleonores Bild von seinem Hofmaler angefertigt wissen; von einem Manne also, der seine Interessen vertrat.

Das Porträt fiel zur allgemeinen Zufriedenheit aus, und auch die beiden Delegationsmitglieder wußten nur Gutes aus Lissabon zu berichten. Die kleine Prinzessin war ein hübsches, fröhliches Geschöpf, und der Reichtum, dem man in Lissabon auf Schritt und Tritt begegnete, ließ eine umfangreiche Mitgift erhoffen.

Worauf Friedrich seinen offiziellen Werbebrief an Eleonores Bruder, den König Alfonso V., schrieb. Über eine Mitgift vor allem wurde dann in Neapel verhandelt, wo ein anderer Onkel Eleonores, Alfons von Aragon, als König residierte. Was diese Mitgift betraf, so war von einer Bargeldsumme in Höhe von 60.000 Gulden die Rede; für den stets abgebrannten Friedrich ein ungeheures Vermögen.

Dennoch wäre im letzten Augenblick beinahe alles schiefgegangen, denn nun bewarb sich auch der französische Kronprinz Ludwig um die portugiesische Prinzessin. Dem jungen König von Portugal schien ein französischer Schwager unter Umständen erstrebenswerter; die wenig erfreuliche Lage des Königs Friedrich in seinem eigenen Lande hatte sich inzwischen schon bis Portugal durchgesprochen.

Eleonore war jetzt zwar erst 15 Jahre alt, sie schien aber schon ein ausgeprägtes kleines Persönchen gewesen zu sein, denn sie erklärte klipp und klar, sie wolle Friedrich haben oder keinen. Eine solche Entscheidung war durchaus ungewöhnlich. Prinzessinnen pflegten ansonsten widerspruchslos zu heiraten, wen Vater oder Bruder für sie ausgewählt hatte.

Eleonore kannte Friedrich nicht. Es muß wohl die Aussicht gewesen sein, Kaiserin zu werden, die die junge Dame faszinierte; Kaiserin, und zwar schon sehr bald. Als Braut des französischen Ludwig wurde sie bestenfalls Königin, und auch darauf würde sie noch sehr lange warten müssen. So konnte schließlich im Dezember 1450 in Neapel endlich der Ehevertrag abgeschlossen werden, und dem deutschen König schienen die 60.000 Gulden und eine schöne, schwarzhaarige Braut sicher.

Üblicherweise sollte die Trauung zunächst »per procurationem«, durch Stellvertreter also, vollzogen werden. Friedrich war um diese Zeit wieder einmal so arm an Geld, daß er lediglich zwei Priester mit recht bescheidener Reisekasse nach Portugal schikken konnte. Auch diese beiden Kleriker wären beinahe gar nicht angekommen. Unterwegs nahmen ihnen Straßenräuber ihre letzten Goldstücke weg, und Lissabon erreichten sie in derart desolatem Zustand, daß man sie als Vagabunden betrachtete und zunächst einmal einsperrte. Es dauerte eine ganze Weile, bis König Alfonso erfuhr, daß die beiden Brautwerber seines künftigen Schwagers, des deutschen Königs, im Gefängnis saßen. Noch deutlicher konnte sich Friedrichs jämmerliche Situation gar nicht manifestieren. Nun aber war schon alles abgemacht, und man konnte nicht mehr zurück, nicht einmal wenn man gewollt hätte. Eleonores Traum vom Kaiserglanz überwand jedoch auch diese traurigen Vorzeichen.

Daß sie überhaupt froh war, aus Portugal wegzukommen, spielte bei ihrem Entschluß sicherlich auch eine gewisse Rolle. Das Mädchen hatte keine erfreuliche Kindheit hinter sich. Ihr Vater Eduard war sehr früh an der Pest gestorben. Die Mutter, Leonore von Aragon, interessierte sich nicht für die Nachkommenschaft, sondern nur für die Nachfolge. Sie wollte ihrem Schwager, dem Infanten Pedro, die Regentschaft nicht überlassen, sondern selbst herrschen. So ließ sie ihre sechs Kinder im Stich und floh nach Spanien, um in ihrer Herrschsucht nach Verbündeten Ausschau zu halten. Der Versuch, mit einem Söldnerheer gewaltsam nach Lissabon zurückzukehren, kam nicht über die Planung hinaus, und die Kinder sahen ihre Mutter nie wieder. Der nächste, der die Gewalt gegen den Regenten Dom Pedro mobilisierte, war Eleonores ältester Bruder Alfonso. In dem Kampf kam Dom Pedro um. Alfonso wurde König. Eleonore jedenfalls hatte schon in frühesten Kinderjahren erlebt, wie weit persönlicher Ehrgeiz in einem Königshaus führen konnte. Sie ahnte bestimmt nicht, daß sie aus den blutigen Familienfehden der portugiesischen Herrscherfamilie nur herauskam, um in die nicht weniger blutig ausgetragenen Erbschaftsstreitigkeiten der Habsburger hineinzugeraten. Die Seereise in ihre nicht gerade glückliche Ehe verlief alles andere als verheißungsvoll. 82 Tage dauerte die Fahrt an der nordafrikanischen, spanischen und französischen Küste entlang, und dann mußte man in Livorno landen, weil der Wind eine Einfahrt in den Hafen von Telamone nicht zuließ. Unterwegs hatte es Stürme, Seekrankheit und Seeräuber gegeben. Die Brautflotte büßte zwei Schiffe ein, die Braut kam nicht dazu, während der Überfahrt in Ruhe Deutsch zu lernen, wie sie sich's vorgenommen hatte.[15]

Inzwischen verhandelte der Bräutigam mit den Ratsherren der Stadt Siena, um doch noch Einlaß zu erhalten. Er war zwar Demütigungen gewöhnt, aber schließlich wollte er seine Braut nicht als abgewiesener Bittsteller vor den Mauern der Stadt, sozusagen als Unterstandsloser auf freiem Feld empfangen. Er verstand es schließlich, die Ratsherren mit der ihm eigenen Geduld und Zähigkeit davon zu überzeugen, daß er nichts Böses im Schilde führte. Man mußte ihm doch glauben, daß er beim Empfang seiner Braut fröhliche Gesichter und eitel Wohlgefallen um sich haben wollte und nicht das Blutvergießen eines Staatsstreichs. Außerdem schickte er den Bischof Piccolomini zum Empfang der Braut nach Livorno. Die Signoria fürchtete ihren intriganten Kirchenfürsten offenbar mehr als Friedrichs achthundert Reiter, denn sobald Piccolomini erst einmal Siena verlassen hatte, öffnete die Bürgerschaft dem deutschen König die Stadttore. Am 8. Februar 1452 erfolgte der feierliche Einzug. Siena blieb trotzdem auf der Hut. Die Bürger hielten ihre Waffen griffbereit, und der Palast, in dem Friedrich wohnte, blieb ständig von Wachen umzingelt. Ihren kriegerischen Geist bewiesen die Sienesen schließlich Jahr für Jahr zweimal mit dem »Palio«, den damals wirklich noch lebensgefährlichen Reiterspielen auf dem Hauptplatz, »Il Campo«, einer riesenhaften Arena wilder Rauflust vor dem Palazzo Pubblico, zum Zeitpunkt von Friedrichs Einritt in die Stadt erst einige Jahrzehnte alt.

Die Braut merkte die aufgestaute Spannung nicht, als sie am 24. Februar endlich vor Siena ankam. Ihr jugendlicher Liebreiz gewann die Herzen der Bürger im Handumdrehen, und sie bereiteten der kleinen Prinzessin einen jubelnden Empfang.

Friedrich hatte einigermaßen nervös vor der Stadtmauer auf Eleonore gewartet. Der ewig Mißtrauische fürchtete noch immer, von seinem Hofmaler betrogen worden zu sein. Als der Bischof Piccolomini der Braut aus dem Wagen half und sie dem Bräutigam zuführte, war Friedrich sichtlich enttäuscht. Nicht daß Eleonore nicht schön gewesen wäre. Das war sie zweifellos. Sie war jedoch klein und zart, viel kleiner, als Friedrich sie sich vorgestellt hatte, fast schmächtig, und die Strapazen der Seereise ließen sie noch zerbrechlicher erscheinen. Friedrich bekam ordentlich Angst, als er das kleine Fräulein auf sich zukommen sah. Dieses kindlich wirkende Geschöpf sollte die Mutter der so sehnsüchtig erhofften Söhne werden?

Eleonore ihrerseits war weniger enttäuscht als erschrocken. Dieser Habsburger war besonders groß und kräftig; fast ein Riese.

Sie fürchteten sich wohl beide vor der Hochzeitsnacht. Wenn er sie in die Arme nahm, lief sie Gefahr, erdrückt zu werden, und er mußte Angst haben, dieses zarte Mädchen zu zerbrechen. Wie konnte Friedrich sich von dieser Zwergin – und neben Friedrich mußte Eleonore fast wie eine Zwergin erscheinen –, wie also konnte er sich von ihr gesunde, kräftige Nachkommenschaft erwarten?

Die Festlichkeiten der nächsten Zeit halfen Eleonore über den ersten Schock hinweg. Jetzt, da die Bürger von Siena keine Angst mehr um ihre Freiheiten hatten, stürzten sie sich in einen wahren Taumel des Vergnügens. Vier Tage lang wurde gefeiert. Bei den Banketten bogen sich die Tische, wie man so schön zu sagen pflegt; auf der Piazza löste ein farbenprächtiges Schauspiel das nächste ab. Einige Strahlen des Glanzes fielen sogar auf den Bischof Piccolomini, denn nun waren die Ratsherren beinahe schon stolz auf ihren Kirchenfürsten, der ihnen zu diesem glanzvollen Spektakel verholfen hatte. Sie schickten ihn als ihren Vertreter zur Kaiserkrönung nach Rom mit. Keine vier Jahre später trug der Bischof schon den Purpur des Kardinals. Noch zwei Jahre später, und Aeneas Silvius Piccolomini, ehemals kaiserlicher Sekretär und Verfasser unzüchtiger Verse, wurde zum Papst gewählt. Pius II.[16]

Friedrichs Krönung in Rom war übrigens die letzte Kaiserkrönung, die ein Papst in der Heiligen Stadt vornahm. Der Glanz des Schauspiels mochte Eleonore kurze Zeit in dem Glauben belassen haben, daß sie aus der prächtigen Welt des portugiesischen Reichtums in eine noch prächtigere, noch reichere Welt der römisch-deutschen Kaisermacht kommen würde.

Daß manches allerdings mit ihrem Friedrich nicht stimmte, hätte Eleonore immerhin schon in Siena erkennen können. Da war nämlich ein junger Herr im Gefolge des Kaisers, dessen Persönlichkeit und dessen Lebensumstände zu denken geben mußten. Der Knabe hieß Ladislaus und war damals zwölf Jahre alt. Er nannte den König Friedrich pflichtschuldigst seinen Onkel, obwohl sie eigentlich Vettern in absteigender Linie waren. Friedrichs Großvater und der Urgroßvater des kleinen Ladislaus waren jene beiden Brüder Rudolfs des Stifters gewesen, die nach dessen kinderlosem Tod die albertinische und die leopoldinische Linie des Hauses Habsburg begründet hatten.

Es war auch offensichtlich, daß zwischen dem König und späteren Kaiser und dem kleinen Prinzen keine große verwandtschaftliche Liebe herrschte. Der Knabe war praktisch ein Gefangener. Friedrich schleppte ihn überallhin mit; zur Sicherheit des Buben, wie es hieß, in Wahrheit aber zu seiner eigenen Sicherheit. Das Kind nämlich war der eigentliche Herzog von Österreich und Erbe der Kronen von Böhmen und Ungarn. An Ladislaus knüpften sich solcherart alle Hoffnungen und Pläne jener Mächtigen oder Machthungrigen, die mit Friedrich im Streit lagen.

Böhmen und Ungarn, habsburgische Traumziele seit fast zwei Jahrhunderten, lagen wieder einmal in greifbarer Nähe, als der später so langlebige Friedrich als Sohn des steirischen Habsburgerherzogs Ernst der Eiserne geboren wurde. Nicht für Ernst und seinen Sohn Friedrich allerdings, sondern für ihre Vettern aus der albertinischen Linie, die von Wien aus die österreichischen Lande ober und unter der Enns regierten, schien sich der Königstraum im Donauraum jetzt zu verwirklichen.

In Böhmen nämlich ging es nach Karls IV. Tod mit den Luxemburgern schnell bergab. Karls ältester Sohn Wenzel trug zwar nach ihm die deutsche und die böhmische Königskrone, doch er blieb kinderlos. Der zweite Sohn Sigismund, auch Siegmund genannt, schien da mehr Glück zu haben. Er heiratete die Tochter des letzten Ungarnkönigs Ludwig aus dem Hause Anjou, Maria, und erbte damit auch tatsächlich 1387 den ungarischen Thron, aber auch er bekam keine Söhne, nur eine Tochter.

Elisabeth. Nach den Anjou geht es nun den Luxemburgern wie ihren Vorgängern: Wer die Erbtochter heiratet, wird König.

Der junge Albrecht von Österreich, als Habsburger der Fünfte, Enkel von Rudolfs des Stifters Bruder Albrecht III., heiratete Elisabeth von Ungarn. Das war 1422. Und da Sigismund von Ungarn eines Tages seinen kinderlosen Bruder Wenzel von Böhmen beerben mußte, so konnte sich Albrecht leicht ausrechnen, daß ihm Elisabeth früher oder später zwei Königskronen in die Ehe bringen mußte.

Sie brachte, wie sich bald ergab, noch mehr mit als Böhmen und Ungarn. Sigismund beerbte seinen Bruder Wenzel; er bekam nicht nur Böhmen, er bekam auch die Kaiserkrone.[17] Er war der letzte Luxemburger auf dem Thron. Er hatte seinem Schwiegersohn Albrecht vertraglich seine Hinterlassenschaft zugesichert, und in Znaim, wo er 1437 starb, bat er noch die Standesherren seiner beiden Königreiche, den Vertrag auch wirklich zu erfüllen.

Habsburgs großes Jahr 1438: Albrecht wird zum König von Ungarn gekrönt, zum König von Böhmen proklamiert und von den Kurfürsten zum deutschen König gewählt. Das Traumziel scheint erreicht: Ungarn, Böhmen und Österreich in *einer* Hand vereint. Und nach hundert Jahren zum ersten Male wieder ein Habsburger auf dem deutschen Thron. Die Familienverhältnisse der allerhöchsten Häuser von damals, und damit die Erbrechte, waren eben recht kompliziert. Der große österreichische Historiker Alphons Lhotsky sagte einmal: »Was nützt mir die Genealogie sämtlicher Sigharde, wenn ich mir keinen vorstellen kann!« Friedrich III., den Nutznießer aller dieser Verwandtschaften und ihrer Besitztümer an Königreichen und Ländern, kann man sich jedenfalls vorstellen. Er aber war noch nicht an der Reihe. Noch träumte Albrecht vom endlich vereinigten Großreich im Donauraum.

Der Traum dauerte keine zwei Jahre. Auf der Rückkehr von einem Feldzug gegen die in Ungarn eingefallenen Türken starb Albrecht 1439. Er starb an der Ruhr, keine 42 Jahre alt. Seine Frau, die ungarische Elisabeth, erwartete ein Kind. Würde es ein Knabe werden? Wenn es ein Knabe wurde, dann sollte er die Kronen Ungarns und Böhmens erhalten, das war Albrechts letzter Wunsch. Elisabeth, die Mutter, und der Vetter aus Innerösterreich, Herzog Friedrich, sollten gemeinsam die Vormundschaft führen.

Es wurde ein Knabe. Ladislaus. Ladislaus Postumus genannt, der Nachgeborene. Der Vormund Friedrich jedenfalls wurde von den Kurfürsten zum deutschen König gewählt; und die Habsburger sollten von da an, mit einer einzigen Unterbrechung, bis 1806 die Kaiserwürde behalten.

Ungarn und Böhmen zu halten, gelang Friedrich allerdings nicht. Nach dem Tode des letzten Luxemburgers hatten es die Böhmen und die Ungarn satt, immer wieder von Ausländern regiert zu werden, die vermöge irgendwelcher Erbverträge als Landfremde zu ihnen kamen.

Erbverträge besaßen nur dann praktische Gültigkeit, wenn hinter ihnen die militärische Macht stand, sie auch durchzusetzen. Ein Säugling wie Ladislaus war kein König, der sich durchzusetzen vermochte, und sein Vormund Friedrich war in seiner Machtlosigkeit nur die Zielscheibe von Spott und Hohn aller jener, die ein nationales Königtum anstrebten.

Die ungarischen Großen wählten Johann Hunyadi zum Reichsverweser. In Böhmen riß der Hussitenführer Georg von Podiebrad die Macht an sich. König Friedrich, im ständigen blutigen Erbschaftsstreit mit seinem Bruder Albrecht, besaß nicht die Macht, mit Hunyadi und Podiebrad zugleich fertig zu werden oder auch nur mit einem von ihnen. Als Hunyadi 1446 mit seinen Truppen brandschatzend bis Wien kam, mußte er sich zu einem Vergleich bequemen. Er akzeptierte den Ungarnführer als Reichsverweser für den kleinen Ladislaus.

Die böhmischen Stände nannten den von ihnen gewählten Georg Podiebrad nun Landesverweser, und Friedrich mußte auch ihn anerkennen.

Das Kind Ladislaus mußte solcherart zwangsläufig zum Mittelpunkt aller Intrigen im Donauraum werden, zum begehrten Werkzeug aller Machthungrigen, zum Objekt für die abenteuerlichsten politischen Pläne. Drahtzieher des Intrigenspiels war zunächst der Reichsgraf Ulrich von Cilli, ein Neffe des Ungarnkönigs und Kaisers Sigismund.[18] Der Kaiser hatte die Grafen von Cilli zu reichsunmittelbaren Fürsten ernannt; nun war Ulrich von dem unbändigen Ehrgeiz besessen, sich mitten in den österreichischen Landen zu seinen Besitzungen in Cilli, Kärnten, Krain und Kroatien ein regelrechtes unabhängiges Herzogtum zusammenzurauben. Noch einmal schien unter Friedrich III. die Zeit für Strauchritter königlichen Ausmaßes angebrochen. Der Machtverfall des Hauses Österreich infolge der ständigen Erbteilungen und der dauernden blutigen Bruderzwiste forderte Abenteurer wie diesen Reichsgrafen von Cilli geradezu heraus. Zuerst verbündete er sich mit Friedrichs kampflustigem Bruder Albrecht zu einem Plünderungszug nach Krain, dann tat er sich mit den österreichischen Ständen zusammen, als diese unter Führung des landständischen Hubmeisters Ulrich Eitzinger 1451 gegen Friedrich rebellierten.[19] Auch die Standesherren versuchten Friedrichs Hilflosigkeit für sich auszunützen. Sie forderten die Herausgabe des kleinen Ladislaus, den sie als ihren rechtmäßigen Fürsten bezeichneten. Das war das Kind nun zweifellos, aber die österreichischen Landstände und der Graf von Cilli wollten dem Kind ebenso zweifellos nicht zu seinen Rechten verhelfen, sondern es als ihr Werkzeug benutzen. Aus der Sicht des Hubmeisters Eitzinger und seiner Mitverschworenen sogar ein verständliches Vorgehen: Sie hatten genug davon, unter den permanenten Bruderzwisten der Habsburger zu leiden, und sie gedachten, die Herrschergewalt ihrer Herzoge tüchtig zu beschneiden. Die Verschwörung kam gerade im günstigsten Augenblick. Günstig für die Verschwörer, denkbar ungünstig für den König. 1451: Friedrich bereitete gerade seine Hochzeit mit Eleonore von Portugal und die Romfahrt zwecks Kaiserkrönung vor, als in seinem Lande der Hexenkessel überkochte.

Sollte er auf beides verzichten, auf Hochzeitsfahrt und Romreise, um sich mit den aufsässigen Adeligen, den rebellischen Bürgern und dem abenteuerlustigen Reichsgrafen von Cilli herumzuschlagen?

Jeder andere Fürst hätte es an seiner Stelle wohl getan. Für den Charakter Friedrichs III. allerdings ist nichts so kennzeichnend wie die Entscheidung, die er in dieser

Situation traf. Er überließ die Lande ihrem Schicksal und den revoltierenden Standesherren, investierte sein letztes Geld in eine Reiterschar und zog nach Italien.

Dieser Friedrich war ein seltsamer Mensch, wahrhaftig. So mißtrauisch er in irdischen Dingen war, so gläubig vertraute er übernatürlichen Kräften. Wahrsager, Sterndeuter und Zauberer hatten bei ihm stets offene Türen; von den Alchimisten, die ihm Gold zu machen versprachen, erhoffte er sich mehr als von einer vernünftigen Finanzpolitik. Der Fürstenkrone schrieb er geradezu magische Kräfte zu; unerschütterlich glaubte er an die mythische Sendung seines Hauses. A. E. I. O. U. – die fünf Vokale des Alphabets verband er zu einem geheimnisvollen Sinnspruch und ließ mit ihnen seine Wappen und Standarten schmücken, ohne die Bedeutung zu verraten, die er ihnen beimaß.[20]

Für einen solchen Mann mußte die römische Kaiserkrone, vom Papst auf sein Haupt gesetzt, mehr bedeuten als augenblickliche Macht. So zog er nach Rom, ließ hinter sich unbesorgt ein Land im Aufruhr zurück. Sollten die Stände rebellieren, sollten sie sich seiner Hauptstadt bemächtigen, darauf kam es nicht an. Die Hauptstadt konnte man zurückerobern, die Standesherren bei nächster Gelegenheit wieder unterwerfen. Sein Recht vermochte ihm niemand zu nehmen; das Recht gab er ja nicht auf.

So schleppte er auch den kleinen Ladislaus auf die Romfahrt mit, um dessen Entführung durch die Stände zu verhindern. Der Knabe war ein Teil des habsburgischen Erbrechtes auf Böhmen und Ungarn; an dem Knaben hielt Friedrich fest.

Die Kaiserin Eleonore kam im Frühjahr 1452 über Pordenone, Villach und Bruck an der Mur in ihre neue Heimat. Von Villach bis Wien brauchte ein Schwerfuhrwerk damals vierzehn Tage. Mit jeder Tagesreise, die Eleonore der kaiserlichen Residenz Wiener Neustadt näher brachte, verblaßte der Glanz der Kaiserkrönung mehr und mehr. Der trutzige Vierkantbau der Wiener Neustädter Burg war alles andere als der Kaiserpalast, den die kleine Portugiesin sich erträumt haben mochte. Die südliche Sonne, die Wärme ihrer Heimat, das Meer fehlten ihr ebenso wie der Reichtum, den sie gewohnt war. Der ewig von Geldnöten geplagte Friedrich war ein knickriger Ehemann. Die Wiener Neustädter Hofhaltung war nicht nur bescheiden, sie war armselig. Die junge Kaiserin sprach zunächst nur gebrochen deutsch; in ihrer Umgebung befand sich eine einzige Portugiesin. Von Fröhlichkeit konnte keine Rede sein; Feste wurden nur selten veranstaltet, und dann waren sie steif und förmlich. Die Kaiserin hatte als junges Mädchen gerne getanzt; der Kaiser hielt den Tanz für eine unanständige Sache. Ein einziges Mal in ihrem ganzen Leben, so wird berichtet, konnte sie Friedrich dazu bewegen, mit ihr zu tanzen.

Es war allerdings auch keine Zeit für laute Fröhlichkeit, die das Kaiserpaar in Wiener Neustadt erwartete. Während Friedrichs Romfahrt hatten sich seine Widersacher in Wien zu einer Notablenversammlung der Rebellen vereinigt: Die Ungarn unter Hunyadi, die Böhmen unter Ulrich von Rosenberg, die österreichischen Stände unter dem Hubmeister Eitzinger und der Reichsgraf von Cilli. Gemeinsam hoben sie Truppen aus, mit dem Ziel, dem Kaiser bei seiner Rückkehr aus Italien den Knaben Ladislaus abzunehmen.

Der Lärm der Schlacht vor den Toren Wiener Neustadts lieferte die Begrüßungsfanfare für die aus allen Wolken fallende junge Kaiserin. Des Kaisers Truppen wurden vernichtend geschlagen. Friedrich und Eleonore retteten sich gerade noch in die Burg. Der steirische Ritter Andreas Baumkircher deckte den ruhmlosen Rückzug und verhinderte wenigstens, daß die Sieger auch noch die Stadt erobern konnten.

Die Niederlage war so vollkommen, daß Friedrich nun nicht mehr ausweichen konnte. Er mußte den Siegern den Knaben Ladislaus überlassen. Die Verschwörer hatten damit erreicht, was sie so lange schon wollten: Im Namen des hilflosen Kindes konnten sie nun machen, was ihnen in den Sinn kam. Die Wiener feierten den Buben stürmisch, als er von seinen drei neuen Vormündern in die Stadt geführt wurde, und die drei teilten das habsburgische Erbe unter sich auf. Hunyadi sollte in Ungarn, Georg Podiebrad in Böhmen, Ulrich von Cilli in Österreich herrschen, alles im Namen des nunmehrigen Königs und Herzogs Ladislaus.

In Wiener Neustadt zurück blieb ein Kaiser, dem man alle Macht genommen hatte, das Gespött seiner Zeit. Zurück blieb eine junge Kaiserin, die ihr erstes Kind erwartete. Als das Kind eben geboren werden sollte, hatten es die rebellischen Österreicher gerade wieder einmal auf Wiener Neustadt abgesehen. Sie kamen bis an den Stadtrand; die hochschwangere Kaiserin mußte in die Burg flüchten. Dort kam, hinter den dicken Mauern einer belagerten Festung, am 16. November 1455 der Knabe Christoph zur Welt. Die rebellischen Standesherren zogen zwar wieder ab, aber das Kaiserpaar blieb vom Unglück verfolgt. Das Kind starb bald. Erst 1459 kam der nächste Sohn. Sie nannten ihn Maximilian. Er sollte als einziger von den fünf Kindern der Portugiesin seine Eltern überleben.

Der Kaiser glaubte seine Befürchtungen bestätigt. Eleonore war offenbar wirklich zu zart, um gesunde, lebensfähige Erben zur Welt zu bringen. Außerdem warf er seiner Frau vor, sie ernähre ihre Kinder falsch. Zuviel Süßigkeiten! Der sparsame Friedrich hielt an der österreichischen Hausmannskost fest, die der im Luxus aufgewachsenen Südländerin nun einmal nicht behagte. In der Wiener Burg, wo dann einmal Maximilians Schwester, die zarte Kunigunde schwer erkrankte, packte der Kaiser das kleine Kind und ließ es in seinem Schlafzimmer mit der von ihm selbst bestimmten Kost füttern.[21]

In einem Punkt allerdings stimmten Friedrich und Eleonore überein: Sie verabscheuten Alkohol. Im Weinland Niederösterreich war das allerdings keine Tugend, die das Herrscherpaar populär gemacht hätte. Schon als das erste Kind so lange auf sich warten ließ, hatten die Ärzte dem Kaiser geraten, der jungen Frau Wein zu geben. Wütend antwortete Friedrich, da wolle er lieber auf Kindersegen verzichten!

Der zweite Sohn, Maximilian, kam jedenfalls ohne Weinkur zur Welt, und er überlebte auch. Die ewigen Kämpfe, die Friedrich mit seiner Umwelt ausfocht, überschatteten auch seine Kindheit. Nach mehrjährigem Aufenthalt in dem nicht gerade gemütlichen Wiener Neustadt hatte Friedrich mit seiner Familie 1461 endlich nach Wien übersiedeln können. Kaum hatten sie in der Hofburg Quartier genommen, da veranlaßte Friedrichs ewig unzufriedener Bruder Albrecht die Wiener auch schon zur Rebellion. Wie einige Jahre zuvor in Wiener Neustadt, so sah sich Eleonore nun auch in der Wiener Hofburg von den eigenen Untertanen belagert. Die Lebensmittel wurden knapp; der kleine Maximilian soll sehr unter dem Mangel an frischer Verpflegung gelitten haben. Dafür schossen die rebellischen Bürger sogar durch die Fenster der kaiserlichen Gemächer, und Eleonore rettete sich mit ihrem Sohn hinter die Burgkapelle. Die stolze Portugiesin litt mehr unter dem seelischen Druck dieser Demütigungen als unter der Angst. Für einen wahrhaft kaiserlichen Charakter spricht allerdings ihr Verbot an den Hofstaat, dem kleinen Prinzen Maximilian gegenüber von diesen bitteren Notzeiten zu reden. Der Knabe sollte, das war der Wunsch seiner Mutter, später einmal seinen Untertanen nichts nachtragen.

Alles in allem war sie eine großartige Frau, diese Eleonore von Portugal. Hätte sie damals in Lissabon als blutjunges Mädchen geahnt, was sie in Österreich erwartete, sie wäre vermutlich lieber die Frau des französischen Thronfolgers geworden. Sie hatte aber Kaiserin werden wollen, der Glanz der Kaiserkrone hatte sie geblendet. Nicht weiter verwunderlich bei dem fünfzehnjährigen Mädchen. Nun, da sie Kaiserin war und aus all dem erhofften Glanz nichts wurde, aber schon gar nichts, bewährte sie sich als Mensch. Ihren Mann liebte sie nicht. Diesen Kaiser Friedrich konnte man wahrscheinlich auch gar nicht lieben. Immerhin hielt sie an seiner Seite aus, und all die Liebe, deren sie fähig war, übertrug sie auf das Kind Maximilian.

Wie ihr Leben als Kaiserin damit begonnen hatte, daß ihr Auserwählter gedemütigt wurde, von den Bürgern von Siena vor den Toren der Stadt, so endete es auch mit einer Demütigung. Bei Heiligenkreuz, wo die fromme Kaiserin gebetet hatte, wurde ihr Troß von den Vasallen des Ritters Wilhelm von Puchheim ausgeraubt. Friedrich war derartige Zwischenfälle gewohnt; er regte sich nicht weiter auf. Eleonore aber war empört. Als Puchheim die Gewalttäter nicht ausliefern wollte, bestand sie darauf, daß der Kaiser die Burg des Standesherren, Rauheneck im Helenental bei Baden, zu belagern habe. Sie wollte allerdings nicht Rache nehmen für die persönlich erlittene Unbill. Sie wollte nur Leute bestraft wissen, die sich an der Majestät vergangen hatten.

Wenige Wochen später starb sie, erst 31 Jahre alt, in Wiener Neustadt. Am 3. September 1467. Vermutliche Todesursache war eine Magenkrankheit. Die von Friedrich so hochgeschätzte österreichische Hausmannskost war eben doch nicht das richtige für die kleine Portugiesin gewesen.

Zurück blieben ein alternder Kaiser und ein achtjähriger Thronerbe.

Die Kaiserin Eleonore hatte es in den 15 Jahren ihrer wenig glücklichen Ehe nie verstehen können, daß ihr Mann alle die Schicksalsschläge, alle die ihm angetanen Demütigungen und Beleidigungen so tatenlos hinnahm. Daß er am Ende mit seiner Politik des Zuwartens, Abwartens und Gewährenlassens recht behielt, erlebte sie nicht mehr.

Was er damals, als sich alle seine Feinde in Wien zu einer einzigen großen Verschwörung verbündeten, vorausgesehen haben dürfte, trat folgerichtig ein: Im Wettlauf um den größten Anteil an der Beute zerstritten sich die Verschwörer. Zuerst vertrieb der Hubmeister Ulrich Eitzinger mit Hilfe der Wiener den Grafen von Cilli, dann jagte der Graf von Cilli den Hubmeister Eitzinger davon. Dann ließ Ladislaus Hunyadi, Sohn des Reichsverwesers, den Grafen von Cilli ermorden, worauf König Ladislaus den Hunyadi hinrichten ließ. Die Ungarn rebellierten jetzt gegen ihren jungen König. Ladislaus ging nach Prag; dort starb er, erst 18 Jahre alt.

Der nach dem Erbrecht rechtmäßige König war dahin; die Stände in Ungarn und Böhmen hatten nun die letzten Hemmungen verloren, mit den ausländischen Dynastien Schluß zu machen. Die Böhmen wählten Georg von Podiebrad zu ihrem König, die Ungarn Hunyadis jüngeren Sohn Matthias Corvinus.

Friedrich in Österreich, der genau wußte, daß er Ungarn und Böhmen ohnehin nicht halten konnte, wartete weiter ab. Ladislaus Postumus war tot, und nun war er der rechtmäßige Herzog von Österreich. Ulrich von Cilli war tot, und nun bekam der Kaiser alles wieder zurück, was er an den abenteuerlustigen Grafen verloren hatte. Schließlich starb auch noch der ewig rebellierende Bruder Albrecht. Nun konnte ihm, dem Kaiser, niemand mehr die Herrschaft über die Habsburgerländer streitig machen. Nur noch in Tirol gab es den kinderlosen Herzog Siegmund, doch eines Tages würde auch er sterben, und dann kam alles, was habsburgisch war, wieder in einer Hand zusammen. Nach hundert bitteren Jahren, in denen sich die Söhne, Enkel und Urenkel des lahmen Albrecht bis an den Rand der Vernichtung bekämpft hatten, dem Hausgesetz des weisen Herzogs zum Trotz!

In den späten Jahren seines Lebens konnte sich Friedrich sagen, daß er es trotz allem Unglück doch geschafft hatte: Sein Sohn Maximilian würde über alle Lande herrschen, die dem Haus Österreich untertan waren.

Maria von Burgund war 16 Jahre alt, als ihr Vater Karl, den man den Kühnen nannte, nach Trier fuhr, um sie zu verheiraten. Der ausgewählte Bräutigam war der Erzherzog Maximilian von Österreich, seinerseits erst 14 Jahre alt.

Erzherzog: Das war der neue Titel, den die Angehörigen der Habsburgerfamilie führten. Zu Erzherzogen hatte sie schon Rudolf der Stifter mit seinem verfälschten Privileg machen wollen. Vergeblich. Da mußte erst ein Kaiser aus dem Hause Habsburg kommen, um die Korrekturen auch anzuerkennen. Friedrich tat es, 1453, ein Jahr nach seiner Kaiserkrönung. Mochten die unbotmäßigen Standesherren ihn seiner Lande berauben, mochten sie ihn in seiner Burg belagern, mochten sie eines Tages sogar seiner Frau in die Fenster schießen – er zerbrach nicht daran. Er glaubte unerschütterlich an die Größe seines Hauses. Hielt er an diesem Glauben fest, konnten alle irdischen Schicksalsschläge ihn nicht entmutigen. So war es letztlich nur folgerichtig, daß er gerade 1453, im Jahr nach seiner tiefsten Erniedrigung durch die in Wien zusammengetroffenen Verschwörer, das fast hundert Jahre alte, vergilbte Papier seines Vorfahren Rudolf hervorholte und als rechtmäßig anerkannte.

Die Erzherzoge waren geboren. Das Haus Österreich war zum Erzhaus aufgestiegen. Die reale Macht blieb vorderhand noch aus. Friedrich gedachte, sich diese realen Machtmittel in Trier zu holen. Der Gedanke, sich den burgundischen Reichtum zu sichern, ging vom Tiroler Vetter Siegmund aus. Der saß in Innsbruck weit weg von Wien, wo man sich um Böhmen und Ungarn herumschlug, und sah das Glück des Erzhauses von seiner Warte aus viel eher im Westen als im Osten, wo man es seiner Meinung nach mit unberechenbaren Halbwilden zu tun hatte.

Friedrich nahm den Gedanken auf – aber nur, weil er hoffen konnte, im Westen jenen Reichtum zu finden, den er brauchte, um sich im Osten durchzusetzen. Der Kontakt war leicht herzustellen. Schließlich hatten schon bei Friedrichs eigener Brautschau die mit den Portugiesen verwandten Burgunder eine Hauptrolle gespielt. Die Mutter des gegenwärtigen Herzogs Karl von Burgund war eine Tante der Kaiserin Eleonore gewesen.

Eleonore lebte nicht mehr, um die burgundische Verwandtschaft auf Grund ihrer bitteren Erfahrungen vor den Habsburgern zu warnen. Der kühne Herzog seinerseits wollte vom Kaiser auch nicht mehr, als dieser ohne eigene Kosten geben konnte: Anerkennung eines burgundischen Königstitels. Dafür wollte Karl dem Prinzen Maximilian seine Tochter Maria geben. Samt der Erbschaft.

Wieviel die Erbschaft wert war, das konnte Kaiser Friedrich dem burgundischen Verhandlungspartner vom Leib ablesen. Bei der Begegnung in Trier trug der Herzog ein Kleid aus puren Goldfäden, das allein schon seine 200.000 Dukaten wert war.[22]

Den Kaiser machte solcher Aufwand neidisch und mißtrauisch. Der junge Maximilian allerdings war voll Bewunderung für einen so mächtigen Herrn.

Machtentfaltung hatte er in seiner Kindheit wahrhaftig nicht kennengelernt, Prunk auch nicht. Seine Spielgefährten waren die Waffenknechte im Wiener Neustädter Burghof gewesen – von ihnen allerdings hatte Maximilian gelernt, mit Waffen auch umzugehen. Seine eindringlichste Erinnerung verband sich mit dem Gedanken an Hunger in der Zeit, in der die Wiener die Burg belagerten und beschossen und man sich im Keller von Erbsen und Graupen nährte. Von da an datierte auch seine Freundschaft mit dem Theologiestudenten Kronberger, der bei Nacht Verpflegung für die kaiserliche Familie über die Burgmauer geschmuggelt hatte.[23]

In Trier imponierte ihm vor allem die hervorragende Ausrüstung der burgundischen Armee mit Artillerie. Der junge Maximilian sollte zwar als »letzter Ritter« in die Geschichte eingehen, er gewann auch höchstpersönlich alles, was es an Turnierpreisen zu gewinnen gab, aber er wußte auch, daß man mit Rittertugenden allein keine Kriege führen konnte. Und Kriege würde er führen müssen, wenn er nicht das unglückselige Leben seines Vaters wiederholen wollte. Das wollte er nicht.

In den zwei Monate langen Verhandlungen in Trier, von September bis November 1473, blieb das Resultat schließlich gleich Null. Alle glanzvollen Festlichkeiten, für die der Burgunder seine Dukaten springen ließ, konnten den Kaiser nicht dazu bewegen, einen Königstitel zu verschenken. Nicht daß er mit etwas gegeizt hätte, was ihn selbst nichts kostete. Der protzige Burgunderherzog aber war ihm nun einmal nicht sehr sympathisch. Und außerdem spürte er den Widerstand. Der französische König, von dem Karl einen Teil seiner Lande zu Lehen hatte, drohte mit Recht: Eine Standeserhöhung des Burgunders mußte ja auf seine Kosten gehen. Auch die Kurfürsten drohten, vor allem die am Rhein. Der burgundische Nachbar war ihnen ohnehin mächtig genug, und an ihrem Kaiser Friedrich schätzten sie gerade dessen Machtlosigkeit. Wenn Friedrich noch bei Lebzeiten die Wahl seines Sohnes zum deutschen König erreichen wollte, dann mußte er die Kurfürsten bei guter Laune halten.

Und letztlich mißtraute er eben dem Herzog von Burgund, wie er jedem Menschen mißtraute. Dem eigenen Sohn, den er schon frühzeitig in die Kanzleigeschäfte einführte, trichterte er immer wieder die Weisheit ein, keinem Menschen zu trauen, am allerwenigsten einem Kanzler oder Sekretär. Und weil dem Kaiser das drängende Verlangen Karls des Kühnen zuwider wurde, weil er überhaupt am liebsten jeder Entscheidung auswich, reiste er eines Tages samt seinem Sohn unvermutet nach Köln ab.

Die erste Brautfahrt war damit gescheitert. In der Seele des jungen Prinzen hatte aber die Begegnung ihren unauslöschlichen Eindruck hinterlassen. Ein Mann wie dieser Burgunderherzog, so voll augenscheinlicher Tatkraft, das wollte er werden!

Das Glück dieses Burgunderherzogs aber war bei aller Kühnheit nur von kurzer Dauer. Karl wollte ganz einfach zuviel. In der Schlacht bei Grandson verlor er 1476 seine Familienkasse, den legendenumwobenen Burgunderschatz. Bei Murten verlor er im selben Jahr fast seine gesamte Armee. Bei Nancy verlor er schließlich im Januar 1477 auch sein Leben.

Die Tochter Maria blieb als Alleinerbin zurück. Die Erbschaft war allerdings eher theoretischer Natur, denn es gab niemanden, der sie für das Mädchen verteidigt hätte. Die Nachbarn, vor allem der König von Frankreich, mußten sich geradezu zwangsläufig auf die Landmasse stützen, die die Burgunderherzoge in vier Generationen zusammengerafft hatten. Die Stände wollten ihre eigenen Privilegien vergrößern.

Eigentlich war nur Maximilian da, mit dem Maria rechnen konnte. Sie hatte den jungen Habsburger zwar noch nie gesehen, aber ihr Vater Karl hatte kurz vor der Schlacht bei Nancy noch verfügt, daß Maria Maximilian heiraten sollte, falls er das Gefecht nicht überleben würde.

Maximilian war dazu bereit. Er war sein Leben lang ein Romantiker, dieser letzte Ritter des Abendlandes. Die unbekannte Schöne in der Fremde, die des Retters harrte, begeisterte seine Phantasie. Die Aussicht, ein eigenes Königreich zu erobern, begeisterte ihn auch. Daß seine ganze Kriegsmacht zunächst einmal nur in seinem eigenen Schwert bestand, hielt ihn nicht zurück. Im Gegenteil, das trug noch dazu bei, diese Phantasie zu beflügeln. Mit dem Schwert in der Hand und sonst nichts eine Braut und ein Königreich zu erobern – welch ein Gedanke für einen achtzehnjährigen Herrn!

Maria dürfte nicht viel weniger romantisch veranlagt gewesen sein. Sie rechnete tatsächlich damit, daß Maximilian kommen und sie von ihren Feinden befreien würde. Sie war wie die verzauberte Prinzessin im Märchenschloß, die des Retters harrte.

In der harten Realität dieser kriegerischen Zeit allerdings mußten auch Märchenprinzessinnen der menschlichen Natur Rechnung tragen, und diese menschliche Natur veranlaßte Soldaten nun einmal dazu, auf regelmäßiger Bezahlung ihres Soldes zu bestehen. Deshalb schickte sie einige Vertrauensleute mit ihrem Schmuck nach Österreich. So arm war der auserwählte Bräutigam Maximilian, daß er aus seiner eigenen Tasche nicht einmal die Brautfahrt nach Burgund hätte finanzieren können!

Das größte aller Wunder in dieser wunderbar-romantischen Geschichte von Maximilian und Maria war zweifellos, daß die Sendboten weder überfallen und ausgeraubt wurden, noch daß sie den Schatz, den sie bei sich trugen, unterschlugen. Sie übergaben den Schmuck in Linz dem jungen Erzherzog, und der ritt damit nach Augsburg, um ihn dort bei den reichen Bankiers zu versetzen. Denn daß sein Schwert allein nicht ausreichen würde, um Burgund zu erobern, das hatte er auch schon erkannt. Die Pfandsumme reichte zur Ausstattung seiner Begleitung. In Köln nahm er dann ein weiteres Darlehen auf. Mit Schulden also begann der achtzehnjährige Maximilian seinen Aufstieg zur Weltherrschaft.

Während er noch um Pfandsumme und Darlehen feilschte, ging es Maria in Burgund beinahe schon an den zarten Hals.

Französisches Geld hatte ihre Position unterminiert. Der französische König Ludwig XI. bezahlte einen ihm höchst willkommenen Aufstand in den Niederlanden – er gedachte schließlich, Burgund zu vereinnahmen. Die Burgunder ihrerseits nahmen das Geld, aber sie hätten wahrscheinlich auch unbezahlt rebelliert. Die stolzen Bürger der stolzen burgundischen Handelsstädte, Gent und Brügge an der Spitze, hatten sich ohnehin nur sehr widerwillig unter die starke Hand ihrer Herzoge gebeugt. Mit einem jungen Mädchen gedachten sie kurzen Prozeß zu machen. In Gent hängten sie Marias politische Berater, Hugonnet und Humbrecourt, ganz einfach auf.

Die sonst so stolze Maria hatte vergeblich um das Leben ihrer Vertrauten gekämpft. Sie war auf den Marktplatz von Gent gegangen, wo schon der Scharfrichter bereitstand, sie hatte geschrien, gefleht, gebettelt, sie hatte sich schließlich vor den Ratsherren auf die Knie geworfen und mit erhobenen Händen um Gnade gebeten. Erfolglos.

Jetzt saß sie im Genter Schloß und wartete, wer früher kommen würde: Maximilian, der ersehnte Retter, oder eine französische Armee, um sie nach Paris zu verschleppen, wo König Ludwig sie mit seinem Sohn verheiraten wollte. Die Erbschaft war jede Gewalttat wert. Wer Maria bekam, der bekam Burgund, Flandern, Luxemburg, Brabant, Artois. Wahrhaftig eine königliche Mitgift!

Daß Maria nicht erpicht darauf war, sich dem König von Frankreich und einem eben erst zehnjährigen Prinzen als Ehemann auszuliefern, lag auf der Hand.

Maximilian kam zuerst. Die kleine Armee, die er aufgebracht hatte, bestand aus 1200 Reitern – immerhin um die Hälfte mehr, als sein Vater seinerzeit für die Brautfahrt nach Siena mobilisieren konnte. Am 18. August 1477 ritten die Österreicher in den Genter Herzogshof ein.

Die Legende will wissen, daß Maximilian und Maria schweigend aufeinander zugetreten seien, benommen von der Größe des Augenblicks. Sie: überwältigt von seiner glanzvollen Männlichkeit. Er: überwältigt von ihrer strahlenden Schönheit. Und stumm hätten sie einander bei den Händen genommen und wären vor dem nächsten Priester niedergekniet, um ihren Bund segnen zu lassen.

Nun war Maria zwar ein anmutiges junges Mädchen, aber gewiß keine Schönheit. Was das tiefe Schweigen betraf, so erklärte man sich's später mit Sprachschwierigkeiten. Maria konnte nicht Deutsch, Maximilian weder Flämisch noch Französisch. Sie hätten nur lateinische Liebesschwüre austauschen können.

Andere Berichte wissen es anders:

»Der Einzug in Gent geschah unter Pomp und Glanz. Die Bürger sowie die ganze Landschaft von Fürsten, Bischöfen, Prälaten, Grafen und Rittern zogen ihm feierlichst entgegen, die Priesterschaft harrte seiner am Tor und in den Straßen. Jedermann freute sich über den schönen und stattlichen Erzherzog, welcher auf einem braunen Hengst daherritt, einen silbernen, mit Gold musierten Harnisch, darüber einen Waffenrock von rotem und weißem Samt, und auf seinem entblößten Haupte, von dem die goldenen Locken herabrollten, einen Kranz von Perlen und Edelsteinen trug. Von allen Seiten rief man sich zu, daß man noch keinen schöneren jungen Fürsten gesehen habe. Köstliche Bankette folgten. Der Ehekontrakt ward sofort zwischen den kaiserlichen Gesandten und den Abgeordneten der Stände geschlossen . . .«[24]

Ganz so begeistert dürfte der Empfang aber doch nicht gewesen sein, denn schließlich hatten die Genter erst kurz zuvor trotz Marias Flehen ihre beiden Ratgeber hingerichtet, und der französische König hätte sein Geld unnötigerweise ausgegeben. Immerhin war an der Legalität von Maximilians Erbrechten in Burgund jetzt nicht mehr zu zweifeln. Er mußte sie nur noch in der Praxis behaupten. Er tat es mit der ersten großen Schlacht, die er schlug. Bei Guinegate traf er 1479 auf die Franzosen. Die Reiterei erlitt zwar eine Schlappe, aber Maximilian stellte sich persönlich an die Spitze der flandrischen Infanterie und glich die zunächst sicher scheinende Niederlage wieder aus. Fürs erste waren die Franzosen also an den Grenzen aufgehalten. Fragte sich nur, für wie lange – denn weder war der König von Frankreich geneigt, auf so viel Land zu verzichten, noch waren die burgundischen Stände willens, sich auf Dauer dem österreichischen Erzherzog zu unterwerfen.

Zunächst schien das Glück mit Maximilian zu sein. Maria brachte zwei Kinder zur Welt, den Sohn Philipp und die Tochter Margarete.

Den Säugling Philipp, der sich später den Beinamen eines »Schönen« erwarb, schien jedenfalls eine ungeheure Erbschaft zu erwarten. Nicht nur Burgund, sondern auch Österreich, nicht nur Herzogshüte, sondern auch eine Kaiserkrone. Das deutsche Reich schien über Nacht eingezwängt zwischen zwei gewaltigen habsburgischen Landblöcken im Nordwesten und Südosten Europas.

Das erste Glück des jungen Maximilian aber verflog so plötzlich, wie es gekommen war.

1482 war Maria wieder in anderen Umständen, als sie während einer Falkenjagd vom Pferd stürzte. Die Reiterin wurde gegen einen Baumstumpf geschleudert; einem anderen Bericht zufolge scheute das Pferd, warf Maria ab und trat sie in den Unterleib. »Die schamhafteste Stelle ihres Leibes«, hieß es, »war gar übel zugerichtet.« Und es hieß, sie habe sich standhaft geweigert, sich gerade an dieser Stelle von einem fremden Mann, sei es auch ein Arzt, behandeln zu lassen. Jedenfalls starb sie am 27. März, nach nicht einmal fünfjähriger Ehe.

Maximilian war untröstlich, zumindest vorübergehend. Als die Leiche schon aufgebahrt war, wich er noch immer nicht von ihrer Seite. Tatsächlich hat Maximilian noch bis an sein Lebensende kleine Gedichte zum Ruhm seiner burgundischen Frau verfaßt.

Nun war er allein. Mit zwei kleinen Kindern und einem rebellischen Erbe. Denn ganz so, als sei Marias Tod das Signal gewesen, brach der allgemeine Aufruhr los, und die französischen Truppen erschienen wieder an den Grenzen:

»So nahm der fürchterliche Krieg, der seit den Zeiten Karls des Kühnen nie aufgehört hatte, seinen Fortgang. Allenthalben schlugen die Flammen wieder aus der Asche: in Utrecht, in Geldern, in Lüttich, in Namur, in Holland, in Seeland. Städte kämpften gegen Städte, Deutsche gegen Flamen, Pöbel gegen Adel; es war ein Krieg ohne feste Fronten, ohne feste Bundesgenossen. Haßerfüllte städtische Milizen und fremde Kriegsvölker kämpften gegeneinander, miteinander, durcheinander und schlugen sich, wo immer sie sich trafen. Man kämpfte mit fürchterlicher Grausamkeit auf beiden Seiten: Der gutmütige Erzherzog mußte führenden Rebellen die Köpfe vor die Füße legen. Wie ein alles verzehrendes Ungeheuer fraß dieser Krieg die Niederlande ab, verwüstete die Städte, die Dörfer und das flache Land und kam erst zur Ruhe, als der Wohlstand von Generationen vernichtet war . . .«[25]

Nicht nur der Krieg in Burgund traf die beiden Habsburger Friedrich und Maximilian, den alten und den jungen Witwer, in diesen bitteren Jahren. Jetzt ging es auch im Osten, in den Stammlanden, wieder los. 1485 eroberte der Ungarnkönig Matthias Corvinus des Habsburgerkaisers Hauptstadt Wien. Wieder einmal, wie schon so oft in seinem Leben, mußte Friedrich III. fliehen. Mit 30 Pferdegespannen voll Akten ging er nach Tirol. Der Familienschatz, den er mit sich führte, nahm den geringsten Teil der Ladung ein. So plötzlich, wie das Glück über die beiden Habsburger gekommen war, hatte es sie anscheinend auch wieder verlassen.

Die Schicksalsschläge hatten auch ihren Vorteil. Den deutschen Kurfürsten wurde jetzt angst und bange. Im Westen drohten die Franzosen, im Südosten standen die Türken angriffsbereit. Das Reich brauchte einen Herrscher, der die Grenzen vor Eroberern schützen konnte. 1486 wählten die Großen Deutschlands den Erzherzog Maximilian zum deutschen König und damit zum Nachfolger seines kaiserlichen Vaters.

Die Kurfürsten waren bereit zu wählen, nicht aber zu zahlen und schon gar nicht zu kämpfen. Maximilian und sein Vater mußten ihren schweren Weg allein weitergehen. 1490, nachdem Matthias Corvinus in Wien gestorben war, konnte Maximilian zwar über die Steiermark nach Niederösterreich gelangen, er konnte die Ungarn sogar bis

Stuhlweißenburg zurückschlagen, dort aber war der Kriegszug auch schon wieder zu Ende, denn dem kurzfristigen Sieger ging das Geld aus, um seine Landsknechte zu bezahlen.

Zwei Jahre zuvor, 1488, hatten die Niederländer ihren angeheirateten Herzog sogar zwei Monate lang in Brügge gefangengesetzt und ihm einen vorübergehenden Verzicht auf die Herrschaft über Burgund abgepreßt. Maximilian mußte froh sein, durch einen denkbar ungünstigen Frieden mit Frankreich seine Handlungsfreiheit wiederzugewinnen, und diesen bitteren Frieden brauchte er dringend genug, denn er mußte ja nach Österreich, zurück in seine Heimat, um nicht auch noch die Stammlande zu verlieren.

Ein denkbar unsicheres, stets von äußeren Feinden und innerer Rebellion bedrohtes Erbe in Burgund, ein gerade noch einmal gerettetes Erbe im Donauraum – das war es, was Friedrich seinem Sohn Maximilian hinterließ, als er 1493, achtundsiebzigjährig, in Linz starb.

Und noch eines geschah, knapp bevor Maximilian seinen Vater beerbte. Eine Demütigung, die schwerer wog als alle militärischen Niederlagen: Man stahl dem jungen Mann die Braut. Der König von Frankreich, der dem Österreicher das burgundische Erbe abnehmen wollte, ließ ihm die bereits Angetraute vor der Nase entführen, um sie selbst zu heiraten.

Der Witwer Maximilian hatte sich nach dem Tode seiner inniggeliebten burgundischen Maria sechs Jahre lang mit dem Alleinsein zufriedengegeben. In diesen sechs Jahren hatte er auch wahrhaftig genug andere Probleme zu lösen, als erneut auf Brautschau zu gehen. Daß gerade auf ihn später die Lesebuchweisheit gemünzt wurde, »Kriege mögen die anderen führen – du, glückliches Österreich, heirate«, hätte ihm selbst als blanker Hohn erscheinen müssen. Seit seiner burgundischen Heirat zog er von einem Krieg in den andern, um zu verteidigen, was er erheiratet und ererbt hatte. Als er schließlich an eine zweite Ehe dachte, war die Romantik der Knabenjahre dahin. Geopolitische Erwägungen und militärisch-strategische Gesichtspunkte, könnte man heute sagen, bestimmten schließlich die Wahl der zweiten Braut.

Als sich Maximilian zur Werbung entschloß, war diese Braut ganze zwölf Jahre alt. Sie hieß Anne de Bretagne.

Die Bretagne war das letzte große Lehen der französischen Krone, das die Könige aus dem Hause Valois noch nicht vereinnahmt hatten; das letzte praktisch unabhängige Herzogtum auf französischem Boden. Der letzte Herzog, Franz II., starb im September 1488. Als Erbin blieb Anne zurück.

Um Anne hatte sich Maximilian schon vor ihres Vaters Tod bemüht. Sie waren sozusagen natürliche Bundesgenossen, der Erbe von Burgund und der potentielle Erblasser in der Bretagne. Der König von Frankreich war ihr gemeinsamer Feind.

Der König von Frankreich war seit 1483 jener Knabe Karl VIII., den sein Vater Ludwig XI. als zehnjähriges Kind mit Maria von Burgund hatte verheiraten wollen, um die Erbschaft einzustreichen. Damals hatte Maximilian ihm den Rang abgelaufen. Ein zweites Mal wollte Karl nicht zu spät kommen. Wenn schon nicht Burgund, dann wenigstens die Bretagne!

Als Herzog Franz II. 1488 starb, war die Eheverbindung zwischen Anne und Maximilian allerdings schon abgesprochen. Der Franzosenkönig mußte sich also beeilen.

Er war 18 Jahre alt, und er hatte schon eine Braut. Die Braut hieß Margarete. Margarete von Österreich, Tochter des Maximilian. Die Situation war einzigartig und grotesk, wie in einer Verwechslungskomödie. Spätestes Mittelalter, wo es moralisch am düstersten war: Ein junger Mann wollte seinem präsumtiven Schwiegervater die Braut wegschnappen und ihm die schon anverlobte Tochter zurückschicken, und das alles, um ein Herzogtum zu erben.

Was die Braut Margarete anbelangt, so war sie zum Zeitpunkt dieser Komödie acht Jahre alt. Als »Braut« galt sie seit 1482. Von allen hochfürstlichen Ehekombinationen dieser seltsamen Zeit war die Abmachung, die Margarete betraf, die absonderlichste, von allen Kinderverlobungen die erbärmlichste: Hier wurde ein zweijähriges Kind verschachert.

Als Maximilian 1482 mit dem Franzosenkönig Ludwig den Frieden von Arras schloß, war das Kind ein wichtiger Punkt des Kontrakts. Margarete sollte mit dem Dauphin Karl verlobt werden und als Mitgift einen Teil des burgundischen Erbes erhalten. Und weil der Franzosenkönig ein kluger Mann war, der zu solchen Verträgen die richtige Einstellung hatte – er hielt nämlich nicht viel von ihnen –, so ließ er sich das Pfand für Maximilians Vertragstreue gleich ausliefern: Margarete. Die Zweijährige wurde nach Frankreich gebracht, um dort am Pariser Hof als künftige Ehefrau erzogen zu werden. Die jüngste Braut, die es je gab.

Maximilian unterschrieb. Der so ritterliche letzte Ritter war egoistisch genug, ein zweijähriges Kind, die eigene kleine Tochter, dem Todfeind auszuliefern, um seinen faulen Frieden unter Dach und Fach zu bringen. Wenn damals jemand dem stolzen Erzherzog vorgeworfen hätte, es sei ein erbärmlich schäbiger Handel, was da getrieben wurde, er wäre auf Verständnislosigkeit gestoßen. Die Zeit fand nichts daran, auch Babys zu verkaufen, wenn die Politik es erforderte. So ritterlich, daran Anstoß zu nehmen, war man wieder nicht. Der schwärmerische Romantiker und fromme Katholik Maximilian konnte im Bedarfsfall auch materialistisch denken. Sein Gegenspieler in Paris stand ihm darin nicht nach. Da lebte also seit sechs Jahren ein kleines Mädchen an seinem Hof, um später einmal seine Frau zu werden, doch in dem Augenblick, da der bretonische Herzog starb, galten dem König Karl die sechs Jahre und alle vorangegangenen Abmachungen so gut wie nichts. Jetzt wollte er Anne de Bretagne haben. Und die Bretagne.

Maximilian sah sich vor eine Situation gestellt, die jener vor seiner burgundischen Heirat aufs Haar glich. Wieder war da eine junge, reiche Erbin, die einsam und verlassen in der Stadt und auf dem Schloß ihrer Väter saß und des Retters harrte, der sie vor dem habgierigen Feind an den Grenzen ihres Reiches schützen sollte. Daß das Herzogtum Bretagne jährlich eine Million Gulden Einkünfte abwarf, mußte den Retter und Beschützer zur Eile antreiben. Die Zeiten allerdings, in denen der Jüngling nur mit seinem Schwert ausgerüstet war – und mit dem Geld aus dem verpfändeten Schmuck seiner Braut –, waren vorbei. Maximilian hatte in Burgund alle Hände voll zu tun, um sich seiner Widersacher zu erwehren. Und er mußte rasch vorgehen, denn ebenso dringend wurde in dem bedrohten Österreich nach ihm verlangt.

Die Brautfahrt in die Bretagne war im Programm also nicht unterzubringen. Anderseits mußte schnell geheiratet werden, wollte man den Wettlauf um das Erbe gewinnen.

So schickte Maximilian den Prinzen von Oranien und einen Ritter von Polhaim in die bretonische Hauptstadt Rennes, um die Trauung »per procurationem« zu vollziehen. War er erst einmal formell verheiratet, kalkulierte Maximilian, so blieb dem König Karl nichts mehr übrig, als zu resignieren.

Ein zeitgenössischer Bericht über die seltsame Trauungszeremonie in Rennes blieb uns erhalten:

»König Maximilian schickt seiner Diener einen, genannt Herbolo von Polhaim gen Brittania zu empfangen die königliche Braut; der war in der Stadt Rennes ehrlich empfangen, und daselbst beschlief der von Polhaim die königliche Braut, als der Fürsten Gewohnheit ist, daß ihre Sendboten die fürstlichen Bräute in ihrem Harnisch mit dem rechten Arm und dem rechten Fuß bloß und ein bloßes Schwert dazwischen gelegt, beschlafen. Also haben die alten Fürsten getan, und ist noch die Gewohnheit. Da das alles geschehen, war der Kirchgang mit dem Gottesdienst nach Ordnung der heiligen Kahnschafft mit gutem Fleiß vollbracht.«[26]

Der Priester hatte also seinen Segen gegeben, und der Herr von Polhaim hatte namens seines Herrn Maximilian den entblößten rechten Fuß unter die Decke gesteckt, unter der Anne in ihrem Hochzeitskleid lag, und die versammelte Hofgesellschaft hatte der Zeremonie als Zeuge beigewohnt. Das war 1490. Daß die Ehefrau, die man da ins Bett steckte, wenn auch nur formal, erst vierzehn war, störte niemand. Ehe war Ehe!

Glaubte Maximilian. Er nahm sich nicht einmal die Zeit, um nach Rennes zu gehen und seine kindliche Ehefrau zu besichtigen, von weiteren ehelichen Maßnahmen ganz abgesehen. Er fürchtete auch, der Franzosenkönig könnte ihn unterwegs abfangen. Und außerdem rief Österreich.

Ohne seine neue Frau auch nur ein einziges Mal zu Gesicht bekommen zu haben, verließ Maximilian Burgund. Er kämpfte gerade vor Stuhlweißenburg gegen die Ungarn, als das Unfaßliche geschah.

Das Unfaßliche sah so aus, daß der achtzehnjährige Franzosenkönig sich keinen Deut um die in aller Form vollzogene Ehe zwischen Anne und Maximilian kümmerte, und ebensowenig um seine Verlobung mit Maximilians Tochter Margarete. Die französischen Truppen drangen in die Bretagne ein und holten sich ganz einfach die kleine Herzogin. Der bretonische Adel verbündete sich mit den Franzosen, die Räte der kleinen Dame fielen vor dem französischen Geld prompt um, und am Ende sah sich Anne de Bretagne vor die allgemeine Forderung gestellt, den jungen König von Frankreich umgehend zu heiraten.

Aber sie war doch schon verheiratet! Mit Maximilian! Die jungfräuliche Ehefrau, die von ihrem Gemahl bis dahin allerdings nur den nackten Fuß seines Stellvertreters zu sehen bekommen hatte, faßte es nicht. Sie konnte doch nicht gleichzeitig mit zwei Männern verheiratet sein!

Die Kronjuristen hatten natürlich längst ihre Argumente griffbereit, und die sonst so strenge Kirche war wieder einmal gefällig genug, diese Argumente zu akzeptieren.

Anne hatte noch nicht das heiratsfähige Alter erreicht, hieß es. Wäre man diesem Grundsatz treu geblieben, dann hätte gut die Hälfte aller Fürstenehen damals nicht geschlossen werden dürfen. Aber das Gesetz galt eben nur, wenn es zweckmäßig war!

Die Trauung sei zwar durchgeführt, die Ehe aber nicht vollzogen worden, hieß es weiter. Der nackte Fuß des Ritters von Polhaim galt nicht. Einer Trennung des Ehebandes stand also nichts im Wege, machte man Anne klar.

Und letztlich sei die ganze Angelegenheit von Anfang an rechtswidrig gewesen, hieß es auch noch. Die Bretagne war schließlich französisches Lehen, und eine Erbtochter durfte nur mit Zustimmung des Lehensherrn heiraten. Hatte man den König von Frankreich als den Lehensherrn um Erlaubnis gebeten?

Die Sache lag klar. König Karl hatte die Macht, deshalb galt seine Auffassung von Recht. Maximilian kämpfte gerade in Ungarn und besaß nicht einmal genug Geld, um dort seine Söldner zu bezahlen. Was konnte seine Rechtsauffassung da schon wert sein?

So erlahmte der Widerstand des vierzehnjährigen Mädchens sehr schnell. Am 18. November 1491 heiratete Anne de Bretagne den König von Frankreich, Karl VIII.

Die Welt war empört. Der »Brautraub von Britania«, wie Karls Handstreich von da an hieß, überschritt sogar das orts- und zeitübliche Maß an brutaler Gewalttätigkeit und Rechtsbeugung. Der Papst, Innozenz VIII., sah sich einer kniffligen Angelegenheit gegenüber. Er sollte auf Grund der von den französischen Juristen vorgebrachten Argumente die Ehe Annes mit Maximilian auflösen und die neue, schon vollzogene Ehe mit Karl gutheißen.

Innozenz verlangte die Versicherung, daß die Braut nicht geraubt worden sei und daß sie sich freiwillig zu der zweiten Ehe entschlossen habe. Die französischen Kleriker, die König Karl nach Rom geschickt hatte, waren sofort bereit, jeden gewünschten Meineid zu schwören, daß von Brautraub und Zwang keine Rede sein konnte. Worauf der Papst seinen nachträglichen Segen erteilte.

Jedermann kannte die Wahrheit. Jedermann wußte, daß die französischen Kleriker einen Meineid geschworen hatten. Der Papst wußte es auch – so weltfremd konnte niemand in Europa sein, daß er die ganze groteske Komödie nicht durchschaut hätte. Dem Papst allerdings war die Freundschaft des mächtigen Franzosenkönigs im Augenblick wichtiger als das Wohlwollen des armen, geschlagenen Maximilian. Das allein gab den Ausschlag. Der letzte Ritter und die Ritterlichkeit überhaupt hatten keine Chancen.

Maximilian mußte froh sein, daß er nach langen Verhandlungen wenigstens seine Tochter Margarete zurückbekam. Heiraten konnte Karl VIII. das Kind jetzt zwar nicht mehr, aber als Geisel hätte er Maximilians Tochter gerne behalten.

Es dürfte kaum einen Kaiser gegeben haben, der niedergeschlagener und gedemütigter den Thron bestieg als Maximilian im Jahre des Herrn 1493. Er heiratete wohl noch ein drittes Mal, in dem Jahr, in dem er seinem Vater Friedrich III. auf den Thron folgte. Die Auserwählte war diesmal Bianca Maria Sforza, die Tochter des Beherrschers von Mailand. Es war wieder eine politische Ehe, aber mit geringer Ambition. Da gab es kaum etwas zu erben. Maximilian wäre schon zufrieden gewesen, wenn er für seine militärischen Unternehmungen im Osten seines Reiches etwas Geld von den Sforza bekommen hätte. Dafür versprach er, die Herrschaft der hochgekommenen Condottieri-Familie in der Lombardei zu legitimieren.[27]

Die Sforza enttäuschten den Kaiser, und die junge Ehefrau bekam diese Enttäuschung zu spüren. Bianca Maria war schön, aber Maximilian interessierte sich nicht für ihre körperlichen Reize. Er wich seiner Frau aus, wo immer er konnte. Er interessierte sich überhaupt nicht mehr für das andere Geschlecht.

Wenn sein scharfer Verstand von nun an Ehekombinationen ausbrütete, dann betrafen sie nur noch seine Kinder und Enkel.

Zwei Kinder waren ihm aus der kurzen Verbindung mit Maria von Burgund geblieben: Philipp und die in Frankreich so schnöde behandelte Margarete.

Zwei Enkel hatte er später, auf die er die Zukunftshoffnungen des Hauses Österreich richtete: Karl und Ferdinand.

Und mit diesen Kindern und Enkeln sollte der letzte Ritter Wirklichkeiten erleben, die seine romantischen Jugendträume noch übertrafen.

Das Jahr 1492, das seiner Demütigung mit Anne de Bretagne folgte, war das Jahr eines einzigartigen Ereignisses. Der Seefahrer Christoph Columbus entdeckte Amerika. Niemand vermochte anfänglich die ganze Bedeutung dieser Entdeckung auch nur einigermaßen abzuschätzen. Auch Maximilian nicht, als er mit den spanischen Königen Ferdinand und Isabella eine Ehekombination für die beiderseitigen Kinder aushandelte. Das war 1496. Das Österreich, das da wieder einmal daranging, Erbschaften zu erheiraten, war augenblicklich zumindest ein denkbar unglückliches Österreich und sein Herrscher Maximilian alles andere als auf dem Höhepunkt seiner Macht. Gerade in diesem Jahr 1496 konnte er seine Finanznöte nur dadurch einigermaßen beseitigen, daß er den Landständen von Steiermark und Kärnten im buchstäblichen Sinne des Wortes die Juden verkaufte. Die Steirer zahlten 38.000 Gulden, die Kärntner 4000 Gulden, wofür Maximilian die Ausweisung der Juden aus diesen beiden Erblanden verfügte.

Glücklich sollte Österreich durch die Ehen, die Maximilian stiftete, erst später werden. Nach seinem Tode.

Kapitel 3

Bräute in Ost und West

Die spanischen und die ungarischen Erbschaften des Hauses Österreich

Ein Weltreich wird erheiratet
Ein Prinz liebt sich an einer Habsburgerin zu Tode
Eine Königin wird aus Liebe und Eifersucht wahnsinnig
Der Wiener Hochzeitskongreß von 1515
Dynastische Zukunftsträume auf Kredit
Die Teilung der Dynastie
Der große Inzest im Hause Österreich

Juana von Spanien kam auf einem Schiff nach Flandern. Die Begleitflotte hatte einen großen Bogen um die Bretagne gezogen, denn der Brautraub von Britania war noch in wacher Erinnerung. Maximilian wollte dem König von Frankreich nicht noch einmal Gelegenheit zu einem solchen Schurkenstreich geben, und mit der Möglichkeit mußte man immerhin rechnen. Schließlich fuhr Juana nicht nur der Liebe wegen nach Flandern, sondern hauptsächlich aus politischen Motiven. Sie sollte Maximilians Sohn Philipp als Garantie für das Bündnis heiraten, das der Kaiser mit den spanischen Königen geschlossen hatte – gegen Frankreich. Ein geradezu natürliches Bündnis, das die Geographie den Partnern aufzwang: Vom Norden und vom Süden her nahm man Frankreich in die Zange. Die Gelegenheit, Maximilians Sohn Philipp und seine Tochter Margarete mit dem spanischen Geschwisterpaar Juan und Juana zu verheiraten, ergab sich dadurch von selbst.

In Middelburg legte die Brautflotte an. Philipp kam nach einem Gewaltritt durch halb Europa aus dem tirolerischen Landeck gerade noch zurecht, um seine Braut in Lierre zu treffen, auf dem halben Weg zwischen Mecheln und Antwerpen.

Philipp war 18 Jahre alt, und man hatte ihm zu Recht den Beinamen »der Schöne« gegeben. Mit seinen hellblonden Locken, die ihm bis auf die Schultern herabhingen, mit seinen großen blauen Augen und dem vollen, sinnlichen Mund war er das Idealbild eines Jünglings seiner Zeit. Er war groß, er war schlank, er war stolz. Er hatte Grund, stolz zu sein: Er war der Sohn eines Kaisers, sollte dereinst nach Maximilian Kaiser werden. Mit achtzehn Jahren war er schon Landesherr; der Vater hatte ihm die Herrschaft über Burgund gegeben. Ein kluger Schritt des Kaisers, der genau wußte, daß man ihn selbst in den Niederlanden immer noch als Fremden betrachtete, während Philipp dort geboren war, der Sohn der geliebten, so früh verstorbenen Maria. Ein Einheimischer also, ein echter Erbe, kein angeheirateter.

Das war der Bräutigam, der Juana entgegentrat.

Juana war siebzehn Jahre alt. Sie Juana von Spanien zu nennen stimmt nicht ganz. Spanien gab es im staatsrechtlichen Sinn noch nicht. Ihr Vater war der verschlagene, tüchtige, liebeslustige und zu jeder Niedertracht stets bereite König Ferdinand von Aragon; das Haus Aragon herrschte damals auch über das Königreich Neapel-Sizilien. Die Mutter war Isabella, Königin von Kastilien, letzte aus dem Herrscherhaus der Trastamara.

Ihre Heirat hatte 1469 die beiden mächtigsten Königreiche auf der Iberischen Halbinsel vereinigt; aber damit war das Königreich Spanien noch nicht installiert; in beiden Ländern beharrten die Stände, die Cortes, hartnäckig auf ihren alten Privilegien.

Die endgültige Vereinigung konnte allerdings nur eine Frage der Zeit sein. Am 2. Januar 1492 fiel Granada, die letzte Bastion der Araber auf der Iberischen Halbinsel; die Reconquista, die Wiedereroberung Spaniens durch die katholischen Europäer, war damit abgeschlossen.[1] Der jahrhundertelange Kampf gegen die arabischen Mohammedaner sollte dem katholischen Glauben und der katholischen Kirche jenen einzigartigen Einfluß auf alle Regungen des täglichen Lebens geben, der in Spanien heute noch stärker ist als in irgendeinem anderen Lande der Welt. Der Kampf gegen die Mauren, der zunächst ein nationaler Kampf war, bekam durch den Glaubensunterschied aber auch jenen fanatischen Kreuzzugscharakter, der die Spanier zu einem so unerhört tapferen und zugleich grausamen Volk machte; zwar nicht zu den Erfindern, aber zu den perfekten Anwendern der Inquisition. In keinem anderen Lande Europas brannten die Scheiterhaufen so häufig und so lange, in keinem anderen katholischen Land wurden Ketzer so eindeutig mit Staatsfeinden gleichgesetzt und mit solcher Leidenschaft verfolgt. Keine andere Nation hat dieses Erbe der Grausamkeit so tief in seiner Geschichte verankert; nirgend anderswo wurden Revolutionen mit solcher Verbissenheit angezettelt und mit solcher elementarer Wut zu Bürgerkriegen ausgeweitet. In keinem anderen Lande wäre wohl ein so mörderisches Schlachtfest wie der dreijährige spanische Bürgerkrieg noch im 20. Jahrhundert denkbar gewesen.

Als Repräsentantin dieses Volkscharakters, als Erbin dieser leidenschaftlichen Lebensart kam Juana in die Niederlande. Sie mußte wohl schon damals ein etwas seltsames Geschöpf gewesen sein, denn gleich im ersten Augenblick verliebte sie sich mit verzehrender Gewalt in den blonden jungen Mann, den sie in Lierre zum ersten Male sah. Juana la Loca, Johanna die Wahnsinnige, sollte man sie später nennen.

Zunächst war die spanische Ehekombination nicht auf Landgewinn und Erbschaft ausgerichtet, nur auf ein antifranzösisches Bündnis. Juana war die dritte Tochter ihrer Eltern, der katholischen Könige; – wobei unter »katholisch« in diesem Falle nicht das Glaubensbekenntnis gemeint war, sondern im ursprünglichen Wortsinn für »allgemein« stand; die allgemeinen Könige der vereinigten Königreiche Spaniens.

Die katholischen Könige hatten auch noch einen Sohn, Don Juan, und er, der Thronerbe, bekam Margarete, Philipps Schwester. Die Flotte, die Juana in den Niederlanden abgeliefert hatte, nahm Margarete nach Spanien mit. Jene Margarete, die ihr Vater Maximilian schon als zweijähriges Kind dem französischen Hof als Braut ausgeliefert hatte und die dann gedemütigt, als überflüssig und nicht mehr gefragt, zurückgeschickt worden war.

Juan war achtzehn Jahre alt, wie Philipp, und Margarete war eben 17, wie Juana. Eine Kombination also, wie sie fürstlichen Ehestiftern und ihren Hofkanzleien nicht willkommener sein konnte.

Allerdings schien auch mit Juan von Anfang an nicht alles in Ordnung gewesen zu sein. Wie seine Schwester vom ersten Augenblick an eine leidenschaftliche Zuneigung zu Philipp faßte, so packte es auch Juan, als Margarete in Santander das Brautschiff verließ und ihm entgegentrat.

Ahnfrau einer Dynastie
Gertrud von Hohenberg heiratete 1253 ihres Vaters Gutsnachbarn Rudolf von Habsburg. An der Seite des „armen Grafen" wurde sie 1273 deutsche Königin und Stammutter des Hauses Österreich.

Mutter der neuen Generation
Johanna von Pfirt aus dem Bistum Basel schenkte dem gelähmten Herzog Albrecht II. nach jahrelanger kinderloser Ehe jene Söhne, die das vom Aussterben bedrohte Haus Habsburg am Leben erhalten sollten.

▲

Die häßliche Erbin

Margarete Maultasch, ebenso häßlich wie reich, galt als begehrteste Erbin ihrer Zeit. Als Letzte aus dem Hause der Grafen von Tirol, die auch Herzoge von Kärnten waren, wurde sie von Wittelsbachern, Luxemburgern und Habsburgern gleichermaßen umworben. Als „böse Gretl" von ihren Untertanen gehaßt, war sie ein Spielball in den Händen der Mächtigen, die ein Menschenalter lang um ihre künftige Hinterlassenschaft stritten. Rudolf der Stifter machte schließlich das Rennen. Nachdem sie den Habsburgern Tirol zugespielt hatte, verbrachte Margarete Maultasch die letzten Jahre ihres Lebens am österreichischen Herzogshof.

Die schöne Kaiserin ▶

Eleonore von Portugal kam 1452 nach Italien, um hier ihren Bräutigam Friedrich von Österreich kennenzulernen. Ihr kurzes Leben an der Seite ihres knausrigen, vom Pech verfolgten Mannes war eine einzige Kette von Schicksalsschlägen. Von rebellischen Untertanen belagert, wiederholt auf der Flucht, wurde die zarte Portugiesin in Österreich niemals heimisch. Von ihren Kindern überlebte nur eines: Maximilian, der letzte Ritter.

Unglückseliger Beginn ▶

Als Friedrich von Österreich und Eleonore vo Portugal einander erstmals vor den Toren Siena begegneten, waren beide gleichermaßen ent täuscht. Der Eheschließung folgte noch im selbe Jahr 1452 die Kaiserkrönung in Rom. Fried rich III. war der letzte in der Ewigen Stadt ge krönte Kaiser. In der Geschichte des Hause Österreich nimmt Eleonore von Portugal de Platz einer Dulderin ein und zugleich einer neue Ahnfrau: Friedrich III. war der Letzte seine Geschlechts. Maximilian, der einzige Sohn, wa dazu bestimmt, die Familie Habsburg zu neue nie geahnter Größe und Macht zu führen.

AENEAS FEDERIGO III. IMP. LEONORAM SPONSAM EXHIBET ET PVELLAE LAVDIS
AC REGVM LVSITANORVM COMPLECTITVR.
Generosae Picolo
mineorum Familiae

Allerhöchste Liebe auf den ersten Blick

Mit dem Geld, das er von Pfandleihern für den Schmuck seiner Braut bekommen hatte, zog Maximilian von Österrei nach Burgund, um Maria, Tochter und Erbin des letzten burgundischen Herzogs, zu heiraten. Die Legende berichte daß die Brautleute, die einander bis dahin noch nie gesehen hatten, wie von einem Liebestraum verzaubert vor de nächstbesten Priester niederknieten, um ihren Ehebund segnen zu lassen. Maria brachte dem Hause Österreich d unermeßlich reiche burgundische Erbschaft ein. Ihre beiden Kinder Philipp und Margarete erbten ihre Schönheit u Leidenschaftlichkeit.

Das Ende des „letzten Ritters“
Eine geraubte Braut und eine wahnsinnige Schwiegertochter standen am Ende von Maximilians Lebensglück. Nach dem Tode seiner ersten Frau Maria von Burgund sollte eine zweite Ehe mit Anne de Bretagne *(links)* dem Kaiser eine zweite reiche Erbschaft einbringen. Sein ewiger Gegenspieler, der König von Frankreich, schnappte ihm die Braut vor der Nase weg. An Stelle der Bretagne verschaffte seine Schwiegertochter Juana *(unten)* dem Hause Österreich eine noch viel wertvollere Mitgift: Spanien und die eben erst entdeckten Goldländer jenseits des Ozeans. Als „Johanna die Wahnsinnige“, wahnsinnig aus Liebe zu Maximilians einzigen Sohn Philipp, ging die spanische Johanna in die Geschichte ein. Weder ihr Schwiegervater Maximilian noch ihr Ehemann Philipp, noch ihr Sohn Karl verhielten sich der unglücklichen Frau gegenüber besonders ritterlich. Geistesgestört dämmerte sie fast ein halbes Jahrhundert in der Gefangenschaft ihrer Verwandten dahin.

Die Kinderhochzeit von Wien
Die Königreiche Ungarn und Böhmen erheiratete das Haus Österreich an jenem berühmten Julitag des Jahres 1515 im Wiener Stephansdom, als Kaiser Maximilian seine Enkelin Maria mit Ludwig von Ungarn vermählte und seinerseits stellvertretend für einen seiner Enkel, der nicht einmal noch bestimmt war, die damals zwölfjährige ungarische Prinzessin Anna zur Frau nahm.

Die erfolgreichste Ehe des glücklichen Österreich
Anna von Ungarn, schon als Kind von Maximilian stellvertretend für einen seiner Enkel geheiratet, brachte den Habsburgern Ungarn und Böhmen ein. Als Frau des Kaisers Ferdinand I. wurde sie zugleich Stammutter des österreichischen Zweiges des Erzhauses.

Das spanische Verhängnis

Eineinhalb Jahrhunderte lang wurde zwischen den Höfen von Wien und Madrid bedenkenlos hin und her geheiratet, bis die zum Herrschaftssystem erhobene Inzucht den spanischen Zweig des Hauses Österreich schließlich in totaler Degeneration untergehen ließ. Der Abstieg einer Dynastie, in deren Reich einst die Sonne nicht unterging, läßt sich heute noch von den Gesichtern der Habsburger auf den Familienbildern des Velasquez und seiner Schüler ablesen. Höhepunkt der österreichisch-spanischen Verwandtenehen war die Heirat der Marianne von Österreich mit ihrem Onkel Philipp IV. von Spanien. Ihre Tochter aus dieser sonderbaren Ehe, Margareta Theresa *(oben),* verheiratete die Königin Marianne *(rechts)* an ihren Bruder, den Kaiser Leopold I.

Die Chronisten berichteten von Philipp und Juana in den Niederlanden und von Juan und Margarete in Spanien das gleiche, was sie auch von Maximilian und Maria berichtet hatten: Die Faszination der jungen Brautleute füreinander sei so übermächtig gewesen, daß diese, ohne sich um das wohlvorbereitete Protokoll und die eilfertig dienernden Hofschranzen zu kümmern, wie die Traumwandler Hand in Hand durch die Menge gegangen seien, dem nächsten Priester entgegen, dessen sie ansichtig wurden; daß sie dann niedergekniet und die Segnung ihres Bundes entgegengenommen hätten, als seien sie ein längst inniglich vereintes Paar und nicht zwei fremde Menschen, die die Staatsräson zusammengebracht hatte.

Margarete war »blond wie ein goldenes Weizenfeld«, und sie saß wie eine griechische Amazone zu Pferd, als sie an Juans Seite, von König Ferdinand begleitet, durch Kastilien ritt. Die glanzvolle Eheschließung, vom Erzbischof von Toledo noch einmal eingesegnet nach der unkonventionellen, der Leidenschaft des ersten Augenblicks entsprungenen Einsegnung in Santander, diese glanzvolle Eheschließung war Höhepunkt und Anfang vom Ende dieser absonderlichen Prinzenehe.

Das junge Paar zog sich in seine Gemächer zurück und war von da an kaum noch zu sehen. Die Feste bei Hof, die königlichen Jagdausflüge mußten ohne den Infanten vor sich gehen. Juan war verhindert. Er liebte. Er liebte so intensiv, daß er das Schlafzimmer nur dann verließ, wenn sich eine Unterbrechung seiner Leidenschaft wirklich nicht umgehen ließ. Juan war in einem wahren Rausch der Sexualität; so fanden ihn die Ärzte, die die ängstliche Mutter Isabella zu ihm geschickt hatte. Abgemagert, ausgelaugt, benommen – wie ein Geistesgestörter wirkte er. Am Königshof war man äußerst besorgt um seine Gesundheit.

Der blonden, stämmigen Margarete mit ihrer niederländischen Vollblutgesundheit machten die Exzesse weit weniger aus. Man vermag sich diese Habsburgerin heute schwer vorzustellen. Wenn man an die spanischen Infantinnen des Erzhauses späterer Jahrhunderte denkt, die leicht degenerierten Gesichter, wie sie Velasquez gemalt hat, wenn man sich die anämischen Gestalten von später vor Augen hält, die bigotten, schmalbrüstigen, langweiligen Erzherzoginnen des 19. und 20. Jahrhunderts, dann kostet es einige Überwindung, zu glauben, daß man sich an einer Habsburgerin wirklich und im buchstäblichen Sinne des Wortes zu Tode lieben konnte, wie es Juan mit Margarete geschah.

Daß der Prinz sich zu Tode geliebt hatte, bestätigte später sein Neffe, Kaiser Karl V., als er seinem Sohn Philipp das bittere Schicksal des Onkels als warnendes Beispiel vor Augen hielt und ihm zu Mäßigung in Sachen Liebe riet.

Isabella wollte Juan von Margarete trennen, zumindest zeitweise, um dem Prinzen eine kleine Erholung zu verschaffen. Vergeblich: Kaum war Margarete außer Reichweite, verfiel Juan in Schwermut, legte sich krank ins Bett. Ein halbes Jahr nach der Hochzeit benützte man die Eheschließung des Königs von Portugal mit Juans älterer Schwester, um den Infanten abzulenken. Er sollte als Vertreter seiner Eltern an der Hochzeit in Lissabon teilnehmen!

Juan fügte sich schweren Herzens. Margarete konnte ihn nicht begleiten, sie war schwanger. Der Infant wurde von regelrechten Fieberanfällen geschüttelt, als er seine junge Frau verließ. Er kam nur bis Salamanca, dort mußte der Ritt nach Portugal unterbrochen werden; Juan war am Ende seiner Kräfte. Margarete eilte zu ihm, traf nur noch einen Sterbenden an. In ihren Armen schied er dahin.

Man könnte die Geschichte vom Prinzen, der sich an der eigenen Frau zu Tode liebte, für ein romantisches Märchen halten, wären die Tatsachen nicht historisch verbürgt; heute noch herauszulesen aus zahlreichen Berichten von Augenzeugen. Man könnte trotzdem an Hoftratsch glauben, hätte sich die Liebestragödie nicht noch ein zweites Mal abgespielt; bei Juana, Juans Schwester. Wenn Liebe wirklich im Spiel war, reagierten allerhöchste Ehefrauen eben nicht anders als gewöhnliches Volk.

Die »wahnsinnige Johanna« war noch blutjung, keineswegs schon wahnsinnig, sondern eben nur etwas seltsam, als der Tod sie zur Erbin Spaniens machte.

Der Tod hielt reiche Ernte im vereinigten Königsgeschlecht der Kastilier und Aragonen. Juan, der Kronprinz, war in Salamanca in den Armen seiner schwangeren Frau gestorben. Dann starb das Kind aus dieser Ehe, der erhoffte Thronerbe, bei der Geburt. Dann starb auch die ältere Schwester, die den König von Portugal geheiratet hatte, und ihr Kind starb auch. Dieses Kind, Manuel, hätte Spanien und Portugal geerbt, die ganze Halbinsel, und dazu noch das Königreich Sizilien, wenn . . . ja, wenn es eben länger gelebt hätte. Aber so war nun innerhalb weniger Jahre alles weggestorben, worauf Ferdinand und Isabella ihre Hoffnungen gesetzt hatten. Nur Juana blieb übrig; Juana, Frau des schönen Philipp, Schwiegertochter des Kaisers Maximilian.

Und über Nacht sozusagen, ganz ungeplant und nie erhofft, öffnete sich blitzartig der Ausblick auf eine Wirklichkeit, die niemand auch nur zu träumen gewagt hätte. Philipp, der schöne, blonde Philipp mit dem Lockenkopf und den rosigen Lippen eines Mädchens, würde ein Reich erben, das es in dieser Pracht, in dieser Ausdehnung seit mehr als einem Jahrtausend, seit den römischen Zeiten nicht mehr gegeben hatte. Österreich und die Erblande an der Donau bis an die Adria und in die italienische Poebene, dazu die Niederlande, dazu noch Spanien, dazu Neapel und Sizilien, und dazu die neuen, unermeßlich reichen, geheimnisvollen Länder jenseits des Ozeans, die Columbus für die spanischen Könige in Besitz genommen hatte. Dazu die römische Kaiserkrone. Dieser Philipp würde wirklich ein Kaiser sein, nicht nur dem Namen nach, sondern in machtvoller Wirklichkeit; mächtiger, größer als die Hohenstaufen auf dem Höhepunkt ihrer Bedeutung.

Atemberaubend, schwindelerregend war dieser Zukunftstraum. Ein Vierteljahrhundert zuvor hatte Maximilian, armer Sohn des ärmsten aller Habsburger, den Schmuck seiner Braut versetzen müssen, um überhaupt auf Brautfahrt gehen zu können. Jetzt hielt das Haus Habsburg das Abendland in seinem Griff. Zum ersten Male konnte man wahrheitsgetreu vom glücklichen Österreich reden, das sich seine Weltgeltung erheiratet hatte.

Das Glück war vollkommen, als Juana im Jahr 1500 einem Knaben das Leben schenkte und drei Jahre später noch einem Knaben: Karl und Ferdinand, die beiden Kaiser späterer Jahre. Das heißt: Mutter Juana wäre glücklich gewesen, hätte sie einen anderen Mann als Philipp gehabt. Den Mann jedoch, den sie sich wünschte, gab es wohl nicht. Sie brauchte einen, der ihr Schlafzimmer Tag und Nacht nicht verließ; und wenn, dann nur in ihrer Begleitung. In ihrer Leidenschaft war sie ihrem an der Liebe gestorbenen Bruder schrecklich ähnlich: ihre Eifersucht war maßlos.

Das Kind Karl wurde in Gent geboren, wo Philipp einige Jahre lang als Beherrscher der Niederlande hofhielt. Dort war ihm Johanna nahe, dort ging es noch einigermaßen. Dann aber war es nötig, nach Spanien zu reisen. Juana sollte schließlich die vereinigten Königreiche erben; die Spanier wollten ihr künftiges Königspaar und den kleinen Prinzen sehen. So reiste der Königshof also südwärts, durch Frankreich, mit dessen König man ausnahmsweise gerade einmal relativ gut stand, dann über die Pyrenäen nach Kastilien und Aragon, wo sich die Cortes zur feierlichen Anerkennung der Thronfolge bequemten. In Spanien, in Alcala, wurde dann der zweite Sohn, Ferdinand, geboren.

Wegen der bevorstehenden Geburt hatte Juana ihren heißgeliebten Philipp nicht zurück in seine Erblande begleiten können, und hier in Spanien zeigte sich nun das ganze Ausmaß ihrer eifersüchtigen Leidenschaft.

Das königliche Schloß bei Medina del Campo wurde zum ersten der vielen Gefängnisse, die die unglückselige Königin kennenlernen sollte. Hätte man sie nicht gewaltsam zurückgehalten, sie wäre im hochschwangeren Zustand hinter ihrem Mann hergeritten. Hätte man sie nicht eingesperrt, sie wäre vom Wochenbett geradewegs nach Norden geflohen. Sehnsucht zernagte sie, Eifersucht fraß an ihrer Seele. Was mochte Philipp ohne sie tun, mit welchen Weibern mochte er sich in den Niederlanden abgeben, wie oft hatte er sie betrogen? Andere Gedanken hatte Juana nicht. Im Schloß La Mota bei Medina del Campo wurde sie ihrem Hofstaat zur Last. Man mußte sie wie eine Geisteskranke bewachen, um zu verhindern, daß sie ausriß. Man sah schließlich keine andere Möglichkeit mehr, als die Gitter des Schloßtores vor ihr zu versperren – sie wäre auch im Nachtgewand, mit nackten Füßen fortgelaufen; immer nach Norden, wo Philipp war.

Juana schrie und tobte. Nächtelang stand sie an den Fallgittern der Tore. Niemand konnte sie zur Vernunft bringen. Sie klammerte sich an den Eisenstangen fest und beschimpfte die eigene Mutter mit den unflätigsten Ausdrücken, als die Königin Isabella von der entsetzten Dienerschaft zu Hilfe gerufen wurde.

Juana war geistesgestört; zweifellos; an dieser bitteren Erkenntnis konnte auch Isabella nichts ändern. Die Begegnung mit der unglücklichen Tochter veranlaßte die Königin, ihr Testament zu ändern. Juana konnte unmöglich regieren, an ihrer Stelle sollte ihr Vater Ferdinand in Kastilien die Regentschaft führen, falls Isabella vor ihrem Mann starb. An ihren Schwiegersohn Philipp dachte Isabella bei dieser Gelegenheit nicht. Philipp, der Ausländer aus dem Norden, war kein Herrscher, den die stolzen Spanier anerkennen würden; die so mühevoll zustande gebrachte Einigung der beiden Königreiche würde wieder zerbrechen, fürchtete die Königin.

Was Juana betraf, so ließ man sie in die Niederlande reisen, sobald ihr Gesundheitszustand es erlaubte. Philipp war nicht gerade erfreut, daß die alten Szenen wieder begannen. Eine Spur der früheren Leidenschaft war noch vorhanden; sobald das Paar jedoch das Schlafzimmer verließ, gab es fast nur noch Streit. Juana tobte, worauf Philipp Fersengeld gab. Dann weinte sie, rutschte bettelnd auf den Knien herum, bot ein schauerliches Bild der Selbstdemütigung. Darauf wieder Versöhnung, wilde Nächte der Liebe, und dann neuerliche Szenen. Sogar Prügel gab es in den allerhöchsten Privatgemächern.

Der grausige Alltag dieser Ehe brachte Philipp dazu, soviel Entspannung wie nur möglich außer Haus zu suchen, während Juana mehr und mehr verfiel.

Sie war zweifellos erblich belastet. Ihre Großmutter, eine portugiesische Prinzessin, war in Sinnesverwirrung gestorben. Juanas eigene Gesundheit war immer zart gewesen. Dann schenkte sie innerhalb ihrer zehnjährigen Ehe sechs Kindern das Leben, außer den beiden Knaben Karl und Ferdinand noch vier Mädchen. Die schnell aufeinanderfolgenden Geburten, die mehrfachen weiten und beschwerlichen Reisen hin und her zwischen den Niederlanden und Spanien, meistens noch im Zustand der Schwangerschaft oder knapp nach einer Niederkunft – das alles trug dazu bei, ihren Körper zu zermürben. Der schlechte Gesundheitszustand beschleunigte zweifellos die geistige Zerrüttung.

Juana war wahnsinnig, das steht heute fest. Später versuchte eine Generation aufgeklärter Historiker den Nachweis zu erbringen, daß ihre Geisteskrankheit nur Fabel war, von ihrem Vater Ferdinand erfunden, um sie an der Thronfolge zu hindern, von ihrem Sohn Karl weitergesponnen, um die Herrschaft nicht mit der Mutter teilen zu müssen. Tatsächlich wurde Juana schon sehr bald zum Werkzeug des Machtkampfes zwischen Ferdinand und seinem Schwiegersohn Philipp, später zum Objekt aller möglichen Konspirationen spanischer Standesherren, die die Königsherrschaft einschränken wollten. Das alles war eben nur möglich, weil sie tatsächlich geisteskrank war, unfähig, selbst zu handeln und zu entscheiden.[2]

Die große Königin Isabella starb jedenfalls 1504 voll Sorge um ihr Lebenswerk, die Vereinigung Spaniens, und sie sorgte sich nicht unbegründet bis zu ihrer letzten Stunde. Kaum war sie tot, übernahm ihr Witwer Ferdinand die Regentschaft, und ihr Schwiegersohn Philipp meldete seine eigenen Ansprüche namens seiner Frau an.

Natürlich sammelten sich die kastilischen Großen sofort um Philipp. Der Mann aus den Niederlanden, der vermutlich meist weit von Spanien entfernt sein würde, schien ihnen ein bequemerer Herrscher als der harte, tatkräftige Ferdinand. Philipp konnte also zunächst für Juana regieren, doch er regierte schlecht. Ein Schwarm von Niederländern überflutete Kastilien; eine Horde von habgierigen Fremden, die das Land lediglich als Objekt schnellster Ausbeutung betrachteten. Philipp war bald so verhaßt, daß die Cortes ihm bei ihrer Tagung in Valladolid Mitte 1506 stolz erklärten, er hätte in

Kastilien überhaupt nichts zu suchen; er sei lediglich der Ehemann der rechtmäßigen Königin, nicht mehr.

Und Ferdinand von Aragon war so wütend über die Entwicklung, die Spanien nahm, daß er auf seine alten Tage noch einmal heiratete: Er nahm die Französin Germaine de Foix und sicherte ihrem Kind, falls eines kommen sollte, die Erbschaft von Aragon zu. Aragon samt Neapel-Sizilien. Das war ebenfalls 1506, und nach der Traumhoffnung von einst sah es nun plötzlich so aus, als sollte das in Gent geborene Kind Karl wieder um seine Erbschaft kommen.

Zwischen Schwiegervater und Schwiegersohn, Ferdinand von Aragon und Philipp dem Schönen, herrschte Todfeindschaft um die Macht, zugleich aber wurde hektisch verhandelt, paktiert und intrigiert. Ludwig XII., König von Frankreich, gegen den die spanisch-burgundische Heirat schließlich konzipiert worden war, sah seine Zeit gekommen. Dem Ferdinand von Aragon hatte er Germaine de Foix zur Frau gegeben, gleichzeitig aber handelte er heimlich mit Philipp und dessen Vater Maximilian die Bedingungen aus, unter denen er den Habsburgern das ganze Spanien, Kastilien und Aragon zusammen, gewinnen helfen wollte.

Ferdinand hatte Germaine de Foix genommen, um sein Aragon nicht dem Habsburgersprößling zu hinterlassen; gleichzeitig paktierte er mit Maximilian und Philipp: wie man in Frankreich einfallen könnte, um das ganze Burgund zurückzuerobern und noch mehr. Wer weiß, wer Sieger geblieben wäre; womöglich hätten die Habsburger Spanien doch wieder verloren, wäre dem Erzhaus der Tod nicht wieder einmal zu Hilfe gekommen.

Der Tod, der den Habsburgern schon so oft ganze Länder geschenkt hatte, sparte ihnen diesmal den Verlust, indem er Maximilians Sohn Philipp rechtzeitig sterben ließ. 1506. Er ließ auch den kleinen Buben sterben, den Germaine de Foix tatsächlich noch zur Welt gebracht hatte, und nun war Karl von Gent, Sohn der Spanierin Juana, Enkel der katholischen Könige Ferdinand und Isabella, der unumstrittene Erbe von Kastilien und Aragon. In Spanien übernahm Ferdinand die Regentschaft für den Knaben, in den Niederlanden seine Tante Margarete, an der sich Juan einst zu Tode geliebt hatte.[3]

Die Kinder nahm man der unglücklichen Juana weg; sie war auch wirklich nicht die geeignete Erzieherin. Nur die jüngste Tochter ließ man bei ihr, Katharina, die erst nach Philipps Tod zur Welt gekommen war. Die geistesgestörte Witwe wurde in Tordesillas interniert; es war eine kaum verhüllte Haft in einer Festung, die Ferdinand hermetisch von der Außenwelt abschirmen ließ, um die kastilischen Granden daran zu hindern, mit der hilflosen Juana Politik zu treiben. Als der Sohn Karl 1518, nach Ferdinands Tod, aus den Niederlanden ankam, wieder von einem Schwarm egoistischer, goldgieriger Niederländer umgeben, besuchte er die Mutter ein einziges Mal, aber es änderte sich nichts an ihrem Los. Er ließ die Gefangene eine Gefangene bleiben, denn auch er fürchtete die ihm keineswegs günstig gesinnten Stände von Kastilien, die sich womöglich ihrer geistesgestörten Königin bemächtigen konnten.

Elternliebe und Familientreue wurden klein geschrieben. Es gab keine verächtliche menschliche Eigenschaft, keinen Charakterfehler, die hier nicht zum Tragen gekommen wären; Egoismus, Verrat, Treuebruch, Betrug und Gewalt kennzeichneten den Weg, auf dem die Habsburger ihr spanisches Erbe antraten; und das alles wurde verbrämt mit lauter Frömmigkeit, im Glauben, daß Gott mit Kerzen und Wallfahrten, Klostergründungen und kirchlichen Stiftungen über diese hemmungslose Machtgier hinwegzutäuschen sei. Bis in die sogenannte »Neuzeit« hinein herrschte das Mittelalter, wo es am düstersten war, und am Hofe des Hauses Österreich feierte es seine letzten Triumphe: Im Jahr des Herrn 1515, bei einem Dreikönigstreffen in Wien. Man könnte von einem ersten Wiener Kongreß sprechen.

Dem Wiener Kongreß von 1814/15, der nach dem Sieg über Napoleon das europäische Gleichgewicht wieder herstellen sollte, sagte man nach, daß er nicht arbeitete, sondern tanzte. Vom Wiener Kongreß des Jahres 1515, der im Osten des Kontinents eine dauernde Ordnung schaffen wollte, ließe sich sagen, daß er nicht arbeitete, sondern heiratete.

Auf einem Hügel, den die Bauern Hart nannten, bei der Ortschaft Trautmannsdorf an der Leitha in Niederösterreich, wurden am 16. Juli 1515 drei Ulmen ausgepflanzt. Sie sollten daran erinnern, daß Kaiser Maximilian hier und an diesem Tage mit dem König Wladislaw von Böhmen und Ungarn und mit dem Polenkönig Sigismund zusammengetroffen war.

Anlaß für die Begegnung der drei Monarchen war eine doppelte Eheschließung. Es galt, Maximilians Enkel und Wladislaws Kinder zu verheiraten.

Der Hochzeitskongreß war der Gründungsakt der Donaumonarchie. Die Ulmen haben das vierhundertjährige Reich überlebt. Der letzte verdorrte Stamm mußte erst 1974 gefällt werden.

Anna von Ungarn war ein Kind von zwölf Jahren, als ihr Vater Wladislaw kam, um mit Maximilian zusammenzutreffen. Für Maximilian war es hoch an der Zeit, neuen Eheplänen seine Aufmerksamkeit zu schenken. Man schrieb das Jahr 1515; ein Jahr also, bevor Ferdinand von Aragon starb und damit seinem Enkel Karl den Weg zum spanischen Thron frei machte. Der andere Großvater, eben Maximilian, hielt Spanien für nicht so wichtig, als daß er darüber den alten Habsburgertraum vom vereinten Donauraum vergessen hätte. Spanien war groß, Spanien war reich, Spanien war einzigartig und unvergleichlich, aber Spanien war weit weg von Österreich, und Maximilian war im Grunde seiner Seele immer ein Österreicher geblieben. Die Niederlande hatte er selbst geerbt, nun würde sein Enkel Karl Spanien erben, alles schön und gut, aber im Mittelpunkt seines Denkens stand immer Österreich. Maximilian hatte Spanien nie zu Gesicht bekommen; für ihn war es ein abstrakter Begriff; eine Art von Kolonie, die man eben erwarb, sobald die Lage günstig schien; eine Kolonie, die man ausbeutete, aber an die man sein Herz nicht hängte. Das Herz des Kaisers hing an seinem Stammland Österreich. Und wieder einmal, wie schon so oft in den vergangenen zweihundert habsburgischen Jahren, lockte die Vereinigung mit Böhmen und Ungarn.

König Wladislaws Erbe lockte.

Wladislaw, Sohn des Polenkönigs Kasimir aus der Familie der Jagellonen, einem ursprünglich litauischen Geschlecht, diesen Wladislaw hatte der kinderlose König Georg Podiebrad von Böhmen schon 1468 zu seinem Nachfolger bestellt, und bei Podiebrads Tod 1471 hatten die böhmischen Stände ihn auch gewählt. Dann, 1490, nach dem Tode von Matthias Corvinus, erhoben auch die ungarischen Magnaten den polnischen Böhmenkönig zu ihrem Monarchen, während die polnische Krone seinem Bruder Sigismund verblieb.

Nach dem Tode des Matthias Corvinus hatte Maximilian zwar versucht, seine eigenen Ansprüche auf Ungarn durchzusetzen, doch er war mit seinem Erbrecht und seinem Heer nur bis Stuhlweißenburg gekommen.

Das unglückliche Österreich hatte wiederum einen Krieg um das böhmische und ungarische Erbe verloren. Nun, ein Vierteljahrhundert später, wollte Maximilian das glückliche Österreich seine Nachbarländer erheiraten lassen. Da waren schließlich seine beiden Enkel Karl und Ferdinand, und Spanien, wie gesagt, war für Maximilian so fern, so wenig bedeutend, daß seine Gedanken als Familienoberhaupt eigentlich nur um Ungarn und Böhmen kreisten. So lud er den Böhmen- und Ungarnkönig Wladislaw nach Wien ein und auch dessen Bruder Sigismund, den Polenkönig, denn der mußte natürlich auf die eigenen Erbrechte verzichten, bevor Wladislaw und Maximilian irgendwelche Abmachungen treffen konnten.

Bei dem großen Geschäft der Dynastien, das sich da anbahnte, hatte Maximilian seine beiden Enkel Karl und Ferdinand sowie mehrere Enkelinnen zur Auswahl anzubieten. König Wladislaw brachte seine Kollektion sogar gleich mit: seine Söhne Ludwig und Wladislaw und seine Tochter Anna. Maximilian hatte sich für die Abmachungen eine besondere Variante ausgedacht, die alle bis dahin erlebten Ehekombinationen noch in den Schatten stellte. Er selbst wollte die kleine Anna heiraten – sozusagen stellvertretend und vorläufig, bis einer seiner Enkel ihn als Ehemann ablösen konnte. Maximilian war sechsundfünfzig Jahre alt, das Mädchen Anna gerade zwölf. Niemand bekam das Gruseln bei der Vorstellung dieser Eheschließung, und der Kardinal von Gran nahm keinen Anstoß daran, einer solchen Ehe den kirchlichen Segen zu erteilen. Welch eine Ehe! Es stand nicht einmal noch fest, wer später der endgültige Ehemann sein würde, Karl oder Ferdinand.

Das Ereignis selbst war einzigartig. Man darf es getrost als eines der glanzvollsten Feste bezeichnen, die Wien jemals erlebt hat. Auch die Auswirkungen sollten einzigartig werden: Das Haus Österreich erwarb an einem einzigen Tag durch eine Doppelhochzeit für fast vierhundert Jahre Böhmen und Ungarn. Wovon der »arme Graf« Rudolf schon geträumt hatte, das wurde nun Wirklichkeit. Maximilians Vertrauter Johann Spießhammer, unter seinem latinisierten Namen Cuspinianus bekannt, hinterließ die minuziös genaue Schilderung dieses Vorganges, der aus dem Habsburgerstaat die Donaumonarchie machen sollte:

»Die Zusammenkunft erfolgte bei dem Schlosse Trautmannsdorf auf freiem Feld, dessen Stelle lange ein gewaltig hoher Baum bezeichnete. Vorerst trafen die Könige ein. Der sechzigjährige Wladislaw saß in einer Sänfte, die Prinzessin Anna in einem prächtigen verzierten, mit sechs Schimmeln bespannten Staatswagen. Der Polenkönig, ein stattlicher, lebensfroher Herr, und sein junger Neffe Ludwig tummelten rasche Pferde, deren Geschirre von Gold und Edelsteinen strotzten. Die Großen ihrer Reiche umgaben sie. Unzähliges Volk aus Ungarn, Böhmen, Mähren und Schlesien, aus Polen, der Tartarei und Moskau hatte sich auf der Ebene ausgebreitet. Da erschallte von dem schattigen Waldhügel des Hards herab fröhliche Kriegsmusik, und strahlender Glanz von mehr denn fünftausend Rüstungen verkündete die Ankunft des Kaisers. Maximilian, schon den Sechzigen nahe, wurde in einer mit Gold und Purpur geschmückten Sänfte getragen . . .«[4]

Cuspinianus schätzte den Wert des goldglitzernden Kaiserprunks, der für die Hochzeit in der Wiener Stephanskirche vorbereitet war, auf eine Million Goldstücke. Maximilian prunkte auf Pump. Wie fast ein halbes Jahrhundert zuvor, als er den Schmuck seiner Braut versetzen mußte, um überhaupt zur Trauungszeremonie zu kommen, so mußte er nun Kredit aufnehmen, um die Hochzeiten seiner Enkel zu finanzieren.

Der Kreditgeber ritt an des Kaisers Seite. Der alte Jakob Fugger aus Augsburg, Kaufmann und Bankier, Jakob der Reiche genannt, vermutlich der reichste Mann seiner Zeit. Er sorgte für die Vorfinanzierung des Heiratskongresses. Die Zinsen waren angemessen: Maximilian überließ dem Augsburger Kaufherrn für sechs Jahre die Einkünfte aus den Tiroler Kupfer- und Silberminen. Fugger träumte von einem gesamteuropäischen Kupfer- und Silbermonopol für sein Haus. Er bezahlte bar. Der Kaiser träumte vom habsburgischen Donaureich. Er träumte auf Kredit. Die Wechselmünzen in diesem Geschäft waren die Kinder, die zum Traualtar in St. Stephan getrieben wurden.

Cuspinianus war Augenzeuge:

»Drei mächtige Völker: Die Deutschen, Magyaren und Slaven ließen zum ersten Male ihren vereinten Jubel ertönen!

Aus der Stadt zogen dem Kaiser und den Königen auf eine Viertelmeile Weges entgegen an tausend fünfhundert Bürger und Bürgerssöhne, alle in Scharlach gekleidet; vor ihnen her ritten sechs mit ritterlicher Würde geschmückte Ratsherren in silbernem Harnisch, um die Fürsten im Namen der Stadt mit Gruß und Geschenken zu bewillkommen. Nach diesen kamen fünfhundert deutsche Lanzenknechte mit langen Spießen und Handröhren, alle schön und gleich gekleidet. Bis an die steinerne Brücke vor dem Stubenthor giengen sämmtliche Ordensgeistliche, die alle Heiligthümer ihrer Kirchen mit sich trugen. Diesen folgten die Schulknaben in großer Menge, deren jeder ein mit dem ungerischen, polnischen und österreichischen Wappen bemaltes Fähnlein trug. Hierauf kam die übrige Clerisei von Wien, dann alle Studenten, Professoren und Doctoren der Universität, endlich die Zechen oder Handwerkszünfte mit ihren Fahnen, sechzig an der Zahl.

Von Außen her gegen die Stadt eröffnete den Zug ein großer Haufe Reiterei von den verschiedensten Völkern; dann die ungerischen und polnischen Edelleute mit Feldmusik; sonach der Adel von Oesterreich in voller, blanker Rüstung, und zweihundert Trompeter und Heerpaucker. Diesen folgten die vornehmsten Räthe des Kaisers und der Könige. Jetzt kam der König von Polen mit dem Prinzen Ludwig zu Pferde, und darauf der Kaiser und der König von Ungarn. Beide wurden in Sänften getragen, und alle Vier waren umgeben von vielen Magnaten und Edelleuten aller Länder, die neben ihnen zu Fuß einher schritten. Die ungerische Prinzessin Anna und ihre Damen fuhren in prächtigen Kutschen. Vierhundert deutsche Reiter, wohlbewehrt und geschmückt, schlossen den Zug, der zuerst nach St. Stephan gieng, wo ihn die Clerisei am Riesenthore empfieng und der Bischof von Wien, Georg von Slatkonia, den Segen sprach, und so, nach dem ambrosianischen Lobgesang, in die Burg aufbrach. Der Kaiser Maximilian und Wladislav mit den Kindern blieben daselbst; Sigmund aber bezog jene in der Kärnthnerstraße, die Mathias Corvin erbaut und wo er sein Leben beschlossen hatte.

Am 22. Juli 1515 war die Vermählung. Schon um 9 Uhr früh, wallete in schönster Ordnung der majestätische Vermählungszug nach St. Stephan. Der Kaiser, Sigmund König von Polen und der königliche Bräutigam Ludwig waren zu Pferde, König Wladislav wurde in einer Sänfte getragen, die beiden Bräute aber fuhren im Wagen. Zahlreicher Adel begleitete sie. Das Innere des Doms, besonders das Presbyterium, war kostbar ausgeschmückt. Der Kaiser, die Könige und der junge Prinz, in Goldstoff gekleidet, standen rechts. Maria und Anna in der Mitte desselben; ihnen zur Linken der Cardinal von Gran als apostolischer Legat, der Cardinal von Gurk, der päpstliche Nuntius, vierzehn Bischöfe und viele Prälaten, alle auf einem reich mit Gold durchwirkten Teppich. Slatkonia hielt das Hochamt, und Michael Bartolin, des Cardinals von Gurk Capellan, die Anrede. Während dessen bekleidete sich Maximilian bei dem Grabmale seines Vaters, Friedrich's des Dritten, mit dem kaiserlichen Ornate, den man auf eine Million Goldgulden schätzte, und ließ sich dann durch den Cardinal von Gran mit Anna, der Tochter des Königs von Ungarn, für einen seiner Enkel, Carl oder Ferdinand, trauen; bei welcher Handlung er die Prinzessin, die ihm einen sehr kostbaren künstlichen Blumenstrauß verehrte, also anredete: Wiewohl Wir itzt Euer Liebden das Wort gegeben, daß Ihr Unser Gemahlin seyn sollet, so ist doch solches geschehen im Namen Unserer beiden abwesenden Enkel und in der Meinung, Euer Liebden an einen von denselben zu vermählen, den Wir auch hiermit Euch ehelich versprechen. Und weil mein Enkel Carl die Königreiche Castilien und Arragonien, sein Bruder Ferdinand aber das Königreich Neapel zu erben und zu erwarten hat, so erklären und nennen Wir hiemit Euer Liebden eine Königin, und wollen Euch zu einer solchen gekrönet haben! – Hierauf setzte er ihr die goldene Krone auf das Haupt, und es erfolgte die wirkliche Vermählung des ungerischen Prinzen Ludwig mit der Erzherzogin Maria. Nach Beendigung derselben erhielten mehr denn zweihundert Jünglinge den Ritterschlag, und ein frohes Herr Gott Dich loben wir! beschloß die kirchliche Feier. Kurz nach aufgehobenem Mittagsmahle wurde sonach auf dem festlich geschmückten Neuen Markte ein Turnier von sechs ritterlichen Paaren, den Markgrafen Georg und Casimir von Brandenburg, Adolph von Bibra, David von Knöningen, Hans Grafen von Hardeck und Hans Jakob von Landau, abgehalten; und Abends feierte Maximilian die Heirath seines Lieblings Sigmund's von Dietrichstein mit der schönen Barbara von Rottal. Er und Wladislav führten die Braut zum Altare, die zwischen ihnen saß bei dem Ehrenmahle, das durch die Gegenwart der beiden Könige, der königlichen Jugend, der Königin von Dänemark, den Herzogen von Baiern, Braunschweig und Mecklenburg, des Markgrafen von Brandenburg, zwei Cardinälen, dreizehn Bischöfen, sechzehn Fürsten, vielen Grafen und einer großen Menge von sonstigen Edlen verherrlicht wurde. Mehr denn dreihundert der erlesensten Gerichte trug man dabei in goldenen und silbernen Schaugeschirren auf, und die Pokale schimmerten im Glanze der Edelsteine. Fest auf Fest folgte nun, bis am 29. Juli die Fürsten aus Wien schieden und endlich im unzertrennlichen Freundschaftsbunde am 3. August zu Neustadt von einander gingen.«[5]

Theoretisch war damit alles bestens geregelt. Das glückliche Österreich hatte geheiratet, und nun hieß es warten, ob der Tod seiner Kontrahenten dem Hause Habsburg wieder einmal zu Hilfe kommen würde.

Der Tod kam, in mancherlei Form.

Ein Jahr nach der Wiener Doppelhochzeit starb Ferdinand von Aragon. Dem Knaben Karl war damit der Weg auf den spanischen Thron frei gemacht. Jetzt dämmerte auch dem alten Maximilian die Bedeutung dieser Erbschaft, und zugleich dämmerte die Erkenntnis, daß man diese ungeheure Landmasse, die da habsburgisch wurde, nicht in einer Hand zusammenhalten konnte. Die große Teilung wurde noch nicht auf die Tagesordnung gesetzt, doch der spätere Weg kündigte sich schon an. Karl sollte Spanien erben, dazu die Niederlande, und er sollte Kaiser werden. Österreich sollte dem jüngeren Bruder Ferdinand bleiben, und damit war auch schon geklärt, daß Ferdinand das Rennen um die ungarische Braut Anna machen würde. Sein Anteil an der Teilung des Familienbesitzes bestand aus den Herzogtümern unter und ober der Enns, Steiermark, Kärnten, Krain und Tirol sowie den »Vorlanden«, wie die vorarlbergischen Herrschaften genannt wurden.

Eine absonderliche Teilung, wie es scheinen mag. Von den beiden Enkeln des Österreichers Maximilian bekam der seinem ganzen Wesen nach niederländisch-burgundische Karl die spanischen Königreiche, der bei seinem Großvater in Aragon und Kastilien aufgewachsene durch und durch spanische Ferdinand dagegen die österreichischen Länder. Nationalitäten zählten damals nicht, zumindest nicht für Herrschergeschlechter, und schon gar nicht für die Habsburger. Nur Macht und Besitz zählten, und so betrachtet bekam die Teilung ihren Sinn. Der spanische Ferdinand konnte als der jüngere der beiden Brüder Spanien nicht erben – und nicht Kaiser werden. So blieb für ihn nur das Hoffnungsgebiet im Osten. Der Prinz, der kaum ein Wort Deutsch verstand und von spanischen Beratern umgeben, von spanischen Soldaten beschützt, 1521 zum ersten Male nach Österreich kam, hatte vielleicht einmal Erbansprüche auf die Nachbarkönigreiche Böhmen und Ungarn durchzusetzen.

Vielleicht einmal. Solange in den Ländern nebenan noch der junge Schwager Ludwig am Leben und an der Herrschaft war, schien Ferdinand damit nicht gerade das große Los gezogen zu haben. Drüben, im Westen des Kontinents, konnte sich Karl des burgundischen Reichtums, der jenseits des Meeres aufgehäuften Schätze erfreuen, auf dem tausendjährigen Kulturboden und in der Geist und Körper wärmenden Sonne Spaniens. Das Erbe, auf das Ferdinand möglicherweise Aussicht hatte – nur möglicherweise, wohlgemerkt –, dieses Erbe verlor sich in den kaum bekannten, dünnbesiedelten, scheinbar armseligen Weiten des Ostens. Die Ahnenreihe der Dynastie, in die der Habsburgersproß einheiratete, endete schon nach drei, vier Generationen im düster kaltfeuchten Mauerwerk gottverlassen isolierter Stammesburgen, von Wildnis umgeben, von Halbwilden bevölkert.[6]

So zumindest mußte dieses pannonische Erbe sich aus dem Blickwinkel eines Prinzen wie Ferdinand ausnehmen. Wozu noch kam, daß sich den Landstrichen an der Donau der Türkensturm vom Balkan her näherte.

Im Mai 1521, als Ferdinand nach dem ersten Teilungsvertrag mit seinem Bruder Karl die ungarische Anna zum Traualtar führte – in Linz übrigens, sechs Jahre, nachdem schon Großvater Maximilian das damals zwölfjährige Kind stellvertretend und provisorisch geheiratet hatte –, im Mai 1521 jedenfalls sah die Zukunft für den österreichischen Zweig des Erzhauses nicht gerade rosig aus.

Juana la Loca lebte noch bis 1555; neunundvierzig Jahre überlebte sie ihren Philipp, ihre beiden Söhne Karl und Ferdinand wurden Kaiser und König in dieser Zeit und beherrschten das Abendland. Sie besuchten die Mutter nicht, und die Mutter rief auch nicht nach ihnen. Juana lebte in der Welt der Toten. Bevor sie nach Tordesillas kam, hatte sie den Sarg mit Philipps Leiche kreuz und quer durch die Lande mit sich geschleppt, immer wieder ließ sie den Deckel des Sarges heben, um sich zu überzeugen, daß der Geliebte noch da war. Ihr schien er nur zu schlafen; sie wartete auf seine Auferstehung. In Tordesillas verfiel sie dann mehr und mehr; eine einsame Frau, die ihre Kleidung und ihren Körper vernachlässigte. Dann hatte sie wieder klare Momente, in denen sie genau erfaßte, was rund um sie vorging, und vereinzelte Besucher, die sie in diesem Zustand antrafen, glaubten das Gerücht bestätigt, daß Juana durchaus normal sei. Die Berichte über den angeblich einwandfreien Geisteszustand der gefangenen Königin verbreitete sich in Spanien, und die Hoffnung auf sie wuchs, je mehr die Empörung über das niederländische Regiment im Lande anstieg. Karl V. hatte den Titel eines Königs von Spanien angenommen; dies allein empörte Kastilien und Aragon gleichermaßen, wo man auf Vorrecht und Selbständigkeit bedacht war. Dann wurde

1519, nach Kaiser Maximilians Tod, Karl zum Kaiser gewählt; das Geld des Hauses Fugger verhalf ihm dazu.[7]

Für die Kredite, die die Wahl ermöglichten, wurden Teile des Kronvermögens von Kastilien verpfändet. Karl, ein neunzehnjähriger Knabe, ließ sich jetzt Majestät nennen, er umgab sich in Spanien mit burgundischer Pracht, die an die goldstrotzende Würde Karls des Kühnen erinnerte; und wie einst sein Ahnherr, Friedrich III., der ewig Geldknappe, über den Prunk der Burgunder empört war, so empörten sich nun die Spanier über den Aufwand, den der niederländische Hof in ihrer Mitte trieb; mit ihrem Geld.

Gold und Silber begannen jetzt nämlich immer reicher zu fließen; die Eroberung des neuen Erdteils jenseits des Ozeans trug die ersten Früchte; 1519, im Jahr der Kaiserwahl, hatte Hernando Cortez mexikanischen Boden betreten. Eine Quelle unermeßlichen, scheinbar niemals endenden Reichtums war erschlossen, von dem die spanischen Habsburger zwei Jahrhunderte zehren sollten.

Seltsam: Keiner von ihnen hat sein Reich jenseits des Meeres jemals betreten, keiner empfand das Bedürfnis, das Goldland zu sehen. Daß das Gold kam, genügte. Erst 350 Jahre später kam der erste Habsburger nach Mexiko – Maximilian, Kaiser Franz Josephs Bruder: ihm sollte dieses »Paradies« Unglück und Tod bringen.

1517 und in den Jahren darauf lernten die Spanier ihren jungen König von seiner schlechtesten Seite kennen. Der Herr aus Gent dürfte damals keine sehr sympathische Erscheinung gewesen sein. Aufgewachsen und von seiner Tante Margarete erzogen im burgundischen Geist aristokratischer Kaufherrengesinnung, blickte er mit seinen niederländischen Beratern auf die spanischen »Bettler« herab, deren Stolz sie ebensowenig begriffen wie die spartanische Haltung, die sich die ganze Nation im jahrhundertelangen Kampf gegen die Araber zu eigen gemacht hatte. Das Selbstbewußtsein der Granden, die Rechte der Städte, das Wahlrecht für die Cortes vor allem erschienen dem jungen Herrn aus Gent und seiner Umgebung nur als verabscheuungswürdige Anmaßung unbotmäßiger Untertanen.

Als Anfang 1520 die Cortes neu gewählt wurden, stand halb Spanien schon im offenen Aufruhr. Als Karl im Mai an Bord des Schiffes ging, das ihn in die Niederlande zurückbringen sollte, ließ er sein Erbe im Zustand der Revolution zurück. Der König und Kaiser hatte zwar versprochen, nicht länger als drei Jahre von Spanien abwesend zu bleiben, er hatte auch versprochen, die Geldausfuhr aus dem Land zu stoppen, doch seine Untertanen glaubten ihm nicht. Karl sprach kaum Spanisch; wahrscheinlich wußte er nicht einmal, was er eigentlich beschwor, als er vor den Cortes seine Eide leistete.

Kaum hatte er das Land verlassen, breitete sich der Aufstand über ganz Kastilien aus; eine Heilige Junta wurde installiert, und ein Mann namens Juan de Padilla übernahm das Truppenkommando. Und nun kam die arme Juana wieder ins Spiel. Beide Seiten, die Königstreuen unter Antonio de Fonseca, und die Rebellen der Junta, die Comuneros, erfaßten sofort die Bedeutung, die dieser armen Frau zukam. Schließlich war sie immer noch die rechtmäßige Königin von Kastilien, die Tochter der unvergeßlichen Isabella.

Ein militärischer Wettlauf nach Tordesillas südwestlich von Valladolid begann. Fonseca kam zuerst vor den Mauern der kleinen Stadt an, aber die Bürger hatten sich auf die Seite der Junta gestellt und hielten die Tore verschlossen. Nur eine kleine Delegation wurde zu Juana vorgelassen. Man brachte einige Dokumente mit, die die Comuneros verurteilten, aber Juana weigerte sich, die Papiere zu unterschreiben. Ein paar Tage später kam Juan de Padilla mit seiner Armee, und ihn begleitete der Jubel der Bevölkerung bis zum Palast. Die Königin empfing Padilla und seine Offiziere; sie war gerade in einem relativ guten Zustand und schien zu begreifen, worum es ging. Alle hatten sie verlassen, der geliebte Philipp, die Söhne und die Töchter; der Vater hatte sie gefangen gehalten – hier waren plötzlich Spanier, die vor ihr das Knie beugten und sie als Königin ansprachen. Padilla hatte also leichtes Spiel mit Juana – vielleicht glaubte er wirklich, daß sie gesund sei, lediglich ein Opfer der verhaßten Niederländer einschließlich des eigenen Sohnes. Jedenfalls gab Juana ihre Zustimmung, daß die Heilige Junta unter ihrem Vorsitz in Tordesillas tagen sollte.

Drei Wochen später traten die Delegierten als gesetzmäßige Cortes zusammen, und Juana begrüßte sie mit einer Thronrede. Da mußte es den Männern der Junta wohl klargeworden sein, daß sie es mit einer Geistesgestörten zu tun hatten. In ihrer verworrenen Thronrede empörte sich Juana zwar über das schändliche Verhalten der Ausländer in Spanien; das kam ihr vom Herzen. Zu einer Entscheidung aber war sie nicht zu bewegen, sie bat um Zeit, sich zu bedenken, und sie wollte erst den Kummer über den Tod ihres Vaters verwinden. Das war 1520; Ferdinand war schon 1516 gestorben – entweder hatte man der Kranken den Tod des Vaters so lange nicht mitgeteilt, oder sie lebte außerhalb der Zeit. Zwischendurch weinte sie immer noch um ihren schönen Philipp, dessen Wiederkehr sie zu erwarten schien. Jedenfalls war sie nicht dazu zu bewegen, auch nur ein einziges Stück Papier zu unterschreiben. Die Junta tagte somit im luftleeren Raum; man hatte zwar eine rechtmäßige Königin, aber man bekam für keinen einzigen Beschluß ihre Unterschrift. Und Juana versank schnell wieder in ihre Teilnahmslosigkeit.

Der Aufstand der Comuneros schlug inzwischen mehr und mehr nach links aus, entwickelte sich zur sozialen Revolution gegen den Großgrundbesitz und die wohlhabenden Städte und trieb damit der Partei des Kaisers ehemalige Widersacher als Anhänger zu. Da Karl außerdem klug genug war, von Deutschland her zwei kastilische Granden zu Statthaltern zu ernennen, brach die Rebellion schnell zusammen. Bei Villalar wurde Padilla im April 1521 geschlagen, gefangengenommen und hingerichtet. Seine Witwe verteidigte die Festung Toledo noch bis zum Oktober, dann war der Aufstand endgültig liquidiert.

Der »erste spanische Bürgerkrieg« – wenn man ihn so nennen will – wurde mit einer Grausamkeit, Tapferkeit und Verbissenheit geführt, die an die Ereignisse der Jahre 1936 bis 1939 erinnern, und die fanatische Verteidigung Toledos durch eine Frau fand ihre Parallele in dem monatelangen Kampf, der 1936 um den Alcazar dieser Stadt ablief.

Als Karl im Sommer 1522 in Santander landete, mit einer Armee von 4000 deutschen Landsknechten und bestausgerüsteter Artillerie, war Spanien schon befriedet. An Juana dachte niemand mehr; sie dämmerte von da an vergessen in Tordesillas dahin. Ihr Sohn besuchte sie nicht mehr; er nahm ihr auch die jüngste Tochter weg, um sie mit dem König von Portugal zu verheiraten.

Juana hatte den Habsburgern Spanien eingebracht, dazu das Königreich beider Sizilien und das Goldland jenseits des Meeres; die gewaltigste Erbschaft, die jemals in der Weltgeschichte gemacht worden ist. Ihre Rolle in der Geschichte des Hauses war damit ausgespielt; kein Sohn und kein Enkel kümmerten sich noch jemals um sie. Erst als sie 1555 starb, erinnerte man sich kurz daran, daß sie überhaupt gelebt hatte. Man war froh, sie endgültig los zu sein! Spanien war habsburgisch. Nur darauf kam es an.

Im selben Jahr, in dem der alte Ferdinand von Aragon in Spanien starb, starb auch Wladislaw von Böhmen und Ungarn. Ludwig, der Sohn, mit Maximilians Enkelin Maria verheiratet, folgte ihm auf den Thron. Zehn Jahre später folgte er dem Vater in den Tod.

Der große Türkenansturm auf Europa war losgebrochen.

In der denkwürdigen Schlacht bei Mohács, 1526, fielen 22.000 ungarische Soldaten; unter den Toten befanden sich sieben Bischöfe und der junge König. Er hinterließ keinen Sohn, und der Erbvertrag von 1515 trat in Kraft. Ferdinand, der Schwager, wurde König von Ungarn und Böhmen. Fast vierhundert Jahre lang sollten die Habsburger Stephanskrone und Wenzelskrone tragen.

Zunächst einmal war es ein trauriges Erbe, denn die Türken ließen dem jungen König Ferdinand von Annas Mitgift nicht viel übrig. Bis zum Plattensee wurde das Land von den türkischen Truppen verwüstet. Drei Jahre später belagerten sie Wien. Zweihundertfünfzig Jahre lang sollten sie immer wieder versuchen, in das Herz Europas vorzustoßen; noch Maria Theresias Sohn Joseph II. hatte seine Türkenkriege auszufechten. Die Schlacht bei Mohács blieb den Ungarn unvergeßlich als die größte nationale Katastrophe ihrer Geschichte. Heute noch sagt man in Ungarn, wenn ein Unglück geschieht: »Bei Mohács haben wir mehr verloren!«

Als Ferdinand durch Mohács mehr gewann, als jemals ein Habsburger durch eine eigene Schlacht gewonnen hatte, war Kaiser Maximilian schon tot. Die große Teilung war vollzogen. Zwei neue Linien des Hauses Österreich waren geboren, die von da an getrennt herrschen sollten; zweihundert Jahre lang. Der faszinierende Gedanke, dieses ganze Reich, in dem buchstäblich die Sonne nicht unterging, unter einer Krone zusammenzufassen – unter einem Kaiser, der diesen Namen wirklich verdient hätte, der tatsächlich der Herr der Welt gewesen wäre –, dieser faszinierende Gedanke war selbst für diese sonst gewiß nicht kleinliche Zeit und für die in der Wahl ihrer Mittel ebenfalls nicht kleinlichen Habsburger zu groß.

Die erste Braut des späteren Kaisers Karl V. war zwei Jahre alt, da sie verlobt wurde. Karl selbst war ein Baby von knapp einem Jahr. Das geschah, als sein Vater Philipp der Schöne durch Frankreich nach Spanien zog und bei dieser Gelegenheit gleich mit dem französischen König Ludwig XII. eine Generalbereinigung aller Probleme erwog. Besiegelung durch Doppelehe, verstand sich! Karl sollte also Claudia, die Königstochter, bekommen, und Juana legte der voraussichtlichen Schwiegertochter das Brautgeschenk in die Wiege. Mit dem zweiten Teil der Doppelverlobung hatte es seine Schwierigkeiten. Ludwig von Frankreich besaß noch keinen Sohn, aber der würde ja kommen! Philipp brauchte deshalb auch nicht seine älteste Tochter Eleonore mit dem noch nicht geborenen Bräutigam zu verloben, sondern konnte sich damit begnügen, dem künftigen französischen Kronprinzen eine künftige Tochter zu garantieren. So wurden zwei Ungeborene verlobt. Es war schon eine seltsame Welt, in der sich die Großen der Erde damals bewegten.

Von dem, was man sich in Paris vorgenommen hatte, blieb in der Praxis allerdings nicht viel übrig. Nicht nur, weil das Haus Valois sich mit dem Haus Habsburg ebenso schnell wieder zerstritt, wie es Freundschaft geschlossen hatte. Vor allem, weil Ludwig XII. den Sohn nicht bekam, auf dessen künftige Geburt die ganze Konstruktion aufgebaut war. So verheiratete der König seine Tochter Claudia auch nicht mit Karl von Gent, sondern mit seinem eigenen Neffen und Thronerben Franz. Als Claudia dann 1524 starb, kamen die Habsburger doch noch zum Zuge: Der Witwer Franz heiratete 1530 in zweiter Ehe Karls V. Schwester Eleonore.

Da war Karl selbst schon mit Isabella von Portugal vereint. Die Hochzeit war mehrfach aufgeschoben worden, immer wieder kam dem Kaiser ein Krieg dazwischen. Schließlich war er bald sechsundzwanzig Jahre alt, als er Isabella tatsächlich heiratete. Sie war dreiundzwanzig; ein kleines, zartes Geschöpf; vom Kaiser stets mit höflichster Ehrerbietung behandelt. Wieweit er sie wirklich liebte, das war bei einem so in sich gekehrten, auf Würde bedachten Mann nicht so leicht zu erkennen.

Für weibliche Reize hatte Karl allerdings schon von Jugend an viel übrig. Seine Tante Margarete in den Niederlanden schmiedete für ihn schon von Kindheit an Pläne, als sich zeigte, daß der französische Plan ins Wasser gefallen war. Margarete, eben jene Margarete, an der sich der Infant Juan zu Tode geliebt hatte, war auch weiterhin selbst eine eifrig Liebende; eine imponierende Frau, ein Vollblutweib, würde man heute sagen, die sich über höfische Vorurteile amüsiert und amüsant hinwegsetzte. Sie hatte ein Faible für England; sie haßte Frankreich für alles, was man ihr schon als Kind in Frankreich angetan hatte, und sie betrachtete England als Frankreichs natürlichen Feind. Also wollte sie den Knaben Karl mit der englischen Königstochter Mary Tudor verheiraten, aber daraus wurde nichts. Mary nahm schließlich den abenteuerlustigen Herzog von Suffolk – ausgerechnet diesen jungen Mann, der während eines kurzen Aufenthaltes in den Niederlanden Margaretes Liebhaber gewesen war. Ihr letzter.

Karl hatte nun wieder keine Braut, dafür aber sehr bald die erste Geliebte. Die erste zumindest, von der die Geschichte weiß. Margarete van der Gheenst, Gefährtin einer flüchtigen Begegnung in Oudenaarde. So flüchtig, daß ernsthafte Historiker sich über den Vornamen der jungen Dame nicht einig sind – hieß sie nun Margarete oder Johanna, oder war Johanna der Name ihrer Mutter?[8] Das Mädchen war ein Waisenkind, eine arme Verwandte des Monsieur Charles de Lalaing, Schloßherrn von Oudenaarde. Früher oder später, erwartete man, würde sie ins Kloster gehen, wie es sich für arme Verwandte gehörte.

Zunächst ging sie nicht ins Kloster, sondern mit ihren Pflegeeltern zu einem Fest, das dem jungen Kaiser zu Ehren gegeben wurde; im Herbst 1521. Karl sah sie; Margarete oder Johanna oder wie immer sie hieß, gefiel ihm, und sofort waren eifrige Höflinge bereit, die Angelegenheit für ihn zu organisieren. Ob sie es mit sanftem Druck taten oder ob das Mädchen die Ehre richtig zu würdigen wußte und sich sofort gefällig erwies, schien Karl selbst nicht interessiert zu haben. Jedenfalls fand er das Mädchen im Bett des Zimmers vor, in das sein Höfling ihn dirigierte. Es hielt die Augen geschlossen – aus Schamgefühl, wie Karl glaubte. Erst nach einiger Zeit bemerkte er, daß die kleine van der Gheenst nicht bei Bewußtsein war.

Zwei verschiedene Versionen beschäftigten von da an die Historiker, die sich für das erste authentische Liebesabenteuer des jungen Kaisers interessierten. Die einen meinen, der bewußte Höfling habe das Mädchen bewußtlos gemacht und solcherart ins Bett des Monarchen praktiziert. Worauf Margarete-Johanna anschließend in ein Kloster geflohen sei und sich, zu Karls Kummer, nie wieder von ihm besuchen ließ. Die andere Version besagt, daß die muntere junge Dame sehr wohl wußte, worauf sie sich einließ, und daß Karl sie später in dem Kloster untergebracht habe, um sich dort ungestört ihrer Liebeskünste zu erfreuen.

Ob sie nun Margarete oder Johanna hieß, ob sie freiwillig oder unfreiwillig Karls Geliebte geworden war, das Produkt dieser Begegnung blieb unumstritten: ein Kind, ein Mädchen, Margarete genannt; vielleicht nach der Mutter, vielleicht auch nach der Tante des Kaisers.

Der junge Kaiser nämlich anerkannte das Mädchen als seine natürliche Tochter. Eine natürliche Tochter war nach dem Sittenkodex der Zeit etwas ganz anderes als ein uneheliches Kind. Margarete, die Tante und Statthalterin, nahm Margarete, die natürliche Tochter, zu sich und zog sie auf; in jedem Augenblick ihres Lebens blieb das Mädchen Prinzessin und Kind eines Kaisers.

Die kleine Margarete wurde später berühmt als Schönheit, als zügellos leidenschaftliche Reiterin wie ihre Urgroßmutter Maria von Burgund, und sie wurde berühmt als Statthalterin der Niederlande, wie einst die Tante Margarete. Der Kaiser verheiratete sie später mit Alexander Medici, Herzog von Florenz; da war sie erst vierzehn Jahre alt. Der Ehemann starb bald. Karl fand einen zweiten Mann: Ottavio Farnese, einen dreizehnjährigen Knaben.

Die Farnese beherrschten Parma.[9] Als Margarete von Parma wurde Karls Tochter dann die Mutter des berühmten Feldherrn Alessandro Farnese, und beide, Mutter und Sohn, haben dem Hause Habsburg in den Niederlanden große Dienste geleistet. Der

Sohn des Kaisers, Philipp II. von Spanien, schätzte seine Halbschwester sehr. In der klugen Überlegung, daß sie für die Niederländer eine Einheimische sei, machte er Margarete von Parma 1559 zur Statthalterin. Acht Jahre lang versuchte die Dame aus Oudenaarde, die Ausbeutungspolitik der spanischen Regierung zu bremsen. Den niederländischen Aufstand konnte sie damit nicht verhindern. 1567 schickte Philipp II. den finsteren Herzog von Alba als ihren Nachfolger; und er schaffte mit Gewalt noch weniger, als Margarete mit Klugheit und Mäßigung versucht hatte.[10]

War das Mädchen van der Gheenst die erste historisch nachweisbare Geliebte des jungen Kaisers, so war die Regensburger Bürgertochter Barbara Blomberg die letzte historisch nachweisbare Geliebte des alternden Mannes.

Karl kam 1546 zum Reichstag nach Regensburg. Er war erst 46 Jahre alt, aber das Leben hatte ihn verbraucht. Die Gicht plagte ihn, der religiöse Konflikt mit dem Protestantismus fraß an seiner Seele.

Karl war ein frommer Mann, und die spanische Umgebung hatte sicherlich auf den einst so durch und durch niederländischen Prinzen ihren Einfluß ausgeübt. Die Frömmigkeit aber darf in ihren Begleiterscheinungen nicht überschätzt werden. Der Protestantismus war ein eminent politisches Problem. Er gefährdete die jahrhundertelange Bundesgenossenschaft zwischen Kaiser und Papst; wenn die Kaiser auch immer wieder gegen die Päpste blutige Kriege um weltliche Macht geführt hatten, das Prinzip der Gegenseitigkeit blieb unangefochten. Papst und Kaiser waren die Zweieinigkeit der von Gott eingesetzten irdischen Herrschaft über die Erde. Wer das Mittleramt des Heiligen Vaters zwischen Gott und den Menschen in Frage stellte, konnte eines Tages auch das Gottesgnadentum in Frage stellen. Die deutschen Fürsten, die den Protestantismus zum willkommenen Anlaß nahmen, die Vormundschaft des Kaisers einzuengen, lieferten Karl den Beweis für die Gefahr. Die untrennbare Bindung der Dynastie an die Kirche fand hier ihren politischen Untergrund.

In Regensburg waren die Sitten locker. Die Figuren, mit denen Albrecht Altdorfer die Wände des »Kaiserbades« schmückte, verrieten das erotische Fluidum, das den Alltag umgab. Das Bürgermädchen Barbara Blomberg blieb die Gefährtin des Kaisers in den Regensburger Nächten, während Karl tagsüber nach einer Lösung des Protestantenproblems suchte. Und wieder gab es ein natürliches Kind, diesmal einen Knaben. Das sollte der spätere Don Juan d'Austria werden. Auch er wurde anerkannt, als Prinz erzogen, und auch seiner bediente sich der ehelich geborene Halbbruder Philipp: Don Juan d'Austria erfocht 1571 bei Lepanto den glanzvollen Seesieg des Abendlandes über die Türken.

Isabella, die angetraute Ehefrau aus Portugal, verblaßte neben der Romantik dieser beiden außerehelichen Begegnungen. Sie brachte brav und folgsam vier Kinder zur Welt. Die Geburten waren jedesmal schwer; die zarte Isabella war keine ideale Partnerin für einen Monarchen, der einen ausgiebigen Kindersegen erwartete. Im März 1527, bei der ersten Geburt, wäre sie bald ums Leben gekommen. Sie wollte nicht schreien, obwohl Arzt und Hebammen ihr dazu rieten. Schreien erleichtert den Schmerz. Isabella stöhnte nur: »Ich sterbe, wenn es sein muß, aber ich schreie nicht.« Sie verlangte, in einem abgedunkelten Raum zu gebären, damit man ihr schmerzverzerrtes Gesicht nicht sehen konnte. Das Kind, das geboren wurde, war der Knabe Philipp.

1528 wurde dann die Tochter Maria geboren; später einmal Frau ihres kaiserlichen Vetters Maximilian. 1530, in Bologna, wo Karl die Kaiserkrone aufgesetzt erhielt – die letzte römische Kaiserkrönung durch einen Papst überhaupt –, in Bologna brachte Isabella noch einen Knaben zur Welt, Ferdinand. Er starb bald. 1535 kam noch die Tochter Johanna, nachmals nach Portugal verheiratet. 1539 sollte Isabella dem fünften Kind das Leben schenken. Sie fand dabei den Tod. Das Kind starb auch.

Aber immerhin: Für Karl hatte sich die Ehe erfüllt. Ein Sohn war da. Ein Erbe. Der künftige Kaiser?

Am anderen Ende des habsburgischen Abendlandes wurde auch geboren. Anna aus Ungarn hatte ihrem Ehemann Ferdinand nicht nur zwei Königreiche geschenkt, sie schenkte ihm auch Kinder in Überfülle. Karl jenseitig, tiefernst, von der magischen Bedeutung seines Kaiseramtes erfüllt; Ferdinand dagegen diesseitig-realistisch, erdverbunden und impulsiv, zwar ebenfalls ein eifriger Katholik, aber gutmütig und prachtliebend, seinem Großvater Maximilian viel ähnlicher als der hoheitsvoll-unnahbare Karl.

Der spanische Jüngling Ferdinand, der bei der ersten Begegnung mit seinen neuen Untertanen deren Sprache nicht verstanden hatte, lernte sehr schnell Deutsch, und er lernte die Lebensart seiner Erbländer schätzen. Den aufsässigen Wiener Bürgermeister Dr. Martin Siebenbürger hatte er zwar hinrichten lassen, mit den adeligen Standesherren lag er im Dauerkonflikt, dafür aber organisierte er für seine Königreiche und Herzogtümer jene Zentralverwaltung durch besoldete Berufsbeamte, die in ihrer Struktur bis zum Revolutionsjahr 1848 Bestand hatte. So schuf Ferdinand den berühmten österreichischen Beamtenstaat, der schließlich wohl zum Amtskappelstaat entartet sein mochte, jahrhundertelang aber ebenso vorbildlich wie fortschrittlich arbeitete.

So unterschiedlich die beiden Brüder Karl und Ferdinand die habsburgische Familiengeschichte prägten, so unterschiedlich waren auch ihre Frauen. Dort in Spanien die zarte, ein wenig ätherische Isabella; hier in Österreich die robuste, kerngesunde Ungarin Anna, die Kinder bekam mit einer Leichtigkeit, mit der andere Frauen zum Tanz gingen. Sie besaß Charme, sie besaß Bildung, und Ferdinand war zufrieden an ihrer Seite; keine Liebesehe hätte besser verlaufen können als diese von Maximilian konstruierte Zweckehe. In die Politik mischte sie sich nicht ein, obwohl Ungarn und Böhmen schließlich ihre Lande waren. Sie hatte auch keine Zeit dazu; sie brachte in sechsundzwanzig Ehejahren immerhin fünfzehn Kinder zur Welt: die Söhne Maximilian, Ferdinand und Karl und eine Schar von Töchtern, die von ihrem Vater hauptsächlich an italienische Stadtfürsten verheiratet wurden; an die Medici in Florenz, an die Gonzaga in Mantua, an die Este in Ferrara. Die Tochter Anna allerdings heiratete nach Bayern, und nach dem Stil der Zeit wurde ein Ehekontrakt abgeschlossen, der Anna zur Erbin der österreichischen Lande einsetzte, falls die Dynastie ohne männliche Nachkommenschaft sterben sollte. Das war reine Theorie, denn es gab schließlich drei gesunde Söhne. Dennoch sollten diese Ehe und dieser Ehekontrakt zweihundert Jahre später die letzte Habsburgerin aus altem Stamm, Maria Theresia, hart an den Rand des Verlustes ihrer Reiche bringen; und Ehe samt Ehekontrakt der nach Bayern abgewanderten Anna sollten dazu führen, daß ein einziges Mal in einem halben Jahrhundert die sonst ununterbrochene Kette habsburgischer Kaiser doch unterbrochen wurde.[11]

Zunächst aber maß man im Hause Österreich dieser bayerischen Ehe nur untergeordnete Bedeutung zu. Die Existenzfrage stellte sich anders: Wer würde Kaiser werden?

Der Ausgleich zwischen Karl und Ferdinand hatte hier die Vorentscheidung getroffen. Mit dem österreichischen Erbe fiel Ferdinand und seiner Nachkommenschaft die römische Kaiserwürde gewissermaßen von selbst zu. Zu Karls Sohn Philipp in Spanien hatte das Reich so gut wie keine Beziehung. Trotzdem versuchte der Kaiser am Ende seines Lebens, dem Sohn die Kaiserkrone zuzuwenden; vergeblich. Als der gichtgeplagte, vom Kampf gegen die Protestanten zermürbte, von der Erfolglosigkeit dieses Kampfes zutiefst enttäuschte Karl im Jahre 1556 sich entschloß abzudanken, folgte der Bruder Ferdinand geradezu automatisch auf den Kaiserthron.

Die Entscheidung bedeutete die endgültige Teilung der Macht. Von da an sollten zwei Habsburgergeschlechter existieren.

Zwei Linien des einen Hauses regierten zwei getrennte Reiche, aber das Bewußtsein, von *einem* Stamm zu sein, blieb immer wach, und in jeder Generation wurde stets von neuem der Zusammenhalt gestärkt, denn in jeder Generation wurde zwischen Wien und Madrid hin und her geheiratet.

Das Ergebnis waren untrennbare Bande zwischen den österreichischen und den spanischen Habsburgern auch in getrennten Länderblöcken. Das Ergebnis war aber zugleich ein durch ständig wiederkehrende Inzucht vergiftetes Blut, das die spanischen Habsburger schließlich nach hundertfünfzig Jahren in totaler Degeneration aussterben ließ, während vom Erzhaus in Österreich zum Schluß ein einziges Mädchen, Maria Theresia, übrigblieb.

Die Orgie der Inzucht begann schon in der zweiten Generation nach der Teilung. Maximilian, später Kaiser Maximilian II., heiratete seine Cousine Maria von Spanien. Maximilians und Marias Väter waren die beiden kaiserlichen Brüder Karl V. und Ferdinand I.

Das war aber noch nicht genug, man rückte in den Verwandtschaftsbeziehungen noch näher aneinander heran. Philipp II. von Spanien, Kaiser Karls Sohn, heiratete in dritter Ehe seine Nichte Anna, die Tochter seiner Schwester Maria und seines Vetters Maximilian. Seine Schwester wurde damit zu seiner Schwiegermutter, sein Vetter zum Schwiegervater, zu dem die Tochter auch Cousin sagen konnte, und König Philipp II. wurde mit dieser Verbindung zum Großonkel seiner eigenen Kinder.

Gleich in der kommenden Generation folgte wieder eine Familienverbindung zwischen Spanien und Österreich. Der nächste König von Spanien, Philipp III., Kind aus der sonderbaren Ehe des spanischen Onkels mit der österreichischen Nichte, heiratete Margarete von Steiermark, Tochter von Maximilians II. Bruder Karl. Damit war Kaiser Ferdinand zugleich der Großvater der Braut und der Urgroßvater des Bräutigams. Wenn Kinder üblicherweise vier Großelternteile und acht Urgroßelternteile haben, so wurde die Zahl bei den Habsburgern immer geringer. Immer weniger fremdes Blut floß zu. Der Ahnenverlust, wie die Genealogen diesen Vorgang nennen, wurde bei den spanischen Habsburgern immer größer.

Die nächste Generation setzte das einmal begonnene traurige Spiel der Inzucht fort. Jetzt heiratete Kaiser Ferdinand II., Neffe der steirischen Margarete, deren Tochter Maria Anna aus ihrer Ehe mit Philipp III. Er nahm also seine Cousine. Und da doppelt bekanntlich besser hält, heiratete der nächste spanische Habsburgerkönig, Philipp IV., Sohn Philipps III. und der Margarete von Steiermark, die Tochter Ferdinands III., Maria Anna, auch Marianne genannt. Jetzt ließ sich kaum noch überblikken, wer eigentlich wessen näherer Verwandter war. Philipp IV. hatte damit seine Nichte geheiratet; sein Vetter, der ohnehin schon sein Schwager war, wurde damit auch noch sein Schwiegervater.

Der Familie reichte diese innige Bindung aber noch immer nicht. Philipp IV., Ehemann seiner eigenen Nichte Marianne, gab seine Tochter Margarete, deren Großonkel er zugleich war, dem Bruder seiner Frau, Kaiser Leopold I., in die Ehe. Damit wurde er zum Schwiegervater seines Schwagers; Marianne wurde zur Schwiegermutter ihres Bruders, Leopold zum Onkel seiner Frau; die Kombinationen ließen sich beliebig fortführen, wollte man auch noch Eltern und Großeltern einbeziehen. Das Kind aus dieser absonderlichsten aller Habsburgerehen zwischen Wien und Madrid, die Erzherzogin Maria Antonia, später Frau des Kurfürsten Max Emanuel aus Bayern, dürfte sich jedenfalls in der eigenen Verwandtschaft kaum noch zurechtgefunden haben. Der ganze Vorgang erinnert in beklemmender Eindringlichkeit an einen Kabarettsketch, als dessen Pointe ein Mann verzweifelt aufstöhnt: »Da bin ich ja meine eigene Großmutter.« Kaum ein Stammbaum kann in herkömmlicher Weise übersichtlich genug gezeichnet werden, um dieses Kreuz und Quer deutlich zu machen, und auch die lerneifrigsten Gymnasiasten kapitulieren vor der Erfassung dieses einzigartigen historischen Phänomens. Genau zu errechnen, wer nun eigentlich wessen Schwiegervater, Schwager, Onkel, Neffe und Vetter verschiedenen Grades ist, und was sonst noch alles gleichzeitig, wäre die große Abschlußfrage im 1000-Dollar-Quiz.

Daß einer solchen Familienpolitik der gezielten Inzucht und des systematisch betriebenen Ahnenverlustes eine Kette von Tragödien folgen mußte – Geisteskrankheiten, körperliche Mißbildungen, Charakterdefekte und Unfruchtbarkeit –, liegt auf der Hand.

Die erste dieser Tragödien war das Drama des Infanten Don Carlos von Spanien.

Kapitel 4 Die vielen toten Königinnen

Der langsam-schmerzvolle Niedergang einer Dynastie,
in deren Reichen die Sonne zeitweise nicht unterging

Don Carlos, erstes Opfer der Inzucht
Fünf Generationen Verwandtenehen zwischen Wien und Madrid
Ahnenforschung als Denksportaufgabe
Ein Jahrzehnt Heiratsgeschäft mit einem Erzherzog
Anna von Österreich zwischen Bruder, Sohn und Geliebtem
Ein Königspalast verwandelt sich in ein Irrenhaus tobender Königinnen
Der Hochzeitswettlauf um die spanische Hinterlassenschaft
Das Ende eines Herrschergeschlechts

Wenn vom erbbiologischen Unheil der Casa d'Austria die Rede ist, dem spanischen Zweig der Familie Habsburg, dann überschattet die Tragödie des Don Carlos alle anderen dramatischen Vorgänge in der Geschichte dieser Dynastie, und deren gab es wahrhaftig genug.

Don Carlos: In unserer historischen Erinnerung grell beleuchtet, aber in jenem falschen Bühnenlicht, das Friedrich von Schiller dem spanischen Habsburgerprinzen zugeteilt hat.

Maria von Portugal, die Mutter des Don Carlos, war die erste von den vier Frauen Philipps II. Schon das Haus Trastamara, das in Kastilien und Aragon regiert hatte, war Generationen lang von portugiesischem Blut durchsetzt worden. Aus der politischen Situation heraus ließ sich die gezielte Inzucht verstehen. In ihrem Kampf gegen die Araber waren die Portugiesen für die spanischen Königreiche die wichtigsten Verbündeten. Als Philipp der Schöne in das Haus Trastamara einheiratete, brachte er seinerseits von zwei Seiten her portugiesisches Blut mit in die Ehe. Seine Großmutter war Eleonore von Portugal; die Dame, die auf so ungewöhnliche Weise mit ihrem Bräutigam Friedrich III. in Siena zusammentraf. Auch der andere Großvater, Karl der Kühne von Burgund, war mit den Portugiesen verwandt.

Bei Juana, Philipps Frau, führte der im portugiesischen Königshaus Avis latent vorhandene Wahnsinn zum ersten Ausbruch auf spanischem Boden.

Dann wurde Juanas erster Sohn Karl geboren; eine schwierige Geburt und ein schwaches, kränkliches Baby, dem man kein langes Leben voraussagte.

Aber Karl kam durch. Er heiratete wieder eine Portugiesin; Isabella; der Sohn Philipp kam auf die Welt, und es war wieder eine schwierige Geburt, bei der man schon fürchtete, die Mutter würde sterben. Philipp kam durch, und Isabella sollte dann erst bei der Geburt ihres fünften Kindes sterben.

Auch Philipp war kein besonders kräftiges Kind, und er heiratete 1543 wieder ein Mädchen aus dem Hause Avis, Maria von Portugal. Die Braut war mehrfach mit ihm verwandt. Karl V., Philipps Vater, hatte mit seiner Isabella die Tochter des Königs Manoel von Portugal geheiratet und Karls jüngste Schwester Manoels Bruder und Nachfolger, den König Johann III. von Portugal. Endergebnis: Philipps Vater und Marias Mutter waren ebenso Geschwister wie Marias Vater der Onkel von Philipps Mutter war.[1]

Dem Kind aus dieser Ehe, das nach seinem kaiserlichen Großvater den Namen Carlos bekam, wurde also in seinem Blut alles mitgegeben, was zum Verderben führen mußte. Sogar die an solche fürstliche Eheverbindungen gewohnten Zeitgenossen zeigten sich einigermaßen empört; vor allem, wenn sie zu den politischen Widersachern gehörten. Ein solcher war der niederländische Freiheitsheld Wilhelm von Oranien, und er ließ 1581 in französischer Sprache eine Flugschrift drucken, die sich mit den Ehen des spanischen Königs Philipp, mit seinen Frauen und seinem Sohn ausführlich und nicht gerade schmeichelhaft auseinandersetzte.

»Philipp II. hat durch den Kardinal Granvella einen Vergiftungsversuch an seinem Vetter und Schwager, dem späteren Kaiser Maximilian II., bewerkstelligen lassen; daß er mißlang, war ein Werk der Vorsehung, aber nicht das Verdienst der Mörder. Philipp hat seine leibliche Nichte, die Erzherzogin Anna von Österreich, geheiratet und zu dieser Inzestehe, die dem Schimpf der Verbindung des Geschwisterpaares Jupiter und Juno bedenklich nahe kommt, die Dispens des römischen Papstes erhalten. Gottes Stellvertreter auf Erden hat damit etwas erlaubt, was Gott im Himmel nie und nimmer würde gutgeheißen haben. Philipp hat, um diese blutschänderische Ehe schließen zu können, seine legitime Gattin Isabella von Valois, die Mutter seiner zwei Töchter und Erbinnen, durch Mord beseitigt. Philipp ist auch seine erste Ehe, mit Maria von Portugal, in vollem Bewußtsein einer Doppelehe und damit eines Vergehens der Polygamie eingegangen, denn er war zur selben Zeit bereits in heimlicher, aber gesetzesmäßiger Ehe mit Isabel Osorio verbunden, von der er mehrere Kinder besaß. Philipp hat seinen Sohn und Erben Don Carlos durch Mörderhand aus der Welt schaffen lassen, weil er nicht wollte, daß der ihm verhaßte Sprößling aus der gesetzwidrigen Doppelehe den Thron seiner Väter besteige. Philipp hat neben seiner legitimen Gattin Isabella von Valois auch noch einen wilden Ehebund mit einer gewissen Doña Eufrasia unterhalten. Als sie von ihm guter Hoffnung wurde, hat er den Fürsten von Ascoli gezwungen, sie zu heiraten und das Kind als seinen Erben anzuerkennen. Sowie der Zweck erreicht und Kebsin und Bastard versorgt waren, hat er den Fürsten durch Gift beseitigen lassen.[2]

Das war eine Liste von Greueltaten, die sich sehen lassen konnte. Mord, Mordversuch, Blutschande, Ehebruch. Das war mehr, als man gemeiniglich sogar Fürsten zu verzeihen geneigt war. Der Habsburger auf dem spanischen Königsthron war jedenfalls alles andere denn ein Mann von gutem Ruf in Europa.

Nicht alles stimmte, was Wilhelm von Oranien da über seinen Todfeind zusammengetragen hatte. Was den Tatsachen entsprach, reichte immer noch, um Philipp nicht gerade als sympathischen Zeitgenossen erscheinen zu lassen. Die inzüchtigen Ehen waren Wirklichkeit. Daß Philipp neben seinen vier Gattinnen, die er hintereinander legitim heiratete – Maria von Portugal, Mary von England, Isabella von Valois und Anna von Österreich –, auch noch gelegentlich eine Geliebte besaß, stimmte ebenfalls. Stimmte es aber auch, daß er seinen Thronfolger, Don Carlos, beseitigen ließ?

Das Bild des Don Carlos ist heute im historischen Bewußtsein des normalen Bildungsbürgers fest umrissen: Der edle Jüngling, der nach der Devise seines Freundes Marquis Posa vom Vater, von diesem reaktionären Finsterling, Gedankenfreiheit fordert und nebenbei noch seine Stiefmutter, die Königin, liebt. Nachzulesen bei Friedrich Schiller, seines Zeichens nicht nur Dichter, sondern auch Geschichtsprofessor. Der mußte es schließlich gewußt haben!

Die Literatur hat im Laufe der Zeit an der Geschichte so manche Untat begangen. Die Dichter sind mit der historischen Wirklichkeit ziemlich frei umgesprungen; ihre Kolossaldramen haben nur recht geringen dokumentarischen Wert. Der Deutschunterricht, die Klassikeraufführungen im Theater und neuerdings die Fernsehinszenierungen hämmern uns die falsche Vorstellung von der Wirklichkeit aber so nachhaltig ein, daß die Geschichtsforschung mit ihren korrigierenden Bestrebungen nicht nachkommt. Wir sehen Rudolf von Habsburg mit Grillparzers Augen: den armen Grafen, der sich selbst das Wams flickt. Wir sehen Margarete von Parma, wie Goethe sie für seinen »Egmont« benötigte, und so sehen wir auch Don Carlos als Schillers Heldenjüngling. Das dichterische Pathos aber zeichnet ein historisch falsches Bild. Der Sohn der Maria von Portugal war ein kleines Scheusal: »Ein skrofulöser, hinkender, schiefgewachsener und am Reden behinderter Halbidiot.«[3] Don Carlos: das vorläufig letzte Resultat des portugiesischen Wahnsinns und der durch Generationen betriebenen Inzucht.

Maria von Portugal war noch nicht 16 Jahre alt, als man sie zu dem ebenfalls erst sechzehnjährigen Don Philipp nach Spanien schickte. Der König von Portugal war ein Geizhals trotz seines Reichtums. Er gestand seiner Tochter 800.000 Goldstücke Mitgift zu, aber die Hälfte behielt er zurück; die sollten als Mitgift für Philipps Schwester Juana gelten, die gleichzeitig mit Marias Bruder getraut wurde. Auch den Rest zahlte er nicht gleich aus; man vereinbarte Jahresraten. Das Geld wurde, sobald es fällig war, sofort in die Niederlande überwiesen, um dort kaiserliche Schulden zu bezahlen. Immerhin erfüllte die Ehe diesen Zweck.

Einen anderen Zweck erfüllte sie nur mangelhaft. Termingemäß wurde Maria schwanger, termingemäß brachte sie ihr Kind zur Welt. Es war ein Knabe.

Wieder einmal eine schwierige Niederkunft und ein schwaches Kind. Die Lage des Babys war nicht normal; es dauerte stundenlang, bis man es aus dem Mutterleib geholt hatte. Die Wöchnerin bekam hohes Fieber, die spanischen Ärzte manipulierten mit Aderlässen und Abführmitteln an ihr herum. Daraufhin stellte sich eine Lungenentzündung ein. Was tat man dagegen? Neuerliche Aderlässe an der schon fast ausgebluteten, noch recht kindlichen Ehefrau. Vier Tage nach der Geburt des Knaben starb sie.

Maria von Portugal war nicht die erste und nicht die letzte Frau eines Habsburgers, die im Wochenbett von den Ärzten zu Tode kuriert wurde; auch medizinisches Fehlverhalten gehörte zum Stil der Zeit. Die Legende bemächtigte sich später dieses durchaus »natürlichen« Todes: Die beiden Hofdamen der jungen Maria, die Herzogin von Alba und die Gräfin Mendoza, so hieß es, hätten die Wöchnerin allein gelassen, um an einem »Autodafé« teilzunehmen; das amüsante Schauspiel einer Ketzerverbrennung wollten sich die frommen Damen nicht entgehen lassen. Die unerfahrenen Mägde hätten der Kranken daraufhin gegen deren Durst eine Zitrone gegeben, und daran sei Maria gestorben.

Der achtzehnjährige Philipp blieb jedenfalls als Witwer zurück. Der Knabe Carlos wurde den Hofdamen überlassen. Wenn vorderhand auch noch niemand es auszusprechen wagte, niemand es wahrhaben wollte, so war das Kind doch eine Mißgeburt. Den hinkenden Gang allerdings soll Don Carlos sich erst später zugezogen haben. Als er nämlich als Halbwüchsiger hinter einer jungen Hofdame her war und bei der Verfolgung der entsetzt Flüchtenden über eine Treppe stürzte.

Seine erste Stiefmutter, Mary von England, lernte Don Carlos erst gar nicht kennen. Die Ehe mit der katholisch gebliebenen Tochter des protestantisch gewordenen Königs von England, Heinrichs VIII., war von Anfang an eine jener politischen Gewaltkonstruktionen, die nicht gut ausgehen konnten.

Mary war um elf Jahre älter als Philipp, und sie war alles andere als schön. Kaiser Karl V. hatte diese Verbindung ersonnen. Er, der immer schon ein unvergleichlicher Künstler in der Beschaffung von Krediten gewesen war, brachte bei niederländischen Bankiers über 300.000 Dukaten auf; eine Summe, deren Kaufkraft etwa zwölf Millionen Dollar heutiger Währung entsprach. Mit dem Geld verhalf er Mary Tudor, Königin von England, dazu, den Aufstand der Protestanten in ihrem Lande niederzuwerfen und ihren Thron zu behaupten. Nicht nur der fromme Katholik Karl war dabei am Werk, auch der Politiker Karl, der sich England, Frankreichs natürlichen Feind, zum Freund machen wollte. Freundschaften besiegelt man mit Ehen – also sollte der junge Witwer Philipp die alternde Mary heiraten. Noch eine Faszination spielte natürlich mit: Nun sollten die Habsburger, nach Österreich und Spanien, auch noch die Insel England beherrschen!

Das gigantische Gedankengebäude stürzte schnell zusammen: Die Ehe blieb kinderlos. Im Juli 1554 segelte Philipp mit einer Flotte von mehr als hundert Schiffen nach England. Er nahm nicht nur Soldaten mit, sondern auch einige in Inquisitionsfragen erfahrene Mönche, die der eifrigen Katholikin Mary Tudor bei ihrem Bekehrungswerk behilflich sein sollten. Seine Braut hatte Philipp noch nie zuvor gesehen. Lediglich der Hofmaler Antonis Mor war aus Brüssel nach London geschickt worden, um für Philipp ein Bild der Dame zu malen. Der Anblick der Tudorkönigin war nicht gerade erfreulich, auch nicht auf dem Gemälde, aber Philipp sollte schließlich auch nicht aus Liebe heiraten. Die spanische Expedition, über tausend Mann stark, von einem Dutzend Herzogen, Marqueses und Grafen angeführt, Spanier und Niederländer bunt gemischt, gedachte sich über England zu stürzen wie seinerzeit die Niederländer über Spanien; flammend vor Abenteuerlust, Bekehrungseifer und Habgier.

Die Engländer ahnten natürlich, was ihnen bevorstand, und die Spanier wußten, daß die Engländer es ahnten – man mußte also mit Widerstand rechnen bei dieser seltsamen Brautfahrt, und der Ritt von Southampton, wo die Spanier an Land gingen, bis Schloß Winchester, wo Mary Tudor wartete, glich eher einem Marsch durch Feindesland als einem Hochzeitszug. Dazu regnete es noch in Strömen, und die frierenden Spanier mußten sich damit abfinden, daß in diesem Lande auch noch im Juli das Feuer in den Kaminen brannte. Fast wie unerlaubte Eindringlinge mußten sich Philipp und seine engsten Vertrauten schließlich in den Schloßpark und durch Geheimtüren und über eine Wendeltreppe in die Gemächer der Braut stehlen.

Mary konnte zufrieden sein: Philipp war ein schöner Mann. Philipp tat sich schwer, angesichts der um elf Jahre älteren, schon im Verblühen begriffenen Frau ebenfalls zufrieden zu sein, aber er bekam einige Trostpflaster auf die Seele. Der kaiserliche Vater übergab ihm als Vorschuß auf die künftige Erbschaft das Königreich Neapel. Von der englischen Braut erhielt er als Morgengabe das Recht, sich König von England zu nennen – allerdings ohne das Recht, in die Regierungsgeschäfte einzugreifen oder irgendwelche Titel oder Privilegien an seine spanischen Begleiter zu verleihen. Nur ein Sohn der Mary Tudor sollte England erben, keineswegs der in Spanien zurückgebliebene Don Carlos. Anderseits würde ein Sohn aus Philipps Ehe mit der englischen Mary hinter Don Carlos den zweiten Anspruch auf den spanischen Thron haben. Den Spaniern glaubte man mehr zumuten zu können als den Engländern.

Der Kaiser konnte zufrieden sein. Seine Vertrauten berichteten aus London, daß sich die Ehe gut anlasse, obwohl die Ehefrau wahrhaftig keine Schönheit war. Von den erhofften Anzeichen einer Schwangerschaft allerdings konnten sie nichts berichten. Im November 1554, fünf Monate nach der Hochzeit, mußte Mary bei der Parlamentseröffnung zu ihrem Thron getragen werden, so krank war sie. Der starrsinnige Kampf gegen ihre Untertanen, denen sie den katholischen Glauben aufzwingen wollte, hatte sie zermürbt. Ein schweres Herzleiden. Die Hofdamen beweinten sie bei der Parlamentssitzung wie eine Sterbende. Philipp saß neben ihr. Eine Statue an Haltung; schweigend, in der für englische Augen ungewohnten, gefahrdrohend finster aussehenden spanischen Hoftracht. Die Engländer hatten die Spanier in den fünf Monaten ihrer Anwesenheit längst hassen gelernt. Bei aller bescheidenen Zurückhaltung, die sie sich auf Geheiß ihres Königs auferlegten, mußten sie den Engländern ganz einfach als Eindringlinge, als Sendboten des Papstes erscheinen. Natürlich schrieb man es dem spanischen Einfluß des Königs Philipp zu, als Mary Tudors Regierung im Januar 1555 ein Gesetz erließ, das den Tod durch Verbrennen für Unbotmäßige vorsah, die nicht zum katholischen Glauben zurückkehren wollten. Das Gesetz trug tatsächlich neben Marys Namen auch die Unterschrift des spanischen Ehemanns. Glaubensterror mit dem Scheiterhaufen also nun auch in England! Daß sich bei Königin Mary dann doch Anzeichen einer Schwangerschaft zeigten, tröstete die Briten nicht. Tatsächlich wurde Mary immer dicker, die Wiege stand schon bereit, und die bereits neununddreißigjährige Königin begann sogar das Trockenlegen von Babys zu lernen.

Es kam allerdings kein Kind zur Welt. Spätere Forscher wurden sich nicht einig, ob die Königin an Wassersucht infolge ihrer Herzkrankheit litt oder ob ein Unterleibstumor die Körperfülle hervorgerufen hatte. Mitte 1555 mußten alle Hoffnungen auf Kindersegen aufgegeben werden. Die Ehe war damit gegenstandslos geworden. Am meisten aber schien Kaiser Karl V. betroffen; der Fehlschlag seiner Pläne mit England trug wesentlich zum Entschluß bei, die Krone niederzulegen. Das hieß aber zugleich, daß Philipp England verlassen mußte, um nach Spanien zurückzukehren, denn der

Kaiser wollte, aller irdischen Verpflichtungen ledig, den Rest seines Lebens in einem Kloster verbringen. So mußte der Sohn die Regierung des Landes übernehmen.

Ende August 1555 verließ er England. Eine todkranke Frau blieb allein zurück. Ihr Herzleiden wurde durch die Eifersucht, die sie quälte, nicht gerade gebessert. Vor allem der französische Gesandte in London machte sich ein Vergnügen daraus, Mary immer wieder Schauergeschichten vom lockeren Lebenswandel ihres Mannes zukommen zu lassen. Marys Wunsch nach einem Kind steigerte sich zu einer an Geistesverwirrung grenzenden Zwangsvorstellung. Sie beschäftigte sich fast nur noch damit, schwangere Bauersfrauen nach ihren Erfahrungen zu befragen und gute Ratschläge zu sammeln. Alles für den Moment, da sie ihren Philipp wieder bei sich haben würde.

Nach eineinhalb Jahren kam der König tatsächlich wieder über das Meer in ihre Arme. Allerdings nicht aus reiner Liebe, sondern um Hilfe für den bevorstehenden Krieg gegen Frankreich zu erbitten. Die Engländer aber hatten keine Lust, in die spanische Kriegspolitik hineingezogen zu werden. 8000 Soldaten und 7000 jämmerliche Pfund waren alles, was Philipp erhielt – und eine verzweifelte Mary Tudor blieb zurück, als Philipp England nach wenigen Monaten wieder verließ.

Schwanger war die Königin auch nach diesem Besuch nicht. Von ihren Herzanfällen geplagt, siechte sie im Londoner St. James' Palace dahin, sehnsüchtig auf Briefe von Philipp hoffend, noch immer von ihrem fanatischen Bekehrungseifer besessen. Während Mary schon im Sterben lag, wurden noch die Gebeine verstorbener Protestanten ausgegraben und auf Scheiterhaufen verbrannt. 1558 dämmerte Mary in England nur noch dahin, während Philipp sich auf dem Kontinent mit der unheiligen Anti-Habsburg-Allianz zwischen dem Papst, den Franzosen und den Türken herumschlug. Am 17. November 1558, nach viereinhalbjähriger Ehe, erlöste sie der Tod von ihren Leiden und Enttäuschungen.

Philipps englisches Abenteuer war vorbei. Vertrödelte Zeit, vergeudete politische und militärische Anstrengungen, zweckloser Aufwand an Hoffnungen. Zum zweitenmal war der nun einunddreißigjährige König Witwer, und die Zukunft des spanischen Habsburgerreiches ruhte vorderhand allein auf einem gesundheitlich anfälligen, mißgestalteten, geistig defekten Knaben, dem Kronprinzen Don Carlos.

Die dritte Braut hielt sich allerdings schon bereit.

Isabel de Valois, Tochter des französischen Königs Heinrich II. und der Katharina von Medici, war gerade fünfzehn Jahre alt, als sie Philipp II. von Spanien heiratete; ebenso alt also wie ihr Stiefsohn Carlos. Die spanische Ehe der Isabel de Valois war geradezu typisch für die trügerische Hoffnung, eine politische Kombination, die der Augenblickssituation entsprang, ließe sich durch Fürstenehen zur verläßlichen Bundesgenossenschaft ummünzen.

Die Dynastien hielten an diesem Trugschluß fest, alle Fehlschläge durch die Jahrhunderte konnten sie nicht entmutigen. Theoretisch hatte man in den Hofkanzleien recht: Schicksal und Geschichte machten nicht die Völker, mit denen wurde nur Geschichte gemacht. Die Welt ging den Weg, den eine Handvoll Könige bestimmte. Warum also nicht sie durch Ehen einigen?

Praktisch erwiesen sich Habgier und Machtstreben jedoch immer wieder als stärker denn Familienbande; das hatte sich hundertfach bewiesen. Der Sohn stand gegen den Vater, der Bruder gegen den Bruder. Wie sollten da Schwiegerväter auf Schwiegersöhne, Schwäger auf Schwäger Rücksicht nehmen?

Und dennoch: immer wieder der Versuch. Die Familiengeschichte des Hauses Habsburg ist eine einzige Kette von solchen in monotoner Regelmäßigkeit fehlgeschlagenen Versuchen.

Jetzt, unmittelbar nach dem Machtübergang von Karl V. auf Philipp II., sollte mit der Tradition des habsburgisch-französischen Gegensatzes gebrochen werden.

Die jahrhundertelange Auseinandersetzung zwischen den Häusern Habsburg und Valois – und dessen Nachfolger, dem Haus Bourbon – war geradezu naturgegeben. Zuerst ging es darum, wer Burgund besitzen, dann darum, wer Italien vereinnahmen sollte. Um die Mitte des 16. Jahrhunderts hatten die Habsburger deutlich die Oberhand. Zwischen den Niederlanden und Spanien hielten sie Frankreich in der Zange. Sie saßen in Neapel, und seitdem die kaiserlichen Truppen Franz I. von Frankreich 1525 bei Pavia geschlagen hatten, saßen sie auch in der Lombardei.[4] Damit aber hatten sie, so wie sie Frankreich in der Zange hatten, nun in Italien auch den Papst mit seinem Kirchenstaat zwischen Neapel und Mailand eingezwängt.

Daraus ergab sich eine natürliche Bundesgenossenschaft zwischen Papst und französischem König; dazu kam, ebenso natürlich, als dritter im Bunde der türkische Sultan, dessen Truppen bis Ungarn, 1529 sogar bis Wien vorgestoßen waren.

»Natürlich« – das war politisch zu verstehen, und der Papst handelte politisch als Regent des Kirchenstaates; es war eine Illusion, von ihm zu erwarten, er würde als Oberhaupt der Christenheit ein Übereinkommen mit den Muselmanen als »widernatürlich« empfinden.

Religiös bedingt – scheinbar zumindest! – war dann die plötzliche Umkehr der französischen Politik. Sollten sich die beiden mächtigsten katholischen Staaten, Spanien und Frankreich, nicht doch besser zur Abwehr des Glaubensfeindes zusammentun; zur Abwehr des Protestantismus? Man muß sich auch hier wieder klar darüber sein, daß Protestantismus viel mehr war als eine nur etwas abgewandelte Form, Gott zu verehren. Das Beispiel der unglücklichen Mary Tudor warnte: Um des Glaubens willen schreckten die Untertanen nicht davor zurück, sich gegen die angestammte Königin zu empören. Man konnte die Formel ebensogut umdrehen: Der Glaube war ein willkommener Anlaß, sich in Gottes Namen gegen ein tyrannisches System zur Wehr zu setzen.

Habsburg und Valois vereinigten sich also für kurze Zeit. Die Bundesgenossenschaft dauerte nicht viel länger, als bis die daraus resultierende Fürstenehe unter Dach war.

In Blois, wo der französische Hof residierte, bereitete man den Brautzug nach Spanien mit einem Aufwand vor, der den spanischen Gesandten verzweifeln ließ. Was der Braut da alles mitgegeben wurde, veranlaßte ihn zu der Meldung an seinen König, entweder müsse man die Ausstattung per Schiff befördern oder von Bayonne bis Pamplona eine neue Straße bauen. Man entschied sich für die Seereise der Fracht; der Brautzug selbst geriet in den überaus heftigen Schneefall des Winters 1559. Außerdem begleiteten Mutter und Schwägerin die Braut bis Poitiers; mehrfach gab es tränenreiche Abschiede, dann wurden der Abziehenden noch Briefe nachgeschickt, in Versform abgefaßt, Isabel antwortete ebenfalls mit Gedichten; höfischer Kitsch in Reinkultur, aber ein Verzögerungsfaktor, denn der Troß mußte stets warten, bis das Mädchen Isabel beim jeweiligen Zwischenaufenthalt mit ihren Verslein fertig war. An der Grenze wechselte die Begleitung; statt einer kleinen Armee von französischen Herzogen, Kardinälen und Grafen schloß sich nun eine kleine Armee von spanischen Herzogen, Kardinälen und Grafen um die Braut. Das Mädchen Isabel benutzte das umständliche Zeremoniell der Verabschiedung, um noch einmal zu dichten und vor Abschiedsschmerz heftigst zu weinen.

Betrachteten also die spanischen Granden die künftige Königin, so mußten sie sich fragen, wie dieses sensible Geschöpf voll aufgepfropfter Sentimentalität, wie sie am französischen Hof zum Lebensstil gehörte, mit dem in sich gekehrten, gänzlich unromantischen, eiskalt zurückhaltenden König Philipp zurechtkommen sollte. Philipp und sein Hof hatten eben erst das neue spanische Hofzeremoniell in allen Details ausgearbeitet; – eine für den Menschen, der sich darin bewegte, infernalische Maschinerie vorbestimmter Bewegungen und Redewendungen, unendlich zeitraubend, von steifer Würde und pathetischer Feierlichkeit; unter Bedachtnahme darauf ersonnen, bei jedem Schritt, bei jedem Wort die königliche Majestät unantastbar, unerreichbar über die Untertanen zu erheben. Die fünfzehnjährige Isabel aus der munter-verliebten Romanzenatmosphäre des französischen Hofes mußte sich wie in einem eisernen Panzer gefühlt haben, als sie den Vorgeschmack dessen mitbekam, was in Spanien auf sie wartete. Unterwegs trichterte man ihr ein, was sie wissen mußte; das spanisch-königliche Verhalten wurde wie für eine Theatervorstellung einstudiert. Der Reiseleiter, Herzog von Infantado, übte gewissermaßen mit ihr, damit sein König bei der Übernahme der Braut keine Enttäuschung erleben mußte.

Diese Übernahme erfolgte am 31. Jänner in Guadalajara. Keine Spur von menschlicher Verzauberung, wie die Augenzeugen es von der ersten Begegnung Maximilians mit Maria von Burgund berichteten, wie es sich bei der Begegnung zwischen Margarete und Juan, Philipp und Juana abgespielt hatte. Isabel hatte brav gelernt, und dem König Philipp war die monströse Steifheit eines Denkmals schon zur Natur geworden. Man trat einander mit großartiger Stummfilmgestik entgegen und unterhielt sich in wohlgesetzten Redewendungen.

Der kleinen Französin, die gleich nach dieser ersten Begegnung zum Traualtar geführt wurde, mag die künftige Vereinsamung schon beim anschließenden Festessen zum Bewußtsein gebracht worden sein: Sie aßen nämlich nur zu dritt, Philipp mit seiner eben angetrauten Frau und seiner Schwester Juana, in der eisigen Stille eines Saales, in dem zwei Dutzend Hofschranzen wortlos und auf Zehenspitzen wie Marionetten agierten, während der Hofstaat nebenan bei munterer Musik nach Herzenslust schmausen und tanzen durfte. Der blutjungen Königin mußte die eigene Hochzeit eher wie eine Beerdigung vorgekommen sein. Auch die Hochzeitsnacht fiel aus. Der politische Zweck war mit der Trauungszeremonie erreicht, und mit dem Kindersegen wollte man noch warten. Isabel war schließlich noch ein halbes Kind. Die Gnadenfrist, die man ihr gab, war kein Ausdruck des Taktes und der Schonung, sondern lediglich Produkt kühler Überlegung: Die Gesundheit und die Gebärfähigkeit der Königin mußten gesichert werden.

Von Guadalajara ging es nach Toledo, wo Isabel ihren Stiefsohn vorgesetzt bekam. Der Stiefsohn war so alt wie sie selbst; beim wenig erfreulichen Anblick dieses künftigen Königs von Spanien konnte man leicht das Gruseln bekommen. Und da geschah das Ungewöhnliche, das später Friedrich von Schiller Anstoß zur eigenwilligen Geschichtsbildung gab. Isabel war nur im ersten Augenblick verschreckt, dann faßte sie zu dem armen Teufel eine geradezu mütterliche Zuneigung, und der kleine Bösewicht Carlos, der sonst seine Umgebung zu drangsalieren pflegte, nahm diese Stiefmutter sofort als Spielgefährtin in sein Herz auf. Von Sexus konnte keine Rede sein.

Philipp jedenfalls hatte nunmehr zwei Kinder; Isabel war zunächst nicht viel mehr für ihn. Dabei war sie eine putzsüchtige kleine Dame, die den Mangel an ernsthafter Betätigung durch umso intensivere Beschäftigung mit ihrer Schönheit ausglich. Sie hatte sich eine eigene Schneiderwerkstatt aus Frankreich mitgebracht, in der ununterbrochen für sie genäht wurde, denn Isabel pflegte kein Kleid zweimal zu tragen. Sie hatte auch ein eigenes Orchester mitgebracht, das für sie spielte, und einige Köche, die für sie kochten. Philipp nahm alles gelassen hin und bezahlte alles. Er war wirklich für sie wie ein Vater, der seine Lieblingstochter verhätschelt. Zwischendurch schrieb sie endlos lange Briefe an ihre Mutter Katharina Medici von Frankreich – ihnen war zu entnehmen, daß Isabel mit dem Ehemann durchaus gut zurechtkam.

Peinlich war nur, daß ein so verspieltes, junges Geschöpf, wie geschaffen dafür, Mittelpunkt eines Liebesnestes zu sein, ausgerechnet an schweren Hämorrhoiden litt; Mutter Katharina, eine leidenschaftliche Amateurquacksalberin, empfahl unentwegt neue Wundermittel und beschwor die Tochter, dem königlichen Gemahl nur ja nichts von diesem Leiden zu erzählen. Lag hierin vielleicht der Grund, warum Philipp dem Ehebett auswich? Der Hof tratschte jedenfalls schon über die allerhöchste Abstinenz.

Dann geschah aber doch endlich, was zu geschehen hatte. Das briefliche Hin und Her zwischen Madrid, wo der Hof jetzt residierte, und Paris, wo die Mutter weilte, machte auch vor den Details dieses Vorganges nicht halt. Der Königin von Frankreich wurde in allen Einzelheiten berichtet, wie schwierig sich das eheliche Zusammenleben gestaltete. Philipp war nämlich ein recht kräftiger Herr und Isabel eine äußerst zarte junge Dame. Für sie bedeutete jede Liebesnacht eine Nacht voll Schmerzen. Erst 1566, nach sechsjähriger Ehe, bekam Isabel ihr erstes Kind; eine Tochter. Ein Jahr später sollte eine zweite Tochter folgen.

Zwei Mädchen also – Philipp war zutiefst enttäuscht. Die Enttäuschung wurde zur Tragödie, denn das Ende des Thronfolgers Don Carlos rückte mehr und mehr in greifbare Nähe.

Daß der König auf seinen einzigen Sohn eifersüchtig war, gehört ins Reich der Fabel. Man mußte nur die Königin Isabel betrachten und den verkrüppelten Kronprinzen, um über einen solchen Verdacht zu lachen. Don Carlos war von Geburt an verunstaltet. Seinen Sprachfehler behob eine Operation nur unvollkommen. Sein Charakter war ebenso defekt wie sein Körper; er erwies sich von Jahr zu Jahr mehr als sadistisches Ungeheuer. Tiere zu Tode zu quälen gehörte zu seinem Alltagsvergnügen. Ein Mädchen ließ er einmal auspeitschen. In sinnlosen Wutanfällen versuchte er mehrmals, Leute seines Hofstaates einfach umzubringen.

Nun wäre es verfehlt, anzunehmen, daß Don Carlos in einem Dämmerzustand dahinsiechte. Hand in Hand mit Grausamkeit und Wutausbrüchen ging ein schrankenloser Ehrgeiz.

Der Prinz haßte seinen Vater, der ihn begreiflicherweise von den Staatsgeschäften möglichst fernhielt, und der Haß steigerte sich zum Ansatz einer Verschwörung, als Don Carlos sich den Plan in den Kopf setzte, Spanien zu verlassen, um der Bevormundung zu entgehen. Er bildete sich ein, daß er mit den niederländischen Unruhen leichter fertig werden könnte als Philipp. Wie wenig real alle diese Pläne aber waren, bewies Don Carlos selbst, indem er sie seinem Onkel Don Juan d'Austria verriet.

Don Juan informierte den königlichen Bruder sofort. Sicherlich nahm Philipp nicht ernsthaft an, daß der geistesverwirrte Sohn ihn vom Thron stürzen könnte. Niemand aber konnte sagen, welche Einfälle ein solch wuterfüllter Narr noch haben würde. Niemand war sicher vor seinen plötzlichen Ausbrüchen, die sich andere, kühle Verschwörer zunutze machen konnten.

Gelang es Don Carlos wirklich, Spanien zu verlassen, so mußte man damit rechnen, daß er irgendwo eine Katastrophe auslöste.

So ließ Philipp den Sohn am Weihnachtsabend 1567 festnehmen, einen Tag nachdem Don Carlos seinem Onkel den Fluchtplan anvertraut hatte. In dem Zimmer, in dem der Prinz gefangengehalten wurde, unternahm er dann einige Selbstmordversuche. Ein halbes Jahr später starb er. Hingerichtet, wie es hieß, wurde er ganz bestimmt nicht: »Don Carlos starb vielmehr eines natürlichen Todes, der die Folge seiner Gefräßigkeit und seiner Angewohnheit war, während der Sommerhitze in Madrid nackt bei offenem Fenster auf einem mit Eisstücken bestreuten Bett zu schlafen.«[5]

Daß der spanische Königshof den Tod des Thronerben mit einem Schleier des Geheimnisses umgab, daß man um die wahren Vorgänge eine Mauer des Schweigens errichtete, verstand sich von selbst. Dreihundert Jahre später verhielt sich der österreichische Kaiserhof beim Tode des Kronprinzen Rudolf nicht anders; und auch bei dieser zweiten habsburgischen Thronfolgertragödie führte die offizielle Geheimnistuerei zu einer Flut von wildesten Gerüchten. Daß König Philipp nach dem Ende des Don Carlos noch mehr als bisher in den Ruf eines abgrundtief bösen Finsterlings geriet, war ebenfalls nur natürlich. Die Parallelen, die sich später zwischen Philipp II. von Spanien und Franz Joseph I. von Österreich ziehen ließen, wenn man sie ziehen wollte, brachten schließlich ein »Don-Carlos«-Drama auch noch auf die Opernbühne: Verdis Philipp und dessen Niedertracht sollten nach dem Wunsch des italienischen Nationalkomponisten die Züge des österreichischen Kaisers tragen.[6] Das Werk erschien 1887. Zunächst war Franz Joseph nur als Tyrann verewigt. Hätte Verdi seinen »Don Carlos« nach 1889 komponiert, er hätte auch noch die Parallele zum Drama von Mayerling einbeziehen können! Daß Philipp sich zur »Abschaffung« seines Sohnes bereit fand, erforderte ein übermenschliches Maß an Verantwortungsgefühl. Es war sein einziger Sohn, und es war ungewiß, ob er noch einen zweiten bekommen konnte. Lieber aber wollte er keinen männlichen Leibeserben haben, als daß er sein Reich einem unkontrollierbaren Geistesgestörten überlassen hätte.

Im übrigen war Isabel von Valois, die mit der Tragödie des Don Carlos so gar nichts zu tun hatte, gerade wieder schwanger. Die Königin war krank, die Ärzte probierten es wieder einmal mit Aderlässen; sie glaubten nicht an die Schwangerschaft. Jene, die heilen wollten, saugten ihr förmlich das Blut aus. Im Todeskampf stellte sich dann heraus, daß sie eben doch ein Kind erwartete. Es kam tot zur Welt, tags darauf starb auch Isabel.

Philipp war jetzt 41 Jahre alt, zum drittenmal Witwer und ohne Sohn. Einem Bösewicht vom Dienst, wie Philipp es für seine Gegner war, traute man alles zu; also hieß es auch schon sehr bald, der König habe seine Frau im Wochenbett eigenhändig vergiftet. Daß die Wissenden an das Märchen nicht glaubten, bewies die Haltung der so fürsorglichen Mutter Katharina von Medici. Sie hätte dem verwitweten Schwiegersohn keinesfalls ihre zweite Tochter Margarete anbieten lassen, wenn sie der Meinung gewesen wäre, Philipp habe ihre erste Tochter Isabel vergiftet. Der König aber hatte für den Augenblick vom Heiraten genug. Zumindest ließ er diese Einstellung nach Paris weitersagen.

In Wahrheit war die vierte Braut schon ausgewählt. Der Welt stand eine Überraschung bevor. Sie traute dem König ohnehin so ziemlich alles zu, was man einem Zeitgenossen nur zutrauen konnte. Philipp übertraf noch die Erwartungen. Er hatte sich entschlossen, seine Nichte zu heiraten.

Anna von Österreich kehrte, als sie Philipp II. von Spanien heiratete, in das Land ihrer Geburt zurück. Sie war 1549 in Cigales bei Valladolid geboren worden. Ihr Vater, Ferdinands Sohn Maximilian, hatte im September 1548 Philipps Schwester Maria, seine Cousine, geheiratet. Er war damals gleich in Spanien geblieben, um für Philipp, der sich in den Niederlanden mit den rebellischen Ständen herumschlug, die Regentschaft zu führen. So kam das Kind in Spanien zur Welt, und Spanien sollte auch weiterhin schicksalbestimmend sein. Schon damals galt es zwischen den Vettern

Philipp und Maximilian als abgemacht, daß Anna später einmal Don Carlos heiraten sollte.

Sie waren recht unterschiedlich, diese Vettern Philipp und Maximilian. Philipp hatte die überhöhte innere Bedeutung, die Karl dem Herrschertum gab, zu einem wahren Kult mit der Königsmacht gesteigert. Einzigartig schon die Formulierung, daß er mehr sei als sein Vater: Er sei schließlich der Sohn eines Kaisers; sein Vater, der Kaiser, dagegen nur der Sohn eines Königs.

Maximilian anderseits war sehr österreichisch, wenn man den Begriff schon auf seine Zeit, die Mitte des 16. Jahrhunderts, anwenden will. Er glich in vielem seinem Urgroßvater, dem letzten Ritter, dessen Namen er trug; mit einer natürlichen Fröhlichkeit stand er dem Leben gegenüber. Er war auch weniger kirchentreu als sein Vater Ferdinand und sein Onkel Karl. Bei ihm hätten die Protestanten viel Verständnis gefunden, wäre er nicht aus politischen Gründen gezwungen gewesen – dem Papst und seinem Vetter Philipp zuliebe –, seine Neigungen zu bremsen. Der steif-förmliche Philipp und sein hierarchisch funktionierender Hofstaat waren ihm tief in der Seele zuwider, so wie dem Philipp die munter-ungezwungene Art eines biederen Landesvaters, die Maximilian ausstrahlte, zuwider war. Dazu kam noch der Machtkonflikt: Der Spanier überwand es nie, daß er beim Wettlauf um die Kaiserkrone verloren hatte.

Trotz allem war die Dynastie stärker als persönliche Antipathie. Die beiden Zweige der Familie mußten durch die Reichstrennung auseinanderwachsen, hielt man sie nicht durch Ehebindung zusammen. Darin waren sich Philipp und Maximilian einig. Dem Onkel eine Nichte zur Frau zu geben, daran nahm niemand Anstoß – außer Philipps Gegner eben, mit dem niederländischen Erzrebellen Wilhelm von Oranien an der Spitze. Die Empörung war aber nur ein taktischer Schachzug; jede andere Dynastie hätte sich leichten Herzens zu einem ähnlichen Inzest entschlossen, wäre es politisch aussichtsreich gewesen. Der Papst spielte wieder einmal mit; er erteilte ohne Schwierigkeiten die erforderliche Dispens, denn er stand gerade wieder einmal gut mit den Spaniern.

Anna von Österreich, 21 Jahre alt, in Spanien geboren, aber von der österreichischen Formlosigkeit infiziert, glich ihrer Großmutter, der ungarischen Anna. Sie war ein natürliches, robustes Geschöpf, das sich im spanischen Hofzeremoniell nicht zurechtfand und auch gar nicht zurechtfinden wollte. Mit der selbstverständlichen Hoheit einer wirklichen Königin setzte sie sich über alle Schranken hinweg, ohne deshalb an Haltung zu verlieren. In Spanien erwartete sie ein Ehemann, der Kinder haben wollte. Sie schenkte ihm die Kinder. In Spanien erwarteten sie die beiden Töchter der Isabel von Valois, die eine Stiefmutter brauchten. Als die beiden Mädchen, von ihren Hofdamen bestens dressiert, sich der neuen Mama zum devoten Handkuß näherten, hob Anna sie einfach hoch und küßte sie ab. Zum erstenmal seit langer Zeit wurde in der stocksteifen Atmosphäre des Escorial, Philipps Klosterpalast bei Madrid, wieder gelacht; – zum ersten- und letztenmal für lange Zeit. Denn nicht die Habsburgerinnen aus Österreich brachten auf die Dauer die Wiener Fröhlichkeit nach Madrid, sondern umgekehrt: Die nach Österreich verheirateten Spanierinnen verbreiteten von Generation zu Generation mehr und mehr die Eiseskälte des spanischen Zeremoniells in der Wiener Hofburg. Fünf Kinder brachte Anna von Österreich in Madrid zur Welt, aber vier davon starben schnell. Nur einer der Knaben überlebte. Das war der Thronerbe, der dann Philipp III. heißen sollte.

Die meisten Frauen der Habsburger starben bald. Oft qualvoll, nicht selten im Kindbett, aber bald. Kaum einer der Kaiser und Könige dieses Geschlechts, der nicht mehrere Gefährtinnen verbraucht hätte. Die dynastische Aufgabe von Kaiserinnen und Königinnen war es nun einmal, Kinder in die Welt zu setzen, möglichst viele Kinder, Erben zu produzieren, von frühester Jugend an, ohne Rücksicht auf ihre Konstitution, auf ihre Gesundheit, möglichst jedes Jahr eines. Fast immer waren sie schwanger, und mit den geschundenen Körpern dieser Frauen hatte die Männerpolitik kein Erbarmen.

Anna starb nach zehn Ehejahren. Sie starb an der Familienliebe des Königs und an der Unfähigkeit der spanischen Ärzte. 1580 ging Philipp nach Portugal, um dort nach dem Tode des letzten, jünglinghaften Königs Sebastian das Land zu erben. Er wollte Frau und Kinder bei sich haben. Anna war schwanger. Trotzdem reiste sie mit. Unterwegs erkrankte sie an Grippe, und die königlichen Leibärzte behandelten sie so lange und so intensiv mit Aderlässen, bis eine Frühgeburt eintrat und die Königin an Herzschwäche starb.

Philipp war jetzt 53 Jahre alt und zum viertenmal Witwer. Vom Heiraten hatte er nun endgültig genug. Ein Erbe war ja da. Don Philipp.

Es sollte jener Philipp III. werden, der später Margarete von Steiermark heiratete, Tochter von Maximilians II. Bruder Karl. Der Großvater des Bräutigams und der Vater der Braut waren also Brüder. Nach Philipps II. Onkel-Nichte-Ehe setzte sich damit die Orgie der Inzucht im Hause Österreich fort, bis zu jenem unglückseligen letzten spanischen Habsburger Karl II., mit dem die Dynastie in totaler Degeneration enden sollte.

Im Osten des habsburgischen Bereichs, wo die ungarische Anna am laufenden Band gesunde Kinder zur Welt brachte, schien sich zunächst alles zum Guten zu wenden. Nach der Zweiteilung der Dynastie hatte Ferdinand das ihm zugefallene Erbe nun seinerseits gedrittelt. Der älteste Sohn, Maximilian, sollte nach ihm König von Böhmen und Ungarn, Erzherzog von Österreich und schließlich Kaiser werden. Der zweite Sohn Ferdinand bekam Tirol und die Vorlande. Der jüngste Bub, Karl, erhielt Innerösterreich zugesprochen; Steiermark, Kärnten, Krain und Triest. Karl wurde 1540 geboren, da war seine Mutter schon 37 Jahre alt. Niemand konnte voraussehen, daß diese von Karl abstammende steirische Linie dereinst das Gesamtreich erben sollte. Trotzdem wurde für den jüngsten Sohn die passende Braut mit einer Umsicht gesucht, als hinge auch von dieser Eheschließung das Schicksal der Dynastie ab. Der Vater Ferdinand begann damit schon 1559, der Bruder Maximilian setzte die Beschäftigung mit gleicher Intensität fort, und es dauerte noch bis 1570, also insgesamt elf Jahre, bis endlich eine allseits genehme Verbindung zustande kam.

Die Aushandlung solcher Ehen dauerte länger und sie wurde auch zäher geführt als der Abschluß von Friedensverträgen oder Beistandspakten. Kronjuristen und Sonderbotschafter, die zwischen den Höfen hin und her reisten, beschäftigten sich mit der Eheanbahnung oft genug eingehender als mit allen anderen Staatsgeschäften. Nicht weiter verwunderlich: Einer Fürstenheirat wurde stärkere Bündniskraft zugeschrieben als jeder anderen zwischenstaatlichen Vereinbarung. Mochten sich allerhöchste Kopulationen auch immer wieder als ebenso labil erweisen wie sonstige Verträge, die Staatskanzleien ließen sich's nicht verdrießen. Es war nun einmal die Zeit, in der ganze Königreiche mit ihren Völkern gleich Bauernhöfen mit dem Vieh im Stall gehandelt wurden – Privateigentum der Grundherren. Man handelte mit der Ehe auf weite Sicht, in der Vorausschau auf Jahrhunderte gelegentlich. Es gibt dafür kaum ein treffenderes Beispiel als die beiden bayrischen Ehen, die für Ferdinands Kinder Anna und Karl zustandegebracht wurden.

Annas Ehekontrakt mit dem Bayernherzog Albrecht V. diente zwei Jahrhunderte später dem bayrischen Kurfürsten Karl zum Angriffspunkt auf Maria Theresias Erbschaft, und da die mächtigen Feinde des Hauses Österreich diesen Rechtsanspruch anerkannten, konnte der Kurfürst sich sogar in Böhmen etablieren und ein kurzlebiger Römischer Kaiser werden.[7]

Des steirischen Karl elfjähriger Weg als präsumtiver Bräutigam zahlreicher Bräute, bis er schließlich die bayrische Prinzessin Maria bekam, liefert zugleich einen Querschnitt durch die Machtkämpfe der europäischen Dynastien. Worum es auf Schlachtfeldern ging und in den geheimen Ratsstuben der Königshöfe, das läßt sich in allen Facetten auch aus der diplomatischen Korrespondenz zwecks Eheanbahnung herauslesen.

Die habsburgischen Heiratsg'schichten waren zugleich österreichische Geschichte.

1559 schickte Kaiser Ferdinand den Gesandten Kaspar von Breuner nach London, um eine Verbindung seines Sohnes Karl mit der ein Jahr zuvor auf den englischen Thron gekommenen Königin Elisabeth zu betreiben. Die politischen Hintergründe des Eheplans: Katholizismus und Frankreich.

Frankreich war durch die Jahrhunderte gewissermaßen der Erbfeind des Hauses Österreich. Es sah sich von den Habsburgern in Spanien und den Habsburgern in Deutschland in die Zange genommen. Ob es um die ehedem burgundische Ländermasse im Norden und Nordosten ging oder um die Ausdehnung nach Italien im Südosten – die Habsburger standen den Franzosen im Wege. Die Habsburger machten mit Frauen ihre Frankreich-Politik. Durch Einheirat versuchten sie das Königshaus zu unterwandern, zugleich sollten Eheschließungen mit England den Widersacher einkreisen.

Kaiser Karl hatte es von Spanien aus mit seinem Sohn Philipp versucht, als er ihn an die »blutige Mary« verheiratete – mit geringem Erfolg. 1558 starb Mary, und postwendend unternahm Ferdinand, von Österreich her, den zweiten Vorstoß: Er offerierte seinen jüngsten Sohn Karl Marys Schwester und Nachfolgerin Elisabeth.[8]

Die neue englische Königin war sieben Jahre älter als der Bewerber aus der Steiermark. Daran nahm niemand Anstoß. Elisabeth war protestantisch, zum Unterschied von ihrer Schwester Mary. Das war ebensowenig ein Hindernis, ganz im Gegenteil, ein zusätzliches Motiv für die österreichische Betriebsamkeit. Es ging immer noch darum, England dem Katholizismus zurückzugewinnen. Der blutigen Mary war die gewaltsame Gegenreformation nicht gelungen; vielleicht gelang sie der neuen Elisabeth, wenn man sie selbst durch eine Ehe wieder dem alten Glauben zuführte. Auch die Religion war ein Politikum. Jeder Rückschlag des Protestantismus bedeutete eine Schwächung der allzu selbstbewußt gewordenen protestantischen Reichsfürsten in Deutschland, und ebenso der aufsässigen protestantischen Standesherren in den habsburgischen Erblanden.

Katholizität schien gleichbedeutend mit Kaisermacht und Zentralgewalt.

Elisabeth zögerte, zog die Verhandlungen in die Länge. Im Grunde ihrer Seele wollte sie überhaupt nicht heiraten, doch die Untertanen wollten sie verehelicht und mit Kindern gesegnet sehen, und die Berater bei Hofe spekulierten auf die politischen Vorteile einer Verwandtschaft mit den Habsburgern. Als es mit den Verhandlungen nicht weiterging, brachte die Königinmutter von Frankreich, die gebürtige Florentinerin Katharina Medici, eine neue Braut für den innerösterreichischen Erzherzog ins Gespräch: ausgerechnet Elisabeths Erzrivalin auf der britischen Insel, die schottische Königin Maria Stuart.

Die Schottin war Katharinas Schwiegertochter. Sie hatte deren ältesten Sohn Franz geheiratet, und sie war damit Königin von Frankreich geworden, als Franz nach seines Vaters Heinrich Tod auf den Thron kam. Ein kurzes Glück. Franz II. starb schon 1561, und die erst 19jährige Witwe kehrte nach Schottland zurück. Schwiegermutter Katharina vergaß Maria Stuart dennoch nicht; die Feindschaft gegen England verband die gekrönten Damen. Sie war nicht nur eine leidenschaftliche Quacksalberin, diese Katharina Medici, sondern auch eine ebenso leidenschaftliche Ehestifterin. Die Nachfahrin der Kaufmannsdynastie aus der Toskana übertrug den Weitblick für das große Geschäft vom europäischen Geldmarkt auf den dynastischen Heiratsmarkt. Sie hatte schon ihre Tochter Isabel an Philipp II. von Spanien verheiratet, und nun konstruierte sie eine raffinierte Viererkombination zwecks Generalbereinigung der kontinentalen Machtkämpfe und damit zur Befreiung Frankreichs aus der Einkreisung durch Spanien, Deutschland und England. Die Florentinerin war mit Leib und Seele Französin geworden.

Ihr zweiter Sohn, jetzt König Karl IX. von Frankreich, sollte des österreichischen Maximilians Tochter Anna heiraten, dafür sollte Karls Schwester Margarete Maximilians Sohn Rudolf bekommen, und eine zweite Tochter Maximilians, Elisabeth, wurde dem jungen König von Portugal, Sebastiano, zugedacht. Und, als Draufgabe, hielt Katharina Medici noch die schottische Maria für den innerösterreichischen Karl bereit.

Nachträglich ist es gar nicht so leicht, die einzelnen Figuren in diesem Schachspiel auseinanderzuhalten und die jeweiligen Standplätze in den Stammbäumen nicht zu verwechseln. Schwierig schon deshalb, weil man an den europäischen Höfen nicht gerade einfallsreich war, was die Namensgebung betraf: Anna und Maria, Margarete und Elisabeth kehrten immer wieder. Die gelernten Höflinge allerdings hatten keine Probleme, denn für sie stand jeder dieser Namen für eine machtpolitische Dauerfrage. Auch in London begriff die Königin Elisabeth sofort die Tragweite des raffinierten Plans der Mediceerin: Die gesamte Atlantikküste von den spanischen Niederlanden an der Nordsee über Frankreich bis nach Portugal und damit zur Einfahrt in das Mittelmeer wären mit dieser Viererkombination zu einer geschlossenen anti-englischen Kontinentalfront zusammengefaßt worden. Tödliche Gefahr für die englische Seefahrt. Und sogar auf der britischen Insel selbst hätte der Feind in Gestalt des steirischen Karl Fuß gefaßt!

So war die »jungfräuliche Königin«, wie Elisabeth sich gerne genannt hörte, plötzlich wieder an einem habsburgischen Bräutigam interessiert, und wieder machte sich eine österreichische Gesandtschaft auf die beschwerliche Reise nach London. Das war 1564.

Und wieder zögerte Elisabeth eine endgültige Entscheidung hinaus. Erst als sie hoffen konnte, daß Katharinas großer Plan zumindest teilweise durchkreuzt war – in Schottland hatte Maria Stuart, der Witwenschaft überdrüssig, 1565 ihren Vetter Henry Darnley geheiratet und, nach Darnleys gewaltsamem Tod, dessen Mörder James Hepburn Bothwell; 1567 – nachdem also Maria Stuart aus dem Spiel war, sagte Elisabeth den Österreichern endgültig ab.

Da war in Österreich der alte Kaiser Ferdinand I. schon tot, sein ältester Sohn herrschte als Kaiser Maximilian II., der jüngste Sohn aber, Karl, das ewige Handelsobjekt, war nun schon 27 Jahre alt und immer noch unvermählt – brachliegendes Kapital für eine Dynastie.

Und dann passierte, was die raffinierten Planspiele der Katharina Medici ebenso wie sämtliche diplomatischen Winkelzüge der Hofschranzen über den Haufen warf: Der jahrelang hin- und hergeschobene Karl von Innerösterreich verliebte sich. Ausgerechnet in seine Nichte Maria, die Tochter seiner um 12 Jahre älteren Schwester Anna und des Bayernherzogs Albrecht V. Bisher hatte Karl sein Schicksal den dynastischen Heiratsvermittlern überlassen, nun wollte er die Entscheidung selbst treffen, und da er offenbar sehr energisch agierte, begannen auch die Familien an der neuen Situation Geschmack zu finden. Warum eigentlich nicht Bayern? Außerdem war die glaubensstreng katholische Maria sicherlich eine geeignete Landesmutter für Innerösterreich, wo der eher gutmütige Karl den protestantischen Standesherren ohnehin viel zu wenig Widerstand entgegensetzte – aus Wiener und Münchner Sicht zumindest! Was die Onkel-Nichte-Verwandtschaft betraf, so durfte man mit päpstlicher Nachsicht rechnen. Sobald es um katholische Machtpolitik ging, nahm man es in Rom nicht allzu genau!

Kaum aber hatte die frohe Botschaft vom Liebesglück des Erzherzogs die europäische Runde gemacht, kam der Querschuß aus London: Die jungfräuliche Königin zeigte sich dort ihrer Rolle scheinbar überdrüssig, und Karl war, wieder einmal, ein begehrter Bräutigam. Jetzt wollte sie ihn doch haben, den schon zweimal Abgewiesenen! Warum – das läßt sich aus den übrigen Heiratsgeschichten dieser Jahre herauslesen. Wieder stand die Politik hinter Elisabeths Winkelzug. Jetzt hatte nämlich Karl IX. von Frankreich tatsächlich eine Tochter des Kaisers Maximilian II. geheiratet. Allerdings nicht die ursprünglich vorgesehene Anna; die hatte inzwischen Philipp II. von Spanien genommen, jene glücklich-gebärfreudige Anna, der Philipp endlich den erhofften Thronerben verdankte. Für Karl IX. blieb nur Elisabeth übrig, die ursprünglich dem portugiesischen Don Sebastiano zugedacht war.[9]

So hatte die Florentinerin in Paris wenigstens einen Teil ihres Geschäfts zum Abschluß gebracht, und so wollte Elisabeth in London die große habsburgisch-französische Koalition zumindest stören, indem sie doch noch den Karl nahm.

Karl aber, der wollte eben nicht, und ein drittes Mal ließ der Wiener Hof sich nicht zum Narren halten. Eine kaiserliche Gesandtschaft kam am 10. Oktober 1570 nach München, am 11. Oktober wurde sie vom Bayernherzog empfangen, und schon am Tage darauf schickte Albrecht V. den Österreichern das schriftliche Einverständnis. Länger als ein Jahrzehnt hatten die Hofkanzleien an Karls Heiratsproblem erfolglos experimentiert, jetzt war alles innerhalb von drei Tagen unter Dach und Fach.

Vom 17. August 1571 bis zum 19. September 1571 dauerten dann die Hochzeitsfeierlichkeiten einschließlich Anreise der Gäste. Die Hofhaltung hatte allein drei Monate mit der Beschaffung von Lebensmitteln und Getränken zu tun. Der Wein wurde über Regensburg aus dem Anbaugebiet am Neckar bestellt, in den kaiserlichen Jagdrevieren Böhmens mußten 300 Rehe geschossen werden, Gmunden lieferte Salz, das Getreide für die Backstuben und der Hafer für die Pferde kamen aus Ungarn. Die Hochzeitsgäste aus dem Reich sollten auf der Donau stromabwärts geschifft werden, die Schiffseigner erhielten allerhöchsten Befehl, sich rund um Wien zu sammeln. Die vielen Gäste waren in der Kaiserstadt kaum unterzubringen. Kaiser Maximilian höchstpersönlich bat die Bürgermeister von Krems und Stein um Bettgestelle und Bettwäsche, doch die konnten nichts verleihen, denn sie mußten schließlich selbst die vielen Gäste beim Zwischenaufenthalt versorgen. Der Bräutigam Karl bestellte beim Augsburger Silberschmied Georg Ilsung das Tafelgeschirr.[10]

Die dicken Aktenbündel im Wiener Haus-, Hof- und Staatsarchiv erzählen heute noch in allen Einzelheiten, was es damals hieß, allerhöchste Hochzeit zu feiern. Mühe und Kosten haben sich für die Dynastie gelohnt. Die direkten Nachfahren des jungen Paares regierten in der Donaumonarchie noch 350 Jahre lang, bis 1918.

Bei der Hochzeit, die Karls älterer Bruder Ferdinand von Tirol schon 1557 gefeiert hatte, war es ganz anders zugegangen. Heimlich, still und leise, dafür aber wesentlich romantischer. Die Braut war, dynastisch gesehen, auch alles andere als eine – politisch – gute Partie.

Philippine Welser aus Augsburg war wegen ihrer Kochkunst berühmt. Das sollte einiges heißen, denn eine Tochter aus so reichem Hause, wie es die Welser waren, pflegte ihren Alltag normalerweise nicht hinter dem Küchenherd zu verbringen. Die schöne Welserin, wie sie in der Geschichte genannt wird, mußte wohl auch noch andere Qualitäten besessen haben, denn sonst wäre der Erzherzog Ferdinand von Tirol nicht so weit gegangen, dieses Bürgermädchen zu heiraten. Er hatte Philippine auf Schloß Preßnitz in Böhmen kennengelernt, wo sie durchaus nicht als Köchin, sondern als junge Dame von Stand zu Gast weilte, verwandt mit der Schloßherrin Katharina von Loxan. Ihre Erziehung war durchaus die einer jungen Aristokratin gewesen, in ihren Umgangsformen konnte man sie von einer Prinzessin nicht unterscheiden; ihre Kleidung war sicherlich kostbarer als die Roben, die die Erzherzoginnen trugen, und ihr Selbstbewußtsein entsprach der äußeren Erscheinung. Daß sie gerne und gut kochte, war ein Hobby; Philippine hätte ebensogut eine leidenschaftliche Jägerin sein können.

Diese Charakteristik ist nötig, denn Philippine Welser ist als rührend-romantisches Gegenstück zur Ausseer Postmeisterstochter Anna Plochl in die Geschichte eingegangen; das einfache Mädchen aus dem Volk, das Herz und Hand eines Fürsten erobern konnte. Der Vergleich hält nicht. Anna Plochl war wirklich ein einfaches Kind des Volkes. Philippine Welser dagegen war eine junge Dame aus einem der reichsten Kaufherrengeschlechter Europas. Wären die Welser nicht vorzeitig ausgestorben, sie hätten es sicherlich ebenso zum Reichsfürstenstand gebracht wie die Fugger.

Das Haus Welser war 1498 in Augsburg gegründet worden, als Handelskompanie »Anton Welser, Konrad Vöhlin und Gesellschaft«. Es war die Zeit, in der die Seefahrt neue Rohstoffmärkte erschloß und einzelne Handelshäuser sich Importmonopole für den ganzen Kontinent zu sichern wußten. Die Welser beherrschten die Einfuhren aus Indien. Im Jahre 1508 schlossen sie ihre Geschäfte mit einem Reingewinn von 175 Prozent ab.

Die Fugger waren so unermeßlich reich, daß sie die Kaiserwahl Karls V. und die Kriege Philipps II. finanzieren konnten. Die Welser standen ihrem Reichtum kaum nach. Sie waren keine Händler in jenem Sinne, der dem Worte heute den üblen Beigeschmack des Krämers gibt, sondern Handelsherren, und nur die Struktur Deutschlands hinderte sie daran, so wie ihre italienischen Kollegen, die Medici beispielsweise, zu Herzogen und Herrschern über souveräne Fürstentümer aufzusteigen. Sie waren Neureiche, zweifellos, und deshalb besonders stolz und prachtliebend. Franz Welser, ein Sohn des Augsburger Firmengründers, lebte das Privatleben eines Prinzen und überließ die Geschäfte seinem Bruder Bartholomäus. Die drei Töchter des Franz Welser hatten zweifellos ein angenehmeres Dasein als manche Kaisertochter.

Die jüngste der drei war Philippine. Der Erzherzog Ferdinand begegnete in ihr einem Mädchen ohne Adel, aber von seinem eigenen Format. Im Spanien Philipps II. wäre so eine Verbindung unmöglich gewesen. In der beinahe noch bürgerlichen Welt der österreichischen Habsburger konnte sie durchgehen.

Ferdinands Ausbruch aus der Dynastie war keine Katastrophe, denn auch Bruder Maximilian II. hatte 16 Kinder. Ferdinand heiratete das Mädchen Philippine, das er auf dem böhmischen Schloß kennengelernt hatte. Wegen ihrer Kochkünste, wie die Legende es wissen will, tat er es bestimmt nicht; gute Köchinnen gab es genug, und man mußte sie nicht heiraten. Vielleicht wollte er die Frau, die er wirklich liebte, nicht zur »Metze« entwürdigen, wie die Bezeichnung damals lautete. Vielleicht wollte er auch nur sein persönliches Glück haben wie andere Menschen, die nicht als Erzherzoge geboren wurden. Außerdem war das Problem im damaligen Österreich eben nicht so groß. Der kaiserliche Vater Ferdinand I. machte seinem Sohn nur kurze Zeit Schwierigkeiten, die Brüder hatten auch nichts dagegen. Für Philippine Welser und ihre Kinder verzichtete Ferdinand von Tirol auf Erbfolge, und damit mußte sich der Anteil der Brüder am österreichischen Gesamtreich nur erhöhen.

Die Kinder aus der Ehe mit der schönen Welserin konnten sich über Geringschätzung oder Zurücksetzung nicht beklagen. Der Sohn Andreas wurde Bischof, der Sohn Karl wurde Markgraf von Burgau.

Philippine starb 1580, und jetzt packte den Witwer Ferdinand der Ehrgeiz, doch etwas für seinen Tiroler Zweig der Dynastie zu tun. Er heiratete Anna Katharina Gonzaga aus Mantua, eine standesgemäße Frau also, hatte aber keinen männlichen Erben. So starb die Tiroler Linie aus. Leopold, ein Sohn des »Innerösterreichers« Karl, erbte das Land.

Leopold, mit der Florentinerin Claudia de Medici verheiratet, starb bald. 1626 hatte er geheiratet, 1632 war er tot. Zwei Söhne und das Land Tirol blieben unter der Vormundschaft und Regierung der Mutter zurück.

Claudia de Medici, seit Margarete Maultasch die erste Regentin von Tirol – unentschlossen und schwach wie Margarete, und ebenso unglücklich in ihrer Politik. Sie überließ sich ganz dem Einfluß Wilhelm Bieners, des »Kanzlers von Tirol«, der als Roman- und Dramenheld in die Literatur eingegangen ist.

Innsbruck war aber nicht Florenz, wo man nach Herzenslust einen verschwenderischen Renaissancehof führen konnte. Eine Pestepidemie brachte Tod und Verzweiflung über das Land. Der Sohn Ferdinand Karl empörte sich gegen die Mutter; Biener wurde gefangengenommen und hingerichtet, ohne daß sich Ferdinand Karl die Mühe eines Gerichtsverfahrens gemacht hätte.

Die »jüngere« Tiroler Linie, wie man sie nannte, starb dann mit Claudias kinderlosen Söhnen ebenfalls aus. Wieder einmal hatte der Tod dem Hause Habsburg geholfen, gegen den Willen seiner Angehörigen alle Lande der österreichischen Habsburger in eine Hand zusammenzuführen.

Es war die Hand des Kaisers Leopold.

Kinderlosigkeit – das war das Schicksal der Kaiserdynastie in ihrer direkten Linie gewesen. Ferdinand I. hatte noch 15 Kinder gehabt. Maximilian II. durfte sich mit seiner Frau und Cousine Maria sogar an 16 Kindern erfreuen. Zwei von ihnen trugen die Kaiserkrone: Rudolf II. von 1576 bis 1612, Matthias von 1612 bis 1619. Wieder einmal hat Österreichs Nationaldichter Franz Grillparzer ein historisches Bild verzeichnet. Der »Bruderzwist« der beiden war keine Auseinandersetzung zweier Idealisten, sondern der Aufeinanderprall eines Schwächlings und eines krassen Egoisten. Ein Kampf um nichts. Keiner der beiden Kaiserbrüder bekam einen Sohn. Rudolf blieb zeitlebens ein in sich gekehrter Sonderling, ein wenig Philipp II. ähnlich, an dessen Hof er erzogen worden war. Von ihm blieben nur außereheliche Kinder, und der natürliche Sohn dürfte tatsächlich jenes Scheusal gewesen sein, das Grillparzer mit dem Don Caesar auf die Bühne stellte.

Der Bruder Matthias, der ihm folgte, war mit Anna von Tirol verheiratet, Tochter des Erzherzogs Ferdinand aus dessen zweiter Ehe mit der Mantua-Prinzessin. Auch sie hinterließ keine Kinder; das einzige in der Geschichte des Erzhauses, was von ihr blieb, war die von ihr gestiftete Kapuzinergruft.

So erbte alle Königreiche und Kronen – bis auf Tirol – schließlich Karl von Innerösterreichs ältester Sohn Ferdinand. Kaiser Ferdinand II., der Kaiser des Dreißigjährigen Krieges, der Kaiser Wallensteins und der Gegenreformation. Der österreichische Hof hatte längst die äußere Steifheit und den inneren Bekehrungseifer der spanischen Verwandtschaft angenommen. Die düstere Ähnlichkeit, die das bedrückende Schwarz der spanischen Hoftracht zum Ausdruck brachte, steigerte sich noch, als des Kaisers Sohn, Ferdinand III., Philipps III. Tochter und damit Philipps IV. Schwester Maria Anna heiratete; da hatten die Verwandtenehen zwischen Wien und Madrid schon zu einer familiären Verflechtung geführt, die praktisch die Einheit der Dynastie wiederherstellte. Allerdings – und damit sollte sich das Zukunftsproblem ergeben – hatten Philipp III. und sein Sohn Philipp IV. auch auf französische Verwandtschaft Wert gelegt. In einer so verblüffend gleichförmigen Linie, wie man von Madrid aus Ehen mit Wien schloß, tat man es auch mit Paris, so daß die Rechtsgelehrten mit der Klärung der Erbfolgefrage nicht zum Ziel kamen. Und so marschierten schließlich in Europa die Armeen in den Spanischen Erbfolgekrieg.

In einem Depot der Wiener Hofburg, in einer besseren Rumpelkammer, wurde im Jahre 1923 ein über und über mit offenbar schon jahrhundertealtem Schmutz bedecktes Ölgemälde gefunden. Nach flüchtiger Entfernung der obersten Staubschicht erkannten die Experten auf den ersten Blick, wo dieses Gemälde einzuordnen war: In das Kunsthistorische Museum nämlich, wo die Porträts spanischer Könige und Königinnen, Infanten und Infantinnen in langer Reihe hingen; Gemälde von Velasquez, seiner Werkstätte und seinen Schülern. Auf den zweiten Blick stellten die Experten dann fest, daß hier nicht irgendein spanisches Bild jahrhundertelang verstaubt war, sondern ein echter Velasquez. Es war jetzt auch nicht mehr schwer herauszufinden, wen das bezaubernde kleine Mädchen im blauen Kleid darstellte.

Die Infantin Margarita Teresa nämlich, im Alter von acht Jahren. Gemalt wurde das Bild 1659, und in diesem Jahr hatte König Philipp IV. das Porträt auch schon seinem Schwager, dem jungen Kaiser Leopold I., nach Wien geschickt; so brandneu also, daß es wohl noch nach frischer Farbe duftete, als es ankam. Es kam übrigens zusammen mit einem zweiten Velasquez-Gemälde; darstellend den Infanten Philipp Prosper, den jüngeren Bruder der kleinen Dame in Blau. Ungeklärt blieb, wieso das Konterfei des Don Philipp Prosper sorgsam an die Wand gehängt wurde, um von da an allgemein bewundert zu werden, während man die süße Margarita Teresa in einer Rumpelkammer vermodern ließ. Der Knabe starb nämlich schon im zarten Alter von fünf Jahren, während das Mädchen Anno Domini 1666 Leopolds Frau und damit Kaiserin wurde.

Der Zweck der Bildsendungen war klar. Familienroutine. Man schickte einander die Porträts der Vettern und Basen, wie man einander heutzutage Photos schickt. Schaut her, wie groß die Kinder schon geworden sind! Die Ahnengalerie der spanischen Habsburger im Wiener Kunsthistorischen Museum allerdings stellt heute gleichzeitig eine historische Schreckenskammer dar: Von Bild zu Bild förmlich läßt sich noch nach Jahrhunderten der Verfall einer Dynastie ablesen; bis zum mitleiderregenden Gesicht Karls II; der Velasquez-Nachfolger Juan Carreno de Miranda konnte nicht umhin, ihn als bedauernswerten Halbidioten darzustellen.

Das Gemälde der zauberhaften Margarita Teresa, das so erfreulich frisch aus dieser Galerie des Niederganges hervorsticht, sollte allerdings noch einen anderen Zweck verfolgen, als man es nach Wien schickte. Die zielstrebig-tüchtige Königin Maria Anna nämlich plante, ihren jungen Bruder Leopold, der zwei Jahre zuvor, 1657, ihrem Vater Ferdinand III. gefolgt war, mit ihrer Tochter zu verheiraten.

1659, als die Bilder nach Wien kamen, war Margarita Teresa acht Jahre alt und Leopold 19. Er war zwar der Onkel der Auserkorenen, aber das hatte die Habsburger noch nie gestört. Ebensowenig stieß man sich daran, daß Braut und Bräutigam dieselbe Großmutter hatten, nämlich die steirische Maria Margarete, die Philipp III. geheiratet hatte. Niemand am spanischen oder am österreichischen Habsburgerhof machte sich offenbar Gedanken beim Anblick der Velasquez-Porträts. Keine erbbiologischen Gedanken jedenfalls. Man sah nur die Stammbäume an, im Hinblick auf das Erbrecht. Die Königin Maria Anna jedenfalls hatte beim Anblick des Stammbaums große Sorge. Zu Lebzeiten ihres Schwiegervaters Philipps III., der zugleich ihr Großonkel war, hatte sich das französische Blut des Hauses Bourbon in der spanischen Dynastie bedenklich verdickt.

Der kluge Philipp III. hatte begreiflicherweise das Bestreben, nicht nur mit der österreichischen Verwandtschaft, sondern auch mit dem französischen Nachbarn im Norden gute Kontakte zu halten. Da man Kontakte immer noch am besten durch Fürstenehen herstellte, hatte er seine Töchter gleichmäßig verteilt: Maria Anna nach Österreich, als Frau des Kaisers Ferdinand III.; die zweite Tochter Anna nach Frankreich, als Frau Ludwigs XIII.

Den Sohn Philipp, später König Philipp IV., bekam Isabelle de Bourbon. Die Französin brachte auch zwei Kinder zur Welt, den Infanten Baltasar Carlos und die Infantin Maria Teresa. Dann starb sie allerdings, und auch der Infant starb, und von der französischen Ehe blieb nur das Mädchen übrig.

Philipp IV. kehrte jetzt zur österreichischen Verwandtschaft zurück; eben, als er Maria Anna, die Tochter Ferdinands III., zur zweiten Frau nahm. Wieder wurden Kinder geboren, Philipp Prosper, der schon fünfjährig starb, und der spätere König Karl II. Und eben das süße Mädel Margarita Teresa.

Das Haus Österreich hätte also zufrieden sein können, wenn – ja, wenn der pfiffige Philipp IV., um den Kontakt zu Frankreich nicht einschlafen zu lassen, nicht auch nach dieser Seite seines Stammbaumes hin eine Ehe gestiftet hätte. Da war doch die Tochter Maria Teresa aus erster, französischer Ehe, und die wurde nun mit Ludwig XIV. verheiratet, Sohn aus der Ehe Ludwigs XIII. mit Philipps eigener Schwester Anna. Cousin und Cousine also, aber warum sollte das Haus Bourbon stören, was das Haus Österreich nicht störte!

Die Franzosen waren somit den spanischen Habsburgern von Philipps erster Ehe her nahe verwandt und verschwägert; diesen Übelstand gedachte die Königin Maria Anna auszugleichen. Deshalb ging das frisch gemalte, noch farbduftende Porträt so schnell nach Wien. Bevor ihr Bruder Leopold sich's anders überlegte, sollte er eingefangen werden.

Leopold ließ sich einfangen. Margarita Teresa war auch wirklich allerliebst. Woher sie diese Lieblichkeit hatte, war allerdings ein Rätsel. Ihre Mutter Maria Anna war eine ausnehmend häßliche Frau, mit Knollennase, stechenden dunklen Augen, vorgeschobenem Kinn und einem unschönen Mund. Der Hofmaler Velasquez war offenbar zu keinerlei Schmeichelei zu bewegen. Auch ihr Bruder, der Kaiser Leopold I., war nicht gerade ein Adonis. Er hatte ebenfalls das ausgeprägte Kinn und die hohe Stirn der letzten Habsburger; eine gewisse Familienähnlichkeit mit dem unglückseligen Karl II. war unverkennbar.

Als Maria Anna aus Österreich nach Spanien kam, geriet sie in ein Totenhaus. 1646 hatte eine Blinddarmentzündung – nach den Berichten von damals muß es wohl diese Krankheit gewesen sein – den Infanten Baltasar Carlos hinweggerafft. Baltasar Carlos, Sohn der Französin Isabelle de Bourbon, seinem ganzen Wesen und Aussehen nach frei von den verderblichen Einflüssen der ständigen habsburgischen Inzuchtehen, das Glück seines Vaters, die Hoffnung der Nation! Im übrigen galt Baltasar Carlos schon als Verlobter der österreichischen Kaisertochter Maria Anna. Nun war der Infant tot, der alternde Witwer Philipp IV. stand ohne Erben da, und außerdem befand er sich in keiner gerade glücklichen militärischen Lage.

Vergessen wir nicht, 1646: Der Dreißigjährige Krieg, der als Glaubenskrieg begonnen hatte und dann in ein allgemeines europäisches Gemetzel ausartete, in dem jeder, der da Truppen aufstellen konnte, nach Beute Ausschau hielt, dieser Dreißigjährige Krieg näherte sich seinem Ende. Für Spanien waren die nördlichen Provinzen der Niederlande schon verloren. Das hatten die Spanier ihren alten Feinden, den Franzosen, zu verdanken, und daran hatte auch die Ehe nichts geändert, die zwischen Philipps Schwester Anna und dem französischen König Ludwig XIII. gestiftet worden war.

Fast könnte man sagen: im Gegenteil. Ludwig XIII. war jetzt auch tot, die spanische Anna, die bemerkenswerterweise als Anna von Österreich in der Geschichte rangiert – auch für die spanischen Habsburger galt immer noch der Familienname des Hauses Österreich –, die spanische Anna also befand sich ganz in den Händen des allmächtigen Kardinals Mazarin, und sie unterzeichnete als Regentin für ihren Sohn Ludwig XIV. jenen Bündnisvertrag zwischen Frankreich und den niederländischen Aufständischen, der die spanische Herrschaft im Norden so unrühmlich beenden sollte.

Anna von Österreich, Anne d'Autriche, wie die Franzosen sie nannten, und ihr Kardinal Jules Mazarin waren wohl eines der seltsamsten Paare der Weltgeschichte. Sie war als spanische Prinzessin nach Frankreich gekommen, um dort für ihre Dynastie zu wirken, und sie war in kürzester Zeit so französisch geworden wie Mazarin, ein Italiener, der ursprünglich Giulio Mazarini geheißen hatte, Landsknechthauptmann in päpstlichen Diensten, dann päpstlicher Diplomat, vatikanischer Gesandter in Paris, Bischof, ohne jemals die Priesterweihe empfangen zu haben, dann als Sekretär des Kardinals Richelieu in französische Dienste getreten, schließlich selbst Kardinal und allmächtiger Minister der Regentin. Das war also Mazarin, der Italiener, der sich mit Anna von Österreich, der Spanierin, zusammengetan hatte, um Frankreich als Sieger aus dem Dreißigjährigen Krieg hervorgehen zu lassen. Der Kardinal ohne Priesterweihe war der Geliebte der Habsburgerin; man flüsterte sogar von einer heimlichen Ehe des ungewöhnlichen Kirchenfürsten mit der verwitweten Königin – in dieser aus den Fugen geratenen Zeit war alles möglich.

Die Enkelin Philipps II. jedenfalls, Anna von Österreich, unterschrieb den Vertrag mit den niederländischen Rebellen, der Spanien schließlich die nördlichen Provinzen kostete. Es dürfte kaum einen treffenderen Beweis dafür geben, wie trügerisch alle Hoffnungen auf die politischen Auswirkungen von Fürstenehen waren, welche geringe Garantie Blutsbande und Verwandtschaften boten, wenn es um die Macht ging. Oder auch um die Liebe. Da wurde dann eben eine spanische Habsburgerin zur Gefährtin eines machthungrigen und intriganten Kardinals und zur Todfeindin ihres Bruders, ihrer Dynastie und ihres Heimatlandes.

Das war jedenfalls die Situation, in der Philipp IV. sich nach dem Tode seines Sohnes Baltasar Carlos befand. Er schien am Ende seiner Kräfte. Stundenlang geisterte er durch die Königsgruft im Escorial, ließ die Särge seines Vaters und Großvaters öffnen, starrte die vermoderten Knochen an, weinte in der Nische, die für seinen eigenen künftigen Sarg schon vorbereitet war, und schrieb endlos lange, religiös versponnene Briefe an seine Seelenfreundin, die Franziskanernonne Maria de Jesus im Kloster Agreda bei Burgos. Er klagte der Klosterfrau zwanzig Jahre lang brieflich sein Leid, und sie schrieb ihm auf der halben Seite der Bogen, die er freiließ, ihre Ratschläge zurück; zwanzig Jahre lang machte sie ihm Vorwürfe wegen seines liederlichen Lebenswandels, seiner Frauengeschichten, seiner Günstlingswirtschaft; zwanzig Jahre lang schwor er ihr immer wieder Besserung, aber die Einkehr hielt nie lange an. Seit Ende des 19. Jahrhunderts diese Briefe gefunden wurden, nennt man die Nonne Maria de Jesus die »heimliche Königin« von Spanien.[11]

Letztlich aber brauchte Philipp IV. keine heimliche Königin, die ihn mit guten Ratschlägen versah, sondern eine Ehefrau, die ihm einen Sohn schenkte. In dieser Situation griff der Vetter und Schwager Ferdinand III. ein. Er bot Philipp die Tochter Maria Anna an, die eigentlich der Sohn hätte heiraten sollen, und bot militärische Hilfe durch ein vom Kronprinzen Leopold geführtes Heer an.

Philipp akzeptierte beides. Seine Lebensgeister erwachten erneut, die Särge in der Gruft des Escorial konnten geschlossen bleiben, und die Briefe an Maria de Jesus klangen wieder optimistisch.

Die Eheschließung verzögerte sich allerdings noch bis Ende 1649. Man wagte es zuerst nicht, die jugendliche Braut quer durch das kriegführende Europa zu schicken oder sie auf einer Seereise einem Überfall auszusetzen, und nach dem Ende des Dreißigjährigen Krieges war man finanziell so erschöpft, daß man nicht einmal die Kosten für die Expedition von Wien nach Madrid aufbringen konnte. Es dürfte kaum einen besseren Hinweis für die Situation geben, in der sich das Haus Österreich damals befand, wenn man bedenkt, daß eine Königsehe an Geldmangel zu scheitern drohte.

Schließlich kam Maria Anna aber doch. Sie war erst fünfzehn Jahre alt und noch nicht so häßlich wie später, und sie war ein ausgesprochen lustiges Geschöpf. Schon unterwegs erhielt sie ihren ersten Dämpfer, als die Gräfin von Medellin der Königsbraut klarmachte, daß eine Königin von Spanien vor ihren Untertanen nicht laut zu lachen habe. Das Zeremoniell erlaubte höchstens ein höfliches Lächeln. Maria Anna sollte bald merken, daß eine Königin von Spanien überhaupt nicht viel zu lachen hatte. Philipp IV. wollte Söhne, keine Ehefrau. Für die Liebe fand er andere Partnerinnen. Wie er zu Maria Anna stand, zeigten die Briefe an die Franziskanernonne. Der König schrieb nicht über seine Frau, sondern über seine »Nichte«. Wenn er nicht gerade mit ihr im Ehebett lag, um eine leidige dynastische Pflicht zu erfüllen, betrachtete er sie als Spielgefährtin seiner Tochter aus erster Ehe.

Was dynastische Pflichten betraf, so ließ Maria Anna sich mit der Erfüllung Zeit. Erst kam das Mädchen Margarita Teresa zur Welt, und Philipp mußte acht Jahre warten, bis 1657, bis endlich der Thronfolger Philipp Prosper geboren wurde. Ein langes Leben war dem Kind nicht beschieden; es starb knapp nach der Geburt eines zweiten Knaben, des Infanten Carlos.

Der nunmehrige Thronfolger war ein schwaches Kind. Den Vater Philipp nahmen die familiären Unglücksfälle mächtig her. Er hatte auch außerhalb der Ehe wenig Freude: Sein natürlicher Sohn Juan erwies sich als ebenso intriganter wie machthungriger Versager. Die Mutter war die Schauspielerin Maria Calderon. Den König hatte an ihr vor allem der Tratsch ihrer vorangegangenen Liebhaber gereizt, die der Dame eine pikante, der Liebe recht förderliche körperliche Abnormität nachsagten. Philipp wollte an dem Vergnügen, das Maria Calderon ihren Freunden damit bereitete, unbedingt teilhaben. Als Resultat wurde Juan geboren, dem sein königlicher Vater den

Namen Juan d'Austria gab. Das war aber auch alles, was den mißratenen Sohn der Schauspielerin aus Madrid mit dem glänzenden Sohn der Regensburger Bürgertochter Barbara Blomberg verband.

Hoffnungen konnte der König jetzt nur noch auf den kleinen Prinzen Carlos setzen. Noch mehr aber als Philipp selbst interessierte sich sein Schwiegersohn Ludwig XIV. von Frankreich für das Wohlergehen des Knaben – mit umgekehrten Absichten allerdings.

Auf einer Insel im Grenzfluß Bidassoa in den Pyrenäen war nämlich 1659 ein denkwürdiger Vertrag zwischen Spaniern und Franzosen ausgehandelt worden. Er sollte die latente Kriegsstimmung zwischen Madrid und Paris endgültig bereinigen und als Unterpfand des künftigen Friedens die Ehe zwischen Ludwig XIV. und seiner Cousine Maria Teresa fixieren. Vergessen wir es nicht: Ludwig XIV. war der Sohn von Philipps Schwester, jener Anna von Österreich, die in der Gemeinschaft mit Kardinal Mazarin in Paris so total darauf vergessen hatte, daß sie gebürtige Spanierin war. Trotz dieser bitteren Erfahrung aber hatte man aus den Tatsachen nichts gelernt; man wollte es spanischerseits noch einmal mit einer Prinzessin versuchen und hoffte in völliger Verblendung, mit Maria Teresa würde man am Pariser Hof erreichen, was man mit Anna so augenfällig nicht erreicht hatte.

Wie man sich in den höchsten Höhen der Königsgeschlechter zu solchen Problemen stellte, das zeigte am besten die Wiedersehensfreude zwischen Philipp IV. und seiner Schwester Anna, als die beiden einander dann zur Übergabe der Braut auf der kleinen Insel des Grenzflusses trafen. Sie fielen einander in die Arme, sie konnten sich stundenlang vor Freude kaum beruhigen, nach so vielen Jahrzehnten der Trennung wieder vereint zu sein, und sie vergaßen offensichtlich, daß sie fast ebenso viele Jahrzehnte lang Krieg gegeneinander geführt hatten, und Philipp vergaß vor allem offenbar völlig, daß er der heißgeliebten, endlich wiedergeschenkten Schwester den Verlust der Niederlande verdankte.

Warum auch nicht? Die Kriege führten schließlich die Soldaten, deren Leben nichts galt; niedergebrannt wurden Städte, Dörfer und Bauernhöfe, nur ausnahmsweise einmal Paläste. Halb Europa war ein Trümmerfeld, die Nationen waren dezimiert, aber was galten Nationen schon! Man beklagte tote Untertanen und verlorene Provinzen, wie man eben geschäftliche Verluste beklagte, und sobald ein neues Geschäft reichen Gewinn versprach, vergaß man den Schmerz schnell. Auf jeden Fall war man Bruder und Schwester und freute sich des Wiedersehens; und man hatte einen gewissen Anspruch darauf, nicht nach den Moralbegriffen späterer Jahrhunderte eingestuft zu werden. Nur haben eben die Menschen späterer Jahrhunderte auch ihrerseits das Recht auf andere Moralbegriffe und möchten von den Traditionalisten nicht gezwungen werden, alle Scheußlichkeiten, alle Niedertracht herrlich zu finden, nur weil Könige und Königinnen, Päpste und Kardinäle sie begangen haben. Gerade die Geschichte der Familie Habsburg hat sich bis heute noch nicht aus den Banden moralischer und moralpolitischer Betrachtungen lösen können. Die Dynastie herrschte in

Österreich bis 1918; sie herrschte die ganze franzisko-josephinische Epoche hindurch in einer Atmosphäre latenten Widerstandes und potentieller Revolution gegen das Herrscherhaus. Die Historie für den Normalverbraucher, die Geschichte für den Schulunterricht wurde auf die Abwehr dieser Gefahr ausgerichtet: Die Dynastie sollte blütenrein und makellos vor den gläubigen Kinderaugen der Untertanen bestehen. Die Obrigkeit in beiderlei Gestalt, Dynastie und Klerus, war seit der großen Französischen Revolution von 1789 und seit der kleinen Bürgerlichen Revolution von 1848 in die Verteidigung gedrängt; so war auch das Bündnis zu verstehen, das beide mit dem österreichischen Konkordat von 1855 besiegelten. Der Schulunterricht wurde unter geistliche Aufsicht gestellt; nicht nur für die Religionsstunde, sondern für alle Unterrichtsgegenstände war die katholische Glaubenslehre Richtschnur. Diese Auswirkung auf die allgemeine Volksbildung ist bis heute spürbar, auch wenn die meisten Bestimmungen dieses Konkordats durch die liberalen Maigesetze von 1868 wieder aufgehoben worden waren. Der Geist des Konkordats von 1855 blieb am Leben; Generationen von Staatsbeamten, von Richtern und Lehrern wurden in diesem Geist herangebildet, und die letzten Jahrgänge jener, die noch unter dem Kaiser das kaiserliche Geschichts- und Weltbild in sich aufnahmen, leben noch unter uns. So stieß die wahrheitsgetreue Darstellung einer nicht immer rühmlichen Vergangenheit auf den anerzogenen Widerwillen gegen die Zerstörung einer Legende. Die Revolution von 1918, die die Habsburger stürzte und an ihre Stelle die Republik setzte, machte aus der Historie eine Waffe der täglichen Parteipolitik. Für oder wider die abgetretene christlich-konservative Welt – das hieß nun plötzlich für oder wider das Habsburgerbild in der Geschichte. Erst die Gegenwart macht sich, viele Jahrzehnte nach dem Zusammenbruch des alten Europa, frei von der eingelernten Emotion. Wir können die Habsburger sehen, wie sie wirklich waren: ihre Größe, gemessen an den Maßstäben ihrer Zeit, und ihre Fehler, erklärbar aus ihrer Zeit und deren Moral.

Infantin Maria Teresa, das Objekt des Heiratsvertrages, den die wiedervereinten Geschwister Philipp und Anna auf der Insel im Bidassoafluß unter Mitarbeit eines vielköpfigen Beraterstabes vereinbarten, war 500.000 Taler oder ein Königreich wert. Das hieß: Maria Teresa verzichtete auf jegliche Erbrechte an den spanischen Landen unter der Voraussetzung, daß die Mitgift bezahlt würde. Sollte Philipp nicht zahlen, war der Erbschaftsverzicht hinfällig. Die Franzosen waren gut beraten und gut informiert, als sie diesen Vertragspunkt unter Dach brachten. Der notorisch bankrotte spanische König würde niemals das Geld zusammenbringen, darauf konnte man sich verlassen. Er brachte es auch tatsächlich nicht zusammen.

Ludwig XIV. hatte also allen Grund, sich für das Wohlergehen von Philipps kleinem Sohn Carlos zu interessieren. Wenn der Knabe wirklich so schwach und kaum lebensfähig war, wie es hieß, dann konnte er in absehbarer Zeit die spanischen Königreiche kassieren. Seine Gesandten in Madrid spionierten mit wechselndem Erfolg um das königliche Kinderzimmer herum. Kaum jemand bekam den kleinen Infanten zu sehen, und so berichteten Agenten nach Paris, in Madrid halte sich schon das Gerücht, der Knabe sei in Wirklichkeit ein Mädchen; diese bittere Tatsache werde nur geheimgehalten, um die Franzosen um die Erbschaft zu prellen.

Das Kind war ein Knabe, aber seine Gesundheit war tatsächlich nicht die beste, und die Mutter Maria Anna sah sich als gute Habsburgerin und Österreicherin dazu gedrängt, wenigstens etwas für ihren Bruder Leopold zu tun, wenn sie für ihren wenig geliebten, ungetreuen Ehemann Philipp schon nicht viel tun konnte. Daher der Plan, die Tochter Margarita Teresa mit dem Bruder Leopold zu verheiraten. Damit hätten die Habsburger in Wien wenigstens die gleichen Chancen wie das Haus Bourbon in Paris. Als die Ehe endlich 1666 zustande kam, als Margarita Teresa zu ihrem Onkel Leopold endlich »Mein Gemahl« sagen konnte, war der väterliche Erblasser schon tot.

Philipp IV. starb 1665. In seinem Testament beschwor er Witwe, Sohn und Staat, die Mitgift für die Tochter in Paris auszuzahlen, damit Spanien nicht an das Haus Bourbon falle. Erbberechtigt sollten, wenn der Mannesstamm der spanischen Habsburger ausstürbe, auf jeden Fall nur die Verwandten in Österreich sein.

Die Mitgift wurde auch jetzt nicht bezahlt. Spanien hatte kein Geld, und der französische Gesandte konnte seinem König triumphierend berichten, daß der neue, kaum fünfjährige König Karl II. noch immer an der Brust von Ammen genährt werde – vierzehn Ammen hatte man im Laufe dieser Jahre bei Hof verbraucht! –, daß das Kind erst mit vier Jahren gehen gelernt habe und daß die Schädelknochen erst jetzt zusammenwuchsen. Die französischen Gesandtenberichte dieser Zeit lasen sich wie Krankengeschichten. In der Umgebung des Kindes konnte von keiner Eiterpustel die Rede sein, ohne daß dieses Ereignis nicht siegestrunken dem König Ludwig XIV. unterbreitet wurde.

In Madrid war das anders. Da hatte man, kaum daß Margarita Teresa mit Kaiser Leopold I. verheiratet war, nur ein Gesprächsthema: Die Tochter aus dieser Ehe sollte mit dem Kinderkönig Karl II. verheiratet werden! Daß die beiden – der schwächliche Knabe und das noch gar nicht geborene Mädchen – aus einem guten Dutzend Ehen durch fünf Generationen schon so blutsverwandt miteinander waren, als seien sie Geschwister, störte die Königinmutter Maria Anna aus Österreich nicht.

Aus allen Plänen wurde wieder einmal nichts. Margarita Teresa, 1666 mit Leopold verheiratet, starb schon 1673. Sie war, so süß sie auf dem Kinderbild des Velasquez auch aussah, eine starrköpfige, bekehrungswütige Katholikin geworden. Leopold war auch ein frommer Sohn der Kirche, aber zugleich war er ein lebenslustiger Barockpotentat, der Paläste bauen ließ, Bücher sammelte, Musik liebte und sogar selbst ganz ausgezeichnet komponierte. Die junge Frau aus Spanien brachte für kurze Zeit den finsteren Ernst des Escorial nach Wien. Eine ihrer ersten Taten war, daß sie Leopold dazu bewog, die Juden aus Wien zu vertreiben. Glücklich darüber war der Kurfürst von Brandenburg, der fünfzig reiche Wiener Judenfamilien nach Berlin holte und sich darüber begeisterte, wie sie die wenig entwickelte Wirtschaft seines Landes ankurbelten.[12]

Als Mutter für die Dynastie war Margarita Teresa wenig erfolgreich. Der erste Sohn starb schon nach wenigen Monaten, ein zweiter Bub und ein zweites Mädchen starben auch. Nur eine Tochter, Maria Antonia, blieb am Leben. Nach dem Tode der Spanierin heiratete Leopold noch im selben Jahr, 1673, Claudia Felicitas, die Tochter des letzten Tiroler Habsburgers, Ferdinand Karl.

Claudia Felicitas brachte das Land Tirol als Heiratsgut mit. Es war die Zeit nach dem Türkensieg bei Mogersdorf-St. Gotthard, die Zeit der versäumten Gelegenheit, den geschlagenen Feind aus Ungarn zu vertreiben, die Jahre der Aufstände ungarischer Magnaten, zugleich die Epoche, in der mit dem Neubau der Wiener Hofburg der barocke Glanz der Kaiserstadt zu strahlen begann. Die allerhöchste Schuldenlast beim Hofbankier Oppenheimer wuchs von Jahr zu Jahr. Kaiser Leopold holte Johann Lucas von Hildebrandt als seinen zweiten Hofingenieur nach Wien. Sein Leibkomponist Antonio Draghi brachte in 30 Dienstjahren 170 Opern zustande.

Es waren 30 Kriegsjahre. Kaiserin Claudia Felicitas, mit dem Kaufmannsblut des Hauses Medici in den Adern, führte einen erfolglosen Kampf gegen die Verschwendungssucht ihres Ehemannes. Für die Draghi-Oper »Die Laterne des Diogenes« ließ sie den Hofdichter Niccolô Minato ein Libretto voll bitterböser Kritik an der Staatsführung schreiben. Der Kaiser war so begeistert, daß er eigenhändig eine Arie in die Oper hineinkomponierte – und weiter Schulden machte. (Als er 1705 starb, hinterließ er 200 eigene Kompositionen, von denen einzelne heute noch gespielt werden, und 65 Millionen Gulden Staatsschulden sowie das von Maximilian erträumte Donaureich von Schlesien bis zur Adria, von Böhmen bis Siebenbürgen.)

Claudia Felicitas aus Tirol vermochte weder die Schuldenwirtschaft des Wiener Kaiserhofs einzudämmen, noch den sehnsüchtig erwarteten Thronerben zur Welt zu bringen.

Wieder starben zwei Töchter bald nach der Geburt, bald folgte die Mutter nach.

Die dritte Ehefrau war Eleonore von der Pfalz-Neuburg. Die Pfälzerin war womöglich noch frommer als die Spanierin; sie wollte nicht heiraten, sondern ins Kloster gehen, und knapp vor der Verlobung setzte sie sich so lange in die Sonne, bis sie einen Sonnenbrand bekam, weil sie hoffte, ihr verunstaltetes Gesicht würde Leopold abschrecken. Vergebliche Mühe, Leopold nahm sie doch, und sie brachte endlich zwei kräftige Buben zur Welt. Zwei spätere Kaiser: Joseph I. und Karl VI.

Karl VI. – jener Karl, der Spanien erben sollte.

Spanien, dessen letzter Habsburgerkönig Karl II. ganz gegen alle französischen Hoffnungen, trotz seiner Schwäche und Anfälligkeit für Krankheiten 39 Jahre alt wurde. Karl II., der mit fortschreitendem Alter mehr und mehr in die Hände einer französischen Hofpartei geriet, so daß seine österreichische Mutter eine regelrechte Palastrevolution gegen ihn und seine Ratgeber inszenierte. Karl II., letzter spanischer Habsburger, der nicht Maria Antonia heiratete, die Tochter seiner Schwester und seines Vetters, sondern Maria Anne von der Pfalz-Neuburg; eine jüngere Schwester von Leopolds dritter Frau. Er holte sie nach Madrid, nachdem er zum Kummer seiner

Mutter und unter dem Einfluß der französischen Partei an seinem Hof in erster Ehe Maria Louise von Orleans, eine Nichte Ludwigs XIV., geheiratet hatte. Es war eine entsetzliche Ehe, denn der degenerierte Karl war nicht nur ein Willensschwächling, Wachs in den Händen intriganter Höflinge, sondern auch ein Versager als Mann; zwar nicht zeugungsunfähig, aber neurasthenisch. An seiner Seite wurde Maria Louise eine unbefriedigte Hysterikerin, die mitunter schon beim Anblick ihres jämmerlichen Ehemannes in Wutausbrüche und Schreikrämpfe verfiel. Nach ihrem Tode kam mit der Neuburgerin eine manisch-depressive Hysterikerin voll Habgier und Streitsucht ins Haus, deren Wutausbrüche und Schreikrämpfe die Anfälle der Dame aus Orleans noch übertrafen. Sie verwandelte den Escorial vollends in eine Ehehölle für diesen letzten Habsburger, und das Ende der Dynastie vollzog sich in der schauerlichen Szenerie eines Irrenhauses, gleich einem Sexualdrama, das ein Tennessee Williams für die Geschichte erfunden haben könnte. Ein Irrenhaus mit spanischem Hofzeremoniell, in dem die Königinmutter Maria Anna von Österreich zuletzt in verzweifelter Hoffnungslosigkeit starb, die Königin aus der Pfalz halb irr durch die Räume raste und in sinnloser Zerstörungswut Gläser und Teller zerschmetterte und der haltlos-hilflose König unentwegt sein Testament änderte. Bis er schließlich 1700 kinderlos starb, nachdem er zuletzt noch die Franzosen zu Erben eingesetzt hatte. Kaum war er tot, marschierte Ludwig XIV. Ebenso schnell aber schickte Kaiser Leopold seinen zweiten Sohn Karl als den seiner Meinung nach rechtmäßigen Erben nach Spanien.

Zwei kriegerisch-blutige Jahrhunderte waren zu Ende, in denen die Habsburger durch ihre Heiratspolitik ein Weltreich zusammengeerbt hatten. Frauen waren die Marionetten an den Drähten der Machtpolitik, doch oft genug waren auch Frauen die Drahtzieherinnen. Mit Karls Reise nach Spanien begann ein neues Jahrhundert, in dem um die Erhaltung des Erbes nicht weniger blutige Kriege kreuz und quer über den Kontinent geführt wurden.

Am Ende dieser Kriege stand, zumindest teilweise als Siegerin, eine Frau.

Maria Theresia, die letzte »echte« Habsburgerin.

Kapitel 5 Die Schwiegermutter Europas

Maria Theresia und der Kindersegen in der neuen Dynastie

Der »Weiberhof« des letzten Habsburgers
Nur Töchter und Nichten, aber kein Kronprinz
Die »Pragmatischen Sanktionen«
Europäischer Krieg um zwei Fürstenehen
Der monströse Ländertausch Lothringen gegen die Toskana
Der geschäftstüchtige Franz Stephan und die verliebte Maria Theresia
Die »Keuschheitskommissionen«
Der allerhöchste Kindersegen wird über den Kontinent verteilt
Kaiserlicher Kummer über Marie Antoinette
Die alte Dame in der Kapuzinergruft

Elisabeth Christine von Braunschweig durfte sich geehrt fühlen, als die Wahl des österreichischen Hofes auf sie fiel. Sie sollte den jungen König Karl von Spanien heiraten, den Bruder des römisch-deutschen Kaisers Joseph I. Die Zukunftsaussichten waren rosig. Der Kaiser und sein Bruder waren die letzten männlichen Habsburger. Joseph besaß nur zwei Töchter; er war seit 1699 verheiratet, das ältere der beiden Mädchen war noch 1699, das jüngere 1701 zur Welt gekommen. Dann nichts mehr; kein männlicher Thronerbe, und man durfte es auch für sehr unwahrscheinlich ansehen, daß sich eines Tages doch noch Kindersegen einstellen sollte. Elisabeth von Braunschweig schien also dazu bestimmt, Mutter einer neuen Generation von Habsburgerprinzen zu werden.

Mutter von Kaisern und Königen; wie gesagt, die Zukunftsaussichten waren rosig. Zwei gewaltige Reiche schienen im Begriff, sich zusammenzuschließen. Die Landmasse der österreichischen Habsburger von Vorarlberg bis Siebenbürgen, von Schlesien bis zur Lombardei wurde durch das spanische Erbe ergänzt, das Karl angetreten hatte; Spanien, wozu auch die Niederlande gehörten, sowie das Königreich Neapel-Sizilien und die überseeischen Gebiete in Amerika und Südostasien. Ein Weltreich, tatsächlich, in dem die Sonne nicht unterging; das war mehr als nur eine Redensart. Starb Kaiser Joseph ohne männlichen Erben – und warum sollte auch wirklich jetzt noch einer kommen? –, dann würde die ganze gigantische Hinterlassenschaft der Habsburger dereinst in einer Hand zusammengefaßt werden. In der Hand des Sohnes, den Elisabeth Christine von Braunschweig-Wolfenbüttel dem jungen König Karl gebären sollte.

In Wahrheit allerdings kam dann alles anders.

In Salzdahlen, wo die Herzoge von Braunschweig-Wolfenbüttel residierten – mit dem ganzen Barockprunk, den die deutschen Provinzfürsten nach französischem Vorbild aufzubieten pflegten, tatsächlich jedoch mit höchst bescheidener Machtfülle –, in Salzdahlen also war man sich dieser ehrenvollen Zukunftsaussichten durchaus bewußt, als die Gesandtschaft des spanischen Königs österreichischer Herkunft eintraf, um die Braut in Augenschein zu nehmen. Nach heutigen Begriffen ging diese Inspektion unter nicht gerade angenehmen Begleitumständen für die eben erst fünfzehnjährige Braut vor sich. Karl hatte seinen Beichtvater, den Jesuitenpater Tönnemann, geschickt, und der Pater hatte einen Arzt mitgebracht, um das Mädchen genauestens untersuchen zu lassen. Man wollte schließlich so sicher wie nur möglich gehen, um später keine Enttäuschungen zu erleben, was die erwartete Nachkommenschaft betraf. Für das jungfräuliche Gemüt der kleinen Prinzessin mochte diese Untersuchung einigermaßen peinlich gewesen sein, aber sie gehörte nun einmal zum Stil der Zeit, und

Elisabeth begriff schnell, worauf es ankam und was man von ihr erwartete. Wollte man eine solche Karriere machen, dann mußte man eben auch gewisse Opfer bringen!

Der Doktor war mit dem Resultat der Untersuchung zufrieden, der Jesuitenpater war es auch. Und da Elisabeth Christine noch dazu eine auffallende Schönheit war, schien dem Lebensglück des jungen Habsburgers in Spanien nichts mehr im Wege zu stehen. Am 23. April 1708 wurde die Eheschließung vollzogen. Karl war damals 23 Jahre alt, die Braut noch nicht siebzehn.

Die Schönheit und Liebenswürdigkeit der Königin und späteren Kaiserin Elisabeth Christine wurden allgemein gerühmt. Lady Montague, eine vielgereiste Engländerin, die 1716 auch Wien besuchte – als der spanische Traum allerdings schon ausgeträumt war –, hat in ihren Erinnerungen das Porträt der jungen Frau gezeichnet:

»Ich hatte, der Etikette gemäß, bei der Kaiserin eine Privataudienz von einer halben Stunde, und dann erhielten die anderen Damen Erlaubnis, zu kommen und aufzuwarten. Die Kaiserin bezauberte mich völlig; ihre Gesichtszüge sind nicht gerade regelmäßig, ihre Augen sind klein, haben aber einen lebhaften Blick, voller Anmut; ihr Teint ist der schönste, den ich je sah; Nase und Stirn sind wohlgebaut, ihr Mund aber hat einen hinreißenden Liebreiz. Wenn sie lächelt, zeigt er eine Schönheit und Anmut, daß man sie anbeten muß. Sie hat eine sehr große Menge feines, schönes Haar; aber ihre Gestalt! – man muß zum Poeten werden, um ihr strenge Gerechtigkeit widerfahren zu lassen, was sie von Juno und Venus gesagt haben, das erreicht die Wahrheit noch nicht. Die Grazien begleiten sie, die berühmte Statue der Venus von Medici hat keine zarteren Verhältnisse der Bildung. Die Schönheit ihrer Hände und ihrer Büste ist unübertrefflich. Ehe ich sie sah, glaubte ich nicht, daß es so etwas Vollkommenes in der Natur gäbe, und es tat mir ordentlich leid, daß mein Rang es mir nicht erlaubte, diese Hände zu küssen.

Als die Damen bei der Kaiserin eingetreten waren, setzte sie sich nieder, um Quinze zu spielen. Ich konnte ein Spiel, das ich nie gespielt hatte, nicht mitspielen, aber sie ließ mich an ihrer rechten Seite niedersetzen und war so freundlich, mit mir viel mit der ihr eigenen Anmut zu sprechen. Ich wartete jeden Augenblick, wann die Herren zur Aufwartung eintreten würden; aber hier ist ein Hofempfang sehr verschieden von dem in England; kein Herr erscheint hier als der Oberhofmeister, um der Kaiserin die Ankunft des Kaisers zu melden. Seine Kaiserliche Majestät beehrte mich auf sehr verbindliche Weise mit mir zu sprechen; mit anderen Damen spricht er aber nie, und im Ganzen geht es sehr gravitätisch und zeremoniell zu.«[1]

Der junge König Karl konnte jedenfalls mit der Braut aus Braunschweig-Wolfenbüttel zufrieden sein. Als sie in Spanien ankam, war sie zweifellos ein wahrer Traum von einer jungen Schönheit, dann aber passierte ihr gleich das erste Mißgeschick. Gerade als sie sich anschickte, ihrem Bräutigam in Barcelona entgegenzutreten, überfiel sie ein Schwarm von Stechmücken. Sie richteten das Gesicht der jungen Dame arg zu. Es schwoll mächtig an. Die Schwellungen vergingen wieder, aber Augenzeugen behaupteten später, das Antlitz der schönen Elisabeth Christine sei nie wieder »zu seiner vorigen Blüte der Farben gelangt«.[2]

Später wurde dieses Gesicht leuchtend rosig, einschließlich der allerhöchsten kaiserlichen Nasenspitze. Das kam vom Alkohol, den man der jungen Kaiserin in überreichem Maße zu trinken gab; – aus ganz besonderen, dynastischen Gründen, wie noch zu berichten sein wird.

Karl jedenfalls nannte seine Frau wegen ihres Teints, ihres silberblonden Haares und vor allem wegen ihrer schönen, hellen Hände nur »die weiße Liesl« – wenn sie durch das Mückenattentat in Barcelona also einen Teil ihrer jugendlichen Schönheit verloren hatte und nachher noch immer so einzigartig aussah, so vermag man sich vorzustellen, wie reizvoll sie erst vorher gewesen sein mußte.

Die Mücken waren nicht der einzige Kummer, der Elisabeth Christine in Spanien erwartete. Den zweiten bereiteten ihr die Franzosen, die ihrem Gemahl Karl die spanische Erbschaft partout nicht vergönnen wollten. Aus der Nähe betrachtet, sahen die Zukunftsaussichten lange nicht mehr so rosig aus wie aus der Perspektive von Braunschweig-Wolfenbüttel. Es erwies sich bald, daß König Karl wenig Chancen hatte, sich in Spanien zu halten und seine Erbrechte gegen die Ansprüche der französischen Bourbonen erfolgreich zu verteidigen. Seine Macht erstreckte sich praktisch nur über Katalonien. Mußte er auch Barcelona räumen und nach Österreich zurückkehren, dann würde Elisabeth Christine aus den höchsten Höhen ihrer Hoffnungsträume tief genug sinken, denn in Wien saß der Kaiser Joseph. Im Hochzeitsjahr der Braunschweigerin war Joseph erst 30 Jahre alt und seine Frau Wilhelmine Amalia – übrigens auch eine Braunschweigerin aus der Linie Lüneburg – erst 28 Jahre.

Und noch ein drittes Mißgeschick kam bald dazu. Der erwartete Kindersegen blieb aus. Der Doktor, den man nach Salzdahlen geschickt hatte, schien sich geirrt zu haben.

Karl jedenfalls besaß noch immer keinen Sohn, als die große Wende in seinem Schicksal eintrat. Das war am 17. April 1711; an diesem Tage starb in Wien sein Bruder Joseph an den Blattern, die damals gerade in der österreichischen Hauptstadt grassierten.

Der Traum vom Universalreich, das die ganze Erde umspannte, war zu diesem Zeitpunkt ohnehin schon so gut wie ausgeträumt. Spanien ließ sich gegen die Bourbonen nicht halten und ebensowenig das Königreich Neapel-Sizilien, und schon gar nicht durfte man auf das unermeßlich reiche Erbe jenseits des Ozeans hoffen. Karl und Elisabeth Christine verließen Barcelona als geschlagenes Königspaar, um nach Österreich zurückzukehren. Immerhin wartete die Kaiserwürde. Wenn Karl auch den Titel eines Königs von Spanien noch lange nicht ablegte, so war er sich doch klar darüber, daß der große Traum, noch einmal alle habsburgischen Erblande in einer Hand zusammenzufassen, ausgeträumt war.

Im übrigen: zusammenzufassen für wen?

Kein Sohn, keine Tochter, überhaupt kein Kind nach dreijähriger Ehe! In den folgenden Jahren sollte der um seinen Stamm besorgte letzte Habsburger alles unternehmen, um den Kindersegen doch noch zu erzwingen, oft in geradezu barbarischer Weise. Karl ließ die bekanntesten Maler seiner Hauptstadt kommen, um die allerhöchsten Privatgemächer mit entsprechend anregenden Bildern zu schmücken – eine wahre Orgie an Erotik bis zur Obszönität spielte sich auf den kaiserlichen Schlafzimmerwänden ab, denn Karl hatte gehört, daß ein solcher Anblick der Gebärfähigkeit einer jungen Frau förderlich sein sollte; besonders, wenn man sich Buben erhoffte.

Der Erfolg blieb zunächst aus, auch der Erfolg anderer Mittel. Die Ärzte meinten, Alkohol sei recht vielversprechend, also wurden der Kaiserin Wein und Likör verordnet. In ungewöhnlich großer und immer größer werdender Menge, als auch dieses Mittel nicht zum Erfolg führte. Eine ähnliche Prozedur hatten die Ärzte schon mit Eleonore von Portugal zweieinhalb Jahrhunderte zuvor geplant – wie man sieht, war die medizinische Wissenschaft nicht eben fortgeschritten. Eleonore und ihr Ehemann, Friedrich III., hatten sich damals allerdings strikte geweigert, Kindersegen mit Hilfe von Suff zu erzwingen, und Eleonore hatte dann doch, auch ohne Wein und Schnaps, ihren Sohn Maximilian bekommen. Elisabeth Christine von Braunschweig-Wolfenbüttel trank brav in sich hinein, was immer man ihr vorsetzte, und nahm es in Kauf, daß ihr Gesicht jene rosige Farbe annahm, die man bei Gewohnheitstrinkern beobachten kann. Wie man dem Bericht der Lady Montague entnehmen darf, scheint aber diese Gewaltkur samt ihren Folgen die Schönheit der Kaiserin nicht sehr beeinträchtigt zu haben. Sie nützte aber auch nichts; zumindest in den ersten Jahren. Als sich der Kindersegen dann doch einstellte, waren es nur Mädchen, die überlebten.

1716, nach achtjähriger Ehe, fünf Jahre nach dem Verlassen Spaniens, kam endlich das erste Kind. Ein Bub noch dazu. Leopold. Doch das Familienglück dauerte nicht lange. Das Kind starb, bevor es ein Jahr alt wurde. Die Wiener behaupteten, die Erzieherin des kleinen Prinzen sei schuld daran; sie habe die Amme durch böse Worte so gereizt, daß der guten Frau die Milch in der Brust sauer geworden sei, und das habe dem Säugling das Leben gekostet. Die eifrige Beobachterin Lady Montague, die während ihres Wiener Aufenthaltes überall herumhorchte, berichtete allerdings – wesentlich glaubwürdiger –, man habe das Kind zu früh entwöhnt; daran sei es gestorben.

1717 folgte die nächste Geburt. Ein Mädchen. Maria Theresia. Daß dieses Mädchen später einmal die Krone der habsburgischen Schöpfung werden sollte, war bei der Geburt nicht abzusehen. Zunächst zeigte sich alles nur enttäuscht. Eben ein Mädchen, nicht mehr! Aber der Bann schien gebrochen, die Gebärfähigkeit der Kaiserin bewiesen. Der Doktor hatte sich also doch nicht geirrt. 1718 kam noch ein Mädchen, Maria Anna, und 1724 wieder ein Mädchen, Maria Amalia. Und dann kam nichts mehr.

Der Hof zu Wien war ein richtiger Weiberhof geworden. Es wimmelte in der Favorita, wo Karl VI. residierte – dem Gebäude des heutigen Theresianums auf der Wiener Favoritenstraße –, nur so von Kaiserinnen und erblustigen Prinzessinnen.

Drei Kaiserinnen gab es gleichzeitig. Zuerst natürlich Elisabeth Christine, sozusagen die regierende Kaiserin, und ihr gebührte natürlich der erste Platz. Dann gab es noch die andere Braunschweigerin, Wilhelmine Amalia, Witwe nach Karls Bruder, dem Kaiser Joseph. Und als dritte lebte auch noch Eleonore von der Pfalz, Witwe nach Kaiser Leopold und Mutter der beiden Kaiser Joseph und Karl. Eleonore war, als ihre Schwiegertochter Elisabeth Christine 1711 in Wien Einzug hielt, erst 51 Jahre alt, also noch lange keine Greisin und daher auch noch lange nicht ohne Ehrgeiz. Konnte man noch sagen, daß ihr, der Witwe nach dem Kaiser Leopold, vermöge ihres Alters der Vortritt vor Wilhelmine Amalia, der Witwe nach dem Kaiser Joseph, gebührte, so wurde die Angelegenheit verzwickt, sobald unter den diversen Töchtern und Schwestern eine Rangordnung herzustellen war. Eleonore von der Pfalz hatte zwei Töchter, Karls VI. Schwestern, und achtete peinlich genau darauf, daß die späten Mädchen entsprechend gewürdigt wurden. Kaiser Joseph hatte auch zwei Töchter hinterlassen, Maria Amalia und Maria Josefa, und nun kamen im Laufe der Jahre noch die Töchter des regierenden Kaisers Karl VI. hinzu – die Hüter des Protokolls hatten wahrhaftig alle Hände voll zu tun, um eine gerechte Rangordnung herzustellen und niemanden zu kränken. Der Kaiser allerdings hatte noch mehr zu tun, denn für ihn ging es nicht nur um die Rangfolge bei Hofbällen, sondern um die Rangfolge bei der bevorstehenden Erbschaft. Man darf getrost sagen, und man übertreibt gewiß nicht, daß diese Frage dem Kaiser schlaflose Nächte bereitet hat, und zwar viele Jahre lang. Ein halbes Dutzend Prinzessinnen, um die sich die heiratsfähigen Söhne der europäischen Fürstenhöfe reißen würden, angesichts der gewaltigen Erbschaft, die die habsburgischen Lande nun einmal darstellten – zweifellos die reichste Erbschaft der damaligen Welt! Man mußte nicht viel Phantasie haben, um sich die düstere Zukunft auszumalen, wenn der sechste Karl dereinst einmal ohne einen männlichen Erben sterben sollte. Ein mörderischer Erbfolgekrieg jedes gegen jeden würde beginnen, sobald die zahlreichen Ehemänner der zahlreichen Prinzessinnen einander erst in die Haare gerieten. Die Habsburgermonarchie würde womöglich geteilt, vielleicht sogar in ein halbes Dutzend Stücke zerrissen werden; das Ende des Hauses Österreich konnte einen neuen, ganz Europa verheerenden Dreißigjährigen Krieg auslösen.

Kein Wunder, daß Karl VI. über ein Jahrzehnt seiner Regierungstätigkeit dazu verwendete, für die vielen Prinzessinnen die richtigen Männer auszusuchen und komplizierte Verträge auszutüfteln, die zumindest theoretisch jeden Erbschaftsstreit auszuschließen geeignet schienen. Der Prinz Eugen, sein mächtigster und klügster Berater, meinte zwar von Anfang an, die beste Garantie für eine Unteilbarkeit der Monarchie und für eine Einhaltung der Erbfolge sei ein starkes Heer, aber Karl ließ sich nicht davon abbringen, daß er sein Haus besser mit Verträgen sichern könne.

Wie geringschätzig schon die Zeitgenossen darüber dachten, zeigt eine Bemerkung, die der preußische König Friedrich Wilhelm I. im Hinblick auf Karls hektische Bemühungen machte: »Garantie hin, Garantie her, wird wohl sein Tage eine einzige gehalten? Eine Garantie ist ein Traktat, und heute wird kein Traktat mehr erfüllt; indem man einen macht, gedenkt man schon auf Moyens, wie man ihn mit guter Art wieder brechen kann.«[3]

Der preußische König hatte recht, doch er irrte, wenn er die Treulosigkeit als sittliche Entartung seiner Zeit ansah. Garantien, die eine Erbfolge sichern sollten, hatten auch vorher schon verteufelt geringen Wert gehabt. Die habsburgische Familiengeschichte war seit Rudolf, dem ersten König, voller Herrschsucht, Habgier und Neid, und die zahllosen »Traktate« waren nicht das Pergament wert, auf das sie geschrieben wurden. Brüder kämpften gegen Brüder, Söhne gegen Väter, Neffen gegen Onkel um die habsburgischen Lande, und doch waren sie allesamt Habsburger. Die Stimme des Blutes schwieg still, sobald es um Macht und Reichtum ging. Wie sollte man da von angeheirateten Schwägern erwarten, daß sie friedfertig ihre Verträge halten würden, sobald es um das reichste Erbe des Abendlandes ging?

Karls fixe Idee, durch ein gewaltiges Vertragswerk die Erbfolge zu sichern, falls es keinen unumstrittenen männlichen Nachfolger geben sollte, hatte schon seine letzten Tage in Spanien beherrscht. Bevor er im September 1711 Barcelona verließ, verfaßte er sein erstes Testament. Eine begründete Maßnahme, denn die wochenlange Reise von Spanien nach Österreich war nicht ungefährlich, und irgendwo unterwegs konnte ein Heer oder eine Flotte auftauchen, die dem Krieg mit den Franzosen durch Gefangennahme des letzten Habsburgers ein Ende bereiten würde.

Schon in diesem ersten Testament fand sich Karl, vorderhand noch kinderlos, mit der Möglichkeit ab, daß er nur Mädchen hinterlassen könnte. Dann sollte die älteste Tochter das Habsburgerreich erben – einschließlich Spanien, das der junge König zwar verließ, um es nie wiederzusehen, aber dennoch nicht aufgab. Nach seinen eigenen Töchtern sollten die Töchter seines Bruders Joseph erben, und nach ihnen erst seine Schwestern, die Töchter des Kaisers Leopold. Der quälende Gedanke, daß er der letzte männliche Habsburger sei, lastete schon damals auf seiner Seele.

Interessant für eifrige Ahnenforscher, in der Praxis aber bedeutungslos war gerade damals die Fabel, daß es in England noch »echte« Habsburger im Mannesstamm gäbe. Zwei britische Aristokraten, der Viscount Fielding in England und der Graf Desmond in Irland, behaupteten nämlich allen Ernstes, sie seien die direkten Nachkommen eines Grafen von Habsburg-Laufenburg und Rheinfelden, eines Verwandten des Königs Rudolf, der schon vor der Königswahl von 1273 nach England ausgewandert sei. Die beiden britischen Adeligen allerdings konnten die ernsthafte Forschung von ihrer habsburgischen Abkunft nie überzeugen, und tatsächlich hat auch keiner von ihnen jemals einen konkreten Versuch unternommen, Erbrechte anzumelden.[4]

Karl VI. jedenfalls, der einzige wirkliche letzte Habsburger, blieb mit seinen Stammbaumsorgen allein. Während er in Spanien seine wenig ruhmvolle Abreise nach Österreich vorbereitete und sein Testament verfaßte, hielten die Hofschranzen in Wien schon die ersten Konferenzen ab, um die Überfülle an erzherzoglicher Weiblichkeit in ein System zu bringen. Man schrieb sogar nach Barcelona, um Karls Wünsche zu erfahren. Der junge König und künftige Kaiser spürte, daß hier überreicher Konfliktstoff für die Zukunft angehäuft wurde, und schrieb zurück, man möge die Sache lieber bis zu seiner Ankunft aufschieben und vor allem den Mund halten. Ihn interessierte weniger das Protokoll und mehr die Erbfolge – und außerdem hoffte er, wie das natürlich verständlich war, doch noch auf einen Erben.

Kaum in Wien angekommen, unternahm Karl den zweiten Schritt in Sachen Erbfolge. Er wollte seine Nichte Maria Josefa, ganze 13 Jahre alt, mit dem bayerischen Kurprinzen Karl Albert verheiraten, und die habsburgischen Besitzungen in den belgischen Niederlanden sollten gewissermaßen als Mitgift gelten. Der Vater, Kurfürst Max Emanuel, hätte Belgien gerne vereinnahmt, aber zugleich verlangte er, der Kaiser sollte Maria Josefa zur Universalerbin der Habsburgermonarchie erklären.

Das war denn doch ein zu starkes Stück, fand Karl. Immerhin war er nicht einmal noch dreißig Jahre alt, hatte eine blühende junge Frau und konnte noch eine Vielzahl Kinder bekommen – da erwartete man von ihm schon einen solchen Verzicht?

Die Sache zerschlug sich, aber die deutschen Fürstenhöfe mit heiratsfähigen Söhnen begannen schon ihren Wettlauf um die Habsburgerinnen in Wien. Der Kurfürst von Sachsen, August II., zugleich König von Polen, ließ seinen Sohn Friedrich August jedenfalls in aller Eile und Heimlichkeit zum katholischen Glauben übertreten, um bei dem bevorstehenden Wettlauf mithalten zu können. An der Form, wie man den lieben Gott verehrte, sollte der Ehrgeiz nicht scheitern. Durch die europäischen Staatskanzleien jedenfalls knisterte in diesen Jahren die Spannung, wie sich das österreichische Problem regeln würde.

In der Donaumonarchie selbst knisterte es auch. Die Erbfolgefrage war der willkommene Anlaß, innerösterreichische Konflikte auszutragen; und der Wettlauf begann auch innerhalb des Habsburgerstaates. Die Kroaten waren die schnellsten: Der kroatische Landtag beschloß schon 1712 eine Petition an den Kaiser, die Erbfolge so zu regeln, daß die Herrschaft mangels eines männlichen Thronfolgers auch auf eine Frau übergehen könne, wenn diese Frau die Länder Österreich, Steiermark und Kärnten innehabe. Der Schritt der Kroaten war unmißverständlich gegen Ungarn gerichtet. Den ewig unzufriedenen, rebellischen und chauvinistischen Ungarn traute man ohne weiteres zu, daß sie ein Aussterben der Habsburger im Mannesstamm zum Anlaß nehmen würden, Ungarn vom übrigen Reich loszutrennen – einschließlich Kroatiens natürlich; und die Kroaten hatten alles andere im Sinne, als sich von Ungarn vollkommen beherrschen zu lassen. Nur in der Einheitsmonarchie fühlten sie sich sicher. Wie recht sie damit hatten, sollte sich zeigen, als 1867 diese Einheitsmonarchie wirklich in zwei Teilstaaten zerlegt wurde und die Kroaten die Magyarisierungspolitik in verschärfter Form zu spüren bekamen.

Der Kaiser und seine Ratgeber waren über die kroatische Extratour nicht gerade begeistert. Die Angelegenheit sollte auf allerhöchster Ebene geregelt werden, von oben herab und nicht von unten hinauf. Der Gedanke, die treuen Völker könnten ihr Schicksal selbst in die Hand nehmen, paßte keineswegs in die Zeit und auch keineswegs zu Karls Charakter. Der war nicht nur von Anfang an von seinem Gottesgnadentum überzeugt gewesen; das kurze spanische Erlebnis hatte noch dazu beigetragen, seine Vorstellung vom monarchischen Absolutismus zu verstärken.

Nachdem die Kroaten aber nun einmal angefangen hatten, mußte etwas geschehen, um die Landtage der anderen Erblande an eigenen Schritten zu hindern. Unter dem Vorsitz des Prinzen Eugen tagte zweimal die Geheime Staatskonferenz, um das Problem zu diskutieren. Das Ergebnis der Beratungen wurde dann in einer feierlichen Versammlung am 19. April 1713 in der Geheimen Ratsstube der Wiener Hofburg zu jenem Vertragswerk zusammengefaßt, das unter der Bezeichnung »Pragmatische Sanktion« in die Geschichte eingegangen ist. Es war dieselbe Geheime Ratsstube, in der zuletzt noch im Jahre 1900 ein dramatisches Kapitel in der habsburgischen Nachfolgefrage seinen Abschluß finden sollte: Hier verzichtete der Erzherzog-Thronfolger Franz Ferdinand auf das Nachfolgerecht für seine Kinder aus der morganatischen Ehe mit der Gräfin Sofie Chotek.

1713 gab es nichts, auf das zu verzichten gewesen wäre – im Gegenteil. Es galt zu erben, und zwar die ganze Monarchie, ungeteilt und ungetrennt.

»Indivisibiliter et inseparabiliter« – unteilbar und untrennbar, das war der Grundsatz der Pragmatischen Sanktion, und ein Jahrzehnt lang beschäftigte sich die Staatskanzlei damit, die einzelnen österreichischen Landtage, den ungarischen Reichstag und schließlich auch die wichtigsten europäischen Mächte zur ausdrücklichen Anerkennung dieses Grundsatzes zu bewegen. Sogar die Reichsfürsten sollten eine Reichsgarantie abgeben. Es kostete genug Opfer, um die Garantien zu erhalten, und genug Verzichte auf kaiserliche Rechte –: jene, die unterschreiben sollten, ließen sich verständlicherweise bestens dafür honorieren. Der Prinz Eugen meinte immer noch, das viele Geld und die viele Mühe wären für ein schlagkräftiges Heer nützlicher aufgewendet worden.

Erst als diese Pragmatische Sanktion unter Dach war, konnte man darangehen, die heiratsfähigen Töchter des Kaisers Joseph unter die Haube zu bringen. Zuerst kam der sächsische Kronprinz zum Zuge, denn die Sachsen stellten geringere Ansprüche. 1718 heiratete er Maria Josefa, die die Bayern ursprünglich mit der gesamten Erbschaft für sich gewünscht hatten. Natürlich beschworen Maria Josefa und ihr sächsischer Bräutigam die Pragmatische Sanktion in allen ihren Punkten. Zunächst einmal in Wien und dann, weil doppelt besser hält, noch einmal nach der Hochzeit in Dresden.

Nun zeigte der zuerst so anspruchsvolle bayerische Hof erneut sein heftiges Interesse an einer österreichischen Heirat. Der Kurprinz war bereit, auch die jüngere Schwester zu nehmen, Maria Amalia. Und natürlich war er ebenso wie sein sächsischer Schwager bereit, die Pragmatische Sanktion zu beschwören. 1722 fand der feierliche Akt in München statt.

Die Bayern schienen also von den Sachsen überrundet. Ihre Habsburgerin war die jüngere der beiden Töchter Josephs I. und kam damit erst nach Maria Josefa, falls es etwas zu erben geben sollte.

Falls – denn inzwischen hatte Kaiser Karl VI. ja selbst Töchter, die nach ihm erben würden. Man hatte also, schien's, nichts versäumt in Bayern, als man den Sachsen den Vortritt ließ.

Der alte Kurfürst Max Emanuel aber war ein schlauer Fuchs, und seine Juristen verstanden ihr Geschäft. Den kaiserlichen Räten in Wien hätte die Eilfertigkeit auffallen müssen, mit der man in München heilige Eide schwor. Wenn man Max Emanuel kannte, wußte man, daß man mit einer raffinierten Hinterlist zu rechnen hatte.

Die Hinterlist stützte sich auf ein zweihundert Jahre altes, längst aus dem Bewußtsein der Barockmenschen des 18. Jahrhunderts verschwundenes Dokument. Das war 1546 unterfertigt worden, als Ferdinand I. Bayern ein Erbrecht in Österreich beim Aussterben der Habsburger zugestanden hatte. Das uralte Stück Pergament hielten die Wittelsbacher hoch in Ehren; für den Fall der Fälle. Daß zweihundert Jahre später ein bayerischer Kurfürst tatsächlich darauf pochen sollte, nahm in Wien allerdings niemand ernsthaft an. Mit der Pragmatischen Sanktion glaubte man alle künftigen Konflikte aus dem Wege geräumt.

Wie man sich täuschen konnte, sollte sich 1740 zeigen.

Das persönliche Lebensglück schien der schönen Kaiserin Elisabeth Christine sicher, seit die Erbfolge geregelt und sie selbst Mutter von drei Töchtern geworden war. Karl hatte zwar seine Favoritinnen, aber das gehörte zum Stil der Zeit und regte weder den Hof noch die Kaiserin selbst auf, und auch die Wiener Damen von Rang und Ansehen lebten durchaus nach französischer Sitte. Die aufmerksame Lady Montague notierte in ihren Memoiren: »Es ist die feststehende Gewohnheit in Wien, daß jede Frau von Stand zwei Männer habe, einen, von dem sie den Namen führt, und den andern, der die Pflichten des Ehemanns ausübt.«[5] Das Wien von damals war eine ebenso liebeslustige wie putzsüchtige Stadt, und auch darüber wußte die Britin einiges zu berichten:

»Selbst die liebenswürdige Kaiserin muß sich in gewissem Grad dieser absurden Mode fügen, die sie um alles in der Welt nicht aufgeben würde. Als ich zum erstenmal zu Hof ging, ward ich in ein Kleid gepreßt und mit allen dazugehörigen Stücken geschmückt: eine sehr unbequeme Kleidung, die aber Hals und Wuchs sehr vorteilhaft erscheinen läßt. Die hiesigen Moden sind ungeheuerlicher und allem gesunden Menschenverstand widersprechender, als möglich ist, sich zu denken. Man baut gewisse Gazefabriken auf die Köpfe, die ohngefähr eine Elle hoch sind und aus drei oder vier Stockwerken bestehen, und verstärkt das alles noch mit unzähligen Ellen schweren Bandes. Das Fundament dieses Baues ist ein Ding, das sie Wulst nennen, was ohngefähr so aussieht, aber viermal dicker ist als die Rollen, auf die die englischen Milchmädchen ihre Eimer setzen. Diese Maschine bedecken sie mit ihren Haaren und vermischen diese mit einem guten Teil falscher, denn es gilt für eine besondere Schönheit, Köpfe zu haben, so breit, daß sie in eine mäßige Tonne hineingehen. Ihre Haare pudern sie ungeheuer, um die Vermischung zu verbergen und befestigen sie mit drei oder vier Reihen Nadeln, wunderbar dick, zwei bis drei Zoll aus dem Haar herausstehend und mit Diamanten, Perlen, roten, grünen und gelben Steinen geschmückt. Ihre Reifröcke übertreffen die unsrigen um mehrere Ellen im Umfang, man könnte einige Äkker Feld mit ihnen bedecken. Dieser außerordentliche Anzug erhöht noch und hebt noch mehr die natürliche Häßlichkeit heraus, mit der bis auf eine Ausnahme Gott, der Allmächtige, die Wiener Damen ausgestattet hat.«

Diese Ausnahme war eben die schöne Kaiserin, die, wie man sieht, einiges an Unbequemlichkeit auf sich nehmen mußte, um dem Zug der Zeit zur Putzsucht entgegenzukommen. Die Weiblichkeit am Wiener Kaiserhof scheint sich dabei gegenüber den Geschlechtsgenossinnen in anderen Ländern besonders hervorgetan zu haben, denn sonst hätte sich die weitgereiste Lady Montague sicherlich nicht die Mühe gemacht, Kleidung und Frisur so detailliert zu beschreiben.

Den Alltag des kaiserlichen Paares in der Favorita schilderte uns ein anderer Beobachter, ein Mann namens Pöllnitz, der den kaiserlichen Hof 1719 kennenlernte. Folgendermaßen hielt es Kaiser Karl VI:

»Sobald er aufgestanden ist, läßt er sich ankleiden. Er liest dann einige Depeschen, gibt einem der Minister Audienz oder wohnt dem Conseil bei. Dann geht er in die Messe, entweder in der Kapelle oder bei Festtagen in einer Kirche. Nach der Messe kehrt er in sein Appartement zurück und hält sich in dem sogenannten Retiro bis zum Diner auf. Sobald angerichtet ist, meldet es der Oberkammerherr dem Kaiser, der mit der Kaiserin, die von allen Damen begleitet ist, sich zur Tafel begibt. Ein Kammerherr oder der Obersilberkämmerer präsentiert den kaiserlichen Majestäten das Waschwasser, darauf setzen sie sich in ihre Fauteuils. Es hat mir geschienen, als wenn der kaiserliche Tisch nicht sehr geschmackvoll serviert sei: die Vaisselle ist alt, und alle Schüssel werden ohne Symmetrie aufgestellt. Jede der Majestäten hatte ihre besonderen Schüssel, daher werden sehr kleine Schüssel aufgetragen, ich habe übrigens selbst auf der Tafel nur fünf bis sechs Suppenlöffel gesehen. Sobald der Kaiser sich gesetzt hat, bedeckt er sich. Ein Kammerherr präsentiert den Trunk, beide Majestäten trinken gegenseitig auf ihre Gesundheit. Dann nähern sich der Obersthofmeister, der Oberkammerherr, der Oberststallmeister und der Kapitän der Garde, um die Befehle des Kaisers wegen des Nachmittags zu empfangen; dasselbe tun die Ehrendamen und Offiziere der Kaiserin. Darauf zieht sich alles zurück. Das Mittagsmahl dauert selten länger als eine Stunde. Die Majestäten bleiben an der Tafel, bis alles, selbst das Tischtuch, abgeräumt ist, es wird dann ein anderes aufgelegt, darauf stellt der Obersilberkämmerer eine Schüssel und eine Gießkanne von Vermeil zum Waschen. Der Oberkammerherr präsentiert dem Kaiser die Serviette, die Ehrendame der Kaiserin. Hierauf ziehen sich die kaiserlichen Majestäten in ihre Retiraden zurück.

Des Nachmittags fahren Kaiser und Kaiserin öfters auf die Jagd oder zum Scheibenschießen. Sobald der Kaiser von da zurück ist, gibt er denen Audienzen, die durch den Oberkammerherrn darum haben bitten lassen. Diese Audienzen sind ohne Zeremonien, der Kammerherr vom Dienst führt ein. Der Kaiser steht bedeckten Hauptes an einen Tisch gelehnt, über ihm ist ein Baldachin und ein Fauteuil steht ihm zur Seite. Beim Kommen und Gehen werden die üblichen drei Kniebeugen gemacht. Ebenso finden die Audienzen bei der Kaiserin statt: eine Ehrendame wohnt in gehöriger Entfernung, daß sie nicht hören kann, was gesprochen wird, bei, und der Obersthofmeister bleibt in der Antichambre an der Tür.

Bei diesen Audienzen hat sich am Wiener Hof ein auffallender Mißbrauch eingeschlichen. Den Tag darauf finden sich die Bedienten des Oberkammerherrn und Obersthofmeisters ein und verlangen eine Belohnung, ja man bestimmt sogar die Höhe derselben. Auch die Trabanten und Schweizer finden sich ein, um zu einem glücklichen Erfolg zu gratulieren und ein Trinkgeld zu lukrieren.

Nach Beendigung der Audienzen begibt sich die Kaiserin in ihr sogenanntes Spielzimmer. Hier findet sie die Damen, die ihr eine nach der anderen die Hand küssen, und die Kaiserin setzt sich mit ihnen zum Spiel: Sie sitzen ohne allen Rangunterschied um den Tisch. Hierbei findet niemand Zutritt als der Kaiser, die Prinzessin der kaiserlichen Familie, der Oberkammerherr und der Obersthofmeister.

Um die Zeit des Soupers kommt der Kaiser zur Kaiserin, dann hört das Spiel auf. Die Kaiserin steht auf, und die Damen, die nicht zum Souper bleiben dürfen, küssen ihr die Hand. Darauf setzen sich die Majestäten zu Tisch. Das Souper ist ganz so wie das Diner, nur findet es jederzeit in den Appartements der Kaiserin statt. Die Tafel wird nur durch zwei Kerzen erleuchtet, die man drei- oder viermal wegnimmt: Eine der Ehrenfräulein verrichtet diese Funktion. Wenn sie das Licht wegnimmt, macht sie vorher eine tiefe Verbeugung und gibt es dann dem Silberkämmerer, um es zu putzen, mit einer zweiten Verbeugung stellt sie es wieder auf den Tisch. Nach Beendigung des Soupers wird den Majestäten das Waschwasser präsentiert, die Obersthofmeisterin oder eine Ehrendame reicht dem Kaiser die Serviette und ein Ehrenfräulein mit dem goldenen Schlüssel der Kaiserin. Wenn die Erzherzoginnen mit den Majestäten speisen, wurde ihnen Waschwasser in derselben Schüssel, in der der Kaiser sich gewaschen hatte, präsentiert, ein Ehrenfräulein überreichte ihnen die Servietten. Sobald der Kaiser sich von der Tafel erhob, präsentierten ihm die beiden ältesten Erzherzoginnen den Hut und der Kaiserin Fächer und Handschuhe; in ihrer Abwesenheit hatten eine Ehrendame und ein Ehrenfräulein mit dem goldenen Schlüssel diese Funktion. Darauf küssen die Damen, die stehend dem Souper beigewohnt haben, der Kaiserin die Hand, während der Kaiser sich vom Speisesaal in das Spielzimmer begibt. Sobald beide Majestäten hier angelangt sind, zieht sich alles zurück . . .«[6]

Das intime Privatleben des kaiserlichen Paares konnte beginnen. Es schien bis zum Tod des Kaisers recht aktiv gewesen zu sein, obwohl Elisabeth Christine schließlich schon sehr kränklich war. Die vielen Kuren, der man sie wegen der erhofften männlichen Nachkommenschaft ausgesetzt hatte, schienen ihre Gesundheit zu untergraben. Jedenfalls beschäftigte sich Karl mit dem Gedanken einer zweiten Ehe, falls er Witwer werden sollte, um das Glück in Gestalt eines Sohnes doch noch zu zwingen. Das spricht jedenfalls für seine Manneskraft. Richtig krank war er nie; nur Magenschmerzen plagten ihn gelegentlich. Sie plagten ihn auch während eines Jagdausfluges im Oktober 1740 in der Umgebung des Neusiedler Sees. Zu den Magenschmerzen kam heftiges Erbrechen, so daß Karl am 13. Oktober nach Wien zurückkehrte. Wenn damals die Ärzte nicht wußten, wie sie ihren Patienten wirklich helfen sollten, vertrauten sie auf einen Aderlaß. Das taten sie auch mit dem Kaiser mehrfach, aber sie schwächten ihn damit so sehr, daß er dem Leberleiden, das sich offenbar ankündigte, keinen Widerstand mehr leisten konnte. Am 20. Oktober 1740 starb Karl VI., nur wenige Tage älter als 55 Jahre.

Kein Sohn blieb zurück. Der letzte echte Habsburger war dahin, fast ein halbes Jahrtausend, nachdem der erste des Geschlechts, der »arme Graf« Rudolf aus dem Aargau, die deutsche Königswürde errungen hatte.

Die Erbschaft fiel an eine dreiundzwanzigjährige Frau.

Der Prinz Eugen, der gute Engel des Hauses Österreich unter drei Kaisern, soll lange Zeit den verwegenen Plan gehabt haben, die Erbtochter seines Souveräns mit dem preußischen Kronprinzen Friedrich zu verheiraten; so wird zumindest berichtet.

Eugen war ein militärischer Denker, für den Politik eine Machtfrage war und Macht eine Angelegenheit schlagkräftiger Armeen. Er sah voraus, daß die größere Gefahr für das habsburgische Erbe von Preußen kommen würde und weniger von Bayern. Daß Friedrich Protestant war, schien kein unüberwindliches Hindernis; vielleicht konnte man sogar auf dem Weg über eine solche Ehe nicht nur zu einem politischen, sondern auch zu einem neuen religiösen Zusammenschluß kommen. Die Probe aufs Exempel wurde nicht gemacht; alle derartigen Projekte scheiterten schon im Vorstadium ernsthafter Verhandlungen. Nicht zuletzt deshalb, weil man sich in Wien die tollsten Geschichten vom ausschweifenden Leben des jungen Preußenprinzen erzählte. Daß dieser »ausschweifende« Jüngling, für dessen Gesundheit und Zeugungskraft man in Wien nichts gab, später einmal der zähe Friedrich der Große werden sollte, konnte man wohl nicht voraussehen. Heute sind Gedankenspielereien darüber müßig, was geschehen wäre, wenn die Hofkanzleien diese Ehe zustande gebracht hätten. Auch die Kaiserin Maria Theresia machte sich später ihre Gedanken darüber, wenn auch im negativen Sinn. Sie verabscheute den Preußenkönig – im Gegensatz zu ihm, der sie ungewöhnlich hochschätzte. Als Maria Theresia Schlesien an Preußen verloren hatte, soll sie gesagt haben: »Alles besser, als ihn heiraten!«

Sie heiratete den Herzog von Lothringen, nachmals von Toskana. Diese bemerkenswerteste aller Habsburgerehen, die dem Haus Österreich einen neuen Stammvater und einen neuen Namen gab, wurde schon zu einer Zeit gestiftet, als männliche Thronerben noch keineswegs ausgeschlossen waren: 1721. Maria Theresia war damals ein Kind von vier Jahren. Der auserwählte Bräutigam, der junge Lothringerprinz Franz Stephan, war 13 Jahre alt. Sein Vater, der Herzog Leopold von Lothringen, hatte die Idee. Er schlug dem Kaiser diese Verbindung vor.

Karl VI. begriff sofort, und er begriff richtig. Der Herzog war kein Erbschleicher, der für seinen Sohn ein Weltreich mit dazugehöriger Kaiserkrone kassieren wollte. Er hatte ebensoviel zu bieten, wie er bekommen wollte. Lothringen nämlich, und Lothringen war mehr als ein Herzogtum. Lothringen war eine Bastion.

Lothringen – letzter Überrest des einst so mächtigen Zwischenreiches aus der Erbmasse Karls der Großen.[7] Jetzt, in der ersten Hälfte des 18. Jahrhunderts, ein schmerzender Stachel im französischen Fleisch. Von diesem Zwischenreich hatte Maximilian einst dem König von Frankreich die burgundischen Niederlande vor der Nase weggeheiratet, und der französische König hatte sich durch den »Brautraub von Britannia« gerächt, indem er seinerseits dem Maximilian die Erbin der Bretagne vor der Nase wegheiratete. Nun schien es, als sollte sich das gleiche hochpolitische Ehedrama noch einmal wiederholen. Die Habsburger gedachten, Lothringen mit einem Ehering zu erobern. Jenes Lothringen, das zur natürlichen Abrundung Frankreichs noch fehlte, wenn man diesen »natürlichen« Gesichtspunkt aus Pariser Perspektive betrachtete. Ludwig XIV. hatte das Elsaß durch seine Raubkriege mit Gewalt annektiert; den Erwerb Lothringens hatte er seinem Nachfolger Ludwig XV. überlassen. Dieser König und sein allmächtiger Minister, Kardinal Fleury, sahen sich nun 1721 vor die bittere Tatsache einer sich anbahnenden Ehekombination des Herzogs von Lothringen mit dem Kaiser gestellt.

Der Gedanke, den der Herzog da ausgebrütet hatte, war für Wien tatsächlich verführerisch. Lothringen war genau die Festung, die Österreich in seinem Kampf gegen Frankreich brauchte. Im Augenblick gab es zwar keinen Krieg, aber der konnte jeden Augenblick ausbrechen. Zu viele Probleme waren ungelöst. Der Habsburger hatte zwar Spanien an die französischen Bourbonen verloren, aber er hatte sich mit diesem Verlust nicht abgefunden; er führte nach wie vor den Titel eines Königs von Spanien. Und die Bourbonen ihrerseits hatten sich auch noch nicht damit abgefunden, daß das zur spanischen Welt gehörende Neapel-Sizilien noch nicht an die nunmehr in Madrid regierenden spanischen Könige französischer Herkunft gelangt war. Und ebensowenig hatte Frankreich sich mit dem Verlust Mailands abgefunden, mochte er auch schon zweihundert Jahre zurückliegen. Italien, das europäische Paradies, das Land permanenter Ausbeutungsmöglichkeiten, hatte noch immer nicht seine nationale Form gefunden; bis dahin sollten noch weitere hundert Jahre vergehen. Jetzt, in der ersten Hälfte des 18. Jahrhunderts, ging der tagtägliche Kampf zwischen Frankreich und Österreich um Italien immer noch weiter; – ein kalter Krieg der Diplomaten (um einen heutigen Begriff zu gebrauchen), der allerdings von Zeit zu Zeit unter den Händen der Generale recht heiß werden konnte.

Lothringen in österreichischer Hand – in der damaligen europäischen Machtkonstellation war dies für Frankreich ein unerträglicher Gedanke. Konfliktstoff für einen neuen europäischen Krieg, in dem sich alle anderen aufgestauten Konflikte entladen würden. Kein Wunder, daß sich die europäischen Staatskanzleien eifrigst für das Heiratsprojekt zwischen dem dreizehnjährigen Prinzen und der vierjährigen Erzherzogin interessierten; da sandte beispielsweise der venezianische Gesandte in Wien, Priuli, schon 1722 einen langen Bericht an seine Regierung, in dem er die möglichen Auswirkungen dieser Ehe eingehend untersuchte.[8] Kein Wunder auch, daß sich die Franzosen hartnäckig weigerten, die Pragmatische Sanktion zu garantieren. Mit seinem lothringischen Heiratsprojekt hatte Österreich sozusagen die französische Einflußsphäre verletzt.

Die Franzosen antworteten zunächst damit, daß sie ihrerseits die österreichische Einflußsphäre verletzten. Wie könnte es in damaliger Zeit anders geschehen als durch Heirat! Ludwig XV. nahm die Tochter des abgesetzten polnischen Königs Stanislaus Leszczyński zur Frau. Das war eine offene Herausforderung. Schließlich hatte Stanislaus dem sächsischen Kurfürsten weichen müssen, der jetzt der Schwiegervater einer Habsburgerprinzessin war. Die Eheschließung besagte in der diplomatischen Sprache dieser Epoche nichts anderes, als daß Frankreich sich hinter die Ansprüche des abgesetzten Stanislaus stellte – und damit gegen die mit den Österreichern verschwägerten Sachsen! Kaiser Josephs älteste Tochter wollte schließlich als Frau des sächsischen Kurprinzen einmal Königin von Polen werden!

Polen war allerdings ein Wahlkönigreich. Der Adel hatte sein Wahlrecht behauptet – nicht gerade zum Vorteil des Landes, denn das Wahlrecht zwang den Thronanwärter zu Wahlversprechungen, die ihn von vornherein zu einem Schwächling machten. Anderseits ließ sich da mit Geld und Intrigen viel erreichen. Das war Frankreichs Hoffnung: Beim Tod des sächsischen Polenkönigs wollten die Franzosen alles daransetzen, um ihren Stanislaus wieder auf den Thron zu bringen. Eignete sich Lothringen zur Bastion Österreichs gegen die Franzosen, so war Polen wiederum bestens als französische Bastion gegen die Österreicher zu gebrauchen.

Man konnte, wie das Beispiel zeigt, durch Ehen nicht nur Probleme lösen, man konnte sie auch heraufbeschwören. Die lothringische Ehe der österreichischen Kaisertochter befand sich zwar 1733 noch immer im Stadium der Vorbereitungen, obwohl die Braut nun schon sechzehn Jahre alt war und damit durchaus heiratsfähig. In diesem Jahr 1733 starb Friedrich August, Kurfürst von Sachsen und König von Polen. Die Großen des Landes wählten prompt den Stanislaus Leszczyński zum neuen König. Worauf ebenso prompt russische Truppen in Polen einmarschierten, denn ein französischer Statthalter auf dem polnischen Thron war dem Zaren zumindest gleich unangenehm wie dem Kaiser von Wien.

Der hatte zwar vor der Königswahl auch mit einem österreichischen Einmarsch drohen lassen. Vergeblich – der Druck, der als unerwünschte Einmischung betrachtet wurde, hatte den stolzen polnischen Adel nur in seiner Wahlentscheidung bestärkt. Den Österreichern gelang mit ihrer Drohung nichts, als die Feindschaft des französischen Hofes zu vertiefen. Den Russen gelang es immerhin, durch ihre Truppenbewegungen den König Stanislaus in die Flucht zu jagen, und der polnische Adel, dem Soldaten mehr imponierten als Drohungen, wählte kaum einen Monat später folgsam den sächsischen Kurfürsten und Mann der österreichischen Maria Josefa zum neuen König.

Die Folge war Krieg. Krieg Frankreichs gegen Österreich. Nicht gegen die Russen, die schließlich mit ihren Soldaten den Schwiegervater Ludwigs XV. davongejagt hatten. Rußland war weit. Österreich dagegen war der wahre Feind, und Österreich war nahe. Man konnte am Oberrhein und in Italien gegen die Österreicher kämpfen, mit Stoßrichtung Lothringen, Mailand, Neapel. Der König von Piemont-Sardinien, der die einzige starke einheimische Dynastie auf der italienischen Halbinsel repräsentierte, war der natürliche Verbündete der Franzosen.

Was sich hundert Jahre später mit so spektakulären Auswirkungen ereignen sollte – der Vorstoß der mit den Franzosen verbündeten Piemontesen gegen Mailand –, das hatte sich nun nach 1733 schon einmal abgespielt. Feldmarschall Graf Daun mußte die lombardische Hauptstadt räumen und sich nach Mantua zurückziehen, wie sich Radetzky dann 1848 nach Verona zurückziehen mußte.

Dreimal wiederholte sich im 19. Jahrhundert dieser Krieg. 1848 siegte Radetzky bei Custozza und dann 1849 bei Novara. 1859 verlor Franz Joseph höchstpersönlich die Schlacht bei Solferino. 1866 siegte Erzherzog Albrecht noch einmal bei Custozza. Diese Schlachten blieben im Gedächtnis der Österreicher unvergeßlich; Standardjahreszahlen in jedem Geschichtsunterricht. Das Haus Österreich verlor in dieser Epoche trotz glänzender militärischer Siege die beiden wahrscheinlich schönsten Provinzen der Monarchie, die Lombardei und Venetien.

In den Kriegen von 1733 bis 1737 verlor das Haus Österreich zwar die meisten Schlachten, aber es rettete noch einmal Mailand; es gewann zur Lombardei sogar noch die Toskana hinzu.

Ein Jahrhundert später war es die nationale Frage der italienischen Einigung, die Österreich zu Fall brachte. Zu Karls VI. Zeiten existierte der Begriff »Nation« noch nicht; zumindest nicht für Kaiser und Könige. Man führte da jahrelang einen blutigen, kostspieligen Krieg um die Macht. Man kämpfte am Rhein, in der Lombardei, auf Sizilien und in Neapel, und man setzte sich schließlich erschöpft und ausgeblutet an den Verhandlungstisch, um das durch zwei Ehen gestörte europäische Gleichgewicht durch ein großartiges Tauschgeschäft wiederherzustellen.

Das Resultat des vierjährigen Blutvergießens war tatsächlich monströs; nur in jener Zeit war es überhaupt denkbar. Man vollzog gewissermaßen eine Generalbereinigung aller schwelenden Probleme auf Ehebasis:

Stanislaus Leszczyński verzichtete auf Polen, dafür bekam er das Herzogtum Lothringen, das nach seinem Tode sein Schwiegersohn, der König von Frankreich, erben sollte.

Franz Stephan, Herzog von Lothringen, verzichtete auf sein angestammtes Herzogtum und bekam dafür das Herzogtum Toskana; und da er gleichzeitig auch Maria Theresia zur Frau bekommen sollte, mußte folgerichtig die Toskana an Österreich fallen.[9]

Ein klarer, ehrlicher Handel, könnte man sagen!

Was ein polnischer Adeliger seinen deutsch-französischen Untertanen in Lothringen zu bieten hatte, war ebensowenig gefragt, wie die Italiener in der Toskana gefragt wurden, ob ihnen ein deutsch-französischer Großherzog paßte. Und die Soldaten aller möglichen Nationen, die so viele Jahre lang auf den Schlachtfeldern dieses Krieges gekämpft hatten, wußten letztlich nur, daß sie für den Machtanspruch zweier Dynastien ins Feuer geschickt worden waren. Wenn – ja, wenn sie sich darüber überhaupt die Köpfe zerbrachen. Vermutlich taten sie es gar nicht. Die Menschen dieser Zeit dachten nicht in Kategorien, wie sie später das Denken und Handeln der Völker bewegen sollten.

Bei der für die Zeitgenossen so selbstverständlichen Regelung, wie sie erstmals im Oktober 1735 formuliert und schließlich im Wiener Frieden vom November 1738 endgültig fixiert wurde, gab es nur eine Schwierigkeit, und die machte der junge Herzog von Lothringen. Dem war es nämlich keineswegs so selbstverständlich, daß er sein geliebtes Lothringen verlassen sollte, um in die ihm gänzlich unbekannte Toskana zu übersiedeln. Johann Christoph Freiherr von Bartenstein, Sekretär der Geheimen Österreichischen Staatskonferenz, sah sich einem ihm unverständlichen Phänomen gegenüber, als er namens des Kaisers mit Franz Stephan die Verhandlungen führte. Der Wiener Hofrat begriff ganz einfach nicht, daß es einen Fürsten geben konnte, dem es nicht gleichgültig war, welches Land er regierte, mochten die Untertanen nun deutsch, französisch oder italienisch sprechen. Dem Stanislaus Leszczyński war es schließlich auch egal, ob er auf polnisch oder auf französisch regierte! Und da warf dieser junge Mann Franz Stephan Begriffe wie Heimatliebe in die Debatte. Dem Hofrat Bartenstein mußten die Bedenken des Lothringers wohl recht altmodisch vorgekommen sein, wenn sie in Wahrheit auch sehr modern waren – zu modern für ihre Zeit. An den Faxen, die ein kleiner Herzog machte, sollte der große österreichisch-französische Ausgleich jedenfalls nicht scheitern. Als Franz Stephan nicht nachgeben wollte, sagte ihm Baron Bartenstein klipp und klar: »Kein Verzicht auf Lothringen – keine Erzherzogin!«

Das war eindeutig und unmißverständlich. Ob es die Aussicht auf die junge Maria Theresia allein war, die Franz Stephan schließlich nachgiebig machte, sei dahingestellt. Wahrscheinlich war es mehr die Erkenntnis, daß er sein Land ohne österreichische Unterstützung ohnehin nicht behalten konnte; die Franzosen würden Lothringen umgehend kassieren. Blieb also nur noch die Wahl: die Toskana und die Erzherzogin, oder gar nichts! Franz Stephan gab nach.

Der Toskana sollte der Regierungswechsel nicht zum Schaden gereichen. Unter dem Sohn des Lothringers, dem Großherzog und späteren Kaiser Leopold, wurde die Toskana zum bestverwalteten Staat Europas.

Nachdem jedenfalls der Widerstand des heimatliebenden Herzogs Franz Stephan einmal gebrochen war, stand der so blutig vorbereiteten Hochzeit nichts mehr im Wege. Am 12. Februar 1736 heiratete der Lothringer die Erbtochter des Kaisers, die nun schon neunzehnjährige Maria Theresia. Und wie auf Bestellung starb ein halbes Jahr später der letzte Medici-Herrscher der Toskana, auf dessen voraussehbaren Tod der ganze monströse Tausch schließlich aufgebaut worden war. Das Geschäft war perfekt, der Herzog konnte zum Großherzog avancieren und sein neues Land in Besitz nehmen.

An Franz Stephan knüpfte sich später eine Legende, die über zweihundert Jahre später in der nunmehrigen Republik Österreich Tagespolitik machen sollte. Als um 1960 herum die hitzige Debatte um die Rückkehr des Dr. Otto Habsburg nach Österreich auch die Frage des 1919 beschlagnahmten habsburgisch-lothringischen Familienvermögens aufrollte, bekam man immer wieder zu hören, daß der Staat Österreich auf dieses Vermögen moralisch gar keinen Anspruch erheben könne.

Das Vermögen, hieß es seitens der Verfechter einer Rückgabe, sei schließlich nicht aus dem Lande gezogen worden. Es handle sich gar nicht um ein Vermögen, das irgend einmal dem Haus Österreich, dem österreichischen Staat oder dem österreichischen Volk gehört habe, sondern um jene »Mitgift« gewissermaßen, die Franz Stephan in seine Ehe mit Maria Theresia eingebracht habe.

Nun war das vielumstrittene Vermögen des Hauses Österreich, offiziell »hofärarisches« und »für das regierende Haus gebundenes Vermögen« genannt, zweifellos nicht althabsburgischen Ursprungs, wenn man unter »Althabsburgern« die Angehörigen des Hauses Österreich bis auf den letzten ihres Stammes, Karl VI., verstand. Die Habsburger waren im Laufe ihrer jahrhundertelangen Geschichte zwar mächtig, aber nur sehr selten reich gewesen. Friedrich III. hatte zeitlebens unter Geldschwierigkeiten gelitten. Maximilian mußte den Schmuck seiner Braut verpfänden, um die Brautfahrt nach Burgund zu finanzieren. Karl V., mächtigster aller Habsburger, war auf das Geld des Hauses Fugger angewiesen, um seine Kaiserwahl bezahlen zu können. Noch Karl VI. hatte in seinen ewigen Geldnöten die Armee reduzieren müssen; das trug nicht wenig zu den Niederlagen gegen die Franzosen bei.

Reich waren sie wahrhaftig nicht, die Habsburger, als der letzte von ihnen 1740 starb. Und doch betrug das Familienvermögen schon 25 Jahre später, als Franz Stephan von Lothringen zu Grabe getragen wurde, die geradezu ungeheure Summe von 18,5 Millionen Gulden. Wieviel das war, läßt sich leicht vorstellen, bedenkt man, daß Kaiser Joseph mit knappen zwei Drittel dieses Familienvermögens den durch den Siebenjährigen Krieg total ruinierten Staat sanieren konnte. Die 6,5 Millionen, die noch übrigblieben, stellten dann den Grundstock des sogenannten »Familienversorgungsfonds« dar, aus dessen Zinsen die recht zahlreichen Angehörigen des Hauses Österreich dann bis 1918 lebten – zum Unterschied von anderen Staaten gab es nämlich in der Donaumonarchie keine »Zivilliste« und keine Apanagen für die Angehörigen der Herrscherfamilie. Als man 1960 daranging, zu erheben, was von diesem Vermögen noch übrig war, nachdem es 1919 durch Gesetz in den Besitz der Republik gelangt war, kam man auf eine Summe von mehreren hundert Millionen Schilling, vorwiegend in Form von Grundbesitz.

Woher also kam das Geld, dessen ursprüngliches Kapital zweifellos nicht in der Familienkasse lag, als Franz Stephan seine Maria Theresia heiratete? Sollte der junge Mann aus Lothringen es vielleicht doch mitgebracht haben?

Die Forschung hat erst in jüngster Zeit bewiesen, daß auch der Herzog von Lothringen ein armer Teufel war, ein »Herr aus verhältnismäßig schwach dotiertem

Haus«.[10] Sein Budget wies beispielsweise in jenem Jahr 1733, in dem der polnische Erbfolgekrieg ausbrach, Einnahmen von gezählten 69.926 Gulden und 40 Kreuzern auf, während die Ausgaben 68.191 Gulden und 14 Kreuzer betrugen. Die herzogliche Buchhaltung ist heute noch einzusehen. 1737, ein Jahr nach seiner Eheschließung, waren die Finanzen so schlecht, daß Franz Stephan zwei Güter verpfänden und für eine 300.000-Gulden-Anleihe sechs Prozent Zinsen zahlen mußte.

Die Lage besserte sich erst, als Franz Stephan die Schwester seines Vorgängers, Anna Maria Luisa de Medici, beerbte. Sein Obersthofmeister, Fürst Khevenhüller, behauptete zwar, daß auch diese Erbschaft stark mit Legaten belastet gewesen sei, daß »dem Hertzog in allem nicht mehr dann 17 Scudi überbliben sein sollen . . .«[11]

Trotzdem konnte Franz Stephan seiner Frau, Maria Thèresia, schon 1744 fast eine Million Gulden für Rüstungsausgaben vorstrecken, gegen Verpfändung der böhmischen Kammergüter!

Woher also das viele Geld?

Soweit sich heute noch die Spuren des Reichtums zurückverfolgen lassen, verdankte das Haus Habsburg-Lothringen seinen Reichtum der Geschäftstüchtigkeit seines Stifters. Geschickte Grundstückspekulationen und finanzielle Engagements in der damals eben aufkommenden Industrie, vor allem in der Textilmanufaktur, führten zu schnellen, großen Gewinnen:

»Franz hatte einen anschläglichen Kopf für die Finanzen. Um Verbesserungen dieser jederzeit leidigsten Branche in Wien machte er sich verdient. Er deckte den gröbsten Spuk in dieser dunklen Polterkammer der österreichischen Aristokratie und Bürokratie auf. Er machte im Türkenkrieg auf die kolossalen Betrügereien, die bei der Armee vorkamen, aufmerksam. Er machte auch sonst Lärm, wenn in der Hofkammer und sonstwo zu schamlose Geldschneidereien vorkamen. Das verdroß die Dunkelmänner nicht wenig, und bald war Franz als der ärgste Geizhals verrufen.«[12]

Der vermeintliche Geizhals hatte sich in einem Palais in der Wiener Wallnerstraße, gegenüber dem Palais Esterházy, etabliert, und er machte dieses Barockgebäude innerhalb kürzester Zeit zu einem der wichtigsten Finanzzentren Europas:

»Auf seine Manier, als Privatperson, profitierte er auch von dem Staate, sowohl von dem seiner Gemahlin, als seinem eignen. Er legte sich auf den Staatspapierhandel: Bei Ausgabe der Staatsschuldscheine in Österreich während des Siebenjährigen Krieges wußte er sich gewinnreich einzuschalten. Die Revenüen seines Großherzogtums Toskana, das Richecourt trefflich für ihn administrierte, zog er aus dem Lande; nach dem Tagebuch des Dessauers Behrenhorst binnen siebenundzwanzig Jahren gegen dreißig Millionen Toskaner Gulden . . . Fast allenthalben in Deutschland sowohl als Italien etablierte er große Bankhäuser, welche ihre Namen ihm liehen für seine Wechsel, die auf allen Handelsplätzen in Cours waren. Selbst in auswärtige, in belgische und englische Handelsunternehmungen trat er ein . . . Franz machte endlich auch den Lieferanten. Er übernahm für das gesamte kaiserliche Heer die Lieferungen der Uniformen, der Waffen, der Pferde und Monturen. Ja er übernahm sogar zu wiederholtenmalen für das Heer des Erbfeindes des Hauses und seiner Gemahlin, des Königs von Preußen im Siebenjährigen Krieg die Lieferung des Proviants, der Fütterung und des Mehls, freilich zu den ärgsten Wucherpreisen, worüber Maria Theresia, als sie es erfuhr, sich denn doch etwas verwundern mußte. Sonst war Franz gegen seine in dem althabsburgischen Stolz leicht verletzte Gemahlin ungemein nachgiebig . . .«[13]

Der althabsburgische Stolz, den man der jungen Maria Theresia nachsagte, erlitt 1740 den ersten Stoß. Jahrzehntelang hatte der letzte der sogenannten Althabsburger, Karl VI., daran gearbeitet, das Erbe für seine Tochter zu sichern, den Übergang von einer aussterbenden in eine neu begründete Dynastie so reibungslos wie möglich vorzubereiten. Franz Stephan, ehemals Herzog von Lothringen, dann Großherzog von Toskana, heiratete in das Haus Habsburg ein, wie ehemals die Prinzessinnen in die Familie einzuheiraten pflegten – als Mittel zum Zweck, könnte man sagen, um für den Nachwuchs zu sorgen. Waren diese Prinzessinnen, die sich die Habsburger von überall her aus Europa holten, neben ihrer Funktion als Erbinnen dazu bestimmt, Zuchtmütter der Dynastie zu werden, so war die Erbschaft, die Franz Stephan mitbrachte, am Ende weniger bedeutend als seine Aufgabe, Stammvater einer neuen Generation zu sein.

Eine neue Generation von Habsburgern, verstand sich; weder Maria Theresia noch nach ihr die Söhne und Enkel hatten jemals das Gefühl, daß nun eine neue Familie die Kronen und Herzogshüte der österreichischen Erbländer trug. Sie waren Habsburger, sie fühlten sich als Habsburger, sie wurden als Habsburger betrachtet, als solche geliebt und angefeindet – eben Habsburger, direkte Nachfahren des Geschlechts, das seit dem vermeintlich armen Grafen aus dem Aargau europäische Geschichte machte. Die Historiker nahmen es genau, sie sprachen vom Haus Habsburg-Lothringen. Nach 1918 nahm man es stellenweise in der Republik Österreich noch genauer: Die »Arbeiter-Zeitung« beispielsweise schrieb einmal: »Der Lothringer Karl muß abdanken.« Aber das alles änderte nichts daran, daß die Lothringer, die sie seit 1740 theoretisch waren, in der Praxis Habsburger blieben – sogar mit gewissen unverkennbaren Familienmerkmalen wie der vorstehenden Unterlippe beispielsweise, der sogenannten »Habsburgerlippe«, die man so deutlich bei Kaiser Maximilian I. und Kaiser Karl V. feststellen konnte und die man dann später schon bei dem Kleinkind Franz Joseph zu entdecken vermeinte.

Habsburger, sonst nichts; – der Lothringer Franz, den man sich nach Wien geholt hatte, diente lediglich zur Blutauffrischung. Und nur so hat ihn auch Maria Theresia empfunden. Es wäre ihr nie eingefallen, den nominellen »Mitregenten« Franz Stephan auch tatsächlich ausgiebig mitregieren zu lassen. Er sollte nach dem Tod ihres Vaters die Kaiserwürde bekommen, selbstverständlich, er war ja für sie ein »Habsburger«, und die ununterbrochene Reihenfolge der Habsburgerkaiser durfte nicht gestört werden, denn man wollte schließlich Söhne und Enkel und Urenkel haben, die weiterhin die römische Kaiserkrone symbolisch tragen sollten.

Und da kam eben die große Enttäuschung. 1740 dachten so viele von jenen, die seinerzeit die Pragmatische Sanktion anerkannt, beschworen und garantiert hatten, nicht mehr daran, zu ihren Unterschriften zu stehen und ihre heiligsten Eide zu halten. Es zeigte sich auch, daß Familienbeziehungen und eheliche Bande im Bedarfsfall nur zu dem einen Zweck dienten, mit besonderem Elan über eine verwaiste Erbschaft herzufallen.

Kaiser Karl war kaum in die Kapuzinergruft gebracht worden, da teilte schon der bayerische Gesandte in Wien, Graf Perusa, den österreichischen Hofstellen im Befehlston mit, daß sie von nun an seinen Weisungen zu gehorchen hätten, denn er, der Graf Perusa, repräsentiere den rechtmäßigen neuen Herrn der Donaumonarchie, den Kurfürsten Karl Albrecht von Bayern.

Hervorgeholt wurden die längst in Vergessenheit geratenen Eheverträge, die seinerzeit 1546 unterfertigt wurden, als der Bayernerbprinz Albrecht des Kaisers Ferdinand Tochter Anna heiratete. Die Sache schien also klar – zumindest für den bayerischen Kurfürsten und dessen Gesandten, den Grafen Perusa. Daß die österreichischen Hofstellen tatsächlich gehorchen würden, daß Maria Theresia den Bayern ihre Erblande submissest ausfolgen könnte, das nahm man in München natürlich nicht an. Erbansprüche durchsetzen konnte nur, wer die Macht dazu hatte.

Nach den Bayern kamen die Preußen. Ihr junger König Friedrich meldete uralte, auf recht wackeligen Beinen stehende Ansprüche auf einige schlesische Herzogtümer an, ließ aber zugleich durchblicken, daß er die Österreicher gegen ihre anderen Feinde tatkräftigst unterstützen würde, wenn man seine Ansprüche zu befriedigen gedächte.

Wien lehnte ab. Maria Theresia war zwar erst eine junge Frau von 23 Jahren, aber schon jetzt zeigte sich die Kraft, die in diesem zarten Geschöpf wohnte. In ihr schien alles konzentriert, was das Haus Österreich in den vergangenen Jahrhunderten groß gemacht hatte. Willenskraft, Seelenstärke und die heilige Überzeugung vom abendländischen Führungsanspruch des Hauses Österreich.

So begann der Krieg. Lieber Krieg führen, als freiwillig nur einen Schritt Boden opfern! Die Preußen fielen in Schlesien ein, von den dortigen Protestanten als Befreier begrüßt.[14] Die Bayern marschierten bis Linz; dort ließ sich ihr Kurfürst als neuer Landesherr huldigen. Dann zogen die kurfürstlichen Truppen nordwärts nach Böhmen, eroberten Prag; mit dem Erzbischof an der Spitze huldigten 400 böhmische Notabeln dem neuen, aus München stammenden König. Die deutschen Kurfürsten hatten sich inzwischen in Frankfurt versammelt, um ihren Kaiser zu wählen. Franz Stephan kam für sie nicht in Frage. Nach dreihundertjähriger ununterbrochener Herrschaft der Habsburger wollten sie endlich das Haus Österreich loswerden. Das Haus Österreich hatte Deutschland zwei Jahrhunderte lang gegen die Türken geschützt; da war es den Kurfürsten recht und willkommen gewesen. Nun aber schien die Türkengefahr beseitigt, und da war den Fürsten ein anderer, nicht so mächtiger Kaiser lieber: der bayerische Kurfürst. Als Karl VII. wurde er gewählt, doch die Wahl sollte ihm kein Glück bringen. Inzwischen nämlich hatte sich die schwerfällige Maschinerie der österreichischen Militärverwaltung in Bewegung gesetzt, und nun rollte die Soldatenlawine aus allen Teilen der Monarchie westwärts. Mit italienischen, slawischen und ungarischen Regimentern vertrieb Fürst Khevenhüller die Bayern aus Linz, setzte ihnen nach, eroberte sogar München. Jetzt griffen die Franzosen ein und wieder die Preußen. Khevenhüller mußte München wieder räumen, die Preußen besetzten Mähren, einzelne Kavallerieeinheiten kamen bis ins Marchfeld. Ein französisches Heer zog über Bayern bis Prag. Erlag Maria Theresia nun doch dem Ansturm an allen Fronten?

Die junge Österreicherin verzichtete auf Teile Schlesiens, um die Preußen loszuwerden. Nun hielten Bayern und Franzosen in Böhmen auch nicht länger stand. Und doch ging der Krieg weiter, mit wechselvollem Geschick. Wieder fielen die Preußen in Böhmen ein. Die Engländer schickten ein Heer gegen die Franzosen. Am Rhein wurde gekämpft. Schließlich saßen die Preußen in Prag und die Österreicher dafür in Bayern. Bis 1745 ging es auf und ab. Bis Karl VII. 1745 starb, bis die Kriegführer erschöpft und friedfertig waren. Als Endergebnis des fünfjährigen Blutvergießens in halb Europa hatte Österreich zwar Schlesien verloren, sonst aber die Erblande behauptet. Der Ansturm war abgewehrt. Das Haus Habsburg hatte das Aussterben seines Mannesstamms überstanden. Eine junge Frau konnte dort anknüpfen, wo ihr Vater geendet hatte. Die Habsburger waren nun zwar Lothringer, aber die Geisteshaltung eines Herrschergeschlechtes erwies sich als stärker denn die maskulinen Vorstellungen vom Primat männlichen Blutes und männlicher Rechtsansprüche. Feministinnen von damals hätten ihre Freude gehabt!

Franz Stephan von Lothringen, nunmehr Großherzog von Toskana, wurde als Franz I. zum Kaiser gewählt. Ein Kaiser, der in seinem Wiener Palais saß und Geld scheffelte.

Hatte der Kaiser sonst nichts zu tun? Regierte er nicht? Nein, er regierte nicht! So sehr Maria Theresia ihren Franzl liebte, sowenig ließ sie ihn Anteil nehmen an der Regentschaft über die habsburgischen Erblande.

Für Maria Theresia blieb Franz Stephan auch als Kaiser das, wozu man ihn ursprünglich nach Österreich geholt hatte: Ehemann und Kindesvater.

Die große Kaiserin ist als mütterliche Frau in unserer historischen Erinnerung verankert geblieben; eine ältere, etwas voluminöse Dame, von einer wimmelnden Kinderschar umgeben. Spätere Bilder zeigen sie als pausbäckige Witwe; die Witwentracht legte sie in den fünfzehn Jahren nicht mehr ab, die sie nach dem Tode des Kaisers Anno Domini 1765 noch lebte. Man vermag sie sich kaum anders denn als Matrone vorzustellen. Und doch war sie in ihrer Jugend eine ausgesprochene Schönheit, und sie war außergewöhnlich liebebedürftig. In manchen östlichen Gegenden der ehemaligen Monarchie, wo die Erinnerung an sie über die Jahrhunderte und über den Zusammenbruch des Habsburgerstaates hinweg lebendig geblieben ist, erzählt man sich heute noch allerlei pikante Geschichten aus ihrem Schlafzimmer; – man erzählt sie nicht abfällig, sondern mit einer gewissen amüsierten Bewunderung für den Saft und die Kraft dieser imponierenden Frau, die sich so vorteilhaft von den meist etwas anämisch-langweilig wirkenden österreichischen Erzherzoginnen unterschied.

In der k. k. Haupt- und Residenzstadt Wien erzählte man sich allerdings weniger Tratschgeschichten über die Kaiserin als über ihren liebenswürdigen und liebebedürftigen, wenn auch keineswegs treuen Ehemann. Der preußische Gesandte Graf Heinrich Podewils, der 1746 nach Wien kam, schilderte den Kaiser und seine häuslichen Schwierigkeiten am 18. Januar 1747 in einem Bericht an seinen König folgendermaßen:

»Der Kaiser ist von voller Taille, eher unter als über dem Mittelmaße. Er hängt den Kopf sehr nach vorne, was bewirkt hat, daß er etwas gebückt geworden ist. Sonst ist er gerade und ziemlich wohl gewachsen. Haltung und Gang sind etwas nachlässig, und er wendet gar keine Aufmerksamkeit darauf . . . Seine Manieren sind mehr als ungezwungen und sie bilden einen vollkommenen Gegensatz gegen die Kaiser Karls VI. Feind allen Zwangs, besitzt er fast zuwenig Würde für den Rang, den er auszufüllen hat. Familiär ist er selbst öffentlich mit denen, die er kennt, so weit, daß man das mißbraucht und es an dem schuldigen Respekt fehlen läßt. Er haßt die Etikette und trachtet danach, sie soviel abzuschaffen, als das in seiner Macht steht. Er leidet es nicht, daß die Damen ihm die Hand küssen. Er liebt gar nicht spanische Kleidung und entledigt sich derselben, sobald er immer kann. Sein Charakter ist außerordentlich sanft, und ich habe nie gehört, daß er jemals heftig geworden sei. In den kleinen Zwistigkeiten, die zwischen ihm und der Kaiserin vorkommen, ist er es in der Regel, der nachgibt und den ersten Schritt wieder entgegentut. Er haßt alle Streithändel und möchte gerne, daß alle Welt in Frieden miteinander lebe.

Er hat Neigung zu den Frauen und ehemals Attachement bezeigt für die Gräfin Colloredo, Gemahlin des Vizekanzlers, für die Gräfin Palffy, Ehrendame der Kaiserin, die nachher den sardinischen Gesandten Grafen Canale geheiratet hat, und andere mehr. Er veranstaltete sogar im geheimen mit ihnen Soupers und Vergnügungspartien, aber die Eifersucht der Kaiserin zwang ihn, sich darin Zwang aufzuerlegen. Sobald sie bemerkt, daß er einer Frau den Hof macht, boudiert sie ihn und macht ihm tausend Plackereien. Übrigens läßt es seine Gutmütigkeit gar nicht zu, eine Frau der rachsüchtigen Laune der Kaiserin zu exponieren, die selten diese Art von Beleidigungen vergißt. Die Kenntnis, die sie von seiner Neigung zur Liebe hat, vermehrt ihr Mißtrauen, und sie überwacht ihn allerorten. Dennoch behauptet man, daß er, unter dem Vorwand, auf die Jagd zu gehen, noch parties fines veranstaltet . . .«

Daß Maria Theresia ihn nicht mitregieren ließ, mochte ihn vielleicht gekränkt haben, aber Franz zog auch daraus den Nutzen, sich in Gesellschaft schöner Frauen aufzuhalten, sobald die Kaiserin amtlich wurde. Dann pflegte er zu den Damen zu sagen: »Ich bleibe bei Ihnen, bis der Hof weg ist. Die Kaiserin und meine Kinder sind der Hof. Ich bin bloß Privatperson hier.« Seine spätere Favoritin war die wunderschöne Fürstin Maria Wilhelmine Auersperg, die Tochter des militärisch nicht gerade erfolgreich im Dienste des Hauses Österreich agierenden Marschalls Graf Neipperg. Maria

Wilhelmine galt nach der Kaiserin als interessanteste Frau von Wien. Sie brachte ihrem Mann, Johann Adam Joseph Auersperg, die damals gewaltige Summe von 12.000 Pfund Sterling in die Ehe mit, aber sie brachte es auch fertig, an einem Abend im Kartenspiel 12.000 Dukaten zu verlieren.

»Nur ein kaiserlicher Liebhaber und ein so großmütiger wie Franz konnte solchen Begehrlichkeiten Genüge leisten«, berichtete ein zeitgenössischer Beobachter. »Er pflegte mit ihr und in einer ausgewählten Gesellschaft von beiden Geschlechtern viele seiner Abende zuzubringen. Ein Souper von zehn bis zwölf Couverten war angerichtet, die Prinzessin präsidierte, alle Etikette war durchaus verbannt. Öffentlich, im Theater und sonst, beobachtete Franz gegen die Kaiserin alle Rücksichten der Ehrerbietung und Aufmerksamkeit, aber wenn die Kaiserin nicht in der Vorstellung war, begab er sich jederzeit in die Loge der Fürstin. In der Oper stand er gewöhnlich hinter ihr, den Zuschauern verborgen, und die Loge war verschlossen, damit niemand hereinkomme. Aber trotz dieser Vorsichtsmaßregeln verriet der Husten, dem er unterworfen zu sein pflegte, seine Gegenwart und verriet das Geheimnis der Welt.«[15]

Um mit seiner Favoritin ungestört zu sein, hatte Franz ihr eine Villa in der Nähe des kaiserlichen Schlosses Laxenburg geschenkt. Die Kaiserin wußte natürlich von dieser Affäre, doch das Haus Auersperg war zu bedeutend, als daß sie der schönen Konkurrentin ihren Unwillen hätte spüren lassen. Als Franz starb, wollte Maria Theresia die Dame allerdings nicht mehr sehen, und schon gar nicht in der Nähe ihres Schlosses. Sie bot Maria Wilhelmina an, die Villa zu verkaufen. Den Preis sollte sie selbst bestimmen. Die Dame verlangte 30.000 Gulden, eine weit überhöhte Summe. Maria Theresia bezahlte, ohne zu feilschen.

Die schöne Fürstin Auersperg bekam dann aber doch die Rechnung präsentiert. Nach dem Tod des Kaisers duldete Maria Theresia nicht mehr, daß ihr die Damen der Hofgesellschaft geschminkt unter die Augen traten. Als Maria Wilhelmina es doch wagte, zwar in tiefster Trauerkleidung, aber mit auffallend viel Rouge im Gesicht, zog die Kaiserin schroff die Hand zurück, die die Fürstin küssen wollte, drehte sich um und ließ die Verblüffte einfach stehen.

Je reifer die Kaiserin wurde, um so mehr nahm ihre Sittenstrenge zu. Die berühmt-berüchtigte »Keuschheitskommission« ging um in Wien. Ursprünglich hatte Maria Theresia sich vertrauenswürdiger Agenten bedient, um ihren Ehemann kontrollieren zu lassen, aber allmählich dehnte sich die Kontrolle über die ganze Hauptstadt aus. Die Sittenpolizisten machten die nächtliche Stadt unsicher, um »herumstreunende Frauenspersonen« aufzuspüren, wobei die gestrenge Kaiserin unter »herumstreunen« so ziemlich alles verstand, was ein junges Mädchen dazu bewegen konnte, sich außer Haus aufzuhalten. Besonders widerwärtig waren der sittsamen Maria Theresia die Kellnerinnen in den Wirtshäusern der Stadt. In diesen Lokalen sah sie nur verschämt getarnte Bordelle und in den Kellnerinnen nichts anderes als »Hübschlerinnen«, wie die althergebrachte Bezeichnung für gefällige Mädchen lautete. So erschien Anno Domini 1774 ein Gesetz, demzufolge kein weibliches Wesen mehr in einem öffentlichen Lokal arbeiten durfte. Der Wirt, der das Verbot übertrat, verlor seine Konzession. Dem Mädchen drohte die Strafe der Auspeitschung und der Einweisung in ein Spinnhaus. Und diese Spinnhäuser waren gefürchteter als Gefängnisse.

So bekam die Keuschheitskommission zusätzliche Arbeit, und Nacht für Nacht wurde nun Ausschau gehalten, ob nicht etwa hinter den verschlossenen Türen eines Gasthauses ein weibliches Wesen seiner anstößigen Tätigkeit nachging. Fand man solch ein Mädchen, wurde es gefesselt vor den Richter geschleppt und postwendend verurteilt. Man zog das arme Wesen aus bis aufs Hemd, steckte es in einen Sack und band es während des Sonntagsgottesdienstes vor einem Kirchentor an. Zuvor hatte man der Missetäterin das Haar bis auf die Kopfhaut abrasiert und den kahlen Schädel mit Teer bestrichen. Dann konnte der Pöbel seine niedrigsten Instinkte an dem Opfer austoben, zum Wohlgefallen der sittenstrengen Kaiserin. Wenn der Pöbel das arme Mädchen genug mit Schmutz beworfen hatte, schlugen die Gerichtsknechte noch den entblößten Körper mit Ruten blutig, dann führte man die Verurteilte an den Stadtrand und stieß sie mit einem Fußtritt symbolisch aus der Gemeinschaft aus.

Sollte eine dieser wirklichen oder vermeintlichen »Hübschlerinnen« es wagen, in die Stadt zurückzukehren, und die Keuschheitskommission griff sie auf, dann erfolgte die Deportation. Zweimal jährlich wurden die in den Wiener Gefängnissen zusammengepferchten Mädchen auf einen Donaukahn verladen und stromabwärts bis Temesvar gebracht. Dort wartete die Zwangsarbeit in urwaldähnlichen, kaum besiedelten Landstrichen auf sie. Daß ein unglückliches Wesen sich lieber ins Wasser stürzte, als in den Banat verschleppt zu werden, kam fast bei jedem Transport vor.

Dem jungen Kaiser Joseph war die so gewalttätige Sittenstrenge seiner Mutter zuwider. Ihn störte lediglich, daß die Mädchen mit dem anstößigen Lebenswandel unter seinen Soldaten Krankheiten verbreiteten. Der Feldmarschall Neipperg, verlangte er, sollte die Mädchen zusammenfangen und einer Gesundheitskontrolle unterziehen. Der Feldmarschall schlug demgegenüber vor, die leichten Mädchen lieber in geschlossenen Häusern unter Kontrolle zu halten, wie man es damals gerade in Paris und Berlin handhabte. Kaiser Joseph hielt diese Lösung für undurchführbar. »Da müßte ich ganz Wien mit einem Dach überdecken«, brummte er verächtlich.

Das war keine sehr ehrenvolle Feststellung für seine Hauptstadt, aber Joseph wußte, warum gerade in Wien die Sittenlosigkeit so überhandnahm, allen Bemühungen der maria-theresianischen Keuschheitskommission zum Trotz. Das Volk, das aus allen Teilen der Monarchie nach Wien strömte, war bitterarm. Die Soldaten waren in die Kasernen gesperrt; die Handwerksburschen schliefen zu dritt oder zu viert in den Dachkammern oder in den Kellerlöchern bei ihren Meistern; die Dienstmägde fanden nur ein Dach über dem Kopf, wenn die Herrschaft sie in ihr Haus aufnahm. Einen christlichen Hausstand zu gründen, wie die fromme Kaiserin es wünschte, war ihnen allen fast unmöglich.

Die Sittenstrenge der Kaiserin jedenfalls scheiterte am natürlichen Drang ihrer Untertanen nach Liebe. Und was die eigene Nachkommenschaft betraf, so mußte Maria

Theresia erleben, daß diese in Sachen Liebe viel mehr dem Kaiser Franz Stephan nachgeriet als ihr selbst. Vor allem ihr zweiter Sohn Leopold, der von Franz Stephan das Großherzogtum Toskana geerbt hatte, zeigte sich auch in seinem Privatleben dem lebenslustigen Lothringer durchaus ebenbürtig.

Ihre sechzehn Kinder waren Maria Theresias ganzer Stolz und ihr Einsatz für die Zukunft des Hauses Österreich und der Donaumonarchie.

Sechzehn Kinder – mit dem frischen Blut aus Lothringen schien der Bann der Unfruchtbarkeit gebrochen. Nach den unglückseligen letzten Althabsburgern, die mit größter Mühe gerade noch ein paar Mädchen in die Welt gesetzt hatten, wuchs jetzt eine neue Generation kräftiger, gesunder Buben heran. Die Erbfolge war damit so sicher wie schon lange nicht mehr, und was die Mädchen betraf, so war Maria Theresia entschlossen, mit ihnen Familienpolitik zu machen, ganz im Sinne der Tradition des Hauses. Sie war eine gute, stets um ihre Kinder besorgte Mutter. In einem Hofbericht des Jahres 1754 erzählt der Baron Fürst, Kanzler an der preußischen Gesandtschaft:

»Ist sie ermüdet und will sie sich erholen, so sieht sie ihre Kinder. Alle Tage ohne Ausnahme, wenn sie in Wien ist, tut sie das drei- oder viermal. In Schönbrunn und Laxenburg ist nicht genug Platz für die ganze Familie; die Kleinsten bleiben in Wien, die Kaiserin sieht sie dann nur einmal in der Woche. Sie ist eine zärtliche und strenge Mutter. Die Erzieher und Lehrer werden über die Aufführung ihrer Zöglinge gehört; es kommen Belohnungen und auch Strafen vor; ebensogut wie bei Privatleuten.«

Das erste Kind des Kaiserpaares wurde 1737 geboren, ein Mädchen, Maria Elisabeth. Es starb schon 1740. Die nächste Tochter, Anna, wurde später Klosterfrau, das dritte Mädchen, Maria Karoline, überlebte nicht sein Geburtsjahr. Erst mit dem vierten Kind bekamen Franz Stephan und Maria Theresia den ersehnten Thronerben: Joseph, geboren 1741. 1742 kam wieder ein Mädchen, Marie Christine; ein Jahr später gab es eine Maria Elisabeth. Nun ging es in bunter Folge weiter, fünf Knaben und elf Mädchen insgesamt, aber nur zehn der Kinder überlebten die Mutter. Daß bei so großer Kinderschar nicht immer Eintracht herrschte, ist klar. Die Lieblingstochter der Kaiserin war Maria Christine, später Frau des Herzogs Albert von Sachsen-Teschen, des Gründers der Wiener Albertina. Maria Christine schien die Zuträgerin für ihre Mutter gespielt zu haben; von ihr erfuhr die Kaiserin, was in der Kinderstube vor sich ging, und die Geschwister waren ihr daher nicht immer gewogen. Die jüngste Tochter, die 1755 geborene Maria Antonia, sollte das schlimmste aller Schicksale erleben: Als Marie Antoinette, Königin von Frankreich, endete sie auf der Guillotine der Französischen Revolution.

So viele Kinder kosteten viel Geld, und vor allem die Mädchen sollten natürlich bestens ausgestattet werden. Kaiser Franz verdiente mit seinen Geschäften zwar ungeheure Summen, aber der Hof gab auch ungeheure Summen aus. Am Ende von Maria Theresias Leben umfaßte der kaiserliche Hofstaat nicht weniger als 2400 Personen, und jährlich kostete die Hofhaltung an Gehältern und Pensionen 4,3 Millionen Gulden. Kein Wunder, daß die Kaiserin Geld einzutreiben versuchte, wo immer sie es bekommen konnte. Eine beliebte Einnahmequelle waren die Taxen, die für Titel und Standeserhöhungen bezahlt werden mußten. Einen Feldmarschall kostete seine Ernennung 2000 Gulden; einmal wurden für den Titel »Exzellenz« sogar 60.000 Gulden bezahlt. Als 1754 das Kind Ferdinand geboren wurde, später Herzog von Modena, feierte die Kaiserin das freudige Ereignis durch eine wahre Titelflut, die über ihre eitlen Hofschranzen niederging. Nicht weniger als siebzehn Feldmarschälle wurden ernannt, zu je 2000 Gulden. Vierzehn neue Geheimräte zahlten je 1000 Gulden. Insgesamt trug der Sprößling der Hofkasse runde 400.000 Gulden an Gebühren für Standeserhöhungen ein.[16]

Maria Theresia wäre keine Habsburgerin, keine Kaiserin, kein Kind ihrer Zeit gewesen, hätte sie diesen Kindersegen nicht auch als Segen für ihre Erblande und ihre Politik betrachtet. Ihr dynastisch-staatserhaltendes Ziel war, die große Erbfeindschaft zwischen den beiden mächtigsten Herrschergeschlechtern des Abendlandes, zwischen Habsburgern und Bourbonen, aus der Welt zu schaffen. Die Hoffnungen ihres Vaters, die Bourbonen in Spanien und Neapel-Sizilien zu beerben, hatte sie aufgegeben. Besiegen konnte man Frankreich auch nicht, das hatte der Erbfolgekrieg von 1740 bis 1745 gezeigt. So verbündete sich Maria Theresia mit Frankreich im Siebenjährigen Krieg gegen Preußen, von 1756 bis 1763. Das Drei-Damen-Bündnis könnte man diese Allianz nennen, denn Madame Pompadour, Ludwigs XV. geliebte Freundin, hatte das Bündnis vermittelt, und die russische Zarin Elisabeth war ihm ebenfalls beigetreten.

Und als der Siebenjährige Krieg nicht gerade erfolgreich zu Ende gebracht war, sollte die Allianz durch eine der weitestgespannten Heiratskombinationen verewigt werden, die jemals ein dynastisch denkendes Gehirn ersonnen hatte. Die Bourbonen saßen jetzt als Könige in Frankreich, als Könige in Spanien, als Könige in Neapel und als Herzoge in Parma; vier Zweige einer Familie; – und zum Unterschied von den Habsburgern früherer Jahrhunderte, die einander in habgierigen Erbschaftsstreitigkeiten aufgerieben hatten, hielten diese vier Bourbonenfamilien eisern zusammen. Also mußte man sie »unterwandern«, mußte man sie alle mit Schwiegersöhnen und Schwiegertöchtern versorgen. Maria Theresia hatte Söhne und Töchter genug, um jeden Anspruch zu befriedigen.

Das große Heiratsfest begann 1760: Kronprinz und Thronerbe Joseph bekam Isabella von Bourbon-Parma. Zweiter Akt 1765: Der zweite Sohn, Leopold, heiratete Maria Ludovika von Bourbon-Spanien. So nahe verwandt die beiden Bräute waren, so unterschiedlich verlief ihr Leben. Joseph hat die schöne Italienerin über alles geliebt, Leopold mußte die wenig schöne Spanierin zwangsläufig als Last empfinden. Die schöne und geliebte Isabella starb kinderlos und hinterließ einen untröstlichen Witwer. Die unschöne und ungeliebte Ludovika überlebte ihren Ehemann und brachte nicht weniger als sieben Söhne zur Welt.

große Kaiserin war zugleich die letzte Habsburgerin
VI., letzter Habsburger aus altem Stamme, vererbte seiner Tochter Maria Theresia die Länder der Donau-archie. Die für sie erdachte Pragmatische Sanktion sollte die österreichischen Erblande ungeteilt und ungetrennt hre und ihres Ehemanns Franz Stephan von Lothringen Nachkommenschaft übergehen lassen.

Francisco Primo Caesari Augusto Invicto Felici Imperatoriae Majestatis Vindici Et
Sapientia, forma Majestate Clementia Fortitudine Magnificentia Augustissimae Imperii.
Josepho Benedicto Carolo Josepho. Petro Leopoldo.
Populorum Deliciae coelitus orbi donatis, in Spem et Decus generis humani, Adolescentibus
Mariae Annae Mariae Christinae Mariae Elisabethae M. Amaliae
Archiducibus Austriae fulgentissimis Germaniae Sideribus orbem terrarum illustrantibus.
Mariae Theresiae Roma
et Regnorum optimis Parentibus
Ferdinando Francisco
Nec non Serenissimis Princip
Joannae Gabrielae Mari
hanc tabulam Augustissimae gentis

Die Schwiegermutter Europas
Franz Stephans und Maria Theresias Kinderschar ermöglichte es dem Hause Habsburg-Lothringen, dort anzuknüpfen, wo das Haus Habsburg geendet hatte. Die Söhne und Töchter des Kaiserpaares wurden über die wichtigsten katholischen Fürstenhöfe Europas verteilt. „Du, glückliches Österreich, heirate" war auch jetzt der Wahlspruch.

Die liebende Kaiserin
Bis an ihr Lebensende legte Maria Theresia nach dem Tode ihres heißgeliebten Franz den Witwenschleier nicht mehr ab. Der prunkvolle Doppelsarg vereinigte den lebenslustigen Kaiser und seine oft recht eifersüchtige Kaiserin auch im Tode.

Der liebende Kaiser
Joseph II. am Wochenbett seiner geliebten ersten Frau, der frühverstorbenen Maria Isabella von Bourbon-Par

glücklich im Leben wie in der Liebe
eph II., Sohn und Nachfolger Maria Theresias, heira- zweimal. Die erste Frau, Maria Isabella, Prinzessin Bourbon-Parma *(links)*, hat er leidenschaftlich ge-t, während sie an seiner Seite nicht glücklich zu wer- vermochte. Nach ihrem frühen Tod heiratete der röstliche Kaiser in zweiter Ehe die wenig ansehnliche erische Prinzessin Maria Josepha *(oben)*. Sie wollte eine gute Frau sein, aber Joseph konnte Iabella nicht gessen, und seine Abneigung gegen die zweite Frau gerte sich bis zum sinnlosen Haß.

Wieder eine Ahnfrau
Die wenig schöne Maria Ludovika von Spanien, auch Luisa genannt, wurde am Ende des 18. Jahrhunderts zur Stammutter einer neuen Generation von Habsburg-Lothringern. Als Frau des Kaisers Leopold II., der seinem söhnelosen Bruder Joseph auf den Thron folgte, brachte sie Söhne und Töchter in bunter Folge zur Welt, zugleich aber schleppte sie auch die Epilepsie in das Haus Österreich ein, die dann bei ihrem Enkel, dem gütigen Kaiser Ferdinand, so verhängnisvoll zum Durchbruch gelangen sollte.

Nº

1. Erzherzog Franz Carl.
2. E.H. Anton Victor.
3. S.M. Ferdinand V. jüngerer Koenig von Ungarn.
4. J.M. die Koeniginn von Ungarn Maria Anna.
5. E.H. Joseph, Palatin.
6. E.H. Rainer, Vice-Koenig.
7. E.H. Carl.
8. S.M. Kaiser Franz I.
9. J.M. die Kaiserinn Caroline Auguste.
10. E.Hginn Marie, Gem. des E.H. Palatin.
11. E.H. Stephan, Sohn des E.H. Palatin.
12. E.H. Albrecht, Sohn des E.H. Carl.
13. E.H. Maximilian von Este.

Nº

14. E.H. Johann.
15. E.H. Ludwig.
16. E.Hginn Elisabeth, Gem. des E.H. Vice-Koenigs.
17. E.Hginn Sophie, Gem. des E.H. Franz Carl.
18. E.H. Heinrich, Sohn des E.H. Vice-Koenigs.
19. E.H. Rainer, Sohn des E.H. Vice-Koenigs.
20. E.Hginn Therese, Tochter des E.H. Carl.
21. E.Hginn Adelheid, Tochter des E.H. Vice-Koenigs.
22. E.Hginn Hermine, Tochter des E.H. Palatin.
23. E.H. Carl Ferdinand, Sohn des E.H. Carl.
24. E.H. Alexander, Sohn des E.H. Palatin.
25. E.H. Friedrich, Sohn des E.H. Carl.
26. E.H. Ernst, Sohn des E.H. Vice-Koenigs.

Nº

27. E.H. Leopold, Sohn des E.H. Vice-Koenigs.
28. E.Hginn Marie, Tochter des E.H. Vice-Koenigs.
29. E.H. Franz Joseph, Sohn des E.H. Franz Carl.
30. E.Hginn Marie, Tochter des E.H. Carl.
31. E.H. Ferdinand Max, Sohn des E.H. Franz Carl.
32. E.H. Joseph, Sohn des E.H. Palatin.
33. E.H. Carl, Sohn des E.H. Franz Carl.
34. E.Hginn Elisabeth, Tochter des E.H. Palatin.
35. E.H. Wilhelm, Sohn des E.H. Carl.
36. E.H. Sigismund, Sohn des E.H. Vice-Koenigs.
37. E.H. Maximilian, Sohn des E.H. Vice-Koenigs.

r Biedermeierkaiser und seine Familie

Kaiser des „Gott erhalte" ging Franz II., österreichischer Kaiser Franz I. genannt, die Geschichte seines Hauses ein. Unter ıen Brüdern war er einer der Schwächsten. heiratete viermal, aber nur wenige seiner ıder überlebten. Seine Tochter Maria Louise rde trotz ihres Widerstandes der lieben itik wegen an Napoleon verheiratet *(rechts)*.

vat lebte Kaiser Franz durchaus das Leeines gutbürgerlich-liebenden Vaters und ßvaters, der sich im Familienkreis am ılsten fühlte *(links)*. Er fand sich sogar ıit ab, daß sein Bruder Johann, wahreinlich der Begabteste der ganzen Familie, Bürgerliche heiratete: Anna Plochl, die reizende Tochter des Postmeisters von Bad see *(unten)*.

„Daß Gott erbarm"
Mit diesem vielsagenden Stoßseufzer begrüßte der Kaiser Franz die Prinzessin Maria Anna Karolina von Savoyen, als diese nach Österreich kam, um den an Epilepsie leidenden Kronprinzen Ferdinand zu heiraten. Als Kaiserin wurde die Italienerin mehr zur Pflegemutter und Krankenschwester des Kaisers als zur Ehefrau. In den entscheidenden Stunden des Revolutionsjahres 1848 trug sie wesentlich dazu bei, daß Ferdinand zugunsten seines Neffen Franz Joseph auf den Thron verzichtete.

Das waren die Bourbonenheiraten der Söhne. Nun kamen die Töchter an die Reihe. Bourbon-Spanien stand für Maria Theresia an der Spitze der Wunschliste: Der junge, noch unter Regentschaft amtierende König Ferdinand IV. benötigte dringend eine österreichische Braut. Noch im Kinderzimmer wurde die 1750 geborene Johanna ausgewählt; sie starb aber schon zwölfjährig an den Pocken. Die 1751 geborene Josefa rückte nach; knapp vor der Eheschließung starb auch sie; ebenfalls an den Pocken. Maria Theresia ließ sich nicht entmutigen, und sie nahm die beiden Todesfälle auch nicht als böse Vorzeichen. Die 1752 geborene Maria Caroline wurde 1768 endlich in Neapel unter die Bourbonenhaube gebracht. Ein Jahr später heiratete Maria Amalie den Herzog Ferdinand von Parma. Und dann, 1770, erreichte die Kaiserin die Krönung aller dieser Kombinationen: Noch nicht fünfzehn Jahre alt, wurde die jüngste Tochter, Marie Antoinette, mit Ludwig von Frankreich verheiratet, dem Enkel des Königs, dem Thronfolger und späteren König Ludwig XVI.

Glück im Leben und in den so raffiniert ausgetüftelten Ehen hatten nur wenige der Mädchen. Marie Antoinette mußte ihren schönen Kopf unter das Fallbeil legen. Die neapolitanische Maria Caroline wurde von Truppen Napoleons aus ihrer Hauptstadt vertrieben. Zeitlebens machten die Töchter ihrer Mutter Sorgen. Sogar die Lieblingstochter Marie Christine gab Anlaß zu Klagen; daran war ihre Eifersucht schuld. Maria Theresia schrieb ihr: »Nie soll eigensüchtiger Argwohn in Euer Herz dringen. Je mehr Freiheit Ihr Eurem Gemahl lasset, je mehr Ihr ihm darin Eure Gefühle und Euer Vertrauen zeigt, um so begehrenswerter werdet Ihr für ihn sein.« Das war 1766, und die Kaiserin war schon Witwe; offenbar hatte sie, als sie die Tochter zum Vertrauen ermahnte, ihre eigene Eifersucht vergessen. An Maria Amalie in Parma schrieb sie: »Ihr wißt, daß wir uns unseren Ehemännern unterzuordnen haben. Wir schulden ihnen Gehorsam, unser einziges Ziel soll in allem unser Gatte sein . . . wir wollen aus ihm unseren besten Gefährten machen und in ihm unseren Herrn und Meister sehen.« Das klang einigermaßen verblüffend aus dem Munde einer Kaiserin, die selbst ihren Mann, den Kaiser Franz Stephan, bei aller persönlichen Liebe kein Wort mitreden ließ. Aber Maria Theresia war eben eine große Kaiserin, und die solcherart ermahnte Tochter in Parma zeichnete sich durch Verschwendungssucht und Schuldenmacherei aus.

Mit Marie Antoinette in Paris war es am schlimmsten. Der österreichische Gesandte Graf Mercy berichtete seiner Kaiserin mit allem Respekt, aber doch unmißverständlich, daß ihr Töchterchen eine mißratene Person war – Vergnügungssucht, Spielwut, Vorliebe für kostbaren Schmuck, maßlose Geldverschwendung. Kein Wunder übrigens – der königliche Gemahl war ein Versager; an Frauen wenig interessiert und außerdem zeugungsunfähig. Die Ärzte rieten zu einer Operation, der König fürchtete sich und schob den Eingriff immer wieder hinaus.

In Wien machten Mutter und Bruder sich Sorgen um die junge Königin in Paris, und Marie Antoinette selbst bestürmte Joseph in ihren Briefen, zu ihr zu kommen und ihr aus der unglückseligen Lage herauszuhelfen. Im Juli 1775 beantwortete der Kaiser die Hilferufe mit einem bitterbösen Brief: »Wie kannst Du nur wünschen, daß ich Dich besuche und mich in die große Welt des Hofes und Deines Landes begebe – unter diesen Umständen, in denen, wie ich sehe, Du Dich befindest und aus eigenem Willen befindest? So viel ich weiß, bekümmerst Du Dich um eine Unmenge von Dingen, die Dich nichts angehen, die Du nicht kennst; die Umtriebe und Torheiten, die Dir schmeicheln und Deine Eigenliebe und Deine Sucht zu glänzen erregen, selbst einen gewissen Haß und Groll zu nähren wissen, sind schuld, wenn Du einen Fehltritt nach dem anderen begehst; sie können das Glück Deines Lebens trüben und müssen Dir notwendig früher oder später brennende Unannehmlichkeiten bereiten, müssen die Freundschaft und Achtung des Königs vermindern, Dich um den guten Ruf und das Ansehen bringen, das Du Dir für diesen Ruf erwerben solltest und Dir bis jetzt wunderbarerweise erworben hast. Wozu, meine liebe Schwester, mischst Du Dich darein, Minister zu entfernen, einen andern auf seine Landgüter zu schicken, eine solche Stelle dem oder jenem zu verschaffen, diesen einen Prozeß gewinnen zu lassen, an Deinem Hof ein neues kostspieliges Amt einzurichten, von Geschäften zu sprechen, selbst Ausdrücke zu gebrauchen, die in Deiner Lage sehr wenig schicklich sind? Hast Du Dich einmal gefragt, mit welchem Recht Du Dich in die Geschäfte der Regierung und der französischen Monarchie einmengst? Welche Studien hast Du gemacht? Welche Kenntnisse hast Du Dir erworben, daß Du Dir einzubilden wagst, Deine Ansicht oder Meinung muß zu irgend etwas gut sein, namentlich in den Geschäften, die so ausgedehnte Kenntnisse erfordern? Du, eine liebenswürdige junge Person, die den ganzen Tag nur an ihren Genuß, ihren Putz, ihr Vergnügen denkt, die nichts liest, die nicht eine Viertelstunde im Monat vernünftig reden kann, die nicht überlegt, nicht nachdenkt – ich bin sicher, niemals nachdenkt – die nicht die Folgen der Sachen erwägt, die sie tut oder spricht? Du handelst nur nach dem Gefühl des Augenblicks, läßt Dich allein leiten von dem Augenblick, selbst von den Worten und Beweggründen, die Deine Günstlinge Dir mitteilen und denen Du folgst . . . Glaub mir und hör auf die Stimme eines Freundes und eines Menschen, der Dich liebt, wie Du weißt.«[17]

Alle Ermahnungen blieben wirkungslos. Schließlich machte sich Joseph II. doch noch auf die Reise nach Frankreich, aber auch sein Besuch in Versailles vermochte Marie Antoinettes Lebensweise nicht zu ändern. Joseph brachte seinen Schwager wenigstens dazu, die Operation über sich ergehen zu lassen, so daß schließlich doch noch Kinder gezeugt wurden. Eines war jenes unglückliche Kind Ludwig, das während der Revolution einem Handwerker in Pflege gegeben wurde und das dann spurlos verschwand. Insgesamt bekam Marie Antoinette vier Kinder: ein Mädchen zuerst, dann einen Knaben, der nach wenigen Jahren starb, schließlich den Thronfolger Ludwig und dann noch ein Mädchen, das nur ein Jahr alt wurde. Die Franzosen allerdings glaubten nicht so recht an den Erfolg der Operation und wollten wissen, daß der Dauphin Ludwig in Wahrheit der Sohn des schwedischen Grafen Fersen sei, des Favoriten der lebenslustigen Königin.

Mit ihren bourbonischen Ehekombinationen war Maria Theresias dynastisches Konzept allerdings noch nicht erschöpft. Ihr 1754 geborener Sohn Ferdinand wurde mit Maria Beatrice d'Este verheiratet, der Erbin des Herzogtums Modena. 1803, nach dem Tod des letzten Herzogs Ercole Rinaldo III., erbte Ferdinand das Herzogtum und begründete dort eine neue habsburgische Dynastie. Die Habsburg-Este blieben bis 1860 in Modena, bis die Einigung Italiens sie vertrieb. Abgefunden haben sie sich damit nicht; der letzte aus der Reihe vererbte seinen Titel und sein Vermögen dem Thronfolger Franz Ferdinand, zugleich mit seinen unrealisierbaren Ansprüchen. Und weil Titel etwas Schönes sind, auch wenn keine Realität dahintersteht, so führte noch der zweite Sohn des letzten Kaisers Karl, Robert von Habsburg, den Namen Este.

Theoretisch konnte Maria Theresia am Ende ihres Lebens mit ihrer Familie durchaus zufrieden sein. Sie war die Schwiegermutter von halb Europa. Sie konnte der neuen Dynastie Habsburg-Lothringen übergeben, was sie von dem letzten Habsburger Karl geerbt hatte; mit einem kleinen Schönheitsfehler – das verlorene Schlesien. Dafür hatte sie Italien – Traumziel und ewiger Kriegsschauplatz – befriedet: Modena und Toskana waren in den Händen des Hauses Österreich; Neapel und Parma mit Bräuten versorgt. Wenn Fürstenehen auch niemals eine Friedensgarantie geboten hatten, so vertraute Maria Theresia dennoch auf sie, und die Zeit war dazu angetan, ihr recht zu geben. Ein neuer Geist kam auf; Revolution und Nationalismus. Und vor dem Ansturm der Völker, die man bis dahin aus allen höfischen Berechnungen hatte ausklammern können, schlossen sich die Dynastien zusammen und vergaßen ihre Kriege um Macht und Erbschaften. Vielleicht sollte man treffender sagen: Sie kamen nicht mehr dazu, um Länder und Erbansprüche Kriege zu führen.

Maria Theresia erlebte die neue Zeit nicht mehr, deren prominentestes Opfer ihre Tochter Maria Antoinette werden sollte. Die Witwe auf dem Kaiserthron wurde dreiundsechzig Jahre alt. Die letzten Jahre waren beschwerlich genug für sie. Von ihrer Mutter, der schönen Elisabeth Christine, hatte sie die schlanken Füße mit den zarten Fesseln geerbt, aber da Maria Theresia mit den Jahren immer dicker wurde, machte ihr jede Bewegung allmählich größte Schwierigkeiten. Sinnreiche Maschinen wurden erfunden, um ihr das Stiegensteigen zu ersparen; sogar in die Kapuzinergruft wurde ein Aufzug eingebaut, weil sie die Besuche am Sarge ihres geliebten Franzl nicht aufgeben wollte. Damit sie zu ihren Appartements in der Hofburg gelangen konnte, baute man eine Rampe. So fuhr sie an der Außenfront bis zum ersten Stockwerk hinauf. In ihrem Schlafzimmer, heute Empfangssalon des österreichischen Bundespräsidenten, steht immer noch die Uhr mit dem verkehrten Zifferblatt, das man eigens für sie anfertigen ließ, damit die Kaiserin von einem Spiegel die Zeit ablesen konnte, ohne sich im Bett umdrehen zu müssen.

1780, bei ihrem letzten Besuch in der Kapuzinergruft, blieb der dort eingebaute und mit komplizierten Winden versehene Aufzug dreimal stecken. Die Kaiserin nahm es gelassen hin, als Vorzeichen des nahen Todes. Sie fürchtete das Ende nicht. Ihr Leben war reich genug gewesen, und sie war sich dessen dankbar bewußt.

Kapitel 6

Das Blut des Hauses Bourbon

Maria Theresias Nachkommen und deren italienische Ehen

Kaiser Josephs große Liebe

Wieder einmal: Nur kaiserliche Töchter

Das ungewöhnliche Privatleben Kaiser Leopolds

Eine neue Generation von Habsburgerprinzen

Die vier Ehen des Kaisers Franz

Die Demütigung der Marie Louise von Parma

Eine Kaiserin für Brasilien

Erzherzog Johann und die Postmeisterstochter

»Glück meines Lebens« nannte Maria Theresia die Prinzessin Isabella von Bourbon-Parma, die ihre erste Schwiegertochter wurde.

Dabei hätte Isabella es gar nicht werden sollen. Eine Dame aus dem Hause Bourbon war natürlich vorgesehen; nur das Haus Bourbon kam für den ältesten Sohn und Thronerben in Frage, denn das große Heiratskonzept der Kaiserin, der Ausgleich mit der französischen Dynastie, stand von Anfang an fest. Eine Bourbon-Prinzessin aus Neapel hätte am besten in Maria Theresias Konzept gepaßt. Aber Bourbon aus Parma, dem kleinsten, dem unbedeutendsten der Länder, in denen machtlose Ableger des französischen Königshauses regierten? Für eine Prinzessin aus Parma war der künftige Kaiser eigentlich zu schade. Andererseits war da Ludwig XV., König von Frankreich und Oberhaupt aller Zweige des Hauses Bourbon in Europa. Der König von Frankreich war der Großvater der Isabella aus Parma, und er hätte Joseph gerne mit seiner Enkelin verehelicht gesehen.

Das hatte natürlich, neben der Liebe eines Großpapas für sein Enkelkind, auch politische Gründe, denn trotz der neuen Freundschaft zwischen Habsburg und Bourbon konnte dem König von Frankreich jede allzu große Stärkung des Hauses Österreich nur unbequem werden. Daß Neapel und Sizilien auf dem Umweg über eine neue Ehe womöglich eines Tages doch noch an Österreich fallen könnten, paßte durchaus nicht ins französische Konzept. Da war ein eventueller Verlust des kleinen Herzogtums Parma schon wesentlich leichter zu verschmerzen.

In Neapel wiederum dachte man gerade umgekehrt. Dort war man eifersüchtig auf die eigene Bedeutung und deren Aufwertung bedacht; wenn als Schwiegersohn der künftige Kaiser gewonnen werden konnte, war diese Bedeutung eindringlich bestätigt. Man hatte wenig Lust, als König von Neapel hinter dem König von Frankreich und dem König von Spanien sozusagen nur ein Bourbon dritter Garnitur zu sein.

So arbeiteten die Gesandten der bourbonischen Länder am Wiener Hof in dieser Ehefrage eifrig gegeneinander: der französische Gesandte Marquis d'Aubeterre Schulter an Schulter mit dem Vertreter Parmas gegen den neapolitanischen Botschafter Fürst Camporeale.

Die Kaiserin sah sich in eine unerwünscht peinliche Lage versetzt. Statt mit der Ehe ihres ältesten Sohnes reichlich Zinsen aus dem wertvollsten dynastischen Kapital zu schlagen, bahnte sich ein Verlustgeschäft an.

Das Jahr 1760, in dem dieser kalte Brautkrieg seinem Höhepunkt zusteuerte, war ein verdammt heißes Kriegsjahr an den Fronten des Siebenjährigen Krieges, und während die Kaiserin sich um die künftige Frau ihres Sohnes streiten mußte, kämpfte man gegen Preußen um das nackte Leben. Seite an Seite mit Franzosen und Russen; – wie konnte man sich in einer solchen Situation auf einen Familienkonflikt mit dem König von Frankreich einlassen?

Die Entscheidung brachte schließlich der, von dem man sie am wenigsten erwartet hätte: der junge Erzherzog Joseph. Es ging um seine Zukunft, um seine künftige Frau, um sein Lebensglück, aber alle diese gutbürgerlichen Begriffe hatten bei Prinzenehen schließlich nur höchst selten eine Rolle gespielt. So war es recht verwunderlich, daß der auserkorene Bräutigam, dessen Braut noch nicht feststand, unvermutet seine eigenen Wünsche anmeldete und klipp und klar entschied, daß er seiner Neigung zu folgen gedachte und nicht der Staatsräson.

Im Hause Österreich war so etwas ungewöhnlich, aber Maria Theresia hatte selbst Schuld an der Widersetzlichkeit ihres Thronerben, wenn man von »Schuld« sprechen wollte. Die Kaiserin hatte ihrem Ältesten schon sehr früh einen Rang und eine Bedeutung zugestanden, wie sie in der Prinzenerziehung im Hause Österreich nicht eben üblich waren. Normalerweise wurden die Thronfolger möglichst lange von den Regierungsgeschäften ferngehalten. Maria Theresia hatte dieses bedenkliche Prinzip am eigenen Leib zu spüren bekommen. Ihr Vater Karl VI. war ein eigenwilliger und selbstherrlicher Mann gewesen. Der Gedanke, seine heranwachsende Tochter zu seiner Mitarbeiterin zu machen, war ihm nie gekommen. Maria Theresia war die Erbin. Um ihr Erbe zu sichern, hatte man den ganzen komplizierten Vorgang der Pragmatischen Sanktion in Bewegung gesetzt, aber der Kaiser hatte nichts unternommen, um die Tochter auch auf die Anwendung des Verfahrens vorzubereiten. Sie blieb für den kaiserlichen Vater immer nur das Mädchen. Die Pragmatische Sanktion war eigentlich eine Vorsichtsmaßnahme; der Kaiser hoffte innerlich immer noch, daß dieses Mädchen niemals regieren würde. Sie sollte die Krone tragen, die kleine Maria Theresia, mehr war kaum vorgesehen. Wer an ihrer Stelle regieren sollte, blieb unausgesprochen. Der Kaiser schien auf den Zufall der Zukunft vertraut zu haben oder auf Franz Stephan.

Karl VI. erlebte seinen Irrtum nicht mehr. Ganz gegen seine Erwartungen regierte Maria Theresia selbst, und mitunter männlicher und mutiger als ein Mann. Sie für ihre Person wollte den Fehler des Vaters nicht wiederholen. Sie ließ den ältesten Sohn das große politische Spiel mitmachen, obwohl er noch ein halbes Kind war.

Joseph war neunzehn Jahre alt, als die Ehefrage ins akute Stadium trat. Verwöhnt durch das Recht, überall mitzusprechen, wollte er begreiflicherweise gerade in diesem Punkt, der sein eigenes persönliches Schicksal betraf, nicht als Figur auf dem dynastischen Schachbrett herumgeschoben werden. Die Braut seines Herzens war nicht die Neapolitanerin, sondern die Dame aus Parma. Isabella, die große, die einzige Liebe seines Lebens.

Bemerkenswerterweise hatte Joseph das Mädchen seiner Träume nie gesehen. Er hatte sich in ein Wunschbild verliebt, das er dem Gesandten Graf Firmian verdankte. Der Graf schien die junge Dame mit so großer Begeisterung geschildert zu haben, daß Joseph nur sie wollte und keine andere. Mit dem schuldigen Respekt, aber sonst recht energisch bat der junge Prinz seine Eltern, dem Glück des Sohnes nicht im Wege zu stehen.

Neapel gegenüber war die Sache zwar peinlich, anderseits aber erfreulich wegen Frankreich. Frankreich wiederum war wichtiger als Neapel, also kostete es Maria Theresia keine allzu große Überwindung, die liebende und verständnisvolle Mama eines leidenschaftlichen Jünglings zu sein. Fragte sich nur, wie man dem neapolitanischen Botschafter den Gesinnungswandel beibringen sollte. Die Staatskanzlei kam schließlich auf einen höchst undiplomatischen und nur sehr selten beschrittenen Ausweg: Man beschloß, einfach die Wahrheit zu sagen. Joseph hatte sich in Isabella verliebt, er sollte also Isabella bekommen – und da die Verliebtheit auch für den Fürsten Camporeale nicht zu übersehen war, so leistete man in Neapel Verzicht, ohne gekränkt zu spielen. Dafür wurde um so emsiger an den Vorbereitungen einer Ehe zwischen einer Schwester des verliebten Joseph und dem neapolitanischen Thronerben gewerkt.

Nachdem sich Maria Theresia nun einmal entschlossen hatte, dem Sohn seinen Willen zu lassen, warf sie sich mit der ganzen Begeisterung, die sie für Hochzeitsfeierlichkeiten aufbrachte, auf die Vorbereitung des großen Ereignisses. Der Feldmarschall Fürst Wenzel Liechtenstein wurde wahrhaft kaiserlich ausgestattet, um die Braut aus Parma abzuholen. Dreihundert Pferde wurden benötigt, um die Prinzessin samt Begleitung und Ausstattung nach Österreich zu bringen. Franz Stephan fuhr der künftigen Schwiegertochter entgegen; in Schloß Laxenburg wurde sie zunächst untergebracht, und dort traten Isabella und Joseph einander zum erstenmal unter die Augen.[1]

Joseph war begeistert. Das blühende Parmaveilchen übertraf noch seine Erwartungen. Isabella war schön. Sie war klug. Sie war gebildet. Sie besaß alles, was ein Mann sich nur wünschen durfte. Sie konnte ebenso gut rechnen, wie sie Geige spielen konnte, sie war eine ausgezeichnete Malerin, und sie interessierte sich sogar für militärische Probleme. Nicht nur Joseph war hingerissen, die ganze Familie schwärmte von der jungen Frau. Die Ehe nahm einen mustergültigen Verlauf; das junge Paar verbrachte seine Abende bei zärtlicher Musik. Joseph spielte Klavier und sang, Isabella begleitete ihn auf der Violine. Dann kam das erste Kind, ein Mädchen zwar, aber Joseph war in seine Frau so verliebt, sie waren miteinander so glücklich, daß kaum jemand sich kränkte, weil es kein Sohn war. Zwei junge, gesunde, lebenslustige Menschen am Anfang ihres gemeinsamen Weges hatten noch Zeit genug, auch ein halbes Dutzend Söhne zu bekommen . . .

Glaubte man zumindest. Mitten in eine Pockenepidemie hinein wurde Isabella zum zweitenmal schwanger. Die Krankheit ergriff sie, eine Frühgeburt folgte. Wieder ein Mädchen, und es starb wenige Stunden nach der Geburt. Isabella folgte dem Kind ins Grab. Knappe drei Jahre nur hatte das große Glück gedauert.

Das große Glück?

Der Kaiser Joseph ordnete später ganze Gebirge von Papier, das Isabella beschrieben hinterlassen hatte, und immer wieder las er in ihren Aufzeichnungen, in ihren Briefen, in den literarischen Versuchen, die sie unternommen hatte. Dabei mußte ihm wohl erst so richtig klargeworden sein, wie sehr verschieden von ihm selbst diese heißgeliebte Isabella von Parma doch gewesen war. Da mußte er wohl begriffen haben, was er bei Lebzeiten seiner Frau offenbar niemals erfassen konnte. Daß er glücklich gelebt hatte mit ihr, aber sie nicht mit ihm.

Die Tragödie dieser Ehe hatte sich im stillen abgespielt, unterschwellig, ohne Ausbrüche, ohne laute Szenen, überhaupt ohne offenen Konflikt. Die Historiker haben später Vergleiche gezogen: Isabella von Parma schien ihnen in ihrem Schicksal sehr ähnlich der seltsamen Frau, Elisabeth aus Bayern, neben der Franz Joseph gelebt hatte, ohne sie zu verstehen.

Isabella war klug, gebildet; – vielleicht war sie zu klug, zu gebildet, zu ambitioniert für eine Frau, von der die Familie eigentlich nicht mehr wollte, als daß sie Kinder bekam, hauptsächlich Buben, und von der der Ehemann sich zärtliche Stille, unauffällige, unaufdringliche und vor allem problemlose Begleitung durch sein Leben erhoffte. Anderseits aber war Isabella nicht klug, nicht gebildet genug, um sich mit ihren zweifellos vorhandenen Geistesgaben auch durchzusetzen, um mehr daraus zu machen als literarischen und politischen Dilettantismus, wie er sich in ihren Schriften niederschlug. Sie war auch noch zu jung, um brauchbare Gedanken zu formulieren, und das Schicksal ließ sie nicht alt genug werden, um das Unausgegorene reifen zu lassen. So bleibt ihre persönliche Tragödie nur in der schriftlichen Hinterlassenschaft spürbar.

Sie war, so wie später Elisabeth an Franz Josephs Seite, eigentlich nur unglücklich, ohne selbst einen faßbaren Grund dafür angeben zu können. Sie war von einer unbestimmten, nicht konkret erklärbaren Traurigkeit umgeben; unbefriedigt – seelisch, geistig unbefriedigt an der Seite eines jungen Ehemannes, der da offensichtlich gar nicht bemerkte, was neben ihm passierte, weil der Staat, die ungeheure politische Aufgabe, die seiner harrte, ihn schon von seinen Knabenjahren an voll ausfüllte. Die Mutter hatte Joseph so erzogen, indem sie ihn schon als Halbwüchsigen zuzog, heranzog – wie Sophie von Bayern ein Jahrhundert später das Kind Franz Joseph schon in der Schulstunde zum perfekten Kaiser machen sollte.

Isabella war eine exaltierte Schwärmerin, so wie Elisabeth, die schöne Sisi, in ihren Jugendjahren eine exaltierte Schwärmerin war; – wie junge Mädchen eben exaltierte Schwärmerinnen sind, nur in wesentlich ungefährlicheren Bahnen, weil sie eben ihre Grenzen spüren, während ihre Altersgenossinnen wie Isabella – oder Elisabeth – als Kaiserinnen oder als Kronprinzessinnen in einer Welt leben, die ganz so aussieht, als ließen sich Schwärmereien verwirklichen.

Doch Joseph war an Isabellas Seite schon als junger Mann von kühler, realistischer Sachlichkeit, und so ließen sich Isabellas Schwärmereien eben nicht verwirklichen, wie sich Elisabeths Schwärmereien nicht verwirklichen ließen an der Seite des ebenso kühlen, realistisch-sachlichen Franz Joseph, und daran zerbrachen sie eben beide; Isabella innerlich, Elisabeth auch nach außen hin. Weil sie länger lebte, weil sie ein Jahrhundert später lebte; weil die zweite Hälfte des 19. Jahrhunderts Sisi die Möglichkeit bot, auszubrechen. Eine Möglichkeit, die Isabella, hätte sie länger gelebt, nie offengestanden wäre; jedoch ist es müßig, zu überlegen, was alles hätte passieren können, wenn Isabella so alt geworden wäre wie Elisabeth.

Das bittere Empfinden, bei ihrem Mann trotz seiner Liebe nicht anzukommen, das Elisabeth zur ruhelosen Weltenbummlerin machte, weckte bei Isabella Todessehnsucht. Für ihre Ausbrüche wählte sich Isabella noch dazu die am wenigsten passende Partnerin, die sie finden konnte: die plumpe, nicht besonders kluge Schwägerin Marie Christine, Frau des kunstsammelnden, unkomplizierten, durchaus diesseitigen Herzogs von Sachsen-Teschen, der sie hysterisch anmutende, schwülstige und oft schwül wirkende Briefe schrieb, auf die Marie Christine nur mit hausbackenen Vorschlägen antworten konnte, wie Isabella ihren Herrn und Gebieter unterkriegen sollte.

Marie Christine begriff nicht, worum es eigentlich ging. Joseph begriff es auch nicht, ebensowenig wie Franz Joseph eigentlich jemals so richtig begreifen sollte, warum seine Sisi keine Ruhe fand.

Und was sollte ein Rationalist, ein Aufklärer, ein Feind bigotter Frömmelei, ein Anbeter der reinen Vernunft wie Joseph auch mit einer Frau anfangen, die Briefe wie diesen – an Marie Christine natürlich – schrieb:

»Recht mit Muße, bis in seine Nebenumstände habe ich mir all die Schrecken des Todes vergegenwärtigt. Aber ich versichere Dir auch, daß mich dies lebhafter denn je mit dem Wunsch erfüllt hat, zu sterben. Was habe ich auf dieser Erde zu tun? Ich bin zu nichts nütze, ich tue nur Übles, und je länger ich lebe, desto mehr Hindernisse finde und erwecke ich für mein Heil. Wäre es erlaubt, sich selbst zu töten, so hätte ich wohl versucht, dies zu tun. Vielleicht wird Gott mir die Gnade erweisen, mich bald zu berufen . . .[2]

Gott erwies der jungen Isabella von Parma diese erwünschte Gnade, noch bevor sie Kaiserin an der Seite des Kaisers Joseph wurde. Die Geschichtsforschung hat später nach konkreten Gründen für dieses rational unbegründete Verhalten einer jungen Frau gesucht, und die Forschung hat gehofft, sie im Sexus zu finden. Man versuchte, aus den Briefen und Schriften eine abnorme Veranlagung herauszulesen. Man versuchte auch eine Jugendliebe in Parma aufzuspüren, die Isabellas Herz gefangenhielt und die Ehe mit Joseph für sie unerträglich scheinen ließ.

Beide Versionen liefern keine ausreichende Erklärung, es sei denn, man ließe allein die Verschiedenheit dieser beiden Ehepartner als Erklärung gelten. Joseph jedenfalls liebte seine Isabella; und er hat nach ihrem Tode nie aufgehört, sie zu lieben. Dennoch heiratete er pflichtschuldigst ein zweites Mal. Die Dynastie verlangte den Erben. Und die Mutter, Maria Theresia, kannte da keine Extratouren. Geheiratet mußte werden! Joseph dachte an Isabellas jüngere Schwester, Ludovika von Parma, aber die war schon mit einem spanischen Infanten verlobt, und Joseph mußte die unvernünftige Hoffnung aufgeben, in diesem knapp vierzehnjährigen Mädchen gewissermaßen eine Kopie seiner Isabella einzuhandeln. Nun regierten bei der Brautsuche nur noch politische Überlegungen. So boten Kaiserin und Hofkanzlei dem Witwer Joseph eine Prinzessin aus Sachsen und eine aus Bayern zur Wahl an. Joseph fuhr folgsam aus Wien ab auf Besichtigungstour, wie man von einer Landwirtschaftsmesse zur nächsten fährt, um Zuchtvieh einzuhandeln. Ein Mann, der »nur eine Gefährtin haben möchte, die seine Ruhe nicht stört«.

Die junge Dame in Dresden war so schüchtern, daß Joseph froh war, wieder fortzukommen. Die junge bayerische Dame in Straubing war von abstoßender Häßlichkeit, aber gar nicht schüchtern, und sie wurde genommen, weil Joseph zu gleichgültig seinem Schicksal gegenüberstand, als daß er Widerstand geleistet hätte. Wieder einmal eine bayerische Ehefrau für einen Habsburger. Die Damen aus Bayern sollten in den kommenden hundert Jahren das Familienschicksal des Hauses Österreich bestimmen.

Vielleicht hatte Joseph sogar die besten Absichten, wenigstens höflich zu bleiben, aber als ihm das bedauernswerte Geschöpf mit seiner tonnenförmigen Figur, dem fleckigen Gesicht und den unregelmäßigen Zähnen im Schlafzimmer entgegentrat, brach die Verzweiflung durch. Die bayerische Josefa tat ihm leid, aber er brachte es nicht über sich, ihr auch nur Sympathie vorzutäuschen. Jedesmal wenn er sie anblickte, mußte er an Isabella denken, und seine Verzweiflung wuchs zu Abneigung und Haß. Der »gute Kaiser« von später, der Freund der Armen und Benachteiligten, erwies sich in dieser kurzen zweiten Ehe als rachsüchtiges Scheusal. Der ganze Hof wurde Zeuge seines ungezügelten Abscheus. Die Kaiserin litt am meisten. Jetzt bekam Maria Theresia Gewissensbisse, weil sie ihren Sohn zu dieser zweiten Ehe veranlaßt hatte, und beide, Joseph und Josefa, taten ihr leid.

Die unglückselige Bayerin, die weder an ihrer Häßlichkeit schuld war noch daran, daß man sie mit Joseph verheiratet hatte, erlebte in ihrer Ehe eigentlich nur ein Glück: sie wurde wenigstens Kaiserin.

Daß Joseph seinen Vater Franz Stephan hinsichtlich Titel und Würden beerben würde, stand außer Frage. 1764 wurde er in Frankfurt zum König gewählt; ein Jahr später starb Franz Stephan, und er wurde Kaiser. Die Kaiserwürde bedeutete eine Prestigeangelegenheit für das Haus Österreich; wirkliche Macht verlieh sie nicht. Joseph gab sich da keinen Illusionen hin. Die Frankfurter Tage vom April 1764 waren eine glanzvolle Theateraufführung; eine Revue, bei der die Ausstattung den mangelnden Inhalt ersetzen mußte. Der junge König merkte es selbst, und der junge Goethe, der uns eine eingehende Schilderung der Zeremonien hinterließ, schien Josephs Skepsis der einigermaßen lächerlichen Show gegenüber durchschaut zu haben.

Kaiserin – das war auch alles, was Josefa aus Bayern von ihrer Ehe hatte. Der Tod machte der Tragödie bald ein Ende. Josefa starb an den Blattern, wie Isabella an den Blattern gestorben war.

Der junge Kaiser unternahm keinen dritten Versuch mehr. Zuerst rettete ihn das Trauerjahr vor neuen politischen Ehekombinationen seiner eifrigen Mutter. Dann konnte er sich darauf berufen, daß eine dritte Ehe für die Dynastie überflüssig geworden war. Es gab einen männlichen Erben in nächster Generation.

Der Poldl hatte ja schon einen Buben.

Die glückstrahlende Großmutter Maria Theresia soll an einem Abend des Februar 1768 nur notdürftig bekleidet den Korridor durcheilt haben, der ihre Gemächer in der Hofburg direkt mit dem Burgtheater verband, um gleich darauf in der Kaiserloge aufzutauchen und mitten in die Vorstellung hinein dem Publikum laut schallend zuzurufen: »Kinder, der Poldl hat einen Buben!«

Der Poldl, das war ihr zweiter Sohn, der Großherzog Peter Leopold von Toskana. Der Bub, dessen Geburt der Kaiserin soeben gemeldet worden war, repräsentierte den ersten Enkel, den so heiß ersehnten, so lange vergeblich erwarteten ersten Knaben in der dritten Generation seit Karls VI. Tod. Der Bub, das war der spätere Kaiser Franz; als Franz II. letzter römischer Kaiser, als Franz I. zugleich der erste Kaiser von Österreich. Die Begeisterung der Witwe Maria Theresia über dieses Enkelkind war angesichts der beiden unglückseligen Ehen ihres Ältesten Joseph verständlich. Am glücklichsten über das freudige Ereignis war vermutlich Kaiser Joseph. Jetzt bestand für ihn nicht mehr die Notwendigkeit, noch ein drittes Mal zu heiraten, nur um für einen Erben zu sorgen. Die Mutter des Kindes, dessen Ankunft im Hause Österreich so bejubelt wurde, hieß Maria Ludovika, zumeist Luisa genannt, Tochter König Karls III. von Spanien.

Die Ehe hatte Maria Theresia im Rahmen ihres Bemühens gestiftet, das Haus Bourbon mit allen nur irgendwie verfügbaren Söhnen und Töchtern an Österreich zu binden. Der Ehevertrag wurde schon 1762 formuliert, als Leopold erst fünfzehn Jahre alt war, Maria Ludovika dagegen schon siebzehn. Dieser Ehevertrag hatte auch noch einen staatsrechtlichen Anhang. Nach der Hochzeit sollte Franz Stephan, der kaiserliche Vater, seinem Sohn Leopold das Großherzogtum Toskana übergeben.

Die Toskana hatte ihren ersten Herrscher aus Lothringen nur ein einziges Mal gesehen: 1739, bei der Übernahme des Thrones nach dem Tode des letzten Mediceers. Dann war Franz Stephan nach Wien gefahren und nicht wiedergekommen; ein Regentschaftsrat leitete die Geschicke des Großherzogtums; keineswegs zum Vergnügen der Bevölkerung, die sich zur Provinz degradiert und durch korrupte und arrogante Fremdlinge beherrscht und dabei verkauft und verraten fühlte. 1762, im Rahmen der Eheverhandlungen mit Spanien, hatte Franz Stephan der Toskana versprochen, das Land nicht als Teil des österreichischen Gesamterbes zu betrachten, sondern es seinem zweiten Sohn Leopold zu übergeben, der dort eine zweite, unabhängige Dynastie des Hauses Habsburg-Lothringen gründen sollte. Diese Bestimmung bildete auch einen wesentlichen Bestandteil des Ehekontraktes, denn der König von Spanien war begreiflicherweise daran interessiert, seiner Tochter eine repräsentative Stellung zu verschaffen – lediglich mit dem unbedeutenden Bruder eines künftigen Kaisers verheiratet zu sein, das reichte nicht.

Das Schicksal sollte anderes mit Maria Ludovika vorhaben. Sie sollte Kaiserin und Stammutter einer neuen Reihe von Kaisern werden, und der scheinbar zur Bedeutungslosigkeit verurteilte jüngere Leopold sollte später einmal an Bedeutung seinem Bruder Joseph nicht nachstehen. Das konnte man aber 1762 noch nicht voraussehen, denn da lebte die schöne Isabella noch, und Joseph machte sich Hoffnungen auf einen Sohn.

1765, als die drei Jahre zuvor vereinbarte Eheschließung endlich zustande kam, lebte Isabella nicht mehr, und Joseph hatte auch keinen Sohn, aber immerhin war der Witwer erst 24 Jahre alt, und die Zukunft konnte ihm noch reichen Kindersegen bringen.

Daß Leopold schon als Achtzehnjähriger einen starken Charakter hatte und einen recht eigenwilligen dazu, zeichnete sich allerdings schon ab.

Leopold, Poldl, so hieß der junge Erzherzog in Wien. Den Namen Peter hatte er von seinem Taufpaten, dem russischen Zaren, bekommen, aber Peter war ein gänzlich unösterreichischer, unhabsburgischer Name, und niemand verwendete ihn. In Italien allerdings sollte der Kaisersohn und Großherzog später der berühmte »Pietro Leopoldo« werden, den man heute noch in so vielen Inschriften von Florenz verewigt findet und dessen Andenken in der Toskana auch nach zweihundert Jahren lebendig ist.[3]

Leopold fügte sich natürlich dem Heiratskonzept seiner alles beherrschenden Mama, aber daß er die Braut, die man ihm da ausgesucht hatte, auch liebte, durfte man nicht erwarten. Er hatte sie nie gesehen; die Bilder zeigten bei aller höfischen Schmeichelei nicht gerade eine Schönheit. Dazu hatte der junge Prinz seine erste Liebe schon erlebt. Die Auserkorene war die schöne Josepha von Erdödy, Tochter einer Fürstin Batthyany. Die Liaison war in aller Munde, und allgemein bedauerte man den Bräutigam wider Willen, daß er der häßlichen Spanierin wegen die schöne Ungarin aufgeben mußte. Der Vater, Franz Stephan, schien für die Jugendliebe seines Sohnes einiges Verständnis aufgebracht zu haben. Während der Hof Anfang Mai 1765 nach Laxenburg ging, um die Hochzeitsvorbereitungen zu treffen, fuhr Franz Stephan mit dem Ältesten, Joseph, gelegentlich nach Baden zur Fürstin Batthyany, und Leopold wurde von seinem verständnisvollen Bruder sogar aufgefordert mitzufahren. Leopold lehnte ab – er wollte den Ruf der Dame Erdödy nicht in Gefahr bringen. Glücklich aber war er angesichts der bevorstehenden Hochzeit durchaus nicht, das verrieten seine Briefe an seinen Oberstkämmerer, den Grafen Franz Thurn.

Auch Maria Theresia wußte natürlich über die Seelenstimmung ihres Sohnes Bescheid. Kaiserliche Gluckhenne, die sie nun einmal war, zerbrach sie sich den Kopf, wie sie künftige Schwierigkeiten schon von vornherein aus dem Weg räumen konnte. Den Hang zum weiblichen Geschlecht hatten die Herren Söhne offenbar vom Vater geerbt, und Maria Theresia sah mit leichtem Unbehagen der Zeit entgegen, in der sich der junge Leopold unkontrolliert und fern von ihr an den Reizen schöner Florentinerinnen würde ergötzen können. Die leidenschaftliche Heiratsstifterin auf dem Thron suchte also nach einer Vertrauensperson, und sie fand die Baronin von Reischach. Die Dame wurde gehalten, noch schnell vor der Prinzenhochzeit den Grafen Thurn zu heiraten. Damit war auch der verwitwete Oberstkämmerer unter entsprechende Aufsicht gebracht, so daß die beiden Freunde, Leopold und Graf Thurn, sich des Florentiner Lebens nicht mehr so ungehindert erfreuen konnten. Die neue Gräfin würde für

Sittsamkeit am Florentiner Hof sorgen – und außerdem Maria Theresia über die dortigen Vorgänge informieren. Auf ihre Weise war die Kaiserin eine vorbildliche Mutter, die an alles dachte, auch wenn ihre Fürsorge den Befürsorgten mitunter auf die Nerven fiel.

Auch Franz Stephan trug das Seine zu den Ehevorbereitungen bei. Er entwarf einen perfekten Haushaltsplan für seinen Sohn, und er vergaß nicht einmal darauf, genau festzulegen, wie viele Gedecke bei der Mittagstafel aufzulegen waren. Sechzehn nämlich.

Die Vorbereitungen für die Ehe und die Reise nach Florenz wurden im Mai und Juni mit größtem Aufwand weitergetrieben, aber je näher der Hochzeitstermin rückte, um so besorgter wurde Maria Theresia. Sie hatte Angst, der Sohn könnte im letzten Augenblick womöglich noch abspringen. Die Bindung zur Gräfin Erdödy schien doch enger zu sein, als die Kaiserin anfänglich angenommen hatte. Dazu hielt Leopold sich noch sehr eng an den älteren Bruder, und der schien in seinem Gram über den Verlust der heißgeliebten Isabella nicht gerade geeignet, dem jüngeren die bevorstehende Ehe schmackhaft zu machen. Die mütterlichen Sorgen gingen so weit, daß Maria Theresia sich über das vernachlässigte Äußere ihres Poldl ebenso den Kopf zerbrach wie über seine etwas rüde Art, mit Bedienten umzugehen.

Leopold versprach Besserung. Was die Dame Erdödy betraf, so versicherte er, daß »diese Neigung mich befreit und gehindert hat an vielen anderen Leidenschaften, ich werde ihr ewig verpflichtet sein . . .«[4]

Am 4. Juli 1765 war es endlich soweit: Der Hof machte sich auf den Weg nach Innsbruck, wo Hochzeit sein sollte.

Ein abergläubischer Mensch hätte der Ehe des Erzherzogs Leopold damals keine günstigen Zukunftsprognosen gestellt, denn diese Hochzeit war vom Unheil geradezu verfolgt. Die Reise der Hofgesellschaft ging recht umständlich und auf Umwegen vor sich, über die Steiermark und Kärnten nämlich, und dann erst über Brixen und den Brenner nach Innsbruck. So war man elf Tage unterwegs, und der Bräutigam kam krank in Tirol an. Er litt an Durchfall, nicht gerade eine romantische Krankheit für einen Jüngling, der seine Zukünftige erwartet. In recht angegriffenem Zustand reiste Leopold dann nach kurzem Aufenthalt in Innsbruck wieder in Richtung Süden, um mit seiner inzwischen in Genua gelandeten Braut zusammenzutreffen. Am 1. August 1765 sahen einander die jungen Leute zum erstenmal.

Unter umgekehrten Vorzeichen: Der schöne Jüngling Leopold sah infolge seiner Krankheit entsetzlich aus, während die angeblich so häßliche Maria Ludovika allgemein recht angenehm enttäuschte. Man hatte sie als ein rothaariges Scheusal mit denkbar schlechten Manieren geschildert, doch sie erwies sich als blond, mit schönem, lichtem Teint und angenehmem Wesen. Manche Leute glaubten in Maria Ludovika sogar eine Ähnlichkeit mit der verstorbenen Isabella von Parma zu erblicken.

Die Hochzeitsfeierlichkeiten in Innsbruck standen unter dem Eindruck von Leopolds Krankheit, die sich zu einer so heftigen Darminfektion ausgewachsen hatte, daß eifrige Geistliche ihm am liebsten schon die Letzte Ölung verabreicht hätten. Eine eigens für das Fest komponierte Oper fiel glatt durch, das große Feuerwerk konnte wegen Schlechtwetters nicht stattfinden, dann platzte noch die Nachricht vom Tode des Herzogs von Parma in die Festesfreude, und außerdem stritten die spanischen mit den österreichischen Hofsekretären, ob Leopold sofort Großherzog von Toskana werden sollte oder zunächst nur Generalgouverneur im Namen seines Vaters.

Und dann, am Abend des 18. August, bei der Rückkehr vom Theaterbesuch, traf den Kaiser der Schlag. Der Arzt wurde von Leopolds Krankenbett weg an das Lager seines Vaters gerufen, aber er konnte Franz Stephan nicht mehr helfen. Der Kaiser starb. Noch schlechtere Vorzeichen für eine künftige Ehe konnte es gar nicht geben. Und doch sollte die Verbindung zwischen »Pietro Leopoldo« und der spanischen Luisa ohne größere Schwierigkeiten glatt über die Bühne der österreichischen Geschichte gehen.

Die Dynastie konnte mit der jungen Frau zufrieden sein und Leopold als künftiges Oberhaupt dieser Dynastie auch. Luisa bekam in schöner Regelmäßigkeit gesunde Söhne, insgesamt nicht weniger als neun an der Zahl, die allesamt ihre Eltern überlebten. Die spätere Segnung des Erzhauses mit Prinzen und Prinzessinnen in nahezu unübersehbarer Zahl ging auf Luisas Söhne zurück. Nicht weniger als vier Hauptlinien des Hauses Österreich, die das Ende der Donaumonarchie im Jahre 1918 überdauerten, stammten von Leopold und Maria Ludovika ab:

Vom Thronerben Franz, jenem »Buben«, dessen Geburt die Kaiserin Maria Theresia ihren Untertanen voll Jubel aus der Burgtheaterloge heraus mitteilte; vom zweiten Sohn Ferdinand, der nach seinem Vater Leopold die Toskana erbte; vom vierten Sohn Karl, dem Sieger von Aspern; von Joseph, dem späteren Paladin von Ungarn. Noch ein Sohn, Rainer, gründete dann eine fünfte Linie, die allerdings Ende des 19. Jahrhunderts wieder ausstarb. Rechnete man noch die Nachkommenschaft von Maria Theresias Sohn Ferdinand im Herzogtum Modena dazu, so konnte die Kaiserin in ihren alten Tagen durchaus beruhigt in die Zukunft blicken: Die Dynastie, deren Letzte sie einst zusammen mit ihrer Schwester gewesen war, stand wieder auf sicheren Beinen.

Kummer hatte Maria Theresia eigentlich nur mit ihrem Sohn und Mitregenten Joseph, dem Kaiser. Als Leopold in den Jahren 1778 und 1779 mehrere Monate lang in Wien weilte, konnte er den Konflikt aus nächster Nähe beobachten:

»Wenn sie zusammen sind«, schrieb er in sein Tagebuch, »gibt es ununterbrochen Streit, und immer widersprechen sie einander, und wenn der Kaiser einen Schritt unternimmt oder eine Sache oder einen Befehl, ohne es ihr zu sagen, so ist sie darüber sehr gekränkt besonders in den Kleinigkeiten, und wenn er entweder etwas macht ohne es ihr vorher zu sagen, oder ihr eine Aufmerksamkeit schuldig bleibt oder etwas tut, was ihm in den Augen des Publikums schadet, so ist sie darüber ganz niedergeschlagen, weil sie ihn in allem entschuldigen möchte, und es betrübt sie aufs äußerste, wenn er nicht als ein so großer Mann erscheint, wie sie ihn haben möchte. Wenn sie ihn aber dann loben hört, so ist sie sehr zufrieden, trotz ihrer Eifersucht auf ihn in den Staatsgeschäften, besonders da sie das große Ansehen sieht, das er beim Publikum genießt, und weil viele Leute sich bei ihm über sie beklagen und ihr alle unangenehmen Dinge zuschreiben und sagen, daß wenn er da sein wird, alles besser gehen wird . . .«[5]

Eine Frontbildung war deutlich zu erkennen: In vielen Fragen versuchte Maria Theresia, sich mit Leopold gegen Joseph zu verbünden. Dennoch war der Großherzog von Toskana froh, als er wieder in sein herrliches Land, in seine heißgeliebte Hauptstadt zurückkehren konnte, nach Florenz. An künftige Kaiserwürden dachte er nur wenig. Die Herrschaft über die Donaumonarchie würde dereinst an seinen ältesten Sohn Franz fallen, das war klar, denn Joseph dachte an keine dritte Ehe mehr, und deshalb waren auch keine Söhne von ihm zu erwarten. Schließlich aber waren Joseph und Leopold nur sechs Jahre auseinander, und es war durchaus nicht gesagt, daß der Kaiser vor seinem Bruder sterben mußte. Leopold jedenfalls zog das Leben in Florenz dem Leben in Wien bei weitem vor. Und es lebte sich gar nicht so schlecht an Luisas Seite. Sie war meistens in anderen Umständen; sie machte es ihrer Schwiegermutter Maria Theresia nach und brachte alles in allem sechzehn Kinder zur Welt; von den zwölf Söhnen, wie gesagt, überlebten neun die Eltern bis ins 19. Jahrhundert hinein.

Leopolds Untreue nahm Luisa mit Haltung hin, und sie hatte viel hinzunehmen. Das Bedürfnis nach Liebe schien Leopold wirklich von seinem Vater Franz Stephan geerbt zu haben. Noch dazu war Florenz für Liebe neben der Ehe auch viel besser geeignet als Wien, und die feurigen Italienerinnen dürften dem Großherzog manches Problem bereitet haben. Vor allem deshalb, weil er sich selbst Vorwürfe machte, wenn er den Verlockungen gegenüber nicht standhaft blieb. So tauchte später einmal die Jugendliebe, die Gräfin Erdödy, in Florenz auf, um ihr Lungenleiden auszuheilen, und dieser Besuch bot natürlich Anlaß für eifrigen Hoftratsch. Getratscht wurde auch über so manche Dame des florentinischen Adels, und dem Großherzog sagte man nach, er hätte auch vor den Kammerzofen seiner Ehefrau nicht haltgemacht. Wo die Wahrheit aufhörte und der Tratsch anfing, ließ sich natürlich nicht immer feststellen. Zwei Favoritinnen des Großherzogs sind immerhin historisch: eine englische Lady, Anne Cowper, und eine römische Tänzerin, Livia Raimondi. Die Tänzerin war mehr schön als begabt; im Theater wurde sie ausgepfiffen; der Großherzog lernte sie in Pisa kennen, offenbar, als sie sich bei ihm über das rüde Publikum beschwerte. Leopold schenkte ihr ein kleines Palais in Florenz und stattete es verschwenderisch aus; vor allem mit erotischen Stichen, wie sie schon Leopolds Großvater Karl VI. in den kaiserlichen Privatgemächern anzubringen pflegte, jener allerdings in der Absicht, seiner schönen Frau das Kinderkriegen zu erleichtern. Zum Inventar gehörte auch eine kleine Bibliothek mit lehrreichen Büchern, und ihr Vorhandensein legt »den Gedanken nahe, daß der Erziehungsfanatiker Leopold auch mit seiner Geliebten ein pädagogisches Experiment à la ‚Pygmalion' unternehmen, aus einem schönen, aber ungebildeten Mädchen aus dem Volke eine ‚vera Dama' machen wollte«.[6]

1788 brachte Livia einen Sohn zur Welt, der den in Italien nicht alltäglichen Namen

Ludwig bekam. Als Kaiser Joseph 1790 starb und Leopold nach Wien übersiedelte, nahm er nicht nur die eigene umfangreiche Familie mit, sondern auch Livia samt Sohn, ihre Eltern und ihre Brüder, und die ganze Familie wurde in einem Haus auf dem Wiener Kohlmarkt einquartiert. Gerüchte wollten wissen, daß sich die Kaiserin Maria Ludovika mit der Geliebten ihres Mannes in so weitem Maße abgefunden hatte, daß sie und Livia gemeinsam Handarbeiten anfertigten.

Das Wiener Glück allerdings dauerte nicht lange; weder Leopolds Glück als Kaiser und Nachfolger seines Bruders noch Livias Glück als kaiserliche Geliebte. Schon zwei Jahre nach Joseph starb auch Leopold.

Er starb so plötzlich, daß sich bis heute der Verdacht eines Giftmordes nicht ganz entkräften ließ. Als Giftmörder boten sich die unterschiedlichsten Gruppen an. Einerseits hieß es, die Freimaurer hätten Leopold getötet, weil er sie an die Jesuiten verraten habe; anderseits hieß es wiederum, die Jesuiten seien die Mörder, weil sie den Freimaurer Leopold aus dem Weg räumen wollten. Auch französische Revolutionäre wurden nachträglich bemüht; sie hätten Leopold getötet, weil er gegen die Revolution zum Krieg rüstete.

Nun war Leopolds Vater Franz Stephan zweifellos Freimaurer, und Leopolds Sympathien für die Meister der königlichen Kunst waren ebenfalls notorisch; – so notorisch, daß Leopold in der Toskana scheinbare Maßnahmen gegen die Logenbrüder ergreifen mußte, um den Klerus zu besänftigen. Daß die für ganz Europa vorbildliche Verwaltung der Toskana, seine Unterrichtsreform, die von ihm verfügte Gewerbefreiheit und das schon vorbereitete Projekt einer Verfassung für das Großherzogtum von freimaurerischem Geist der Aufklärung und der Toleranz durchdrungen waren, ließ sich nicht leugnen. Der Tod des Kaisers allerdings dürfte kaum etwas mit Mord zu tun gehabt haben, sondern vielmehr damit, daß seine Leibärzte ihn zu viermaligem Aderlaß innerhalb der zwei Tage seiner Krankheit verurteilten. Die mit einiger Verspätung vorgenommene Autopsie lieferte Hinweise für eine Lungenentzündung.

Daß beim Tode eines Vollblutmannes, wie Leopold es war, auch der erotische Beigeschmack nicht fehlen durfte, war klar. Wenn schon weder Freimaurer noch Jesuiten, noch Jakobiner aus Frankreich die Mörder waren, dann mußte jemand anders, und zwar der liebeslustige Kaiser selbst herhalten. Er habe sich selbst vergiftet, hieß es, mit einem selbstgebrauten Liebestrank, der seine Manneskraft hätte stärken sollen.

Die Todesnachricht aus Wien jedenfalls wirkte an allen europäischen Fürstenhöfen niederschmetternd. Innerhalb von zwei Jahren hatte das Reich zwei Kaiser, die Donaumonarchie zwei Herrscher verloren, die ihresgleichen im Abendland nicht hatten. Und Joseph wie auch Leopold konnten zu gar keinem schlimmeren Zeitpunkt für das monarchisch ausgerichtete Europa sterben.

Joseph starb 1790, im Jahr nach dem Ausbruch der großen Französischen Revolution.

Leopold starb 1792, im Jahr des ersten Koalitionskrieges der europäischen Monarchien gegen die junge französische Republik. Was in Frankreich vor sich ging, war noch zu neu, zu undurchsichtig und unbegreiflich für das alte Europa, als daß Kaiser, Könige und Fürsten sich samt ihren klügsten Ratgebern über die Folgen schon hätten klar sein können. Immerhin spürte man das Einmalige des Aufbruchs, das Ungeheuerliche des Aufstandes gegen die scheinbar so felsenfest verankerte Weltordnung des abendländischen Jahrtausends seit Karl dem Großen gerade in dem Augenblick, in dem die beiden Größten ihrer Zeit starben. Der junge Mann, der auf den Kaiserthron kam, sah sich einer Revolution gegenüber, die mehr als nur eine französische Angelegenheit war. Blieb man der habsburgischen Gedankenwelt einer Verteidigung des Abendlandes verhaftet, hielt man den Kaiser immer noch für den Schutzherrn der althergebrachten, durch den christlichen Autoritätsglauben bestimmten Gesellschaftsordnung auf dem Kontinent, dann hatte der junge Mann nunmehr eine kaum zu bewältigende Aufgabe vor sich.

Der junge Mann: Franz von Habsburg-Lothringen, 1768 als Erbprinz von Toskana geboren, 1790 als Kronprinz nach Wien übersiedelt, nunmehr, 1792, mit knapp 24 Jahren Kaiser.

Was anfangs noch nicht klar war, was sich aber bald zeigen sollte, mutete als wahre Tragödie des dynastischen Prinzips an: Nach der unvergleichlichen Maria Theresia, nach ihren beiden genialen Söhnen Joseph und Leopold kam in dritter Generation dank dem Recht der Erstgeburt zweifellos nicht der bedeutendste von allen Söhnen der spanischen Luisa auf den Thron. Da war der kluge Joseph, späterer Paladin von Ungarn, nur ein jüngerer Bruder. Da war der geniale Feldherr Karl – auch nur ein jüngerer Bruder. Da war Erzherzog Johann, der Volksfreund, der fortschrittliche Demokrat – er mußte ebenfalls beiseite stehen.

Der älteste Sohn, der Kaiser, das war eben Franz.

Franz der Gute, der Kaiser des »Gott erhalte«, der in seinem Privatleben so kleinbürgerlich anmutende Monarch des Biedermeier; geradezu der Repräsentant der Mittelmäßigkeit auf dem Thron.

Aber da ist auch wieder jene faszinierende Besonderheit des Hauses Österreich spürbar, die uns so oft in der sechshundertfünfzigjährigen Geschichte dieser Dynastie begegnet ist: Der Mittelmäßige, der Unbedeutende, der Entscheidungsscheue und Tatenlose überdauerte. Er überdauerte die große Revolution, die Revolutionskriege, die Napoleonischen Feldzüge, das französische Kaiserreich. Ein Tatkräftiger, ein leidenschaftlicher Kämpfer, ein Genie wäre vielleicht gescheitert. Unter einem Maximilian, einem Joseph II., einem Leopold wäre die Donaumonarchie vielleicht auseinandergebrochen. Unter einem Franz hielt sie stand.

Franz war jener letzte römische Kaiser, der 1806 die Kaiserwürde ablegte, hinter der längst keine wirkliche Macht mehr stand, der sich innerlich endgültig vom deutschen Schicksal der Donaumonarchie trennte und nur noch sein eigenes Erbreich wichtig nahm – eben ein Biedermeierkaiser der engbegrenzten, aber überschaubaren Häuslichkeit, fernab von den romantischen Herrschaftsträumen seiner Vorfahren, die sich oft genug für den ganzen Erdkreis verantwortlich fühlten.

Mit seinem begrenzten Horizont schien der Kaiser Franz jedenfalls eines begriffen, vielleicht auch nur unterschwellig gespürt zu haben, was viel klügere Zeitgenossen als er, sein Staatskanzler Metternich beispielsweise, nicht akzeptieren wollten: daß mit der Französischen Revolution eben doch eine neue Zeit angebrochen war, über deren Bedeutung man auch nicht hinwegkam, wenn man die Revolution niederschlug und Napoleon überlebte. Kurzum, es würde nie wieder so sein wie vorher, und auch der Herr über die Völker der Donaumonarchie mußte begreifen lernen, daß er nicht mehr war als andere Kaiser oder Könige und Fürsten. Die Zeit des universellen Kaisertums war vorbei. Ein Großer hätte sich damit wahrscheinlich nicht abfinden können und seine Kraft weiterhin an eine Illusion verschwendet. Ein bescheidener Hausvater trug den Verlust imaginärer Werte leichter.

Aus dem berühmten Pragmatikalpatent vom 11. August 1804 sprach diese wirklichkeitsnahe Auffassung deutlich genug:

»Obwohl Wir durch göttliche Fügung und durch die Wahl der Kurfürsten des römisch-deutschen Reiches zu einer Würde gediehen sind, welche Uns für Unsere Person keinen Zuwachs von Titeln und Ansehen zu wünschen übrigläßt, so muß doch Unsere Sorgfalt als Regent des Hauses und der Monarchie von Österreich dahin gerichtet sein, daß jene vollkommene Gleichheit des Titels und der erblichen Würde mit den vorzüglichsten europäischen Regenten und Mächten aufrecht erhalten und behauptet werde, welche die Souveränität des Hauses Österreich sowohl in Hinsicht des uralten Glanzes Ihres Erzhauses als vermöge der Größe und Bevölkerung Ihrer so beträchtlichen Königreiche und unabhängigen Fürstentümer in sich fassenden Staaten gebührt und durch völkerrechtliche Ausübung und Traktate versichert ist. Wir sehen Uns demnach zur dauerhaften Befestigung dieser vollkommenen Ranggleichheit veranlaßt und berechtigt, nach den Beispielen welche im vorigen Jahrhundert der russisch-kaiserliche Hof und nunmehr auch der neue Beherrscher Frankreichs gegeben hat, dem Hause von Österreich in Rücksicht auf dessen unabhängige Staaten den erblichen Kaisertitel beizulegen. In Gemäßheit dessen haben Wir nach reiflicher Überlegung beschlossen, für Uns und Unsere Nachfolger in dem untrennbaren Besitze Unserer unabhängigen Königreiche und Staaten den Titel und die Würde eines erblichen Kaisers von Österreich (als dem Namen unseres Erzhauses) feierlichst anzunehmen und dabei festzusetzen, daß Unsere sämtlichen Königreiche, Fürstentümer und Provinzen ihre bisherigen Titel, Verfassungen und Vorrechte fernerhin unverändert beibehalten sollen.«

Der in der außerordentlichen Staatskonferenz vom 10. August 1804 fixierte Beschluß, der dann das Datum des nächsten Tages tragen sollte, hatte seinen konkreten Anlaß. Die Monarchie sah die Gefahr Napoleon an ihren Grenzen; man mußte mit einer völligen Besetzung des Landes rechnen, und man mußte angesichts der napoleonischen Praxis mit einer Aufteilung der Erblande rechnen. Das Pragmatikalpatent war die rechtliche Absicherung für die Zukunft der habsburgisch-lothringischen Lande, die bis dahin lediglich durch die Pragmatische Sanktion zusammengehalten wurden.

»Indivisibiliter et inseparabiliter«. Nun wurde der Grundsatz der Unteilbarkeit und Untrennbarkeit erneut festlegt, im Rahmen eines souveränen Kaiserstaates. Konnte man die Pragmatische Sanktion noch als Hausgesetz der Dynastie auffassen, als Familienstatut, dessen Annahme durch die einzelnen Landtage erst hatte eingeholt werden müssen, so wurde nunmehr ein staatsrechtlicher Akt gesetzt. Nicht mehr für das Haus Österreich wurde die Unteilbarkeit und Untrennbarkeit des Erbes festgelegt, sondern für den neuen Kaiserstaat Österreich die Unteilbarkeit und die Untrennbarkeit des Staatsgebietes verankert.

Und zugleich auch die Untrennbarkeit des Staates von der Dynastie. So war von da an der Kaiser auch dann Kaiser, wenn er seine Länder verlieren sollte – nach der staatsrechtlichen Auffassung von 1804 wenigstens. Das Produkt dieser Auffassung war über ein Jahrhundert später der Legitimismus, der an »Kaiser« und »Monarchie« auch noch festhielt, als die Monarchie längst in nationale Einzelstaaten zerfallen und der letzte Kaiser thronlos außer Landes war.

Die neue Kaiserin, zum erstenmal nicht römische, sondern österreichische Kaiserin, war Maria Theresia von Bourbon aus dem Hause Neapel-Sizilien. Noch der kaiserliche Vater Leopold hatte diese Ehe gestiftet, nachdem die erste Frau seines Sohnes Franz, eine Prinzessin Elisabeth von Württemberg, kinderlos gestorben war.

Diese erste von den vier Frauen des Kaisers Franz war die Schwägerin des russischen Thronfolgers, des Großfürsten Paul, und die Ehe sollte das außenpolitische Konzept Josephs II. absichern. Garantie für ein österreichisch-russisches Bündnis gegen Preußen. 1781, als das Großfürstenpaar Wien besuchte, nahm der Plan konkrete Formen an, in zweifacher Hinsicht: einerseits durch einen Vertrag mit Rußland, anderseits durch eine Ehe des künftigen Thronerben. An seinen Bruder Leopold in Florenz schrieb Joseph damals: »Der Großfürst wird von seiner Frau geleitet, und so wird es immer sein. Ihre Freundschaft kann man aber nur dadurch erwerben, daß man ihre Familie gewinnt, die sie sehr liebt und die es nötig hat. Es sind neun Kinder da, und der Vater befindet sich nicht in den besten Umständen . . .«[7]

Der Vater der neun Kinder war der Herzog Friedrich Eugen aus einer Seitenlinie des Hauses Württemberg. Politische Bedeutung hatte die nicht gerade mit Reichtum gesegnete Familie nur durch die Heirat eines der Kinder mit dem russischen Thronfolger erlangt. Nun sollte also eine zweite Tochter, Elisabeth, den Erzherzog Franz bekommen. Wenn die dynastische Rechnung aufging, dann würden dereinst ein russischer Zar und ein Habsburgerkaiser Schwäger sein. »Die Angelegenheit«, beteuerte Joseph II. seinem Bruder, »ist wichtig, denn ich bin felsenfest überzeugt, daß sie für alle Zeiten über unseren Einfluß am russischen Hof entscheiden wird, und sicherlich wird sich eine ähnliche Gelegenheit nicht wieder bieten. Der König von Preußen setzt Himmel und Erde in Bewegung, um sie zu verhindern . . .«[8]

Der Erzherzog Franz war damals erst 13 Jahre alt, aber durch das Kindesalter ihrer Schutzbefohlenen hatten sich dynastische Ehestifter noch nie stören lassen. Joseph II. allerdings irrte, wenn er auf »Einfluß für alle Zeiten« hoffte, und die eigene Familiengeschichte hätte ihn lehren müssen, daß auf Fürstenehen noch nie politisch Verlaß gewesen war.

Die russische Ehe brachte Joseph II. zwar zustande, doch der frühe Tod der württembergischen Prinzessin machte alle politischen Kombinationen hinfällig. Leopold II. stiftete dann die zweite Ehe für seinen ältesten Sohn aus der italienischen Perspektive des Großherzogtums Toskana.

Die neue Braut war zugleich die Cousine des Bräutigams, und beide, Franz und Maria Theresia, waren sie die Produkte einer jener sorgsam ausgeklügelten Ehen der alten Kaiserin Maria Theresia.

Die hatte damals ihren Sohn Leopold mit Maria Ludovika von Bourbon-Spanien verheiratet und ihre Tochter Maria Carolina mit dem König von Bourbon-Neapel. Nun heirateten die Kinder aus diesen beiden Ehen, und die Nachkommenschaft bekam von zwei Seiten her das unglückselige Blut der Epileptiker aus dem Haus Bourbon. Im übrigen heiratete auch der Bruder des Kaisers Franz, der Erzherzog Ferdinand, der nunmehr Großherzog von Toskana wurde, eine Prinzessin von Neapel-Sizilien. Dessen Sohn, der Großherzog Leopold II., nahm sich seine Frau ebenfalls aus dem Hause Neapel. Und um das Maß vollzumachen, heiratete Leopolds II. Sohn Ferdinand, als Ferdinand VI. dann letzter Großherzog von Toskana, eine Prinzessin von Bourbon-Parma. Statt aus Neapel kam die Braut zwar aus Parma, aber sie blieb eine Tochter des Hauses Bourbon.

Der Erzherzog Leopold Ferdinand, einer der Söhne des letzten, von der italienischen Einigung entthronten Großherzogs, stellte später in seinen Memoiren mit sichtlichem Behagen fest, daß er eigentlich kein Habsburger und auch kein Habsburg-Lothringer sei, sondern ein Abkömmling des Hauses Bourbon. Leopold Ferdinand, unter dem bürgerlichen Namen Leopold Wölfling bekannt, hatte errechnet, daß in seinen Adern nur ein Sechzehntel habsburgisch-lothringisches, dafür aber fünfzehn Sechzehntel Bourbonenblut floß. Die Mühe, sich eine solche Rechnung aufzustellen, hatte ihren Grund: Kaiser Franz Joseph hatte den Toskanaprinzen, das schwärzeste aller schwarzen Schafe der Familie, aus dem Erzhaus ausgestoßen. Von 1903 an war er kein Erzherzog mehr; nur einmal in seinem Leben spielte er noch die Rolle des kaiserlichen Prinzen: das war nach dem Ersten Weltkrieg, als Darsteller auf der Bühne eines Berliner Kabaretts.[9]

Die zweite Frau des Kaisers Franz brachte die von den Habsburgern so begehrte Gebärfreudigkeit mit: Dabei aber wirkte sich wieder einmal die enge Blutsverwandtschaft verhängnisvoll aus. Die Ehepolitik siegte über die Ehehygiene, als Kaiser Leopold II. seinen ältesten Sohn Franz 1790 mit der Tochter seiner Schwester Carolina verheiratete, die seine Mutter Maria Theresia seinerzeit im Rahmen ihrer italienischen Heiratspolitik dem König von Neapel, Ferdinand von Bourbon, zugeschanzt hatte. Der Kaiser Franz heiratete also seine leibliche Cousine; und da seine Mutter ebenfalls eine spanische Bourbonin war, trugen die unglückseligen Kinder gleich von zwei

Seiten her das Blut der längst degenerierten spanischen Königsfamilie in sich. An der Nachkommenschaft rächte sich diese dynastische Heiratspolitik.

In den siebzehn Jahren ihrer Ehe brachte die Neapolitanerin zwölf Kinder zur Welt. Von den Söhnen überlebten nur zwei; Ferdinand und der um neun Jahre jüngere Franz Karl. Ferdinand ging später mit dem Prädikat »der Gütige« in die Geschichte ein, doch das war nur eine höfliche Umschreibung für seine Unzulänglichkeit. Im Grunde nahm kaum jemand an, daß er jemals den Thron besteigen würde; man rechnete mit seinem frühen Tod. Verheiraten konnte man ihn angesichts seines Zustandes wohl kaum. Sogar dann aber, wenn man für ihn eine Frau finden sollte, würde es wohl kaum Nachkommenschaft geben, und das mußte geradezu noch als Glück bezeichnet werden. Eine traurige Erkenntnis für einen Vater, der seinem Ältesten eine Kaiserkrone und ein Reich zu vererben hatte, das von der Adria bis Galizien, von Schlesien bis Siebenbürgen, von der Lombardei bis Böhmen reichte. So wendete sich die ganze Aufmerksamkeit des Kaisers – und damit des Hofes – dem jüngeren Bruder zu.

Franz Karl: das war der Thronfolger, wenn Ferdinand ausschied. Als der Kaiserhof daranging, ihn zu verheiraten, war er 22 Jahre alt. Auch er war alles andere als ein strahlender junger Prinz. Franz Karl war klein, aber wenigstens nicht rachitisch wie Ferdinand. Auch der Schädel war nicht so deformiert wie der seines Bruders. Ein gutmütiger, netter Kerl, der sich nur für die Jagd interessierte, soweit er sich überhaupt für etwas interessierte. Es gab nie Schwierigkeiten mit ihm, aber es waren auch keine besonderen Leistungen von ihm zu erwarten. Er war nicht geistesschwach, nur eben schwach. Franz Karl war in jeder Hinsicht unauffällig und unbedeutend, und das sollte er sein ganzes Leben lang bleiben.

Die Kaiserin Maria Theresia aus dem neapolitanischen Zweig der Familie Bourbon lebte bis 1807. Franz II. heiratete noch zweimal, immer in der Hoffnung auf weiteren männlichen Nachwuchs. Seine dritte Kaiserin, Maria Ludovika von Modena aus dem Hause Habsburg-d'Este, auch eine Verwandte also, starb 1816 nach achtjähriger Ehe und kinderlos. Franz versuchte es noch ein viertes Mal. Die Braut, Karoline Auguste von Bayern, wurde auf ihre Konstitution hin sorgsam in Augenschein genommen, denn der Kaiser wollte eine kerngesunde Partnerin.[10] »Sonst hab' ich gleich wieder eine Leich'«, wie er sich drastisch äußerte. Die Wittelsbacherin war in dieser Hinsicht keine Enttäuschung. Sie überlebte ihren Ehemann. Kinder allerdings bekam auch sie nicht.

So blieben dem Kaiser Franz nur die zwei Söhne und die vier Töchter aus der Ehe mit seiner zweiten, neapolitanischen Frau.

Die Söhne waren jene beiden wenig glücklichen Gestalten, die als Kaiser Ferdinand der Gütige und Erzherzog Franz Karl in die Geschichte eingehen sollten. Eine der vier überlebenden Töchter war die noch weniger glückliche Maria Ludovika.

Marie Louise genannt, Kaiserin der Franzosen!

Als Franz seine Tochter dem Korsen in die Ehe gab, glaubte er ganz gewiß nicht, daß diese Eheverbindung ihn vor weiteren französischen Eroberungszügen schützen würde. Doch Napoleons Wunsch war nun einmal Befehl. Im Hause Österreich mußte man sich damals wohl vorgekommen sein wie in einer gutbürgerlichen Handwerkerfamilie, die ihre Tochter einem vorbeiziehenden Hausierer überlassen mußte, weil dieser Parvenü die überfälligen Wechsel des Familienvaters aufgekauft hatte.

Marie Louise wurde zum Opfer gebracht, und sie fühlte sich auch als Opfer. Sie war zwar ein sehr schönes, aber nicht sehr kluges Mädchen; was sie auszeichnete war eine primitive Sinnlichkeit, die Marie Louise offenbar von ihrem Großvater Leopold geerbt hatte. Naturgemäß konnte von ihr niemand verlangen, daß sie Napoleon liebte; auch er verlangte es nicht, auch er liebte sie nicht; er wollte nur einen Sohn von ihr. Eine Mutter aus dem ehrwürdigsten Herrscherhaus des Abendlandes schien dem Korsen gerade gut genug für seinen Erben.

Schon die Hochzeit demonstrierte die Machtlosigkeit des Hauses Österreich, trotz allem höfischen Prunk, der bei der Trauungszeremonie am 11. März 1810 in Wien aufgeboten wurde. Der französische Bräutigam nahm sich nicht einmal die Zeit, zur Hochzeit zu kommen. Er ließ sich vertreten. Auch den Vertreter bestimmte er selbst. Er wählte des Kaisers Bruder, den Feldmarschall Erzherzog Carl.

Carl, der erste feindliche Heerführer, der ihn, den scheinbar Unbesiegbaren, geschlagen hatte. 1809, bei Aspern. Carl war wohl auch der einzige Habsburger, den Napoleon respektierte. Zeitweise spielte er sogar mit dem Gedanken, den Kaiser Franz vom Thron herunter zu holen und den Erzherzog Carl an dessen Stelle zu setzen.

Carl also durfte – oder mußte – an Stelle des Korsen die Erzherzogin Marie Louise heiraten.

Marie Louise brachte den erwünschten Sohn pflichtschuldigst zur Welt; den unglücklichen Knaben, der schon in der Wiege den Titel eines Königs von Rom bekam und dann später als Herzog von Reichstadt ein seltsames Schattendasein am Wiener Kaiserhof führte – von seinem Großvater Franz zwar geliebt, zugleich aber die ständige unerfreuliche Erinnerung an die Demütigung, die man dem Erzhaus aufgezwungen hatte. Marie Louise, das Mädchen, das so viele Kränkungen hinnehmen mußte, diese Marie Louise rächte sich auf ihre Weise, mit einem für die höfische Umwelt skandalösen Privatleben.

Nach dem Untergang des französischen Kaisertums, nach der Verbannung ihres Ehemanns auf die Insel St. Helena, wurde sie mit den Herzogtümern Parma, Piacenca und Guastalla entschädigt und mit einem Obersthofmeister Adam Graf Neipperg bedacht. 1816 kam sie in ihr neues, nun schon drittes Vaterland. Neipperg regierte für die politisch wenig, dafür an Liebesdingen umso stärker interessierte Frau die oberitalienischen Herzogtümer ganz im Geiste des Staatskanzlers Fürst Metternich und als Statthalter des Wiener Hofs. Außerdem wurde der Graf der Geliebte seiner Fürstin.

Neipperg war ein Bilderbuch-Kavalier. Uralter Adel, Kavallerist, Draufgänger aus den Franzosenkriegen, und als Folge seiner Tapferkeit auf dem Schlachtfeld schwarze

Binde über der einen, leeren Augenhöhle. Parma war weit weg von Wien, und kaum jemand interessierte sich dafür, was die Landesherrin und ihr Haushofmeister dort taten, solange es keine politischen Komplikationen gab. Ihren Ehemann hatte Marie Louise 1813 zuletzt gesehen.

Am 5. Mai 1821 starb Napoleon auf St. Helena. Drei Monate später brachte seine Witwe einen Sohn zur Welt. Den Vater des Kindes, den Grafen Neipperg, heiratete sie erst 1822. Die Existenz des Buben blieb zunächst ein im Palast von Parma sorgsam gehütetes Geheimnis. Auch später noch, nachdem Marie Louise sich zu einem schriftlichen »Geständnis« nach Wien bequemt hatte, wurden Daten der Geburt und der Eheschließung im Dunkel gehalten. Kaiser Franz war Familienkummer gewöhnt, und so nahm er auch den Fehltritt der Tochter mit Würde hin. »Ich kann Dir nicht den tiefen Kummer verhehlen, den mir diese Situation verursacht«, schrieb er zurück, »eine Situation, an der sich jetzt nichts mehr ändern läßt, die es aber vor Gott und den Menschen nie hätte geben sollen . . . Zum Schluß muß ich sagen, daß Du mich tief verletzt hast. Aber ich bin Dein Vater, und meine Liebe spricht Dich frei von allem, was ich Dir verzeihen kann.« Der gute Kaiser Franz in Wien legitimierte das außerehelich geborene Enkelkind. Aus Neipperg – Neuberg – wurde ein italienischer Name: Montenuovo. Ein anderer Enkel des Kaisers, Franz Joseph, erwies dem Grafen Wilhelm Montenuovo, seinem Cousin zweiten Grades, dann 1864 noch eine zusätzliche Gnade, indem er ihm den Fürstentitel verlieh. Der Sohn dieses ersten Fürsten Montenuovo, Alfred, spielte Jahrzehnte später als Franz Josephs Obersthofmeister eine nicht immer glückliche Rolle in habsburgisch-lothringischen Liebes- und Ehegeschichten.

Der Stammvater der Fürsten Montenuovo, Adam Graf Neipperg, starb 1829. Marie Louise lebte noch bis 1847, und sie heiratete auch noch ein drittes Mal, 1834, und wieder ihren Obersthofmeister, Neippergs Nachfolger Karl Gustav Bombelles. Fürst Metternich in Wien, der Marie Louise der Staatsraison zuliebe an Napoleon ausgeliefert hatte, sorgte dafür, daß immer ein geeigneter Mann zur Stelle war. Die abgedankte Kaiserin der Franzosen mußte beschäftigt werden, damit französische Verschwörer aus dem napoleonischen Anhang sich ihrer Person nicht für Umsturzpläne bedienen konnten. Die Aufpasser Neipperg und Bombelles hatten dafür zu sorgen, daß Parma eine verläßliche österreichische Bastion in Oberitalien blieb.

Mochten sich manche Zeitgenossen auch über die Triebhaftigkeit der Marie Louise an ihrem Liebeshof empören, mochten spätere Historiker ihre intellektuelle Beschränktheit herausstreichen, dem Charakter dieser Frau wurde man mit solchen Urteilen allein nicht gerecht.

Marie Louise. Herausgerissen aus dem glanzvollen Dasein am Wiener Hof – immer noch glanzvoll, trotz all der jahrelangen Kriege und der vielen Niederlagen. Einem ungeliebten, unbekannten Ehemann als Opferlamm der Politik in die Postkutsche gesetzt. Als Unterpfand für künftiges friedfertiges Verhalten der Habsburger an deren französischen Todfeind ausgeliefert. Eine Geisel. Ein Ausstellungsstück, wie Marie Louise selbst ihre Existenz in Paris empfinden mußte; als Aufputz bestimmt für den protzigen Maskenball der Emporkömmlinge, die jetzt in goldstrotzenden Kostümen Könige, Fürsten und Marschälle von Napoleons Gnaden spielten. Wie sollte eine Frau empfinden, die einmal ihrem Vater nach Wien schrieb: »Sie können sich nicht vorstellen, wie traurig mir der Gedanke ist, daß sie mit dem Kayser Ihren Schwiegersohn in Krieg verwickelt seyn . . .«

Marie Louise. Nach dem Ende des Korsen für immer von ihrem Sohn getrennt, als lästiges Überbleibsel und Erinnerung an demütigende Zeiten abgeschoben, in ein zwar schönes, aber fremdes Land, und nach den Kaisermetropolen Wien und Paris jedenfalls tiefste Provinz. Was man ihr zugestand, waren die Gespielen für die Nächte, und von ihnen machte sie dann eben Gebrauch.

Was man ihr noch beließ, war der Titel. Bis zu ihrem Tode beharrte sie auf der Anrede »Majestät« und verlangte in ihrer bedeutungslosen Kleinstadtresidenz das grotesk anmutende Hofzeremoniell, das sie einst als Kaiserin der Franzosen umgeben hatte.

Eineinhalb Jahrhunderte nach ihrem Tode fällt auch auf Marie Louise ein Abglanz jener allenthalben spürbaren Habsburg-Nostalgie, als deren Propagandist der amerikanische Kulturhistoriker William Johnston durch Europa zieht, »ein der österreichischen Skurrilität verfallener Sohn des puritanischen Massachusetts«.[11] Ein nicht weiter verwunderliches Phänomen angesichts der wenig glücklichen Lebensumstände in so manchem Landstrich, der einst zur Donaumonarchie gehört hat. Im ehemals österreichischen Friaul erlebt der Kaiser Franz Joseph seine posthume Glorifizierung, und Anfang 1985 versuchte sich auch eine Historikertagung in Parma an Marie Louises »Rehabilitierung«. Als Landesmutter hat die Bevölkerung dieser Region die Herzogin tatsächlich heute noch in angenehmer Erinnerung. Ihr Privatleben, das dem Wiener Hof so großes Unbehagen bereitete, berührte die Untertanen nicht, und so genießt Marie Louise in Parma heute noch, was man auf österreichisch eine gute Nachred' nennt.

Marie Louise war nicht die einzige Kaiserin unter den Töchtern des österreichischen Franz. Da gab es noch, von der landläufigen Geschichtserinnerung heute fast vergessen, die jüngere Schwester Leopoldine, ein wenig reizvolles, geistig einfach strukturiertes Geschöpf, das die Wiener Heiratspolitik dem Kronprinzen von Portugal, Dom Pedro, zuschob. Der Kronprinz lebte als Statthalter seines Vaters, des Königs Johann VI., im portugiesischen Kolonialreich Brasilien, und die zwanzigjährige Leopoldine wurde ihm 1817 über das Meer nachgeschickt. Schon eine solche Seereise war damals ein Abenteuer, und am Wiener Kaiserhof konnte man der Braut so gut wie keine Kenntnisse über ihre zukünftige südamerikanische Heimat vermitteln. Drüben in Rio de Janeiro war alles zuerst wie ein Märchentraum im tropischen Paradies, doch sehr schnell lernte die junge Wienerin eine ganz andere Realität kennen. Ein Hof, dessen Sprache sie nicht verstand, ein mörderisches Klima in einer von Urwald umgebenen Hauptstadt, ein Völkergemisch aller Hautschattierungen, und ein Leben in einer Atmosphäre beständiger Furcht vor Verschwörungen und Rebellionen. Irgendwo in den unendlich scheinenden Weiten Brasiliens waren stets Unruhen, Aufstände, und der junge Ehemann war eine Abenteurernatur, dem die Kriegszüge über Tausende Kilometer hinweg Spaß machten.

1822 ließ Dom Pedro sich in Rio de Janeiro zum Kaiser ausrufen. Jetzt war Leopoldine Kaiserin von Brasilien. Da war auch schon eine Tochter geboren, und der glückliche Vater hatte an den Schwiegervater, den Kaiser Franz in Wien, geschrieben: »Meine vielgeliebte Gemahlin begann um fünf Uhr morgens die Wehen zu verspüren, indem sie durch das Haus ging; sie klammerte sich an meinen Hals, und es war so, stehend, daß sie das Kind gebar, und um halb sechs war alles vorbei, mit der Riesenfreude, einer Tochter das Leben geschenkt zu haben.«

Die Tochter bekam den Namen Maria da Gloria, und 1826, als Dom Pedros Vater, Johann VI., starb, ließ der inzwischen zum Kaiser von Brasilien avancierte Kronprinz das Kind zur Königin ausrufen. Er selbst begnügte sich mit seinem Reich jenseits des Meeres; im Stammland Portugal setzte er seinen Bruder, Dom Miguel, zum Regenten ein.

Bedingung: Miguel sollte später die jetzt noch kindliche Königin heiraten. Die eigene Nichte also. Die dynastischen Gebräuche unterschieden sich also auch im angeblich so fortschrittlichen 19. Jahrhundert nicht von längst versunken geglaubten Epochen. Auch sonst galt zwischen Lissabon und Rio de Janeiro damals noch das Faustrecht des Stärkeren wie ehedem, wenn es um Macht und Erbschaften ging. Miguel setzte seine Braut und Nichte ab, statt sie zu heiraten, und machte sich selbst zum Herrscher, und Dom Pedro mußte übers Meer zurück nach Europa, um den Bruder zu vertreiben und die Tochter in ihre königlichen Rechte einzusetzen.[12]

In einer solchen Welt des Bruderkriegs und der Gewalttätigkeit, die man im Hause Österreich schon Jahrhunderte zuvor überwunden hatte, erlebte die Kaiserin Leopoldine auch das private Schicksal so mancher gekrönten Ehefrau vergangener Zeiten. Dom Pedro hielt sich eine Maitresse, baute ihr einen Palast, beförderte sie zur Marquise und legitimierte ihren Nachwuchs. Von Leopoldine verlangte er, daß sie die Kinder seiner Geliebten mit den Prinzen und Prinzessinnen gemeinsam aufzog. »Senhor«, schrieb die Kaiserin schließlich an den unerfreulichen Ehemann, »da Sie seit einem Monat nicht mehr zuhause schlafen, wünsche ich, daß Sie eine von uns beiden anerkennen lassen oder mir die Erlaubnis geben, zu meinem Vater zurückzukehren.«

Der Vater in Wien, der Kaiser Franz, der Wiener Hof – wie unerreichbar weit schien das alles. Dom Pedro, der gerade wieder einmal Krieg mit Aufständischen führte, diesmal in Uruguay, kam nun doch nach Hause, aber nur, um seine Wut auszutoben. Nach einer schrecklichen Szene versetzte er seiner Frau einen Fußtritt und ritt wieder fort, zu seinen Soldaten.

Leopoldine war damals gerade schwanger; der Fußtritt führte zu einer Fehlgeburt und zum Tod der Kaiserin. Außer Maria da Gloria blieb noch ein kleiner Sohn zurück, der spätere Kaiser Pedro II. von Brasilien.

Leopoldine, die zweite unglückliche Tochter des Kaisers Franz in Wien. Ein vom Hof gleich einer Sklavin über den Ozean verkauftes und dort von ihrem kaiserlichen

Sklavenhalter gequältes Wesen. Knapp vor ihrem traurigen Ende schrieb sie noch an ihre Schwester in Parma: »Wir armen Prinzessinnen sind den Würfeln gleich, die man hinwirft und sagt, Glück oder Unglück!«[13]

Was den Kaiser Franz in Wien betraf, den Vater so vieler problematischer Kinder, so war es für seine vier Ehefrauen, wenn sie die peinliche medizinische Prozedur im Rahmen des Ausleseverfahrens erst einmal überstanden hatten, sichtlich nicht schwer, mit ihm verheiratet zu sein. Er war zu gutmütig und zu gutbürgerlich für Extravaganzen. Extravaganzen leistete sich eigentlich nur einer von den vielen Söhnen der spanischen Luisa: der begabeste von allen, der Erzherzog Johann.

Die Tochter Anna des Postmeisters Jakob Plochl von Bad Aussee sah den Erzherzog Johann zum erstenmal im Jahre 1816; da war das Mädchen vierzehn Jahre alt. Der Erzherzog Johann war schon 34, aber noch immer unverheiratet. Das lag an seiner ganzen Lebenseinstellung. Er verabscheute Zeremoniell und Konvenienz, und da er angesichts des Kindersegens seiner älteren Brüder auch nicht in Sachen Erbfolge herangezogen wurde, ließ man ihm seinen Willen. Er war ein eigenartiger Herr, dieser Erzherzog Johann; ein Außenseiter nach den landläufigen Auffassungen bei Hof. Für ihn war das »Volk« nicht eine uniforme Masse von Untertanen, sondern eine Vielzahl von Menschen, deren jeder Anspruch auf Glück im Leben besaß. Nicht der Glanz des Hofes, meinte er, repräsentiere die Macht eines Staates, sondern der Wohlstand seiner Bürger. Hebung des Lebensstandards und der allgemeinen Bildung, würde man heute sagen, hielt Johann für die wichtigste Regentenpflicht.

Solche Feststellungen klingen nach Lesebuch für Volksschulen, und die handfest-romantische Geschichte des Erzherzogs Johann gleitet, beschreibt man sie im herkömmlichen Stil, nur allzuleicht ins Märchen ab. Dreikreuzerlegende für Küchenmädchen. Tatsächlich war dieser Johann von Österreich ein Sozialrevolutionär, der mit seinen umstürzlerischen Ideen nur nicht zum Zuge kam – im Vormärz-Österreich Metternichs kein Wunder. Zum Zuge kam er nur mit seiner Liebe zu der blutjungen Postmeisterstochter, die sich durch die Aufmerksamkeit des hohen Herrn sehr geehrt fühlte und zunächst wohl nicht einmal im Traum an eine Ehe gedacht haben mochte. Dem Charakter des Erzherzogs jedoch entsprach eine solche Ehe durchaus. Er hielt nichts vom Mätressenwesen und auch nichts von heimlichen Liebschaften. Es störte einfach das Bild, das er sich von einer ordentlichen Welt gemacht hatte, daß ein Erzherzog kein bürgerliches Mädchen heiraten dürfe, und er wollte seiner Anna die demütigende Stellung einer Geliebten ersparen – obwohl eben, wie gesagt, Anna die Demütigung gar nicht so drückend empfand. Sie war ein Kind ihrer Zeit, aber Johann war seiner Zeit um einige Generationen voraus.

Der Kaiser bewilligte das Ehegesuch seines jüngeren Bruders erst 1823 nach langwierigen Auseinandersetzungen nur mit durchaus verständlichen Einschränkungen:

»Der für die Beruhigung Deines Gewissens von mir erbetenen Verbindung mit der Jungfrau Anna Plochl von Aussee in Steiermark erteile ich hiermit meine Zustimmung, jedoch nur unter der ausdrücklichen Bedingnis, daß dadurch weder ihr noch den aus dieser Ehe entstehenden Kindern ein Anspruch von was immer für eine Art auf Deinen Namen, Stand und Versorgung von Seite des österreichischen Staates und von Seite unseres Hauses erwachsen dürfe . . .«

Trotz dieser Bewilligung versuchte der Kaiser diese Ehe doch noch zu verhindern. Franz konnte recht kleinlich und spießbürgerlich denken. Die italienische Geliebte seines Vaters Leopold, die schöne Livia Raimondi, hatte er, kaum daß der Kaiser tot war, samt Familie so schnell wie möglich aus Wien hinauskomplimentieren lassen, samt seinem Halbbruder Ludwig, und ohne sich um dessen weiteres Schicksal viel zu kümmern. Johann allerdings gab nicht nach. Als der Postmeister Plochl, ein Witwer, eines Tages wieder heiratete, nahm Johann die geliebte Anna zu sich ins Haus, machte sie zur Beschließerin und verlangte vom übrigen Personal, sie mit »Frau Mutter« anzusprechen. Fünf Jahre lang wich er seinem Bruder aus, bis Franz sich endlich einverstanden erklärte, das Dokument vom April 1823 auch in der Praxis gelten zu lassen. Erst jetzt wurde offiziell die Trauung auf dem Gut des Erzherzogs in der Steiermark vollzogen.

Kaiser Franz war kein Kämpfer, auch in dieser Angelegenheit nicht. Er fand sich mit Anna Plochl ab, gestattete ihr sogar den Zutritt zur kaiserlichen Hofhaltung, ernannte sie zur Freifrau. Sein Nachfolger Ferdinand ging dann noch einen Schritt weiter, indem er Anna Plochl zur Gräfin von Meran beförderte und für das Kind aus dieser Ehe die Übernahme der Patenschaft durch den Erzherzog Ludwig, Johanns Bruder, gestattete. Das Kind durfte sogar den kaiserlichen Namen Ferdinand bekommen.

Im Grund war es eine simple Geschichte von der unkomplizierten Liebe zweier Menschen, die niemandem weh tat und kein Staatsgeschäft störte. Der Geist der Zeit gab ihr den außergewöhnlichen Anstrich und verhalf dem Erzherzog zu seiner Popularität unter den kleinen Leuten. Wenn sie den Erzherzog-Johann-Jodler sangen, dachten sie weniger an den fortschrittlichen Volkswirt und Musterviehzüchter Johann, auch nicht an den Gründer des Grazer Joanneums, an den Stifter zahlreicher neuer Lehrkanzeln an der Universität, an den Reichsverweser des Revolutionsjahres 1848, auch nicht an den Mann, der schon 1848 die Bedeutung des preußischen Zündnadelgewehres erfaßt hatte, sondern vorwiegend an den hohen Herren, der die einfache Postmeisterstochter zu seinem fürstlichen Stand hochgehoben hatte. Mit Anna Plochl hatte es ein Mädchen geschafft, das wie Millionen anderer kleiner Mädchen war. Anna wäre, hätte sie hundertfünfzig Jahre später gelebt, aller Illustriertenleserinnen liebstes Kind geworden.

Die Dynastie aber hätte mehr Männer wie Johann gebraucht, denn mit den Söhnen des Kaisers Franz kam das Haus Österreich ein Jahrhundert nach dem Tode des letzten Althabsburgers erneut in eine gefährliche dynastische Krise.

Kapitel 7

Die bayerische Verwandtschaft

Die Wittelsbacherin Sophie und ihre kaiserlichen Söhne

Lauter Kaiser als Verwandte
Wittelsbacher Prinzessinnen für das Haus Österreich
Epilepsie im neapolitanischen Blut
Sophie von Bayern soll den Thronerben liefern
Zwei Fehlgeburten und dann vier Buben
Die unglückselige Maria Anna von Sardinien
Der »einzige Mann« in der Hofburg
Auf der Suche nach einer Kaiserin
Enttäuschung in Berlin
Der Kaiser wählt die falsche Braut

Erzherzog Franz Karl, Kaiser Franz Josephs Vater, war schon ein alter Mann, als er einmal auf der Kurpromenade von Ischl mit einem wohlsituierten Handwerksmeister ins Gespräch kam, der dort ebenfalls seinen Urlaub verbrachte. Es muß so um das Jahr 1866 herum gewesen sein. Der Handwerksmeister, der den zittrigen Herrn mit dem weißen Backenbart nicht erkannte, erzählte von seiner weitverzweigten Familie und fragte schließlich den Erzherzog, ob er auch Söhne habe.

»Ja«, antwortete Franz Karl, »vier sogar!«

»Und was ist er denn, Ihr Ältester?« wollte der redselige Sommergast wissen.

»Mein Ältester, der ist ein Kaiser!« antwortete Franz Josephs Vater wahrheitsgemäß.

Dem biederen Handwerksmeister blieb der Mund zuerst vor Verblüffung offenstehen.

Dann erkundigte er sich: »Und der Zweitälteste?«

»Der ist auch ein Kaiser«, sagte Franz Karl. Gemeint war Maximilian von Mexiko.

»Ja, was ist denn nachher Ihr Herr Vater?« stotterte der Handwerksmeister verdattert.

»Ein Kaiser«, meinte Franz Karl schlicht; schließlich war er ja der Sohn des Kaisers Franz.

»Und Ihr Großvater?« wollte der brave Bürger wissen. »Und der Bruder Ihres Großvaters? Und Ihr eigener Bruder?«

»Kaiser«, gab Franz Karl zum besten, »lauter Kaiser!«

»Ja«, brachte der eingeschüchterte Kurgast nur mühsam hervor, »dann sind Sie vielleicht auch ein Kaiser?«

»Nein«, lächelte der alte Erzherzog wehmütig, »ich bin der einzige, der keiner ist. Aber beinahe wär' ich auch einer geworden!«

Vielleicht ist diese Anekdote nur erfunden; höchstwahrscheinlich sogar. Sie kennzeichnet jedoch die familiäre Situation des Hauses Österreich in der zweiten Hälfte des 19. Jahrhunderts. Vier Generationen nach Maria Theresia, die am Ende eines halben Jahrhunderts weitverzweigter Familiengeschichte als letzte echte Habsburgerin übriggeblieben war, blühte das Erzhaus, das sich weiterhin Habsburg nennen ließ, obwohl es eigentlich Lothringen hätte heißen müssen, üppiger denn je.

Der schwedische Graf Wrangel jedenfalls, der 1899 eine Genealogie der souveränen Fürstenhäuser Europas zusammenstellte, kam bei seiner Aufzählung auf nicht weniger als 29 männliche und 44 weibliche lebende Nachkommen der Maria Theresia.[1]

Was den Erzherzog Franz Karl betraf, dessen Großvater, Großonkel, Vater, Bruder und zwei Söhne Kaiser waren, so mußte er es seiner Frau, der Prinzessin Sophie von Bayern, ankreiden, daß nicht auch er die Kaiserkrone der Habsburger hatte tragen dürfen. Rechtmäßig wäre sie ihm nämlich zugestanden.

Die Prinzessin Sophie kam 1824 nach Wien. Sie war keine ausgesprochene Schönheit, aber genau das, was man in Wien als »lieb« oder »süß« zu bezeichnen pflegte; mit ihren Lockerln, Rüscherln und Mascherln eine jener typischen Biedermeiergestalten, die vom zuckerlrosa Deckelbild einer Bonbonniere herabgestiegen schienen. Sophie war 19 Jahre alt, die »ältere« der Zwillingsschwestern, Töchter des Königs Maximilian Joseph von Bayern aus dessen zweiter Ehe mit der Prinzessin Karoline von Baden. Sophies Halbschwester aus des Bayernkönigs erster Ehe war Karoline Auguste, die vierte Frau des zuvor schon dreimal verwitweten österreichischen Kaisers Franz.

Die Reise nach Wien war für Sophie mehr als ein Verwandtenbesuch. Sie kam zur Vorbereitung ihrer Hochzeit mit dem zweiundzwanzigjährigen Erzherzog Franz Karl, des Kaisers zweitem Sohn aus dessen zweiter Ehe. Mit der geplanten Eheschließung würde Sophies Halbschwester, die Kaiserin, zugleich ihre Stiefschwiegermutter werden. Daran aber nahm niemand auch nur einen Gedanken lang Anstoß. Man hatte schließlich im Laufe der Jahrhunderte die engsten Blutsverwandtschaften bedenkenlos geduldet. Die junge bayerische Prinzessin bekam die Folgen derartiger Eheschließungen sofort nach ihrer Ankunft drastisch vorgeführt.

Sie kam nach Laxenburg, wo die kaiserliche Familie bis in den Herbst hinein hof hielt. Das Schloß gefiel ihr recht gut, nur die auf kitschige Romantik herausstaffierte Ritterburg inmitten des Schloßteichs sagte ihr nicht zu – deshalb vor allem, weil die unheimlichen Bewegungen einer als Kreuzritter adjustierten mechanischen Puppe im stilisierten Burgverlies sie erschreckten. Aber das war nicht das einzige, was die junge Biedermeierdame erschreckte. Viel schlimmer waren die Bewegungen einer lebendigen Puppe, die an diesem Hof dahinvegetierte – des einunddreißigjährigen, rachitischen, an Epilepsie leidenden Kronprinzen Ferdinand.

Für ein neunzehnjähriges Mädchen mußte der Anblick dieses unglückseligen jungen Menschen niederschmetternd sein. Die Anfälle kamen häufig, oft mehrmals am Tage. Das Gesicht war verzerrt, der Mund stand schief; zeitweise vermochte der Thronfolger nicht einmal zusammenhängend zu reden, sondern nur zu stammeln; wenn Ferdinand Stufen hinaufgehen wollte, mußten zwei Lakaien ihn förmlich die Treppe hochschleppen.[2]

Immerhin: Der für Sophie vorgesehene Ehemann Franz Karl war gesund. Er war kein Muskelprotz und kein Geistesriese, aber man durfte bei ihm auf gesunde Kinder hoffen. Vielleicht vermochte ein Enkel dem Kaiser Franz zu erfüllen, was sein ältester Sohn ihm schuldig geblieben war. Es würde wohl auch auf die Mutter ankommen.

Die Mutter für den künftigen Thronerben hatte die Kaiserin Karoline Auguste ausgewählt, und sie schob ihre Halbschwester Sophie in den Vordergrund aller Bewerberinnen. Ihr Vater Maximilian Joseph war ein ehrgeiziger Mann. Seit siebenhundert Jahren saßen die Wittelsbacher in Bayern; als Herrschergeschlecht waren sie älter als die Habsburger, doch erst seit Maximilian Joseph trugen die Herrscher von Bayern die Königskrone. Diese höchste erreichbare Würde war also brandneu, und sie hatte noch dazu einen Schönheitsfehler: Maximilian Joseph verdankte sie dem Emporkömmling Napoleon, und der frischgebackene König hatte sich 1809 eifrigst am Napoleonischen Raubzug in Tirol und Vorarlberg beteiligt. Die bayerische Königskrone hatte den Sturz des französischen Spenders überdauert. In der Gesellschaft der Könige nahm man derartige Fehltritte nicht allzu tragisch. Die getreuen Untertanen mochten getrost für die Freiheit kämpfen und für Kaiser und Reich ihr Leben opfern; von Fürstenhof zu Fürstenhof schloß man anschließend nicht nur Frieden, sondern auch sehr schnell wieder engste Freundschaft und besiegelte sie am liebsten durch eheliche Bande. Was nicht heißen sollte, daß man nicht bereit gewesen wäre, trotz aller verwandtschaftlichen Beziehungen auch ebenso schnell wieder Krieg gegeneinander zu führen. Maximilian Joseph erwies sich als emsiger Heiratspolitiker, um Bayerns Position zu stärken. Er hatte seine Tochter Karoline Auguste an Kaiser Franz verheiratet; eine weitere Tochter bekam der Kronprinz von Sachsen, eine dritte der Kronprinz von Preußen. Daß die erzkatholischen Wittelsbacher damit ein Familienmitglied an den sonst so verabscheuten Protestantismus verloren, spielte angesichts der erhofften machtpolitischen Vorteile keine Rolle. Nun kam eben Sophie an die Reihe. Vielleicht wurde sie Kaiserin, falls Franz Karl einmal seinem schwachsinnigen Bruder Ferdinand folgen sollte; fast sicher aber schien, daß sie die Mutter eines Kaisers werden würde.

Als Prinzessin Sophie von Bayern den ihr zugedachten Bräutigam zum erstenmal im Mai 1824 in Tegernsee zu Gesicht bekommen konnte – dorthin hatte man Franz Karl zwecks Brautschau geschickt –, war sie keineswegs begeistert. Wie gesagt – der zweiundzwanzigjährige Erzherzog besaß keine einzige jener Eigenschaften, die ein junges Mädchen zu entflammen vermochten. Darauf aber kam es auch nicht an. Prinzessinnen pflegten in solchen Fällen widerspruchslos zu gehorchen, und die Töchter des bayerischen Königs gehorchten besonders flink, denn Maximilian Joseph war ein regelrechter Haustyrann, penibel und pedantisch wie ein kleinbürgerlicher Bürokrat. Im übrigen half die Aussicht, Schwiegertochter eines Kaisers und vielleicht sogar selbst Kaiserin zu werden, über die enttäuschende Erscheinung des Bräutigams hinweg. So konnte die Verlobung programmgemäß in Szene gehen, denn Franz Karl seinerseits war mit der Braut natürlich einverstanden; er wäre wahrscheinlich mit jeder anderen, die man für ihn ausgesucht hätte, auch einverstanden gewesen. Die Ehe wurde dann am 4. November 1824 in Wien geschlossen, und Sophie von Bayern, nunmehr Erzherzogin von Österreich, hielt in der Hofburg Einzug in der festen Absicht, so schnell wie möglich den Thronerben zur Welt zu bringen. Der Hof, mit dem Kaiser an der Spitze, ließ keinen Zweifel daran, daß dies ihre Aufgabe war.

Ihr Daseinszweck überhaupt; vielleicht sogar ihr einziger!

Darin aber wurden alle, die diese Ehe gefördert hatten, enttäuscht. Sophie war nicht jener Typ Frau, wie ihn die habsburgische Familienpolitik am liebsten sah – eine verläßliche Zuchtmutter, die von einem Kindbett ins nächste stieg und im übrigen alles, einschließlich der Erziehung ihrer Kinder, den Hofinstanzen und den von ihnen eisern gehüteten Traditionen des Hofzeremoniells überließ. Sophie war erst neunzehn Jahre alt, als sie den nichtssagenden Franz Karl heiratete, aber sie war damals schon eine junge Frau mit Temperament, scharfem Verstand und starkem Willen. Ihre Schwester, die Kaiserin, hatte diese Eigenschaften ausdrücklich betont, als sie ihrem Mann die kleine Sophie als Braut für den schwachen Franz Karl empfahl.[3] Und Sophie ihrerseits zeigte sich schon sehr bald entschlossen, aus dieser recht lustlos geschlossenen Ehe das Beste zu machen.

Voraussetzung war natürlich ein Kind. Ein Sohn. Der Thronerbe. Gerade dieses Kind jedoch ließ auf sich warten. Vom Kaiser abwärts betrachtete die gesamte Hofgesellschaft die junge Frau gewissermaßen jeden Morgen mit erwartungsvoll-neugierigen Augen. Zwei volle Jahre lang vergeblich. Die stets wiederkehrenden, meist versteckten, oft aber auch recht unverblümten Fragen nach ihrem Gesundheitszustand hätten eine Durchschnittsfrau wahrscheinlich peinlich berührt. Nicht so Sophie. Sie wußte schließlich, wozu sie und ihr Mann da waren, und sie selbst litt am meisten unter der Erfolglosigkeit aller diesbezüglichen Bemühungen. Ohne Kind, ohne Sohn, blieb sie für den Kaiser, für den Hof, für das Reich bedeutungslos. Der Zustand des Kronprinzen Ferdinand war unverändert schlecht; den Kaiser und seinen Vertrauten graute es bei der Vorstellung, daß dieser unglückselige Kranke einmal die Kaiserkrone tragen müßte. Die Existenz des zweiten Sohnes war da kaum ein Trost; Franz Karl wollte eigentlich nichts weiter, als in Ruhe gelassen werden. Sophie war allerdings nicht die Frau, die ihm diesen Frieden des Nichtstuns und der Gedankenlosigkeit vergönnt hätte. Sie lag dem Kaiser so lange in den Ohren, bis dieser dem jungen Ehemann gestattete, an den Abstimmungen im Staatsrat mitzuwirken, aber dann hatte Sophie wieder Angst, ihr Franz Karl könnte sich in diesem Gremium nur blamieren.[4] Für eine Frau wie sie war es eben eine Qual, mit einem Mann verheiratet zu sein, den niemand ernst nahm – mit einem Mann, der nicht einmal ein Kind zu zeugen vermochte. In diesen ersten zwei erfolglosen Jahren ihrer Ehe mochten sich der Kaiser und seine Umgebung oft genug gefragt haben, ob es mit Franz Karl nicht ebenso schlimm stand wie mit dem armen Kronprinzen Ferdinand, auch wenn man dem jüngeren Bruder nichts ansah. Keine achtzig Jahre nach Maria Theresia schien es fast so, als sollte die von der großen Kaiserin neu begründete Familie in ihrer Hauptlinie schon wieder zum Aussterben verurteilt sein.

Im Juli 1826 wurde Sophie endlich schwanger, doch eine Fehlgeburt zerstörte alle Hoffnungen. Im Juni 1827 stellten sich erneut die Anzeichen einer Schwangerschaft ein, aber auch diesmal konnte Sophie das Kind nicht austragen. Auf den Kaiser wirkte die Enttäuschung wie ein nationales Unglück. Jedesmal, wenn er seinen von epileptischen Anfällen geschüttelten Sohn Ferdinand zu Gesicht bekam, wurde ihm das ganze Ausmaß der Familientragödie so richtig bewußt. Der einzige, dem Sophies verfehlte Schwangerschaften nützten, war Franz Karl. An ihm lag es also nicht, das hatten die Schwangerschaften bewiesen. Er durfte sich also ohne Gewissensbisse seinem Jagdvergnügen hingeben. Wenn keine Kinder kamen, war Sophie schuld. Oder die Ärzte versagten!

Die Ärzte gaben ihr Bestes; oder wenigstens, was sie für das Beste hielten. Der kaiserliche Leibarzt Dr. Johann Malfatti von Monteregio hatte zwar eben erst den berühmten Ludwig van Beethoven zu Tode kuriert, doch das tat seinem Ruf als wahrer Zauberkünstler keinen Abbruch. Gezaubert wurde zwar Anno 1829 nicht mehr auf allerhöchsten Ehebetten, um der Natur die ersehnte Nachkommenschaft abzulisten; man ersparte der armen Sophie auch die absonderlichen Wunderkuren, mit denen noch ein Jahrhundert zuvor Kaiser Karl VI. seine Frau malträtiert hatte. Eine junge Person jedoch, die Schwierigkeiten mit ihren Schwangerschaften hatte, war damals, in der ersten Hälfte des 19. Jahrhunderts, noch immer ein bedauernswertes Geschöpf, an dem die mehr oder weniger unwissenden Mediziner ihr Unwissen ausprobierten; hart an der Grenze der Kurpfuscherei.

Sophie wurde nach Ischl geschickt; von den Bädern erhoffte man sich das Wunder. Die Ärzte überschütteten sie mit Hunderten guter Ratschläge, und der Kaiser samt Anhang schien unentwegt hinter ihr her zu sein, um zu kontrollieren, ob sie die Ratschläge auch befolgte. Glücklich war die junge Ehefrau nicht. Die Angst, ein Versager zu sein, quälte sie; und noch mehr quälte sie das Bewußtsein, wie enttäuscht man in Wien von ihr war. Und dazu noch dieser Ehemann! »Mein guter Franz«, schrieb Sophie beispielsweise Ende 1827 an ihre Mutter in München, »hat mir diesmals so viel Freude gemacht, er ist so viel reifer geworden . . .«[5] »Freude« über die zunehmende Reife! Das klang nicht wie der Brief einer Frau über ihren Ehemann, viel eher wie der Stoßseufzer einer Mutter über die geistigen Fortschritte eines zurückgebliebenen Kindes. Sooft Sophie ihren unglückseligen Schwager Ferdinand betrachtete, sooft sie an ihren eigenen Mann dachte, mußte es ihr mit qualvoller Eindringlichkeit zu Bewußtsein kommen, wieviel tatsächlich davon abhing, daß sie möglichst bald einen gesunden Sohn zur Welt brachte.

November 1829. Nach der ausgiebigen Kur in Ischl war Sophie wieder einmal in anderen Umständen. Dr. Malfatti machte sich vermutlich kaum weniger Sorgen als Sophie selbst. Sollte es wieder nichts sein, wäre sein Ruf dahin. Er sperrte Sophie förmlich ein. Nur keine Bewegung, nur keine frische Luft! Acht Wochen lang verließ Sophie nicht einmal ihr Zimmer. Erst nach einem regelrechten Krach mit Malfatti setzte sie schließlich im März durch, daß sie wenigstens einmal ins Theater gehen durfte. Gehen war dabei ein unpassender Ausdruck – Malfatti bestand darauf, daß Sophie von ihrem Zimmer in der Hofburg bis in die Loge des Kärntnertortheaters in einer Sänfte getragen wurde! Ein wahres Martyrium für eine ansonsten durchaus gesunde, lebenslustige Frau. Die Sorge um den künftigen Thronerben jedoch hatte sich schon zu einer Zwangsvorstellung ausgewachsen, die den ganzen Hof Tag und Nacht in Atem hielt. Kein Wunder: gerade im Frühjahr 1830 hatte der Kronprinz wieder einen schweren epileptischen Anfall hinter sich; sein Gesicht blieb verzerrt zurück, der Mund stand ihm ständig offen. Der Kaiser und Franz Karl versuchten, Sophie diesen schauerlichen Anblick zu ersparen; sie fürchteten, die junge Frau könnte durch den Schock neuerlich eine Fehlgeburt erleiden. Sophie bekam Ferdinand allerdings doch immer wieder zu sehen, und diese Begegnungen bestärkten sie nur in ihrer Entschlossenheit, alles zu tun, was die Ärzte für richtig hielten, um endlich ein Kind auf die Welt zu bringen. Ende Mai übersiedelte der Hof nach Schönbrunn; da durfte sie wenigstens zeitweise an die frische Luft.

Mitte August, hatte man errechnet, mußte das freudige Ereignis eintreten. Am Nachmittag des 16. August 1830 alarmierte die Hebamme Schmalzl die Hofgesellschaft. Es war soweit.

Daß man sofort in der Schloßkapelle zu beten begann, verstand sich noch. Daß aber sofort eine wahre Völkerwanderung zu den Gemächern der Wöchnerin einsetzte, war nur mit der Bedeutung zu erklären, die man der bevorstehenden Geburt beimaß. Hier bekam nicht einfach eine junge Frau ein Kind. Hier wurde ein Staatsakt vollzogen, der das künftige Geschick eines Reiches bestimmen sollte. Man wollte nicht nur dabeisein, als »Zeuge« des Vorganges gewissermaßen, aus Neugierde oder auch aus echter Anteilnahme; man mußte sozusagen dabeisein. Das Schlafzimmer der Erzherzogin und die umliegenden Räume füllten sich mit Menschen. Nicht nur die Verwandten kamen; überhaupt jeder kam, der hoffähig war. Generale und Hofdamen, Minister, Adjutanten – je höher im Rang, um so näher durfte man dem Bett der werdenden Mutter rükken. Es ging zu wie bei einem Staatsempfang, und es war ein Staatsempfang. Lakaien servierten Erfrischungen, und das war auch nötig, denn die gute Hebamme Schmalzl mußte sich verrechnet haben; das Kind ließ auf sich warten. Und die Hofgesellschaft wartete mit; die meisten der höchsten und allerhöchsten Adabeis gingen in dieser Nacht nicht schlafen, um nur ja nicht den großen Moment zu versäumen. Den ganzen 17. August über drängten sich die Leute weiter rund um das Kreißzimmer und in diesem selbst; ein Glück, daß wenigstens die Wöchnerin im Bett lag, sonst wäre sie womöglich in dem Durcheinander noch erdrückt worden. Sophie nahm es widerspruchslos hin, daß Dutzende Menschen um sie herumstanden und jede intimste Regung ihres Körpers mit angespannter Aufmerksamkeit verfolgten. Sie war dazu erzogen worden, jederzeit daran zu denken, daß sie nicht sich selbst gehörte, sondern dem Staat. Oder der Dynastie – aber das war in der Welt, in der sie lebte, ein und dasselbe.

Die Hofgesellschaft mußte noch eine ganze Nacht lang ihre anerzogene Geduld und ihr Standvermögen beweisen; rund um das Bett einer in den Wehen liegenden Frau. Einige Hofdamen allerdings hielten nicht durch; sie schliefen auf den Stühlen oder den Kanapees ein. Viel Ruhe fanden sie allerdings nicht. In der Nacht zum 18. August setzten die Wehen mit ganzer Heftigkeit ein; Sophies Schmerzensschreie gellten den Anverwandten und den umherstehenden Hofschranzen stundenlang in den Ohren. Es war eine schwere Geburt, und noch im letzten Augenblick fürchtete man, es könnte wiederum ein Unglück geschehen. Die Angst steigerte sich an den Rand des scheinbar Unerträglichen, als die Ärzte schließlich zur Zange greifen mußten, um das Kind aus dem Mutterleib zu holen. Gegen 9.45 Uhr war es endlich da. Hier stimmte es wahrhaftig, daß ein Kind unter Schmerzen geboren wurde; nicht nur unter Schmerzen der Mutter, sondern auch unter seelischem Schmerz Hunderter Menschen.

Dann aber kamen die Freudentränen und die Begeisterungsstürme: Es war ein kerngesundes Kind und es war ein Bub. Erst als der Kaiser kam, um seinen Enkel zu bewundern, wurde die Wöchnerin von der größten Plage ihrer Niederkunft befreit: Franz jagte die Hofgesellschaft auseinander, die im Zimmer der jungen Mutter und rundherum das freudige Ereignis wie eine Faschingsredoute feierte.

Die Beglücktheit des alternden Kaisers, nach einem geistesschwachen und einem geistig nicht gerade starken Sohn nun endlich einen Enkel zu haben, auf den er alle seine Hoffnungen setzen konnte, überschlug sich in Verfügungen, die die Bedeutung des Ereignisses auch äußerlich dokumentierten. Das Kind bekam die Namen Franz Joseph Karl. Der Säugling bekam auch sofort einen eigenen Hofstaat. Er wurde zwar bescheiden »Kinderkammer« genannt, bestand aber immerhin gleich aus neun Personen einschließlich einer eigenen Köchin mit Küchengehilfin und zwei Lakaien. Der hingerissene Großvater verfügte auch sofort, daß der Wagen, in dem der Säugling ausgefahren werden sollte, mit sechs Pferden zu bespannen sei.

Sogar die Erzherzogin Sophie, die doch ganz gewiß von der einzigartigen Bedeutung ihres Kindes für Kaiser und Reich überzeugt war, fand schließlich, es sei des Guten zuviel getan, wenn jedesmal die Burgwache unter Trommelwirbel ins Gewehr treten mußte, sobald ihr Baby durch das Tor kam. Die Verliebtheit der Verwandtschaft und die Kriecherei der Hofschranzen steigerte sich allmählich derart, daß es am Ende sogar dem in seinen Enkel vernarrten Kaiser zuviel wurde, wenn einzelne Hofdamen das kleine Wesen in seinen Windeln mit »Gottheitel« anhimmelten.

Das Kind, dem die tristen Familienverhältnisse des Erzhauses von Anfang an eine so einmalig-unvergleichliche Stellung einräumten, sollte diese Begleiterscheinungen seiner frühesten Jugend als durchaus natürliche Lebensart in sein Unterbewußtsein aufnehmen. Franz Joseph würde nie mehr von dieser Gottähnlichkeit seiner Person loskommen. Nicht der Mensch Franz Joseph – der war für sich selbst von einer an Bedürfnislosigkeit grenzenden Bescheidenheit. Wohl aber der Kaiser Franz Joseph. In einer Zeit, in der sich die Umwelt längst grundlegend von den Jahren seiner Geburt unterschied, hielt er unbeirrbar an dieser Gottähnlichkeit der Dynastie fest. Gerade der Trommelwirbel der Burgwache für ein erzherzogliches Baby, der seiner Mutter einigermaßen übertrieben vorgekommen war, schien in Franz Josephs Augen ein unerläßliches Symbol dafür, daß die Angehörigen des Hauses Österreich unerreichbar hoch über den gewöhnlichen Sterblichen standen. Unterwegs hatten Uniformierte zu grüßen; nicht einmal einem Feldmarschall blieb es erspart, vor einem vorüberfahrenden erzherzoglichen Säugling Front zu machen. Sogar einem seinem kaiserlichen Herrn so bedingungslos ergebenen Offizier wie dem Baron Margutti von der kaiserlichen Generaladjutantur kam es als Demütigung und Entwürdigung seiner Uniform vor, daß er vor einem allerhöchsten Hosennässer habtachtzustehen hatte wie ein Zinnsoldat und daß die Burgwache aufziehen mußte, um dann als Dank für die militärische Ehrenbezeigung das verlegene Lächeln eines Kinderfräuleins zu kassieren. Margutti schlug dem alten Kaiser in aller respektvollen Untertänigkeit vor, diesen militärischen Aufwand auf Erzherzoge zu beschränken, die schon über 18 Jahre alt waren; so also, wie man es an anderen Fürstenhöfen auch hielt. Franz Joseph wies diesen Vorschlag geradezu empört zurück; ihm schien das Ansinnen allein beinahe schon eine Majestätsbeleidigung. Für ihn war und blieb ein Erzherzog ein höheres Wesen, auch wenn es in nassen Windeln lag. Gerechterweise verlangte er von den Angehörigen des Erzhauses allerdings auch das tagtägliche Verhalten höherer Wesen; es blieb ihm unbegreiflich und er betrachtete es als unverzeihlich, wenn sie sich oft genug wie gewöhnliche Durchschnittsbürger aufführten. Franz Joseph ging sogar so weit, seinen allerhöchsten Händedruck als kaiserliche Gnade zu verschenken; und dies nach Möglichkeit nur an Hocharistokraten. Derselbe kaiserliche Adjutant Margutti, der die militärische Ehrenbezeigung für Säuglinge als Schimpf für die alte Uniform beklagt hatte, vergaß in seinen Erinnerungen an den alten Kaiser nicht, ausdrücklich den Tag zu erwähnen, an dem Franz Joseph ihm die Hand gereicht hatte – ein einziger Händedruck in den langen sechzehn Jahren, in denen Margutti, immerhin Baron und General, Tür an Tür mit dem Monarchen gearbeitet hatte! Und der Generaladjutant Graf Paar gratulierte Margutti am nächsten Tag zu diesem Händedruck wie zu einem hohen Orden.[6]

Franz Joseph war damals schon über 80 Jahre alt. Er hatte zwei Kriege und die schönsten Provinzen seines Reiches verloren; er hatte die Teilung der einstigen Einheitsmonarchie hinnehmen müssen; von der absoluten Herrschergewalt seiner Jugendzeit waren nur noch Reste geblieben, doch alles das konnte seine felsenfeste Überzeugung vom Gottesgnadentum seines Thrones nicht ins Wanken bringen. Die Wurzeln für dieses Leben in einer anderen Welt reichen zurück in jene Kinder- und Jugendtage zwischen 1830 und 1848, in denen Franz Joseph von seiner Mutter zum Kaiser von morgen herangezogen wurde.

Eineinhalb Jahrhunderte später diagnostizierte ein Psychiater aus der Sigmund Freud-Schule, Erwin Ringel: »Der Mann wurde schon in der Kindheit durch seine Mutter und die Erziehung vernichtet, hat dann 68 Jahre regiert, hat in dieser überlangen Zeit keine einzige konstruktive Idee gehabt . . . Eine Vaterfigur, weil er so unbeschreiblich anständig war . . . weil er den Konservativismus in Person repräsentiert hat . . . Franz Joseph ist außer Zweifel von seiner Mutter zerstört worden, schwerst neurotisiert worden, hat dann eine neurotische Entwicklung, eine ›Lebensgestaltung‹, besser gesagt, eine ›Verunstaltung‹ gehabt und erlitten, wie das bei Neurosen eben so der Fall ist, weil der Neurotiker zu seinem eigenen Feind wird. Das Unglück klebte an seinen Händen, man kann ruhig sagen, alles was er angenommen und begonnen hat, ist eigentlich tragisch, schlecht ausgegangen, mußte schlecht ausgehen nach unserer tiefenpsychologischen Deutung . . .«[7]

Erzherzogin Sophie hatte 1830 mit Franz Josephs Geburt die in sie gesetzten Erwartungen erfüllt, und sie erfüllte weiterhin das, was sie für ihre Pflicht hielt; zunächst in dynastischer Hinsicht. 1832 kam ein zweiter Bub zur Welt; er erhielt die Namen Ferdinand Maximilian, doch alle Welt nannte ihn vom ersten Tag an nur Max. 1833 folgte der dritte Sohn, Karl Ludwig. Die Geburten waren jetzt keine Staatsakte mehr; der Hof überließ die Mutter ihrer Ruhe, der Hebamme Schmalzl und den Ärzten. Mit Franz Joseph war der Bann gebrochen. Kaiser Franz, jetzt schon bald 65 Jahre alt, hatte ein spätes Familienglück erfahren, das er angesichts seiner beiden Söhne Ferdinand und Franz Karl schon gar nicht mehr zu erhoffen gewagt hatte. Kein Wunder, daß in seinen und des Hofes Augen die Figur der Erzherzogin Sophie, die schließlich die Urheberin dieser allgemeinen dynastischen Beglückung war, an Bedeutung weit über jenes Maß hinauswuchs, das man im Hause Österreich den Müttern der Thronerben nach deren Geburt noch zumaß.

Kein Wunder allerdings auch, daß sich angesichts der körperlichen und geistigen Verfassung der beiden kaiserlichen Söhne Ferdinand und Franz Karl auch schon bald böse Zungen bemüßigt fühlten, nach einer »Erklärung« für die plötzliche späte, beinahe schon nicht mehr erhoffte Gebärfreudigkeit der Erzherzogin zu suchen.

Nun gab es am Wiener Kaiserhof in den ersten Jahren von Sophies Ehe auch tatsächlich zwei junge Herren, die sowohl äußerlich wie auch geistig alle jene Vorzüge besaßen, die den beiden Söhnen des Kaisers in überreichem Maß abgingen. Zwei Prinzen wie aus dem Märchenbuch; jung, intelligent; zwei strahlende Erscheinungen, die das Herz höchster und allerhöchster junger Damen schneller schlagen lassen mußten. Beide waren sie in Sophie verliebt, und beide machten aus ihrer Schwärmerei für die Erzherzogin kein Geheimnis.

Der eine dieser beiden jungen Herren war Gustav Wasa, ehemals Kronprinz von Schweden. Er lebte als Emigrant am Wiener Hof, seit Napoleons Marschall Bernadotte seinen Vater, den König Adolf IV. von Schweden, um den Thron gebracht hatte. Als Sophie nach Wien kam, war Gustav Wasa 25 Jahre alt.[8]

Auch der zweite junge Herr hatte den Verlust eines Thrones zu beklagen. Er wurde Fränzchen genannt, nach seinem Großvater, dem Kaiser Franz. Dieser Großvater liebte ihn zärtlich, doch die Politik verlangte, daß man die Herkunft des jungen Mannes in Vergessenheit geraten ließ. Als er 1811 geboren wurde, bekam er in der Wiege schon den Titel eines Königs von Rom, doch am Wiener Hof sprach ihn niemand mit Majestät an. Nicht einmal als Erzherzog wurde er eingestuft; er mußte sich mit dem Titel eines Herzogs von Reichstadt und der Anrede »Durchlaucht« begnügen. Diese negative Betriebsamkeit blieb allerdings erfolglos. In den wenigen Jahren seines kurzen Lebens vergaß Franz Joseph Karl, Herzog von Reichstadt, nie, daß er eigentlich Napoleon hieß und der Sohn des Kaisers der Franzosen war. Er träumte davon, eines Tages auf dem Thron seines Vaters zu sitzen, und als er 1832 starb, wollten Gerüchte wissen, daß er eben wegen dieser Träume vergiftet worden sei.

Das waren nicht die einzigen Gerüchte um seine Person. Die anderen beschäftigten sich mit Sophie. Der Herzog von Reichsstadt war 13 Jahre alt, als Sophie die Schwiegertochter des Kaisers wurde. Napoleons Sohn vergötterte die Wittelsbacherin vom ersten Augenblick an. In den kommenden Jahren sah man sie immer wieder nebeneinander in den Hoflogen der Wiener Theater; Sophie war eine begeisterte Theaterbesucherin und konnte nach Jungmädchenart kräftig für die berühmten Schauspielerinnen und Sängerinnen ihrer Zeit schwärmen. Sie war auch eine begeisterte Tänzerin; der Herzog von Reichstadt und der Prinz von Wasa gehörten zu ihren bevorzugten Partnern. Verglichen mit ihnen, fiel der plumpe, immer ein wenig hilflos und verloren wirkende Ehemann Franz Karl deutlich ab. Kein Wunder also, daß geredet wurde.

Geredet wurde einmal nach der einen, dann wieder nach der anderen Seite hin. Der kleine Franz Joseph und sein zwei Jahre jüngerer Bruder Ferdinand Max wurden ironisch die »Wasa-Buben« genannt. Dreißig Jahre später, als Erzherzog Max sich der auffälligen Sympathien Napoleons III. erfreute und unter dessen Protektion in sein mexikanisches Abenteuer stolperte, erinnerte man sich auch wieder der Schwärmerei des Herzogs von Reichstadt und flüsterte hinter Maximilian her, er sei in Wirklichkeit dessen Sohn, also ein Bonaparte.[9]

Sicherlich war die bayerische Sophie nicht gerade glücklich mit ihrem Mann; Franz Karl war auch alles andere als das passende Objekt für die himmelstürmende Liebe einer jungen Frau. Unbestritten ließ sich die Erzherzogin auch die Anbetung der beiden Prinzen gerne gefallen; wenn man mit einem Franz Karl verheiratet war, mußte der Wetteifer des selbstsicheren Schweden und des leidenschaftlichen Napoleoniden, ihr den Hof zu machen, erholsam und schmeichelhaft wirken. Trotzdem aber fanden alle die Gerüchtemacher und Gerüchteerzähler unter den Hofschranzen niemals auch nur die geringste Spur eines Beweises für ihren Schlafzimmertratsch. Und die Erzherzogin Sophie selbst mit ihrer an Bigotterie grenzenden Frömmigkeit und ihrem geradezu fanatischen Glauben an die Legitimität der Dynastien als gottgewolltes höchstes irdisches Gesetz war auch alles eher als die geeignete Frau für derartige Liebesabenteuer.

Sie war nach Wien gekommen, um den künftigen Kaiser auf die Welt zu bringen, und von Franz Josephs erstem Atemzug an versäumte sie keinen Augenblick, um dieses Kind auch aller Welt als den künftigen Kaiser zu präsentieren. Sie war es, die das Baby schon in den Windeln zum Mittelpunkt des Kaiserhofes machte.

Die Nachwelt sieht heute noch das österreichische Kaiserhaus und den Wiener Hof aus den Perspektiven, die die dominierende Gestalt des alten Franz Joseph nach 68 Regierungsjahren hinterlassen hat. Erstarrt in dem vom Fürsten Montenuovo eisern gehandhabten Zeremoniell; entpersönlicht durch den Kaiser selbst, der jede menschliche Regung dem Staatsinteresse unterzuordnen schien. Man vermeinte die Eiseskälte der Kapuzinergruft auch am heißesten Sommertag durch die kaiserlichen Gemächer des Schlosses Schönbrunn zu spüren. Man fröstelte förmlich in der Nähe dieses Monarchen, der nur seinen Töchtern, aber nicht einmal seinen Brüdern gestattete, du zu ihm zu sagen; der den einzigen Sohn sterben ließ »wie einen Schneidergesellen«, der die leidenschaftliche Liebe des Thronfolgers Franz Ferdinand zu der Gräfin Chotek viele Jahre lang mit seiner unerbittlichen Abneigung verfolgte – bis über deren Tod in Sarajewo hinaus. Der Hof – das sollte nach Franz Josephs Willen nichts anderes sein als ein perfekt gelenkter Apparat, der bei der Verwaltung einer Großmacht jedes menschliche Versagen infolge Gefühl oder Seelenregung, Liebe oder Haß von vornherein auszuschalten hatte. Computergesteuert, könnte man meinen, wenn es diesen Begriff damals schon gegeben hätte. So bot sich Franz Josephs Hof jedenfalls dem außenstehenden Betrachter.

Der Hof des Kaisers Franz, an den Sophie von Bayern 1824 kam, war demgegenüber, bei allem Glanz des Zeremoniells, kleinbürgerlich-familiär. Franz ging als Kaiser des Biedermeier in die Geschichte ein. Die von Napoleon eingeleitete Zerstörung der Basteien benützte er dazu, um den Volksgarten anzulegen, und die berühmten Rosen im Wiener Volksgarten blühen immer dann am schönsten, wenn die nicht weniger berühmten Wiener Backhendel am besten schmecken. Das zufällige zeitliche Zusammentreffen hat fast so etwas wie einen unterschwelligen inneren Zusammenhang. Das Biedermeier des Kaisers Franz lebt in unserer Erinnerung fort als die gute alte Zeit der Backhendelgemütlichkeit. Und dies, obwohl schon die Schulkinder lernen, daß diese geradezu verbissen gelebte Häuslichkeit zwischen Biedermeierkommode, Spieldose, Freundschaftsbecher und Rosenhecke, in der der Schubert Franzl seine Konzerte gab und Moritz von Schwind seine romantischen Bildchen malte, nichts anderes war als die Reaktion einer politisch rechtlosen Bourgeoisie auf Zensur, Spitzelwesen und Polizeiterror des absolutistischen Systems. Und der Kaiser lebte seinen Untertanen die von oben her gewünschte Beschränkung auf das traute Heim tagtäglich selbst vor. Denn: auch er war ein Gefangener, durch die enggezogenen Grenzen seiner eigenen Fähigkeiten und die überragende Bedeutung seines allmächtigen Staatskanzlers Fürst Metternich.

Die Hofburg, die Schlösser Laxenburg und Schönbrunn waren unter dem Kaiser Franz der Tummelplatz einer einzigen Großfamilie. Der Kaiser, seine Söhne, seine Enkel, die zahlreichen Anverwandten, Tanten und Onkel, entthronte Cousins und verwitwete Cousinen – sie alle lebten nebeneinander sozusagen bei ständig geöffneten Türen. Trotz genauest ausgearbeitetem Zeremoniell, trotz Dutzender Kammerherren, Hofdamen und Adjutanten konnte mehr oder weniger jeder kommen und gehen, wie er wollte – das war kein Kaiser Franz Joseph, der seinen Brüdern oder Neffen per Dienstzettel vorschrieb, wann auf die Minute genau sie sich bei ihm zu melden hätten. Da bewegte man sich ungeniert von Salon zu Salon, wie andere Leute sich eben in ihrer Wohnung von Zimmer zu Zimmer bewegten; die Kinder tollten die Korridore entlang, kugelten durcheinander, neckten die Wachen, machten auch vor dem kaiserlichen Arbeitskabinett nicht halt; und die Familienchronik vermerkte sogar, daß der kleine Franz Joseph einmal, während der Großherzog von Hessen der Erzherzogin Sophie einen Besuch abstattete, seinen Nachttopf herbeigeholt und ungehindert von der Umgebung im selben Raum sein Geschäft verrichtet habe.[10]

Der Mutter kam diese Formlosigkeit gelegen. Sie versäumte keine Gelegenheit, dem Kaiser ihren Sohn zu präsentieren; mit und ohne Windeln. Sie ließ das Kind immer wieder malen und stellte die Bilder im Kaiserzimmer auf. Jedermann sollte tagtäglich unmißverständlich vor Augen geführt bekommen, daß hier der künftige Kaiser heranwuchs – und daß sie, die Erzherzogin Sophie, seine Mutter war.

Den Säugling brauchte man dem alternden Kaiser nicht erst ans Herz zu legen; in den Kleinen war er ohnehin vernarrt. Die Betriebsamkeit der ehrgeizigen Mama aber wirkte mitunter schon peinlich. Und eines Tages sagte der Kaiser Franz zu seiner Schwiegertochter: »Mein liebes Kind, ich liebe dich sehr und werde dich immer lieben, aber jetzt darfst du es nicht falsch auffassen, wenn ich mich in Zukunft Maria Annas wegen ein wenig zurückhalten muß, um nicht zuviel Vorliebe für dich zu zeigen.« Das sagte der Kaiser in dem Augenblick, in dem plötzlich, wie aus heiterem Himmel, ein Donnerschlag auf Sophie niederging, der alle ehrgeizigen Träume und Hoffnungen zunichte zu machen drohte. Den Traum von der Kaiserkrone.

Maria Anna – das war die Braut, die man für den Kronprinzen Ferdinand ausgesucht hatte.

Maria Anna von Savoyen war 27 Jahre alt, als sie von dem Glück erfuhr, das die Staatskanzleien in Wien und Turin für sie ausgeknobelt hatten. Sie war alles andere als eine Schönheit. Mit ihrem verzogenen Mund und ihren hervorstehenden Zähnen, ihrer bleichen Haut und ihrem Talent, sich schlecht anzuziehen, konnte sie einem Bewerber die Lust aufs Heiraten leicht austreiben. Der Bräutigam allerdings war auch alles andere als eine Männerschönheit. Seit dem letzten schweren Anfall während Sophies Schwangerschaft allerdings hatte sich Ferdinands Zustand merklich gebessert. Die Ärzte, die an ihm herumdokterten, fanden nun, man könne ihn ohneweiters verheiraten. Die Brüder des Kaisers, die übrigen Verwandten waren zunächst starr vor Schreck. Die Vorstellung, daß der unglückselige Kronprinz womöglich noch Kinder bekommen, daß eines von ihnen einmal Kaiser werden könnte, wirkte beklemmend.

Starr vor Schreck war auch Sophie, der der Kaiser das große Geheimnis als erster verriet. Wenn Ferdinand heiratete, was wurde dann aus ihr? Wenn Ferdinand einen Sohn bekam, was wurde dann aus ihrem Mann und ihrem Kind? Sie hatte Franz Karl in der felsenfesten Überzeugung geheiratet, daß ihr Schwager nach menschlichem Ermessen bald sterben, daß er nie Kaiser werden würde. Sechs Jahre lang hatte sie am Wiener Hof in der absoluten Gewißheit gelebt, daß es nur eine Frage der Zeit sein konnte, bis sie die höchste irdische Würde erklimmen würde, die eine Prinzessin von Bayern, die Tochter eines Königs, sich vorzustellen vermochte. War jetzt alles zu Ende? Würden ihr Mann, ihre Kinder, sie selbst in die Bedeutungslosigkeit unwichtiger Angehöriger einer Nebenlinie abgleiten?

Sophie lief den Ärzten, die den Kronprinzen behandelten, die Türen ein. Die Ärzte trösteten sie. Wenn sich der Zustand des armen Ferdinand auch einigermaßen gebessert hatte, an Kindersegen war wohl nicht zu denken. Der Kronprinz war nicht nur geistig infantil geblieben. Der Charakter der Erzherzogin Sophie ging schlagartig aus dem Brief hervor, den sie daraufhin an ihre Mutter schrieb. Triumphierend teilte sie der bayrischen Königin mit, daß von der geplanten Ehe nichts zu »befürchten« sei – keine Thronerben nämlich!

Und jetzt, nachdem sie sich erst einmal zu dieser beruhigenden Erkenntnis durchgekämpft hatte, begann sie den staats- und familienpolitischen Aspekten der geplanten Ehe sogar Geschmack abzugewinnen.

Der Mann, der sich von Ferdinands Heiratsplänen das meiste versprach, war der Staatskanzler Fürst Metternich. Das Haus Savoyen, seit dem Jahre 1000 in der Grafschaft gleichen Namens an der Herrschaft, regierte seit 1720 das Königreich Sardinien, doch diese Mittelmeerinsel stellte nur den weniger bedeutenden Teil des Königreiches dar. Der wahre Machtfaktor war Piemont mit der Hauptstadt Turin, und dieses Piemont grenzte an das lombardo-venezianische Königreich der Habsburger in Oberitalien. Die Savoyer waren die einzige einheimische Dynastie, die in dem in Königreiche und Fürstentümer zerrissenen Italien herrschte; an die Savoyer knüpften sich die Hoffnungen aller italienischen Nationalisten; von Savoyen erwarteten sie sich die Vertreibung der Habsburger aus Mailand und Venedig, aus der Toskana und aus Modena sowie Parma und das Ende der Bourbonenherrschaft in Neapel und Sizilien. Wenn eine Prinzessin von Savoyen den österreichischen Kronprinzen, den künftigen Kaiser, heiratete, so durfte man damit rechnen, daß zumindest das Königshaus von Piemont-Sardinien diese nationalistischen Strömungen nicht auch noch unterstützen würde.

Metternich jedenfalls rechnete damit; in seiner Welt vermochte man sich nicht vorzustellen, daß nationale Emotionen stärker sein könnten als dynastische Erwägungen. Metternich sollte sich täuschen; im Revolutionsjahr 1848 marschierten die Truppen des Königs Karl Albrecht von Sardinien auf Mailand, ohne sich daran zu stoßen, daß eine Prinzessin von Sardinien österreichische Kaiserin und damit auch lombardische Königin war.

1830, als die Ehe zwischen Wien und Turin gestiftet wurde, lebte auch Sophie schon vollkommen in Metternichs Gedankenwelt der allein selig machenden absoluten Fürstenherrschaft. Als sie nach Wien kam, hatte es so ausgesehen, als müßte sie den Staatskanzler als ihren persönlichen Feind betrachten. Oft genug war schon davon gesprochen worden, daß man den epileptischen Kronprinzen Ferdinand doch wohl besser von der Thronfolge ausschließen sollte, zugunsten seines Bruders Franz Karl. Metternich hatte alle derartigen Pläne zunichte gemacht. Für ihn, den selbsternannten Schutzherrn der Fürstenlegitimität auf dem Kontinent, war ein geistesschwacher Kaiser kein Schreckgespenst, im Gegenteil. Als Staatskanzler eines solchen Monarchen würde er sein persönliches Regiment ungehindert fortführen können.

Nachdem Sophie ihren eigenen Mann Franz Karl erst ausgiebig genug kennengelernt hatte, fand sie sich mit der Situation ab. Franz Karl war zwar nicht geistesschwach wie sein Bruder, aber auch er würde nie ein wirklicher Kaiser werden. Nicht das, was sich Sophie unter einem Kaiser vorstellte, das erkannte sie schon sehr bald. Da war es ihr noch lieber, daß ein anderer das jämmerliche Schattendasein unter Metternichs Fuchtel führen und der Staatskanzler eben so lange herrschte, bis ihr Sohn Franz Joseph alt genug sein würde, um die Macht zu übernehmen.

Erst einmal zu dieser Erkenntnis gekommen, fand sich Sophie auf Metternichs politischer Linie durchaus zurecht. Mit ihm haßte sie alles, was Fortschritt hieß und in ihren Augen doch nur Beseitigung einer gottgewollten Ordnung war. Und Sophie verstand es, zu hassen. Ungarn und Franzosen rangierten obenan auf der Liste ihrer selbstgewählten Feinde. Die Ungarn waren widersetzlich, rebellisch. Sie pochten auf verbriefte Rechte. Als ob es ein anderes Recht als das absolute Herrscherrecht des Monarchen geben könnte!

Die Franzosen wiederum waren und blieben in Sophies Augen Königsmörder. Sie hatten Ludwig XVI. geköpft; sie hatten 1830 die nach Napoleons Ende wieder eingesetzten Bourbonen verjagt. Alle diese neumodischen Ideen, die die bis dahin so gehorsamen Untertanen rebellisch machten, kamen aus Frankreich. Den Franzosen wünschte Sophie die Cholera an den Leib, und das wortwörtlich. »Gott verzeih mir«, schrieb sie 1832 an ihre Mutter, »aber ich bin gar nicht böse, daß in Paris Cholera herrscht. Es ist ja wahr, sie wütet fürchterlich und bringt diese häßlichen Franzosen zu Ausschreitungen, die einem die Haare zu Berge stehen lassen.« Und ein anderes Mal schrieb sie: »Das kommt alles von diesem häßlichen, verächtlichen Frankreich. Warum zerstört der liebe Gott nicht Paris, das ist meine Lieblingsidee . . .« Auch für die Briten hatte Sophie nicht viel übrig; die waren ihr zu demokratisch. Dem König Wilhelm IV. sagte sie »liberale Tollheiten« nach.[11]

Metternich erkannte sehr schnell, daß diese junge Wittelsbacherin, die es da an den Wiener Hof verschlagen hatte, ungewöhnlich intelligent, zielbewußt und willensstark war. Neben einem nachgiebigen Kaiser, einem geistesschwachen Kronprinzen und dessen willensschwachem Bruder war Sophie als eine Potenz aufgetaucht, die in Rechnung gestellt werden mußte. Metternich widmete sich Sophie mit besonderer Intensität, und sie nahm begierig seine politischen Lehren auf. Das Weltbild des Staatskanzlers paßte schließlich perfekt zu den Wunschträumen einer ehrgeizigen Prinzessin, die aus dem provinziellen Königshof eines wenig bedeutenden Kleinstaates ausgezogen war, um sich dafür ein Kaiserreich zu erobern.

Wie Sophie über Fürstentum und Herrschergewalt dachte, das verriet sie wiederum in einem Brief an ihre Mutter, geschrieben im Mai 1835, nachdem Ferdinand nun doch den Thron bestiegen hatte: »Oft glaube ich mich eher in einer gutorganisierten Republik als in einer Monarchie, denn wie kann ich mich an die Idee gewöhnen, daß unser armer kleiner Kaiser (mit all seinen Schwächen) wirklich mein Gebieter sei. Und ich besonders, die zeitlebens gewohnt war, in meinem Souverän nur eine der Bewunderung und Ergebenheit, ja der Begeisterung würdige Gestalt zu sehen, die es verdient, von ihren Völkern angebetet zu werden, so wie mein geliebter Vater und der verstorbene Kaiser es waren.[12]

Zunächst war es noch nicht soweit. Zunächst hieß es für Sophie, sich in die neue Situation hineinzufinden, die sich durch die Verlobung des Kronprinzen Ferdinand ergab. Maria Anna von Sardinien kam im Februar 1831 nach Österreich. Der Bräutigam wurde ihr entgegengeschickt; etwa auf halbem Weg zwischen Wiener Neustadt und Neunkirchen sahen einander die Brautleute zum erstenmal. Maria Anna kannte bis dahin nur Ferdinands Porträt, das der Wiener Hof nach Turin geschickt hatte, und dieses Bild war reichlich geschmeichelt gewesen. Da kam ihr nun ein kleiner Mensch entgegen; unbeholfener Gang, verzerrtes Gesicht, abnorm hoher Schädel; dazu eine schwerfällige, zeitweise lallend-unverständliche Sprechweise.

Was man da mit Maria Anna von Sardinien trieb, war nach den Begriffen späterer Zeiten ein Verbrechen an der Seele eines jungen Menschen, doch damals meinte man wohl, der Glanz einer Kaiserkrone würde alle körperlichen und geistigen Mängel des Bräutigams überstrahlen.

Immerhin merkte man Maria Anna den ersten Schock noch an, als sie in Wien eintraf. Sie war totenbleich, sie zitterte vor Aufregung, es verschlug ihr fast die Sprache. Und diesen Zustand konnte wohl nicht nur die veränderte Umgebung hervorgerufen haben. Dazu kam noch, daß sie in den Blicken aller ihrer neuen Verwandten deutlich genug lesen konnte, was man dachte – man betrachtete sie als ein Opferlamm, das zur Schlachtbank geführt wurde, und war deshalb besonders freundlich zu ihr. Das erste, was Sophie tat, war natürlich, stolz ihr noch dazu festlich gekleidetes Baby zu präsentieren. Auch wenn diese Art von Empfang möglicherweise gar nicht als Demonstration gedacht war, so mußte sie Maria Anna dennoch gleich den zweiten Schock versetzen. Die junge Italienierin war außergewöhnlich kinderliebend, und daß sie selbst in dieser Hinsicht von ihrem künftigen Ehemann kaum etwas zu erwarten hatte, dürfte ihr nicht unbekannt geblieben sein. Die Hofgesellschaft, vor allem der männliche Teil der Kaiserfamilie, äußerte sich zu diesem Thema in einer oft keineswegs hoffähigen Weise, und vor allem die immer schon ein wenig prüde Sophie wurde rot vor Verlegenheit, wenn sie die recht drastischen Kommentare über das künftige Eheleben des künftigen Kaisers hörte. Die Hochzeit begleitete Kaiser Franz mit dem Stoßseufzer »Daß Gott erbarme«, und einige seiner Onkel mußten Ferdinand zunächst einmal erst informieren, was ein junger Mann mit einer jungen Frau überhaupt anzufangen hätte. Der späte und rein theoretische Liebesunterricht blieb allerdings zunächst einmal erfolglos; und die junge Kronprinzessin hatte, wenn sie ihren Ehemann betrachtete, oft genug Mühe, ihre Tränen zurückzuhalten. Sophie jedenfalls dankte dem Himmel für ein »solch gutes und sanftes Wesen«, wie sie Maria Anna nannte. Von dieser Italienerin schien keine Gefahr zu drohen; das war keine Frau, die an Stelle ihres Mannes herrschen würde, sobald Ferdinand erst den Thron bestiegen hatte. Und das war auch nicht die Mutter eines künftigen Kaisers; die Ehe bestand zunächst nur dem Namen nach; das Kronprinzenpaar lebte, als ob sie Geschwister wären. Nach fast zweijähriger »Ehe«, die keine war, hatten jedenfalls auch die größten Optimisten am Hof jede Hoffnung aufgegeben, daß Maria Anna jemals Kinder bekommen könnte. Weihnachten 1832 verschlechterte sich der Zustand des Kronprinzen rapid. Am Christtag erlitt er nicht weniger als zwanzig epileptische Anfälle hintereinander, dann kamen Fieberschauer, begleitet von quälender Todesangst. Er glaubte, die nächsten Tage nicht zu überleben, und der ganze Hof glaubte es mit ihm. Maria Anna erlebte diese schrecklichen Tage Minute für Minute an der Seite des Kranken. Als die Feiertage vorbei waren, konnte sie sich vor Erschöpfung kaum noch auf den Beinen halten. Wenn sie jemals der Gedanke geblendet haben sollte, Kaiserin zu werden, so verflogen alle Hoffnungen auf die Zukunft vor der entsetzlichen Gegenwart. Die Italienerin begriff, daß man sich mit ihr keine Monarchin, sondern eine Krankenwärterin an den Hof nach Wien geholt hatte. Keine andere Frau eines Habsburgers wurde durch die politischen Ehespekulationen auf so unmenschliche Weise zum Gegenstand lebenslangen Martyriums wie Maria Anna von Piemont-Sardinien.

Doch dann erholte sich Ferdinand wieder, und Anfang 1833 schien es ihm sogar besser zu gehen als seit langer Zeit. Nur das Sprechen fiel ihm weiter schwer, und Anzeichen beginnender Taubheit machten sich bemerkbar.

Und dann, im Februar 1835, erkrankte der siebenundsechzigjährige Kaiser Franz an Lungenentzündung. Die Ärzte dieser Zeit, die vorwiegend mit Aderlässen zu kurieren versuchten, was sie mit den so beliebten Senfpflastern nicht heilen konnten, vermochten dem alten Herrn auch mit sechs Blutabzapfungen hintereinander an zwei Tagen nicht zu helfen. Kaum jemand bangte wohl ehrlicher um das Leben des Kaisers als seine Schwiegertochter Sophie. Ernsthafter als je zuvor fragte man sich, ob man es wirklich wagen dürfe, den kranken Ferdinand nach seines Vaters Tod auf den Thron zu setzen. Sollte man sich zur Zwangsmaßnahme entschließen, Ferdinand von der Thronfolge auszuschließen, dann kam als Nachfolger aber nur Franz Karl in Frage, und Sophie wußte inzwischen längst ganz genau, wie wenig ihr freundlicher, aber ein wenig hilfloser Mann, der gutmütige, aber für jegliche ernsthafte Beschäftigung zu wenig beständige Erzherzog für die Thronfolge geeignet war. Wäre es nach Sophie gegangen, dann hätte der Kaiser 85 Jahre alt werden müssen. Bis Franz Joseph, ihr Franzi, alt genug war, Kaiser zu werden.

Es ging aber nicht nach Sophies Wünschen. Der Biedermeierkaiser der Backhendelzeit, Franz der Erste, als römischer Kaiser einst der Zweite, starb am 2. März 1835.

Ferdinand folgte ihm auf den Habsburgerthron, obwohl nicht nur der Hof, sondern die ganze Hauptstadt, das ganze Donaureich, obwohl ganz Europa wußte, in welchem Zustand sich dieser neue Kaiser befand. Der einzige, der es nicht erfaßte, war Ferdinand selbst. Und jetzt, da er Kaiser war, begriff er plötzlich auch, wozu man ihn eigentlich verheiratet hatte. Jetzt wollte er mit einemmal einen Sohn haben. Alle Leute am Hof jedoch, einschließlich der neuen Kaiserin Maria Anna, wußten genau, daß dieser Wunsch unerfüllt bleiben würde. Und die Erzherzogin Sophie konnte ihrer Mutter in München selbstsicher berichten: »Wir bleiben die Hausherren bei Hof . . .«

Der Herr allerdings blieb zunächst der Staatskanzler Fürst Metternich. Er war es unter dem Kaiser Franz gewesen, er blieb es unter dem Kaiser Ferdinand, und er wollte es noch recht lange bleiben, auch unter dem künftigen Kaiser Franz Joseph. Rückwirkend besehen, wirkt Metternichs Betriebsamkeit absonderlich. Der schwerkranke, in regelmäßigen Abständen immer wieder totgesagte Kaiser Ferdinand sollte nicht weniger als 78 Jahre alt werden, und er sollte – als Pensionist in der Innsbrucker Hofburg – die zweite Hälfte seines Lebens bei relativ guter Gesundheit verbringen. Hätte das Revolutionsjahr 1848 ihn nicht um die Krone gebracht, sein Neffe Franz Joseph wäre erst 1875, im reifen Mannesalter von 45 Jahren, auf den Thron gelangt. Da aber war Metternich schon lange tot; er starb, 86 Jahre alt, in jenem Unglücksjahr 1859, in dem Franz Joseph höchstpersönlich die Schlacht bei Solferino und damit sein lombardisches Königreich verlor.

Jetzt allerdings, bei Ferdinands Regierungsantritt, war Metternich 62 Jahre alt – erst 62; er fühlte sich jung, er hatte vor nicht allzu langer Zeit zum drittenmal geheiratet, eine Frau, die dem Alter nach seine Tochter hätte sein können. Und er wollte die Macht, die er seit einem Vierteljahrhundert in Händen hielt, auch behalten. Man täte Metternich unrecht, wollte man sein Verhalten auf Ehrgeiz, auf seine persönliche Herrschsucht allein zurückführen. Er war zutiefst von der Richtigkeit seiner Politik überzeugt, er hielt sie für das einzige Mittel, ein System aufrechtzuerhalten, das von der Entwicklung der Menschheit längst überholt war und das doch allein geeignet schien, die Habsburgermonarchie zusammenzuhalten, den übernationalen, absolutistischen Einheitsstaat, der seinerseits längst überholt schien; ein halbes Jahrhundert nach der Französischen Revolution, im Zeitalter des erwachenden Nationalbewußtseins der Völker. Die Französische Revolution war nicht tot, nur gewaltsam eingeschläfert. Metternich glaubte daran, daß man sie weiterhin in zwangsweisem Tiefschlaf halten müsse. Das war sein Lebenswerk, und der Kaiser, der nach ihm kam, sollte es fortsetzen. Der kleine Franz Joseph sollte von Anbeginn an dazu erzogen werden, und weil Sophie, seine Mutter, dachte wie Metternich, folgte sie nur allzu willig Metternichs Programm. Und so akzeptierte sie sofort den von Metternich ausgewählten Erzieher, den Grafen Heinrich Bombelles.

Damit hörte das Kind Franz Joseph auf, ein Kind zu sein. Man könnte den Buben von da an als Lehrling bezeichnen, der den schwierigsten Beruf erlernen mußte, den es gab: Kaiser. Bombelles war der Erzieher; Lehrherrin aber blieb Sophie. Das schlug sich vor allem im Geschichtsunterricht nieder, und der Geschichtsprofessor Dr. Fick wußte sich der Zustimmung der Mutter und des Staatskanzlers Metternich sicher, wenn er in diesen Geschichtsstunden zwei Begriffe immer wieder als Todsünden anprangerte: Revolution und Verfassung. Es konnte nichts Schlimmeres geben als den Aufstand gegen die legitime Staatsmacht, und es konnte für einen Monarchen nichts Gefährlicheres geben als gebundene Hände – womöglich sogar gebunden durch das Volk. So lernte es der Bub Franz Joseph.

Fünfzig Unterrichtsstunden pro Woche war die Norm für den Halbwüchsigen. Sprachunterricht in Französisch, Ungarisch, Tschechisch und Italienisch. Dazu die militärische Ausbildung durch den Major Franz von Hauslab. An seinem dreizehnten

Geburtstag erhielt der Bub zwar die Oberstenuniform des Dragonerregiments Nr. 3, doch der Major ließ den Herrn Oberst zunächst in der Deutschmeisteruniform eines Gemeinen exerzieren und ließ ihn später bei einer zusätzlichen Pionierausbildung auch Brückenteile tragen. Der Bub ermüdete schnell, fiel einmal sogar erschöpft in Ohnmacht; es war zuviel für einen Heranwachsenden.

Das Erziehungsprogramm wurde deshalb jedoch nicht eingeschränkt, im Gegenteil: schon dem Vierzehnjährigen stellte man einen Philosophieprofessor bei, natürlich einen Priester, Othmar von Rauscher, und Rauscher malte für den jungen Erzherzog ein Weltbild, in dem Staat und Kirche, weltliche und geistliche Obrigkeit eine allein selig machende Einheit zur Untertanenbeglückung repräsentierten. Dieser Philosophieprofessor, der eher als Religionslehrer amtierte, sollte später Kardinal und Erzbischof von Wien werden, und das hatte er zweifellos vor allem der Erzherzogin zu verdanken, der seine Philosophie aus der Seele gesprochen war.

Sophie begnügte sich nicht damit, auf die Lehrerauswahl Einfluß zu nehmen. Die wichtigsten Unterrichtsstunden machte sie selbst mit. Es gibt Bilder genug, die den jungen Franz Joseph, in feierlichem Schwarz mit sorgfältig geschlungener Krawatte, im Kreise seiner Lehrer zeigen, und auf diesen Bildern ist Sophie immer zu sehen. Ein halbes Dutzend Professoren lagerten ihr angesammeltes Wissen mitleidlos auf den Jüngling ab, und die Mutter saß gleich einer gestrengen Richterin dabei, um mit ständig wacher Aufmerksamkeit zu kontrollieren, daß nicht um Haaresbreite von ihrem – und Metternichs – Programm abgewichen wurde.

Für Sophie waren diese Lehrjahre ihres Ältesten ein Wettlauf mit der Zeit. Jedesmal wenn sie den armen Kaiser Ferdinand sah, sah sie zugleich das Gespenst eines Interregnums vor sich. Wenn es mit Ferdinand ein plötzliches Ende haben sollte, und ihr Franzl war noch nicht »fertig«, was dann? An ihren Mann als Kaiser dachte Sophie längst nicht mehr. Metternich war da, aber für die stolze Erzherzogin war auch Metternich nur ein Vasall. Brauchbar, um für Ferdinand zu regieren; ein zukünftiger Kaiser Franz Joseph aber durfte keinen Vormund haben. So sah sich Sophie bei der Erziehung ihres Sohnes von der Furcht getrieben, vielleicht zu spät zu kommen, und so sollte Franz Joseph immer mehr, immer schneller lernen und wachsen. Der große Tag konnte morgen schon da sein.

Und so war Franz Joseph kaum jemals ein sorglos spielendes Kind, niemals ein junger Prinz, der sich austoben konnte und sollte. Am 2. Dezember 1848 in Olmütz war er dafür das perfekte Produkt von Sophies unermüdlicher Planung.

Revolutionsjahr 1848. In den Februartagen, als die bürgerliche Unzufriedenheit schon allgemein spürbar war, zeigte sich der sonst so wenig profilierte Erzherzog Franz Karl überraschend aktiv und gewissen Reformen fortschrittsfreundlich zugetan. Sicherlich nicht gegen Sophies Willen. Sie begriff die Situation richtig: Im Moment konnte man mit bescheidenem Entgegenkommen einen allgemeinen Aufruhr noch verhindern. Metternich begriff noch immer nicht. Dann kam jener 13. März 1848, mit dem Aufruhr vor dem niederösterreichischen Landhaus in der Wiener Herrengasse, mit dem Sturm der Proletarier aus den Vorstädten, mit den Bränden an der Peripherie, und wieder war es Sophie, die den Ernst der Lage erfaßte und Metternichs Sturz betrieb. Der Thron, den ihr Franzl besteigen sollte, durfte nicht gefährdet werden! Während dieser abendlichen und nächtlichen Schreckensstunden in der von den Bürgermassen umlagerten Wiener Hofburg war Sophie tatsächlich »der einzige Mann«, wie es hieß. 1848: Metternichs Sturz; abgetrotzte Verfassung; Aufstände; Krieg in Italien; Bürgerkrieg in Ungarn; die k. k. Haupt- und Residenzstadt Wien im offenen Aufruhr gegen das kaiserliche Regiment. Als der Hof am 7. Oktober im Morgengrauen aus der Hauptstadt in Richtung Olmütz floh, zeigte diese bayerische Sophie an einem Detail ihr Wesen: sie war die einzige, die daran gedacht hatte, Geld auf die Flucht mitzunehmen.

Schon im Sommer, während der ersten Flucht, damals nach Innsbruck, hatte man an Regierungswechsel gedacht. Die kluge Sophie wollte ihren Sohn nicht vorzeitig verheizen lassen. Die Aufstände mußten niedergeschlagen werden; Gewalt, Blutvergießen, Todesurteile; mit alldem sollte Franz Joseph nicht belastet sein.

Dann kamen Radetzkys Siege in Italien, Jellačićs erste Erfolge in Ungarn, dann nahm Fürst Windischgraetz das rebellische Wien ein. Da war das Blutvergießen, da waren die Todesurteile! Aber Wien war wieder schwarzgelb! In Olmütz waren der Regierungschef Fürst Schwarzenberg und der Feldmarschall Windischgraetz einer Meinung, daß Ferdinand abtreten müsse. Ihm, dem gutmütigen Schwächling, konnte ein neuer Aufstand nur allzu leicht neue Zugeständnisse abringen, die seinen Generalen die Hände banden.

Die Kaiserin Maria Anna, die man an das Wrack Ferdinand verschachert hatte und die dem armen Teufel auf ihre Weise trotz allem zugetan war, begriff die Zwangslage. Sie brachte nicht nur Ferdinand dahin, zu verzichten, sie stimmte auch Franz Karl um, der keineswegs sofort damit einverstanden war, die Thronfolge nach seinem Bruder aufzugeben. Sophie brauchte niemand zu überreden, sie hatte ohnehin seit langem nur noch auf ihren Sohn gesetzt. So machten zwei Frauen, die Italienerin und die Bayerin, den neuen Kaiser, um die Dynastie Habsburg-Lothringen zu retten:

Franz Joseph I.

Jetzt mußte nur noch die passende Kaiserin für ihn gefunden werden.

Die beiden bayerischen Prinzessinnen, Helene und Elisabeth, kamen am 16. August 1853 in Ischl an, zwei Tage vor des Kaisers Geburtstag. Dieser Geburtstag war auch der äußere Anlaß für die Erzherzogin Sophie gewesen, ihre Schwester Ludovika und die beiden Töchter einzuladen. Der Tee im Appartement der Erzherzogin, sozusagen der Begrüßungstrunk, zeigte dann eine einigermaßen steife Gesellschaft, denn alle Beteiligten wußten, daß nicht nur ein harmloser Verwandtenbesuch auf dem Programm stand. Die neunzehnjährige Helene vor allem mochte gespürt haben, wie alle Blicke mehr oder weniger verstohlen immer wieder an ihrer schlanken, großen Gestalt, an ihrem schönen, weißen, klar gezeichneten Gesicht haftenblieben.

Man schätzte sie ab. Man begutachtete sie. Vielleicht fühlte sie bedrückt, daß sie in diesen Minuten beim Teetisch so etwas wie eine Ware darstellte, deren Marktwert taxiert wurde, bevor man sich zum Kauf entschloß.

Der Kunde, der kaufen sollte, war der junge Kaiser Franz Joseph. Die Mutter Sophie hatte die bayerische Verwandtschaft nach Ischl eingeladen, um ihrem Sohn die Nichte, seine direkte Cousine, als Braut anzubieten.

Franz Joseph war 23 Jahre alt. Seit fast fünf Jahren war er Kaiser. Allzulange konnte er sich mit der Brautschau nicht mehr Zeit lassen. Die Dynastie brauchte einen Erben; das war das oberste Hausgesetz. Das Attentat, das der ungarische Schneidergeselle Libenyi am 18. Februar 1853 auf den Kaiser verübt hatte, steckte der Familie noch in den Gliedern. Anfällig, so hatte sich gezeigt, war auch ein kaiserliches Leben. Die Sicherheit der Dynastie stand und fiel mit der Person eines dreiundzwanzigjährigen jungen Mannes und seiner drei noch jüngeren Brüder. Der kleinste der vier, Ludwig Viktor, war erst elf Jahre alt. Schnell heiraten, schnell Söhne bekommen; so lautete die Parole. Die Erzherzogin Sophie machte sich da vermutlich noch mehr Gedanken als Franz Joseph selbst.

Fragte sich nur: Woher nahm man die passende Kaiserin?

Kaiser heiraten selten, zumindest zum erstenmal. Kaiser kommen zumeist schon als ausgereifte Männer mit Ehefrau und Kinderschar auf den Thron. Man sucht für sie, solange sie noch Kronprinzen sind, in aller Ruhe die geeignete Partnerin aus; geeignet zumindest nach dynastischen Gesichtspunkten. Nach Liebe wurde nur selten gefragt. Gefühl war schließlich auch nicht so wichtig. Stimmte es mit der Zuneigung nicht, so sagte man sich – wenn man sich überhaupt mit dieser Frage beschäftigte –, sie würden sich schon aneinander gewöhnen. Man hatte schließlich Zeit. Die Ehepartner schliffen sich aneinander ab. Oder einer von den beiden kapitulierte. Jedenfalls konnte der Hof sich ausreichend damit beschäftigen, die Ehefrau eines Thronfolgers zur Herrscherin zu erziehen. Vielleicht sollte man treffender sagen: zurechtzubiegen. Erwies sich eine solche junge Dame als hartnäckig und starrköpfig, so dauerte es eben länger, aber es war kein unlösbares Problem. Man fand immer Mittel und Wege, eine Kronprinzessin dem Stil des jeweiligen Hofes anzupassen. Die Habsburger hatten in dieser Hinsicht nur wenige Enttäuschungen erlebt. So mancher starke Charakter war schon im Laufe der Familiengeschichte gebrochen worden. Am Ende saß eine durchaus brauchbare Kaiserin auf dem Thron, die sich ihre jugendlichen Träume, ihre Mädchenillusionen längst abgewöhnt hatte. Die alternde Erzherzogin Sophie wußte das aus eigener Erfahrung.

Suchte man allerdings die Braut für einen schon regierenden Kaiser, dann lagen die Verhältnisse anders. Wesentlich komplizierter. Da ließ sich nicht viel erziehen, zurechtbiegen, abschleifen. Kam die junge Dame ins Haus, dann war sie vom ersten Tag an Kaiserin. Dann stand sie sofort über all den älteren Verwandten, den Hofdamen, den Gesellschafterinnen, die sonst vielleicht ihren Einfluß hätten ausüben können. Eine blutjunge Prinzessin, die vielleicht in zehn, zwanzig, dreißig Jahren Kaiserin werden würde, konnte man systematisch knicken; man konnte ihre Individualität schrittweise abbauen, bis nur noch das unpersönliche Denkmal übrigblieb, das man auf dem Thron brauchte. Eine Kaiserin konnte man nicht mehr formen, wenn sie nur einigermaßen Charakter hatte. Die mußte man nehmen, wie sie war.

Eine Kaiserin für Österreich zu finden, wie sie in das System des Hauses Habsburg-Lothringen paßte, war also gar nicht so leicht. Sie mußte alles mitbringen, was man von ihr erwartete. Woher nahm man diese perfekte junge Dame?

Dazu kam noch, daß sie dem jungen Kaiser auch zusagen mußte. Einem unreifen Erbprinzen konnte man schließlich die Braut aufzwingen, die man für ihn ausgewählt hatte. Einen Kaiser konnte man nicht unter Druck setzen, den konnte man bestenfalls überreden. Und die emsige, von ihrer Sendung so überzeugte Sophie hatte ihren Franzl schließlich jahrelang systematisch zu einem Kaiser erzogen, der sich nicht so leicht überreden ließ.

Sophie war die erste, die an Brautschau dachte; natürlich sie, denn sie hatte sich so lange daran gewöhnt, immer für alle und an alles zu denken, daß sie sich's jetzt, nach der Thronbesteigung des Sohnes, nicht über Nacht abgewöhnen konnte. Und sie dachte natürlich auch dynastisch-politisch. Einen waschechten Kaiser verschenkt man nicht, den verkauft man so teuer wie möglich. Wo war am meisten zu gewinnen? Noch treffender gesagt: Wo mußten die größten Probleme aus dem Weg geräumt werden? Sophie spürte mit ihrem angeborenen Sinn für Politik den heraufdämmernden Konflikt mit Preußen, den unausweichlichen Zweikampf um die Vorherrschaft im deutschen, im mitteleuropäischen Raum.

Also Preußen. Gab es eine preußische Prinzessin, die in Frage kam? Es gab eine: Anna, Nichte des Königs Friedrich Wilhelm IV., Tochter des Prinzen Friedrich Karl. Ein sehr hübsches Mädchen; viel hübscher jedenfalls als die langweilig-unansehnliche Sidonie von Sachsen, an die Sophie ebenfalls einen Augenblick lang gedacht hatte, bevor Franz Joseph sehr energisch nein sagte.

Anna hätte dem jungen Kaiser zugesagt. Er sah sie Ende 1852, bei einem Besuch in Berlin. Zweierlei störte die Österreicher dabei nicht: daß Anna Protestantin war und daß sie schon so gut wie verlobt mit dem Prinzen von Hessen-Kassel schien. Wenn man aus Wien nach Berlin kam, fühlte man sich damals mit einiger Überheblichkeit aus der Großstadt in die Provinz versetzt. Zumindest eine Frau wie Sophie war überzeugt, daß die Preußen es zu schätzen wüßten, wenn das allerhöchste kaiserliche Wohlgefallen auf einer Hohenzollernprinzessin ruhte. Kaiserin wurde man schließlich nicht alle Tage. Da konnte man die Konfession ebenso schnell wechseln, wie man einen auserkorenen Bräutigam fallenließ.

Dachte Sophie!

Sie lebte eben noch in einer anderen Welt. Sie dachte noch, daß politische Probleme und europäische Machtfragen sich durch Fürstenehen aus der Welt schaffen ließen. Sie sollte sich täuschen. Der Berliner Hof empfing den jungen Kaiser aus Wien zwar mit gänzlich unpreußischem Charme und betonter Herzlichkeit, aber Franz Joseph bekam Anna nicht. Bismarcks Bedeutung war zwar noch sehr gering, aber der Geist seiner Politik war schon da: Man dachte nicht daran, sich durch eine Fürstenehe politisch die Hände binden zu lassen. Österreich war der erklärte Gegner der deutschen Einigung unter Preußens Führung; an Österreich klammerten sich die kleinen katholischen Staaten Süddeutschlands, die sich ihre Unabhängigkeit erhalten wollten. Österreich mußte ausgeschaltet werden, wenn es ein preußisch-deutsches Kaiserreich geben sollte. Wenn auch noch nicht ganz klar war, in welcher Form dieses neue Reich gestaltet werden konnte, die Marschrichtung stand fest. Wozu also noch eine Ehe, die nur Schwierigkeiten bereiten mußte?

Franz Joseph kam die Sache hart an. Er dachte nicht einmal so sehr an Politik dabei. Anna gefiel ihm wirklich; von seiner Seite aus hätte es eine Liebesehe werden können. Ein seltener Glücksfall.

Sophie war enttäuscht. Politisch und persönlich. Daß man ihren Franzl abweisen konnte, traf sie als Mutter und als angeheiratete Habsburgerin gleichermaßen. Sie gab nicht auf, als Franz Joseph erfolglos aus Berlin zurückkehrte. An die konfessionellen Vorwände glaubte sie ebensowenig wie an die schon abgemachte Verlobung mit dem Hessenprinzen. Sie setzte ihre Schwester Elisabeth ein; die war ja schließlich mit dem preußischen König verheiratet. Sie hatte ja auch die Konfession gewechselt; der politischen Verbindung Bayerns mit Preußen zuliebe war sie Protestantin geworden. Warum also nicht einmal umgekehrt? Elisabeth sollte sich einschalten. Sophie malte in einem beschwörenden Brief an ihre Schwester die »traurige Heirat« an die Wand, die für die »reizende Anna keinerlei Aussicht auf Glück übrigläßt«.[13] Sophie hatte zwar keinen ernsthaften Anhaltspunkt dafür, daß die reizende Anna mit dem Hessenprinzen nicht glücklich werden könnte, aber die selbstbewußte Wittelsbacherin vermochte sich nicht vorzustellen, daß es ein größeres Glück für ein junges Mädchen geben könnte, als ihren Franzl zu heiraten und Kaiserin von Österreich zu werden.

Was half's; die Preußen blieben unerbittlich und bezeichneten Konfessionswechsel als ebenso unmöglich wie Lösung der – offiziell noch gar nicht ausgesprochenen – Verlobung ihrer Prinzessin.

Franz Joseph mit seinen 23 Jahren war noch viel zu jung, als daß diese erste Enttäuschung Narben in seiner Seele hinterlassen hätte. Sophie dagegen kaute lange an dieser bitteren Pille. Dann fand sie die ihrer Meinung nach passende Antwort für die arroganten Preußen: eine Braut aus Bayern. Wenn es eine Macht im deutschen Raum gab, die den Berliner Großmachtplänen im Wege stand, dann war es Bayern. Laßt uns die künftige Kaiserin also aus München holen! Treffender gesagt: aus Possenhofen, wo die Familie des unkonventionellen Herzogs Max lebte. Dort gab es die neunzehnjährige Helene, das älteste Mädchen aus der achtköpfigen Kinderschar von Sophies Schwester. Ein schönes, stilles Geschöpf, mit dem es keine Schwierigkeiten geben würde. Sophie durfte sich beruhigt sagen, daß sie als Schwiegermutter zugleich die Tante der Auserwählten war; ihre Erziehungskünste würden hier also auf weit weniger Widerstand stoßen als bei einer Fremden.

Die nahe Verwandtschaft bedrückte Sophie nicht. Erbbiologische Erwägungen stellte in der Welt der Fürstenhöfe niemand an. Die Wissenschaft war damals zwar nicht mehr so ahnungslos, als daß sie die Problematik solcher Verwandtenehen nicht erfaßt hätte. Wissenschaftler aber wurden gar nicht gefragt. Die Kirche verbot derartige Verbindungen unter Blutsverwandten – mit guten Gründen, die zweifellos ebenfalls auf archaische Naturerkenntnisse zurückgingen. So streng aber die kirchliche Obrigkeit mit landläufigen Sündern wider die kanonischen Eheregeln ins Gericht zu gehen pflegte, so gefällig erwies man sich mit einer Dispens, wenn allerhöchste Brautleute ihre Wünsche äußerten. Und so religiös, so fromm, so strenggläubig man sich in den Häusern Österreich und Wittelsbach auch gab, so leichtherzig und leichtfertig ging man über die kirchlichen Gebote hinweg, wenn sie nicht ins gerade gültige politische Konzept paßten.

Dabei war gerade das Wittelsbacherblut durch Verwandtenehen längst vergiftet. Der regierende bayerische König, Maximilian II., besaß zwei Söhne, die damals, 1853, acht und fünf Jahre alt waren; und damals schon, als Kinder, konnte man die Buben als zumindest seltsam bezeichnen. Ludwig, der ältere, sollte später als König mit seinem exzentrischen Gehaben genug Aufregung in Bayern verursachen, bis er schließlich in kaum noch verhülltem Irrsinn einen mysteriösen Tod im Starnberger See fand. Otto, der jüngere, nominell nach seinem Bruder Ludwig ebenfalls König von Bayern, dämmerte sein ganzes Leben lang geisteskrank unter der Vormundschaft seines Onkels dahin. Eine Wittelsbacherin selbst hat über den Geisteszustand ihrer Verwandten einige bemerkenswerte Sätze hinterlassen – Marie Freiin von Wallersee, Tochter aus der morganatischen Ehe des Herzogs Ludwig in Bayern mit der Schauspielerin Henriette Mendel. Herzog Ludwig war der älteste Bruder jener Prinzessinnen Helene und Elisabeth, die da im August 1853 zur Brautschau nach Ischl kamen; seine Tochter Marie sollte unter dem Namen einer Gräfin Larisch später noch eine recht unglückselige Rolle in der habsburgischen Familientragödie spielen. In ihren Memoiren schrieb sie: »Die Mitglieder des königlichen und herzoglichen Hauses Wittelsbach sind, alles in allem genommen, sicherlich interessanter und geistvoller als die Habsburger. Wohl arten auch die Sonderlichkeiten der Bayern bisweilen in Wahnsinn aus, doch ist der Unterschied zwischen den beiden Familien der, daß bei den Habsburgern der Irrsinn sich meistens in Unmoral, Selbsterniedrigung und gemeinen Ehen äußert, während er den Wittelsbacher in einen romantischen Dulder verwandelt, der in Welten hoch über allen Banalitäten des Lebens schwebt. Durch die königliche Familie haben sich immer Spuren von Wahnsinn gezogen, Sonderlinge hat es immer in der herzoglichen Linie gegeben. Aber keiner von uns hat jemals die grausigen Schandtaten der Habsburger verübt.«[14]

Der Herzog Max in Bayern, Vater der Mädchen Helene und Elisabeth, war zweifellos ein solcher Sonderling; wenn auch recht ungefährlicher Natur. Er pfiff auf Tradition und Konvention und lebte das vergnügliche Leben eines reichen Nichtstuers, dem Jagd und Pferde über alles gingen. Und schöne Frauen – seine etwas hausbakkene, kleinliche Ehefrau Ludovika litt sehr darunter. Kam sie ihrem Mann wieder einmal hinter ein Abenteuer, dann konnte sie von geradezu kleinbürgerlicher Eifersucht sein. Ihre Schwester Sophie, die solche ehelichen Zwischenfälle immer brühwarm berichtet bekam, schüttelte nur den Kopf, wenn Ludovika ihren Max nach einer solchen Affäre mit Nichtachtung zu strafen versuchte: ». . . sie sollte so tun, als merke sie es nicht, das wäre immer noch besser, als wenn wie jetzt keinerlei Beziehungen zwischen den beiden herrschen. Ich habe gesehen und sehe auch weiter viele Frauen, die sich vollkommen glücklich fühlen, obwohl ihre Männer ihnen ab und zu untreu sind. So zum Beispiel Marie von Salerno, die ihren dicken Leopold anbetet, weil er mit ihr gar nicht netter sein kann, und doch geht er dabei tüchtig seiner eigenen Wege.«[15]

Sophie hatte es leicht; bei ihrem eigenen Mann, dem etwas einfältigen Erzherzog Franz Karl, mußte sie keine Aventüren befürchten. Immerhin war sie auch sonst eine unromantische Frau, die die künftigen Eheverbindungen für ihren kaiserlichen Sohn ebenfalls ohne romantische Vorbedingungen zu knüpfen gedachte. Die Romantik allerdings sollte sich gegen ihren Willen doch einstellen, und sie sollte ihre schwerwiegenden Folgen zeigen. Das Haus Wittelsbach brachte dem Hause Österreich in der zweiten Hälfte des 19. Jahrhunderts nicht viel Glück.

Die Prinzessin Elisabeth, Sisi genannt, war in diesem August 1853 noch keine 16 Jahre alt. Ein Kind – dafür hielten sie alle und dafür hielt sie sich wohl auch selbst. Die Brautreise nach Ischl machte ihr sichtlich Spaß. Während die übrigen Verwandten ein wenig steif um den Teetisch saßen und vor allem die voraussichtliche Braut Helene, Nené genannt, ihre Unsicherheit nur schlecht zu verbergen vermochte, fühlte Sisi sich sichtlich wohl. Der ganze Familienzauber ging sie ja nichts an!

Die Walzerglückseligkeit der Operettenwelt hat uns Sisi als Farbfilmklischee in Zuckerlrosa überliefert; den putzigen Wildfang aus dem bayerischen Nachbiedermeier, mit der Zither im Rucksack, wenn Papa Max seine Kleine mit auf die Pirschgänge durch den Märchenwald nahm.

Die Historie muß konstatieren, daß dieses Klischeebild in fast allen Details stimmt; sogar die Zither im Rucksack gab es wirklich. In Possenhofen führte man eben ein Märchenbuchleben, wenn Mama nicht gerade wieder einmal böse auf Papa war. Das Kind, das da in die steife Atmosphäre der habsburgischen Urlaubshofhaltung platzte, mußte erholsam wie ein frischer Wind gewirkt haben. So betrachtet, hatte die auf scheue Zurückhaltung und damenhafte Gelassenheit dressierte Helene von vornherein keine Chance. Franz Joseph, der seine Cousine Helene begutachten sollte, hatte nur Augen für Sisi, das Kind. Am nächsten Morgen sagte er es seiner Mutter, und am Abend, beim Familienball in der kaiserlichen Villa, konnte jeder der Anwesenden merken, was da vor sich ging. Helene trat als kühle Statue in Weiß auf, Elisabeth als süßes Mädel in Rosa; der Kaiser tanzte mit der Jüngeren statt mit der Älteren den Kotillon und benahm sich im übrigen ungeniert wie ein verliebter Gymnasiast.

Die Situation war allgemein peinlich. Helene wäre wahrscheinlich am liebsten in den Boden versunken. Sophie fühlte sich unbehaglich; einerseits wegen der kaum verhüllten Demütigung, die ihr Sohn der armen Helene antat, andererseits weil sie sich Sisi so gar nicht als Braut vorstellen konnte. Nur Franz Joseph merkte nichts oder wollte nichts merken. Schließlich war er der Kaiser; er sollte heiraten, um seine Braut, um sein künftiges Lebensglück ging es doch! Und die bis dahin so springlebendige kleine Elisabeth wurde nun auch merklich stiller und stiller, denn so kindlich war sie wieder nicht, daß sie nicht gemerkt hätte, wie sie gänzlich unabsichtlich der älteren Schwester den vorgesehenen Bräutigam ausspannte.

18. August 1853. Kaiserlicher Geburtstag. Am dritten Tag des bayerischen Verwandtenbesuches war es überhaupt keine Frage mehr, daß Franz Joseph nur Sisi wollte, sonst keine. Nach einer Wagenfahrt zu viert, bei der Franz Joseph neben seiner Mutter saß und gegenüber die beiden Wittelsbacherschwestern nebeneinander sah, entschloß er sich zum entscheidenden Schritt. Sophie sollte als Brautwerberin bei Elisabeth auftreten. Sophie ging nicht zu Sisi, sie ging zu ihrer Schwester Ludovika; die sollte es dem Mädchen sagen. Die Bayerin war glücklich; Helene tat ihr zwar leid, aber immerhin würde die andere Tochter Kaiserin von Österreich werden.

Sisi weinte. Natürlich war sie jubelnd gerne bereit. Am nächsten Morgen kam Franz Joseph schon knapp nach acht Uhr ins Hotel gestürmt, die bayerischen Damen waren nicht einmal noch angezogen; wieder einmal flossen rundum Tränenbäche der Rührung; der junge Kaiser schloß die Braut in die Arme. Dann nichts wie in die Kirche, der Pfarrer mußte auf der Stelle die Verlobung segnen, und draußen sang die Volksmenge das »Gott erhalte«. Kein Librettist hätte eine kitschigere Operettenhandlung erfinden können, als sie die Wirklichkeit in diesen Ischler Augusttagen 1853 inszenierte. Der kaiserliche Generaladjutant Graf Grünne höchstpersönlich mußte die Kalesche kutschieren, damit sich das Liebespaar hinten im Fond so ungeniert benehmen konnte, wie Liebespaare sich nun einmal zu benehmen pflegen.

Das Bildnis des Kaisers unserer Erinnerung ist vom Alter des Greises geprägt. Franz Joseph, der Unnahbare, dem jede Gefühlsregung fremd schien. Der Kaiser einer Kette von Tragödien, dem wahrhaftig nichts erspart blieb; der den Sohn durch Selbstmord, die Frau durch Mord, den Thronfolger durch ein Attentat verlor. Der harte alte Mann hinter dem Schreibtisch, der fern jedem persönlichen Empfinden ein Reich durch gewissenhafte Aktenerledigung regierte, der niemals ausbrach und keinen anderen ausbrechen ließ. Man braucht eine ganze Menge Phantasie, um sich diesen Franz Joseph als jugendlich-feurigen Liebhaber vorzustellen, und noch schwieriger scheint es, zu begreifen, wie dieser verliebte und liebenswerte junge Mann in Feldmarschallsuniform uns schon ein Jahrzehnt später scheinbar blutleer, als Statue personifizierten Herrscherwillens entgegentreten konnte. Zeigten die Porträts der fünfziger Jahre noch das glatte, auch für heutige Begriffe so modern wirkende Gesicht eines ausgesprochen schönen jungen Mannes, so präsentiert sich uns Franz Joseph schon 1860 mit dem Backenbart, der ihn über die Jahre hinaus älter erscheinen ließ und den er dann bis zum Tode nicht mehr ablegte.

Dazwischen lag 1859 der Krieg um die Lombardei, die große, höchstpersönliche Niederlage bei Solferino, das grausame Erwachen aus dem jugendlichen Kaisertraum von der Unbesiegbarkeit und Ewigkeit der Habsburgermonarchie.

Dazwischen lag auch das Erwachen aus dem kurzen Rausch der Jugendliebe. Es mag romantisch veranlagte Gemüter hart treffen, aber der spätere Verlauf der kaiserlichen Ehe bewies es: Die himmelstürmende Verliebtheit der ersten Ischler Tage reichte nicht für ein ganzes Leben. Letztlich wurden sie beide nicht glücklich miteinander, Franz Joseph und Elisabeth. Das Unglück dieser Verbindung allerdings sah anders aus, als verpfuschte Ehen üblicherweise aussehen. Mit dem Hochzeitstag begann der einzigartige, mit keiner anderen Fürstenehe vergleichbare Zweikampf dieser beiden so wesensfremden Menschen.

Kapitel 8 Die seltsame Frau und die gnädige Frau

Die beiden Weggefährtinnen des Kaisers Franz Joseph

Ein Mädchen aus einer Familie von Sonderlingen
Der jugendliche Liebhaber verändert sich
Elisabeths erste Enttäuschung
Duell zweier Bayerinnen
Eine Kaiserin flüchtet
Reisen, Pferde und Gedichte
Seelenfreundin für den einsamen Kaiser
Eine alternde Frau will schön bleiben
Der Zufall sucht ein Mordopfer

Elisabeth von Bayern war noch nicht sechzehn, als sie sich verlobte; noch nicht siebzehn, als sie heiratete; knapp achtzehn, als sie ihr erstes Kind bekam. Man hätte meinen sollen, daß ein so blutjunges Geschöpf noch spielend leicht zu formen gewesen wäre. Diese Hoffnungen allerdings, die vor allem die Erzherzogin Sophie an das kindliche Alter der »falschen« Braut knüpfte, erwiesen sich als Fehlspekulation.

Elisabeth kam aus einer Familie von Sonderlingen. Sonderlinge können sympathische, wertvolle, oft sogar recht erfolgreiche Menschen sein, aber sie fallen eben aus dem Rahmen, weichen von der Norm ab, die in ihrer Nation, ihrer Gesellschaftsklasse, ihrer Berufsgruppe als Kulturmuster gilt. Was den Sonderling als Privatmann liebenswert machen kann, muß beim Monarchen, der für ein ganzes Volk als Maß aller Dinge gilt, zu Komplikationen führen, mitunter zur Katastrophe. Der Sonderling Max in Bayern[1] war vergleichsweise noch harmlos. Elisabeths ältester Bruder Ludwig verzichtete auf alle Erbrechte, um in morganatischer Ehe seine geliebte Henriette Mendel heiraten zu können, der dann der König den Titel einer Freiin von Wallersee verlieh. Elisabeths anderer Bruder Karl Theodor, auf den mit Ludwigs Verzicht die Erbfolge überging, interessierte sich weder für bayerische noch für sonstwelche Politik, sondern nur für die Medizin; er wurde Augenarzt, und da er nicht gut eine allgemein zugängliche Praxis eröffnen konnte, behandelte er gratis jeden armen Teufel, der in seine Nähe kam.

Der alte Herzog Max fand all das gar nicht schlimm. Im Gegenteil, es amüsierte ihn, und er amüsierte sich gern. Er hatte einen Klub aus Saufkumpanen gegründet, den er »König Artus' Tafelrunde« nannte, und er blieb eigentlich bis zu seinem Tod ein sorgloses Kind. Das war die Welt, aus der Elisabeth von Bayern als Siebzehnjährige an den Wiener Hof kam. Es war, als hätte man ein Wildpferd unter eine Schar dressierter Lipizzaner gesteckt und erwartete nun eine wohleinstudierte Zirkusnummer.

Der Wiener Hof mit seinen Tausenden Beamten, die sich nach einem für jeden Schritt und jede Handbewegung genauestens festgelegten Zeremoniell präzise wie Marionetten bewegten, glich einem solchen Zirkus, der tagtäglich Galavorstellung gab. Der Kaiser hatte von Kind an die Choreographie dieses todernsten Balletts auf dem spiegelblanken Parkett der Habsburgerschlösser zu beherrschen gelernt; der protokollarische Eiertanz war ihm zur Natur geworden; Zeichen der Majestät. Wahrscheinlich mußte all das so sein, konnte gar nicht anders gehandhabt werden, sollte der Betrieb reibungslos funktionieren. Nur – der Siebzehnjährigen, die aus der Possenhofener Wildnis kam, legte sich ein Würgegriff um den Hals.

Wien war nicht Ischl, und der Kaiser der Hofburg war nicht der jugendliche Liebhaber der Salzkammergut-Urlaubstage. Vom Liebreiz des jungen Mädchens gepackt, von Sisis kindlichem Temperament hingerissen, war Franz Joseph im August 1853 ausgebrochen – wie ein spielender Jagdhund, der unvermutet die Spur eines Hasen schnuppert. Ein paar Sätze querfeldein, dann erreicht ihn der Pfiff des Jägers, und das Tier stoppt im vollen Lauf, erstarrt in der zur Selbstverständlichkeit gewordenen Dressur und folgt von da an wieder gehorsam jedem angelernten Befehl.

Die Lehrmeisterin war Sophie. Befehle hatte sie nicht mehr zu erteilen, das war auch gar nicht nötig. Die Befehle erteilte der Schreibtisch, auf dem sich die Tagespolitik in Aktenstücken niederschlug, und die Befehle erteilte das Zeremoniell. Franz Joseph kam keinen Augenblick lang auf die Idee, man könnte sich dem einen oder dem anderen dieser Befehle entziehen. Und die kleine Prinzessin, die Kaiserin werden sollte, bekam den ersten Vorgeschmack dessen, was ihrer harrte, gemeinsam mit Sophies Brautgeschenk, deren eigenem Hochzeitsschmuck: Da teilte ihr nämlich der Bräutigam, der ihr die Juwelen überbrachte, schonungsvoll, aber dennoch unmißverständlich mit, daß sie zu ihrer Schwiegermutter und Tante »Sie« zu sagen habe. Franz Joseph selbst sprach seine Mutter immer nur per »Sie« an; und Sophie hatte zwar bei dem kleinen Mädchen Sisi ein verwandschaftliches »Du« akzeptiert, aber das galt nicht mehr für eine künftige Kaiserin!

Sophies ausdrücklicher Wunsch, von ihrer Schwiegertochter mit »Sie« angesprochen zu werden, gab Elisabeth einen kleinen Vorgeschmack vom Stil und der Atmosphäre, die in Wien herrschten. Die nächste Lektion bekam sie gleich darauf schriftlich: ein regelrechtes Exerzierreglement, mehrere Seiten lang, wie sie sich beim Einzug in Wien zu verhalten habe. Am besten auswendig lernen! Der kleinen Possenhofenerin wurde damit von allem Anfang an klargemacht, daß sie als künftige Kaiserin kaum noch einen Schritt tun durfte, der nicht vom Zeremoniell vorgesehen war.

Klargemacht wurde ihr auch, daß es Instanzen gab, die dafür zu sorgen hatten, daß sie alle Vorschriften peinlich genau befolgte. Der Hofstaat für Elisabeth stand schon bereit. Sophie hatte die Obersthofmeisterin und die beiden Hofdamen persönlich ausgewählt, ohne die Nichte überhaupt zu fragen. Letztlich waren die Damen nichts anderes als Bewacherinnen. Sophie dachte mit Schaudern an die ungezwungene Lebensart in Possenhofen. Sie hatte schon gewußt, warum sie die damenhafte Helene in Wien haben wollte, nicht den Wildfang Sisi. Vielleicht bedauerte sie auch schon ihren geringen Widerstand gegen Franz Josephs Extratour. Jetzt konnte sie eben nur noch dafür sorgen, daß sich die Nichte Elisabeth zur Kaiserin ihrer Vorstellungen zurechtbiegen ließ.

Es wäre verfehlt, Sophies Verhalten nur mit Herrschsucht zu erklären. Es reicht auch nicht hin, in der Erzherzogin nur die eifersüchtige Schwiegermutter zu sehen, die den heißgeliebten Sohn keinem anderen weiblichen Wesen überlassen wollte. Sophie war mehr als eine Matrone, die die Zügel nicht aus der Hand geben wollte; viel mehr als ein zänkisches alterndes Weib, das mit dem erhobenen Zeigefinger der Frau Lehrerin ihre eigenen Ansichten und Erfahrungen zum obersten Gesetz macht, dem sich die Junge bedingungslos zu unterwerfen hat.

Dieser Franz Joseph war nicht ein Sohn, der nach seinem Belieben leben konnte. Er war ein Kaiser, doch er war nicht unangefochten auf den Thron gekommen. Das Revolutionsjahr 1848 hatte scheinbare Ewigkeitswerte plötzlich in Frage gestellt. »Wir von Gottes Gnaden« galt nicht mehr unbedingt; die entsetzte Sophie hatte konstatieren müssen, daß rebellische Untertanen sich partout nicht an die Weisheiten halten wollten, die der Professor Rauscher dem jungen Erzherzog als Weltregel servierte. Die Bewohner der k. k. Haupt- und Residenzstadt hatten sich allen Ernstes »souveränes Volk von Wien« genannt, die Ungarn hatten sogar die Dynastie für abgesetzt erklärt. Gut, der Fürst Windischgraetz und der Banus Jellačić hatten sie niederkartätscht, aber waren sie damit auch zur Räson gebracht? Das magische Zauberwort »von Gottes Gnaden« mußte erst wieder in den Untertanenseelen verankert werden. Der bedenklich wackelnde Thron, auf den Sophie und die Kaiserin Maria Anna und eine Handvoll getreuer Paladine den achtzehnjährigen Franz Joseph gesetzt hatten, bedurfte einer neuen Fundierung.

Sogar die einst geheiligte Person des Monarchen war antastbar geworden – das hatte 1853 das politische Attentat des ungarischen Schneidergesellen Libenyi bewiesen –; sie mußte neu geheiligt werden.

Dazu kam noch ein spezielles Moment: die Jugend des Kaisers. Als Achtzehnjähriger sah er sich den reifen Männern gegenüber, die der Dynastie den Thron gerettet hatten, Ministern und Feldmarschällen; jeder einzelne konnte sein Vater, sein Großvater sein. Konnte da nicht einer vielleicht der Versuchung erliegen, sich zum Vormund über den unreifen, unerfahrenen jungen Mann aufzuschwingen? Metternich war aus dem englischen Exil nach Wien zurückgekehrt, aber er war alt, müde, nur noch ein Schatten seiner selbst, der sich auf das Erteilen von Ratschlägen beschränkte. Andere waren jünger. Lag bei einem so jungen, unter so widrigen Umständen auf den Thron gekommenen Monarchen nicht ein neuer Metternich in der Luft?

Franz Joseph konnte seine Selbstherrschaft zunächst nicht durch die Kraft seiner Persönlichkeit sichern, sondern nur durch die abstrakte Macht der Majestät. Von Gottes Gnaden. Franz Joseph durfte keine Freunde haben, mit denen er auf gleich und gleich stand; nur Ratgeber. Lakaien, die man jederzeit fortschicken konnte. Die Distanz zwischen dem Regenten und den Regierten mußte unüberbrückbar sein, das Zeremoniell war das wichtigste Instrument, die Distanz auch tatsächlich unüberbrückbar zu machen.

Der Achtzehnjährige hielt sich daran, zum Selbstschutz. Aus der ursprünglichen Selbstverteidigung wurde im Verlauf eines achtundsechzigjährigen Herrscherdaseins ein unverrückbares Gesetz.

Eine uneinnehmbare Bastion! Die Kaiserin an der Seite eines solchen Kaisers sollte ein Eckpfeiler der Festung sein. Zu diesem Eckpfeiler wollte Sophie ihre Schwiegertochter formen.

Die liebliche Sisi aus dem Märchenbuch, die an die Saufkumpane ihres Vaters aus dessen »Tafelrunde« gewohnt war, fand die Klassifizierung der übrigen Menschheit durch das Zeremoniell zunächst eher komisch. Daß es Damen mit »großem« und mit »kleinem« Zutritt gab und dazu noch »appartementmäßige« Damen, die nur zu ganz bestimmten Zeiten anmarschieren durften, schien ihr wie ein Witz – in Possenhofen kam jeder, wann er wollte.

Doch innerhalb weniger Tage begriff die künftige Kaiserin, daß der vermeintliche Witz in Hinkunft jede Stunde ihres Lebens bestimmen würde. Die Erkenntnis war deprimierend, aber noch vernebelte der einzigartige Glanz der Hochzeitsfeierlichkeiten die düstere Zukunft. Der einzige Schatten fiel in Gestalt der Erzherzogin Sophie auf das Festgepränge. Denn Sophie war immer und überall da, sah und hörte alles, und ihre ständigen Ermahnungen, Ratschläge und Anweisungen ließen Elisabeth keinen Moment lang in Frieden.[2]

Tag der Kaiserhochzeit war der 24. April 1854. Als Wohnsitz wurde das Schloß Laxenburg gewählt; nicht eben ein gemütliches Schlößchen wie Possenhofen, sondern ein düsterer Bau. Der April 1854 war kalt und regnerisch. Gespenstische Parallele: In diesem selben Schloß Laxenburg sollte ein Vierteljahrhundert später wieder eine Habsburgerbraut Flitterwochen feiern, diesmal Elisabeths Schwiegertochter Stefanie von Belgien. Und die Kaiserin Elisabeth würde dann nichts, aber auch gar nichts unternehmen, um der blutjungen Kronprinzessin die Düsterkeit des Ortes zu ersparen, an dem schon in der Hochzeitsnacht die Tragödie des Kronprinzen Rudolf begann. Hatte Elisabeth ihre eigene schreckliche Enttäuschung vergessen?

April, Mai 1854. Flitterwochen ohne Ehemann. Krimkrieg. Latente Mobilmachung im Osten der Monarchie. Außenpolitische Hochspannung am Rande der explosiven Entladung. In diesem Jahr manövrierte sich Österreich mit seinem verzweifelten Versuch, neutral zu bleiben, in eine verhängnisvolle Isolierung hinein. In diesen Wochen hatte ein Kaiser keine Zeit, Flitterwochen zu machen. Seine siebzehnjährige Ehefrau konnte es wahrscheinlich gar nicht verstehen. Sie geisterte durch das Schloß, hatte nichts anderes zu tun, als Toiletten zu wechseln, hofzuhalten. Tat nichts; mußte nur da sein. Umgeben von einer Armee fremder Gesichter, überwacht von lauernden Blikken. Keine einzige Bayerin hatte man ihr zugestanden, nur Sophies treue Kreaturen waren rundum. Bei jedem Schritt, bei jeder Handbewegung mußte Elisabeth sich fragen: Mach' ich's richtig – oder war's schon wieder ein Fehler, den man der Frau Schwiegermama mit Windeseile vermelden würde? Ein gefangener Vogel in einem nur recht fadenscheinig vergoldeten Käfig. In diesen beklemmenden Flitterwochen schrieb die junge Kaiserin ein Gedicht:

Oh, daß ich nie den Pfad verlassen,
Der mich zur Freiheit hätt' geführt.
Oh, daß ich auf der breiten Straßen
Der Eitelkeit mich nie verirrt!

Ich bin erwacht in einem Kerker,
Und Fesseln sind an meiner Hand.
Und meine Sehnsucht immer stärker –
Und Freiheit! Du, mir abgewandt!
Ich bin erwacht aus einem Rausche,
Der meinen Geist gefangenhielt,
Und fluche fruchtlos diesem Tausche,
bei dem ich Freiheit! Dich verspielt.[3]

Es reimte sich jedenfalls. Elisabeth schrieb auch noch Jahre, Jahrzehnte später Gedichte in diesem Stil, der angesichts der Lebenserfahrungen einer reifen Frau ans Lächerliche grenzte. Als dieses Gedicht 1854 in Laxenburg entstand, war sie noch nicht siebzehn, und damit bekamen die unbeholfenen Verse den rührenden Beigeschmack, den mitleiderregenden Unterton – die hilflose Verzweiflung einer alleingelassenen blutjungen Frau.[4]

Eine Kaiserin, die wenige Wochen nach ihrer Märchenhochzeit mit solchen Gedanken im Kopf durch ihr Flitterwochenheim ging, gab Anlaß zu tristen Zukunftsprognosen. Sie mußte in Schwermut versinken, oder sie mußte eines Tages offen rebellieren. Beides würde gleichermaßen unerfreulich sein. Und deshalb war Sophie immer da, um aufzupassen, um nach Möglichkeit beides zu verhindern, zumindest aber die Rebellion.

Und Elisabeth begann diese Frau zu hassen, die immer um sie war, die sie nie allein ließ, nicht einmal mit dem jungen Kaiser; Sophie, die am liebsten noch ins eheliche Schlafgemach mitmarschiert wäre, damit die süße kleine Ehefrau ihren Mann, sobald er ihrer Zärtlichkeit ausgeliefert war, nicht beeinflussen konnte.

Diese Sophie, die selbst auf die Kaiserkrone verzichtet hatte, glaubte mehr und mehr ein Recht darauf zu besitzen, für dieses Opfer belohnt zu werden. Der Preis war: Franz Joseph sollte zu jeder Tages- und Nachtzeit ein Kaiser sein; nichts anderes als ein Kaiser. Die fixe Idee, daß sie von ihrem Sohn alles fernhalten müsse, was ihn vom Regieren abhalten könnte, machte sie in den Augen der Nachwelt böse, haßerfüllt und rachsüchtig. Zwischen diesen drei Menschen, Franz Joseph, Elisabeth und Sophie, bahnte sich in diesen Laxenburger Frühlings- und Sommermonaten ein psychologisches Drama an, das die Geschichtsschreibung auf die Ebene einer psychiatrischen Studie verschiebt. In dieser Laxenburger Zeit schon wurden die Weichen für die Fahrt ins Unheil gestellt.

Elisabeth war so unglücklich, wie eine junge Frau nur sein konnte. Franz Joseph war unglücklich, weil seine Sisi nicht glücklich war. Er hätte das Problem lösen können, wenn er seine Mutter in die Schranken gewiesen hätte, aber das brachte er nicht über sich. Und Elisabeth konnte nicht begreifen, warum er es nicht tat, warum er nicht energisch ihre Partei ergriff. Daß sie schwanger war, trug nicht zu einem ausgeglichenen Seelenzustand bei.

Das erste Kind kam am 5. März 1855 zur Welt, so programmgemäß wie nur möglich und ohne größere Schwierigkeiten. Es war ein Mädchen. Niemand verbarg seine Enttäuschung, auch Elisabeth nicht. Ein Bub, ein Thronfolger, so hatte sie gehofft, würde ihr der Schwiegermutter gegenüber Selbstsicherheit verleihen.

Eine neue Kette von Demütigungen und Zurücksetzungen begann – zumindest faßte die junge Kaiserin die Vorgänge so auf.

Das kleine Wesen wurde auf den Namen Sophie getauft; niemand hatte Elisabeth auch nur gefragt, ob ihr der Name paßte. Die »Kammer« für das Baby war schon vor der Geburt bestellt worden; selbstverständlich von Sophie. Hatte Elisabeth vorher unentwegt gute Ratschläge bekommen, wie sie zu stehen, zu gehen, zu sitzen habe, so erhielt sie nun ebenso unentwegt gute Ratschläge, was sie mit dem Kind machen müsse. Natürlich von Sophie.

Wenn . . . ja, wenn man sie ihr eigenes Kind überhaupt nur halten ließ. Immer war Sophie da; alles wissend, alles besser wissend, allgegenwärtig. Offenbar vergaß sie ganz, daß sie selbst noch Kinder hatte, die eine Mutter brauchten. Ihr Jüngster, Ludwig Viktor, war schließlich erst 13 Jahre alt. Sophie aber schien ausschließlich von der Vorstellung gefangen zu sein, sie allein sei dazu berufen, auch noch einen zweiten Kaiser heranzuziehen. Nach dem Sohn den Enkel.

1855, als sie zum erstenmal Großmutter wurde, zählte sie knappe 50 Jahre. Für eine Frau ihres Ehrgeizes, ihres Tatendrangs kein Alter, um still-bescheiden in den Hintergrund zu treten. Wenn sie auch das genaue Gegenteil dessen war, was dem Idealtyp habsburgischer Ehefrauen entsprach – die stille Dulderin, die für männlichen Nachwuchs sorgte –, sie wäre eine perfekte Kaiserin geworden.

Durch ihre Energie zumindest. In der politischen Tagespraxis wirkte sich ihr Einfluß auf den jungen Franz Joseph wenig günstig aus. In zwei Punkten, bei denen sich dieser Einfluß historisch nachweisen läßt, brachten Sophies Ratschläge der Monarchie kein Glück: Sie war es, die den jungen Kaiser immer wieder in einer russenfeindlichen Haltung bestärkte – das führte zu der folgenschweren »Neutralität« während des Krimkrieges, die der Zar als schnöden Undank und Verrat auffaßte, denn schließlich hatten russische Truppen dem blutjungen Franz Joseph 1849 geholfen, sein ungarisches Königreich zurückzugewinnen. Anderseits aber war Sophies Abneigung gegen die konstitutionellen Westmächte doch zu groß, als daß sie ihren Sohn dazu bewogen hätte, den »Verrat« am Zaren wenigstens perfekt und einträglich zu machen, indem er sich ganz auf Englands und Frankreichs Seite schlug. So hatte man am Ende niemanden zum Freund gewonnen, aber beide Seiten verstimmt.

Das war der eine Punkt. Der zweite war das 1855 abgeschlossene neue Konkordat – in der Praxis eine Kapitulation des österreichischen Staates vor dem geistigen Herrschaftsanspruch der Kirche.[5] Da war der Einfluß der Erzherzogin und ihres Intimus, des Erzbischofs Rauscher, nur allzu deutlich spürbar.

Die junge Elisabeth kümmerte sich um solche Fragen nicht. Da wollte sie mit der herrschsüchtigen Schwiegermutter gar nicht konkurrieren. Es zeigte sich überhaupt sehr schnell, daß Interventionen bei der Kaiserin erfolglos blieben. Sophie schirmte die Schwiegertochter so perfekt ab, daß diese zunächst gar nicht dazu kam, das Ehebett als Stätte der Übermittlung von Bittgesuchen zu benützen.

Der Konflikt spitzte sich zum Ausbruch offener Feindseligkeiten zu, als das zweite Kind kam. Wieder eine Enttäuschung, wieder ein Mädchen, Gisela. Wieder beschlagnahmte die Schwiegermutter das Kind schon vor der Geburt. Beide, die immer ein wenig kränkliche Sophie und das Baby Gisela, wurden in ihren Räumen der Hofburg untergebracht; die Kaiserin mußte, wenn sie ihre Kinder haben wollte, erst in ein anderes Stockwerk steigen; und kam sie, dann war sie wie eine Fremde auf »Besuch«, die man niemals mit ihren eigenen Töchtern allein ließ. Sophie benahm sich ganz so, als seien es ihre Kinder.

Eines Tages im August 1856 kam der Krach, der kommen mußte. Elisabeth verlangte vom Kaiser eine entscheidende Tat. Es waren ihre Kinder, und sie wollte sie haben!

Franz Joseph liebte die junge Frau; – es war leicht, sie zu lieben; aus dem bezaubernden jungen Mädchen hatte sich eine strahlend schöne Frau entwickelt. Die Wirkungen des Ehebetts, die Sophie immer schon gefürchtet hatte, traten ein. Die Schlafzimmertür war eben eine Barriere, die auch die Erzherzogin nicht nehmen konnte.

Doch Franz Joseph war kein Held; im Urgrund seiner Seele fürchtete er den eisernen, unbeugsamen Willen seiner Mutter. Er wagte es nicht, ihr ins Gesicht zu sagen, daß sie zurückzutreten habe; er schrieb ihr einen Brief. Und er schrieb ihn unmittelbar vor einer Reise, die er mit Elisabeth unternahm. Die Kinder sollten in Hinkunft nicht mehr in den Appartements der Erzherzogin, sondern neben der Kaiserin untergebracht werden.

Sophie schickte dem Kaiserpaar bitterböse Briefe nach. Am Ende kam eine unverhüllte Drohung: Nahm man ihr die Enkelkinder weg, so würde sie die Hofburg überhaupt verlassen!

Entscheide dich, hieß das, zwischen Frau und Mutter; – entscheide dich zwischen einem Weibchen, das letztlich doch nur fürs Bett gut ist, und einer Mutter, die dir alles geopfert hat, sogar den Kaiserthron; eine Mutter, ohne deren Rat, ohne deren Erfahrung du hilflos bist!

So, kaum anders, waren Sophies wütende Briefe aufzufassen; das, genau das, stand zwischen den Zeilen.

Doch in diesen Wochen einer gemeinsamen Reise durch die steirischen und Kärtner Provinzen der Monarchie war eben der Eindruck der unmittelbaren Nähe von Elisabeths Schönheit und Liebreiz so stark, daß Franz Joseph unnachgiebig blieb.

Und noch etwas hatte Sophies beherrschender Wirkung auf den Kaiser einen harten Schlag versetzt: Die schlimmen Folgen der von ihr geförderten rußlandfeindlichen Politik begannen sich abzuzeichnen.

Die Mutter hatte ihn also schlecht beraten, und sie trug Konflikte in seine Ehe!

Es schien, als hätte Elisabeth gesiegt.

Doch es schien eben nur so.

Im Mai 1857 erkrankten die beiden Kinder: Blutdurchfall und hohes Fieber. Der Arzt Dr. Seeburger – natürlich von Sophie gewählt und mit ihrem ganzen Vertrauen beglückt – führte dies auf die ersten Zähne zurück. Das Kaiserpaar war eben im Begriff, nach Ungarn zu fahren; der rebellischen Nation sollte ein gewisses Entgegenkommen gezeigt werden; vor allem sollte die schöne junge Kaiserin den feurigen, galanten ungarischen Aristokraten gezeigt werden. Elisabeth liebte die Ungarn, obwohl sie sie nicht kannte; – sie liebte sie schon deshalb, weil Sophie sie als Erzfeinde der Dynastie verabscheute.

Sophie war gegen die Reise – natürlich, könnte man auch diesmal sagen – natürlich war sie dagegen, sie wußte, was gespielt werden sollte. Und dann erkrankten die Kinder; Gisela erholte sich schnell, aber mit Sophie ging es bergab. Die Ungarnfahrt mußte abgebrochen werden; bei der Rückkehr nach Wien fand Elisabeth nur noch eine sterbende Tochter vor.

Wäre der Anlaß nicht so traurig gewesen, hätte Sophie triumphieren können. Hätte man doch auf sie gehört, hätte man immer nur getan, was sie für gut hielt, dann wäre dies alles nicht passiert! Elisabeth spürte den stummen Vorwurf nur zu gut. Sie war auch nicht in der Verfassung, den erbitterten Kampf gegen Sophie weiterzuführen. Wieder einmal erwartete sie ein Kind.

Die Monarchie wartete mit ihr.

Elisabeth litt bei dieser Niederkunft weit mehr als bei den vorangegangenen Geburten. Die Schwiegermutter Sophie und die Obersthofmeisterin Gräfin Esterházy weinten kniend neben ihrem Bett; auch nicht gerade eine Ermunterung für eine Gebärende.

Am 21. August 1858, nach zehn Uhr abends, war das Kind da.

Ein Bub.

Der Thronerbe. Hatte Elisabeth jetzt gesiegt?

Kronprinz Rudolfs Tragödie begann mit dem Tag seiner Geburt. Spätere Generationen erst gingen dazu über, die Ursachen für das verpfuschte Leben eines jungen Menschen in der verpfuschten Ehe der Eltern zu suchen. Mit Rudolf lieferte die Geschichte ein klassisch gewordenes Beispiel.

Daß die kaiserliche Ehe verpfuscht war, kam zunächst weder Franz Joseph noch Elisabeth zu Bewußtsein. 1858 hätte Elisabeth vielleicht sogar noch alles retten können. Jetzt war sie die Mutter eines Sohnes. Sie hatte den Thronerben geliefert.

Jetzt hätte die Kaiserin siegen können, wäre sie so energisch, so zielstrebig und vor allem so fleißig gewesen wie die Erzherzogin Sophie. Doch Elisabeth, das zeigte sich nun immer deutlicher, war keine Kämpferin. Dagegen raffte Sophie jetzt, angesichts des Buben in der kaiserlichen Wiege, noch einmal alle Kraft zusammen, um sich gegen die Schwiegertochter durchzusetzen. Die beiden Mädchen hatte sie Elisabeth schließlich überlassen müssen, aber was waren schon Mädchen für eine Dynastie! Lebenswichtig war nur der Knabe Rudolf; der künftige Kaiser. Er sollte seinem Vater gleichen. Sophie war entschlossen, in ihrem Leben, das nur der Dynastie geweiht war, noch einen zweiten perfekten Kaiser großzuziehen. Die Zeit kam ihr zu Hilfe. Das Jahr 1859 kam. Wieder Krieg in Italien. Voreilig, unüberlegt, hatte die Donaumonarchie sich auf die Auseinandersetzung mit Piemont-Sardinien eingelassen; und hinter Piemont stand Napoleon III., stand die französische Armee. Nach den ersten militärischen Fehlschlägen, die der österreichische Oberkommandant Graf Gyulay auf sein Gewissen zu nehmen hatte, hielt es der junge Kaiser für richtig, selbst an die italienische Front zu gehen und den Oberbefehl zu führen.

Gyulay übrigens: auch ein Produkt von Sophies Einfluß. Ihr Günstling war der Graf Grünne, des Kaisers Generaladjutant, und Grünne hatte dem Kaiser den Grafen Gyulay als Nachfolger Radetzkys und des kurzlebigen Generalgouverneurs Erzherzog Ferdinand Max aufgeschwatzt. Gyulay hätte Preuße werden sollen; seine größte Sorge war, daß die Tornister der Soldaten einander wie ein Ei dem anderen glichen; er hatte eine Methode erfunden, sie mit Hilfe von Holzstäbchen gleichmäßig kantig wie Schachteln zu packen. Kriege gewann man damit allerdings nicht.

Der Kaiser ging also nach Italien und schrieb zärtliche Briefe an seine Frau: »Meine liebste Engels-Sisi, die ersten Augenblicke nach dem Aufstehen benütze ich, um Dir wieder zu sagen, wie sehr ich Dich liebe und wie ich mich nach Dir und den lieben Kindern sehne . . .«[6]

Mit einem jungen Ehemann, der solche Briefe schrieb und sie sogar ernst meinte, hätte eine schöne junge Frau alles machen können, was sie wollte. Elisabeth erfaßte ihre Stunde nicht. Sie wollte nicht mehr kämpfen. Sie wich der Schwiegermutter schließlich aus; flüchtete in die Einsamkeit, auf die Rücken ihrer geliebten Pferde. Sie wäre gerne zu Franz Joseph ins Hauptquartier gefahren, aber das lehnte Franz Joseph aus verständlichen Gründen ab. Sie hätte sich daheim nützlich machen können; schließlich hatte sie zwei Kinder. Um aber gegen die allgegenwärtige nimmermüde Sophie aufzukommen, hätte sie eine rastlos tätige Hausmutter sein müssen, und das, gerade das wollte sie im Grunde ihrer Seele nicht. Im Grunde dieser Seele nämlich war die süße Sisi, die Traumkaiserin aus der Operettenwelt, regelrecht faul.

Schon in diesen frühen Jahren zeigten sich andere Wesenszüge der Kaiserin: die Unrast, die sich in stundenlangen wilden Reitausflügen äußerte, und die Angst, ihre Schönheit einzubüßen. Sie war Mutter von zwei Kindern, sie hatte dreimal geboren, aber sie wollte das strahlende junge Mädchen bleiben. So aß sie kaum, um ihre Figur nicht zu verlieren; schon als Zweiundzwanzigjährige machte sie wahre Hungerkuren. Ihr Begleiter bei den Ausritten war der Stallmeister Henry Holmes, ein sympathischer Brite.

Der Hof nahm Anstoß. Sophie vor allem nahm Anstoß. Der Kaiser stand vor dem Feind, und die Kaiserin trieb sich tagelang allein mit einem jungen Mann herum. Bei aller Harmlosigkeit der Beziehungen, trotz seines felsenfesten Vertrauens in die Treue seiner jungen Frau regte sich sogar Franz Joseph im italienischen Hauptquartier auf. Sophie hatte ihn informiert; sehr feinfühlig war schließlich auch sie nicht. Der Kaiser schrieb seiner Sisi eines Tages, daß sich solche Ausritte mit Holmes ganz einfach nicht schickten.

Wie ihre Umgebung über die Kaiserin dachte, verriet die bitterböse Klage des Leibarztes Dr. Seeburger: »Sie entspricht weder als solche noch als Frau ihrer Bestimmung; während sie eigentlich unbeschäftigt ist, sind ihre Berührungen mit den Kindern nur höchst flüchtig, und während sie um den abwesenden edlen Kaiser trauert und weint, reitet sie stundenlang zum Abbruche ihrer Gesundheit. Zwischen ihr und der Erzherzogin Sophie besteht eine eisige Kluft, und die Obersthofmeisterin Gräfin Esterházy besitzt gar keinen Einfluß auf die Kaiserin.«[7]

Der Krieg in Italien endete mit der bitteren Niederlage bei Solferino. Der junge Kaiser verlor die einzige Schlacht seines Lebens, bei der er selbst den Oberbefehl geführt hatte. Er verlor die Lombardei und damit das schönste seiner Königreiche. Mit Elisabeth ging es in dieser Situation seltsam zu: Die Niederlage der österreichischen Truppen, der Verlust der Lombardei, das alles schien sie viel weniger zu berühren als die persönliche Sorge um ihre Schwester Marie, die knapp vor Ausbruch des italienischen Krieges den König Franz II. von Neapel und beider Sizilien geheiratet hatte. Jetzt, nach dem Erfolg in Oberitalien, landete der italienische Freiheitsheld Garibaldi mit seinen Freischärlern bei Neapel, bedrohte das bourbonische Königreich in Unteritalien und damit den Thron, vielleicht sogar das Leben ihrer Schwester. Das war es, was Elisabeth bedrückte; viel mehr, als die Niederlage der Monarchie sie beeindruckte.

Egon Caesar Conte Corti, der die erste Elisabeth-Biographie von einigem Format schrieb, nannte den Gegenstand seiner Betrachtungen eine »seltsame Frau«. Brigitte Hamann, Elisabeths vorderhand letzte Biographin, bezeichnete sie als »Kaiserin wider Willen«, als heimliche Republikanerin: »Kaiser sein ist sowieso eine Sache, die eigentlich abgeschafft gehört . . .«[8]

Die »seltsame Frau«, als die Kaiserin Elisabeth schließlich in die Geschichte einging, begann sich jedenfalls schon zu manifestieren. Mit der Habsburgerherrschaft in der Lombardei stürzte auch das neoabsolutistische System im Donaustaat, das so ganz nach dem Geschmack der Erzherzogin Sophie gewesen war. Ein verfassungsmäßiges Regime kündigte sich an; Graf Grünne wurde aus seinem Amt verabschiedet, Graf Crenneville rückte als Generaladjutant nach. Der Volkswitz bemächtigte sich sofort des Personalwechsels: »Bisher geschah, was Graf Grünne will, jetzt geschieht, was Graf Crenne ville«, hieß es. Der Erzherzogin Sophie ging die Entwicklung zum Verfassungsstaat hin wider den Strich. Um so verbissener warf sie sich auf ihre Aufgabe, den kleinen Kronprinzen Rudolf zu ihrem geistigen Eigentum zu machen. Den jungen Kaiser mochten äußere Ereignisse zwingen, da und dort einen Schritt zurückzuweichen. Das war noch lange kein Grund, daß der Kronprinz in der verhaßten Atmosphäre des erwachenden Liberalismus aufwachsen sollte!

Und Franz Joseph? Von beiden Seiten wurde er mit Vorwürfen, Beschwerden und Forderungen bombardiert. Die Schwiegermutter gegen die Schwiegertochter! Elisabeth lag ihm ständig in den Ohren, Sophie endlich aus der Kinderkammer zu verweisen, Sophie ihrerseits brauchte eigentlich gar nicht viel zu sagen; Elisabeth selbst sorgte dafür, daß der Kaiser zu zweifeln begann. War die schöne junge Frau mit ihrer Unrast, ihrer Unausgeglichenheit, ihren ständig wechselnden Stimmungen wirklich die passende Erzieherin für einen Thronerben?

Außerdem war Elisabeth auch noch eifersüchtig.[9]

Der Kaiser war knappe 30 Jahre alt; auch wenn er nicht der Kaiser gewesen wäre, repräsentierte er einen Typ Mann, der bei den Frauen ankommen mußte. Und er wäre kein Mann gewesen, hätte ihm die unverhüllte Bewunderung zahlreicher junger Damen des Hofes nicht geschmeichelt. Der Kampf mit Sophie, die feindselige Umgebung, nun auch noch andere Frauen im Spiel – da wollte Elisabeth nicht mehr mitmachen. Sie war eben keine Kämpferin. Ende 1860 überraschte sie Franz Joseph mit ihrem Wunsch nach einer längeren Reise. Allein. Und weit fort. Und überdies: sofort!

Das war keine Urlaubsreise, das war eine Flucht.

Der Kaiser spürte es genau, und der ganze Hof spürte es mit ihm. Und alle wurden sie durch den plötzlichen Ausbruch der jungen Frau nicht wenig in Verlegenheit gebracht. Die Kaiserin lief ihrem Manne davon, das war es doch! Was würde Wien, was würde die Monarchie, was würde Europa sagen?

War Elisabeth krank? Die Ärzte fanden nichts; zumindest nichts, was eine so überstürzte Abreise begründet hätte. Trotzdem war man beinahe froh, daß sich sehr schnell Gerüchte über eine ernsthafte Krankheit der Kaiserin verbreiteten. Das lieferte auch den Vorwand, die britische Königin um ein Schiff zu bitten. Demütigung genug: Die österreichische Marine hatte im Augenblick kein brauchbares Gefährt zur Verfügung, um die Kaiserin auf schnellstem Weg nach Madeira zu befördern. Ende November 1860 verließ Elisabeth ihr Land. Zwei Hofdamen und ein Hofkavalier begleiteten sie.

Von da an sollte die Kaiserin niemals wieder seßhaft werden. Die erste Reise nach Madeira war nur der Anfang einer jahrzehntelangen Flucht, die nirgendwo ein Ziel fand.

Die seltsame Frau Elisabeth begann damals jenen Weg, der ihr Bild in der Erinnerung zeichnen sollte. Der Baron Albert Margutti, scharfsichtiger Beobachter des kaiserlichen Hofes während der sechzehn Jahre, in denen er in des Kaisers Generaladjutantur Dienst versah, Triester von Geburt und italienischer Nationalität, sah bei allem Respekt vor seinem Kaiser und aller Untertanentreue die Vorgänge doch klarer als die meisten Hofschranzen in ihrem servilen Bemühen, alles, was rund um Franz Joseph geschah, später hymnisch zu feiern.

Margutti zum Thema Kaiserin Elisabeth:

»Als ich zur Weihnachtszeit 1900 meinen Dienst in des Kaisers Generaladjutantur antrat und somit in jene engumschriebene Welt gelangte, der Kaiserin Elisabeth angehörte, sprach am Hof kaum noch jemand über sie; am allerwenigsten der Kaiser selbst, von welchem ich überhaupt, auch in der Folge, niemals ein Wort über seine dahingeschiedene Gattin vernommen. Das befremdete mich; waren doch erst zwei Jahre seit dem tragischen Ende der Kaiserin verstrichen! Man hätte also annehmen müssen, daß hier ihre Spuren noch vielfach erkennbar geblieben, obgleich ihr besonderer Hofstaat nicht mehr bestand. Aber auch die anderen Funktionäre, mit denen ich nun nach und nach in Berührung kam, schienen entweder von ihr nichts zu wissen oder sich mit ihr nicht mehr befassen zu wollen . . . Wie kam es nun, daß am Hofe niemand mit einem liebevollen Worte ihrer Erwähnung tat, niemand in Anhänglichkeit auch nur flüchtig ihrer gedachte. Erst nach und nach fand ich dafür eine Erklärung, die ich mehr zu ahnen, als in Tatsachen gegeben zu sehen erachte. Kaiserin Elisabeth war eine Wittelsbacherin; also entriet sie ebenfalls nicht der den Angehörigen dieses alten Geschlechtes anhaftenden besonderen Merkmale. Deshalb hatte sie nicht nur keinen Gefallen am höfischen Leben und Prunke, an seinen zumeist lediglich formellen Äußerlichkeiten und ermüdenden inhaltslosen Anforderungen gefunden, sondern, im Gegenteil, sie war eine ausgesprochene Feindin alles dessen, was des Hofes Wesen ausmachte . . . Diese Anpassung war ihr nicht gegeben, sie ging derartigen ›Pflichten‹ einfach aus dem Wege, erkannte sie nicht als solche an. Deshalb blieb sie auch der Allgemeinheit fremd, und letztere nahm das übel auf. Der Öffentlichkeit Mißstimmung fand schließlich in der noch immer im Umlaufe befindlichen Behauptung Ausdruck, daß Kaiserin Elisabeth geistig nicht normal gewesen sei. Man vermochte sich eben bloß auf diese Weise das – weiten Kreisen unverständliche – Gehaben der außergewöhnlichen Frau zu erklären; damit wich man am bequemsten dem Bekenntnisse aus, daß man sie nicht kannte, von ihr so gut wie gar nichts wußte . . .«[10]

Der alternden Erzherzogin Sophie konnte die Flucht der jungen Kaiserin nur willkommen sein; sie bestätigte doch wohl recht augenfällig, wie wenig Elisabeth zur Erziehung ihrer Kinder geeignet war. Stärker denn je gab Sophie sich als die wahre Kaiserin, und als solche wurde sie auch vom Hof akzeptiert. Darüber hinaus war sie nicht kleinlich. Jetzt, da Elisabeth in ihren Augen endgültig besiegt schien, wollte sie ihrem Sohn zuliebe ein besseres Verhältnis zu ihrer Schwiegertochter anstreben. Jetzt aber war Elisabeth unversöhnlich; während der ganzen Winterreise 1860 schrieb sie an Sophie nicht einen einzigen Brief.

Sechs Monate fast war die Kaiserin fort von daheim. Als sie im Mai 1861 zurückkam, mußte sie feststellen, daß sie – außer dem einsamen jungen Kaiser – eigentlich niemandem abgegangen war. Sie galt als störender Faktor im wohlgeölten Hofgetriebe. Man war froh, wenn man sie weit weg wußte. Wie der Hof auf sie reagierte, zeigte der Stoßseufzer eines hohen Beamten, der für kaiserliche Reisevorbereitungen zuständig war: »Ach, das war damals, als die Kaiserin noch lebte, wo alles, wie immer bei ihr, drunter und drüber ging!«[11]

Die Kinder waren Elisabeth nun endgültig entfremdet: »Nur auf ein Stündchen täglich wurden die Kleinen – Gisela und Rudolf – in Spitzenkleidchen, wie zu einer Schaustellung angetan, zu ihrer Mutter geführt und dann von dieser erbarmungslos weggenommen, um wieder ausschließlich der eigenartig behütenden Fürsorge der Großmutter anheimzufallen.«[12]

Kein Wunder, daß Elisabeth, kaum von ihrer Reise heimgekehrt, schon wieder von einer Fahrt in den Süden sprach. Dort war Wärme, dort waren Menschen, auf die sie keine Rücksicht nehmen mußte, dort war kein Zeremoniell, und dort war keine Schwiegermutter.

Und dort waren auch nicht die Kinder. Sie täglich zu sehen erinnerte Elisabeth schließlich nur noch an das eigene Versagen, und dem entfloh sie, wann immer sie es vermochte.

Zwölf Jahre nach ihrem Tod versuchten ungarische Aristokratinnen, den Kaiser für ein großartiges Denkmal zu gewinnen, das Elisabeth hoch zu Roß, im ungarischen Krönungsornat zeigen sollte. Der Kaiser schickte den Baron Margutti zu dem Bildhauer Kaspar von Zumbusch. Er sollte die eingereichten Entwürfe prüfen. Zumbusch lehnte ein solches Elisabeth-Denkmal grundsätzlich ab; er war berühmt genug, um sich ein solches Urteil zu erlauben:

»Ein derartiges Monument würde allenfalls auf Maria Theresia zutreffen, welche faktisch eine Herrscherin gewesen, nicht aber für Elisabeth, die nichts weniger als das war, nicht einmal eine Landesmutter. Überhaupt ist alles Fabel, was man von ihr erzählt; sie befaßte sich nur mit sich selbst. Jedenfalls sollte man sie nur als das darstellen, was sie allein gewesen ist: eine einsame Träumerin.«[13]

Könnte man die Träumerin von damals heute als »Emanzipierte« bewerten? Ihre Biographin Brigitte Hamann: »Selbstverwirklichung der Frau bis ins letzte Extrem . . . Für sich selbst hat sie alles durchgesetzt, was sie wollte, und hat alles andere darüber vernachlässigt, sowohl ihre Pflichten als Kaiserin wie die Pflichten als Frau und Mutter, auch als ›Volksmutter‹, die ja soziale Pflichten hat. Sie hat sich um wirklich nichts geschert als um sich selbst – soweit, kann man also sagen, hat sie sich selbst verwirklicht . . . Aber sie hat im Sinne der Frauenbewegung kein bißchen getan für die Frauen. Sie war eine hochgebildete und eigentlich auch eine hochintelligente Frau, aber es wäre ihr nie in den Sinn gekommen, etwas für Mädchenschulen zu tun, wie das zum Beispiel in derselben Zeit die Kronprinzessin Viktoria in Berlin gemacht hat . . .«[14]

Nun hatten allerdings die Ungarn guten Grund, sich ein Elisabeth-Denkmal zu wünschen, denn gerade der ungarischen Nation gegenüber hatte die Kaiserin sich als »Landesmutter« erwiesen; beim einzigen Mal, als sie überhaupt politischen Einfluß geltend machte. Für die Ungarn hatte Elisabeth immer schon eine Schwäche gehabt – die jungen ungarischen Aristokraten waren schließlich blendende Reiter und galante Kavaliere. Außerdem waren sie stolz und bei weitem nicht so servil, wie die österreichischen oder die böhmischen Adeligen sich bei Hofe gebärdeten. Die Ungarn spürten diese Vorliebe natürlich sehr schnell und ließen sich keine Gelegenheit entgehen, der Kaiserin ihre Reverenz zu erweisen und sie bewußt gegen die alte Erzherzogin Sophie auszuspielen, die noch aus den Revolutionstagen 1848/49 her eine erbitterte Gegnerin aller ungarischen Sonderwünsche war. Elisabeths Vorleserin, Ida von Ferenczy, war Ungarin, und sie war noch dazu eine gute Bekannte des Grafen Julius Andrassy – jenes

Revolutionärs Andrassy, den ein kaiserliches Kriegsgericht nach 1848 zum Tode verurteilt hatte und den man nur in Abwesenheit hatte »hinrichten« können, weil er rechtzeitig ausgerissen war.

Jetzt aber war Andrassy wieder da; begnadigt und als nationales Symbol Ungarns obenauf. Und außerdem war der große, schlanke, immer in seiner goldstrotzenden, pelzverbrämten Magnatenuniform auftretende Revolutionär Andrassy genau das, was seine Zeit als einen schönen Mann bewunderte. Elisabeth schien jedenfalls fasziniert von ihm. Die Gerüchte, die bei Hofe nie lange auf sich warten ließen, wollten schon sehr bald wissen, daß die Sympathien der Kaiserin für den stolzen Grafen das zulässige Maß überschritten hätten.

Tatsache war, daß Budapest das Kaiserpaar Anfang Februar 1866 stürmisch begrüßte – wobei die Begeisterung demonstrativ und unmißverständlich vor allem Elisabeth galt. Die Ungarn verstanden es immer schon, Feste zu feiern – jetzt wurde ganz Budapest gewissermaßen in eine Operettenbühne verwandelt. Man spielte die – damals noch nicht geschriebene – Czardasfürstin mit Elisabeth in der Hauptrolle. Hinter dem scheinbaren Operettenlibretto allerdings verbarg sich ein hochpolitisches Drama; das sollte sich sehr bald herausstellen.

1866. Kriegsjahr. Wieder eines. Noch dazu Zweifrontenkrieg. Gegen Preußen im Norden; gegen Italien im Süden. Bei Custozza schlug der Erzherzog Albrecht die italienische Armee, bei Lissa schlug Admiral Tegetthoff die italienische Flotte, aber in Böhmen wurde die Armee des Feldzeugmeisters Benedek von den Preußen geschlagen, und die Niederlage im Norden wog mehr als die Siege im Süden.

Nach der Lombardei verlor Franz Joseph nun mit Venetien auch noch sein zweites italienisches Königreich. Er verlor für immer den Einfluß der Donaumonarchie in Deutschland – Bismarck konnte unter Ausschluß Österreichs an die deutsche Einigung gehen.

Letztlich aber verlor Franz Joseph noch mehr als eine Provinz und den Rang im deutschen Raum. Er verlor die Einheit seines Reiches. Nach der Katastrophe des Jahres 1866 schien es nun nicht länger möglich, die Selbständigkeitsbestrebungen der Ungarn weiterhin einzudämmen. Man mußte ihnen zumindest teilweise entgegenkommen, um sie nicht ganz zu verlieren.

Nach der vernichtenden Niederlage bei Königgrätz war man im kaiserlichen Hoflager so deprimiert, daß man die Preußen schon auf Wien marschieren sah. Nach der ersten Meldung von der Schlacht saßen Franz Joseph und Elisabeth am 3. Juli 1866 bis ins Morgengrauen hinein beisammen, um weitere Katastrophennachrichten abzuwarten. In diesen kritischen Tagen war die Kaiserin ganz da; Tag und Nacht in der Nähe ihres Mannes. Niemand nahm daran Anstoß; im Gegenteil – jetzt setzte der Hof, der ihre Sympathien für die Ungarn höchst widerwärtig gefunden hatte, plötzlich alle Hoffnungen auf sie. Wohin hätte man aus Wien auch fliehen können, wenn nicht nach Budapest!

Ausgerechnet den Ungarn mußte man sich in die Hände geben. Elisabeth wurde vorgeschickt. Sie sollte gutes Wetter machen. Und die Dame Ida von Ferenczy begleitete sie – jene Vorleserin, die wegen ihrer Verbindung zu ungarischen Aristokraten knapp vorher noch der kaiserlichen Geheimpolizei Grund zu Nachforschungen gegeben hatte.

Bei Elisabeths Ankunft stand natürlich der Graf Andrassy auf dem Bahnhof; schön und charmant wie immer.

Elisabeth kam nach wenigen Tagen wieder nach Wien zurück; angefüllt bis oben von der Begeisterung über die ritterliche Nation, die die Dynastie in der schwersten Stunde nicht verlassen würde. So sah es zumindest die von Andrassys Charme faszinierte Elisabeth. Andrassy war Ungarns Idol; gewann man ihn, behielt man die ungarische Nation.

Ja, so sah es Elisabeth. Was sie nicht sah, das war die bittere Tatsache, daß die ungarischen Magnaten die entsetzliche Zwangslage des Kaisers nach der Niederlage von Königgrätz zu einem gigantischen Erpressungsmanöver zu benützen gedachten. Sie wollten der Dynastie in ihrer schwersten Stunde nicht etwa aus Ritterlichkeit die Treue halten. Sie wollten sich teuer dafür bezahlen lassen, daß sie nicht jetzt, da der Kaiser macht- und hilflos war, die Revolution von 1848 wiederholten. Franz Joseph erkannte diese traurige Wahrheit wohl, aber ihm blieb nichts anderes übrig, als zu versuchen, möglichst billig dabei wegzukommen.

Am 13. Juli 1866 fuhr die Kaiserin mit ihren Kindern Rudolf und Gisela erneut nach Budapest. »Sei dort mein Anwalt«, bat Franz Joseph sie. »Halte die Leute so gut wie möglich zurück, alles andere wird sich finden.«[15] Jetzt war man schon so weit, daß man sich ganz auf Elisabeth verließ.

Elisabeth, die Ungarn in der Gestalt des Grafen Andrassy und einiger anderer Magnaten kannte, glaubte weiterhin felsenfest an die Ritterlichkeit dieser Nation. Kam man den Ungarn jetzt entgegen, dann würden sie der Fels der Dynastie in der Brandung der Geschichte sein.

Glaubte Elisabeth.

Und das versuchte sie auch Franz Joseph glauben zu machen.

Daß die Ungarn zwar leidenschaftlich und voll Nationalstolz ihre Freiheit forderten, daß sie zugleich aber entschlossen waren, bei der von ihnen angestrebten Zweiteilung der Monarchie in gleichberechtigte Reichshälften andere kleine Nationen, die Kroaten und die Rumänen und die Slowaken, brutal zu unterdrücken, das erfaßte Elisabeth offensichtlich nicht.

Elisabeth war 29 Jahre alt; eine junge Frau mit einem gewissen liberalen Geist vom Elternhaus her, aber ohne politische Bildung und Erfahrung, bis dahin auch ohne sonderliches Interesse an den Lebensfragen der Donaumonarchie. So griff sie in die Geschichte ein, nahezu ausschließlich von ihren persönlichen Sympathien für einige Menschen, darunter vor allem für den einen Mann, Andrassy, getrieben. Dieser Graf Andrassy war immer um sie, und er schien die Waffe seines einnehmenden Wesens bedenkenlos eingesetzt zu haben. Elisabeth war hypnotisiert von den Gedanken, die er ihr einhämmerte. Am 15. Juli schrieb sie schließlich einen eindringlichen, fast drohend klingenden Brief an Franz Joseph, der ganz so klang, als würde die Monarchie zusammenbrechen, sollte der Kaiser sich nicht sofort mit Andrassy einigen. In diesem Brief beschwor sie mehrfach den Namen des kleinen Kronprinzen Rudolf, um dessen Erbe es ihr zu gehen schien, und das Schreiben klang in der unverhüllten Drohung aus, sich – und damit die Sympathien der Ungarn für sie – aus der Auseinandersetzung für immer herauszuhalten, wenn Franz Joseph weiterhin zögern sollte.

Der Kaiser empfing also Andrassy auf die drängenden Vorstellungen der Kaiserin hin. So hingerissen wie Elisabeth war er allerdings von dem Grafen nicht: »Ich fand ihn übrigens wie früher immer, zuwenig präzis in seinen Ansichten und ohne die notwendige Rücksicht auf den übrigen Teil der Monarchie. Er begehrt sehr viel und bietet für den jetzigen Augenblick zuwenig.«[16]

Doch der Kaiser mußte verhandeln; die Preußen standen schon bei Nikolsburg. Nur war Bismarck klüger, als die Ungarn es waren. Österreichs Niederlage hatte er erreicht; damit hatte Preußen freie Hand bei der Neugestaltung des Deutschen Reiches. Vernichten wollte er die Donaumonarchie nicht – im Gegenteil: Er wollte sie als die naturgegebene Verbündete, gegen Frankreich vor allem, für spätere Zeiten einigermaßen stark erhalten. So setzte er sich gegen seinen König, gegen den Kronprinzen, gegen die siegestrunkenen Generale durch. Am 26. Juli wurde in Nikolsburg ein Vorfriede unterzeichnet, wie ihn nur ein wahrer Staatsmann erdenken konnte. Bismarck verzichtete auf die Demütigung des besiegten Gegners. Er wollte gegen Wien nicht marschieren; er wollte nichts erobern. Die während der Kampfhandlungen besetzten österreichischen Gebiete sollten schleunigst geräumt werden!

Konnte man jetzt mit den Ungarn schärfer reden? Zweifellos hoffte es das kaiserliche Hoflager in Wien. Elisabeth fürchtete es. Sie kam nach Wien, bohrte weiter beim Kaiser. Andrassy kam ebenfalls. Der Kaiser empfing ihn; und mehrfach war der Graf bei der Kaiserin. Franz Joseph jedoch war nun nicht mehr so niedergeschlagen und verhandlungsbereit wie vor wenigen Tagen noch.

Und wieder reagierte Elisabeth als Frau. Als Weibchen, könnte man fast sagen – gekränkt und beleidigt, weil man ihrem Günstling nicht das gewünschte Entgegenkommen zeigte. Franz Joseph wollte sie mit den Kindern nach Ischl schicken, aber sie fuhr zurück nach Budapest. Sie weigerte sich demonstrativ, Ungarn zu verlassen. Ihre Vorliebe für die ungarische Nation wurde nun schon zum unerfreulichen Politikum. Ihr ständiger Umgang mit dem Grafen Andrassy wirkte geradezu peinlich.

In Wahrheit war die kurz aufflackernde Tatkraft der Kaiserin erschöpft, als nicht alles gleich auf Anhieb so verlief, wie sie es sich vorgestellt hatte. Sie brachte weder die Ausdauer auf, ein großes Ziel schrittweise, aber stetig anzusteuern, noch besaß sie das Geschick und die Geduld, ihre Pläne so unauffällig weiterzuverfolgen, daß die Gegenspieler getäuscht und schließlich überrundet werden konnten.

Elisabeths Begeisterung war Strohfeuer. An die kurze Periode hektischer Betriebsamkeit in Sachen Politik, bei der ein Großteil unkontrollierter Schwärmerei für einen interessanten Mann mitspielte, schloß sich eine neue lange Periode rastloser Untätigkeit.

Rastlose Untätigkeit – was paradox klingt – machte das Wesen der Kaiserin aus. Selbstmörderische Reitausflüge, neue Reisen, wieder die Überforderung ihres zarten, fast chronisch von Erkältungen und Hustenanfällen mitgenommenen Körpers durch stundenlange Ausritte. Ständig wiederkehrende Flucht.

Als der Ausgleich mit Ungarn dann 1867 tatsächlich kam, interessierte sich Elisabeth nur noch recht oberflächlich dafür. Viel näher ging ihr das Schicksal ihres Vetters, des jungen Königs Ludwig II. von Bayern, der mit ihrer jüngsten Schwester Sophie verlobt war.

Daß der König seltsam war, ließ sich nun schon nicht mehr verbergen. Dabei verwendete man das nichtssagende Wort »seltsam«, um nicht abnorm sagen zu müssen. Ein unstetes, ständig im Erregungszustand befindliches Wesen; plötzlich stundenlange Ausritte. Halsbrecherische Bergtouren, und das alles am liebsten bei Nacht, im Mondschein. Wenn er nicht ausritt, dann wurde die Hofreitbahn in München nachtsüber beleuchtet, und Ludwig trieb seine Pferde stundenlang im Kreis. Dann kam wieder die Periode des Übersiedelns; der Hofstaat kam nicht zur Ruhe, denn der König wanderte von Schloß zu Schloß. Dann wieder tagelange Beschäftigung mit einem für seine Zeit und die Person eines Monarchen sonderlichen Spielzeug: einem Photoapparat. Oder der König ließ im menschenleeren Opernhaus für sich allein Wagner spielen.

In Possenhofen, wo die junge Braut Sophie darauf wartete, endlich geheiratet zu werden, tauchte der königliche Bräutigam meist unerwartet auf, vorzugsweise nach Mitternacht. Nur die Trauung schob er immer wieder hinaus; so lange, bis dem gutmütigen Herzog Max die Geduld riß und er seinem Vetter klipp und klar sagte, daß dieses Verhalten beleidigend sei. Sophie gab dem Monarchen ihr Wort und sein Wort zurück. Sie wollte nicht als ewige Braut eines versponnenen Einzelgängers gelten.

Man mochte es drehen, wie man wollte – Ludwig war eben nicht ganz normal, das erkannten die Familie und sein Hof immer deutlicher.

Elisabeth wurde von Ludwigs Schicksal zutiefst berührt. Sie erkannte die Parallelen zu ihrem eigenen Wesen. War auch sie geistesgestört, wie man es Ludwig nachsagte? Sicherlich kam sie Ende der sechziger Jahre noch nicht zu dieser entsetzlichen Vermutung. Noch nicht. Vorderhand sah sie nur ein verwandtes Schicksal. Ein König, wie sie eine Kaiserin war; einer, der dem Zwang des Zeremoniells, dem Terror seines eingefahrenen Tagesablaufes zu entfliehen versuchte. Sie sah sich nicht als eine, die ihre Verpflichtung vernachlässigte, sie sah sich als Opfer.

Das letzte Kind kam 1868 zur Welt, ein Mädchen. Die kleine Marie Valerie. Franz Joseph liebte vermutlich seine Frau nach fast fünfzehnjähriger Ehe nicht weniger als am ersten Tag, aber diese Liebe war zum abstrakten Gefühl geworden. Er hatte erkannt, daß er diese Frau geistig und seelisch nicht besitzen konnte. Daß dieses vierte

Kind wieder ein Mädchen war, enttäuschte ihn. Ein einziger Sohn – das war zuwenig für einen Kaiser!

Elisabeth war froh darüber. Das war jetzt ihr Kind, nur ihr eigenes Kind. Mit Sophie war es vorbei. Die verlorenen Kriege, der Ausgleich mit Ungarn, das alles hatte ihr politisch den Rest gegeben. Sie war jetzt auch schon 63 Jahre alt, sie gab auf. Um dieses letzte Kind ihres Sohnes kämpfte sie nicht mehr. Elisabeth konnte es ganz allein erziehen, ganz nach Belieben. Und sie überschüttete dieses kleine Wesen mit allen Muttergefühlen, die sie angesammelt hatte. Die anderen Kinder interessierten sie jetzt kaum noch. Der Hof nannte die kleine Marie Valerie schon sehr bald die »Einzige«.

Rudolf, der Kronprinz, war jetzt zehn Jahre alt. Er hätte die Mutter wahrscheinlich dringender gebraucht als das Baby. Im Grunde genommen war er niemandes Kind; oder: das Kind des Apparats, der sich Hofstaat nannte. Der kaiserliche Vater hatte keine Zeit; der hatte sich schon längst daran gewöhnt, tagtäglich im Morgengrauen an seinem Schreibtisch zu sitzen und zu regieren. Die Mutter war meistens nicht da.

Der militärische Erzieher der ersten Bubenjahre, der General Graf Gondrecourt, war ein Haudegen fast preußischen Zuschnitts, mutig bis zur Todesverachtung und gleichermaßen bereit, auch seine Soldaten bedenkenlos in den Tod zu schicken. Er behandelte auch den kleinen Buben Rudolf als Rekruten; er ließ den Siebenjährigen im Morgengrauen eiskalter Wintertage durch den Schnee des Burghofes marschieren und erfand immer neue Methoden, das Kind körperlich und seelisch »abzuhärten«. Der »eiserne« General ließ neben dem schlafenden Buben Pistolenschüsse abfeuern, ließ Rudolf mit eiskaltem Wasser übergießen, ließ ihn unverhofft im Wald allein; so lange, bis Elisabeth eingriff und beim Kaiser in schärfsten Worten auf einen Wechsel drang:

»Ich wünsche, daß mir vorbehalten bleibe unumschränkte Vollmacht in allem, was die Kinder betrifft, die Wahl ihrer Umgebung, den Ort ihres Aufenthaltes, die komplette Leitung ihrer Erziehung, mit einem Wort, alles bleibt mir allein zu bestimmen, bis zum Moment ihrer Volljährigkeit.«[17]

Der Kaiser gab nach.

Zum militärischen Erzieher wurde jetzt der Oberst Graf Latour bestimmt, ein wesentlich feinfühligerer Mann. Der Einfluß der Erzherzogin Sophie war gebrochen; aber an dessen Stelle trat kein anderer bestimmender Einfluß, denn: Elisabeth war zu selten da, um die Erziehung, die sie für sich beansprucht hatte, auch wirklich permanent zu leiten. Man hat später nachgezählt, daß der Kronprinz in seinen Knabenjahren über fünfzig weltberühmte Gelehrte als Lehrer gehabt hatte. Mit Wissen wurde er jedenfalls vollgestopft. Wissen aber bedeutete noch lange nicht Erziehung.

Die Mutter schrieb Briefe an ihren Sohn; sehr viele Briefe – sie war ja auch oft genug weg. Die Briefe hatten einen seltsamen Tonfall, wie die ganze Frau eben seltsam war. Liest man sie heute nach, so bekommt man das Gefühl, sie seien nicht an einen heranwachsenden Buben gerichtet gewesen, sondern an einen gleichaltrigen Mann. Schon während der Krisen des Jahres 1866 hatte Elisabeth darauf bestanden, den damals Achtjährigen detailliert über die politischen Vorgänge auf dem laufenden zu halten.

Der Vater gefiel sich darin, den Sohn politisch zu ignorieren. Franz Joseph hatte sich nie dazu bereit finden können, die Herrschaft mit irgend jemandem zu teilen, auch nicht mit dem eigenen Sohn. Schon das Interesse daran, wie er die Regentschaft führte, schien dem Kaiser ein unzulänglicher Eingriff.

Gefühlsmäßig hing Rudolf sehr an der schönen Frau, die seine Mutter war, doch sie blieb ihm immer ein wenig fern. Briefe allein vermochten eben keine menschliche Bindung zu festigen. Der Vater war zwar da, trotzdem aber meistens unerreichbar. Die Glaswand, die Kaiser Franz Joseph um seinen Schreibtisch errichtet hatte, galt auch für den Sohn. Er vergaß ganz, daß man ihn systematisch von Kindheit an zum Kaiser förmlich »gedrillt« hatte, daß er mit achtzehn tatsächlich schon Kaiser war. Die Tragödie eines Wartenden, der seine besten Jahre ungenützt verstreichen sah, begriff er nicht. Er beschäftigte sich ganz einfach nicht mit Rudolf. Zuerst war dieser Bub für ihn nur ein Kind; wo Elisabeth die geistige Aufnahmefähigkeit des Knaben überschätzte, da wurde sie von Franz Joseph unterschätzt. Dann, als der Knabe kein Kind mehr war, sondern ein junger Mann, spürte der Kaiser eine andere, seinen eigenen Ideen fremde Gedankenwelt; und so kapselte er sich gegen den Sohn ab.

So blieb letztlich von der »Erziehung« des Kronprinzen keine Bildung der Seele zurück, sondern nur eine allerdings beträchtliche Summe von Wissen. Hatte Sophie bei der Erziehung ihres Sohnes noch größten Wert auf den Religionsunterricht gelegt, so herrschte bei Rudolfs Ausbildungsprogramm die exakte Wissenschaft; – und gerade diese exakte Wissenschaft entfernte sich in der zweiten Hälfte des 19. Jahrhunderts immer mehr vom Kinderglauben des Religionsbuches.

Elisabeth war gläubig, aber nicht bigott. Es war ein fröhlicher Kinderglaube an einen guten lieben Gott, auf den man sich verlassen konnte und dessen schönstes Werk die herrliche Natur war.

Franz Joseph war religiös. Man würde seine Form der Religiosität heute als klerikal bezeichnen. Seine Kirchentreue war eine Art Abkommen zwischen Kaiser und Priester auf Gegenseitigkeit, um das Gottesgnadentum zum obersten Herrschaftsprinzip zu machen.

Rudolf war später keines von beiden; weder gläubig von der Seele her noch klerikal aus Verstandesgründen.

Ehefrau und Mutter, das waren die Aufgaben, zu deren Erfüllung sich Elisabeth bekannt hatte, als sie Franz Joseph heiratete. Es waren schließlich die generellen Aufgaben eines Mädchens überhaupt, wenn es eine Ehe schloß. Elisabeth war besser dran als die meisten Prinzessinnen ihrer Zeit. Sie durfte ihren Mann selbst auswählen, sie durfte aus Liebe heiraten. Sie war kein Opfer der Staatskanzleien, kein politisches Handelsgut. Niemand hatte sie gezwungen, niemand hatte ihre Gefühle vergewaltigt.

Von allen Aufgaben erfüllte sie nur eine: Sie brachte den Thronerben zur Welt. Die passende Ehefrau und Kaiserin für einen Mann und Kaiser wie Franz Joseph war sie zweifellos nicht.

War Elisabeth wenigstens eine treue Ehefrau? Die Memoiren der Gräfin Marie Larisch, ihrer Nichte, geben einen interessanten Hinweis. Auf dem Höhepunkt der Affäre Vetsera, die zur Kronprinzentragödie des Jahres 1889 führte, will Marie Larisch mit dem Erzherzog Rudolf folgendes Gespräch gehabt haben:

Rudolf: »Darf ich mir die Frage gestatten, Marie, seit wann du dir die Rolle einer Heiligen anmaßest? Du bist gerade die Richtige, die von Ehre und Ehrbarkeit reden darf. Du, die den Liebesmittler für meine Mutter gespielt hat, seit du ein Kind warst. Du wagst es, mir gegenüber von Moral zu sprechen, du, die ohne Skrupel dabeigestanden hat, wenn Mama meinen Vater betrog?«

Marie: »Das ist eine verruchte Lüge! Ich werde das nicht mit anhören! Ich dulde es nicht, daß du deine Mutter verleumdest!«[18]

Was soll man mit diesem Hinweis anfangen? Marie Larisch bestritt damit leidenschaftlich, Liebesmittlerin für ihre Tante, die Kaiserin, gewesen zu sein. Warum aber erwähnte sie das Thema dann überhaupt? Weil ihre Kupplertätigkeit allgemein beklatscht wurde und weil sie die Gelegenheit benützen wollte, sie in Abrede zu stellen?

Geredet wurde jedenfalls. Zuerst über den Grafen Andrassy; aber Elisabeths Gefühle gingen vermutlich nicht über die Schwärmerei für einen schönen, interessanten Mann hinaus.

Geredet wurde später auch über Dr. Konstantin Christomanos, einem in Wien studierenden Griechen, den die Kaiserin über Vermittlung ihres Obersthofmeisters Baron Nopcsa als Sprachlehrer engagierte. Die alten Griechen waren Elisabeths Leidenschaft; aus der österreichisch-ungarischen Wirklichkeit des 19. Jahrhunderts flüchtete sie in die Traumwelt der Antike. Ihr Bild der hellenistischen Epoche dürfte allerdings dem steinernen Denkmal ähnlich gesehen haben, das sie sich auf der Insel Korfu erbauen ließ: die monströse Villa »Achilleion«. Nachempfunden bis an den Rand des Kitsches, hätte dieses Achilleion besser an die Ringstraße gepaßt als auf eine griechische Insel. So innerlich unwahr wie der Baustil scheint auch das Bild des Griechentums gewesen zu sein, das der manierierte Intellektuelle Christomanos der aufnahmewilligen Kaiserin lieferte.

Sie pflegte Griechisch zu lernen, während sie frisiert wurde. Das dauerte zumeist zwei Stunden am Tage, und für die frisierende Kammerzofe war es kein Vergnügen. Die wunderschöne Sisi konnte recht ungemütlich werden, wenn die Zofe mit dem Kamm in dem bis zum Boden reichenden Haar hängen blieb, und in den Dienerzimmern erzählte man sich viel von Schmerzensgeldern, die jenen Zofen zugesteckt wurden, denen die Kaiserin in ihrer Wut den Handspiegel ins Gesicht geschlagen hatte.

Christomanos verschwand bald aus der Umgebung der Kaiserin. Eine andere, real faßbare Beziehung spürte später der Chronist Egon Caesar Conte Corti auf. Im Fasching 1874 besuchte die Kaiserin einen Maskenball im Wiener Musikvereinssaal. Heimlich, verstand sich, mit rotblonder Perücke und in einen gelben Domino gehüllt. Nur die Hofdame Ida von Ferenczy begleitete Elisabeth; bei Nacht hatten sich die beiden Damen heimlich fortgeschlichen. Der Kaiserin gefiel ein eleganter junger Mann, die Hofdame sprach ihn mitten im Ballgetriebe an und brachte ihn zu Elisabeth auf die

Galerie hinauf. Sie tanzten miteinander, sie flirteten regelrecht: der sechsundzwanzigjährige Staatsbeamte Fritz Pacher und die sechsunddreißigjährige Großmutter. Jawohl, Elisabeth war schon Großmutter; ihre ältere Tochter Gisela hatte so wie die Kaiserin selbst sehr früh geheiratet und eben ihr erstes Kind bekommen.

Das Paar fiel allgemein auf. Nichts allerdings deutete darauf hin, daß die Kaiserin erkannt worden wäre. Nur der junge Herr Pacher schien bald zu ahnen, mit wem er es zu tun hatte. So aber, wie Elisabeth aufgetaucht war, verschwand sie wieder; Pacher kam nicht dazu, ihre Spitzenmaske hochzuheben, wie er es gerne versucht hätte. Das versprochene Rendezvous hielt sie nicht ein, aber sie schrieb ihm mehrere Briefe, die sich später im Nachlaß des 1934 verstorbenen alten Herrn fanden. Auch die Korrespondenz brach abrupt ab, als Pacher in einem Antwortbrief erkennen ließ, daß er wußte, wer seine Partnerin sei. Elisabeth mochte den jungen Menschen als amüsantes Spielzeug betrachtet haben; für ihn war es zweifellos das unvergeßliche Erlebnis seines Lebens.

Ihren Alltag jedenfalls änderte Elisabeth nicht mehr. Im Gegenteil: Immer seltener wurden die Aufenthalte in Wien, immer länger die Reisen. Und der Kaiser, nun schon über fünfzig, wurde einsamer und einsamer. Sogar Elisabeth mit ihrem allumfassenden Egoismus spürte ein Schuldgefühl. Es veranlaßte sie nicht, sich zu wandeln. Sie fand einen anderen Ausweg. Sie ging auf die Suche nach einer Gefährtin für den eigenen Ehemann. Sie fand Katharina Schratt.

Man könnte es ein zynisches Verhalten nennen. Derb ausgedrückt: Er sollte seine Freundin haben, wenn sie nur ihre Ruhe hatte. Man könnte allerdings auch von Selbsterkenntnis und Verzicht sprechen: Elisabeth hatte erkannt, daß sie versagt hatte; so sollte der Kaiser wenigstens unter ihrem Versagen nicht leiden.

Frau Katharina Schratt tauchte erstmals Ende 1883 im Gesichtskreis des Hofes auf. Die theaterbegeisterte Erzherzogin Marie Valerie notierte in ihrem Tagebuch: »Im Burgtheater eine Neue namens Schratt, machte das Lorle. Sie ist wunderschön, aber nicht so lieb wie die Wessely.« Die Fachleute waren nicht so froh über die junge Künstlerin. Als Käthchen in Shakespeares »Der Widerspenstigen Zähmung« wurde sie als »Enttäuschung für das Burgtheater« bezeichnet und ihr das Fehlen weiblicher Anmut attestiert.[19]

Die Verpflichtung der Schratt an die k. k. Hofbühne wäre beinahe an den Schulden der jungen Dame gescheitert. Das Obersthofmeisteramt, auch für die Hoftheater zuständig, legte auch bei Künstlern größten Wert auf geordnete Verhältnisse. Der Länderbankdirektor Eduard Palmer, Gönner vieler junger Schauspielerinnen, ließ im Freundeskreis eine Spendenliste zirkulieren, um die 30.000 Gulden Schuldenstand abzudecken. Ein damals durchaus nicht unschicklicher Vorgang. Palmers Freund, der Hofgüterdirektor Baron Mayr, bewog den Kaiser, die noch fehlenden 7000 Gulden beizusteuern, um die junge Künstlerin für die Hofbühne zu gewinnen. Der Kaiser steuerte bei, und Frau Schratt erschien pflichtgemäß in Privataudienz, um sich zu bedanken. Die Aufregung war verständlicherweise groß; sie hatte zwar ihren Text gewissenhaft einstudiert, doch der gewohnte Souffleur fehlte, und so bekam Franz Joseph einen verzweifelten Ausruf zu hören: »Jetzt hat's mir die Red' verschlagen, Exzellenz!«[20]

Franz Joseph urteilte, wenn er in der Kaiserloge des Burgtheaters saß, weniger nach künstlerischen Gesichtspunkten. Von Literatur verstand er ohnehin nichts; leichte Lustspiele waren ihm lieber als hochdramatische Klassiker. Die Schratt gefiel ihm jedenfalls, das war deutlich zu merken.

Die Burgschauspielerin war mit dem Herrn Kiss von Ittebe verheiratet, und dieser Herr wiederum war der Neffe eines 1849 justifizierten ungarischen Generals. Katharina intervenierte in Sachen beschlagnahmter Güter. Amüsanterweise sei vermerkt, daß diese erste Bitte der Dame Schratt an den Kaiser abschlägig beantwortet wurde. Später hat Katharina den alten Herrn noch oft um Hilfe gebeten, und er sagte nie nein. Und das »Ja« war mitunter recht teuer, denn Katharina hatte eine leichte Hand fürs Geldausgeben.

Dem Kaiser dagegen war Geld ein abstrakter Begriff, der ihn nur in Millionenziffern des Staatshaushaltes berührte. Frau Schratt schenkte ihm einmal eine besonders schöne Geldbörse. Er bedankte sich gerührt – in seinem ganzen Leben hatte er niemals für eine Geldbörse Verwendung. Schließlich trug er nie Geld bei sich; bei welcher Gelegenheit sollte er auch irgendeine Rechnung persönlich bezahlen? Der Wert alltäglicher Dinge blieb ihm fremd. Eine der vielen Anekdoten berichtet, wie Katharina ihrem Kaiser einen Ring zeigte, den sie gekauft hatte. »Sehr schön«, soll Franz Joseph gesagt haben, »der hat aber mindestens hundert Gulden gekostet.« Entgeistert über so viel Unwissenheit nannte Katharina den wahren Preis, mehrere tausend Gulden. »Auch nicht teuer«, meinte der Kaiser beruhigend.

Im Sommer 1885 saß Katharina Schratt zum erstenmal mit dem späteren Kaiser ihres Herzens zusammen an einem Tisch. Sie verdankte es dem russischen Zaren. Der traf sich damals eben in Kremsier mit Franz Joseph, im Schloßpark wurde der »Sommernachtstraum« aufgeführt, und der begeisterte Zar bat, die Hauptdarsteller zur Hoftafel zu laden. Die Hofschranzen waren leicht verstört, Franz Joseph sagte einigermaßen betreten zu. Vielleicht kam er über diese protokollwidrige Laune seines Gastes leichter hinweg, weil zusammen mit Charlotte Wolter und Josefine Wessely auch Katharina Schratt zum Essen erschien. Die Schratt, wie gesagt, gefiel ihm ausnehmend gut.

Man merkte es. Auch Elisabeth merkte es. Wenn Franz Joseph die Schauspielerin traf, sprach er auffallend lange und ungewöhnlich menschlich mit ihr. Und zum Unterschied von den meisten Damen, die die Ehre hatten, von Seiner Majestät angesprochen zu werden, stotterte die Schratt jetzt weder verlegen wie bei der ersten Audienz, noch brachte sie vor Hochachtung kein Wort hervor, sondern sie benahm sich, wie ein normaler Mensch sich eben benimmt.

So begann die Kaiserin die Angelegenheit zu organisieren. Der Hofmaler Angeli mußte ein Bild von Katharina malen, und Elisabeth schleppte den Kaiser in das Maleratelier. Was immer eine Affäre war, denn Franz Joseph verabscheute Fahrstühle und stieg lieber fünf Stockwerke hoch. Ihm machte es nichts aus, aber die Begleitung keuchte verdrossen hinterher. Und welch ein Zufall – Katharina war gerade im Atelier, als der Kaiser kam!

Ein paar Tage später bekam sie – zusammen mit einem wertvollen Ring – Franz Josephs ersten Brief. Die Anrede, »Meine Gnädige Frau«, die der Kaiser verwendete, blieb Katharina in den Geschichtsbüchern erhalten. Sie war von da an ganz einfach die Gnädige Frau und Franz Joseph ihr »ergebener Bewunderer«. Der Briefwechsel erzählt die Intensität dieser ungewöhnlichen Beziehung.[21] Wer nach Erotik sucht, wer zwischen den Zeilen Schlafzimmergeheimnisse aufspüren möchte, den wird die Lektüre enttäuschen. Es waren Briefe eines einsamen alternden, dann eines alten Mannes an eine junge, später nicht mehr ganz so junge Frau, vor der Franz Joseph die lebenslängliche Rolle des Kaisers von Gottes Gnaden nicht spielen mußte. Als Kaiser konnte er sinnbildlich von seinem Thron herabsteigen, um als Mensch im Lehnstuhl der Schratt-Villa gemächlich Platz zu nehmen, denn Katharina Schratt wollte nichts von ihm. Zumindest wollte sie nichts von dem Monarchen Franz Joseph. Wenn sie wieder einmal Geld brauchte, dann brauchte sie es von einem Freund, der darüber manchmal etwas betreten war, aber dann doch immer zahlte.

Die finanzielle Seite dieser Lebensfreundschaft wurde von Katharinas Gönner, dem Länderbank-Direktor Palmer, und dem Hofgüterdirektor Baron Mayr geregelt. Freundin und Gastgeberin eines Kaisers zu sein, war nicht billig. Die Villa in der Gloriettegasse kostete eine Menge Geld; Personal mußte zur Verfügung stehen, Reisespesen waren zu bezahlen. Wenn Franz Joseph frühmorgens, meistens schon um 7 Uhr, zum Kaffee kam, wollte er zwar Mensch sein, nicht Kaiser, aber Katharina sollte natürlich erstklassig gekleidet sein und tadellos frisiert. Schon das allein war nicht leicht für eine Schauspielerin, die spät abends noch auf der Bühne gestanden hatte. Die jährliche Apanage betrug anfänglich 30.000 Gulden; von Zeit zu Zeit wurde sie erhöht.[22]

Politische Rechnungen brauchte Franz Joseph in der Schratt-Villa nie zu begleichen. Die Schratt war ein einfaches Gemüt, ohne die Ambition, die Rolle einer Mätresse zu spielen; auch diesen für eine allerhöchste Freundin so wichtigen Umstand hatte Elisabeth wohl in Rechnung gestellt. Eine »Nebenregierung« in der Gloriettegasse wäre sicherlich auch für Franz Joseph selbst untragbar gewesen.

Wenn Katharina mit Bitten kam, dann waren es menschliche Bitten an einen Mächtigen, der den Alltag nur aus den Akten kannte und der ihn nun hier, jenseits der Staatskanzlei, aus der Perspektive einer Durchschnittsfrau mit gesundem Hausverstand geschildert erhielt. Als der berühmte Alexander Girardi durch seine Frau, die Schauspielerin Helene Odilon, in unverschuldete Schwierigkeiten geriet, mobilisierte die Schratt den Kaiser, um ein Unrecht zu verhindern.

Die schöne Helene Odilon hielt es damals mit einem der Barone Rothschild, und der »blöde Schlossergesell«, wie sie ihren Mann verächtlich nannte, war ihr im Weg. Um den rasend eifersüchtigen Alexander Girardi auszuschalten, ließ sich der berühmte

Wiener Psychiater Julius von Wagner-Jauregg dazu bewegen, ein negatives Gutachten über den Geisteszustand des Wiener Bühnenlieblings abzufassen. Und das, ohne den Patienten überhaupt untersucht zu haben! Worauf ein Amtsarzt unter Polizeiassistenz in der Girardi-Wohnung erschien, um den angeblich Geistesgestörten abzuholen.

Girardi wurde nicht angetroffen. Sein Kollege Max Devrient hatte ihn aus der Wohnung in der Nibelungengasse in die Villa der Kollegin Schratt gebracht – dort wagte die Polizei bestimmt nicht anzuklopfen.

Als Franz Joseph damals – man schrieb den Dezember 1896 – zum üblichen Frühstück in die Gloriettegasse kam, fand er Girardi vor. »Um Gottes willen«, war seine erste Reaktion, »wenn man im Parlament etwas erfährt!«

Ein Baron Rothschild, die leichtlebige Schönheit Helene Odilon, der berühmte Alexander Girardi, die Freundin des Kaisers, die einen »gemeingefährlichen Geistesgestörten« vor der Polizei verbarg, und mitten in dem Schlamassel, wie man in Wien zu sagen pflegt, der Monarch selbst, der mithelfen sollte, eine legale Amtshandlung zu verhindern. Und das mußte einem Franz Joseph passieren! Noch dazu in jenem Dezember 1896, als der Staat gerade wieder einmal in eine Krise zu schlittern drohte, als der Ministerpräsident Graf Badeni die Auflösung des Parlaments und Neuwahlen vorbereitete, um mit einem neuen Abgeordnetenhaus endlich den ewigen deutschböhmischen Sprachenstreit zu bereinigen!

Daß Alexander Girardi weder geistesgestört noch gemeingefährlich war, davon konnte Franz Joseph sich jedenfalls persönlich überzeugen. Auf seine Weisung hin wurde das Entmündigungsverfahren eingestellt. Der Reichsrat erfuhr nichts von den Vorgängen in der Schratt-Villa, und der Baron Rothschild dürfte heilfroh gewesen sein, daß die ganze Affäre und sein eigener Anteil in der Öffentlichkeit nicht breitgetreten wurden. Der Kaiser veranlaßte eine Revision der gesetzlichen Regelungen bei Entmündigungsverfahren, um einen zweiten Fall Girardi zu verhindern.

Dieser Franz Joseph war nämlich durchaus fähig, menschlich zu denken und menschlich zu handeln. Man mußte ihn nur darauf ansprechen. Gerade dabei aber hat seine Umgebung versagt. Es gibt dafür ein erschütterndes Beispiel: den Tod des Generals Gablenz.

Gablenz, ausgezeichneter Heerführer in den Kriegen von 1864 und 1866, beging wegen seiner Börsenverluste nach dem Börsenkrach von 1873 Selbstmord. Der Kaiser war fassungslos und fragte die Witwe, warum man denn ihn nicht um Hilfe gebeten habe. Er hätte seinem treuen General selbstverständlich aus allen Schwierigkeiten geholfen. Und nun stellte sich heraus, daß der Generaladjutant Graf Bellegarde ein entsprechendes Bittgesuch hatte unter den Tisch fallen lassen – aus Angst, bei dieser Gelegenheit könnten auch die Börsenspekulationen anderer höchster Würdenträger auffliegen. Bellegarde wurde daraufhin sofort entlassen.

Hier lag auch der Grund, warum die Hofschranzen die Gnädige Frau verabscheuten. Informationen, die über sie an den Kaiser gelangten, konnten sie nicht unterdrükken. Frau Schratt stand außerhalb des eisernen Gesetzes, mit dem der Apparat alle zu seinen Sklaven machte. Wenn Franz Joseph durch die unauffällige Seitentür trat, die den Kammergarten des Schlosses Schönbrunn mit der Wiener Maxinggasse verband, um zur Schratt-Villa hinüberzugehen, verlor auch der Obersthofmeister seine Allmacht. Daß es sehr bald auch eine Schratt-Villa in Ischl gab, lag auf der Hand.

Die Hofschranzen mochten sich ärgern. Ihre Intrigen scheiterten nicht nur am Kaiser selbst, sie scheiterten auch an der Kaiserin, die Katharina als Freundin betrachtete und sie, wenn sie in Wien war, fast täglich zu Besuch empfing. Und solange die Kaiserin lebte, zeigte sich auch die Lieblingstochter Marie Valerie äußerst leutselig. Nach dem Tode Elisabeths sollte sich das Verhalten so manchen Mitgliedes des Erzhauses schnell ändern. Jetzt wollte man den alten Kaiser möglichst schnell noch einmal verheiraten – nicht zuletzt in der Hoffnung, die Seitentür in der Schönbrunner Parkmauer zuzumauern; jene Tür, durch die der Kaiser eine andere, vom Apparat nicht kontrollierte Welt betreten konnte. Man dachte an die Witwe nach seinem Bruder Karl Ludwig, die Braganza-Prinzessin Maria Theresia. Auch Elisabeths Schwestern Mathilde, verwitwete Gräfin Trani, und Marie, verwitwete Königin von Neapel, wurden in die Kombinationen einbezogen, vor allem von Töchterchen Valerie, die der Frau Schratt nun gar nicht mehr so leutselig wie früher entgegentrat. Wollte man sie »stürzen«?

Der Burgtheaterdirektor Dr. Paul Schlenther lieferte den Anlaß zum Konflikt zwischen Kaiser und Gnädiger Frau, den so viele intrigante Figuren bei Hof herbeisehnten. Schlenther weigerte sich nämlich, Katharina Schratt jene Rollen zu geben, die sie so gerne gespielt hätte; tragikumwitterte Damen der Gesellschaft, wie Ibsen und Gerhart Hauptmann sie auf die Bühne stellten. Die Gnädige Frau war nun einmal nicht die gottbegnadete Künstlerin, für die sie selbst sich hielt. Außerdem kam sie der Direktion ständig mit Urlaubswünschen, und Schlenthers Vorgänger hatten diese Wünsche im Hinblick auf die allerhöchsten Beziehungen der Dame stets submissest bewilligt. Schlenther dachte nur an sein Theater, nicht an das kaiserliche Privatleben. Die Gnädige Frau wiederum wollte wenigstens diese Privilegien haben, wenn ihr die Freundschaft des Kaisers schon sonst nichts einbrachte.

Als ihr Vertrag ablief, kam es über die Verlängerung zum Konflikt. Schlenther lehnte die Urlaubswünsche ab, und Katharina erklärte daraufhin, dann würde sie eben überhaupt nicht mehr am Burgtheater spielen. Ernst genommen hatte sie selbst ihre Drohung wohl nicht, aber Schlenther reichte das Abschiedsgesuch weiter. Er wollte offenbar ein Exempel statuieren und verließ sich dabei auf die notorische Objektivität des Kaisers. Der zweite Obersthofmeister, Fürst Montenuovo, der den Akt dann auf den kaiserlichen Schreibtisch legte, dürfte seine Freude an dem Spiel gehabt haben. Das war genau die Art von Intrigen, die er schätzte; er tat nur seine »Pflicht« und erreichte damit sein Ziel.

Der Kaiser blieb auch in diesem Fall so objektiv, wie Schlenther es erwartet hatte. Er wollte persönliche Beziehungen nicht mit Amtsgeschäften vermengen und nahm den Abgang der Frau Schratt vom Burgtheater zur Kenntnis. Allerdings – er war von da an nicht mehr in der Kaiserloge des Hauses zu sehen.

Frau Schratt war dennoch zutiefst beleidigt. Ein bisserl Protektion hätte sie sich schon erhofft. Empört trat sie eine längere Reise an. Nun hatte Franz Joseph schon die zweite Frau unterwegs. Die alte Vertrautheit stellte sich allerdings bald wieder ein. Der Kaiser brauchte sie auch dringender denn zuvor. Den schwersten Schlag seines Lebens verwand er nicht so leicht. Noch mehr als der Verlust des Sohnes traf ihn der Verlust seiner Frau.

Österreich-Ungarns Völker sahen ihre Herrscherin zum letztenmal 1896 im kaiserlichen und königlichen Glanz. Die Festlichkeiten zum tausendjährigen Bestand des Königreiches Ungarn gaben der Dynastie Gelegenheit, so zu tun, als sei das Haus Österreich mit seinen Nationen ein Herz und eine Seele. Wer tiefer blickte, der sah unter dem aufgesetzten Prunk allerdings den latenten Konflikt, und wer genauer hinsah, der merkte auch, daß die Kaiserin Elisabeth längst nicht mehr die wunderschöne Frau von einst war.

Wie sollte sie auch? Im Jahr der Ungarnfestlichkeiten war Elisabeth 59 Jahre alt. Die Zeit hatte von ihren einstigen Reizen ihren Tribut gefordert, aber Elisabeth wollte es ganz einfach nicht wahrhaben, daß sie allmählich eine alte Frau wurde. Sie kämpfte um den letzten Rest ihrer Schönheit mit verbissener Geschäftigkeit, als sei ihr Körper der einzige Wert im Leben. Kaum jemand, der nicht zu ihrer allerengsten Umgebung gehörte, bekam noch Elisabeths Gesicht zu sehen. Sie verbarg es mitsamt den Falten und Fältchen hinter dem unvermeidlichen Fächer, wann immer es anging. Jetzt, als sie alt wurde, merkte man auch die wenig schöne Zeichnung des Mundes, die ihr jugendfrisches Lachen so lange überspielt hatte. Sie führte einen täglichen Kampf um ihre Figur, doch die mörderischen Schlankheitskuren untergruben ihre Gesundheit. Als sie einmal erschreckend aufgedunsen aussah, glaubten die Ärzte ein regelrechtes Hungerödem festzustellen; Folge ihrer Diät.

Franz Joseph wurde informiert, daß Elisabeth oft nur sechs Orangen pro Tag zu sich nahm, sonst nichts. Sie war 1,72 m groß und wog nur 46 Kilogramm.

Um ihre Figur besonders vorteilhaft zur Geltung zu bringen, so erzählte man sich bei Hof, ließ sich die Kaiserin in eine Reitdreß aus feuchtem Leder einnähen, damit sich die Kleidung beim Trocknen der Körperform hauteng anpaßte. Ob die Anekdote stimmte oder nicht – so sah der Hof eben seine Kaiserin: eine alternde Frau, die nur noch in kindischer Eitelkeit um die letzten Spuren ihrer einstigen Schönheit rang. Den Menschen allerdings, die sie nur aus der Ferne sahen, blieb sie als die alterslose, ewig gleich reizvolle Sisi in Erinnerung, und an diesem Trugbild zu zweifeln galt bei den guten Leuten noch dann als Majestätsverbrechen, als es schon lange keine Majestäten mehr in Österreich gab.

1898 wurde offiziell die Erkrankung der Kaiserin an Blutarmut, Nervenentzündung und Herzerweiterung bekanntgegeben. Zur Kur fuhr die Kaiserin im Spätsommer in die Schweiz. Dort wartete ihr Mörder auf sie.

Elisabeth starb einen sinnlosen, zufälligen Tod.

Der italienische Bauarbeiter Luigi Luccheni, 26 Jahre alt, ein Anarchist, wollte eigentlich den Herzog von Orleans töten, um seine spektakuläre Tat der Zerstörung zu vollbringen. Die Herrschenden in einer bösen, ungerechten Welt zu vernichten, das war sein Glaubensbekenntnis. Der Herzog von Orleans kam aber gar nicht nach Genf, wo Luccheni mit einer Feile als Mordwaffe auf ihn wartete. Dafür kam Elisabeth. Eine Kaiserin war für einen Anarchisten wie Luccheni ein noch willkommeneres Opfer.

Am späten Vormittag des 10. August 1898, als Elisabeth das Hotel »Beau Rivage« verließ und zur Dampferstation am Seeufer ging, kam Luccheni auf die Kaiserin und die Begleitdame, Gräfin Sztáray, zugerannt. Elisabeth hielt den Sonnenschirm vor das Gesicht, wie sie es sonst mit dem Fächer zu tun pflegte. Sie kannte den Menschen nicht, sie dachte, daß er nur eiligst und unachtsam über die Straße lief, und sie wollte ihm ausweichen. Luccheni aber hatte sein Opfer erreicht, beugte sich halb nieder, als wollte er der Kaiserin unter den Schirm blicken, und bohrte die Feile in ihre Brust. Nach hinten fiel sie auf die Straße. Die Sterbende wurde noch auf den Dampfer gebracht, dort ging es dann schnell zu Ende.

Luccheni ließ sich widerstandslos verhaften. Das Photo von seinem Abtransport ist erhalten geblieben. Es zeigt ein zufrieden lächelndes Gesicht.

Der Kaiser saß in Wien an seinem Schreibtisch, als die Todesnachricht eintraf. Den Schreibtisch hatte Elisabeth verabscheut; er war zeitlebens der Hauptgrund für ihre Einsamkeit gewesen. Der Generaladjutant Graf Paar brachte die Schreckensnachricht nur stockend über die Lippen. Franz Joseph nahm sie versteinert entgegen.

»Niemand weiß, wie sehr ich diese Frau geliebt habe«, sagte er. Er soll auch gesagt haben: »Mir bleibt doch nichts erspart.«[23] Der alte Herr lebte nach Elisabeths Tod noch 18 Jahre. Alle Pläne, ihn noch einmal zu verheiraten, scheiterten an seinem Nein. Er war im Todesjahr der Kaiserin schon 68 Jahre alt. Auf einen Sohn konnte er nicht mehr hoffen; das wäre vielleicht der einzige Beweggrund für eine zweite Ehe gewesen. Die ihm von seiner Familie zugedachte Witwe nach seinem Bruder Karl Ludwig schätzte er sehr, aber noch mehr schätzte er offenbar die Freundschaft der Katharina Schratt. Er hätte auch sie heiraten können; theoretisch zumindest, denn das Hausgesetz, das so strenge Eheregeln aufstellte, hatte seltsamerweise keinen Paragraphen, der eine morganatische Ehe eines verwitweten Kaisers mit einer unstandesgemäßen Dame ausschloß. Katharina Schratt aber war verheiratet, wenn sie von ihrem Mann auch längst getrennt lebte. Auch ohne dieses Hindernis aber wäre Franz Joseph wohl zu einem solchen Schritt nicht mehr zu haben gewesen.

So blieb dem alten Mann nur die Freundschaft der Gnädigen Frau. Sie blieb ihm bis zu seinem Tod erhalten, und die Rosen, die Katharina Schratt an das Totenbett brachte, begleiteten den Kaiser in die Kapuzinergruft.

Gerüchte, der alte Kaiser hätte die pensionierte Hofschauspielerin nach dem Tode ihres Mannes dann doch noch geheiratet, heimlich, versteht sich, wurden immer wieder laut. Bis heute verrät jedoch kein noch so eingehendes Studium des Briefwechsels, wie weit die Beziehungen zwischen dem Schloß Schönbrunn und der Villa in der Gloriettegasse, zwischen der Sommerresidenz in Ischl und dem dortigen Schratt-Haus »Felicitas« tatsächlich gegangen sind. »Haben sie nun miteinander, oder haben sie nicht?«, so konzentrierte ein Nachfahre der Familie Schratt die Kernfrage der Beziehung in einem Satz. Eine eindeutige Antwort konnte auch er nicht geben.[24] Die lauthals angebotenen »Beweise«, daß der alte Herr die verwitwete Frau Kiss von Ittebe tatsächlich noch heimlich geheiratet hätte, wurden von der ernstzunehmenden Geschichtsforschung bisher nicht akzeptiert.[25]

Wahrscheinlich stimmte es, daß Elisabeth die größte, die einzig wahre Liebe seines Lebens war. Von einer glücklichen, beseligenden, ruhig-ausgleichenden Liebe allerdings konnte man nicht sprechen. Dazu waren diese beide Menschen viel zu verschieden.

Länger als jeder andere Monarch des Hauses Österreich hat Franz Joseph regiert. Die vielen Jahrzehnte versteinerten ihn zu einem Symbol, und sie machten aus ihm eine perfekte Maschinerie zur Verwaltung seines Reiches. Das Grundprinzip der Herrschaft, dem er sich verschrieben hatte, seit es ihm von der bayerischen Sophie mit der Muttermilch eingegeben worden war, schloß Emotion aus. Er konnte lieben, aber er konnte dieser Liebe nicht nachgeben. Und er konnte nicht verstehen, wenn andere ihrer Liebe nachgaben. So reihte sich eine Thronfolgertragödie in seinem Leben an die andere. Zuerst sein Bruder Maximilian, dann sein Sohn Rudolf, schließlich sein Neffe Franz Ferdinand. Während Franz Joseph vom Morgengrauen an bei seinen Akten saß und jede Eingabe bis auf das letzte i-Tüpfelchen genau erledigte, brach rund um ihn mit Donnergetöse das Haus Österreich zusammen.

Die Gnädige Frau überlebte den alten Kaiser, sie überlebte die Monarchie und sie überlebte auch noch die Erste Republik. Als deutsche Soldaten schon durch Wien marschierten, ging die alte Dame immer noch an bestimmten Jahrestagen über den Neuen Markt zur Kapuzinergruft, um Blumen für den Sarg ihres Freundes abzugeben. Sie starb erst 1940.

Kapitel 9

Ein Kaisertraum

Maximilian und Charlotte von Mexiko

Des Kaisers Brüder auf Brautschau
Die belgische Familie Neureich unter den europäischen Dynastien
Die traurige Ehe der Erzherzogin Maria Henriette
Noch eine Hochzeit zwischen Wien und Brüssel
Die Mitgift einer Königstochter
Maximilian und Charlotte auf dem Abstellgleis
Ein unreifer Schwärmer träumt vom Kaiserreich ohne Sonnenuntergang
Kampf um die Erbfolge in Österreich
Das mexikanische Abenteuer
Charlotte verhindert Maximilians Abdankung
Eine geistesgestörte Kaiserin übernachtet im Vatikan
Ein Körper ohne Verstand wird durch Europa geschleppt
Am Ende nur eine Legende und ein Gerücht

»Die kaiserliche Regierung würde es mit Vergnügen sehen, wenn die Wahl der Mexikaner auf einen österreichischen Prinzen fiele.« So depeschierte Edouard Thouvenel, Außenminister Napoleons III., am 11. Oktober 1861 an den französischen Botschafter in London.[1]

Mit dieser Depesche setzte die Tragödie einer Prinzenliebe im Schatten des habsburgisch-lothringischen Doppeladlers ein. Bei der »Wahl«, von der Monsieur Thouvenel sprach, ging es um die Besetzung des Herrscherthrones von Mexiko. Der war allerdings ein Thron, den es noch gar nicht gab. Beherrscher von Mexiko war Benito Juarez, ein Indianerjunge, der es zum Advokaten und dann zum Präsidenten des Obersten Gerichtshofes gebracht hatte. Nun amtierte Juarez als Präsident der Republik, aber bei den hektischen Verhandlungen zwischen Paris, London und Madrid ging es ja gerade um die Errichtung eines mexikanischen Kaiserthrones unter der Patronanz europäischer Großmächte an Stelle der unabhängigen republikanischen Regierung. Der österreichische Prinz, den der französische Außenminister im Auge hatte, war der Erzherzog Ferdinand Max, ältester unter den Brüdern des Kaisers Franz Joseph, ehemals Generalgouverneur des lombardischen Königreiches und nun, nach dem unglücklichen Krieg von 1859 und dem Verlust von Mailand, mit knapp 29 Jahren sozusagen arbeitslos.

Ferdinand Max, seinem Bruder spinnefeind, war alles andere als der gängige Typ des Habsburgerprinzen, der sich mit einem tatenlosen Leben in einer schönen Uniform zu bescheiden gedachte. Das Schicksal hatte ihn dazu verurteilt, nur als jüngerer Sohn geboren zu werden; er besaß nicht den nötigen Mangel an Temperament, um sich mit Anstand darein zu fügen. So wollte er sich sein eigenes Kaiserreich erobern. Vielleicht wäre sein Tatendurst weniger folgenschwer zu stillen gewesen, hätte an seiner Seite nicht eine Frau gelebt, die vom leidenschaftlichen Ehrgeiz für den heißgeliebten Max und für sich selbst geradezu besessen war: die belgische Prinzessin Charlotte.

Diese Belgierin hatte den himmelstürmenden Ehrgeiz ihrer Dynastie mit in die Wiege bekommen, und wo sie sich in ihrer coburgischen Verwandtschaft umsah, drängten sich die aufreizenden Beispiele auf, wie man auch im 19. Jahrhundert noch Throne und Kronen scheinbar im Handumdrehen vereinnahmen konnte. Warum also nicht auch einen Kaiserthron für den jüngeren Bruder eines österreichischen Monarchen?

Die Coburger, aus deren Blut Charlotte von Belgien kam, waren so etwas wie die neureichen Emporkömmlinge unter den europäischen Dynastien. In der ersten Hälfte des 19. Jahrhunderts überwucherten sie mit einer geradezu atemberaubenden Anpassungsfähigkeit die Fürstenhöfe des Kontinents. Sie stammten aus Sachsen; eine Seitenlinie des alten Geschlechtes der Wettiner. Viele Generationen lang hatten sie das unbedeutende Dasein wenig begüterter, in mehrere Linien aufgespaltener deutscher Kleinstadtpotentaten geführt.

Aus dem provinziellen Dunkel drängten dann am Anfang des 19. Jahrhunderts die Kinder des Herzogs Franz von Sachsen-Coburg-Saalfeld an das Tageslicht der großen Geschichte. Die Familienchronik las sich von da an wie eine Renaissancelegende. Der Aufstieg begann mit der Tochter des Herzogs Franz, die den Neffen des britischen Königs heiratete und damit zur Mutter der Königin Viktoria wurde. Nicht ohne tatkräftige Förderung durch die in London zur Bedeutung gekommene Verwandtschaft gelang es dann 1830, dem jüngsten Sohn des Herzogs Franz den neu errichteten belgischen Königsthron zu verschaffen. Das war Leopold I.

Ein anderer Sohn des Herzogs Franz, mit Namen Ferdinand, hatte mit der einzigen Tochter des ungarischen Fürsten Koháry auch dessen unermeßliches Vermögen erheiratet. Einen seiner Söhne brachte dieser Ferdinand später auf dem Thron von Portugal unter, einer seiner Enkel wurde als Zar Ferdinand erster König von Bulgarien. Es war die Zeit, in der der europäische Nationalismus gerade mit halber Kraft anlief. Dort, wo die alten Mächte die Flut nicht mehr eindämmen konnten, versuchten sie wenigstens, sie zu kanalisieren. Könige einzusetzen, die ringsum mit den großen Dynastien verschwägert waren, schien eine gewisse Garantie für künftiges Wohlverhalten der neuen Nationalstaaten zu sein – auch wenn diese Könige die Landessprache meist erst lernen mußten.

Um die Mitte des 19. Jahrhunderts fehlte Österreich noch in der Coburger Sammlung neuer Verwandtschaften. Zwar hatte sich der Prinz Ferdinand mit Frau, Kindern und Koháry-Vermögen in der Habsburgermonarchie niedergelassen, und – soweit sie nicht anderswo auf vakante Königsthrone aspirierten – trugen die Söhne auch österreichische Offiziersuniformen, bei Hofe geachtet und geschätzt als Wahlverwandtschaft, aber die blutsmäßige Bindung fehlte eben doch.

So brachte König Leopold I. von Belgien schließlich, um diesem Mangel abzuhelfen, die Ehe seines Sohnes Leopold mit der Erzherzogin Maria Henriette zustande. Das war jene ungarische Maria Henriette, Tochter des Palatins Erzherzog Joseph, die aus dem Budapester Palast in das Brüsseler Königsschloß übersiedelte. Daß schon sehr bald nach der Eheschließung eine kleine Schauspielerin als Geliebte des Ehemanns im selben Palast Quartier beziehen sollte, ohne jedwede Rücksichtnahme auf das Gerede der Umwelt oder die Gefühle der jungen Ehefrau, sagt eigentlich schon alles, was von dieser Verbindung zu halten war. Das ständig wiederkehrende Spiel politischer Heiraten ohne Liebe oder auch nur Achtung und Sympathie fand nun eine neue Szene.

Als sie 1853 heirateten, war die Braut 16, der Bräutigam 19 Jahre alt. Nach Gefühlen wurde nicht gefragt.

Die Aussicht, dereinst Königin zu werden, war für die kleine Erzherzogin aus Budapest ein Trostpflaster für den Abschied aus der Heimat und für die Ehe mit einem ungeliebten Mann. Das Heimweh nach Ungarn sollte Maria Henriette jedoch nie verlassen, und die Ehe mit Leopold entwickelte sich zu einem wahren Schauerdrama, das den Höfen Europas jahrzehntelang Gesprächsstoff lieferte.

Leopold II. folgte seinem Vater 1865 auf den Thron; als Roi des Belges, König der Belgier, wie der offizielle Titel lautete. Sein Volk nannte den Monarchen allerdings schon sehr bald nur noch Roi des Belles, König der Schönen, denn die Zahl seiner Freundinnen, von denen jedermann wußte, vermehrte sich so sprunghaft wie sein Vermögen, von dem ebenfalls jedermann wußte, woher es kam und wie es vermehrt wurde.

Leopold hatte von Vater und Großvater kluge Verschlagenheit geerbt, die er zur unübertroffenen Fähigkeit steigerte, weltpolitischen Einfluß zu gewinnen, persönliche Macht zu erringen und Milliarden anzuhäufen. Die Belgier liebten diesen König, trotz der endlosen Kette persönlicher Skandale, denn sie erfaßten ganz klar, daß das Land ihm allein eine Bedeutung verdankte, die weit über die territoriale Größe hinausging. Dem König verdankte Belgien vor allem den ungeheuren Reichtum des Kongostaates, den Leopold zunächst als Privateigentum erwarb, um ihn schließlich der Nation als Erbschaft zu hinterlassen. Leopolds Fleiß, seine Arbeitskraft und seine Allgemeinbildung waren ebenso außergewöhnlich wie seine Rücksichtslosigkeit.[2] Die königlichen Ausbeuterbrigaden im Kongo, die Kongogreuel der belgischen Sklavenhalter, erregten Europa am Anfang des 20. Jahrhunderts nicht weniger als die spektakulären Prozesse, die Leopolds Töchter Stefanie und Louise später um das Milliardenvermögen in Zentralafrika führen sollten. Im Kongo geschah es, daß belgische Aufseher den Negern, deren Arbeitslust ihnen zu gering schien, ganz einfach die Hände abhakken ließen und diese gräßlichen Trophäen als Beweis für den eigenen Eifer in Körbe verpackt an ihren Herrn nach Brüssel schickten. An diese grausige Sendung mochte Leopold sich erinnert haben, als er nach Maria Henriettes Tod eine zweite, morganatische Ehe einging und ein Sohn aus dieser Ehe als Krüppel, mit einem Armstumpf ohne Hand, zur Welt kam.

Die junge Maria Henriette war Leopold zunächst gleichgültig. Er heiratete sie, weil der Vater es so wollte und weil er selbst die politische Nützlichkeit einer solchen Verbindung einsah. Später verabscheute der König seine Frau. Das war, nachdem der einzige Sohn Leopold an einer Lungenentzündung gestorben war und Maria Henriette keinen zweiten Thronerben mehr zur Welt brachte. Schon seine erste Freundin hatte der Monarch ja gewissermaßen Tür an Tür mit der Königin untergebracht. Während eines Londonbesuches ließ sich Leopold dann so ungeniert mit einer Engländerin ein, daß die hochmoralische Queen ihren belgischen Vetter von da an nur noch bei offiziellen Staatsakten in ihrer Hauptstadt duldete. Später holte sich Leopold seine Gespielinnen meist aus Pariser Nachtlokalen.

Die Königin Maria Henriette verbrachte ihre Tage schließlich vorwiegend im freiwilligen Exil außerhalb Brüssels. Leopold vermißte sie nicht. Seine nächtlichen Abenteuer hinderten ihn nicht daran, tagtäglich um fünf Uhr früh bei der Arbeit zu sitzen;

er war ein ganzes Leben lang rastlos tätig, um aus dem kleinen Belgien eine Großmacht zu machen. Mit aller Klugheit, mit aller Leidenschaft, mit aller rücksichtslosen Brutalität, deren er fähig war.

Aus dieser einzigartigen, mit nichts in Europa vergleichbaren Atmosphäre des belgischen Königshofes holte sich das Haus Österreich dann zwei Prinzessinnen. Zuerst Charlotte, des Königs Schwester, die dann Kaiserin von Mexiko wurde. Dann Leopolds Tochter, Stefanie, die Kaiserin von Österreich und Königin von Ungarn hätte werden sollen.

Daß Mädchen aus solchem Hause, wie es das belgische Königshaus der Coburger war, in der Kapuzinergruftatmosphäre der Wiener Hofhaltung aus dem enggezogenen Rahmen fallen mußten, lag auf der Hand. Das bittere Schicksal der ungarischen Maria Henriette hätte eine Warnung sein können. Niemand beachtete sie. So mußten fast zwangsläufig zwei weitere Tragödien folgen.

Anfang der sechziger Jahre des 19. Jahrhunderts sah alles zunächst noch großartig aus; ohne tragischen Beigeschmack. Die Erzherzogin Sophie in Wien konnte mit dem Schicksal durchaus zufrieden sein. Daß Maria Henriette nicht glücklich war, nahm sie nicht weiter schlimm. Auch sie selbst hatte ein Menschenalter zuvor den ungeliebten Franz Karl geheiratet; ohne die geringste Spur von Leidenschaft, aber in der festen Absicht, ihm eine gute Frau zu werden. Sophie hatte vier Söhne, die sie für die Enttäuschungen entschädigen sollten, die sie durch Mann und Schwager erlitten hatte.

Der jüngste der Söhne, der 1842 geborene Ludwig Viktor, entpuppte sich als Versager. Er war klug, aber ebenso faul wie intrigant. Weil er unverheiratet blieb, hieß es später, er sei abwegig veranlagt. In seiner Jugend jedenfalls war er durchaus eifrig hinter allerlei Damen her, und es störte ihn nicht, wenn diese Damen verheiratet waren. Vor allem die schöne Louise von Coburg, die Schwester der belgischen Stefanie, verehrte er sehr. Blieben seine Neigungen unerwidert, so schlugen sie in raffinierte Bosheit um. Später bestand sein Hauptvergnügen darin, durch Verbreitung von Dienstbotentratsch die einzelnen Mitglieder der kaiserlichen Familie in Aufregung zu versetzen. Sein kaiserlicher Bruder führte mitunter bittere Klage darüber.[3] Franz Joseph verbannte den Jüngsten schließlich nach Salzburg. Dort überlebte Ludwig Viktor als ein vor allem den Badefreuden zugetaner Junggeselle sämtliche Brüder und Neffen und die ganze Donaumonarchie. Er starb erst 1919.

Mit den drei weiteren Söhnen allerdings konnte Sophie zufrieden sein. Franz Joseph war ganz der Kaiser ihrer Vorstellung. Ferdinand Max hatte Anfang der sechziger Jahre beste Aussichten, eine neue Habsburgerdynastie in Mexiko zu begründen. Der dritte aus der Reihe, Karl Ludwig, war damals gerade als eventueller Monarch eines neu zu errichtenden polnischen Königreiches im Gespräch.

Dieser Karl Ludwig sollte zwar nie König von Polen werden, doch er war dazu ausersehen, der Dynastie die nächsten Thronfolger und den letzten Kaiser zu liefern. Er hatte eine sächsische Prinzessin geheiratet, Margaretha, aber sie starb kinderlos nach bloß zweijähriger Ehe. Als zweite Frau kam dann die Prinzessin Maria Annunziata von Bourbon aus dem Hause Neapel-Sizilien.

Bei einiger Vernunft hätte diese Ehe nicht zustande kommen dürfen. Maria Annunziata war lungenleidend, und dieses Lungenleiden trat dann auch prompt bei ihrem ältesten Sohn auf, der nachmals als Erzherzog-Thronfolger Franz Ferdinand einen verzweifelt-heroischen Kampf gegen die entsetzliche Krankheit führen sollte. Maria Annunziata starb nach neun Jahren und hinterließ vier Kinder. Als dritte Frau aber und Stiefmutter für seine drei Söhne und seine Tochter hatte Karl Ludwig die portugiesische Braganza-Prinzessin Maria Theresia ausersehen.

So manche dieser Habsburgerbräute im 19. Jahrhundert schien weit hergeholt. Die wohlklingenden italienischen, spanischen, portugiesischen Namen täuschten jedoch. Die Brautväter saßen längst nicht mehr auf ihren Thronen, sondern oft recht bescheiden auf kleinen Schlössern ganz in der Nähe – bescheiden und klein an den Hofhaltungen regierender Geschlechter gemessen!

In der Donaumonarchie und im anschließenden Bayern wimmelte es in der zweiten Hälfte des 19. Jahrhunderts förmlich von exilierten Fürstlichkeiten. Sie hatten, zumeist durch die italienische Einigung, Kronen und Länder verloren. Als Strandgut des nationalen Sturmwindes, der durch Europa fegte, waren sie hier an Land gesetzt worden, wo sie noch von ihren Vorfahren her, Habsburg-Lothringern oder Wittelsbachern, Verwandte und Güter besaßen. Österreich-Ungarn galt als Hort der Legitimität; hier fühlte man sich daheim, weil man unter seinesgleichen noch von Gottes Gnaden galt und dementsprechend behandelt wurde. Man sonnte sich im Glanz von Orden, die man einander an die Brust heftete; die Uniformen dazu konnte man sich nach Belieben so prächtig wie gewünscht schneidern lassen, und man ging jahraus, jahrein von Schloß zu Schloß auf Besuchstour und spielte sich selbst und den Nachbarn mit dem strengen Zeremoniell einer echten Hofhaltung den falschen Zauber unerfüllbarer Hoffnungen auf eine Wiederkehr der alten Zeiten vor. Noch heute, ein Jahrhundert später, erwacht dieses Panoptikum glänzender Namen, Orden und Uniformen zeitweise zu gespenstischem Leben, wenn irgendwo eine Fürstenhochzeit oder eine allerhöchste Kindstaufe die letzten Überlebenden abgedankter Dynastien und das Fernsehen auf den Plan ruft.

In der zweiten Hälfte des vorigen Jahrhunderts gelang es dann und wann einer dieser Familien mit klingendem Namen und oft gar nicht so klingender Börse, dafür aber mit um so reicherem Kindersegen, aus dem Wachsfigurenkabinett ihrer Erinnerungen heraus Anschluß an die reale Gegenwart zu finden, indem sie eine von den vielen Töchtern an einen der vielen Erzherzoge verheirateten.

So brachten zuerst die aus Neapel exilierten Bourbonen Maria Annunziata bei Karl Ludwig an den Mann. Und so verheiratete die aus Portugal vertriebene, im bayerischen Exil lebende Hauptlinie des Hauses Braganza dann die Prinzessin Maria Theresia als dritte Frau an diesen Bruder des Kaisers.

Es wurde eine glückliche Ehe; mit dem wenig ambitionierten Karl Ludwig konnte man glücklich werden, wenn man keine allzugroßen geistigen Ansprüche stellte. Wer den Erzherzog Karl Ludwig kannte, der vermochte sich gut vorzustellen, daß er innerlich ganz zufrieden damit war, nicht König von Polen zu werden.

Maria Theresia von Braganza heiratete den Erzherzog Karl Ludwig 1873. Elf Jahre später heiratete ihre Schwester Maria Antonia den Herzog Robert von Bourbon, den letzten Regenten des ehemaligen kleinen oberitalienischen Herzogtums Parma. Dieses Herzogtum hatten die von Napoleon aus Italien vertriebenen Bourbonen 1847 zurückbekommen, nach dem Tode der Marie Louise. Damals konnte noch niemand voraussehen, daß aus diesen Ehekombinationen dereinst das letzte Kaiserpaar des Hauses Österreich hervorgehen sollte.

Anfang der sechziger Jahre, als die mexikanische Tragödie der Habsburger anlief, lagen derartige Zukunftskombinationen noch in weiter Ferne. Franz Joseph war knapp über dreißig; er hatte einen Sohn und er konnte weitere Söhne bekommen. Niemand durfte sich Hoffnungen auf eine Standeserhöhung machen, zumindest nicht in der Donaumonarchie selbst; und Franz Joseph war auch nicht der Kaiser, der auch nur Teile der Herrschergewalt aus der Hand gegeben hätte. Karl Ludwig gab sich mit den Repräsentationspflichten zufrieden, die der Bruder ihm zuschob. Ferdinand Maximilian allerdings, der solcherart nicht zufriedenzustellen war, mußte sich außerhalb des Reiches umsehen, wenn er seinen Tatendrang befriedigen wollte.

Er sah sich zunächst einmal nach einer Braut um.

Er fand sie in Belgien.

Die schöne Spanierin Eugenie de Montijo war die erste Frau, die im Leben des Erzherzogs Ferdinand Max eine Hauptrolle spielte. Louis Napoleon Bonaparte hatte diese zweite Tochter eines spanischen Herzogs und einer schottischen Aristokratin 1853 geheiratet. Ihre körperlichen Reize und ihre geistigen Fähigkeiten reichten durchaus für einen Kaiserthron, aber der Neffe des großen Korsen hatte sich zu dieser Ehe erst entschließen können, nachdem ihm die europäischen Königshöfe, naserümpfend über den Emporkömmling, keine Braut überlassen wollten.

Jetzt, 1856, war dieser Emporkömmling allerdings schon Kaiser der Franzosen unter dem Namen Napoleon III., und die hochvornehmen Dynastien mußten sich mit seiner Existenz abfinden. In Wien beauftragte der junge Kaiser Franz Joseph seinen damals vierundzwanzigjährigen Bruder Ferdinand Max, sich am Pariser Hof einmal umzusehen, um herauszufinden, was von dem nagelneuen Kaiserpaar zu halten sei.

Der junge österreichische Prinz, der voll Begeisterung mit beiden Händen nach jeder Aufgabe griff, kam aus der stocksteifen, ein wenig kleinbürgerlichen Familienatmosphäre der Wiener Hofburg in das Paris der ersten Gründerjahre, das von der extravagant-lebenslustigen jungen Kaiserin, Jacques Offenbachs ersten Operetten und der erotischen Schwüle der heraufdämmernden Cancanepoche geprägt war.

Die Tagespolitik in Paris wurde zu jeder Tages- und Nachtzeit mit dem Napoleonkult verbrämt, und der junge Erzherzog war ein Schwärmer, der sich für romantisch

einzige Mann in der Hofburg
ıannte man die bayerische Prinzessin Sophie, Frau des Erzherzogs Franz Karl, Schwägerin des Kaisers Ferdinand, ıuch in den schlimmsten Tagen des Revolutionsjahres 1848 nicht die Nerven verlor. Noch zu Lebzeiten des Kaisers ız waren Sophie und ihr kleiner Sohn Franz Joseph die Hoffnung der Dynastie der Donaumonarchie.

Zwei Frauen und ein Kaiser
Von zwei Frauen, die selbst im entscheidenden Augenblick zu verzichten verstanden, wurde der achtzehnjährige Franz Joseph im Revolutionsjahr 1848 zum Kaiser gemacht: Die eine dieser beiden Frauen war seine Mutter Sophie, die für sich selbst der Hoffnung entsagte, Kaiserin an der Seite ihres gutmütigen Mannes, Franz Karl, zu werden; die zweite Frau war die Kaiserin Maria Anna, die ihren Mann, den Kaiser Ferdinand, zur Abdankung bewog. Achtzehn Jahre lang hatte die bayerische Sophie ihren Franzl systematisch zum Kaiser erzogen; sogar an den Schulstunden des jungen Mannes nahm sie teil, um die Ausbildung zu überwachen *(oben)*. Im Spätherbst 1848 taten sich Sophie und Maria Anna zusammen, um den Übergang der Herrschaft von Kaiser Ferdinand auf Franz Joseph unter Ausschaltung des Erzherzogs Franz Karl zu bewerkstelligen. Das allegorische Bild von Leopold Kupelwieser *(rechts oben)* personifiziert die Vorgänge: Während die beiden Brüder Ferdinand und Franz Karl beiseite geschoben im Hintergrund bleiben, geleiten Maria Anna und Sophie den jungen Franz Joseph zum Thron, den die drei Paladine Radetzky, Windischgraetz und Jellačić sinnbildlich beschützen. Sophie, hieß es damals, soll wegen dieses entlarvenden Bildes böse auf den Maler gewesen sein.

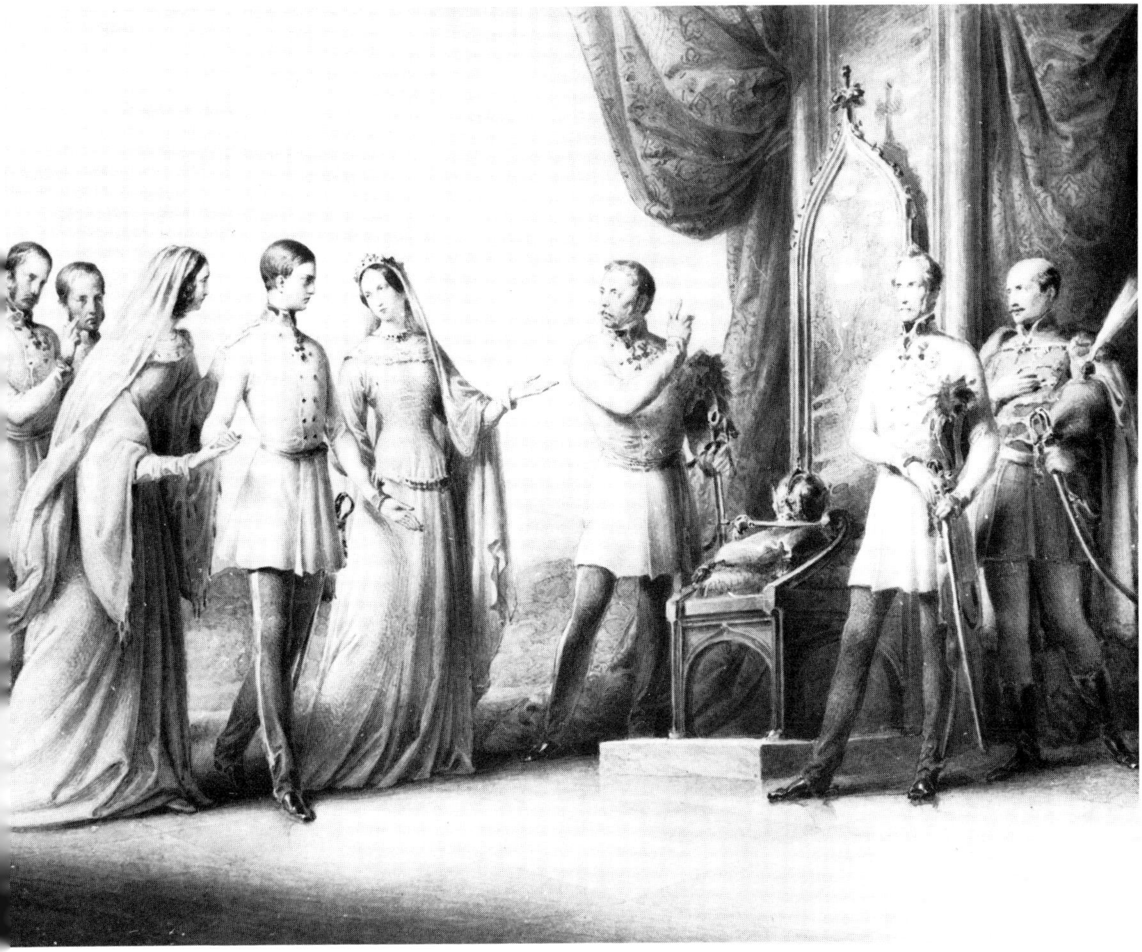

Eine Kaiserin kämpft um ihre Kinder
Elisabeth, genannt Sisi, und ihre beiden Kinder Gisela und Rudolf zeigt dieses Bild in einer jener seltenen Stunden, da die Kleinen der Mutter überlassen blieben. Zwischen der jungen Kaiserin und ihrer Schwiegermutter Sophie, die auch zugleich ihre Tante war, spielte sich ein jahrelanger erbitterter Kampf um die Erziehung der nächsten Generation ab. Hier hatte Franz Josephs Familientragödie ihren Ursprung.

Kaiserin hoch zu Roß
So sah die Hofgesellschaft die „seltsame Frau“ Elisabeth. Eine leidenschaftliche Reiterin, eine besessene Weltreisende, die niemals und nirgends Ruhe fand.

Kaiserin aus dem Märchenbuch
So blieb Elisabeth der Nachwelt in Erinnerung. Die liebliche, blutjunge Sisi, deren mädchenhafter Charme den jungen Kaiser gegen alle Ehepläne seiner Mutter im Sturm erobert hatte.

Kaiserin ohne Rast und Ruh
So zeichnet die historische Forschung das Bildnis der bayerischen Elisabeth. Nur selten erschien die Kaiserin in der Öffentlichkeit, wie bei der ungarischen Milleniumsfeier 1896 *(links)*, zumeist war sie, nur von ein oder zwei Hofdamen begleitet, als rastlose Weltreisende unterwegs *(unten)*.

bschied vom Haus sterreich
in und seiner belgischen ıefrau Charlotte Ehrgeiz rlockte Franz Josephs ·uder Ferdinand Max zu, die mexikanische ıiserkrone anzunehmen. ıs Bild von der Begeg- ng der kaiserlichen Brü- r und der beiden kaiser- hen Schwägerinnen ıscht eine Herzlichkeit r, die nicht bestand. Die ınahme des mexikani- ıen Kaisertitels erfolgte t nach erbitterten fami- ren Auseinandersetzun- ı.

gödie einer Kaiserin
ırlotte von Belgien, :er Erzherzogin von erreich und schließlich serin von Mexiko, de von ihrem leiden- ftlichen Ehrgeiz ins glück gestürzt, und sie hren Mann Maximilian ins Verderben. Schon der Landung in Mexiko ınn die Ernüchterung, ı es zeigte sich sehr ell, daß keineswegs Mexikaner vom neuen rscherpaar begeistert ·n.

Der gute Engel des Hauses Habsburg ▶
Maria Theresia, eine portugiesische Prinzessin, wurde die dritte Frau des Erzherzogs Karl Ludwig, Bruder des Kaisers. Sie war die heißgeliebte Stiefmutter des Thronfolgers Franz Ferdinand und zugleich die Frau, die Franz Joseph von allen weiblichen Familienangehörigen am höchsten schätzte. Nach Elisabeths Tod gab es Pläne, den Kaiser mit seiner Schwägerin zu verheiraten.

Die „Gnädige Frau“ ▶
Alle Pläne des Hofes, den alternden Kaiser ein zweites Mal zu verheiraten, scheiterten an der Existenz der Schauspielerin Katharina Schratt. Noch Elisabeth selbst hatte ihrem Ehemann die junge Dame aus dem Burgtheaterensemble als Freundin zugeführt, um den Kaiser über seine Einsamkeit hinwegzutrösten. Bis an sein Lebensende blieb Franz Joseph ihr gewogen.

Zwei alte Leute, ganz still für sich
Die wenigen Stunden abseits des Hofzeremoniells, die Franz Joseph mit der „Gnädigen Frau" verbrachte, waren einzige Freude seines Alters. Auch den erfahrensten Intriganten des kaiserlichen Hofstaates gelang es nicht, F Joseph und Katharina Schratt auseinanderzubringen.

aufgezäumten Traditionalismus jederzeit anfällig erwies. In Spanien hatten ihn beim Besuch der Habsburgergräber wollüstige Schauer gepackt; die Kroninsignien wirkten auf ihn voll magischer Anziehungskraft: »Stolz, lüstern und doch wehmütig griff ich nach dem goldenen Reif und dem einst so mächtigen Schwerte. Ein schöner, glänzender Traum wäre es für den Neffen der spanischen Habsburger dieses zu schwingen, um den Reif zu erringen.«[4]

Ferdinand Maximilian begriff den Zeitgeist seines Jahrhunderts nicht, und die Donaumonarchie konnte von Glück sagen, daß der nüchterne, phantasielose Franz Joseph der Erstgeborene der Erzherzogin Sophie war. Der schillernde Traum von einem Reich, in dem wie zu Karls V. Zeiten die Sonne nicht unterging, sollte den unreifen Maximilian nie mehr verlassen; und dieser Traum sollte noch ein halbes Jahrhundert später durch die Wahnvorstellungen seiner Witwe geistern.

Napoleon und Eugenie empfingen den Bruder des österreichischen Kaisers mit allem Pomp, den das Zweite Kaiserreich aufzubieten hatte. Für sie war Ferdinand Max das Versuchskaninchen, der erste Vortrupp aus dem übrigen Europa, von dessen Eindrücken die künftige Pariser Politik nicht unwesentlich abhing. Ferdinand Max ließ sich vom napoleonischen Klischee gefangennehmen, ohne zu erkennen, daß hinter der aufgesetzten Großartigkeit des Neffen keineswegs die wahre Größe des Onkels stand. Und zugleich wurde er eingelullt vom Charme der Kaiserin, obwohl diese, knapp nach der Geburt eines Thronfolgers, nicht gerade ihre besten Tage hatte. Die Berichte, die Ferdinand Max seinem kaiserlichen Bruder nach Wien schickte, zeigen die eigenartige Verzerrung der Situation. Durch geschickte Schmeichelei glaubte er, einen unsicher-verlegenen Emporkömmling, mit dem man sich nun einmal arrangieren mußte, gewonnen zu haben, und merkte gar nicht, daß er selbst es war, den man gewann. Die zielstrebige Eugenie dürfte jedenfalls sehr schnell erfaßt haben, daß dieser frustrierte junge Prinz, der daheim keine Aufgaben für seinen Tatendrang fand, eines Tages ein brauchbares Instrument für waghalsige Projekte werden konnte. Noch war vom mexikanischen Kaiserthron keine Rede, doch Ferdinand Max geriet zweifellos schon bei diesem ersten Pariser Besuch in die Verstrickung seines zukünftigen Schicksals. Von Napoleon III. fuhr er zu Leopold I. nach Brüssel.

Die Prinzessin Charlotte von Belgien war 16 Jahre alt, als sie den hellblonden, blauäugigen, feingliedrigen Verwandten zum erstenmal sah. Ihr Bruder, der Kronprinz Leopold, hatte drei Jahre zuvor die ungarische Maria Henriette geheiratet. Stand diese Ehe auch erst im Anfangsstadium ihres unglückseligen Verlaufs, so war die Tochter des Palatins Joseph doch schon von Anbeginn nicht gerade eine Empfehlung für viel habsburgisches Temperament. Der alte Belgierkönig allerdings rechnete schon auf neue Ehebande mit dem Erzhaus. Ein wenig kam sich Leopold wie ein Puppenspieler vor, dessen Fäden die Marionetten an so manchem europäischen Hof tanzen ließen. Seine Schwester war schließlich die Mutter der Königin Viktoria, und diese Viktoria war mit ihrem leiblichen Vetter verheiratet, dem Prinzgemahl Albert, Sohn von Leopolds ältestem Bruder Ernst. Der Sohn von Leopolds anderem Bruder Ferdinand saß als Ehemann der Braganza-Königin Maria da Gloria auf dem portugiesischen Thron, und ihr Bruder im portugiesischen Brasilien. Was Österreich anbetraf, so konnte die etwas weitschichtige Verwandtschaft über Maria Henriette durch einen Schwiegersohn, der des Kaisers Bruder war, nur wohltuend gefördert werden.

Dem Erzherzog gefiel Charlotte, und er gefiel ihr auch. Da war jenes Fluidum tagträumerischen Fernwehs und gefühlsbedingten Engagements, das die Habsburger meist vermissen ließen – zum Wohle für die Politik, aber sehr zum Nachteil für so manche ihrer Ehen.

Der Funke sprang über. Der alte Puppenspieler Leopold war begeistert, als er zwei neue Marionetten so bereitwillig an seinen Fäden zappeln sah, und in Wien war Franz Joseph durchaus einverstanden. Die über ihre Jahre hinaus erwachsene, als nüchtern und sachlich beschriebene Charlotte schien dem Kaiser eine durchaus passende Gefährtin für seinen Bruder, dessen Betätigungsbedürfnis ihm ein wenig suspekt vorkam.

Der Schwärmer Ferdinand Max jedoch erwies sich unerwarteterweise als kühler Rechner, als es nach der ersten Begegnung um den Ehepakt ging. Zu seinem zweiten Besuch in Brüssel nahm er im Dezember 1856 einen recht geschäftstüchtigen Berater mit, und der knausrige König Leopold, der sich für den raffiniertesten Geschäftsmann Europas hielt, sah sich plötzlich zwei Herren gegenüber, die nicht von Liebe sprachen, aber dafür hartnäckig um die Mitgift zu feilschen begannen. Der König, der selbst immer an Geld dachte, mußte nun tief in die Tasche greifen, wenn er seine Tochter an den passenden Mann bringen wollte. Dem Bräutigam wiederum schien es ein geradezu diebisches Vergnügen zu bereiten, den alten Geizhals in die Enge zu treiben.

Die Mitgift, die schließlich ausgehandelt wurde, läßt heute noch die Vermögensverhältnisse ahnen, in denen sich die hochfürstliche Lebenshaltung von damals bewegte. Außer der üblichen Ausstattung und kostbarem Schmuck bekam Charlotte schließlich eine einmalige Zuwendung aus Staatsgeldern in Höhe von 100.000 Gulden und eine jährliche Apanage von ihrem Vater in Höhe von 20.000 Gulden. Kaiser Franz Joseph steuerte ebenfalls 100.000 Gulden bei und überließ dem Paar 30.000 Gulden als Hochzeitsgeschenk.[5]

Wichtiger als das Geld aber war für Ferdinand Max die Intervention des Schwiegervaters bei seinem kaiserlichen Bruder, dem Bräutigam eine seinem Rang entsprechende Stellung zuzugestehen. Franz Joseph vergab auch tatsächlich das wichtigste Amt, das er zu vergeben hatte: Anfang 1857 wurde der bereits einundneunzigjährige Feldmarschall Radetzky in Pension geschickt, und der fünfundzwanzigjährige Erzherzog Ferdinand Max wurde sein Nachfolger als Generalgouverneur des lombardo-venezianischen Königreichs, mit der entsprechenden Hofhaltung in Mailand. Ein Thron im Subabonnement.

Es war, wie sich sehr schnell herausstellen sollte, ein Himmelfahrtskommando. Ganz Italien ging schwanger mit dem revolutionären Einigungskrieg, und der von Ferdinand Max so hochgeschätzte Napoleon III. schürte das glosende Feuer. Der

Schwärmer auf dem Gouverneursposten versuchte mit Liebe und Milde die Herzen der Italiener zu gewinnen, wo Radetzky mit Gewehrläufen ihren Freiheitsdurst gebändigt hatte. Ferdinand Max erkannte nicht, was man in Wien schon längst erkannt hatte: Nur die totale Unabhängigkeit konnte das schönste der habsburgischen Königreiche befrieden, doch die Unabhängigkeit freiwillig zuzugestehen war für Wien undenkbar, und Ferdinand Max in Mailand glaubte sich verkauft und verraten, weil der kaiserliche Bruder die Politik der »Verständigung« nicht mitmachen wollte. Schließlich stand das Land am Rande offenen Aufruhrs, und Ferdinand Max – unfähig, ihn zu unterdrücken, und auch nicht willens, den von Wien geforderten scharfen Kurs zu steuern – mußte einem neuen Mann, dem General Graf Gyulay weichen. Nur der Form halber überließ Franz Joseph seinem Bruder das Oberkommando über die militärisch recht unbedeutende österreichische Flotte.

Mit 26 Jahren war Ferdinand Max praktisch arbeitslos, mit seinem eigenen Ehrgeiz und dem noch größeren Ehrgeiz seiner Frau Charlotte in der freiwilligen Verbannung des Küstenschlosses Miramar bei Triest. 1854 hatte der Erzherzog mit dem Bau begonnen, nun näherte sich Miramar der Vollendung: heute ein Alptraum aus weißem Kalkstein, symbolhaft für das 19. Jahrhundert, wo es am kitschigsten war; damals, für die Zeitgenossen, ein Märchentraum.

Hier träumten Maximilian und Charlotte – von kaiserlicher Größe, die nirgends aufzutreiben war, und von einem Sohn, der nicht kommen wollte. Die Zeugungsunfähigkeit des jungen Erzherzogs war bald notorisch, aber Charlotte gab sich selbst bis an ihr Lebensende die Schuld an dem Versagen.

Die Träumerei in Miramar war zunächst nur kurz, und das Erwachen wirkte als Schock. 1859 verlor Franz Joseph bei Solferino mit seiner ersten Schlacht auch Mailand und das lombardische Königreich. Gesiegt hatte zwar Napoleon III. mit französischen Truppen, aber die Beute fiel dem Königreich Piemont-Sardinien anheim. Innerhalb eines Jahres stürzten sie dann alle von den Thronen der italienischen Teilstaaten: die Bourbonen in Neapel und Parma, die habsburgisch-lothringischen Seitenlinien in Toskana und Modena. Der italienische Nationalstaat wurde aus der Taufe gehoben. Nur der Papst verschanzte sich noch unter französischem Schutz in einem zusammengeschmolzenen Kirchenstaat. Österreich behauptete Welschtirol, Venezien und Istrien, aber wie lange noch?

Der Erzherzog Ferdinand Max sah mit der Donaumonarchie auch sein persönliches Eigentum bedroht; Miramar vor allem. Wie ernst das junge Paar die Gefahr nahm, ergab sich aus Maximilians Bitte an seinen belgischen Schwiegervater, Miramar doch scheinhalber zu kaufen, denn einem Habsburger würden die Italiener sicherlich nicht sein Traumschloß lassen. Des Kaisers Bruder sah den Zusammenbruch der Gesamtmonarchie schon als drohendes Gespenst am Horizont: Er wollte Leopold in Brüssel sogar dazu bewegen, ungarische Wertpapiere zu übernehmen; Ungarn, so fürchteten Maximilian und Charlotte, würde sich ebenfalls von dem Haus Österreich lossagen. Der Erzherzog sah voraus, was ein halbes Jahrhundert später Wirklichkeit wurde. In die graue Weltuntergangsstimmung von Miramar fiel dann unvermutet als Sonnenstrahl von blendender Helle das mexikanische Projekt.

Des künftigen Kaisers Name wurde zum erstenmal im September 1861 in Biarritz genannt, als der junge Diplomat José Manuel Hidalgo den Kaiser Napoleon und die Kaiserin Eugenie wieder einmal für die mexikanischen Verhältnisse zu interessieren versuchte. Hidalgo, zunächst Sekretär an der mexikanischen Botschaft in London, amtierte schon seit Jahren in den westeuropäischen Hauptstädten als Agent der monarchistisch-klerikalen Konservativen seiner Heimat, die sich selbst stolz als »Reaktionäre« bezeichneten. Ihr Ziel, auf einen vereinfachten Nenner gebracht: Es sollte die alte feudale Gesellschaftsordnung der spanischen Kolonialzeit wiederaufgerichtet werden; die Herrschaft des kirchlichen und weltlichen Großgrundbesitzes.

Seitdem die Spanier mit fast allen Kolonien in Amerika auch Mexiko verloren hatten – den letzten Stützpunkt mußten sie 1825 räumen –, lebte das 1521 von Fernando Cortez eroberte Gold- und Silberparadies der Azteken im Chaos eines permanenten Bürgerkrieges. Aus den Klassenkämpfen zwischen arm und reich, aus den Rassenkonflikten zwischen der hauchdünnen Oberschicht spanischer Großgrundbesitzer und Millionen besitzloser Indios hatte sich Ende der fünfziger Jahre des 19. Jahrhunderts mit tatkräftiger Förderung durch die Vereinigten Staaten die liberal-antiklerikale Regierung des Indianers Benito Juarez herausgebildet; leidenschaftlich bekämpft von Bischöfen und Adeligen, die seit Jahren immer wieder versuchten, europäische Großmächte zu einer Intervention zu bewegen. Der Diktator Santa Ana hatte schon 1854 seine Agenten in Europa beauftragt, einen brauchbaren Aspiranten für einen mexikanischen Kaiserthron ausfindig zu machen.

Jetzt, 1861, nach Santa Anas Abgang und der Etablierung Juarez', kam neuer Druck hinter das jahrelange Intrigenspiel. Mit Abraham Lincolns Wahl zum Präsidenten der Vereinigten Staaten und dem demonstrativen Austritt der sklavenhaltenden Südstaaten aus der Union lag der nordamerikanische Bürgerkrieg sozusagen in der Luft; Juarez verlor seinen Schutzherrn. Entscheidender Tag wurde dann der 17. Juli 1861: Das mexikanische Parlament beschloß die Einstellung der Rückzahlungen sowie des Zinsendienstes für alle ausländischen Anleihen, die das total verschuldete Land im Laufe seiner fünfzigjährigen Selbständigkeit aufgenommen hatte.

Jetzt ging es den Finanzmächten in London, Paris und Madrid um das Geld; und das traf noch härter als alle politischen Überlegungen der europäischen Konservativen. Die hatten die amerikanischen Republiken, die Vereinigten Staaten vor allem, ohnehin immer schon als Schandfleck auf der Weltkarte betrachtet; jetzt sahen sie in der Neuen Welt ihren Weizen blühen. Im September 1861 informierte Hidalgo das französische Kaiserpaar über die Vorgänge in Mexiko. Daran knüpfte sich die denkwürdige Beratung, wer denn als künftiger Kaiser von Mexiko in Frage käme. Ein Prinz aus dem Hause Österreich stand an der Spitze der Wunschliste. Österreich – das war der Hort der Legitimität auf dem alten Kontinent; und den österreichischen Habsburgern, auch wenn sie längst Lothringer waren, konnte man bei einiger Unbekümmertheit einen gewissen historischen Anspruch auf das einst von den spanischen Habsburgern beherrschte Mexiko zugestehen.

Der Erzherzog Rainer, ein Neffe des Kaisers Franz, damals 34 Jahre alt und wegen seiner liberalen Einstellung bekannt, schien den Gesprächspartnern in Biarritz zwar passabel, doch der kühl denkende, kluge Prinz würde auf solche riskante Projekte wohl kaum eingehen.

»Maximilian würde nicht wollen«, sagte daraufhin die Kaiserin Eugenie, aber sie sagte es so, als wollte sie nur Widerspruch herausfordern, und das Endresultat der Beratung von Biarritz war, daß die mexikanischen Emigranten in Europa, an ihrer Spitze Don José Maria Gutierrez de Estrada, den Beschluß faßten, am Wiener Kaiserhof vorzufühlen. Gutierrez hatte da schon einige Praxis: 1821 gehörte er einer Delegation an, die damals schon den Erzherzog Karl, den Sieger von Aspern, zu einer Thronkandidatur in Mexiko bewegen wollte. Auch persönliche Kontakte waren vorhanden: Während seiner Wiener Tätigkeit hatte Gutierrez die Stieftochter des Grafen Rudolf Lützow geheiratet, des Obersthofmeisters des Erzherzogs Ferdinand Max.

Der Gedanke, aus Österreich einen Herrscher zu holen, war also nicht neu. Als die Emigranten nun im September 1861 in Wien vorfühlten, kamen sie überraschend schnell zu Anfangserfolgen. Franz Joseph schien nicht abgeneigt, seinen unbequemen Bruder auf diese Weise zu beschäftigen, noch dazu möglichst weit weg vom Schuß. Der Außenminister Graf Rechberg wurde nach Miramar geschickt, um dort die Stimmung zu erkunden. Und während Napoleons Außenminister Thouvenel die diplomatischen Drähte nach London und Madrid heißlaufen ließ, um das abenteuerliche Projekt schmackhaft zu machen, sahen sich Maximilian und Charlotte in ihrem fast fertiggestellten Traumschloß an der Adria mit dem mexikanischen Kaisertraum konfrontiert.

Mehr noch als bei Maximilian zündete der Gedanke bei Charlotte. Sie hatte, was die Coburger auszeichnete: Ehrgeiz und Eitelkeit. Jene Eitelkeit, mit der die Familie Neureich unter den europäischen Dynastien den Mangel an historischer Vergangenheit zu übertünchen versuchte. Sie, die Tochter des Belgierkönigs Leopold, hatte schließlich nicht den Bruder des österreichischen Kaisers geheiratet, um in einer Art besserer Verbannung zu versauern. 1857, als die Ehe geschlossen wurde, konnte sich das junge Paar noch der Illusion einer gewissen Bedeutung hingeben. Da war Franz Joseph zwar schon verheiratet, aber er hatte noch keinen Sohn, und damit war Ferdinand Max als Thronfolger von gewisser Wichtigkeit für die Dynastie. Jetzt, da der Kronprinz Rudolf diese Position einnahm, war des Kaisers Bruder denkbar unwichtig. Wohin immer man von Miramar aus auch die Blicke über die Donaumonarchie schweifen ließ, nirgends zeigte sich ein Tätigkeitsfeld von einigem Reiz. Und Charlotte, von der ihr Vater einst gesagt hatte, sie würde die schönste Prinzessin Europas werden, mußte sich eingestehen, daß ihr sogar in dieser Hinsicht Kaiserin Elisabeth den Rang abgelaufen hatte.

Der Ehrgeiz, der bei einem König reale Macht einbringen konnte, dieser Ehrgeiz konnte anderseits bei einer Frau ins Unglück führen. Wenn zwei in ihrem Ehrgeiz Frustrierte wie Maximilian und Charlotte zusammentrafen, mußte es fast zwangsläufig zu einer Tragödie kommen.

Die Wahrheit über Mexiko wußte im Grunde genommen kaum jemand in Europa. Man war auf die Emigranten angewiesen. Die sahen die Dinge so, wie sie sie sehen wollten, und sie schilderten sie auch so, wie Emigranten es stets tun: mit dem rosaroten Optimismus ihrer eigenen Wunschvorstellungen. Wenn man Gutierrez, Hidalgo und ihren Freunden zuhörte, dann mußte man meinen, ganz Mexiko mit Ausnahme einiger gewalttätiger Bandenführer vom Schlage des Indio Juarez wartete nur auf den Kaiser aus Miramar.

Wie es um die vermeintlichen Paradiese jenseits des Ozeans wirklich stand, das hätte man in Wien eigentlich wissen müssen. Die Erlebnisse der Erzherzogin Leopoldine als Kaiserin von Brasilien jedoch schienen vergessen. Daß ihr Sohn Dom Pedro II einen permanenten Kampf gegen Aufständische in allen Ecken und Enden seines Reichs führen mußte, kam seinem nahen Verwandten in Miramar, dem Erzherzog Ferdinand Max, nicht zu Bewußtsein. Es siegte die Illusion.

Hinter dieser Illusion stand die Realität der Großmachtpolitik. London, Madrid und Lissabon bangten um den Rest ihrer amerikanischen Kolonien, und die Bankiers bangten um ihre Kredite. Paris, das jenseits des Ozeans kaum noch etwas zu verlieren hatte, wollte neuen Einfluß gewinnen; der ruhmsüchtige Napoleon lechzte nach Erfolgen, die klerikale Kaiserin sehnte sich nach Diensten, die sie der Kirche erweisen konnte, und auch die französischen Bankiers sorgten sich um ihr Geld. Das alte Europa hatte sich zur Intervention in Mexiko zusammengetan und schickte den Schloßherrn von Miramar als Aushängeschild an die Front.

Ferdinand Max war ein Phantast, aber sein Illusionismus konnte sich in entscheidenden Augenblicken durchaus mit kühler Überlegung verbinden. Das hatte er bewiesen, als er mit dem alten König Leopold um die Mitgift für Charlotte feilschte, und das bewies er erneut, als er mit Napoleon in Paris und seinem Bruder in Wien um die Grundlagen der mexikanischen Expedition zu feilschen begann. Er wollte sich zwar in das Abenteuer stürzen, aber ein Minimum an Erfolgschancen sollte garantiert sein. Die Garantie schienen französische Truppen, neue Anleihen für das total ausgepowerte Land und die Hintertür für den Fall eines Versagens. Truppen und Geld konnte Napoleon beistellen. Die Hintertüre sollte Franz Joseph offenhalten, doch der lehnte ab. Wenn Ferdinand Max nach Mexiko ging, das war seine Bedingung, dann hatte er zuvor auf alle Nachfolge- und Erbrechte im Haus Österreich zu verzichten.

Franz Joseph handelte schon bei diesem ersten Familienkonflikt so eiskalt und überlegt, wie es später der beherrschende Stil seiner gesamten Familienpolitik werden sollte. Mit der gleichen jahrelangen Hartnäckigkeit, mit der er sich dereinst der unebenbürtigen Liebe seines Thronfolgers Franz Ferdinand entgegenstemmen sollte, kämpfte er Anfang der sechziger Jahre gegen Maximilian und Charlotte. Über allem stand für ihn die Dynastie; als oberstes Haus- und Staatsgesetz galt, jede Gefährdung für sie auszuschließen. Der Kaiser war knapp über dreißig, er hatte einen kleinen Sohn und eine Frau, die durchaus noch einer ganzen Reihe von Söhnen das Leben schenken konnte. Trotzdem nahm er das Risiko nicht auf sich. Maximilian im fernen Mexiko könnte eines Tages vielleicht durch eine ganze Kette von Zufälligkeiten und Unglücksfällen Anspruch auf den Thron in Wien erheben. Ein Kaiser, der seine privaten Interessen an einem Reich jenseits des Ozeans mit den Lebensfragen der Donaumonarchie vermengen würde, ein Kaiser, der womöglich Österreich von Mexiko aus zu regieren versuchte – das war für Franz Joseph eine unerträgliche Vorstellung.

Für Ferdinand Max allerdings, der einst an den spanischen Habsburgergräbern vom Reich ohne Sonnenuntergang phantasiert hatte, für diesen Ferdinand Max dagegen schien ein solcher Gedanke unausgesprochen, unterschwellig, für ihn selbst unbewußt vielleicht durchaus vorstellbar. Charlotte sollte dann noch Jahrzehnte später, als Geisteskranke, einen solchen Wahn für Wirklichkeit nehmen. Der Verstand mußte sich nur verwirren, um die Wunschvorstellungen hervorbrechen zu lassen.

Was bei Franz Joseph wie pedantisch-bürokratische Voraussicht für den unwahrscheinlichsten aller Fälle aussah, hätte 30 Jahre später durchaus greifbar nahe Realität werden können. Das Spiel mit den Möglichkeiten scheint nachträglich faszinierend. 1889 starb Kronprinz Rudolf, ohne einen Sohn zu hinterlassen. Hätte Maximilian dann noch gelebt, als Kaiser in Mexiko womöglich, wäre er Thronfolger geworden. Hätte er doch noch einen Erben bekommen, wäre dieser Kronprinz von Mexiko zugleich Erzherzog-Thronfolger von Österreich geworden. Und ein solcher Kronprinz und Thronfolger hätte Kaiser von Österreich und Kaiser von Mexiko zugleich werden können.

Rückblickend betrachtet schien Franz Josephs Unnachgiebigkeit in Sachen Thronverzicht also durchaus berechtigt. Im Frühjahr 1864 spitzte sich der Zweikampf der Brüder so dramatisch zu, daß Ferdinand Max entschlossen schien, lieber den Thron in Mexiko als die eventuelle Thronfolge in Österreich aufzugeben.

Die Mexikaner jedenfalls, jene zumindest, die in Miramar schriftlich oder persönlich antichambrierten, nannten Ferdinand Max schon Majestät. Die Anrede selbst und der Wortschwall von Schmeicheleien rund um sie spiegelten dem jungen Erzherzog eine kaisertreue Begeisterung vor, die es nicht gab. Eine Junta von Konservativen, die sich selbst »Nationalversammlung« nannte, obwohl niemand die Deputierten gewählt hatte, »wählte« ihrerseits Ferdinand Max zu jenem europäischen Prinzen, dem man die Krone anbieten wollte. Napoleon III. hatte bereits ein französisches Expeditionskorps unter dem General Achille Bazaine nach Mexiko geschickt und belohnte bescheidene militärische Anfangserfolge mit dem Marschallstab. Die Anleihe zur Finanzierung des Kaisertraumes war schon gesichert. Für den Kaiser der Franzosen bedeutete Maximilians Krönung in Mexiko eine Prestigefrage, die jedes Opfer wert schien.

Auch die Opferung eines ehrgeizigen, verblendeten Ehepaares. Jetzt begann es nämlich Warnungen zu regnen. Die Briten erfaßten schnell, daß sich Napoleon den künftigen Kaiser nur als einen besseren französischen Statthalter vorstellte, und von da an zogen sie keineswegs mehr so begeistert wie am Anfang mit. Der österreichische Vertreter in Paris, Fürst Richard Metternich, hatte von Anfang an seine Bedenken gehabt. Der Außenminister Graf Rechberg sah die Zukunft grau in grau. Mehr und mehr zeigte sich, daß man das angeblich so begeisterte Mexiko zuerst einmal mit Waffengewalt erobern mußte. Die alte Erzherzogin Sophie in Wien schließlich hatte die Todesangst einer Mutter um ihr Kind. Auch der alte König Leopold in Brüssel war besorgt – weniger um seine Tochter als um seinen Ruf; Mexiko konnte zu einer ganz schlimmen und gefährlichen Blamage werden.

Sophie schrieb einen Verzweiflungsbrief nach Miramar, in dem sie ihren Max an das bittere Schicksal des Bayernprinzen Otto erinnerte, den die Griechen eben damals vom Königsthron in Athen verjagt hatten. Ferdinand Max, der den von seinem Bruder verlangten Verzicht nicht auf sich nehmen wollte, wäre vielleicht noch umgefallen, aber Charlotte schaltete sich nun energisch ein. Bei allem Ehrgeiz war Ferdinand Max ein Weichling. Charlotte war hart in ihren Leidenschaften und zielstrebig auch in ihren Träumen. In einem ellenlangen Antwortbrief beschwor sie ihre Schwiegermutter, sich dem Projekt nicht in den Weg zu stellen. Allen vernünftigen und durchaus sachlichen Bedenken der alten Dame hielt Charlotte nur wohlklingende Redensarten entgegen: »Liebe des Volkes«, »Ehre«, »Würde« und »Tradition« mußten Argumente ersetzen. Das Pathos dieses Briefes allein zeigte, daß die Vernunft gegen die Verblendung nicht ankam. Dann fuhr Charlotte höchstpersönlich nach Brüssel, um auch ihren Vater zu überzeugen. Mit einer Beredsamkeit ohnegleichen fand sie in stundenlangen Gesprächen gegen jeden Einwand ein scheinbar stichhaltiges Argument; – letztlich aber hatte sie nichts in der Hand als unverbindliche Versprechungen, die sie für fixe Verpflichtungen nahm, weil sie sich um keinen Preis von ihren Wünschen abbringen lassen wollte.

Trotzdem wäre Ferdinand Max vielleicht eben doch noch umgefallen, weil Franz Joseph sich nicht umstimmen ließ. Doch da setzte die Flut der Pressionen aus Paris ein. Napoleon befand sich in der Klemme. Er hatte die Anleihe organisiert, er hatte Truppen nach Mexiko geschickt; wenn sein Thronkandidat jetzt absprang, dann war das Prestige des Kaisers der Franzosen dahin. Er beschwor Maximilian bei dessen Ehre, und bei dem Schwärmer in Miramar war dieser Appell die stärkste Waffe. Aus Wien ließ Franz Joseph sich schließlich zu einem einzigen winzigen Zugeständnis herbei: Der Thronverzicht sollte nur gelten, solange noch andere, wenn auch noch so entfernte Mitglieder des Erzhauses vorhanden waren.

Maximilian und Charlotte konnten nun nicht mehr zurück, auch wenn sie gewollt hätten. Sie wollten aber gar nicht. Der Rausch romantischer Märchenbuchvorstellungen vernebelte den klaren Blick. Zur Unterzeichnung des Familienpaktes kam Franz Joseph höchstpersönlich nach Miramar. Noch einmal gab es eine stundenlange erregte Auseinandersetzung; und als die Brüder wieder vor dem Hofstaat erschienen, sah man, daß sie beide geweint hatten. Als der Kaiser das Schloß verließ, ergriff ihn eine jener ganz seltenen menschlichen Rührungen, die er nicht zu unterdrücken und nicht zu verbergen versuchte. Unvermutet blieb er stehen, drehte sich um, rief mit tränenerstickter Stimme »Max« und schloß seinen Bruder in die Arme.

Vielleicht spürte Franz Joseph, daß es ein Abschied für immer war. Und Ferdinand Max? Die mexikanische Delegation, die ihn offiziell in sein neues Kaiserreich holen sollte, wartete schon in Triest. Am 10. April 1864 erschienen Gutierrez und Hidalgo in Miramar, und nach einer endlos langen Ansprache voller wohlklingender Phrasen, hinter denen nichts, aber schon gar nichts an Realität stand außer dem kleinen französischen Expeditionskorps, ertönte zum erstenmal der Ruf: »Es lebe Kaiser Maximilian! Es lebe Kaiserin Charlotte!« Der Glanz der Uniformen, das Gerede von Ruhm und Ehre, die Kanonenschüsse, die wehende Kaiserstandarte – das alles war eine wohlinszenierte Operette, der schon sehr schnell ein tieftrauriges Opernfinale ohne Triumphmarsch folgen sollte.

Maximilian und Charlotte spürten die Leere der Phrasen nicht. Sie hörten nur die Rufe »Es lebe der Kaiser, es lebe die Kaiserin«. Und wie wenig Maximilian dem Ruhm und der Ehre gewachsen war, die angeblich seiner harrten, zeigte sein physischer Zusammenbruch am Ende der Festlichkeiten: Er sank total erschöpft an seinem Schreibtisch zusammen, konnte am abendlichen Festbankett nicht teilnehmen und mußte die für den 11. April festgesetzte Abreise verschieben lassen.

Charlotte allerdings blieb obenauf. Sie, die Belgierin aus der robust-unverbrauchten Coburgerfamilie, sah sich am Ziel ihrer Wünsche, und sie kostete den Triumph aus. Während der Leibarzt den funkelnagelneuen Kaiser wieder auf die Beine zu bringen versuchte, wich das sieghafte Lächeln nie von ihrem Gesicht, schüttelte sie unzählige Hände, empfing sie eine Delegation nach der anderen, beantwortete sie Ansprachen und konzipierte Danktelegramme. In diesen Stunden mußte sich ein unbeeinflußter Beobachter sagen: Wenn es in Mexiko jemals einen starken Kaiser geben sollte, dann würde es eine Kaiserin sein. Wäre die alte bayerische Sophie in Wien nicht so voll düsterer Vorahnungen gewesen, sie hätte an dieser Schwiegertochter ihre Freude haben können. So wie sie selbst ihre ganze Jugend nur für den Gedanken gelebt hatte, aus ihrem Sohn einen perfekten Kaiser zu machen, so lebte die belgische Charlotte nur für das Ziel, aus ihrem Mann einen Kaiser zu machen.

Der Kaiser jedenfalls weinte bei jedem Anlaß: als Abschiedstelegramme seiner Eltern eintrafen; als die in aller Eile komponierte mexikanische Kaiserhymne erklang; als er vor Miramar das Schiff bestieg. »Schau doch den armen Max an, wie er weint!« flüsterte Charlotte einer ihrer Begleiterinnen zu. Sie war sich gar nicht bewußt, wie sehr sie mit diesen wenigen Worten offenbarte, daß dieser arme Max längst nur noch ein Instrument ihrer ehrgeizigen Wünsche war.

Am 14. April 1864 verließ das neue Kaiserpaar sein Traumschloß. Am 28. Mai traf die Fregatte »Novara« im Hafen von Veracruz ein. Und auf der Seereise hatte Charlotte die viele freie Zeit dazu benützt, ein Dokument zu konzipieren, in dem sie den

Verzicht Maximilians auf seine österreichischen Erbrechte als erzwungen und damit als null und nichtig hinstellte.

Oft genug haben Habsburger unter dem Einfluß starker, leidenschaftlich von ihrer Sendung ergriffener Frauen versucht, ihre heiligsten Eide und eigenen Unterschriften mit allerlei Winkelzügen wieder zurückzunehmen. Maximilian beispielsweise, und über ein halbes Jahrhundert später dann Karl, der letzte Kaiser aus dem Hause Österreich. Nur einer hielt sich bis zum Tode an den bittersten Verzicht, den man ihm abgerungen hatte: Franz Ferdinand; – gerade jener Franz Ferdinand, dessen unebenbürtiger Frau Sofie Chotek man so viel Ehrgeiz und Herrschsucht nachsagte.

Mexiko war anders, ganz anders, als Maximilian und Charlotte es erwartet hatten; ganz anders, als ihnen dieses Land vorgespiegelt worden war. Aber der Kaiser und seine Kaiserin wollten nicht wahrhaben, was sie sahen, sonst hätten sie verzweifeln müssen. Sie logen sich selbst an, und sie logen in den begeisterten Briefen, die sie nach Europa schrieben. In einem Land, dessen Armut für europäische Begriffe unvorstellbar war, begann das neue Kaiserpaar seine Herrschaft damit, daß es die beiden kaiserlichen Prunkpaläste mit unerhörtem Geldaufwand umbauen ließ. Nach einer ersten Rundreise durch das Land, soweit es seiner Herrschaft unterstand, stellte der junge Kaiser betrübt fest: »Die Richter sind bestechlich. Die Offiziere kennen kein Ehrgefühl, und dem Klerus fehlt die christliche Liebe und die Moralität.« Maximilian hätte eigentlich angesichts der Enttäuschung niederbrechen müssen, doch er schwindelte sich mit neuen Phantastereien über die grausame Wirklichkeit hinweg. Kaum war er in Mexiko, träumte er schon davon, auch noch die kleinen zentralamerikanischen Republiken zu erobern. Groß-Mexiko, wie es einst die spanischen Habsburger beherrscht hatten.

Der Niedergang kam schnell. Die Armen waren von Maximilian und Charlotte enttäuscht, weil sie arm blieben. Die Reichen waren enttäuscht, weil sie gehofft hatten, unter dem neuen Kaiserpaar noch reicher zu werden. Schließlich hatten die Großgrundbesitzer und die Kirchenfürsten den Kaiser gemacht, und nun wollten sie mit der Wiederaufrichtung eines feudalen Regimes bezahlt werden. Überall sammelten sich die Anhänger des rechtmäßigen Präsidenten Benito Juarez. Die Bürgerkriegsstimmung, die Mexiko fünfzig Jahre lang beherrscht hatte, riß nicht ab; sie verschärfte sich. Das ganze Land war ein Schlachtfeld für Hunderte Scharmützel. Maximilians Herrschaft wurde letztlich nur von den französischen Truppen des Marschalls Bazaine getragen, der die Guerilleros einigermaßen niederhielt. Als der amerikanische Bürgerkrieg endete und die Vereinigten Staaten ihre Handlungsfreiheit wiedergewannen, ging es dem Ende zu mit dem Kaisertraum.

1866 schlugen die Preußen Österreich bei Königgrätz. Napoleon in Paris sah sich mit der heraufdämmernden deutschen Einigung unter den Hohenzollern konfrontiert. Er mußte alle seine Kräfte für die unausweichlich scheinende Entscheidung vergattern. Unter dem Druck der Vereinigten Staaten zog er 1867 Bazaines Expeditionskorps aus Mexiko ab.

Wenn man wollte, so konnte man von »Wortbruch« reden. In der Politik aber galten immer schon die Tatsachen und nicht die Wünsche. In den zwei Jahren des ganzen Abenteuers hatte sich gezeigt, daß weder Maximilian mit seinem Charme und guten Willen noch Bazaine mit seinen Truppen Mexiko wirklich erobern konnten. So brach Napoleon III. ein erfolgloses Unternehmen ganz einfach ab. Zurück blieb ein Kaiserpaar, das allen Warnungen nicht glauben wollte. Von Wien hatte man keine Hilfe zu erwarten. Nach Königgrätz war die Monarchie angeschlagen wie kaum jemals zuvor. In Belgien hatte der junge König Leopold II. seinen 1865 verstorbenen Vater beerbt, und er dachte nicht daran, sich im Interesse seiner Schwester gleich zu Beginn seiner Herrschaft an einem hoffnungslos gewordenen Experiment die Finger zu verbrennen. Die mexikanischen Emigranten, die Maximilian auf den Kaiserthron intrigiert hatten, begannen sich abzusetzen. Juarez marschierte; überall nahm er die von Bazaine geräumten Orte ein. Maximilian in seiner Hilflosigkeit dachte schon an Abdankung, da griff Charlotte wieder ein. Sie entschloß sich, nach Europa zu fahren, um Hilfe zu mobilisieren. Bei ihrem Bruder Leopold, bei Napoleon in Paris, sogar beim Papst in Rom. Papst, Kaiser und Könige, so dachte sie, konnten einen gekrönten Monarchen nicht im Stich lassen gegen einen Haufen halbwilder farbiger Aufrührer.

Maximilian schwankte, wie er immer geschwankt hatte. Lieber doch abdanken, zurück in das einigermaßen erträgliche Nichtstuerdasein von Miramar. »Bis zum Alter von siebzig Jahren das Meer anstarren?« meuterte Charlotte. Sie flammte vor Leidenschaft. Abdanken – niemals! Es ging wild um im Kaiserpalast von Mexiko. Ein von den dramatischen Auseinandersetzungen bis an den Rand des physischen Zusammenbruchs getriebener Kaiser. Eine trotz aller Hiobsbotschaften und enttäuschenden Niederlagen geradezu starrsinnig mutige Kaiserin. Schließlich schrieb Charlotte eine regelrechte Abhandlung und drückte ihr Elaborat Maximilian in die Hand: »Abdanken heißt, sich verurteilen, sich selbst ein Unfähigkeitszeugnis ausstellen, und das ist nur annehmbar bei Greisen und Blödsinnigen, das ist nicht Sache eines Fürsten von vierunddreißig Jahren voller Lebens- und Zukunftshoffnungen. Die Souveränität ist das heiligste Besitztum, das es unter den Menschen gibt . . .«[6]

Was Charlotte damals, 1866, einem hilflosen mexikanischen Kaiser aus dem Hause Österreich ins Gehirn trommelte, klang verblüffend ähnlich jenen leidenschaftlichen Worten, mit denen dann am 11. November 1918 Zita von Bourbon-Parma versuchen sollte, den letzten Kaiser aus dem Haus Österreich an der Unterzeichnung einer Verzichturkunde zu hindern. Mehr als einmal waren die Frauen der Habsburger seelisch stärker als ihre Männer, fanatischer in ihrem Glauben an die magische Kraft der Krone und die göttliche Sendung ihrer Träger. Und mehr als einmal riß der fanatische Glaube sie ins Unheil.

1918 sollte Karl trotzdem unterschreiben. 1866 ließ Maximilian sich noch einmal aufrichten. Im Mai 1864 hatte die belgische Charlotte ein fremdes Land auf einem fremden Kontinent betreten, das sie für ein exotisches Paradies voll märchenhaftem Reichtum hielt, wie geschaffen, um darin aus Wunschträumen Wirklichkeit zu machen. Am 9. Juni 1866 verließ sie dieses Land wieder, nachdem sie hinter dem subtropischen Reiz nur Armut und Schmutz, Rückständigkeit und Korruption, Falschheit, Aufruhr und blutigen Kleinkrieg kennengelernt hatte. Den Traum vom Paradies träumte sie trotzdem weiter.

Als Kaiserin Charlotte am 8. August 1866 in Saint-Nazaire wieder europäischen Boden betrat, begann ein Leidensweg, der nicht weniger als 60 Jahre dauern sollte. Napoleon und Eugenie, ihr belgischer Bruder Leopold und ihr österreichischer Schwager Franz Joseph, alle, die Charlotte enttäuschen sollten, würden vor ihr sterben; sie würde die Kaiserreiche der Bonaparte und der Habsburger überleben, als ein Gespenst aus einer halb vergessenen Vergangenheit würden die Menschen des 20. Jahrhunderts die uralte Frau betrachten; – Kaiserin eines mexikanischen Kaiserreiches, das es irgendwann einmal kurze Zeit gegeben hatte. Wer wußte schon genau, wann das war, und wie?

In Saint-Nazaire erhielt Eugenie die Nachricht von der österreichischen Niederlage bei Königgrätz. In Saint-Nazaire erhielt sie auch die telegraphische Absage Napoleons, der sich hinter Krankheit verschanzte, um dem mahnenden Gewissen aus Übersee nicht entgegentreten zu müssen. Charlotte fuhr trotzdem nach Paris, erzwang eine feindselige Unterredung mit Napoleon und Eugenie, verließ sie zutiefst enttäuscht, ohne das vorbereitete Essen eines Blickes zu würdigen. Ein zweites Gespräch endete ebenso erfolglos. Napoleon konnte und wollte nicht helfen. Nach Brüssel oder nach Wien zu gehen lehnte sie jetzt ab. Alle hatten sie ihren geliebten Max verraten und im Stich gelassen. Letzte Hoffnung: Rom. Der Papst. Ihrer Umgebung begann eine gewisse Verwirrtheit aufzufallen. Die Briefe, die sie an Maximilian nach Mexiko schrieb, schäumten über vor Begeisterung für ein Paradies, von dem sie wußte, wissen mußte, daß es nicht vorhanden war. Zweckoptimismus oder schon Geistesverwirrung?

Im September 1866, in Bozen, auf dem Weg nach Rom, weigerte sich Charlotte zum erstenmal, Nahrung zu sich zu nehmen. Atembeklemmung, Herzklopfen, nervöse Zuckungen. Zum erstenmal behauptete sie, man wolle sie vergiften. Am 27. September küßte die Kaiserin im Vatikan den Fischerring Pius' IX. Dann versetzte der Papst der jungen Frau den seelischen Todesstoß. Er könne ihr nicht helfen, sagte er ihr klipp und klar, und er könne auch Napoleon nicht dazu bewegen, ihr zu helfen.

Da fiel Charlotte plötzlich vor Pius auf die Knie, weinte, schrie: Alles trachte ihr nach dem Leben, wolle sie vergiften, wolle sie ermorden, auf Napoleons Befehl!

Eine Szene, wie der Vatikan sie noch nicht erlebt hatte. Der päpstliche Hofstaat lief zusammen, zog die Tobende von den Füßen des fassungslosen Papstes weg. Im Hotel schloß Charlotte sich in ihr Zimmer ein, aß nicht, jagte ihre Begleitung fort.

Am nächsten Tag schien ihr Zustand wieder normal. Der Papst stattete ihr einen kurzen Gegenbesuch ab, zog sich so schnell wie möglich wieder zurück, um der Peinlichkeit einer neuen Szene zu entgehen. Er entging ihr nicht. Am 30. September stürmte Charlotte förmlich den Vatikan, warf sich Pius erneut zu Füßen. Wieder Tränenströme, Weinkrämpfe. Der Papst soll alle verhaften lassen, jeder will sie vergiften. Sie aß nicht, sie trank nicht, sie weigerte sich zu gehen. Heißhungrig schluckte sie schließlich ein paar Bissen vom Teller einer Hofdame. Aber gehen wollte sie auch am Abend nicht. In einem Bibliotheksraum schlug man ihr schließlich ein Bett auf; – die erste Frau, die offiziell in den Privatgemächern eines Papstes übernachtete. Zuckend und schreiend, von Weinkrämpfen geschüttelt, von Hunger und Durst gequält, wurde die noch immer schöne junge Frau schließlich in die Zwangsjacke gesteckt. Eine Katze mußte von ihrem Teller kosten, Hühner mußten vor ihren Augen geschlachtet und zubereitet werden, wenn Charlotte essen sollte. Zwischendurch schrieb sie Urteile über vermeintliche Verräter und angebliche Giftmörder.

Zuerst brachte man die Geistesgestörte nach Miramar, schließlich zu ihren Verwandten nach Belgien. Die Wirklichkeit rundum erfaßte sie nicht mehr. Die Nachrichten von Bazaines Abzug aus Mexiko, von Maximilians Niederlage, Gefangenschaft, Todesurteil und Hinrichtung in Queretaro hat Charlotte niemals ganz wahrgenommen. Sie lebte noch bis 1927; – unermeßlich reich durch die Erbschaft nach ihrem Bruder, ein zerstörter Geist in einem erstaunlich robusten Körper, den man sechzig Jahre lang von einem Königsschloß zum nächsten, von einem Kurort zum anderen schleppte. In der Phantasie der Kranken hörte auch Maximilian nicht auf zu leben; nicht nur als Kaiser von Mexiko, sondern als unumschränkter Beherrscher des Weltalls. »Plus ultra« – über Karl V. noch hinaus, in dessen Reich die Sonne einst nicht unterging.

Legenden rankten sich schon zu ihren Lebzeiten um Charlotte von Mexiko. Im Vatikan, hieß es, hätten die Ärzte bereits eine Schwangerschaft an der Tobenden festgestellt. Das Kind, hieß es, sei am 12. Januar 1867 geboren worden, in Belgien. Es sei jenes Waisenkind gewesen, das der Notar Weygand unter dem Namen Maxime Weygand großgezogen habe – später Chef des Generalstabs und Generalissimus der französischen Armee.[7] Wer aber wäre der Kindesvater gewesen? Doch nicht der offensichtlich zeugungsunfähige Kaiser!

Der Journalist Egon Erwin Kisch, während des Zweiten Weltkrieges Emigrant in Mexiko, ging den Legenden nach und konstruierte die Möglichkeit, Charlotte sei knapp vor ihrer Abreise aus Mexiko im Rausch mißbraucht worden. In Mexiko wuchern die Wunderkräuter, und der Handel mit Zaubermitteln blüht. Und die Legende hielt sich, Charlotte habe sich von einem Kräuterweib einen Liebestrank brauen lassen, um doch noch ein Kind von ihrem Max zu bekommen. Im Rausch der Droge sei sie dann mißbraucht worden – probates Mittel der Quacksalber, den »Erfolg« ihrer Zaubertränklein sicherzustellen! Teyhuinti, ein aus einem Pilz gewonnenes Rauschgift, das den Geist zerstört und dabei den Körper kräftigt, soll den Irrsinn Charlottes hervorgerufen haben.[8] Einen dokumentarischen Beweis für alle diese höchst unglaubwürdigen Gerüchte und Legenden ist die Historie bis heute schuldig geblieben. Was blieb, war die Tragödie einer leidenschaftlich liebenden, vom Ehrgeiz verblendeten, besessenen Träumerin.

Kapitel 10

Mayerling und kein Ende

Kronprinzessin Stefanie und Mary Vetsera

Noch einmal belgische Verwandtschaft?
Kaiserin Elisabeth gegen die Heiratspläne
Hoffnungen und Enttäuschungen der Kronprinzessin Stefanie
Rudolf und Johann Salvator
Die Affäre Milli Stubel
Die große Verschwörung der erzherzoglichen Rebellen
Ein Brief an den Papst
Marie Larisch und Mary Vetsera
Eine zänkische Ehefrau und eine aufdringliche Geliebte
Skandal in der deutschen Botschaft
Die Nacht mit Mizzi Kaspar
Mary Vetseras Verschwinden
Die letzten Stunden in Mayerling
Johann Orth und Milli Stubel verlassen Wien
Die Dienstbotenlegende bemächtigt sich einer Tragödie
Der ungeklärte Fall

Stefanie von Belgien sollte sich später immer wieder an einen Maientag des Jahres 1878 erinnern. Im Wäldchen von Soignies wurde an diesem Tag der neue Rennplatz von Brüssel eröffnet. Alle protokollarischen Gepflogenheiten und seinen ganzen Stolz beiseite schiebend, ließ der belgische König Leopold II. während der Eröffnungsfeierlichkeiten seine Hofgesellschaft glatt stehen und marschierte hinüber zum Sattelplatz. Hier trat er geradewegs auf den österreichisch-ungarischen Gesandten Graf Bohuslav Chotek zu und tat ihm die Ehre an, ein Gespräch mit ihm zu beginnen. Auf dem Rennplatz machte es schnell die Runde, daß der König sich in schmeichlerischer Weise begeistert über den wirtschaftlichen und kulturellen Aufschwung der Donaumonarchie und vor allem über den persönlichen Anteil des Kaisers an allen Zeichen des Fortschritts geäußert habe.[1]

Die demonstrative Geste der Schmeichelei ging über die diplomatische Höflichkeit weit hinaus. Wer Leopold kannte, der wußte, daß dieser eiskalte Rechner nichts ohne Überlegung tat. Sogar der kleinen, blonden Stefanie kam der Vorfall bemerkenswert vor. Welche Bedeutung er für sie persönlich hatte, sollte sie allerdings erst später erfahren. Der belgische Hof plante ein neues Arrangement mit dem Hause Österreich. Als Opfer war Stefanie ausersehen. Daß der Ausdruck »Opfer« durchaus zutraf, stellte sich auch sehr schnell heraus. Der vorgesehene Bräutigam war Kronprinz Rudolf. Stefanie sah den Mann ihrer Zukunft zum erstenmal, als alles schon längst abgesprochen war. Von Liebe sprach auch bei dieser Familienplanung wieder einmal kein Mensch. Leopold suchte ein politisches Übereinkommen; er war damals eben im Begriff, sein Kongogeschäft anzukurbeln. Der Hof in Wien wollte den nunmehr zwanzigjährigen Kronprinzen möglichst schnell unterbringen. Er bereitete seiner Umgebung Kopfzerbrechen; er war frühreif in jeder Hinsicht. Seine ersten Liebesabenteuer nahm man nicht weiter ernst, wohl aber seine geistige Entwicklung. Allzu deutlich zeigte sich bereits, daß er von seines Vaters System nichts hielt. In seinen Augen war die Monarchie kein Hort der Legitimität, sondern ein Hort der Reaktion. Das Bündnis von Adel und Klerus hielt er für eine Verschwörung, das Volk niederzuhalten; Religion schien ihm überhaupt ein Mittel der Volksverdummung.

Unreife Ideen eines Halbwüchsigen? Der Kaiser nahm jedenfalls an, eine frühe Ehe könne nicht schaden. Groß war die Auswahl an standesgemäßen katholischen Kandidatinnen nicht. Rudolf wurde nach Sachsen geschickt. Die Prinzessinnen dort waren so reizlos wie nur möglich; von denen wollte er keine haben. Bayern? Schon wieder Bayern, wo man doch mit den Wittelsbachern ohnehin kreuz und quer verschwägert war? Dort erlebte man gerade erst die Tragödie eines geistesverwirrten Königs und seines geisteskranken Bruders. Nur keine Wittelsbacherin! An eine der vielen in der Monarchie herumschwirrenden italienischen Emigrantinnen wollte man einen Kronprinzen schließlich nicht »vergeuden«. Blieben also nur noch Spanien und Belgien; – und Belgien schien vorteilhafter wegen der Familienbindungen des Hauses Coburg.

Elisabeth war nicht gerade begeistert. Das Gespenst der geistesverwirrten Charlotte stand noch deutlich vor Augen. Ihr maßloser Ehrgeiz, sagte man sich jetzt, habe Maximilian ins Unglück getrieben. Außerdem gab es schon eine Belgierin der nächsten Generation in Wien: Louise, Nichte der unglückseligen Charlotte, älteste Tochter des Königs Leopold; und diese Louise war nicht gerade eine Reklame für ihre jüngere Schwester Stefanie.

1875 hatte Louise den Prinzen Philipp von Sachsen-Coburg-Gotha geheiratet; den Enkel jenes Prinzen Ferdinand, der anno dazumal der schönen und reichen Magnatentochter Antonia Koháry zuliebe nach Österreich übersiedelt war. Seither saß dieser Coburger Familienzweig in Wien und lebte vom Koháry-Erbe. Dieser Philipp war ein Problem für sich; ein unvorstellbarer Geizhals, trotz seines Reichtums, und ein Tyrann. Das Palais Coburg in Wien mußte ein Alptraum für eine junge Frau sein. Philipp sammelte Ostasiatika; die düsteren Räume waren angeräumt mit Skulpturen; nicht selten obszöne Scheußlichkeiten, die ein junges Mädchen das Gruseln lehren konnten. Louise kam aus der eitlen putzsüchtigen Welt von Brüssels neuem Reichtum, wo man Paris an Eleganz noch zu übertrumpfen versuchte. Die Schulden, die sie ganz gegen Philipps Willen überall machte, waren bald Stadtgespräch. Nicht selten soll Kronprinz Rudolf bezahlt haben. Philipp war aber nicht nur ein Knauser; er galt auch als wenig liebevoller Ehemann. In der Hochzeitsnacht, erzählte man sich, sei Louise vor seiner Brutalität aus dem ehelichen Schlafgemach in den Park hinaus geflüchtet. Dem Kronprinzen gefiel die Belgierin sehr, wie übrigens eine Zeitlang auch dem intriganten kaiserlichen Bruder Ludwig Viktor. Schließlich machte ein junger Offizier namens Geza Mattachich das Rennen. Der Skandal war ungeheuerlich; sogar der Reichsrat beschäftigte sich damit, nachdem man Louise, um diese Affäre einzudämmen, gegen ihren Willen in ein Sanatorium gesperrt hatte. Freiheitsberaubung mit allerhöchster Zustimmung! Mit der Coburger Verwandtschaft hatte Franz Joseph keine Freude.

Die Affäre der schönen Louise ging allerding erst viel später über die Skandalbühne des kaiserlichen Wien; über die junge Dame selbst aber gab man sich schon sehr bald nach der Heirat keinerlei Täuschung hin. Die Schuld mochte bei Philipp liegen, schön, aber er war schließlich der Mann; – eine Frau hatte nicht aufzumucken, sondern schweigend zu dulden. So hielt man es damals rund um die kaiserliche Familie.[2]

Louise war also nicht gerade eine Empfehlung für Stefanie, ihre Tante Charlotte war es schon gar nicht. Die Kaiserin Elisabeth hätte gerne eine andere Schwiegertochter gehabt, aber sie hielt sich auch mit diesem Problem, wie mit allen andern, nicht lange auf. Sie war ohnehin meistens nicht da, wenn Entscheidungen getroffen wurden. Die Nachricht von der Verlobung ihres einzigen Sohnes erreichte sie telegraphisch in London.

Die blutjunge Stefanie war weder so schön wie ihre Tante und ihre Schwester, noch besaß sie Charlottes Ehrgeiz oder Louises Leidenschaftlichkeit. Später sollte sich herausstellen, daß sie auch nicht sehr klug war, dafür aber eitel. Nicht stolz; mit echtem Stolz hätte sie vielleicht voll Anstand manche Klippe umschiffen können. Aber statt ein wenig angenehmes Schicksal stolz – und schweigend – zu tragen, trieb verletzte Eitelkeit sie immer wieder dazu, am falschen Platz und im falschen Augenblick den Mund aufzumachen, so daß sie mit ihrem Greinen, ihrem Hochmut und ihren kleinlichen Beschwerden sehr bald vielen Leuten in Wien auf die Nerven fiel.

1880 kam Rudolf nach Brüssel, um die Auserwählte zu begutachten. Die Eltern informierten Stefanie über die geplante Heirat. Leopold gab seiner Tochter 24 Stunden Zeit, sich die Sache zu überlegen. Die Bedenkzeit war eine Formalität; Leopold war nicht der Familienvater, der ein Nein seiner Tochter akzeptiert hätte, sobald er einmal eine Sache als abgemacht betrachtete.

Stefanie war nicht sehr klug, wie gesagt, aber auch nicht so dumm, daß sie nicht erfaßt hätte, welches elende Leben ihre Mutter an der Seite ihres Vaters führte. Auch so eine von der Staatspolitik arrangierte Fürstenehe! Stefanie war auch nicht so unerfahren, um zu erkennen, wie wenig Glück die Verbindung mit dem Wiener Hof ihrer Tante Charlotte und ihrer Schwester Louise gebracht hatte. Immerhin konnte sie sich eines sagen: Ob glücklich oder unglücklich, ob mit oder ohne eheliche Liebe, sie würde einmal Kaiserin werden.

Kaiserin!

Eine Sechzehnjährige ohne besondere Geistesgaben, ohne große seelische Ansprüche, dafür aber voll Eitelkeit und mit einer gehörigen Portion Arroganz bedacht, leistet da nicht viel Widerstand. Stefanie stimmte zu.

Sie hat ein halbes Jahrhundert später ihre Memoiren schreiben lassen.[3] Darin wurde viel gefaselt von der »hohen Sendung, sein Volk zu lieben«, und von der »erhabenen Mission, Schmerzen zu lindern, Tränen zu trocknen . . .« Wer Stefanies Lebensweg betrachtet, findet heute kaum einen Hinweis darauf, daß sie, wie sie es später ihre Leser glauben machen wollte, die gütige Landesmutter geworden wäre. Die erste Begegnung mit dem Mann ihres Schicksals kam am 6. März 1880 in einem Empfangssalon der belgischen Königin zustande. In ihren Memoiren ließ sie diesen Moment eingehend schildern.

»Der Kronprinz trat ein. Er trug die Uniform eines österreichischen Obersten mit dem Großkreuz des Stephansordens und das Goldene Vlies. Mein Herz schlug zum Zerspringen – ich glaubte, daß man es durch die Kleider pochen sehen könne. Nachdem sich der Kronprinz verneigt hatte und von allen Mitgliedern der Familie begrüßt worden war, näherte er sich mir. Mein Vater stellte ihn mir mit einigen liebenswürdigen Worten vor, einfach und natürlich – wie es seine Art war, wenn es galt, schwierige Situationen zu überbrücken. Das Auftreten des Kronprinzen war vollendet und sicher. Er küßte mir die Hand, sprach mich deutsch an und erzählte mir von meiner Schwester Louise, die er verehre. Dann sagte er mir einige schmeichelhafte, aber sehr förmliche Worte, und schon nach wenigen Minuten stellte er die große Frage, die über unsere Zukunft entscheiden sollte.

Hierauf reichte er mir den Arm, und so näherten wir uns meinen Eltern und baten sie, unsere Verlobung zu segnen. Hocherfreut küßten sie ihren zukünftigen Schwiegersohn und erlaubten uns, fortan Du zu sagen . . . Der Kronprinz war ungefähr von gleicher Größe wie ich. Man konnte nicht sagen, daß er schön war, jedoch war er mir nicht unsympathisch. Der Ausdruck seiner kleinen, hellbraunen Augen war intelligent, aber sein Blick hart und unstet; er vertrug nicht, daß man ihm in die Augen sah. Um den von einem schwachen Schnurrbart überschatteten breiten Mund hatte er einen seltsamen, schwer zu deutenden Zug . . .«[4]

Kaiserin Elisabeth kam von ihrer Englandreise gerade noch zurecht nach Brüssel, um einen Teil der Verlobungsfeierlichkeiten mitzumachen. Sehr glücklich schien sie über die Verbindung nicht zu sein. Stefanie erwähnte dann in ihren Erinnerungen, erst später habe sie erfahren, daß Rudolf auf diese Brautschau eine Geliebte mitgenommen hatte. Im übrigen war bei dem Empfang, der zu Ehren des Brautpaares in der österreichisch-ungarischen Gesandtschaft gegeben wurde, auch die damals zwölfjährige Komtesse Sofie Chotek anwesend.

Niemand ahnte, welche Weichen dem Schicksal gestellt wurden.

»Rose von Brabant« wurde die Braut von den Belgiern genannt. Die Wiener lernten sie bei einem Volksfest im Prater im Mai 1881 kennen; das Gedränge der Menschenmassen war so groß, daß die 62 Hofequipagen hilflos in der Menge eingekeilt waren. Soldaten mußten schließlich den Weg frei machen. Hochzeitstag war der 10. Mai. Stefanie behauptete später, sie habe sich wie eine Märtyrerin gefühlt: »Welche Nacht! Welche Qual, welcher Abscheu! Ich hatte nichts gewußt, man hatte mich als ein ahnungsloses Kind zum Altar geführt. Meine Illusionen, meine jugendlichen Träumereien waren vernichtet. Ich glaubte, an meiner Enttäuschung sterben zu müssen . . . Nur ein Gedanke beherrschte mich: Fort!«[5]

Ob Stefanie wirklich so ahnungslos in die Ehe gegangen war, wie sie später wortreich tat, sei dahingestellt. Tatsächlich scheint das Unglück dieser Ehe schon in der Hochzeitsnacht begonnen zu haben. Rudolf, bisher von zärtlichen, hingebungsbereiten Frauen verwöhnt, dürfte jedenfalls von dieser »Rose«, die ihm die hohe Politik da ins Ehebett gelegt hatte, nicht weniger enttäuscht gewesen sein als sie von ihm.

Die Umgebung selbst war schon deprimierend genug: Schloß Laxenburg, Lieblingsaufenthalt des Kaisers Franz, während eines ungewöhnlich kalten Mai; und eine Hochzeitsnacht am Tage der Eismänner, mit Schneeregen vor den Fenstern:

»Unsere Räume, zu denen wir sogleich geführt wurden, lagen im Blauen Hof, gegenüber der Schloßkirche. Ich erwartete schöne, freundliche Appartements. In allen Zeitungen war zu lesen gewesen, es seien vierzehn Gemächer, welche man seit Wochen renoviert und neu möbliert habe. Als wir in die für uns vorbereiteten Gemächer traten, schlug uns eine modrige, atemberaubende eisige Kellerluft entgegen. Nicht eine blühende Pflanze, keine Blume, um meine Ankunft zu feiern, um etwas Freude und Heiterkeit in diese ungenügend erleuchteten Zimmer zu bringen! Nichts schien hergerichtet. Nirgends lagen weiche, schmeichelnde Teppiche, kein Toilettetisch, kein Badezimmer, nur ein Lavoir auf einem dreibeinigen Schemel . . . als habe niemand daran gedacht, der jungen Frau ein Heim zu bereiten, das der künftigen Kaiserin von Österreich würdig war.«[6]

Die arrogante kleine Belgierin mit ihren 17 Jahren, verwöhnt vom protzigen Aufwand des Brüsseler Geldkönigtums, stand vom ersten Tage an verständnislos einem Hof gegenüber, den ein halbes Jahrtausend Weltherrschaft geprägt hatte. Ein Monarch, der auf einem eisernen Feldbett schlief, nötigte dem jungen Ding keinen Respekt ab, im Gegenteil: »Niemand am Wiener Hof, nicht einmal das Herrscherpaar, hatte Interesse an alten Gemälden, antiken Möbeln, Tapisserien und Kunstgegenständen. Alle Veränderungen, die ich vorschlug, wurden abgelehnt; sie riefen das Entsetzen der Hofleute hervor, welche diese häßlichen Möblements, die dem Geschmack der siebziger Jahre entsprachen, bei weitem den herrlichen Antiquitäten vorzogen, die reichlich in den Hofmobiliendepots vorhanden waren. Maßgebend für diese Haltung waren die persönliche Schlichtheit des Kaisers und die gänzlich anders gearteten Interessen der Kaiserin. Es gab in der Hofburg weder Badezimmer noch Wasserklosetts, nicht einmal eine Wasserleitung. Beim Waschen bediente ich mich einer Gummiwanne, vor welcher auf zwei Holzschemeln große gefüllte Eimer standen, mit denen ich mich überschütten lassen konnte. Das schmutzige Wasser und die Leibstühle wurden durch die Gänge an allen zufälligen Passanten vorbeigetragen . . . Das Essen war derb und sagte mir keineswegs zu, aber es gab eine ziemliche Revolution, als ich mir einen französischen Koch engagieren ließ . . . Abscheuliche Petroleumlampen, die nach wenigen Stunden erloschen, verbreiteten einen üblen Geruch; ein Rußregen fiel in allen Zimmern oder die Zylinder sprangen.«[7]

Stefanie war nicht nur bitter enttäuscht; sie enttäuschte auch ihrerseits. 1883 kam das erste Kind zur Welt; ein Mädchen. Die ungewöhnlich schwere Geburt dauerte nicht weniger als 26 Stunden. Rudolf war betroffen, weil es kein Knabe war, und Stefanie konstatierte, daß er sich mehr und mehr von ihr entfernte. Es gab auch wirklich nichts, was die beiden seelisch und geistig miteinander verbunden hätte. Dem Kronprinzen war die so sehr auf Äußerlichkeiten versessene, von Standesdünkel getriebene junge Frau zuletzt nur noch ein Greuel:

»Leider verstand der Wiener Hof weder den hohen Adel zu schätzen noch ihn an sich zu ziehen. Einige Mitglieder der kaiserlichen Familie ausgenommen, hatten weder der Kaiser noch die meisten Erzherzoge Sympathie und Verständnis für den Adel. Seine Selbständigkeit, seine Stellung, sein stolzes Auftreten erregten Mißfallen. Es war ein großer Fehler, sich den Adel zu entfremden. So verlor er gegenüber Dynastie und Volk an Bedeutung. Auch der Kronprinz hatte für den Adel nicht viel übrig . . . Er schilderte die österreichische Aristokratie als eine zwar mächtige, aber untätige und verfallene Gesellschaftsschicht, welche sich vom Staats- und Militärdienst zurückhalte, um ein Nichtstuerleben zu führen . . . spurlos gingen die Probleme der Zeit an den Trägern der großen Namen vorüber.«[8]

Der überheblichen Coburgerin Stefanie fehlte die innere Größe, ihr Schicksal zu tragen, und ebenso fehlte ihr die Leidenschaft ihrer Tante Charlotte, es zu ändern. Sie jammerte über die Tatenlosigkeit, zu der sie als Kronprinzessin verurteilt war, und gleichzeitig über ein Übermaß an offiziellen Verpflichtungen, zu denen das Protokoll sie abkommandierte. Vergeblich wartete die ganze Monarchie nach der ersten Tochter Elisabeth auf ein weiteres Kind, einen Sohn. Der Thronerbe blieb aus; – mehr und mehr fühlte Stefanie sich als unnützes Anhängsel, und aus den Blicken der kaiserlichen Familie meinte sie den Vorwurf herauszulesen, wofür sie eigentlich da sei, wenn sie keinen Buben zur Welt brachte.

Niemand konnte natürlich genau sagen, wo die Schuld lag, aber Stefanie suchte sie natürlich bei Rudolf, bei seinem ausschweifenden Lebenswandel, und diesen Lebenswandel machte sie auch für die häufigen Krankheiten verantwortlich, an denen Rudolf in der zweiten Hälfte der achtziger Jahre litt. Der Kronprinz nahm seine militärischen Verpflichtungen ernst – es war die einzige Betätigung, die der Kaiser dem Sohn überhaupt zugestand –, doch Stefanie betrachtete Rudolfs Eifer nur als einen Vorwand, um ihr möglichst aus dem Weg zu gehen. Ganz anders als Charlotte, hat sie die Tragödie eines jungen, tatendurstigen Thronerben im Schatten eines harten Alleinherrschers nie ganz begriffen. Sie wanderte von Kurort zu Kurort, hoffte auf das Wunder einer neuen Schwangerschaft, die ihre Position gebessert hätte, und beschwerte sich darüber, daß Rudolfs Briefe »in ihrer immer gleichen, zur Gewohnheit gewordenen Form, nicht Wärme zu vermitteln« verstanden. »In der Folge kam es vor, daß der Kronprinz erst frühmorgens in einer unerfreulichen Verfassung nach Hause kam. Unter solchen Umständen war ein wirkliches Zusammenleben nicht mehr möglich, mein ganzes Wesen empörte sich dagegen.«[9]

Im Schatten des Doppeladlers spielte sich letztlich nichts anderes als eine Spießbürgertragödie ab; eine eifersüchtige, zänkische Ehefrau führte einen täglichen Kleinkrieg gegen einen enttäuschten Ehemann, der in den Armen irgendwelcher Geliebten Abwechslung und Vergessen suchte. Die Verbindung des Kronprinzen Rudolf mit Stefanie von Belgien wäre dennoch nur eine der vielen verpfuschten Fürstenehen geworden, hätte die Politik ihr nicht am Schluß die Wende zur erschütternden Haupt- und Staatsaffäre gegeben. Dazu allerdings war noch eine zweite erzherzogliche Liebesgeschichte erforderlich.

Ludmilla Stubel war 15 Jahre alt, ein kleines Wiener Mädel von der Wieden und Elevin beim Hofopernballett, als ihr das Schicksal in Gestalt des Erzherzogs Salvator über den Weg lief. Die ältere Schwester, eine einigermaßen erfolgreiche Sängerin, hatte schon so ihre Affären, und es schien, als sollte die Jüngere einen ähnlichen Weg gehen. Einem Mädchen vom Ballett nahm niemand eine Liebschaft mit einem feinen Herrn übel; so was galt geradezu als standesgemäß. Auch einem Erzherzog warf man derlei

Amüsement nicht vor, solange die Angelegenheit im üblichen Rahmen blieb. Dieser übliche Rahmen: Das war eben eine Liebschaft auf kürzere oder auch längere Zeit, die damit begann, daß der hohe Herr dem kleinen Mädel eine nette, allzeit zugängliche Wohnung einrichtete, und die damit endete, daß er ihr die Aussteuer bezahlte, sobald sie einen braven Bürger heiratete. Mit Ludmilla Stubel, auch Milli oder Miltschi genannt, würde es nicht anders verlaufen – so nahmen es zumindest alle an, die von der zärtlichen Affäre des jungen Erzherzogs mit der kleinen Ballettratte erfuhren.

Bei Johann Salvator jedoch blieb nichts im üblichen Rahmen. Er war der jüngste Bruder jenes letzten Großherzogs von Toskana aus dem Hause Habsburg-Lothringen, der als Ferdinand IV. im Geschichtsbuch stand und unter dem Namen »Nando« samt umfangreicher Verwandtschaft nach Österreich zurückkam, als durch die italienische Einigung die Nebenlinie der Toskana aus Florenz vertrieben wurde. Am Hungertuche nagen mußte deshalb keiner!

Nando ließ sich im Salzkammergut nieder und begnügte sich fortan damit, in den Sommermonaten eine kleine Flotte von Segelschiffen auf dem Traunsee zu kommandieren; einzige Erinnerung an die so heißgeliebte ligurische Küste der Toskana. Seine Kinderschar sorgte später für eine Reihe von Skandalen, die dem Kaiser Franz Joseph sein Alter vergällten.[10] Johann Salvator und seine Mutter, eine Bourbonin aus dem Hause Neapel-Sizilien, nahmen auf Schloß Orth im Traunsee Quartier. Im naßkalten Wetter des Salzkammergutes hat sich die Süditalienerin nie zurechtgefunden, mochte sie auch der Traunstein vor den Fenstern ihres Wasserschlosses mitunter an die bis in den Frühling hinein schneebedeckten Gipfel des Apennin nordwestlich von Florenz erinnern. Johann Salvator seinerseits fand sich mit der Statistenrolle eines Erzherzogs in Offiziersuniform niemals zurecht. In seinem Tatendrang war er Maximilian von Mexiko ähnlich; aber wo des Kaisers Bruder ein unreifer Träumer war, dort erwies sich Johann Salvator als kühler Beobachter und harter Nehmer. Der Schwärmer Maximilian war sich seiner selbst nie sicher und suchte sich immer Hintertüren und Sicherheiten in Reserve zu halten. Johann Salvator war wagemutig bis zum Exzeß einer Verschwörung auf Leben und Tod.

Mit 23 Jahren verfaßte er eine militärpolitische Studie, in der er Organisation und Bewaffnung der österreichischen Artillerie in Grund und Boden verdammte. Mit durchaus sachlichen Argumenten. Der Kaiser war empört, der Skandal war ungeheuerlich. In Anwesenheit der Erzherzoge Albrecht und Wilhelm ging ein allerhöchstes Donnerwetter über Johann Salvator nieder; der Aufmucker wurde strafweise zur Infanterie versetzt, und ein bitterböses kaiserliches Rundschreiben an alle männlichen Familienmitglieder wurde als Warnung und Drohung für jene aufgefaßt, die möglicherweise gleich Johann Salvator reformerischen Ehrgeiz entwickeln sollten. Über ein Vierteljahrhundert lang, bis Franz Ferdinand, hat es auch kein Erzherzog mehr gewagt, aufzubegehren.

Johann Salvator allerdings wurde 1875 nicht zurechtgebogen. 1883, jetzt Feldmarschalleutnant und Divisionär in Wien, hielt er vor dem Offizierskorps einen Vortrag

»Drill oder Erziehung«, und damit machte er womöglich noch größeres Aufsehen als seinerzeit mit seiner Broschüre über die Artillerie.[11]

1878, während der Okkupation Bosniens, hatte Johann Salvator mit großem militärischem Geschick und ungewöhnlicher persönlicher Tapferkeit ein Kommando geführt; mit Unterstützung des Außenministers Graf Andrassy bemühte er sich um das Amt eines Gouverneurs von Bosnien – vergeblich. Dem Kaiser war dieser junge Mann unheimlich. Acht Jahre später stürzte sich Johann Salvator Hals über Kopf in eine undurchsichtige Balkanintrige um den bulgarischen Fürstenthron, brachte damit die offizielle österreichisch-ungarische Außenpolitik in beträchtliche Schwierigkeiten und machte sich den Kaiser endgültig zum Feind. Und noch eines tat dieser Johann Salvator, was den Kaiser zutiefst treffen mußte: Er befolgte Franz Josephs ausdrücklichen Befehl nicht, sich von Milli Stubel zu trennen. Die ursprüngliche Liebschaft hatte sich nämlich zu einer offiziösen Affäre ausgewachsen. Johann Salvator ließ der Tänzerin Sprachunterricht erteilen, er stellte sie als Beschließerin seines Junggesellenhaushaltes an; er lebte ganz ungeniert mit ihr zusammen. Aus der Liaison war eine Liebe geworden, die den Hof ernsthaft befürchten ließ, der Toskanaprinz könnte das Mädel aus dem Opernballett eines Tages womöglich noch heiraten.

In jeder Hinsicht war dieser Erzherzog ein Rebell. Fast zwangsläufig mußte er sich eines Tages mit einem anderen erzherzoglichen Rebellen zusammenfinden, dem gleich ihm die erzwungene Tatenlosigkeit unter der Fuchtel des Kaisers unerträglich schien. Der andere, das war der Kronprinz Rudolf. 1886, während der bulgarischen Thronambitionen Johann Salvators, hatte Rudolf noch empört gegen den Toskanaprinzen Stellung bezogen, weil er gegen den Kaiser opponierte. Und Johann Salvator wiederum hatte kein gutes Haar an Rudolf gelassen, der seine Tage mit Jagdabenteuern und Weibergeschichten vertrödelte. Dann aber, von 1887 an, führte die politische Entwicklung in der Donaumonarchie die beiden jungen Herren zusammen. Die große Verschwörung, die mit dem Selbstmord des einen, mit der Verbannung und dem mysteriösen Verschwinden des anderen Rebellen endete, wäre dazu geschaffen gewesen, eines der spannendsten Kapitel der Weltgeschichte zu schreiben. Eine kleine Baronesse mittelguter Herkunft und nicht allzu guten Rufes brachte es zustande, die Staatsaffäre einer Großmacht so intensiv mit einer billigen Dienstmädchengeschichte zu überdecken, daß am Ende nur noch ein Dreikreuzerroman übrig blieb.[12]

Baronesse Mary Vetsera war 17 Jahre alt und keineswegs mehr taufrisch, als sie den Lebensweg des Kronprinzen Rudolf kreuzte. Der Vater stammte aus dem niedrigen ungarischen Beamtenadel; als Attaché war er 1887 in Kairo gestorben.[13] Die Mutter war eine Levantinerin, Tochter des reichen Bankiers Baltazzi aus Smyrna. Die Brüder der Elena Baltazzi taten sich als Pferdezüchter hervor; das sicherte ihnen ein gewisses Interesse der Kaiserin Elisabeth. Der schönen Elena Baltazzi, der man die Levantinerin von weitem ansah, sagte der Wiener Gesellschaftsklatsch Beziehungen zum Erzherzog Wilhelm, dem Großmeister des Deutschen Ritterordens, nach – das führte später dazu, daß in der Flut von Gerüchten auch eines auftauchte, wonach die kleine Mary das illegale Kind eines allerhöchsten Vaters sei, womöglich sogar des Kaisers Franz Joseph.

Diese kleine Mary hatte ihr erstes Erlebnis schon als Halbwüchsige in Kairo. Als die mit Mutter und Schwester nach dem Tode des Vaters nach Wien zurückkehrende Baronesse in der Wiener Gesellschaft auftauchte, wurde das durchaus reife Kind als willkommene Bereicherung betrachtet: Eine von den jungen Damen aus jener neureichen Welt der Wiener Ringstraßenzeit, der man auf dem Rennplatz, in der Oper und bei den Nobelbällen begegnete, nur nicht bei Hofe. Denn: Mochte der Kaiser Franz Joseph auch so manchen Bierbrauer oder Seidenfabrikanten in den Adelsstand erheben, wenn er nur genügend große Spenden für wohltätige Zwecke vorweisen konnte, mochte auch der Erzherzog Wilhelm die schöne Elena Baltazzi, verehelichte Vetsera, einst verehrt haben, mochte einer der Brüder Baltazzi auch Züchter eines englischen Derbysiegers gewesen sein – die letzte Hürde der Hoffähigkeit war für eine Baronesse Vetsera nicht zu nehmen. Sie mußte sich auf Hintertreppen einschleichen; und dann landete sie bestenfalls im Schlafzimmer des Kronprinzen, aber ganz sicher nicht im Audienzsaal.

Schon Mama Elena war in jüngeren Jahren hinter dem Kronprinzen Rudolf hergewesen, allerdings erfolglos.[14] Ein Jahrzehnt später setzte sich die kleine, ein wenig dunkelhäutige, zu orientalischer Üppigkeit neigende Tochter Mary den Kaisersohn in den ehrgeizigen Schädel. Die Gräfin Marie Larisch jedenfalls, die Nichte der Kaiserin Elisabeth, die selbst einst heftigst an Rudolf interessiert war, scheint vermöge ihrer Bekanntschaft mit den Damen Vetsera die ersten Kontakte hergestellt zu haben.[15] Vermutlich bereitete es der in ihren eigenen Ambitionen stets zu kurz gekommenen intriganten Tochter des Prinzen Ludwig in Bayern und der Schauspielerin Henriette Mendel diebisches Vergnügen, der verhaßten, arroganten Kronprinzessin Stefanie eins auszuwischen, indem sie Rudolf zu einem billigen Liebesabenteuer verhalf.

Billig war die Affäre zweifellos. Rudolf mußte nicht werben, nicht erobern; die kleine Baronesse warf sich ihm an den Hals und liebte so aufdringlich, daß sie Rudolf schon recht bald auf die Nerven ging.

Die ganze Liaison dauerte nur wenige Wochen; von Ende 1888 bis zur Tragödie von Mayerling Ende Januar 1889. Und alles, was zu einer echten Dienstbotenlegende rund um den Kronprinzen Rudolf gehörte, spielte mit: Die doppelgesichtige Gräfin Larisch, die die Kupplerin spielte, der Leibfiaker Bratfisch, der die Baronesse in seinem »Unnumerierten« beförderte, die Seitentür der Hofburg beim Josephsplatz, durch die Mary Einlaß fand, der Kammerdiener Loschek, der die verschleierte Besucherin über den Dachboden in die Junggesellenwohnung des Kronprinzen schleuste – und natürlich der unglücklich-schöne Thronfolger selbst, der in den Armen einer leidenschaftlichen Geliebten seine verpfuschte Ehe vergaß.

Die äußeren Begleitumstände stimmten. Die große Liebe war Illusion. Zumindest dem Kronprinzen bedeutete Mary Vetsera nicht mehr als ein Abenteuer – eines von vielen. Auch Stefanie, die natürlich von der Affäre erfuhr, wie sie von fast allen Amouren ihres Ehemannes erfuhr, nahm Mary nicht weiter ernst. An einem Abend in der Hofoper präsentierte sich Mary, über und über mit Schmuck beladen, demonstrativ herausfordernd gegenüber der kaiserlichen Loge, in der Stefanie und Louise von Coburg saßen. Die Hofschranzen befürchteten schon einen Skandal, aber Stefanie tat der kleinen Levantinerin nicht die Ehre an, sie als Gegnerin anzuerkennen; sie betrachtete nur hochmütig-überlegen die Protzerei der kleinen Gans.

Einige Zeit später allerdings, bei einem Empfang in der deutschen Botschaft am 27. Januar 1889, schien Mary es darauf angelegt zu haben, die Kronprinzessin in einer Art zu provozieren, daß Stefanie den Affront nicht mehr übersehen konnte. Die Kronprinzessin ging durch die Säle, um den Hofknicks der Damen entgegenzunehmen. Eine der Damen, die in der langen Reihe standen, war Mary Vetsera. Links und rechts von ihr versanken die Prinzessinnen, Gräfinnen und Baroninnen so tief, wie es nur ging – Mary allein blieb aufrecht stehen und starrte Stefanie mit triumphierendem Lächeln an. »Wie zum Sprung bereite Tiger«, schilderte Marie Larisch die Szene.

Der Skandal blieb aus. Die zu Tode erschrockene Baronin Vetsera riß ihre Tochter gerade noch im allerletzten Augenblick am Arm förmlich zu Boden. Elena wußte genau, daß ein Runzeln der kaiserlichen Augenbrauen allein schon genügt hätte, der gesellschaftlichen Karriere der Familie Vetsera ein sofortiges Ende für immer zu bereiten – immerhin besaß sie noch eine Tochter und zwei halbwüchsige Söhne, die sie unterbringen mußte. Nur die völlig durchgedrehte Mary glaubte offenbar, sie sei eine echte, gleichwertige Gegnerin für Stefanie.

Mit ihr glaubte es später die Welt. Und als sich herausstellte, der Kronprinz habe in einem persönlichen Schreiben an den Papst um eine Lösung seiner unglücklichen Ehe gebeten, glaubte die Welt der Groschenromanleser allen Ernstes, Rudolf hätte versucht, Stefanie loszuwerden, um Mary Vetsera zu heiraten. Ausgerechnet diese Mary Vetsera, der er auf ihre Liebesbriefe hin zuletzt nur noch kaum verhüllte Absagen telegraphierte.[16]

Daß man im Bett des Kronprinzen wenige Tage nach dem Zusammenstoß in der deutschen Botschaft ausgerechnet diese Mary Vetsera als Leiche fand, war von Rudolfs Seite aus ein Zufall. Es hätte auch eine andere Frau sein können. Eine der letzten Nächte seines Lebens beispielsweise hatte der Kronprinz nicht mit seiner angeblichen »großen Liebe«, sondern mit der munteren Lebedame Mizzi Kaspar verbracht.

Diese Mizzi Kaspar – auch als Marie Caspar bekannt – war vielleicht die bemerkenswerteste unter den vielen schwül duftenden Blüten in der auswuchernden Ringstraßenzeit der Kaisermetropole. Sie figurierte abwechselnd als Schauspielerin, Sängerin, Tänzerin, von tatsächlichen Auftritten auf Wiener Bühnen allerdings hörte man nichts. Eine Kaufmannstochter, später Hausbesitzerin in der Heumühlgasse, »ein hübsches, süßes Mädel. der vollendete Typ einer Wienerin«.[17] Diese Mizzi kam aus dem Dunstkreis einer Frau Wolf, die im Wien der Makartzeit junge Damen an unternehmungslustige Herren vermittelte. Da es sich um Herren aus der besten Gesellschaft handelte, mußten die weiblichen Gespielinnen wirkliche junge Damen sein, oder sich zumindest so zu benehmen wissen. Die Kosten waren dementsprechend hoch. Aus dem Vorrat der Frau Wolf vermittelte Kronprinz Rudolf einmal, 1883, dem deutschen Erbprinzen und späteren Kaiser Wilhelm eine Partnerin und finanzierte sogar die Spesen des Abenteuers. 3000 Gulden. Der Kaiser Franz Joseph soll, als er davon erfuhr, schadenfroh gelächelt haben. Der Kaiser nämlich erfuhr auch solche Details aus dem Privatleben seines Sohnes, denn die polizeiliche Überwachung – zum Schutz des hohen Herrn, wohlgemerkt – war lückenlos. Als der Wiener Polizeipräsident Baron Krauss nach der Tragödie von Mayerling die Konfidentenberichte sortierte, wurden auch die Frau Wolf und ihr Schützling Mizzi Kaspar aktenkundig, und die Mayerling-Dokumente registrierten sogar, wieviel Trinkgeld der Kronprinz dem Hausmeister der Kaspar-Unterkunft gegeben hatte. Frau Wolf hielt über einen recht zwielichtigen Advokaten ständigen Kontakt mit der Polizei, ebenso allerdings diente sie auch dem Kronprinzen als Informantin, wenn prominente Besucher ihrer Damen beim intimen Zusammensein politische Indiskretionen von sich gaben. So etwas gab es also, wie das Beispiel zeigt, schon lange vor der Erfindung versteckter Mikrophone und heimlich eingeschalteter Tonbandgeräte.[18]

Die hübsche Mizzi Kaspar jedenfalls war mehr als nur eine flüchtige Partnerin des Kronprinzen. Auf seine Art mochte er sie wirklich; er nahm sie sogar als Begleitung auf manche militärische Dienstreise mit.

Und dieser Mizzi Kaspar schlug er dann im Dezember 1888 vor, gemeinsam aus dem Leben zu gehen.

Rudolf wollte nicht allein sterben; das war es. Die lebenslustige Mizzi Kaspar hatte anderes im Kopf. Mary Vetsera nicht. Die kleine Levantinerin mochte in den letzten Tagen ihres kurzen Lebens erkannt haben, daß sie den ungleichen Kampf gegen die Kronprinzessin doch nicht gewinnen konnte. Stefanie war zwar nicht gerade die »Rose von Brabant«, die sie selbst so gerne gewesen wäre, aber sie war eben doch viel mehr als die »flämische Bäuerin«, als die Mary sie sehen wollte. Der Abend in der deutschen Botschaft mochte ihr den unüberbrückbaren Unterschied deutlich gemacht haben, und damit begann für sie der Weg nach Mayerling. Leidenschaftlich und exaltiert, wie Mary nun einmal war, wollte sie wenigstens mit Rudolf sterben, wenn sie schon nicht mit ihm leben konnte. Eine neue Julia, so hoffte sie unsterblich zu werden durch ihren Tod an der Seite des Kronprinzen. Das schaffte sie auch.

Bleibt die Frage offen, was ihren Romeo in den Tod trieb.

Noch einmal zurück zum Empfang in der deutschen Botschaft am 27. Januar 1889. Auch Rudolfs Weg, der schließlich in Mayerling endete, nahm dort seine entscheidende Richtung. Für den Gesellschaftsklatsch war das stumme Duell zwischen Stefanie und Mary eine Augenweide, die Gesprächsstoff für die nächsten Tage versprach. Rudolf seinerseits sah an diesem Abend die politische Lawine auf sich zukommen. Schon der Anlaß des Empfangs war bedrückend für ihn. Der Empfang wurde zu Ehren des deutschen Kaisers gegeben, der seinen ersten Geburtstag nach der Thronbesteigung feierte. Wilhelm II. wurde 30 Jahre alt; damit war er ein Jahr jünger als Rudolf, und doch schon Kaiser, Herrscher über sein Reich. Rudolf hingegen sah sich noch für unbestimmte Zeit auf die Warteliste gesetzt; hinter Franz Joseph, der mit seinen 59 Jahren vor Gesundheit strotzte und von dem sich voraussagen ließ, daß er bei Lebzeiten die Zügel nicht aus der Hand geben würde. Rudolf vermeinte zu spüren, wie die Zeit ungenützt verrann; seine Zeit. Und er vermeinte zu erkennen, wie das Reich in die Katastrophe schlitterte; sein künftiges Reich. Den starren Konservatismus im Inneren der Vielvölkermonarchie hielt er für eine der Wurzeln heraufdämmernden Unheils; ebenso wie das Bündnis mit dem Deutschen Reich und die durch dieses Bündnis bestimmte Außenpolitik. Der Empfang in der deutschen Botschaft warf die drohenden Schatten der Zukunft besonders deutlich an die Wand – Rudolf zumindest glaubte sie zu sehen. Dieser Tag war Wahltag in Frankreich; der General Georges Boulanger war Sieger geblieben. Der Demagoge und Preußenhasser Boulanger, der den Rachekrieg für 1870/71 predigte – nach dem Wahlsieg lag ein Staatsstreich in der Luft, der alle Macht in Boulangers Hände geben würde, und damit drohte ein neuer deutsch-französischer Krieg, der Österreich als deutschen Verbündeten mit hinein in den Strudel ziehen mußte.

In Rudolfs Augen: Strudel des Unterganges. Zerfall der Monarchie; von innen heraus, nachdem der Anstoß von außen gegeben war. Denn – so sah Rudolf es eben – dem Krieg mit Frankreich würde der Krieg mit Rußland folgen, der niemals zu gewinnende Zweifrontenkrieg; das wäre die Gelegenheit für die Ungarn, die Doppelmonarchie endgültig zu sprengen.

Was ein Vierteljahrhundert später geschah, sah Rudolf hautnah für das Jahr 1889 kommen; und gerade an jenem 27. Januar stand Ungarn tatsächlich am Rande einer Revolution. Im Budapester Reichstag wurde um die neue Wehrvorlage gekämpft. Die chauvinistische Opposition tobte sich heiser gegen das kaiserliche Konzept. Ungarische Soldaten für den deutschen Krieg gegen Frankreich – nie! So hörte sich's in Budapest an. Am 25. Januar hatte der Oppositionsführer Graf Karolyi eine maßlose Rede gehalten; der Geist des Lajos Kossuth feierte in seinen Worten fröhliche Urständ; die Revolutionsstimmung von 1848 schüttelte Budapest gleich einem Fieber, die Revolutionsfahnen flatterten in den Straßen der ungarischen Hauptstadt, die Polizei stand hilflos den Zusammenrottungen gegenüber. Nächster Schritt war der Einsatz von Militär. Blutvergießen. Offener Aufstand!

Rudolfs Kontakte mit Pista Karolyi waren notorisch; ebenso seine Sympathien für die ungarische Opposition, die gegen die deutschfreundliche Kaiserpolitik rebellierte. Im Außenministerium auf dem Wiener Ballhausplatz gab es sogar einen Geheimakt »Reise Graf Pista Karolyi zum Kronprinzen Erzherzog Rudolf bezüglich Wehrgesetzvorlage im ungarischen Parlamente«. Der Akt ist später verschwunden, wie so viele Akten in Sachen Mayerling.[19] Später konnten die Historiker nur noch bruchstückweise die Indizien zusammentragen, die das Mosaik einer abenteuerlichen Verschwörung zeigen: Rudolf, und halb im Schatten hinter ihm der rastlose Johann Salvator, wie sie die Fäden spannen, um den Ausbruch des offenen Widerstandes in Ungarn zum Anlaß eines Staatsstreichs zu nehmen; Absetzung oder wenigstens völlige Entmachtung des Kaisers, Rudolfs Krönung zum König von Ungarn, Johann Salvators Bestellung zum Statthalter der österreichischen Staatshälfte; eine totale Umkehr der Reichspolitik, die sich nunmehr nach dem Südosten orientierten und ihr Ziel in der Schutzherrschaft über die Balkanstaaten bis Konstantinopel sehen sollte. Irgendwie war auch Rudolf ein Träumer und Phantast; wenn Maximilian der Illusion eines neuen Kaiserreichs ohne Sonnenuntergang nachging, dann Rudolf, vielleicht, unklar und kaum bewußt, der Illusion eines neuen Byzanz.[20]

Das alles ist Kombination aus übriggebliebenen Details; Konstruktion aus einzelnen, verstreuten Hinweisen, denn wenn dem Kaiser und seinem Apparat nach Mayerling *eines* gelang, dann war es die Vernichtung nahezu aller dokumentarischer Unterlagen für dieses Kolossalgemälde einer Verschwörung, die Shakespeares Königsdramen in den Schatten gestellt hätte, wäre sie über das Anfangsstadium hinaus gediehen. So blieb letztlich nur ein armseliges Abfallprodukt des großen Schauerdramas: das Dokumentenmaterial in Sachen Mary Vetsera.[21]

Noch in der Nacht des 27. Januar, nach dem Empfang bei den Deutschen, hatte Rudolf ein langes Gespräch mit Moritz Szeps, Chef des Wiener »Tagblatt«, der ihn mit den letzten Nachrichten aus Paris und Budapest versorgte. Und dann, nachdem Szeps sich empfohlen hatte, schlief der Kronprinz mit Mizzi Kaspar.

Die Kronprinzessin Stefanie war Mitte Januar aus Abbazia nach Wien zurückgekehrt. Von der Tragödie, die sich anbahnte, merkte sie nichts. Ihr kleines Gehirn erfaßte stets nur, was ihre persönliche Eitelkeit kränkte; die Affäre Mary Vetsera beispielsweise. Rudolfs schlechten Gesundheitszustand, seine Unrast, seine Nervosität führte sie auf seine nächtlichen Liebesabenteuer zurück. Erst viel später dämmerte ihr, daß er die Betäubung gesucht hatte, weil er die seelische Belastung der Intrige nicht durchstand, in die er verstrickt worden war.

Knapp vor Weihnachten 1888 hatte sie versucht, den Kaiser selbst für ihre Sache zu mobilisieren. Unangemeldet war sie zu Franz Joseph vorgedrungen, hatte gebeten, Rudolf »durch eine längere Weltreise seinem aufreibenden jetzigen Leben zu entziehen«.[22]

Vielleicht wäre eine solche Weltreise tatsächlich ein Mittel gewesen, den Kronprinzen seinen lebensgefährlichen politischen Ambitionen zu »entziehen«, aber das meinte Stefanie ja gar nicht. Was sie vorbrachte, war nur das Gezänk einer eifersüchtigen Ehefrau, und so faßte Franz Joseph ihre Beschwerde auch auf. Er schickte sie mit ein paar nichtssagenden Worten wieder aus dem Zimmer. Von da an war Stefanie nur noch beleidigt. Dann kam das Januarende 1889. Der Kronprinz hatte einen Jagdausflug nach Mayerling auf dem Programm. Seiner Frau gab er zu verstehen, daß ihre Begleitung nicht erwünscht sei.

Als weibliche Gesellschaft war nämlich Mary Vetsera vorgesehen. Die Gräfin Larisch bot wieder einmal hilfreich ihre Hand, um das Mädchen von daheim wegzulotsen. Rudolf sagte ihr 500 Gulden »Spesenersatz« zu. Sie holte Mary vom Palais Vetsera in der Wiener Salesianergasse zu einem Einkaufsbummel ab und ließ sie, während sie einen Laden auf dem Kohlmarkt betrat, im Fiaker allein zurück. Als Marie Larisch wieder herauskam, war Mary schon in einen anderen Fiaker umgestiegen und verschwunden.

Das war am Vormittag des 28. Januar. Und nun geschah etwas Seltsames: Mittags besuchte die Gräfin Larisch den Polizeipräsidenten Baron Krauss und meldete das Verschwinden des Mädchens. Im Fiaker, behauptete die Nichte der Kaiserin, habe sie einen Zettel gefunden, auf dem Mary Vetsera Selbstmordabsichten äußerte. Und Marie Larisch tat noch etwas: Sie brachte Marys Verschwinden mit dem Kronprinzen in Verbindung!

Der Polizeipräsident hielt die Anzeige schriftlich fest. Unternehmen konnte er zunächst nichts. Der Jagdausflug des Kronprinzen war bekannt und die Fahrtstrecke wie üblich durch Detektive gesichert. Das polizeiliche Aufgebot rund um Mayerling sollte in den nächsten Tagen noch verstärkt werden; wohl kaum nur deshalb, weil Mary Vetsera verschwunden war. Die Lage in Budapest näherte sich dem Siedepunkt; die Regierung war sicherlich nicht ahnungslos über die Kontakte des Kronprinzen. Am Vormittag des 28. Januar, während Marie Larisch und Mary Vetsera im Fiaker unterwegs waren, scheint Franz Joseph noch ein Gespräch mit seinem Sohn gehabt zu haben. Vermutlich war Rudolfs Brief an den Papst, die Bitte um Lösung der Ehe, das Gesprächsthema. Vielleicht auch die Lage in Ungarn. Niemand hat Protokoll geführt. Nur von großer Erregung bei diesem letzten Gespräch zwischen Vater und Sohn war später die Rede. Rudolf mochte gespürt haben, daß sich die Schlinge um seinen Hals zusammenzog. An diesem Vormittag schrieb er seine Abschiedsbriefe. Er sollte noch drei Tage leben.

Was die Gräfin Larisch zu ihrer Anzeige beim Polizeipräsidenten bewog, blieb ungeklärt. Schließlich wußte Marie, was gespielt wurde. Möglicherweise bekam sie plötzlich Angst, nach dem kaum verhüllten Skandal in der deutschen Botschaft könnte Stefanie ernsthaft Krach schlagen und ihre Kupplerrolle aufzeigen. Dann könnte Marie mit ihrer Meldung beim Polizeipräsidenten ihre Ahnungslosigkeit beweisen. Vielleicht . . .! In ihren viele Jahre später veröffentlichten Memoiren behauptete die Gräfin Larisch jedenfalls, der Kronprinz habe ihr damals eine in Stoff eingenähte Schachtel übergeben, eine Stahlkassette, die sie nur ihm selbst zurückgeben dürfe oder einem Beauftragten, der sich mit den Buchstaben »R. I. U. O.« legitimiere. Im übrigen log sie in ihren Erinnerungen, denn sie gab an, Mary sei nicht aus einem Fiaker vom Kohlmarkt, sondern bei einem Besuch im Appartement des Kronprinzen in der Hofburg verschwunden. Oder aber: Sie log beim Polizeipräsidenten.

Feststeht: Am Vormittag des 28. Januar verließ Mary Vetsera das Palais in der Salesianergasse und kehrte nicht mehr zurück.

Feststeht ferner: Gegen 12 Uhr mittag an diesem 28. Januar verließ der Kronprinz die Hofburg. Am Morgen des 29. Januar, als seine beiden Jagdgäste, sein Schwager Philipp von Coburg und sein Freund Graf Hoyos, in Mayerling ankamen, saß er dort beim Frühstück.

Daß auf dem Jagdschloß auch Mary Vetsera anwesend war, wußten die beiden Gäste offenbar nicht.

Drei Tage lang überstürzten sich nun, wie man zu sagen pflegt, die Ereignisse. In Wien wurde Mary Vetsera gesucht. Das heißt: Man suchte sie nicht, denn man war sicher, daß sie sich in Mayerling aufhielt. Man versuchte lediglich, sie dort herauszuholen. Elena Vetsera und ihr Bruder Alexander Baltazzi liefen dem Polizeipräsidenten die Tür ein. Baron Krauss wiederum wollte den Ministerpräsidenten Graf Taaffe zum Eingreifen bewegen. Jeder versuchte sich abzudecken, falls es zu einem Skandal kommen sollte, aber niemand wagte, den einzigen Mann zu informieren, der eine erfolgreiche Aktion hätte befehlen können: den Kaiser.

So lag Mayerling mitten im leise fallenden Schnee da wie ein verwunschenes Märchenschloß jenseits aller Ereignisse; umstellt von Geheimpolizisten, die keine Ahnung hatten, was hinter den geschlossenen Fenstern vor sich ging. Und die Menschen in Mayerling selbst waren mit ihrer Umwelt nur durch den Telegraphendraht verbunden.

Der Telegraphendraht allerdings lief heiß. Über Szeps wurden die Nachrichten aus Ungarn an Rudolf weitergeleitet. Am 29. Januar ging die Wehrvorlage trotz leidenschaftlicher Proteste der Opposition mit großer Mehrheit im ungarischen Reichstag durch. Infanterieeinheiten besetzten das Stadtzentrum, um eventuelle Revolten im Keim zu ersticken. War das der Augenblick, in dem Rudolf hätte eingreifen sollen? Jedenfalls bekam der Kronprinz an diesem 29. Januar drei Telegramme von Pista Karolyi. Ihr Inhalt blieb unbekannt; sie verschwanden mit dem ganzen Akt. Nur eines ist bekannt: Rudolf unternahm nichts. Wenn er irgend jemandem sein Wort gegeben haben sollte, so ließ er die Mitverschworenen jedenfalls im Stich. Angesichts der militärischen Vorkehrungen in Budapest wäre eine Revolte auch wenig aussichtsreich gewesen. Ein skrupelloser Ehrgeizling oder auch ein von seiner Mission felsenfest überzeugter Tatmensch hätte sich vielleicht offen an die Spitze eines Aufruhrs gestellt. Rudolf war keines von beiden. Er hatte mit der Verschwörung gespielt; nun vermochte er sich aus dem Intrigengestrüpp nicht mehr herauszuwinden. Fortan war er ein Verräter; nach beiden Seiten hin. Als Thronfolger war sein Leben nun ebenso verpfuscht wie als Mensch; der Papst hatte die Lösung der Kronprinzenehe abgelehnt.

Rettung aus der Verstrickung: der Tod.

Am Nachmittag des 29. Januar verließ Philipp von Coburg das Schloß, um zum kaiserlichen Familiendiner nach Wien zu fahren. Rudolf schickte Stefanie ein Telegramm, in dem er sie bat, seine Abwesenheit beim Kaiser mit einer Erkältung zu entschuldigen. Spürte Franz Joseph, was sich anbahnte? Der Ministerpräsident Graf

Taaffe schien es gespürt zu haben; über Baron Krauss wußte er von Mary Vetsera, von der Umstellung des Jagdschlosses durch Geheimdetektive; zweifellos kannte er auch den Telegrammwechsel. Er bewog den Erzherzog Karl Ludwig, nach Mayerling zu depeschieren – Rudolf möge doch um Himmels willen nach Wien zurückkommen.

Rudolf kam nicht. Wie um die Tragödie endgültig auf Dienstbotenniveau herabzudrücken, tauchte abends noch der unvermeidliche Leibfiaker Bratfisch auf, um seine Schmachtfetzen zu singen. Dann sperrten Rudolf und Mary sich in das Schlafzimmer ein. Beide schrieben nochmals Abschiedsbriefe. Erst im Morgengrauen löschte Rudolf das Leben des Mädchens durch einen Schuß in die linke Schläfe aus. Dann verließ er noch einmal das Zimmer, ging zum Kammerdiener Loschek hinüber, bat ihn, sie erst in einer Stunde zu wecken. Loschek hörte Rudolf auf dem Rückweg in das Schlafzimmer noch pfeifen. Jetzt erst, am Bettrand neben Marys Leiche sitzend, tötete sich der Erbe der Donaumonarchie.

30. Januar 1889.

Als Prinz Coburg dann aus Wien zurück nach Mayerling kam, als auf das Klopfen hin nicht geöffnet wurde, schlug man die Schlafzimmertür ein und fand die beiden Toten. Als Graf Hoyos kurz darauf in Baden den Schnellzug nach Wien anhalten ließ, begann die totale Verwirrung. Jagdunfall – das war die erste, aus der Fassungslosigkeit heraus geborene Version.

Knapp nach zehn Uhr vormittag traf Hoyos in der Hofburg ein. Die Hofschranzen brachen nieder. Wer sagt es dem Kaiser? Dann beschlossen sie: Zuerst die Kaiserin, die soll es dann Franz Joseph sagen. Franz Joseph war gerade unterwegs zu Elisabeth, als Obersthofmeister Baron Nopcsa die Kaiserin informierte. Draußen mußte die Vorleserin Ida von Ferenczy den Kaiser aufhalten; Elisabeth wollte erst ihre Fassung finden. Dann erst sagte die Mutter des Toten dem Vater die Wahrheit. Die Wahrheit? Erst am nächsten Morgen erfuhr Franz Joseph vom Leibarzt Dr. Widerhofer alles über Mayerling. Bis dahin hatten er und Elisabeth geglaubt, daß Mary Vetsera eine Mörderin gewesen sei, daß sie den Kronprinzen und sich selbst vergiftet habe.[23]

Der Kronprinzessin Stefanie sagten Franz Joseph und Elisabeth erst die ganze Wahrheit, nachdem beide die Belgierin einem hochnotpeinlichen Verhör unterzogen hatten, um herauszufinden, was sie von der Vorgeschichte wußte. Für den Kaiser und die Kaiserin war sie die Hauptschuldige, das ließ man Stefanie deutlich spüren. Von da an war sie bei Hof nur noch geduldet; sie fühlte sich als Verfemte. Lebendes Denkmal einer entsetzlichen Tragödie. Sie heiratete später den ungarischen Grafen Elemer Lonyay. Als sie dann auch noch in der Skandalaffäre um ihre Schwester Louise von Coburg deren Partei ergriff, verbannte Franz Joseph sie endgültig vom Hof. Erst Kaiser Karl erinnerte sich wieder an die alternde, während der Jahre ihres Glanzes in ihrer Eitelkeit und während der Jahre ihres Unglücks dann in ihrem Stolz so schwer gekränkte Frau und erhob den Grafen Lonyay in den Fürstenstand. Stefanie starb Anfang 1945 auf Schloß Oroszvar in Ungarn, knapp vor Besetzung des Schlosses durch sowjetische Truppen.

Stumm im buchstäblichen Sinn des Wortes verschwand auch Johann Salvator aus der Geschichte des Erzhauses. Die Gräfin Larisch behauptete später, der Mann, der die Kassette des Kronprinzen bei ihr abgeholt habe, sei der Toskanaprinz gewesen. Wieweit Johann Salvator in eine Verschwörung verstrickt war, hat keine offizielle Untersuchung jemals ans Tageslicht gebracht. Der Erzherzog zog es jedenfalls vor, aus Wien zu verschwinden. Aus der Schweiz verzichtete er schriftlich auf Rang und Titel. Aktiver Offizier, der er war, betrachtete der Kaiser diesen Verzicht als Desertion. Dem nunmehrigen Privatmann Johann Orth, wie Johann Salvator sich nannte, ließ Franz Joseph mitteilen, daß ihm das Betreten der Donaumonarchie fortan untersagt sei.

Damit verlor der Erzherzog seine Staatsbürgerschaft und gleichzeitig sein österreichisches Kapitänspatent, auf das er seine Hoffnungen gesetzt hatte. Ein Frachter, der sein Eigentum war, verließ mit einer Ladung Zement den britischen Hafen Chatham, unter dem Kommando eines Kapitäns Sodich, mit Johann Orth als Erstem Offizier seines eigenen Schiffs an Bord.

An Bord dürfte auch Milli Stubel gewesen sein, die Wien sehr bald nach Johann Salvator verlassen hatte. Das Schiff erreichte seinen chilenischen Bestimmungshafen nicht. Es ging während eines Sturmes vor der Küste von Kap Horn unter.

Die angebliche Kassette, die ebenso angeblich Johann Salvator übernommen haben soll, ist nie wieder aufgetaucht. Die Gräfin Marie Larisch, die sich 1896 scheiden ließ und dann mit einem Opernsänger nach Amerika ging, hat unter dem beziehungsvollen Titel »Meine Vergangenheit« ihre Memoiren veröffentlicht. Bildlich gesprochen könnte man sagen, daß ihr als Tinte dabei die Jauche diente, die sich in den dunkelsten Kanälen des allerhöchsten Dienstbotentratsches angesammelt hat. Über das Erzhaus, das sie fortgejagt hatte, goß sie den Schmutz kübelweise aus. Da marschierte die einst so geliebte Tante Elisabeth als eine Frau mit so häßlichen Zähnen auf, daß sie beim Reden nicht einmal den Mund aufzumachen wagte und sich meistens ein Taschentuch vorhielt. Da erschien Franz Joseph als ein Mann, der Uniformen verabscheute und sie nur trug, weil Elisabeth spottete, er sehe in Zivil aus wie ein Schuhmacher im Sonntagsstaat. Da erfuhr man, daß die Kaiserin ihren Sohn Rudolf nicht leiden konnte und ihrer Behauptung nach nur »durch Zufall« seine Mutter geworden sei. Da wurde in allen Details geschildert, wie der Erzherzog Otto, Vater des späteren Kaisers Karl, nur mit Säbel, Mütze und Handschuhen bekleidet stockbetrunken aus einem Sacher-Separé gekommen sei; im übrigen pflegte er Ochsen so lange zu quälen, bis sie verdursteten, oder seinem Burschen so lange Schnaps einzuflößen, bis dieser umkam. Angeblich. Und ebenso angeblich erschreckte der alte Kaiser bei der nächtlichen Rückkehr von Katharina Schratt einmal eine Köchin so sehr, daß diese auf die Knie fiel und im Stiegenhaus laut das »Gott erhalte« sang!

Dem Kronprinzen Rudolf wiederum hat Marie Larisch eine Ohrfeige versetzt, weil er mit dem Photo einer seiner Geliebten protzte. Behauptete zumindest sie selbst, die

Gräfin Larisch. Zu stimmen schien allerdings, daß Elisabeth ihre schreckliche Nichte an den Grafen Larisch verheiratet hat – wobei der Kaiser die Aussteuer beistellte –, um das Mädchen mit ihren himmelstürmenden Ambitionen aus der Nähe des Kronprinzen wegzubringen.

Als Zeugin der Geschichte jedenfalls scheint Marie Larisch, geborene Freiin von Wallersee, nur sehr bedingt verwendbar.[24] Nicht nur in Sachen »Kassette des Kronprinzen Rudolf«. Nach den Schüssen von Mayerling bemächtigte sich die Legende des Dramas. Ein Kronprinz, der Selbstmord begeht, und in dessen Bett man dann noch die Leiche eines jungen Mädchens findet, war dazu auch unabwendbar ausersehen. Die Vorstellung, Rudolf habe sich scheiden lassen wollen, um die bedeutungslose kleine Mary Vetsera zu heiraten, wurde schon dadurch in den Bereich der Lächerlichkeit verwiesen, daß derselbe angeblich so leidenschaftlich liebende Kronprinz die Nacht zuvor mit Mizzi Kaspar verbracht und auch ihr den Selbstmordvorschlag gemacht hatte. Wäre die lebenslustige Mizzi darauf eingegangen, würde sich heute kein Mensch mehr an die Affäre Vetsera erinnern. Erst durch ihren Tod sicherte sich der exaltierte Backfisch eine pseudoliterarische Unsterblichkeit. Die totale Verwirrung des Hofes nach dem unfaßlichen Geschehen, die einander widersprechenden ersten Bekanntmachungen ließen ein Geheimnis wittern, wo keines war. Da die politischen Hintergründe auch nach dem Eingeständnis des Selbstmordes begreiflicherweise als strengstes Staatsgeheimnis behandelt wurden, konnte die Öffentlichkeit nur an ein Liebesdrama glauben. Als die Historiker auf den Plan traten, war es für die Wahrheit schon zu spät. Das schöne Märchen griff zu sehr ans Dienstmädchenherz, als daß man sich von ihm getrennt hätte.

Fast hundert Jahre marschieren nun schon Zeugen auf – oder solche, die sich dafür halten. Rund um das Schloß Mayerling wucherten – örtlich und begrifflich gesehen – die allwissenden Subalternen. Die Nichte des Forstgehilfen zeigte sich ebenso informiert wie die Witwe des Tischlergesellen, der den Sarg gezimmert hatte. Die »Wahrheit über Mayerling« pendelte zwischen dem eifersüchtigen Wildheger, der Rudolf erschoß, bis zu den in ihrer Familienehre gekränkten Brüdern Baltazzi, deren einer dem Kronprinzen mit einer Sektflasche den Schädel zertrümmerte. Die Geschichtsforschung konnte ganze Bibliotheken über die wahren Hintergründe des Vorganges vollschreiben, es fand sich prompt eine brave Hofratswitwe, die es besser wußte, denn ihr Großonkel war schließlich k. k. Jagdaufseher gewesen und hatte seinen Anverwandten das Geheimnis von Mayerling auf dem Totenbett enthüllt.

Jene, die da enthüllten, repräsentierten gleichzeitig den Leserkreis derer, denen allerhöchste Schlafzimmergeheimnisse Ersatz für eigene Romantik bieten müssen. Noch vor ein paar Jahren klapperte ein Mann die Wiener Zeitungsredaktionen ab, um als »Beweisstück« einen zerschlissenen Fetzen Tapete anzubieten, der angeblich aus dem Schlafzimmer von Mayerling stammt. Einige kaum sichtbare Flecken wurden als Gehirnmasse des Kronprinzen offeriert, dem ja bekanntlich der Schädel eingeschlagen worden sei.

Den jüngsten Beitrag zur Legendenbildung lieferte die neunzigjährige Ex-Kaiserin Zita, nachdem sie im November 1982 aus dem Exil nach Österreich zurückgekommen war. In einer Serie von Interviews nannte sie das Mayerling-Drama einen Mord – allerdings einen, der an Rudolf, und nicht von ihm begangen worden sei. Den Mörder, oder die Mörder, nannte sie nicht beim Namen. Nur, daß die Spuren ins Ausland geführt hätten. Auch Zita berief sich auf Zeugen. Ihrem Stande gemäß allerdings waren die »Zeugen« in allerhöchsten Kreisen angesiedelt, zum Unterschied von den Hofratswitwen, die sich auf die Erinnerungen von Oberförstern beschränken mußten.

Die Version, daß der alte Feldmarschall Erzherzog Albrecht die Mörder ausgeschickt habe, um mit Rudolf eine Gefahr für die Dynastie zu beseitigen, war zum Zeitpunkt von Zitas Angaben auch schon nicht mehr neu. Einen Beweis, den seriöse Historiker akzeptieren könnten, lieferte auch Zita nicht. Beweggründe für ihre Darstellung wären verständlich. Für die alte Dame muß die Vorstellung, daß Kronprinz Rudolf als Selbstmörder und dazu noch als Mörder der Baronesse Vetsera in den Geschichtsbüchern figuriert, stets unerträglich gewesen sein.[25]

Die Historiker haben also weiter nach Beweisen zu suchen; und wenn sie auch noch so stichhältige Beweise finden, die Leute werden sie weiter nicht glauben.

Um im Milieu zu bleiben, sollte man auf gut österreichisch sagen: Da kannst nix machen, Kaiserliche Hoheit!

Daß eines schönen Tages auch ein Sohn des Kronprinzen Rudolf auftauchen mußte, war geradezu unvermeidbar. Es war allerdings nicht, wie sonst üblich, ein uneheliches Kind, sondern bemerkenswerterweise ein legitimer Erbe. Produkt einer in der Wiener Gardekirche geschlossenen Geheimehe des Kronprinzen mit einer entfernten Verwandten, der Erzherzogin Maria Antoinette, einer Tochter des letzten Großherzogs von Toskana. Rudolf soll die junge Dame während seiner Prager Kommandierung lieben gelernt haben, und auch der dunkle Korridor auf dem Prager Hradschin fehlt nicht in dieser Geschichte, durch den die beiden Liebenden zueinanderstrebten.

Die Ehe blieb geheim, bis Maria Antoinette 1883 an der Riviera starb, und auch dann erfuhren nur die engsten Vertrauten von der Existenz eines kleinen Sohnes. Der dann – weiterhin höchst geheim, versteht sich – nach Wien gebracht und der Familie eines niedrigen Hofbediensteten in Pflege gegeben wurde. Wer die Sache organisierte, sollte die Nachwelt nie erfahren – es war natürlich der brave Leibfiaker Bratfisch.

Diese rührende Geschichte tauchte knapp nach dem Weltkrieg in der Publizistik auf. Eine Kronprinz-Rudolf-Gesellschaft wurde gegründet, und plötzlich tauchte eine Kassette auf, in der sich die Dokumente der Geheimehe befanden. Schon wieder eine Kassette! Ob es womöglich dieselbe war, die schon der emsigen Gräfin Larisch so viel Kopfzerbrechen bereitet hatte, steht nirgends vermerkt. Aber die kann es wohl nicht gewesen sein, denn die müßte eigentlich mit Johann Orth auf dem Grunde des Meeres liegen.

Zum Kummer aller Interessierten jedoch verschwand der Inhalt der Kassette wieder, und nur die Photokopie eines von Kronprinz Rudolf beschriebenen Briefumschlages blieb erhalten. Ob die Schrift echt oder eine Fälschung ist, damit hatte sich die Wiener Kriminologie ausgiebig zu beschäftigen, denn das inzwischen zum älteren Herrn herangewachsene Geheimkind strengte einen Feststellungsprozeß zum Beweis seiner Abkunft an. Wobei auch von einem Millionenvermögen die Rede war, das Franz Joseph bei der Bank von England für einen direkten männlichen Erben hinterlegt haben soll.

Auch der Kaiser Karl und der Brand des Justizpalastes wurden bemüht, um das Verschwinden kostbarer Beweisstücke zu erklären. Durch eine Freundin, Liesl Karnauer, soll Kaiser Karl peinliche Schriftstücke aufgekauft haben. Mußte es nicht geradezu zwangsläufig Liesl Karnauer sein, Nachfahrin jenes Gardemajors Karnauer, der bei der geheimen Trauung in der Gardekirche als Trauzeuge fungierte?

Das Klagebegehren wurde jedenfalls abgewiesen, und der alte Herr starb schließlich als jener Herr Pachmann, als der er gelebt hatte.

Sein Sohn führte die Angelegenheit weiter. In zwei Formalprozessen erreichte er schließlich die Aberkennung des Namens Pachmann und die Anerkennung als Verwandter durch einen Erzherzog aus einer Seitenlinie, der schon zuvor öfter in Prozeßdingen von sich reden gemacht hatte. Historisch und genealogisch sagten die beiden Urteile gar nichts. Es waren eben Formalprozesse, denn die Gerichte kamen gar nicht dazu, eventuelle Beweise zu prüfen. Zunächst nämlich klagte eine Frau Pachmann den jungen Dr. Rudolf Salvator Pachmann auf Unterlassung der Führung des Namens Pachmann mit der Begründung, daß er eben kein Pachmann sei. Und da Dr. Pachmann das Klagebegehren sofort anerkannte – wie denn auch nicht? –, mußte die Klägerin gar keine Beweise vorlegen, das Gericht aber ein formales Urteil fällen. Der Richter in diesem Prozeß allerdings konnte sich's nicht verkneifen, deutlich auszudrücken, was er von dieser ganzen Geschichte hielt.

Im zweiten Durchgang klagte dann Dr. Pachmann selbst den schon erwähnten Erzherzog auf Anerkennung des Verwandtschaftsverhältnisses. Und da nunmehr der beklagte Erzherzog das Klagebegehren sofort anerkannte, mußte wiederum Dr. Pachmann keinerlei Beweismaterial für die Richtigkeit seiner Angaben dem Gericht zur Prüfung vorlegen, aber der Richter mußte wiederum ein formales Urteil fällen. Womit durch diese Art der Anerkennung des Verwandtschaftsverhältnisses historisch nach wie vor nicht gesagt war, daß Kronprinz Rudolf tatsächlich eine Geheimehe mit männlicher Nachkommenschaft geschlossen hatte.

Was verschlug's den Dr. Pachmann; er lieferte die Unterlagen für ein Buch unter dem Titel »Um Recht und Nachfolge im Hause Habsburg«, das sich des größten Wohlwollens sozialistischer Kreise in Österreich erfreute. Und die sozialistische Presse veröffentlichte mit sichtlichem Vergnügen den Appell des neuen Familienoberhauptes des Erzhauses an den Vetter Dr. Otto Habsburg aus der »Nebenlinie«, der österreichischen Innenpolitik doch keine Schwierigkeiten mehr zu bereiten. Wie ernst man allerdings dort, wo man Dr. Otto Habsburg gerne in Schwierigkeiten sah, die ganze Sache nahm, wurde nirgends ausgesprochen. Wenn es wirklich ein Millionenvermögen aus den Ersparnissen des Kaisers Franz Joseph geben sollte, so hat die Bank von England es jedenfalls bisher noch nicht ausgezahlt!

Kapitän Johann Orths Schicksal ist noch nachzutragen. Als verschollen gilt er seit 1890. Für tot erklärt wurde er offiziell erst 1911. Daß auch nachher immer wieder falsche Johann Orths auftauchten, liegt in der Natur der Dinge. Zu einer Zeit, da der echte Johann Orth, falls er den Untergang seines Schiffes wirklich überlebt haben sollte, schon ein zahnloser, zittriger Greis hätte sein müssen – also keine dankbare Rolle mehr für einen ambitionierten Hochstapler –, gab es vereinzelt falsche Söhne des früheren Erzherzogs. Sein Schicksal war mit dem des Kronprinzen Rudolf zu eng gekoppelt, als daß sich der Legendenbildung keine Chance geboten hätte. Es existiert allerdings ein Hinweis auf Johann Orths Schicksal, der ernst zu nehmen ist. Ihn lieferte nämlich kein anderer als Kaiser Karl.

1907 erklärte der damals zwanzigjährige Erzherzog seinem vertrauten Berater und späterem Kabinettschef Graf Polzer-Hoditz: »Er ist am Leben so gut wie Sie und ich. Papa hat noch bis zuletzt mit ihm korrespondiert.« Er – Johann Salvator. Der Papa, Kaiser Karls Vater Otto, starb 1906. Johann Salvator soll nach Karls Angaben in Südamerika zufrieden als Farmer gelebt haben. Von seinem Tod wissen nicht einmal Gerüchte ein Datum zu nennen.

Kapitel 11

Ehe zur linken Hand

Franz Ferdinand und Sofie Chotek

Skandal um eine Taschenuhr
Die Hochzeitswünsche der Erzherzogin Isabella
Franz Ferdinand und das Erbe des Hauses Este
Die Gräfin Sofie Chotek taucht auf
Der Thronfolger will Krone und Frau
Kirche und Hof verbündet gegen eine Außenseiterin
Die Gefahren einer morganatischen Ehe
Der Renunziationseid
Kampf gegen das Hofzeremoniell
Außenpolitik unter dem Einfluß der Liebe
Kaiser Wilhelm will seinen Kratzfuß machen
Der Ehrgeiz der Herzogin von Hohenberg
Zwei Söhne und eine Tochter
Zurück nach Lothringen?
Familienglück im Belvedere
Die Zukunft der Kaiser- und Königsgemahlin
Die Fahrt nach Sarajewo
Die Rache an den Toten

Eine Taschenuhr löste am Ende des vorigen Jahrhunderts das aufregendste Ehedrama unter den Habsburgern aus. Die Taschenuhr fand ein Diener auf dem Tennisplatz. Sie war aus Gold; ihr Besitzer hatte sie vor dem Spiel abgelegt und dann vergessen. Der Besitzer war der Erzherzog-Thronfolger Franz Ferdinand Este.

Der Name Este kam daher, daß der 1875 verstorbene letzte Herzog von Modena, Franz von Österreich-Este, mangels männlicher Nachkommenschaft testamentarisch den jungen Erzherzog Franz Ferdinand zum Erben eingesetzt hatte. Franz hatte sein kleines oberitalienisches Herzogtum 1860 verloren, den Verlust aber niemals verschmerzt. Einmal, so hoffte er felsenfest bis zu seinem Tode, würden die Habsburger nach Modena zurückkehren. Damals, 1875, lebte der Kronprinz Rudolf noch, und nichts deutete darauf hin, daß er einmal nicht Kaiser werden würde. Die regierende Linie des Erzhauses aber sollte durch die Erbschaft der Este nicht in außenpolitische Schwierigkeiten dem italienischen Königshaus gegenüber gebracht werden. Gerade darauf aber kam es dem alten Herzog Franz dem Letzten an: Der Hof von Modena sollte im Exil weitergeführt, der Thronanspruch niemals aufgegeben werden. Also vererbte er Anspruch und Besitz auf Rudolfs Cousin, Franz Josephs ältesten Neffen, den Erzherzog Franz Ferdinand.

Der Thronanspruch war Illusion; Franz Ferdinand war sich zeitlebens durchaus klar darüber. Der Besitz war Realität. Die Este besaßen ein ungewöhnlich großes Vermögen. Franz Ferdinand war also reich; reicher als die meisten anderen Habsburgerprinzen. Reich bedeutete in diesem Falle allerdings nicht unbedingt bar verfügbares Geld. Die testamentarisch aufgetragene Hofhaltung verschlang Unsummen an Gehältern und Pensionen für den Hofstaat des nicht existierenden Herzogtums; ein kostspieliges Wachsfigurenkabinett, das niemandem außer dem gutbezahlten Personal Freude machte.

Franz Ferdinand galt jedenfalls als unermeßlich reich, aber das allein machte seine Bedeutung als Heiratskandidat nicht aus. Doch dann passierte Mayerling, und eines Tages würde Franz Ferdinand Kaiser sein; darauf kam es an. Und diese Tatsache gab den Begleiterscheinungen rund um die gefundene Uhr ihren Akzent.

Der Diener, der die vergessene Uhr entdeckte und sie seiner Herrin brachte, rechnete zwar nicht mit einem besonderen Lob für die Erfüllung einer selbstverständlichen Pflicht, aber er rechnete sicherlich auch nicht damit, daß er eine Haupt- und Staatsaktion auslösen würde, die das Haus Österreich in seinen Grundfesten erschüttern sollte.

Die Dame des Hauses war die Erzherzogin Isabella, geborene Prinzessin Croy-

Dülmen, verheiratet mit dem Erzherzog Friedrich und Mutter eines halben Dutzends Töchter, von denen drei schon heiratsfähig waren. Der Tennisplatz lag beim Schloß des Erzherzogs, Halbthurn, in der Nähe von Preßburg. Es war im Sommer 1898. In diesem Sommer 1898 hatte Franz Ferdinand der Familie des Erzherzogs Friedrich schon mehrere Wochenendbesuche abgestattet. Die ungewöhnliche Reiselust des Thronfolgers war nur mit dem Interesse für eine der heiratsfähigen Töchter des Hauses zu erklären. Zumindest die stolze Mama konnte keinen anderen Grund erblicken.

Erzherzogin Isabella war eine ehrgeizige und ein wenig hochmütige Dame. Ihr Ehrgeiz beruhte auf Klugheit, Energie und Bildung. Sie war eine von jenen angeheirateten Erzherzoginnen, die ihre Männer an geistigen Qualitäten merklich überragten. Der Hochmut dürfte darauf zurückzuführen sein, daß die Croy-Dülmen zwar ein hochadeliges, aus Westfalen stammendes Geschlecht, aber eben doch kein regierendes Haus waren. Der Erzherzog Friedrich stand dem Thron so fern, daß Kaiser Franz Joseph an dieser Eheschließung keinen Anstoß genommen hatte, auch wenn die Croy-Dülmen bei Anwendung strenger Maßstäbe nicht gerade ebenbürtig waren. Besonders betonter Adelsstolz dürfte in solchen Fällen als Abwehrreaktion erklärbar sein. Und gerade eine so energische, intelligente Frau wie Isabella mußte die geringe Bedeutung ihres Ehemanns doppelt spüren. Friedrich war zwar der Enkel des Siegers von Aspern und selbst General, aber Isabella gab sich über seine militärischen und geistigen Fähigkeiten wohl keiner Täuschung hin. Nur die Weine aus der Schloßkellerei Halbthurn waren berühmt.

Dieser Erzherzog Friedrich wurde später, 1914, bei Kriegsausbruch Armeeoberkommandant und später sogar Feldmarschall. Trotzdem blieb er eine Null; das Aushängeschild des wirklichen Oberkommandierenden Conrad von Hötzendorf. In den zweieinhalb Jahren, in denen er nominell das Armeeoberkommando führte, entsprang seinem Gehirn eine einzige strategische Konzeption. Nach dem Vordringen der Russen schlug er die Rücknahme der Front bis an die Waldkarpaten vor. Das hätte ausschließlich einen passiven Schutz Ungarns bedeutet, und Conrad wurde den Verdacht nicht los, daß Friedrich diese Idee von den ungarischen Hocharistokraten in seinem Hofstaat bezogen habe. Er lehnte glatt ab, und Friedrich fügte sich widerspruchslos.

Die geborene Prinzessin von Croy-Dülmen hatte also einen Erzherzog erobert, aber dieser Erzherzog Friedrich spielte im Erzhaus nur eine untergeordnete Rolle. Die Aussicht, eine ihrer Töchter könnte den Thronfolger heiraten, sie selbst dadurch eines Tages Mutter der Kaiserin werden, mußte eine Frau wie Isabella besonders erregen. Und anders vermochte sich die selbstbewußte Dame die häufigen Besuche des Thronfolgers Franz Ferdinand eben nicht zu erklären. Als Mutter wollte sie aber auch wissen, welche ihrer Töchter es war. Junge Herren pflegten damals das Bildnis ihrer Angebeteten hinter dem Uhrdeckel verborgen zu tragen. Isabella öffnete die gefundene Uhr, um das Porträt, das sie dort vermutete, zu inspizieren. Eine Photographie fand sie zwar, aber das Bild zeigte keine ihrer Töchter.

Es zeigte ihre Hofdame, die Gräfin Sofie Chotek.

Die Gräfin Chotek war die Tochter eines österreichischen Berufsdiplomaten, der Österreich-Ungarn seinerzeit einmal am belgischen Königshof in Brüssel vertreten hatte. Wie das Schicksal mitunter spielt: Es war ausgerechnet jener Graf Bohuslav Chotek, der an den diplomatischen Fäden zur Verheiratung des Kronprinzen Rudolf mit Stefanie von Belgien von Amts wegen mitgesponnen hatte.

Der Graf hatte viele Kinder, aber nur ein bescheidenes Vermögen. In Prag, wo sie daheim waren, galt eine Komtesse Chotek also nicht ausgesprochen als gute Partie.

In Prag, wo damals viele Feste gefeiert wurden, dürfte Franz Ferdinand dieser Komtesse Sofie Chotek auch zum erstenmal begegnet sein. Er diente als Major, dann als Oberstleutnant beim Infanterieregiment Nr. 102. Er war schon über 30 Jahre alt und noch immer unverheiratet. Bei einem Ball in der Prager Statthalterei sah auch einer der Lehrer des Erzherzogs die Komtesse und hinterließ von ihr folgende Schilderung:

»Die junge Dame war keine Schönheit im landläufigen Sinne, es sprach mehr Geist und Energie als Anmut aus ihrem Wesen, und sie hatte für den damaligen Geschmack zuwenig Fleisch, die Mode schwärmte noch nicht für das Hagere und Magere. Unter den molligen Backfischen wirkte sie wie eine Hopfenstange. Aber diese Augen!«[1]

Der Professor aus der Suite des Erzherzogs erkundigte sich beim Rektor der Prager Karls-Universität, wer denn eigentlich diese auffallende Erscheinung sei. Er erfuhr: Chotek, böhmischer Uradel, aber kein Geld. Ein Sohn und sieben Töchter: ». . . kann sich nur durch gute Heiraten erhalten!« Und mit einer Kopfbewegung zu Sofie Chotek hin ergänzte der Rektor: »Das wird lieber Hofdame oder Stiftsfräulein, als daß es unter seinem Stand heiratet!«[2]

Die Komtesse Sofie Chotek wurde tatsächlich Hofdame; bei der Erzherzogin Isabella. Sie sollte auch nicht unter, sondern weit über ihrem Stand heiraten. Das lag allerdings noch in weiter Ferne. Das Prager Zwischenspiel geschah anfangs der neunziger Jahre, und damals war Franz Ferdinand dem Thron schon näher, als es bei seiner Geburt 1863 irgendwer hätte voraussehen können.

Er war der älteste von den drei Söhnen des Erzherzogs Karl Ludwig aus dessen Ehe mit der liebenswerten, aber schwer lungenkranken Maria Annunziata von Bourbon-Neapel. Die Mutter starb, als Franz Ferdinand erst neun Jahre alt war. Der Vater heiratete bald darauf die Braganza-Prinzessin Maria Theresia. Sie war eine phantastische Frau. Sie nannte ihre eigene erste Tochter nach ihrer Vorgängerin Maria Annunziata; sie liebte ihre Stiefsöhne wie eigene Kinder, und sie wurde von ihnen abgöttisch geliebt.

Als Kronprinz Rudolf 1889 starb, rückte Karl Ludwig als älterer der beiden noch lebenden Brüder des Kaisers automatisch in die Rolle des Thronfolgers auf. Er war bedeutungslos und unbeliebt; er nahm dem Kaiser zahllose zweitrangige offizielle Verpflichtungen ab, erledigte mit Bienenfleiß unbedeutende Akten, kümmerte sich um Begnadigungsgesuche und Wohltätigkeitsorganisationen und blieb bis an sein Ende erzkonservativ und ekelhaft. Er war nur drei Jahre jünger als Franz Joseph. Allgemein rechnete niemand mit seiner Thronfolge. Sollte er den Kaiser wirklich überleben, so würde er sogleich zugunsten seines ältesten Sohnes verzichten; das nahm man zumindest an.

Der älteste Sohn: Das war Franz Ferdinand. Man konnte sich kaum verschiedenartigere Prinzen vorstellen als diese drei Söhne der lungenkranken Maria Annunziata. Begabt waren sie alle drei; der Vater hielt daheim auf strenge Zucht und regelmäßigen Unterricht, die Stiefmutter war hinter ihnen her wie eine eifrige Kinderfrau. In dem Moment allerdings, als sie die Uniform anzogen, war es mit dieser Erziehung vorbei. Und die Uniform zogen sie traditionsgemäß schon in einem Alter an, in dem ihre Ausbildung längst noch nicht abgeschlossen sein konnte. Zumindest nicht für künftige Kaiser und Generale. Franz Ferdinand bemühte sich später nachzuholen, was versäumt worden war. Er ging auf Weltreise, durchstreifte sogar Amerika; er ließ sich später, schon als Stabsoffizier, seinen alten Lehrer nach Prag nachkommen, um gelegentlich noch ein paar Unterrichtsstunden zu nehmen. Zum Unterschied von seinen zahlreichen Vettern nahm er den Militärdienst ebenso ernst wie alles andere im Leben auch.

Da war Otto, der zweite Sohn, ganz anders. Er war der »schöne Prinz« des Kaiserhauses; Draufgänger, blendender Reiter und Fechter; der Husarenleutnant aus dem Operettenlibretto, auch noch als Kavalleriegeneral. Er redete viel, laut und gern. Er malte viel und gar nicht schlecht. Für die Kunst hatte auch Franz Ferdinand einiges übrig – er sammelte. Leidenschaftlich, fanatisch, verbissen, wie er alles leidenschaftlich, fanatisch und verbissen tat. Ganz anders Otto – der tat alles sozusagen mit der linken Hand. Neben der Malerei beschränkte sich sein kulturelles Interesse auf Operetten und Varietés; man konnte ihn mit einer Zigeunerkapelle durch die Nacht ziehen sehen – und vor allem hören. Nicht selten mußte der nur widerwillig mitziehende Franz Ferdinand später die aufgelaufenen Rechnungen begleichen, wenn Otto wieder einmal kein Geld hatte. Manches erinnerte in seinem Wesen an den unglücklichen Kronprinzen Rudolf. Charme, Begabung, Temperament. Vielleicht wäre er weniger traurig zugrunde gegangen, dieser Erzherzog Otto, hätte er eine andere Frau bekommen als die sächsische Prinzessin Maria Josefa, die er nicht zuletzt politischen Erwägungen verdankte. Mit ihrem ebenso frommen wie lammsanften Wesen war sie nicht imstande, Ottos Leben auszufüllen; und schon gar nicht, sein Temperament zu bremsen.

Der dritte und jüngste, Ferdinand Karl, war still und verträumt. Er sehnte sich danach, Intendant der Wiener Hoftheater zu werden. Und ausgerechnet ihn, den militärisch am wenigsten Interessierten von allen, hatte man, als einzigen Erzherzog überhaupt, dazu ausersehen, eine regelrechte Generalstabsausbildung durchzumachen. Ferdinand Karl erregte später einiges Aufsehen, als er sich in den Kopf setzte, die Tochter eines Universitätsprofessors zu heiraten. Als der Kaiser unerbittlich blieb, nahm Ferdinand Karl sich seine Liebste ohne allerhöchste Zustimmung. Aus dem Erzhause ausgestoßen, lebte er daraufhin mit seiner bürgerlichen Frau unter dem Namen Ferdinand Burg in recht bescheidenen Verhältnissen in einer Wiener Vorstadt.

Franz Ferdinand, der älteste der drei, blieb zur allgemeinen Verwunderung, zum

Unbehagen des Kaisers und zum Kummer seines Vaters unverheiratet. Otto, der jüngere, hatte schon Kinder, während die Damen des Hofes sich noch immer vergeblich bemühten, für den künftigen Thronerben die passende Frau zu finden. Der Kaiser hätte gerne die Verbindung mit einer bayerischen Prinzessin gesehen. Das wäre ganz im Sinne seiner dynastischen Außenpolitik gewesen, die katholischen Fürstenhäuser Deutschlands durch eheliche Bande an Österreich zu knüpfen. Während aber Otto widerspruchslos seine Sächsin genommen hatte, weigerte sich Franz Ferdinand ganz entschieden, das gleiche mit einer Wittelsbacherin zu tun. Später verriet er, daß es die Kaiserin Elisabeth gewesen sei, selbst eine Wittelsbacherin, die ihn vor einer solchen Ehe gewarnt habe:

»Tu es nicht, Franz, suche dir anderes Blut. Allen zum Trotz rate ich dir: heirate nur die, die du liebst, und keine aus unserem Blut, sonst wirst du häßliche Kinder haben.«[3]

Franz Ferdinand nahm also keine Wittelsbacherin, und auch keine andere Prinzessin, um sie zur künftigen Kaiserin zu machen. Es gab ein paar bedeutungslose Abenteuer mit jungen Damen, kleinen Schauspielerinnen etwa, und später nicht einmal mehr das. Nach der Prager Zeit nämlich nicht mehr, nachdem Franz Ferdinand die Komtesse Chotek gefunden hatte. Kaum jemand wußte davon, und das allein schon zeigte Franz Ferdinands Geschick. Es war keineswegs immer ein unbedingtes Vergnügen, ein Erzherzog zu sein. Ein solcher Erzherzog durfte sich alles erlauben, dachten die Leute, und doch durfte er sich in Wahrheit kaum etwas erlauben; weit weniger jedenfalls als andere junge Männer gleichen Alters. Die Mitglieder des Erzhauses standen unter ständiger Kontrolle. Polizeiagenten hefteten sich an ihre Fersen, wohin sie auch gingen. Zu ihrem Schutz, wie es hieß, aber zugleich auch zu ihrer Überwachung. Die Konfidentenberichte wanderten über den Dienstweg bis auf den Schreibtisch des Kaisers, und der Dienstweg war bei derartigen Aktenstücken verteufelt kurz. Am nächsten Morgen wußte der Kaiser schon ganz genau, was dieser oder jener seiner zahlreichen Anverwandten am Abend zuvor angestellt hatte. Daß es Franz Ferdinand gelang, seine Beziehungen zur Komtesse Chotek jahrelang geheimzuhalten, war eine Meisterleistung. Nur wenige Vertraute ahnten einiges; unter ihnen des Erzherzogs Obersthofmeister Graf Wurmbrand. Anfang 1896, als Franz Ferdinand krank auf der Südtiroler Mendel bei Bozen lag und regelmäßig Post für den Erzherzog aus Böhmen kam, sagte Wurmbrand zu Dr. Eisenmenger, dem behandelnden Arzt: »Da steckt ein Frauenzimmer dahinter, und ich weiß auch, wer es ist. Es ist eine Verwandte von mir; ich werde ihr aber das Handwerk schon legen.«[4]

Gemeint war die Gräfin Chotek, aber das wußte wiederum Dr. Eisenmenger nicht. Er konnte nur konstatieren, daß die Briefe einen merkbar guten Einfluß auf den Gesundungsprozeß hatten, und deshalb war er über jeden dieser geheimnisvollen Briefe froh. Was Franz Ferdinand von Heiratsprojekten hielt, sagte er dem Doktor auch recht drastisch:

»Wenn unsereiner jemanden gern hat, findet sich immer im Stammbaum irgendeine Kleinigkeit, die die Ehe verbietet, und so kommt es, daß bei uns immer Mann und Frau zwanzigmal miteinander verwandt sind. Das Resultat ist, daß von den Kindern die Hälfte Trottel und Epileptiker sind.«[5]

Er wußte, wovon er sprach. Er meinte den guten Kaiser Franz und dessen unglückseligen Sohn, den gütigen Kaiser Ferdinand. Ferdinand bedauerte er, für Franz hatte er nur Verachtung übrig, und dessen allmächtigen Staatskanzler Metternich haßte er geradezu – Leute, »deren Horizont mit Brettern verlegt war«.[6]

Seit er in Prag die Komtesse Chotek kennengelernt hatte, war Franz Ferdinand jedenfalls entschlossen, sich keine standesgemäße Ehe aufzwingen zu lassen. Und diese Sofie Chotek wiederum war kein Frauenzimmer, dem man das Handwerk legen konnte, wie der Graf Wurmbrand es als pflichtgetreuer Hofschranze beabsichtigt hatte.

Der Baron Margutti beispielsweise beurteilte Sofie Chotek von Anfang an richtig. Er – später General in der kaiserlichen Adjutantur – hatte 1895 als Generalstäbler bei der 38. Infanteriebrigade gedient, die damals der schon zum Generalmajor aufgerückte Erzherzog Franz Ferdinand in Budweis kommandierte. Über Sofie urteilte Margutti später:

»Die sehr intelligente Fürstin von Hohenberg war eine geistig außerordentlich hochstehende und ungewöhnlich gebildete Frau, welche sich durchaus nicht mit der Stellung einer im verborgenen hindämmernden morganatischen Gemahlin abfinden konnte. Sie ging im Gegenteil – namentlich als sie ihrem Gemahl, außer einer Tochter, noch zwei Söhne geboren hatte – daran, und nicht mit Unrecht, jederzeit und allenthalben vollwertig als Gattin des Thronerben zu erscheinen. Das leugnete Sofie Hohenberg auch gar nicht. Einmal deutete sie mir sogar selbst, wenn auch nur indirekt, ihre Aspirationen in nicht mißzuverstehender Weise an . . .«[7]

Das war aber erst ein Jahrzehnt später, als Sofie Chotek schon Fürstin Hohenberg und Frau des Thronfolgers war. 1895, als ihr der Graf Wurmbrand das Handwerk legen wollte, sah es ganz so aus, als sollte Franz Ferdinands Thronfolge nur ein kurzes, ereignisloses Zwischenspiel bleiben.

Im Herbst 1895 war Franz Ferdinand unerwartet erkrankt.

Unerwartet allerdings nur für die Öffentlichkeit. Der kaiserliche Leibarzt Dr. Widerhofer hatte schon vor der großen Weltreise die angegriffene Lunge des Erzherzogs konstatiert und deshalb einen Aufenthalt in Ägypten für richtig befunden. Dieses Lungenleiden schien wohl die Neapolitanerin Maria Annunziata in die Ehe mit dem Erzherzog Karl Ludwig mitgebracht zu haben.

1895 brach das Leiden offen aus. Hohes Fieber und starker Gewichtsverlust. Alle Anzeichen der Schwindsucht also. Dr. Eisenmenger, Assistent an der Wiener Universitätsklinik für Interne Medizin, konstatierte im Sputum Tuberkelbazillen in Masse. Auf Vorschlag des Klinikvorstandes Professor Schrötter wurde Dr. Eisenmenger nach Schloß Chlumetz geschickt, wo Franz Ferdinand fiebernd im Bett lag. Die Untersuchung bestätigte den ersten Befund: Tuberkulose.

Zum Unterschied von den meisten Ärzten seiner Zeit, die Tuberkulose in diesem Stadium für unheilbar hielten, machte sich Eisenmenger Hoffnungen. Sich und seinem

Patienten. Wenn Franz Ferdinand eine mindestens einjährige Kur durchhielt, könnte er wieder völlig gesund werden.

Franz Ferdinand hielt durch. Mitten in die Kur hinein, 1896, starb sein Vater. Nun war er auch offiziell Thronfolger. Einer allerdings, den seine Umwelt für todkrank hielt. Einer, den man schon abgeschrieben hatte.

Franz Ferdinand merkte es. Die Hofschranzen, mit dem sicheren Gefühl für den gerade allerhöchst wehenden Wind, rückten von ihm ab. Alles wendete sich seinem Bruder Otto zu. Nach Franz Ferdinands baldigem Tod – und damit wurde schon fix gerechnet – würde er Thronfolger sein. Und, weiß Gott, ein bequemerer Thronfolger. Einer, der nach dem Prinzip »Leben und leben lassen« agierte. Denn daß dieser Franz Ferdinand mit seinem stets wachen Intellekt, seiner Energie, seiner mitunter an beleidigende Schroffheit grenzenden Härte ein recht wenig umgänglicher Thronfolger und ein noch weniger leicht lenkbarer Kaiser sein würde, das hatte sich schon in den letzten Jahren gezeigt.

Franz Ferdinand spürte deutlich, wie sich die allgemeine Liebedienerei bei Hof dem »schönen Prinzen« zuwendete. Es erbitterte ihn. Man hielt ihn also für einen lebenden Leichnam, der nicht mehr zählte! Sehr gut – er würde den Herrschaften beweisen, daß mit ihm noch zu rechnen war. Vielleicht hätte er die strenge, von Dr. Eisenmenger rigoros überwachte Kur nicht durchgehalten, wäre ihm seine Umgebung anders entgegengetreten. So aber wollte er gesund werden, um jeden Preis. Seiner Umwelt zum Trotz! In diesen langen Monaten seiner Krankheit wurde seine unerbittliche Abneigung gegen die Hofschranzen geboren, sein richtiggehender Haß auf den installierten Apparat, seine Entschlossenheit, alle diese Hofmeister und Kämmerer und Kammerherren davonzujagen, sobald er an der Macht sein würde: »Wenn man vom Oberstjägermeister etwas wissen will, muß der erst den Regierungsrat Quaiss fragen; wenn man vom Oberstkämmerer etwas wissen will, muß er den Weckbecker fragen. Sind denn das lauter Sinekuren? Sind die Herren nur für die Diners und die Großkreuze da? Das muß anders werden!«[8]

Daß es aller Voraussicht nach bald anders werden würde, konstatierte der Hof im Laufe des Jahres 1897. Franz Ferdinand kam wieder. Und unbestreitbar gesund. Mit einem zukünftigen Kaiser Otto war nicht mehr zu rechnen. Und dann passierte die Geschichte mit der vergessenen Uhr.

Die Erzherzogin Isabella schäumte vor Wut und Empörung. Daß ein junger Erzherzog sich mit einer Hofdame einließ, wäre noch kein Grund zur Aufregung gewesen. Schließlich hatte es in der Familie Habsburg immer schon die »hygienischen Damen« gegeben, wenn diese auch stets weit geringeren Standes waren als die Komtesse Chotek. In diesem Falle aber vermutete die stolze Erzherzogin, nicht Franz Ferdinand habe sich Sofie geangelt, sondern umgekehrt. Und so empfand Isabella das Bild in der Uhr als eine ihr persönlich angetane Schmach. Für sich und ihre heiratsfähigen Töchter war sie gleichermaßen enttäuscht und beleidigt. Diese Chotek hatte also die Ehechancen einer der drei Damen zunichte gemacht! Daß Franz Ferdinand die Komtesse schon seit Jahren kannte und liebte, daß er überhaupt nur ihretwegen nach Halbthurn gekommen war, begriff Isabella nicht. Eine Frau wie sie vermochte sich nicht vorzustellen, daß jemand diese mittellose, nicht besonders hübsche und auch nicht mehr taufrische böhmische Gräfin einer blutjungen Erzherzogin vorzog.

Sofie wurde jedenfalls aus dem Haus gejagt wie ein Dienstmädchen, das sich mit dem Hausherrn eingelassen hatte. Doch Sofie fuhr nicht schamrot heim nach Böhmen, um sich dort für den Rest des Lebens lebendig zu begraben, sondern sie fuhr nach Wien. Und damit war die Stunde der Wahrheit für Franz Ferdinand gekommen. Isabella nämlich sorgte dafür, daß der Skandal nun zum allgemein bekannten Skandal wurde. In ihrer Wut merkte sie gar nicht, wie lächerlich sie damit sich und ihre Töchter machte.

Der Kaiser bestellte Franz Ferdinand zur Kopfwäsche. Auch der alte Herr mochte zunächst nur eine Liebschaft vermutet haben. Und dann erlebte er eine der härtesten Stunden seines Lebens. Franz Ferdinand erklärte seinem kaiserlichen Onkel klipp und klar, daß hier nicht von Liebschaft die Rede war, sondern von Liebe. Und daß er Sofie Chotek zu heiraten gedenke.

Franz Joseph war wie vom Schlag gerührt. Ein Erzherzog und eine böhmische Gräfin! Nicht nur das – ein Erzherzog, der einmal Kaiser sein würde. Die böhmische Gräfin Sofie Chotek als Kaiserin – das ging über sein Fassungsvermögen.

Aber das war noch nicht das Schlimmste. Die bitterste Lehre für den Autokraten Franz Joseph war, daß jemand es wagte, ihm zu widersprechen. In alleruntertänigster Ergebenheit, versteht sich, mit dem schuldigen Respekt vor dem Monarchen und Familienoberhaupt, in der Sache aber unnachgiebig.

68 Jahre alt, machte der Kaiser eine neue, für ihn niederschmetternde Erfahrung: Es gab einen Menschen, der nein sagte. Und er hatte keine Macht, diesem Menschen seinen Willen aufzuzwingen. Als er merkte, daß Franz Ferdinand sich von seiner Heiratsabsicht nicht abbringen ließ, stellte er seinen Thronfolger vor die Entscheidung: Ehe *oder* Kaiserkrone. Und Franz Ferdinand antwortete ebenso entschieden: Ehe *und* Kaiserkrone.

Theoretisch konnte Franz Joseph natürlich seinen Willen durch ein Machtwort manifestieren. Das Familienstatut gab ihm die Möglichkeit, Franz Ferdinand von der Thronfolge auszuschließen. Es war ihm klar, daß er damit eine ungeheure moralische Belastung des Erzhauses heraufbeschwor. Nach der Tragödie um den Kronprinzen Rudolf jetzt, kein Jahrzehnt später, eine neue Thronfolgeraffäre! Dazu: eine generelle Beleidigung des Adels einerseits, der gesamten böhmischen Nation anderseits. Die innenpolitische Situation in der Donaumonarchie war ohnehin gespannt genug.

Eben erst hatte man die Badeni-Krise hinter sich gebracht; den innerösterreichischen Parteienkrieg um die tschechenfreundliche Sprachenverordnung des Ministerpräsidenten Graf Badeni. Straßenkundgebungen mit Schlägereien, Raufereien unter den Abgeordneten im Reichsrat. Die Polizei war ins Parlament eingedrungen und hatte frei gewählte Abgeordnete aus dem Sitzungssaal geholt. Militär in den Straßen der Städte. Blutvergießen. Um die deutschsprachige Bevölkerung zu beruhigen, wurde Badeni entlassen, worauf die Tschechen mit blutigen Demonstrationen in Prag antworteten. Daraufhin Standrecht. Noch nie seit 1848 war die Donaumonarchie so nahe am Rande einer neuen Revolution.

Und in dieser verzweifelten Lage sollte der Kaiser eine neue Thronfolgerkrise riskieren? Daß Franz Ferdinand ihm so etwas antun konnte, begriff er nicht und verzieh er nicht. Und wenn er Franz Ferdinand fortjagte, aus der Liste der Erzherzoge strich, was dann? Ein Thronfolger Otto?

Franz Joseph war sich über die Qualitäten des »schönen Prinzen« durchaus im klaren. Affären, immer neue Affären. Ein Skandal um ein uneheliches Kind wurde aus der Welt geschafft, indem man die Mutter mit einem Arzt verheiratete und ihm ein Adelsprädikat verlieh. Eine Ballettänzerin folgte. Aus seinem offiziellen Wohnsitz, dem Schloß Augarten, das Otto als »Hofkäfig« bezeichnete, floh er nach Schloß Schönau. Seine Freunde, nicht immer standesgemäß, seine Freundinnen, noch weniger standesgemäß, gingen dort ein und aus, und mit ihnen Heurigensänger und Schrammelmusikanten. Seine Frau, die fromme Sächsin Maria Josefa, und seine Söhne Karl und Maximilian sahen ihn nur noch bei offiziellen Anlässen. Der Kaiser jedenfalls wollte diesen Neffen später nicht einmal mehr bei offiziellen Anlässen zu Gesicht bekommen. Nach 1900 ging es mit dem Erzherzog Otto mehr und mehr bergab. Er war krank, hielt sich aber an keine ärztlichen Ratschläge, im Gegenteil – ärztliche Konsilien in Schönau endeten meist mit Saufgelagen.[9] Man sprach von den verheerenden Folgen einer galanten Infektion. In einer Villa im Wiener Cottage siechte der »schöne Prinz« schließlich seinem Tode entgegen, nach einer Tracheotomie mit einer Kanüle im Kehlkopf. Nur eine Frau liebte ihn bis zum Schluß: seine Stiefmutter Maria Theresia von Braganza, die nicht von seinem Krankenbett wich und stundenlang seinen Kopf hielt, während er schlief, damit sich die Kanüle nicht verschob. Otto starb 1906, als bei einem Erstickungsanfall nicht schnell genug ein Arzt zur Stelle war. Dem alten Franz Joseph blieb wirklich nichts erspart.

Schon 1898 wußte der Kaiser, daß dieser Erzherzog Otto als Thronfolger nicht in Frage kam. Ein solcher Mann auf dem Habsburgerthron – undenkbar. Wenn es noch etwas Schlimmeres für Kaiser Franz Joseph geben konnte als der Gedanke an eine Kaiserin Sofie, geborene Chotek, dann war es ein Kaiser Otto. Franz Ferdinand mochte seinen unglückseligen Bruder sehr, auch wenn er dessen Lebensart nicht verstehen konnte und wollte. Trotzdem nützte er die Situation. Er wußte, daß dem Kaiser schließlich nichts anderes übrigbleiben würde, als nachzugeben. Wenn er, Franz Ferdinand, nur durchhielt. Und durchzuhalten, das hatte er in den Monaten seiner eigenen Krankheit gelernt. Und je mehr interveniert und intrigiert wurde, um so unerbittlicher zeigte er sich in seiner Forderung: Krone und Ehe!

Der dramatische Zweikampf dieser beiden Männer Franz Ferdinand und Franz Joseph, die ein Altersunterschied von über 40 Jahren trennte, dauerte fast zwei Jahre.

Maria Theresia von Braganza, die immer wieder allerhöchste Nachsicht für ihren Stiefsohn Otto erbetteln mußte, bat nun auch für Franz Ferdinand.

Der Kaiser, der seine Schwägerin mehr als irgendeine andere Dame des Hofes schätzte, blieb hart. Er war schon unnachgiebig geblieben, als noch die Kaiserin Elisabeth sich für den Neffen einsetzte. Jetzt war Elisabeth tot. Das Drama von Genf, die Erschütterung des Kaisers über den Verlust der eigenen Frau, das alles trug zweifellos noch dazu bei, den alten Mann zu verdüstern. Er lieferte schließlich nur noch Rückzugsgefechte, aber er wich nur schrittweise zurück. Die Freunde des Erzherzogs, die Verwandten, sogar die Kirche wurden eingespannt, um auf Franz Ferdinand einzuwirken. Der Thronfolger war streng gläubig, also versuchte der Weihbischof Dr. Marschall zu intervenieren. Erfolglos.

Der Bischof führte die Erfolglosigkeit seiner Mission allerdings weniger auf den Erzherzog selbst als auf die Energie der Komtesse Chotek zurück, die Franz Ferdinand anscheinend so untrennbar an sich gefesselt hatte, daß er nicht mehr zur Vernunft gebracht werden konnte. »Die Aspirationen dieser Frau sind himmelstürmend«, jammerte Marschall. »Jawohl, sie sagt, gerade ihr persönlich sei eine große Sendung für das Habsburgische Reich von der Vorsehung zugedacht.«[10]

Dem Weihbischof wurde später die Rechnung präsentiert: Obwohl man ihn allgemein für den auserkorenen Nachfolger des Wiener Erzbischofs Kardinal Gruscha hielt, wurde ihm der Triester Bischof Dr. Nagl vorgezogen. Auf Betreiben der Herzogin von Hohenberg, wie jedermann zu wissen glaubte.

Jedenfalls – Franz Ferdinand gab nicht nach. Unnötig zu sagen, daß man nicht weniger energisch auf Sofie Chotek einzuwirken versuchte, um sie zum Verzicht zu bewegen. Beide blieben hart.

Niemand war dabei, wenn diese beiden Menschen in den Jahren des dramatischen Kampfes um ihre Ehe vertraulich miteinander gesprochen haben. Niemand konnte daher der Nachwelt überliefern, wie oft sie am Rande der Verzweiflung waren, wie oft sie keinen Ausweg mehr sahen. Niemand weiß, ob es Stunden der Hoffnungslosigkeit gab, in denen der eine oder der andere den Kampf aufgeben wollte. Niemand kann deshalb auch sagen, wer es dann immer war, der den Kopf oben behielt und dem Partner neuen Mut gab. Als Endresultat blieb nach außen hin nur der gemeinsame Wille, nicht zu kapitulieren.

Der letzte Brief, den Franz Ferdinand in seiner Herzensangelegenheit an den Kaiser schrieb, war ein Dokument der Liebe, wie der im jahrzehntelang angesammelten Aktenstaub ausgetrocknete Franz Joseph es wohl nie auch nur vergleichsweise auf seinen Schreibtisch bekommen hatte:

». . . Ich kann abermals nur erwähnen, daß der Wunsch, die Gräfin zu heiraten, nicht die Frucht einer Laune ist, sondern der Ausfluß der tiefsten Zuneigung, jahrelanger Prüfungen und Leiden . . . Die Ehe mit der Gräfin ist aber das Mittel, mich für die ganze Zeit meines Lebens zu dem zu stempeln, was ich sein will und soll: zu einem berufstreuen Mann und zu einem glücklichen Menschen. Ohne diese Ehe werde ich ein qualvolles Dasein führen, welches ich ja jetzt schon durchmache und das mich vorzeitig aufzehren muß . . . Und eine andere Heirat kann und werde ich nie mehr eingehen, denn es widerstrebt mir und ich vermag es nicht, mich ohne Liebe mit einer anderen zu verbinden und sie und mich unglücklich zu machen, während mein Herz der Gräfin gehört und für ewig gehören muß . . .«[11]

Man könnte sagen, daß es ein kitschiger Brief war, stünde hinter diesem Brief nicht eine so harte Wirklichkeit. Konnte er Franz Joseph rühren, den alten Mann, der im Laufe seines langen Lebens schon so viel menschliches Unglück rund um seinen Thron erlebt hatte? Er hatte seinen Bruder Maximilian an einer glücklichen Ehe zugrunde gehen gesehen, und seinen Sohn Rudolf an einer unglücklichen. Er hatte die Tragödie des Erzherzogs Johann Salvator erlebt, und schließlich den Fehlschlag seiner eigenen Ehe. Er erlebte eben jetzt das bittere Ende der Ehe, zu der dynastische und politische Erwägungen seinen Neffen Otto veranlaßt hatten.

Dieser Otto – er hatte gehorsamst die für ihn ausgesuchte Frau geheiratet, er hatte ebenso gehorsamst Kinder gezeugt, und im übrigen hatte er ohne Rücksicht auf Frau und Kinder ein Lumpenleben geführt. In den Augen des alten Kaisers mußte es ein Lumpenleben sein, rücksichtslos und verantwortungslos gegenüber Familie, Dynastie und Reich. Sollte er, der Kaiser, jetzt Franz Ferdinand zu dem gleichen Leben zwingen? War die Haltung des Thronfolgers nicht hundertfach männlicher, ehrenhafter?

Franz Joseph war jedenfalls am Ende seiner Widerstandskraft angelangt, als seine Schwägerin Maria Theresia Anfang April 1900 erneut zu ihm kam. Wahrscheinlich war sie es, die das traurige Schicksal ihres eigenen Stiefsohnes in den düsteren Farben schilderte, um dem anderen Stiefsohn zu helfen. Der Kaiser erklärte sich schließlich bereit, der Ehe des Erzherzog-Thronfolgers Franz Ferdinand mit der Komtesse Sofie Chotek zuzustimmen. Unter den härtesten Bedingungen allerdings: Sofie sollte niemals Erzherzogin werden, und sie durfte niemals den Titel Kaiserin führen. Für sie und ihre Kinder mußte Franz Ferdinand schließlich auf seine Gatten- und Vaterrechte verzichten; auf Erbfolge und Thronrechte. Eine morganatische Ehe also, eine »Ehe zur linken Hand«.

Franz Ferdinand war einverstanden. Unter der Leitung des Ministerpräsidenten Dr. Koerber arbeitete ein Komitee wochenlang daran, die Verzichtleistungen in eine staatsrechtlich tragbare Form zu bringen.

Nicht Kaiserin, Königin oder Erzherzogin – keines von den dreien, das war die Bedingung Franz Josephs. Je emsiger Dr. Koerber, sein Präsidialchef Dr. Sieghart und der Staatsrechtler Max Vladimir Baron Beck aber an der Verzichterklärung arbeiteten, um so deutlicher zeigte sich die Unzulänglichkeit des Verfahrens. Franz Ferdinand mochte beschwören, was immer man von ihm verlangte – wenn er selbst den Eid nicht halten wollte, so gab es Hintertüren genug, um einen eventuellen Eidbruch auch staatsrechtlich unanfechtbar zu begründen.

Das ungarische Recht beispielsweise kannte eine Ehe zur linken Hand nicht. Ein

Sohn der Sofie Chotek konnte zwar nicht österreichischer Kaiser werden, aber durchaus rechtmäßiger König von Ungarn. Die Ungarn – jederzeit bereit, dem Wiener Hof Schwierigkeiten zu machen – meldeten sich auch sofort zu Wort. Sie verlangten Behandlung der Angelegenheit im ungarischen Reichstag. Als der Monarch diesen Wunsch zurückwies, erklärte der ungarische Ministerpräsident klipp und klar, die Pragmatische Sanktion Karls VI. begründe keineswegs ein mit Österreich gemeinsames Thronfolgerecht. Der alte Kaiser sah drohend das Gespenst einer Spaltung der Monarchie an seinem künftigen Totenbett stehen, falls die rebellischen Ungarn die Gräfin Chotek einmal zur Königin ausrufen und einen eventuellen Sohn als Kronprinzen umjubeln sollten.

Nach den Ungarn kamen die Tschechen. Für die tschechischen Nationalisten war es Ehrensache, die Partei der böhmischen Gräfin zu ergreifen, und die nationale Opposition erklärte unmißverständlich, nach böhmischem Recht gäbe es keinen Verzicht, wie man ihn dem Thronfolger abzwingen wollte. Der alte Kaiser sah sich bestätigt: Nur Schwierigkeiten mit dieser Sofie Chotek!

Auch die Kirche schaltete sich mit moraltheologischen Bedenken ein. Der dem Kaiser so vertraute Burgpfarrer Dr. Mayer hielt den vorbereiteten Eid für unzulässig. Kein Mensch konnte für ein noch nicht existierendes Wesen, kein Erzherzog also für seinen künftigen Sohn, eine Eidesverpflichtung übernehmen. Anderseits hatte die Kirche – immer schon Verbündete der Dynastie auf Gegenseitigkeit – ihr Glück ja auch schon bei Sofie Chotek versucht. Der Weihbischof Dr. Marschall persönlich berichtete darüber: »Sie hat ihr Schicksal dem Himmel anheimgegeben und dem Prinzen ihrer Wahl. Was dieser will, das will auch der Himmel. Ich aber habe sie zur Zerstörerin seiner erhabenen Lebensaufgabe gestempelt. Gerade weil sie ihn so sehr liebe, müsse sie ihn freigeben. Was hätte sie davon, ihn um die Krone zu bringen und ein Leben der Verbannung mit ihm zu führen. Er würde seine Tat gar bald bereuen, es gäbe dann aber keinen Rückweg für ihn. Und sie trüge dann alle Schuld an seinem Unglück. Wie würden sie die Hölle auf Erden dann gemeinsam ertragen? Hingegen den anderen Weg: Er ein großer Kaiser, der seine Völker aus den jetzigen Wirrnissen herausführt. Sie aber, in diesem oder einem anderen Orden mit der fürstlichen Würde einer Äbtissin bekleidet, dürfte sich des Opfers, das sie dem Reiche gebracht, zeitlebens freuen. Es gäbe kein Drittes. Die Befriedigung ihrer Leidenschaft werde ein kurzer Rausch sein, aus dem das Erwachen einen Sturz in die Tiefe bedeute. Der Verzicht aber sei groß und erhaben und sichere ihr den Himmel . . . Der Kaiser warte auf ihren Entschluß. Der Papst würde sie segnen dafür. Anstatt Kaiser und Papst zu beglücken, wolle sie beide erzürnen und betrüben?«[12]

Die salbungsvollen Worte des Bischofs verfehlten nicht einen gewissen Eindruck auf die fromme Sofie Chotek. Zuerst merkte sie wohl gar nicht, daß da die Kirche und ihre Gnade, der Himmel und seine Freuden in einer recht irdischen, vornehmlich politischen Angelegenheit bemüht wurden. Der Bischof drohte mit dem Zorn des Papstes und lockte mit dem Amt einer Äbtissin. Als ob es Aufgabe der Kirche wäre, sich der

Dynastie durch das Verschenken geistlicher Würden gefällig zu erweisen. Als ob es das Amt des Papstes wäre, zu zürnen, wenn eine Untertanin ihrem Kaiser Ärger bereitete!

Der Zorn des Himmels, den der politisch so emsige Bischof drastisch ankündigte, bedrückte die gläubige Sofie Chotek so sehr, daß sie beinahe verzichtet hätte. Eine einmalige Chance witternd, drängte der Bischof, Sofie möge doch gleich den Schleier nehmen, damit Franz Ferdinand sie nicht wieder umstimmen könne. Da durchschaute Sofie das Spiel. Der Bischof erinnerte sich: »Da traf mich ein Blick, der ein Dolchstoß dieser frommen Seele war.«[13] Und das letzte, äußerste Druckmittel hatte damit versagt.

Letztlich sammelten die Kronjuristen bei ihrem Bemühen um eine staatsrechtlich unanfechtbare Lösung nur Einwände gegen die Gültigkeit des Eides. Jetzt merkte man erst, worauf man sich da eingelassen hatte. Doch die Sache war nun einmal ins Rollen gekommen, und nun konnte auch Franz Joseph nicht mehr zu einem starren Nein zurückkehren. Er konnte also nur noch darauf hoffen, daß Franz Ferdinand seinen Eid dereinst auch halten würde.

Für den 28. Juni 1900 wurden die Großen des Reiches in die Geheime Ratsstube der Wiener Hofburg bestellt. Sämtliche großjährige Erzherzoge, die beiden Ministerpräsidenten, die Hofwürdenträger, der Wiener Kardinal und der ungarische Fürstprimas. Das Gedränge in dem Raum war beängstigend; so viele »Ratgeber« waren in der Geheimen Ratsstube noch nie vonnöten gewesen. Es war wie bei einer Trauerkundgebung. Oder bei der Verlautbarung eines Todesurteils. Der Kaiser war sichtlich erbittert, daß man ihm diese Stunde und diesen Staatsakt abgezwungen hatte. Als er die Eidesformel, den »Renunziationseid«, vorlas, hatte seine Stimme einen ausgesprochen drohenden Tonfall. Es war, als rufe er alle Flüche des Himmels und der Erde auf Franz Ferdinand herunter, falls dieser einmal seinen Eid nicht halten sollte.

Der Thronfolger stand einen Schritt vor der Mauer der aneinandergedrängten Zeugen dieses Staatsaktes; wie ein Angeklagter beim Richterspruch. Er sprach die Eidesformel mit einem Würgen in der Kehle nach. Hörte man aus der Stimme des Kaisers den Zorn, so hörte man aus der Stimme des Thronfolgers die Wut. All denen, die zu dieser seiner Demütigung beigetragen hatten, würde er sie niemals vergessen und niemals verzeihen. Stimmung wie bei der Überreichung einer Kriegserklärung! Der Kaiser und sein Thronfolger schieden nach diesem Staatsakt als Feinde für den Rest ihres Lebens. Das mußte jeder spüren, der dabei war. Bald sollte der ganze Staat es nicht nur spüren, sondern auch merken.

Geheiratet wurde drei Tage später in der Kapelle des Schlosses Reichstadt in Böhmen. Von den Habsburgern kam nur Stiefmutter Maria Theresia, die unerschütterlich Liebende, mit ihren Töchtern. Franz Ferdinands Brüder fehlten. Sie fanden nicht den Mut, sich wenigstens durch ihre Teilnahme an der Hochzeit gegen den Kaiser aufzulehnen. Franz Joseph selbst ließ sich nicht einmal durch den jüngsten Kammerherrn vertreten. Er telegraphierte lediglich die Ernennung der Gräfin Chotek zur Fürstin Hohenberg mit der Anrede »Fürstliche Gnaden«.

Franz Joseph hatte nichts an der Person der Gräfin Chotek auszusetzen. Ob sie eine gute oder schlechte Ehefrau, eine gute oder schlechte Mutter sein würde, stand gar nicht zur Debatte. Ob Franz Ferdinand sie liebte, ob er mit ihr glücklich wurde, das spielte keine Rolle. Nicht in der Gedankenwelt des Kaisers. Entscheidend war nicht das persönliche Schicksal, entscheidend blieb die Dynastie. Die Dynastie und das Reich waren für ihn untrennbar miteinander verbunden. Mehr noch: Sie waren identisch. Ein und dasselbe.

In dem halben Jahrhundert seit seiner Thronbesteigung hatte Franz Joseph manchen Verlust hinnehmen müssen, manche Niederlage, manche Einbuße seiner Macht. Doch die Unantastbarkeit der Dynastie hatte er erhalten. Solange die Dynastie intakt war, konnte das Reich nicht untergehen – das war sein Glaubensbekenntnis. Alle Veränderungen in dem halben Jahrhundert seiner Herrschaft schienen ihm zeitbedingt, alle Bedrängnisse auch. Man würde sie überdauern, solange die Dynastie erhalten blieb!

Und ausgerechnet eine Gräfin Chotek sollte imstande sein, diese für die Ewigkeit errichtete Dynastie zu gefährden? Ja – gerade sie, und gerade jetzt! Zumindest aus Franz Josephs Perspektive. Jetzt, um die Jahrhundertwende, am spürbaren Beginn einer Ära der Konflikte, der Umwertung aller Werte, war die Dynastie für den Kaiser der Fels in der Brandung. Einziger Halt und Fixpunkt in einer haltlos werdenden Zeit. Die Badeni-Krawalle hatten da den Vorgeschmack geliefert. Nur wenn die Dynastie unerreichbar über dem Irdischen der Völker blieb, von Gott eingesetzt und nicht mit den Untertanen vermengbar, nur dann konnte sie frei bleiben von den irdischen Schwächen der Zeit und standhalten im Wandel der Geschichte. Das Staatsrecht kam von den Menschen und konnte von Menschen verändert werden. Die Dynastie kam von Gott, der ihr das Herrscherrecht nicht nur gegeben, sondern auferlegt hatte.

So war es keine ungeheure Anmaßung überirdischen Standes, die Franz Joseph zur Grundlage seines Regiments machte, sondern vielmehr die Übernahme einer übermenschlichen Verpflichtung. So mußte man den alten Mann sehen, wenn man ihn begreifen wollte. Er lebte die Verpflichtung vor. Vielfach erfolglos im Endeffekt, doch stets überzeugt von der Richtigkeit seines Weltbildes. Er lebte und arbeitete ein arbeitsreiches Leben lang für das Glück seiner Völker, und er hätte es nie zu begreifen vermocht, daß diese Völker auch ohne einen Habsburgerkaiser glücklich werden könnten.

Es gibt Zeitgenossen und Nachfahren genug, die meinen, seines Reiches und seiner Dynastie Verhängnis sei es gewesen, daß Franz Joseph so lange lebte. Wäre nach 30 Jahren sein Sohn an die Reihe gekommen, oder wenigstens nach 50 Jahren sein Neffe, die Weltgeschichte hätte einen anderen Verlauf genommen.

Vielleicht. Rudolf und Franz Ferdinand wären Neuerer auf dem Thron gewesen. Möglicherweise gefährliche Neuerer, die mehr zerstört als verbessert hätten. Möglicherweise. Ihr vorzeitiger Tod verhinderte die Probe aufs Exempel. Der Historiker Heinrich Benedikt meinte beziehungsvoll: »Es ist eine seltsame Fügung, daß die drei

Kronprinzen des Hauses Österreich, von denen ein gefährliches Abgehen von der unerschütterlich festgehaltenen Tradition erwartet wurde, Don Carlos, Rudolf und Franz Ferdinand, eines gewaltsamen Todes starben.«[14]

Franz Joseph versuchte jedenfalls, in Sachen Sofie Chotek an der Tradition so unerschütterlich festzuhalten, wie immer er es vermochte.

Sein Hof versuchte es ihm gleichzutun, indem er das Instrument der Tradition, Familienstatut und Zeremoniell, zu einem Instrument gegen den Thronfolger selbst, gegen seine Frau und gegen die Kinder des Paares entwickelte.

Der Fürst Montenuovo ging als Verkörperung dieses Zeremoniells und damit als Hauptakteur der Nadelstichpraxis in die Geschichte ein. Bis 1907 war er Zweiter, dann Erster Obersthofmeister des Kaisers und damit Oberbefehlshaber einer ganzen Armee von Tausenden Hofbediensteten, die vom Oberjägermeister und Hofzeremonielldirektor bis hinunter zum Ofenheizer in Schönbrunn und zum Kulissenschieber im Burgtheater reichte. Im täglichen Amtsbetrieb war dieser Hof ein Konzern, der vom Ballbüro bis zur Hausverwaltung, vom Großküchenbetrieb bis zur Leichenbestattung, von der Oberförsterei bis zur Operndirektion reichte. Und das bei einem Konzernherrn wie Franz Joseph, der grundsätzlich jeden fehlenden Kragenknopf bei einem der Tausenden Konzernbediensteten zu bemerken und zu bemängeln pflegte.[15] Ein Mann wie der Fürst Montenuovo, der sein Amt nicht nur als Repräsentationsposten betrachtete, hatte wahrlich kein leichtes Leben.

War Franz Josephs Großvater, Kaiser Franz I., zugleich auch der Urgroßvater des Obersthofmeisters Fürst Alfred Montenuovo, so wurde dieser doch nach demselben Zeremoniell, das er so rigoros handhabte, nur sehr bedingt als äußerst entfernter Verwandter betrachtet; und so hielt er es denn auch mit der Gräfin Chotek, nunmehrigen Fürstin Hohenberg. Sie war zwar die Frau des Thronfolgers, aber sie kam in der Familienliste erst an letzter Stelle, nach der jüngsten Erzherzogin. Sie stand hinten an, gewissermaßen, wenn es um allerhöchste Ehrung ging. Der Kaiser empfing sie nur, wenn es offizielle Anlässe verlangten, und dann eben als letzte. In ihrer vierzehnjährigen Ehe brachte sie drei Kinder zur Welt, zwei Söhne und eine Tochter. Der Kaiser empfing sie bei Lebzeiten ihrer Eltern nie. Erst nach der Tragödie von Sarajewo ließ er sie zu sich kommen, ein einziges Mal und nie wieder. Als Lebende an die letzte Stelle verbannt, sollte Sofie als Tote überhaupt ausgeschlossen bleiben. Es war von Anfang an klar, daß sie nicht in der Kapuzinergruft begraben werden durfte, und deshalb ließ Franz Ferdinand in seinem Schloß Artstetten eine Gruft für sie und für sich selbst bauen. Er hatte ohne sie nicht leben wollen, so wollte er auch nicht ohne sie begraben werden. Die meisten Mitglieder des Erzhauses begegneten Sofie mit deutlich spürbarer Abneigung. Am deutlichsten, eigenartigerweise, Elisabeth, die Tochter des Kronprinzen Rudolf.

Elisabeth selbst hatte, gänzlich unter ihrem Stand, den Fürsten Otto Windischgraetz geheiratet. Nach einem harmlosen Flirt im dunklen Park, wie man sich zuflüsterte, habe der Kaiser diese Eheschließung eiligst betrieben, um nur ja keinen neuen

Familienskandal aufkommen zu lassen. Selbstverständlich mußte die einzige Tochter des Kronprinzen auf alle Rechte verzichten, die sie als Angehörige des Erzhauses eventuell haben oder – vielleicht einmal – beanspruchen könnte. Nichts fürchtete Franz Joseph mehr als irgendeine auch noch so entfernte Möglichkeit dynastischer Unklarheiten. Irgendwann könnte irgendwer kommen und Elisabeth oder einen ihrer Nachkommen als Thronprätendenten aus dem Hut zaubern. Einheit des Vielvölkerreiches durch Einheit der Dynastie – der den alten Herrn allzeit und überall beherrschende Gedanke!

Die Ehe der Kaiserenkelin mit dem Fürsten Windischgraetz erwies sich schon sehr bald als kleine Katastrophe. Zuerst hatte der Fürst seine Affären, dann hatte Elisabeth eine heftige Liaison mit einem Marineoffizier. Als er während des Krieges vor dem Feind blieb, trug die nach wie vor mit dem Fürsten Windischgraetz verheiratete Frau Witwentrauer nach ihrem Geliebten. Schließlich folgte eine ganze Serie undelikater Prozesse um die Kinder des Paares, bis in die Republik hinein. Zu diesem Zeitpunkt hatte die Enkelin des Kaisers schon einen neuen Partner, den sozialdemokratischen Politiker Leopold Petznek, einen Lehrer und Schutzbundführer. Jetzt galt Elisabeth als die »Rote Erzherzogin«. Als geistige Erbin ihrer kaiserlichen Großmutter, deren Namen sie trug, bekannte sie sich demonstrativ zur Republik und zu ihrem sozialdemokratischen Freundeskreis. Als sie dann endlich ihre Scheidung von Otto Windischgraetz durchgekämpft hatte, heiratete sie Petznek. Über den Zweiten Weltkrieg hinaus blieb sie unbeirrbar die »Rote« . . .

Zu des Kaisers Lebzeiten dachte Elisabeth noch ganz anders. Außerdem war sie mit einer Tochter jener Erzherzogin Isabella engstens befreundet, deren Hofdame Sofie Chotek einst war. Auf einem Empfang beim Fürsten Potocky sprach die Fürstin Hohenberg einige Worte mit Elisabeth, worauf diese nachher entrüstet erzählte: »Denken Sie sich, sie hat mich angecerkelt!«[16] Die Betonung lag dabei auf dem Wort »mich«. Diese geborene Chotek hatte es gewagt, das Wort an die Enkelin des Kaisers zu richten – unerhört!

Die Abneigung steigerte sich zum regelrechten Familienkrach, als Elisabeth im Winter 1912 mit ihren Kindern Maximilians Märchenschloß Miramar bei Triest bewohnte. Im März sollte nämlich Sofie Hohenberg mit ihren Kindern nach Miramar fahren, aber Elisabeth weigerte sich, verabredungsgemäß auszuziehen.

Franz Ferdinand war ohnehin schon empört, weil der Kaiser seiner Enkelin mehrmals ein Kriegsschiff als Transportmittel zur Verfügung gestellt hatte. Der Thronfolger, dessen besondere Liebe der so stiefmütterlich behandelten Kriegsmarine galt, empfand diesen Mißbrauch von Kriegsschiffen als Vergnügungsdampfer für reiselustige Prinzessinnen als Beleidigung der bewaffneten Macht. Daß noch dazu die seiner Frau so ungnädig gesinnte Elisabeth unter der Kriegsflagge in See stach, erbitterte ihn besonders. Als Elisabeth jetzt auch noch das Ferienschloß des Kaiserhauses nicht räumen wollte, empfand er dies als persönlichen Affront. Er ließ den Hofarzt Dr. Eisenmenger kommen und befahl:

»Die Fürstin Windisch-Graetz will nicht von Miramar weggehen. Sie behauptet, die Kinder seien krank. Fahren Sie hin, schauen Sie nach, was los ist, und machen Sie Ordnung. Ich will nicht mehr warten.«

Kaum hatte Dr. Eisenmenger diese wenig dankbare Aufgabe erhalten, ließ ihn schon der Fürst Montenuovo kommen: »Seine Majestät wünscht, daß Sie nach Miramar fahren und über den Gesundheitszustand der Kinder berichten. Der Kaiser will, daß die Fürstin mit möglichstem Entgegenkommen behandelt wird.«

Kaum war Dr. Eisenmenger in Miramar angelangt, pfauchte ihm Elisabeth schon entgegen: »Aha, Sie kommen als Spitzel des Erzherzogs Franz!«

Der Hofarzt stellte fest, daß die Kinder »zur Not« reisefähig waren. Endergebnis: Dr. Eisenmenger mußte einen ganzen Tag lang am Telephon hängen, um zwischen Miramar, dem Schloß Schönbrunn und Franz Ferdinands Residenz im Belvedere hin und her zu verhandeln. Schließlich einigte man sich, daß die Enkelin des Kaisers auf eine kaiserliche Jacht gehen und nach Brioni übersiedeln sollte. Aber da wurde Elisabeth eben leider mit dem Packen nicht fertig, und Franz Ferdinand nützte es nichts, daß er den Dr. Eisenmenger mit Telegrammen bombardierte. Sofie konnte erst mit einigen Wochen Verspätung nach Italien fahren.[17]

Der Streit könnte bedeutungslos sein. Familienkrach, wie er nun einmal in jedem kleinbürgerlichen Hause vorkommt. Aber das war eben kein kleinbürgerliches Haus, sondern das Erzhaus. Und man trug dort die kleinlichen Eifersüchteleien mit nicht viel mehr Geschmack aus als in den Dienerzimmern des Souterrains, obwohl man in den allerhöchsten Fürstenappartements der Beletage logierte.

Was wiederum bedeutungslos gewesen wäre, hätte es die Staatspolitik nicht berührt. Es berührte sie aber, denn ein so leidenschaftlich liebender, so leidenschaftlich selbstbewußter, so verbissen auf seinen Stolz bedachter und nicht weniger verbissen um seine Position kämpfender Mann wie dieser Thronfolger Franz Ferdinand vermochte die Person nicht von der Sache zu trennen. Wen er sich zum privaten Feind ausgesucht hatte, dem blieb er auch als politischer Widersacher treu.

Unter dem Einfluß einer ehrgeizigen Frau, die sich nicht damit zufriedengeben wollte, als morganatische Gemahlin unebenbürtige Kinder zur Welt zu bringen?

Im Juni 1906 hielt der für Reichenberg bestimmte Hofzug in der Station Beneschau, um dem Erzherzog-Thronfolger Gelegenheit zu geben, den zu einer Ausstellungseröffnung fahrenden Kaiser zu begrüßen. Franz Ferdinand kam aus seinem Schloß Konopischt und brachte seine Frau mit. Des Kaisers Begleitung bemerkte sehr wohl, wie wenig erfreut Franz Joseph über die Anwesenheit der Fürstin Hohenberg war. Während der Weiterfahrt lieferte die Fürstin begreiflicherweise den Gesprächsstoff des Gefolges, man diskutierte ihren angeblichen oder auch wirklichen Ehrgeiz, und des Kaisers Generaladjutant Graf Paar fühlte sich schließlich veranlaßt, die Partei der abwesenden Dame zu ergreifen: »Was sollen wir von der Fürstin befürchten? Sie wird eben nur das sein, was die Gräfin Mirafiori für König Viktor Emanuel II. gewesen. Nichts mehr und nichts weniger! Hat Gräfin Mirafiori ihrem königlichen Gemahl irgendwie geschadet? Brachte sie Unruhe in seinen Hof hinein, schuf sie irgendwelche Schwierigkeiten in Italien? Nicht daß ich wüßte!«

Die Fürstin Hohenberg erfuhr von dieser zweifellos freundlich gemeinten Bemerkung. Vielleicht verstand sie sie falsch. Jedenfalls meinte sie bald darauf zu Paars Adjutanten, Baron Margutti: »Graf Paar hat mich, wie ich erfuhr, mit Gräfin Mirafiori verglichen. Er scheint aber dabei doch wohl zu übersehen, daß ich aus anderem Holz geschnitzt bin.«[18]

Was später gewesen wäre, nach einer Thronbesteigung Franz Ferdinands, kann niemand retrospektiv voraussagen. Fragt sich also, ob Sofie zwischen 1900 und 1914 ihren Einfluß auf den Thronfolger geltend gemacht hat. Es hieß, sie habe ihn dazu bewogen, die Tschechen einseitig zu bevorzugen. Es hieß ebenso, ihre Frömmigkeit habe ihn zum ultramontanen Klerikalen gemacht. Beides stimmte nicht. Franz Ferdinand bevorzugte den böhmischen Hochadel, nicht die tschechische Nation. Für ihn war und blieb Deutsch die Sprache des Kaisers in der Donaumonarchie, und der deutschen Kommandosprache in allen Einheiten der k. u. k. Armee galt sein Fanatismus. Er war ein gläubiger Katholik wie fast alle Habsburger, und er betrachtete die Kirche als Verbündete der Dynastie – wenn sie sich unterordnete. Als aber einmal ein Bischof ernannt wurde, der ihm aus Gründen der Nationalitätenpolitik nicht genehm war, schrieb er in einem geradezu beleidigend scharfen Brief an den Päpstlichen Nuntius: »Ich bin gewiß ein guter Sohn der römischen Kirche, aber wenn es sich darum handelt, die elementaren Rechte der Völker zu gewährleisten, deren Geschicke ich einmal, so Gott will, zu lenken berufen sein könnte, kenne ich keine Rücksicht und scheue mich durchaus nicht, auch mit dem Heiligen Vater meine Beziehungen zu lösen . . .«[19]

Hier ging es damals, 1913, um die Besetzung eines Bischofsstuhles in einer rumänischen Diözese, und ein Ungar statt eines Rumänen hatte das Bistum erhalten. Für die Rumänen in der ungarischen Reichshälfte aber und ebenso für das Königreich Rumänien hatte Franz Ferdinand eine politische Liebe, und das wiederum schien mit seiner privaten Liebe zu Sofie Hohenburg zusammenzuhängen. Der rumänische Königshof nämlich war der erste, der die Frau des Thronfolgers als ebenbürtig und gleichrangig empfing.

Zäh und beharrlich kämpfte Franz Ferdinand jahrelang um den Einfluß seiner »Nebenregierung« im Belvedere auf die Staatspolitik und gleichzeitig um einen besseren Platz bei Hof für seine Frau. Bei jeder Gelegenheit versuchte er, Sofie Hohenberg sozusagen Sprosse um Sprosse auf der Stufenleiter der höfischen Rangordnung nach oben zu schieben. Als Kaiser und Thronfolger 1909 eine Reise zur Hundertjahrfeier des Tiroler Freiheitskampfes nach Innsbruck vorbereiteten, wollte Franz Ferdinand Sofie mitnehmen, denn die Tiroler hatten sie eingeladen. Worauf Franz Joseph seinem Neffen schrieb: ». . . so betrachte ich zwar deren Einladung, als eine natürliche Selbstverständlichkeit des Tyroler Landeskomitees, bin aber der Meinung, daß die Fürstin zu dieser ganz offiziellen Feier nicht kommen sollte. Es ist, wie Du ja weißt, prinzipiell feststehend, daß Deine Frau in unseren Familienkreis gehört, und ich sehe sie mit großer Freude im engen verwandtschaftlichen Verkehr mit uns, aber bei offiziellen Gelegenheiten ist die Anwesenheit der Fürstin mit den Zeremoniellvorschriften schwer vereinbar . . .«[20]

Eigentlich sagt dieser eine, einzige Brief alles aus über Franz Joseph, Franz Ferdinand und die Fürstin Hohenberg. Schon daß der Kaiser das »Problem«, wenn es eines war, nicht einfach bei einer der zahlreichen persönlichen Begegnungen besprach, sondern schriftlich erledigte wie einen Akt, kennzeichnet die Situation. Er sprach von »der Fürstin«, er nannte sie »Deine Frau« – niemals hätte er sie familiär Sofie genannt oder als seine Nichte bezeichnet. Und wenn er von Zeremoniellvorschriften sprach, so suchte er nicht einmal Ausflüchte. Sobald die Fürstin erst einmal da war, verlangte zwar das Protokoll, daß sie hinter den Erzherzoginnen zurückstand, aber für die Provinzgrößen, für biedere Stadtväter, für Vereinskomitees und Delegationen, für die Leute also, die sich im Gestrüpp des Zeremoniells nicht zurechtfanden, blieb sie eben die Frau des Thronfolgers und damit die wichtigste unter den weiblichen Ehrengästen. Unvermeidbare Folge: Schwierigkeiten und Peinlichkeiten noch und noch. Sollte sie also doch um Himmels willen lieber gleich ganz wegbleiben, die Fürstin Hohenberg . . .

Innerhalb der Monarchie konnten der Kaiser und sein Obersthofmeister Fürst Montenuovo die Vorgänge dirigieren. Jenseits der Grenzen waren sie machtlos – vor allem dort, wo man bewußt darauf hinarbeitete, den Thronfolger in Gegensatz zur offiziellen Staatspolitik des Habsburgerreiches zu bringen. Die es systematisch taten, waren im Sommer 1909 die Rumänen. In Bukarest wußte man nur zu gut, daß der Thronfolger die Ungarn als die Zerstörer der Einheitsmonarchie verabscheute und deshalb die rumänische Minderheit in der ungarischen Reichshälfte protegierte. Was lag näher, als sich Franz Ferdinands Sympathien durch besondere Ehrungen der Fürstin Hohenberg für die Zukunft zu sichern? Der Hof in Bukarest empfing folgerichtig im Sommer 1909 den Thronfolger samt Frau mit einem Gepränge, wie es für Sofie noch nie zuvor aufgeboten worden war. Zum erstenmal war sie keine morganatische Gemahlin mehr, die versteckt bleiben mußte, sondern die vollwertige Frau eines künftigen Kaisers. Es war nicht nur ein spürbarer Affront für Wien, es war ein Präjudiz. Was blieb anderen Höfen in anderen Hauptstädten nun übrig, als es den Rumänen gleichzutun, wenn man Franz Ferdinand nicht beleidigen wollte?

Wer der Fürstin Hohenberg Ehre antat, war Franz Ferdinands Freund. So einfach schien das außenpolitische Konzept. Und der Thronfolger? Zum Verdruß des Chefs des Generalstabs Conrad von Hötzendorf – und dieser Baron Conrad war schließlich Franz Ferdinands Mann –, zu Conrads Verdruß also agierte der Thronfolger vehement rumänenfreundlich, statt sich an deren Feinde, die Bulgaren, zu halten. Und Conrad sollte mit seinen düsteren Prognosen recht behalten – im Krieg traten dann die Rumänen auf Rußlands Seite.

Wichtiger, viel wichtiger als die Rumänen aber waren die Deutschen, und der sonst keineswegs diplomatisch operierende deutsche Kaiser hatte schnell heraus, wie man Franz Ferdinands Liebe gewann. »Wann kann ich die Ehre haben, Deiner Frau Gemahlin meinen Kratzfuß zu machen?« fragte er an. Wilhelms berlinerische Schnoddrigkeit wirkte in diesem Falle nachhaltiger als die wohltemperierte Außenpolitik seines Fürsten Bülow. Wilhelm machte seinen Kratzfuß vor Sofie; der Berliner Hof überbot den Bukarester noch an Höflichkeit. Der Erfolg blieb nicht aus. Franz Ferdinand honorierte privates Entgegenkommen auch in diesem Falle mit politischen Vertrauensvorschüssen.

Anfang Juni 1914 kam Kaiser Wilhelm nach Konopischt. Wieder machte er Sofie Hohenberg seinen Kratzfuß. Es sollte der letzte sein. Nach diesem zweitägigen Jagdbesuch äußerte sich der Thronfolger sichtlich befriedigt über die Bündnistreue des deutschen Kaisers, auf die er sich hundertprozentig verließ. General Conrads Mitarbeiter, der Oberst Metzger, berichtete seinem Chef ausführlich über diesen beruhigenden Aspekt der Konopischter Begegnung. Wenige Wochen später, nach dem Attentat von Sarajewo, mußte Conrad vom alten Kaiser allerdings erfahren, daß dieser weit weniger beruhigende Berichte über Wilhelms Äußerungen in Konopischt erhalten hatte.

Sah also Franz Ferdinand nur, was er sehen wollte, hörte er nur, was er hören wollte, wenn die Person der Sofie Hohenberg im Spiel war? Es schien, als sollten jene recht behalten, die sich von dieser Ehe einen verderblichen Einfluß auf den Thronfolger erwarteten. Sofie war es nicht direkt. Nicht aktiv. Noch nicht aktiv, vielleicht. Es war ganz einfach ihre Existenz an sich; die zwielichtige Stellung, in die man sie hineingepreßt hatte und aus der Franz Ferdinand sie mit jedem gerade verfügbaren Mittel herauszumanövrieren versuchte.

Hätte man sich, da man sie nun einmal nicht aus der Welt schaffen konnte, gleich mit ihr abgefunden, hätte man ihr über Familienstatut, Protokoll und Zeremoniell, über alle Traditionen hinweg jenen Rang gegeben, auf den sie zumindest menschlichen Anspruch besaß, man wäre besser damit gefahren.

So hinkte der Hof mit der Rangerhöhung nach. Im Oktober 1909, nach dem Bukarester Affront, sah sich Franz Joseph mehr oder weniger gezwungen, auch etwas zu tun, um die Stimmung ein wenig zu verbessern. Er beförderte Sofie Hohenberg von der Fürstin zur Herzogin. Jetzt sollte sie mit Hoheit angesprochen werden. Der Stachel blieb trotzdem: Auch als Ihre Hoheit, die Herzogin von Hohenberg, blieb Sofie im Rang hinter der jüngsten mit dem Sternkreuzorden ausgezeichneten Erzherzogin.

Zwei Jahre später bekam Franz Ferdinand den Stachel so deutlich wie kaum jemals zuvor zu spüren. 1911. In London wurde ein neuer König gekrönt, Georg V. Niemand anderer als der österreichische Thronfolger kam eigentlich in Frage, um den nunmehr schon einundachtzigjährigen Kaiser bei dieser größten Schau der Welt zu vertreten. Mit oder ohne Sofie an seiner Seite? Bei einer solchen Gelegenheit war kein höfisches Extempore zu erwarten. Wenn Sofie sich nicht mit einem Fensterplatz in ihrem Hotelzimmer begnügen wollte, mußte sie daheim bleiben. Franz Ferdinand lehnte ab. Ohne Sofie kein Schritt! Man mußte seinen damals vierundzwanzigjährigen Neffen Karl, den nächsten in der Thronfolgerliste, nach London schicken.

Das Duell zwischen den beiden Männern, dem alten Mann in Schönbrunn und dem jetzt schon nicht mehr ganz so jungen Mann im Belvedere, vergiftete allmählich die Atmosphäre im Hause Österreich bis an den Rand des Unerträglichen. Wenn Franz Joseph seinen Neffen empfing, hielten die Kammerherren und Adjutanten in den Vorzimmern den Atem an, und der Leibarzt bangte um den allerhöchsten Gesundheitszustand. Wenn Franz Ferdinand dann aus dem Zimmer kam, hatte er oft genug einen hochroten Kopf vor Wut, und drinnen saß der Kaiser zitternd vor Erregung hinter seinem Schreibtisch.

Wie sollte das alles noch weitergehen? Wie lange konnte es noch so weitergehen?

Als der Krieg schon zwei Jahre dauerte, als es keinen Franz Joseph mehr gab und keinen Franz Ferdinand, erhielt der junge Kaiser Karl die hinterlassenen Papiere seines Onkels ausgehändigt. Sie waren die Produkte der »Nebenregierung«. Franz Ferdinand hatte sie im Verlaufe von eineinhalb Jahrzehnten aufgebaut. Männer aus allen Teilen und allen Nationen der Monarchie. Männer, die zur offiziellen Politik des Kaiserstaates in Opposition standen. Männer, die sehnsüchtig auf einen neuen Kaiser warteten, um dem Staat ein neues Gesicht zu geben. Sandkastenspieler der Zukunft. Nach dem Zusammenbruch der Donaumonarchie, die sie retten wollten, rückten manche von ihnen bis zur Regierungsspitze in den Nachfolgestaaten auf. Ihre Vertrauensleute saßen überall. Ihr Nachrichtendienst war nahezu perfekt. Franz Ferdinand sagte von sich, in keiner Kaserne der Monarchie könnte ein Gewehr aus dem Ständer fallen, ohne daß er es erführe. In Schönbrunn haßte man sie und fürchtete ihren Einfluß: »Belvedere-Visagen«. Für den Tag der Machtübernahme ihres Herrn hatten sie alles vorbereitet, einschließlich Franz Ferdinands Nachruf auf den alten Kaiser und das Ernennungsdekret seines Neffen Karl zum Erzherzog-Thronfolger.

Er wäre nicht Franz Ferdinand gewesen, hätte er nicht auch die künftige Stellung der Herzogin von Hohenberg längst fest umrissen. Eines der Dokumente, das die Maßnahmen unmittelbar nach dem Thronwechsel umriß, beschäftigte sich auch mit Sofie:

»Die Stellung Ihrer Hoheit am Allerhöchsten Hofe als erste Dame desselben muß am ersten Tage geregelt werden. 1. um von Haus aus einer schiefen Situation vorzubeugen (fremde Fürstlichkeiten bei der Trauerfeier); 2. weil die Überraschung das beste Mittel ist, inkompetente Einflüsse von Haus aus auszuschalten. In der ersten Aufregung über den Thronwechsel wird man eine bezügliche Enunziation viel eher kritiklos hinnehmen, wie später; 3. um die magyarischen Anbiederungen, die mit der Erhebung Ihrer Hoheit zur ungarischen Königin ein politisches Geschäft machen möchten, unmöglich zu machen. Durch ein Ah. Handschreiben an Ihre Hoheit, an den Minister des kais. Hauses und des Äußern und an den Ersten Obersthofmeister wird Ihrer Hoheit Titel und Würde der Kaisers- und Königsgemahlin mit allen aus dieser Stellung hervorgehenden Vorrechten als erste Dame am Ah. Hofe zu verleihen sein . . .«[21]

Wenn der alte Herr in Schönbrunn diesen Entwurf gekannt hätte, vielleicht wäre er beruhigter gewesen. Er hätte dann gesehen, daß sein Neffe keinen Staatsstreich wider das Familienstatut und die Pragmatische Sanktion plante, daß er gewillt war, seinen Eid zu halten. Franz Joseph und Franz Ferdinand aber standen längst nicht mehr so zueinander, als daß sie dieses Problem noch in familiärer Eintracht gemeinsam hätten lösen können.

Die Herzogin von Hohenberg blieb verdammt – nicht als die erste, sondern als die letzte Dame. Schönbrunn wurde gemieden. Das Belvedere oder Schloß Konopischt in Böhmen waren ihre Reiche. Ihre Kinder waren ihr Glück, Max, Ernst und Sofie Hohenberg. Einer, der sie in den schwersten Jahren ihres Lebens kennengelernt hatte, berichtete über sie:

»Wir waren einige hundert Österreicher und einige tausend wilde reichsdeutsche Kommunisten, die wir die beiden Söhne des Thronfolgers im Konzentrationslager Dachau als Schicksalsgenossen hatten, wir sahen sie in dem lebensgefährlichen Kommando ‚Kiesgrube' des Peinigers Sterzer unbeugsam, unverzagt, ermutigendes Vorbild für alle anderen, selbst in den verdreckten, zerschlissenen Gefangenenkleidern Herren, echter Adel; sie lagen mit uns in unserer kargen Freizeit im Straßenstaube und teilten mit uns die paar Zuckerstücke, die irgendwo ergattert worden waren. Und nicht einer war im ganzen Lager, der von den ‚Hohenbergs' nicht mit dem größten Respekt gesprochen hätte; jedem Neuankömmling wurden sie als Muster gezeigt. Solche Schößlinge wachsen nur aus dem besten Stamm. Diejenigen, die einst dieser Eheschließung widersprochen hatten, sind schwer ins Unrecht gesetzt worden.«[22]

Plante der Thronfolger nicht doch, alle Eide über den Haufen zu werfen und seinen ältesten Sohn Max zum Kronprinzen zu machen, sobald er selbst erst einmal Kaiser war? 1908 schickte Dr. Karl Lueger, der Wiener christlichsoziale Parteiführer, den Journalisten Dr. Friedrich Funder, einen von Franz Ferdinands Vertrauten, ins Belvedere, um vorzufühlen. Die Lueger-Partei, die sich als Franz Ferdinands Partei betrachtete, wäre bereit gewesen, für eine Aufhebung des ihrer Ansicht nach unmoralischen Renunziationseides einzutreten.

Funder wollte nicht den Thronfolger direkt fragen, er wandte sich zunächst diskret an dessen Kanzleichef Major Brosch. Brosch gab die Anfrage weiter und übermittelte auch die Antwort: »Die Habsburgerkrone ist eine Dornenkrone, und niemand, der nicht in sie hineingeboren wurde, soll nach ihr verlangen. Eine Rücknahme der Renunziation wird niemals in Betracht kommen.«[23]

Und doch wurde eine Krone für die Hohenberg gesucht. Später, nach Sarajewo. Maria Theresia von Braganza war am Werk, die alte Dame, die ihre Stiefsöhne Franz Ferdinand, Otto und Ferdinand Karl so geliebt hatte und nun diese Liebe auf ihre Stiefenkel Max, Ernst und Sofie Hohenberg übertrug. Während des Krieges intervenierte sie bei Kaiser Wilhelm, um den Hohenberg einen Herzogshut zu verschaffen, wenn schon keine Krone. Die Reichslande Elsaß-Lothringen sollten nach ihrer Vorstellung als Herzogtümer an die Hohenberg fallen – eine politische Idee, die Maria

Theresia romantisch verbrämt sah. Die Nebenlinie des Hauses Österreich sollte dorthin zurückkehren, woher sie mit Franz Stephan von Lothringen gekommen war. Ein unrealistischer, nicht zu verwirklichender Plan, aber er zeigte die Seelenhaltung dieser Habsburgerfrau. Die Liebe zu den Kindern hatte in der Belvedere-Ehe zur linken Hand immer schon die Hauptrolle gespielt.

Das Zeremoniell schloß Sofie Hohenberg aus; so ließ auch sie es nicht gelten, wenn es um ihre Kinder ging. Keine Kinderkammer, kein eigener Hofstaat zur Aufzucht und Dressur künftiger kaiserlicher Prinzen nach Hofburgvorbild. Sofie mußte nicht um die Seele ihrer Kinder kämpfen und den Kampf schließlich verlieren – wie Elisabeth. Man frühstückte jeden Tag gemeinsam, man saß gemeinsam um den Nachtmahltisch, und Sofie brachte ihre Kinder selbst zu Bett. Sie war nicht nur Hausherrin, sondern auch Hausfrau, und eine recht sparsame noch dazu. Das hatte sie mit Franz Ferdinand gemeinsam, dem der Ruf ausgesprochener Knickrigkeit nachhing. Er konnte sich merken, daß mittags eine Portion Erdbeeren übrigblieb, und dem Koch einen höchstpersönlichen allerhöchsten Krach schlagen, falls sie dann verschwunden sein sollte. Von Sofie erzählte man sich, sie verkaufe eigenhändig seine abgetragenen Uniformen und feilsche dann mit dem Altkleiderhändler noch um den Preis. Die böhmische Gräfin aus verarmtem Hause war jedenfalls, was die materielle Seite ihres Aufstiegs betraf, auf der Erde geblieben.

Was Franz Ferdinand so sehr an sie fesselte? Niemand war dabei, wenn sie miteinander allein waren, und beide waren sie auch nicht von dem Schlag, der Schlafzimmergeheimnisse an Kasinokameraden oder Kaffeestundenfreundinnen weiterreicht. Franz Ferdinand war zweifellos ein leidenschaftlicher Mensch; das verriet sein ganzer Lebenslauf. Warum sollte er es nicht auch als Mann gewesen sein? Es fällt allerdings schwer, sich Sofie Hohenberg in der Rolle einer Liebeskünstlerin vorzustellen, die sich ihren Ehepartner auf diese Weise untertan machte. Es war eben jene Art Liebe, die sich als Sammelbegriff aus so vielen seelischen und körperlichen Komponenten zusammensetzt. Echte, wahre, aufrichtige Liebe, die sich in der dünnen Höhenluft dynastischer Eheverbindungen des Hauses Österreich selten genug fand. Liebe ohne Hintergedanken, ohne Vorbehalte, ohne Kompromisse. Eine Liebe, die für ein ganzes Leben ausreicht.

Bis daß der Tod euch scheidet.

Franz Ferdinand und Sofie Hohenberg bestanden die Probe aufs Exempel. In Sarajewo, am 28. Juni 1914.

Die große Reise, die eine Reise in den Tod werden sollte, stand unter der Bezeichnung »Reise des Erzherzog-Thronfolgers zu den bosnischen Manövern« längst auf dem Programm. Gewarnt wurde von allen möglichen Seiten. In der politisch so nervösen Atmosphäre des heißen Sommers 1914 kochte es in den Köpfen südslawischer Nationalisten. Eine militärische Demonstration der österreichisch-ungarischen Monarchie, noch dazu an einem Trauertag der Serben, schien eine Provokation. 1389 hatten die Türken auf dem Amselfeld das serbische Reich zerschlagen. Wollte die k. u. k. Armee am Jahrestag der Schlacht aus der Manöverbewegung heraus über die Grenzen angreifen, um den wiedergeborenen serbischen Staat erneut zu vernichten?

Niemand glaubte es; mit Manövermunition beginnt man keinen Krieg. Trotzdem kochte die nationalistische Erregung.

Franz Ferdinand ging nicht gerne nach Bosnien. Er fürchtete die Hitze. Er fürchtete auch die Bomben. Das war nicht Feigheit, aber für niemanden ist es ein Vergnügen, als lebende Zielscheibe spazierenzufahren. Die Bomben hatte man ihm schon Ende 1913 angekündigt, als die Manöverreise publik wurde: »Serben, ergreift alles was ihr könnt, Messer, Gewehre, Bomben und Dynamit.«[24] Alle warnten. Franz Ferdinand sagte zu seinem Mitarbeiter Oberst Dr. Bardolff: »Unter einen Glassturz lasse ich mich nicht stellen.« Sein Großneffe Otto Habsburg sollte später einmal sagen: »Attentate gehören zu unserem Berufsrisiko.«[25]

Dem Kaiser gegenüber klagte Franz Ferdinand bei der Abschiedsaudienz nur über die Hitze, die ihm die Reise verleide. »Mache es, wie du willst«, antwortete Franz Joseph. Immerhin gab er die Erlaubnis, daß die Herzogin von Hohenberg in das bei Sarajewo gelegene Bad Ildice mitfahren dürfe. Und das scheint dann den Ausschlag gegeben zu haben. Franz Ferdinand und Sofie entschlossen sich zur Fahrt.

Als das Reiseprogramm fertig war, stellte sich heraus, daß Sofie Hohenberg darin eine Rolle einnahm, die sie innerhalb österreichisch-ungarischer Grenzen noch nie gespielt hatte – allererste Dame gewissermaßen; nicht anders hätte die Kaiserin Elisabeth, wenn sie noch lebte, an der Seite des Kaisers empfangen und geehrt werden können. Das Programm schien so von jeder bisherigen Gepflogenheit abzuweichen, daß der Generaladjutant Graf Paar sich bemüßigt fühlte, es dem Kaiser vorzulegen.

Franz Joseph fühlte sich überrumpelt. Die Kraft jedoch, wieder einmal einen Familienkrieg mit Franz Ferdinand auszutragen, hatte er nicht mehr. Er reagierte auf seine Weise: Ganz gegen alle Terminpläne beschloß er am 24. Juni, unmittelbar nach der Lektüre des Reiseprogramms, Wien am 27. Juni zu verlassen und nach Ischl zu fahren. Drei Wochen früher als vorgesehen! So demonstrierte er dem Thronfolger seine Verärgerung: Er würde nicht da sein, wenn Franz Ferdinand nach Wien zurückkam, um Manövermeldung zu erstatten.

Am 28. Juni 1914, nach Abschluß der Manöver, lief das Festprogramm für den Erzherzog-Thronfolger Franz Ferdinand und die Herzogin von Hohenberg in Sarajewo zunächst auf die Minute pünktlich ab. Und gewissenhafte Einhaltung aller Programmpunkte hatte für die Attentäter den Vorteil, daß sie genau wußten, wann und wo sie Aufstellung nehmen mußten.

Zuerst fiel die Bombe. Sie traf den Oberstleutnant Merizzi. Der Erzherzog und Sofie blieben unverletzt, bis auf einen kleinen Ritzer am Halse der Herzogin. Und dann nahm das Verhängnis seinen Lauf. Franz Ferdinand warf das Programm um, weil er Merizzi im Krankenhaus besuchen wollte. Der Chauffeur bog am Appelkai irrtümlich schon bei der Lateinerbrücke ab, wollte dann reversieren, um doch den vorgesehenen

Weg zu nehmen, und damit hatte der dort stehende Student Gavrilo Princip das Fürstenpaar als nicht zu verfehlendes Ziel vor sich.

Zwei Schüsse. Sekundenlang blieben Franz Ferdinand und Sofie noch aufrecht sitzen, dann sanken ihre Körper nach vorne. Der Landeschef Feldzeugmeister Potiorek beugte sich im Wagen zurück, fing Sofie auf, sah Blut aus Franz Ferdinands Mund sprudeln und hörte seine ersterbende Stimme: »Soferl, Soferl, stirb nicht, bleib für unsere Kinder!« Dann hauchte er noch zu dem Grafen Harrach: »Es ist nichts.«

Der Graf Harrach hatte die Fahrt auf dem Trittbrett des Wagens mitgemacht, um den Erzherzog notfalls mit seinem Körper zu schützen. Er stand auf der falschen Seite. Sie hatten alle mit diesem zweiten Attentat gerechnet. »Mir scheint, wir werden heute noch einige Kugerln bekommen«, hatte Franz Ferdinand zu Sofie gesagt. Er ließ sich trotz aller Warnungen die Fahrt ins Krankenhaus nicht ausreden. Er wollte allerdings, daß Sofie wegblieb, doch eine Sofie Hohenberg ließ ihren Mann nicht allein an einem Spalier von Attentätern vorbeifahren.

Man brachte beide nach den Schüssen in den Konak, die Residenz des Generals Potiorek. Sofie war schon tot. Für Franz Ferdinand kam nur noch ein Priester zurecht, der Arzt nicht mehr. Das Sterbezimmer diente später der bosnischen Landesregierung als Gästeraum. Pandit Nehru hat dort einmal übernachtet.

Kaiser Franz Joseph erhielt die Todesnachricht durch seinen Generaladjutanten Graf Paar. »Entsetzlich«, stöhnte er. »Der Allmächtige läßt sich nicht herausfordern! Eine höhere Gewalt hat wieder jene Ordnung hergestellt, die ich leider nicht zu erhalten vermochte.«

Als Paar dem Obersten Margutti diese Worte wiederholte und als dieser nicht fassen konnte, daß der Kaiser nicht mehr zu sagen gehabt hatte, meinte Paar: »Der Kaiser ist schon ein alter Mann; er hat in seinem Leben bereits so viel Böses durchgemacht – viel Schlimmeres als das!«[26] Und Franz Josephs Tochter Marie Valerie schrieb in ihr Tagebuch: »In aller Sorge, wie Papa diese neue Erschütterung tragen würde, war mir doch bewußt, daß es nur eine Aufregung, kein Schmerz für ihn sei.«[27]

Sie hatten den Thronfolger nicht geliebt, die Mitglieder des Hauses Österreich und dessen getreue Diener, und seine Frau hatten sie verabscheut. Sie trösteten sich noch damit, daß sich der Kaiser nicht kränkte. Sie beklagten Franz Ferdinands und Sofies Tod nicht; sie bedauerten nur, daß er ihnen Aufregung bereitete!

Es gab eine Frau, die sich über den Doppelmord in Sarajewo regelrecht freute und diese Freude auch ungeniert zeigte. Katharina Schratt, die »Gnädige Frau«. Zum Generaladjutanten Graf Paar, der sie in Ischl über das Telegramm informierte, sagte sie: »Jetzt wird er ihn nicht mehr quälen können. Es war ja schon nicht mehr zum Aushalten! Erbarmungslos hat er dem alten Herrn Szenen gemacht. Und als der Leibarzt Dr. Kerzl gebeten hat, man sollte ihn nicht aufregen, hat es der Thronfolger justament darauf ankommen lassen. Damit den alten Kaiser der Schlag trifft.«[28]

Karl Kraus hat später das ganze Vorspiel seiner »Letzten Tage der Menschheit« dem

Begräbnis der beiden Toten von Sarajewo gewidmet. Eine bitterböse Parodie auf einen Vorgang, der die bitterböse Wirklichkeit noch übertraf. Man wollte keine ausländischen Trauergäste, denn dann wären auch die Serben und die Russen gekommen, und man wußte nur allzugut, daß sie hinter den Mördern gestanden hatten. So war man auch aus politischen Gründen froh, daß Franz Ferdinand die Gruft in Artstetten als gemeinsame Grabstätte bestimmt hatte, da der Herzogin von Hohenberg die Tore der Kapuzinergruft doch verschlossen blieben. Man hätte die Leichen am liebsten bei Nacht heimlich, still und leise vom Südbahnhof zum Westbahnhof geschafft, aber da stießen Fürst Montenuovo und sein Obersthofmeisteramt nun denn doch auf geharnischte Proteste. Jetzt empörten sich sogar ein paar Erzherzoge, denn Franz Ferdinand war schließlich einer der Ihren gewesen. Jetzt empörte sich der Hochadel, denn mit Sofie Hohenberg, geborener Gräfin Chotek, wurden sie beleidigt. Der junge Erzherzog Karl, nunmehr Thronfolger, wurde dazu bewogen, beim Kaiser vorzusprechen, um ein »bisserl mehr Zeremoniell« zu erbitten; wenigstens für die tote Sofie Hohenberg, wenn man schon bei der lebenden unerbittlich gewesen war.

Franz Joseph war sehr erstaunt über das Ansuchen. »Erstaunt« war das Wort, das die spätere Kaiserin Zita für seine Reaktion wählte. Traurig antwortete er dann: »Was will man denn noch mehr? Ich habe für sie die gleiche Etikette befohlen wie für meine eigene Kaiserin – und auch sie ist ermordet worden.« Und Zita, die diese Worte berichtete, fügte hinzu, man habe diese Feststellung überprüft und gefunden, sie sei zutreffend.[29]

Doch Zita irrte. Es war ein Begräbnis genau nach den Minimalforderungen des Protokolls: erste Klasse für den Kaiser, zweite Klasse für die Kaiserin, dritte Klasse für den Thronfolger. Was blieb, war der fatale Ausdruck »Begräbnis dritter Klasse«. Die Aristokratie rächte sich auf ihre Weise: Unaufgefordert, uneingeladen versammelten sich Fürsten und Grafen in Galauniform und zogen, vom Hotel Sacher aus, dem Leichenzug zur Hofburg entgegen und dann hinter den Särgen her zum Westbahnhof.

Auf der Donaufähre bei Pöchlarn scheuten die Pferde, die den Leichenwagen zogen, und beinahe wären die Särge in den Fluß gefallen. Mit einem der Särge stießen die Träger dann ein Stück des Mauerwerks ab. Jahre zuvor, als Franz Ferdinand die Gruft besichtigte, hatte er die scharfe, enge Kurve des Zugangs schon bekrittelt und gemeint, wenn die Leichenträger hier anstießen, werde er sich im Sarg umdrehen . . .[30]

In einem Punkt hatte er alle seine Feinde überwunden, dieser Thronfolger Franz Ferdinand Este. Er hatte sich die Frau erkämpft, die er liebte, und er blieb mit ihr vereint im Leben und im Tod.

Kapitel 12 Das letzte Aufgebot

Kaiser Karl und Zita von Bourbon-Parma

Ein junger Erzherzog lernt eine kleine Prinzessin kennen
Die Tanten stiften eine Ehe
Kaiser Franz Joseph duldet nur eine Frau aus souveränem Fürstenhaus
Zita und ihre Brüder
Letzte Begegnung mit Franz Ferdinand und Sofie von Hohenberg
Die »Italienerin« auf dem Kaiserthron
Der neue Stil des jungen Paares
Zitas Einfluß auf ihren Mann
Militärische Interventionen der Kaiserin?
Die Sixtus-Affäre und die Rückkehr zur Familienpolitik
Keine Abdankung und kein Verzicht
Die allerletzte Schlacht
Der Besuch der alten Dame

Im Sommer 1908 kam der Erzherzog Karl Franz Joseph nach Franzensbad. Er war damals 21 Jahre alt; er diente als Oberleutnant beim Dragonerregiment Nr. 7 in Brandeis an der Elbe, und von dort war es nicht weit in den berühmten böhmischen Badeort. Seine Tante Maria Annunziata hatte ihn eingeladen. In ihrem Hause traf der junge Erzherzog einen anderen Feriengast, die Prinzessin Zita von Bourbon-Parma. Der letzte Akt des habsburgischen Familiendramas begann. Vier Damen namens Maria hatten zunächst ihren Anteil daran.

Wenn Habsburger zusammentrafen, war es gelegentlich recht kompliziert, die genauen Verwandtschaftsverhältnisse zu entschlüsseln. Zur Verwirrung trug dann meistens noch bei, daß die Fürstenhäuser nicht allzuviel Phantasie bei der Namensgebung für ihre Sprößlinge zu entwickeln pflegten. Nur gewissenhafte Leser des genealogischen Teiles des Hofkalenders vermochten die einzelnen Erzherzoginnen auseinanderzuhalten.

Maria Annunziata, damals 32 Jahre alt und Karls Tante, war zugleich die Cousine der siebzehnjährigen Zita. Trotzdem bestand zwischen den jungen Leuten keine Blutsverwandtschaft, und dies ging auf die Heiratslust von Franz Josephs Bruder, des alten Erzherzogs Karl Ludwig zurück. Karl war der Sohn jenes unglückseligen Erzherzogs Otto, der wiederum ein Sohn aus Karl Ludwigs zweiter Ehe war. In dritter Ehe hatte des Kaisers Bruder dann Maria Theresia von Braganza geheiratet, und aus dieser Ehe stammte nun die Tochter Maria Annunziata. Maria Theresia von Braganza hatte auch eine Schwester; das war Maria Antonia; die wiederum hatte den Herzog Robert von Bourbon-Parma zum Mann, und ihre Tochter war die junge Zita; eines von vielen Kindern aus der Parma-Ehe.

Um die Angelegenheit nun zusätzlich zu verwirren, hieß auch Karls Mutter mit dem Vornamen Maria. Maria Josefa nämlich; sie war jene geborene Prinzessin von Sachsen, die es so gar nicht verstanden hatte, mit des munteren Erzherzogs Otto Lebensstil Schritt zu halten.

Jetzt, 1908, waren die dazugehörigen Männer schon tot. Der alte Erzherzog Karl Ludwig war längst gestorben, sein einst so lebenslustiger Sohn Otto ebenfalls, und auch der Herzog von Bourbon-Parma hatte das Zeitliche gesegnet. Maria Annunziata, Karls Tante, war unverheiratet geblieben, und so beschäftigten sich also die vier männerlosen Damen namens Maria in diesem Sommer 1908 damit, der Prinzessin Zita zu einer Heirat zu verhelfen. Maria Josefa war jedenfalls sehr froh darüber, daß zwischen ihrem Sohn Karl und der Parma-Prinzessin trotz engster Verschwägerung zumindest keine blutsmäßige Verbindung bestand, denn nichts fürchtete die Sächsin so sehr wie die verderbliche Auswirkung von Verwandtenehen. Und daß die drei anderen hohen Damen die Absicht hatten, Karl und Zita zusammenzubringen, lag auf der Hand.

Zita kam auf Schloß Pianore bei Lucca zur Welt. Ihr Name war dort bei armen Leuten sehr häufig. Seit dem 12. Jahrhundert verehrten sie rund um Lucca ein legendäres Bauernmädchen namens Zita wegen seiner Frömmigkeit und Güte; diese Zita galt als Schutzpatronin der Dienstmägde und beinahe als inoffizielle Heilige. So schien Zita zwar nicht gerade der passende Name für eine Prinzessin, aber in diesem Falle traf er einigermaßen zu. Zita von Bourbon-Parma war, für habsburgische Begriffe zumindest, so etwas wie eine arme Verwandte.

Ein Jahr vor dem Franzensbader Urlaub hatte Zita ihren Vater Robert verloren: Die Mutter war mit nicht weniger als zwanzig Kindern zurückgeblieben. Dieser überreiche Segen stammte teils aus Roberts erster Ehe, teils aus Maria Antonias eigener zweiter Ehe mit dem Herzog.

Robert von Bourbon war seinerzeit schon als sechsjähriger Bub seinem Vater auf den Thron des kleinen oberitalienischen Fürstentums Parma gefolgt, aber er hatte diesen Thron schon sechs Jahre später bei der Einigung Italiens wieder verloren.[1] Zitas Mutter wiederum stammte aus jenem Zweig des Hauses Braganza, der am Beginn des 19. Jahrhunderts um die Krone Portugals gekommen war. Zwei Exilierte also, die das genealogische Taschenbuch mit besonderem Eifer um eine Schar weiterer Prinzen und Prinzessinnen mit wohlklingenden Titeln und geringen Zukunftschancen bereicherten. Zwanzig Kinder standesgemäß unterzubringen, das war nämlich auch damals keineswegs leicht, wenn »Armut« natürlich auch nur ein relativer Begriff ist. Dem Herzog Robert nahmen die Italiener zwar den Thron, aber sie ließen ihm den herrlichen Besitz Pianore bei Lucca, wo dann auch Zita zur Welt kam. Robert hatte außerdem noch die Herrschaft Schwarzau im Steinfeld und das prachtvolle Loireschloß Chambord in Frankreich im Besitz. Wenn er samt Familie von einem seiner Schlösser zum anderen fuhr, dann war regelmäßig ein Sonderzug nötig; oft mit sechzehn Waggons, denn der Herzog nahm seine Bibliothek mit auf Reisen, und die Kinder wollten natürlich auf ihre Reitpferde auch nicht verzichten.[2]

Die heimatlose Witwe mit ihrer Kinderschar nagte also nicht ausgesprochen am Hungertuch, wie man sieht; trotzdem mußte es als einzigartiger, kaum erhoffter Glücksfall betrachtet werden, daß sich für Zita die Möglichkeit eröffnete, vielleicht den Erzherzog Karl Franz Joseph zu bekommen. Dieser junge Mann nämlich stand hinter seinem Onkel Franz Ferdinand immerhin an zweiter Stelle in der Liste der Thronfolger.

Zita wurde dann späterhin von der deutschsprachigen Bevölkerung der Monarchie die »Italienerin« genannt; sehr oft auch recht abfällig sogar die »Katzelmacherin«, womit ihre Untertanen die Abneigung gegen die Italiener überhaupt und gegen die Kaiserin im speziellen drastisch zum Ausdruck brachten. Das geschah zunächst seit 1915, nachdem Italien seinem österreichischen Verbündeten in den Rücken gefallen war. »Katzelmacherin« – das hieß Falschheit und Verrat, und dieser Geruch blieb Zita über das Ende der Donaumonarchie hinweg erhalten. Intensiviert noch durch den Verdacht des vermeintlichen Verrates am deutschen Bundesgenossen, als Karl über die beiden Brüder seiner Frau im Jahre 1917 mit den Franzosen wegen eines Sonderfriedens zu verhandeln versuchte.

Nun war Zita zwar in Italien geboren, doch sie fühlte sich keineswegs als Italienerin, wenn man darunter jenes Königreich Italien verstand, das die Herrscher aus dem Hause Piemont-Sardinien ab 1859 Stück um Stück aus habsburgischen und spanischen Vasallenstaaten zusammengefügt hatten. Dieses Italien und dieses Königshaus verabscheute Zita zweifellos, denn ihnen verdankten die Bourbon-Parma schließlich den Verlust ihres eigenen Miniaturreiches.

Der Herzog Robert von Bourbon-Parma, ein gemütlicher Mann ohne große Herrscherambitionen, hatte sich mit diesem Verlust abgefunden. Einzelne seiner Kinder jedoch hatten die weise Abgeklärtheit ihres Vaters nicht geerbt. Zita und ihre Brüder Sixtus und Xavier sollten sich im Verlaufe des 20. Jahrhunderts als die betriebsamsten unter den zahlreichen verjagten Thronprätendenten erweisen.

Italiener waren sie jedenfalls nicht. Am ehesten fühlten sie sich noch als Franzosen. Robert von Bourbon pflegte zu sagen: »Wir sind französische Fürsten, die in Italien regiert haben.«[3]

In Wahrheit gehörten die Bourbon-Parma jener europäischen Internationale von Fürstenhäusern an, die seit Jahrhunderten tausendfältig miteinander verwandt waren und immer wieder von neuem verschwägert. Sie waren weder Franzosen noch Italiener, weder Österreicher noch Spanier, wenn man in Kategorien gewöhnlicher Leute denkt, die von Geburt bis zum Tode ein Vaterland haben; nur eines, und wenn sie es verlieren, gar keines mehr. Hingegen war das Vaterland der Bourbon-Parma so wie vieler anderer Herrscherhäuser die Dynastie. Sie waren dort zu Hause, wo diese Dynastie gerade herrschte, wo Ahnenforscher eben einen Thronanspruch oder ein Erbrecht ausgetüftelt hatten, wo die politische Augenblickssituation einer Restauration Chancen bot.

Zita von Bourbon-Parma hielt über den Zusammenbruch der Donaumonarchie hinweg jahrzehntelang an dem alles beherrschenden Gedanken der Legitimität fest. Egal, ob es gerade Österreich war, wo sie ihn verfocht, oder Ungarn; je nach der Gunst des Augenblicks. In derselben Zeit, in der sie mit fanatischem Eifer Habsburgerin war, in dieser selben Zeit waren ihre beiden Brüder Sixtus und Xavier mit ebenso fanatischem Eifer Bourbonen und rechneten sich Ansprüche auf den französischen Königsthron aus. Aber da die Chancen gleich Null waren, präsentierte sich Xavier nach seines Bruders Sixtus Tod mit nicht geringerer verbissener Überzeugung den Spaniern als Carlistenführer und einzig rechtmäßiger Anwärter auf ihre Königskrone.[4] Dieser Erbschaftsstreit der zwei Äste vom Stammbaum des Hauses Bourbon auf der Pyrenäenhalbinsel beschäftigte Spanien ein Jahrhundert lang. Intrigen wurden gesponnen und Revolutionen angezettelt; Verschwörungen lösten Aufstände aus, und regelrechte Bürgerkriege wurden geführt; und die Prätendenten störte es nicht, daß im Namen ihrer Legitimitätsparolen ein ganzes Volk in das namenlose Elend ständig wiederkehrenden Blutvergießens gestürzt wurde.[5]

Diese Prätendenten – und die drei Bourbon-Parma Zita, Sixtus und Xavier gehörten zu den emsigsten – handelten keineswegs nur aus persönlichem Ehrgeiz. Sie handelten in der felsenfesten Überzeugung, daß ihr vermeintliches Recht zugleich ihre Pflicht sei. Sie lebten in der Traumvorstellung, daß die getreuen Untertanen nur darauf warteten, von ihnen glücklich gemacht zu werden, und daß nur ein paar Bösewichter die irregeleiteten Völker daran hinderten, die angestammten Herrscher wieder zurückzuholen. Diese Traumvorstellung vererbten sie auf Söhne und Enkel über Jahrzehnte und oft sogar über ein Jahrhundert hinweg. Auf Gott, der die Kaiser, Könige und Fürsten über die Nationen setzt, ob es denen nun paßt oder nicht, beriefen sie sich. Aber die da von Gottes Gnaden sich berufen glaubten, Kronen zu tragen, vermochten sich kaum jemals zu der bitteren Erkenntnis durchzuringen, daß auch der Verlust einer solchen Krone ein Zeichen von oben sein könnte – durch Gottes Ungnaden weder Kaiser noch König!

Wie unverrückbar Zita in dieser Gedankenwelt verankert war, zeigten die beschwörenden Worte, die sie ihrem Mann, dem Kaiser Karl, an jenem 11. November 1918 zurief, als die Urkunde auf den Verzicht der Herrschaft über die österreichischen Völker auf den Schreibtisch in Schönbrunn gelegt wurde:

»Niemals – du kannst nicht abdanken. Niemals kann ein Herrscher abdanken. Er kann abgesetzt, kann seiner Herrscherrechte verlustig erklärt werden. Gut. Das ist Gewalt. Sie verpflichtet ihn nicht zur Anerkennung, daß er seine Rechte verloren habe. Er kann sie verfolgen, je nach Zeit und Umständen, aber abdanken? – Nie! Nie, nie! Lieber falle ich mit dir hier, dann wird Otto kommen. Und wenn wir alle fallen sollten – noch gibt es andere Habsburger!«[6]

In diesem November 1918, als der letzte Habsburgerkaiser abtrat, lebte seine Frau noch immer in der Welt, in der sechseinhalb Jahrhunderte zuvor der Ahnherr des Geschlechts, Rudolf von Habsburg, seinen Weg in die Geschichte begonnen hatte – eine Welt, in der man Grafschaften, Provinzen, ganze Königreiche tauschen und verkaufen, erheiraten oder erben konnte, samt Völkerschaften und ganzen Nationen, wie man eben einen Bauernhof samt dem Vieh im Stall und den Hühnern auf dem Mist tauschen und verkaufen, erheiraten und erben konnte. Im Franzensbader Sommer von 1908 lagen solche Gedanken für Zita von Bourbon-Parma noch fern von jeder Realität, auch wenn sie selbst damals schon auf eine Ehe mit dem jungen Erzherzog Karl spekuliert haben sollte. Franz Joseph war 78 Jahre alt. Er regierte nun seit 60 Jahren; was die Länge seiner Regierungszeit betraf, so konnten nur Queen Victoria und Ludwig XIV. mit ihm wetteifern. Der Kaiser schien kein gewöhnlicher Mensch mehr zu sein, sondern eine Institution, die allein noch den Zusammenhalt der Donaumonarchie verkörperte. Manche Leute vermochten sich nicht vorzustellen, daß dieser an allen Ecken und Enden berstende Staat ohne Franz Joseph existieren könnte, und so hatte man den Eindruck, sie warteten auf das Wunder seines ewigen Lebens.

Kühle Rechner sagten sich, daß es nur noch eine Frage weniger Jahre sein konnte, bis Franz Ferdinand den Thron besteigen würde. Der Erzherzog war 45 Jahre alt. Erst 45 Jahre alt; und bei der sprichwörtlichen Langlebigkeit der Habsburger konnte der junge Karl kaum annehmen, daß er früher als in 25 oder 30 Jahren an die Reihe kommen würde. Etwa zwischen 1930 und 1940 also!

Karl war auch nicht der Mensch, der es eilig hatte. Er war mittelmäßig begabt und mittelmäßig interessiert. Von den drei Thronfolgern des alten Kaisers war er zweifellos der farbloseste. Kein Rudolf, der unter der aufgezwungenen Tatenlosigkeit so litt, daß er sich in politisch wahnwitzigen Intrigen und privat in billigen Liebesabenteuern verzettelte. Wahrhaftig kein Rudolf. Auch kein Franz Ferdinand, der sich – ganz anders als Rudolf – mit eiserner Unnachgiebigkeit seine politische Einflußsphäre und sein persönliches Lebensglück erkämpfte. Nein – ein Franz Ferdinand war dieser Karl schon gar nicht. Vor allem aber war des Kaisers Großneffe zunächst auch noch viel zu jung, um Profil zu zeigen. Der Kontakt mit der Prinzessin von Bourbon-Parma forderte ihm auch kein mannhaftes Verhalten ab. Er lieferte keinen Konfliktstoff mit dem alten Kaiser.

Karl hatte Zita schon als Kind kennengelernt; bei Verwandtenbesuchen auf Schloß Schwarzau. Das kleine, dunkelhaarige Mädchen hatte keinen nachhaltigen Eindruck auf den halbwüchsigen Erzherzog gemacht. Zita allerdings blieb es in Erinnerung, wie fürsorglich sich Karl um seinen kleinen Bruder Maximilian gekümmert hatte.[7]

Jetzt, 1908, war Zita, noch keine 17 Jahre alt, aber ein wenig frühreif, zu einer grazilen, südländischen Schönheit herangewachsen. Es war sicherlich nicht schwer für Karl, sich in dieses Mädchen zu verlieben. Er selbst war genau das, was man einen feschen Kerl nannte. Die Uniform stand ihm ausgezeichnet. Er war keine strahlende Heldenfigur, aber er hatte ein optimistisches Lachen. Auf der Kurpromenade oder auf dem Korso grüßte er auf jene lässige, nicht ganz den Vorschriften entsprechende Art, wie sie Operettenleutnants auf der Bühne des Theaters an der Wien zu praktizieren pflegten. Daß Karl einmal Kaiser werden könnte, verbrämte außerdem alle etwa auftretenden Mängel.

Trotzdem kam es 1908 in Franzensbad noch zu keinem Einverständnis zwischen den jungen Leuten. Auch bei den Hofbällen der nächsten Winter nicht, obwohl Karl und Zita einander bei diesen Anlässen oft genug sahen. Hofbälle waren jedenfalls gerne benützte Gelegenheiten, begehrten Junggesellen passende Damen zu präsentieren. Tante Maria Annunziata und die Damen Braganza sorgten dafür, daß Zita immer zur Stelle war. Aber auch andere Tanten und Mütter rechneten sich Chancen aus. Eine der jungen Damen, auf die sich derartige Kombinationen bezogen, war die schöne Prinzessin Belli Hohenlohe.

Bei den Erfahrungen, die Franz Joseph mit seinem Sohn Rudolf und seinem Neffen Franz Ferdinand in Sachen Liebe und Ehe gesammelt hatte, lag es auf der Hand, daß der Kaiser sich beizeiten für das Privatleben seines Großneffen zu interessieren begann. Er hätte die künftige Kaiserin gerne selbst bestimmt. Seine Enkelin Elisabeth,

Tochter von Marie Valerie und Franz Salvator, wäre eine Braut ganz nach dynastischem Geschmack des alten Herrn gewesen. Es hätte ihn vielleicht ein wenig über den Verlust des eigenen Sohnes hinweggetröstet, wäre ein Urenkel dagewesen, um dereinst seine Krone zu tragen.

Die sächsische Maria Josefa war entschieden dagegen. Nur keine Verwandtenehen. Vermutlich machte sie sich dabei weniger erbbiologische Sorgen als religiöses Kopfzerbrechen. Sie war eine sehr fromme Frau und nahm es mit den Geboten der Kirche genauer als so mancher andere Habsburger, der sich im Bedarfsfall mit einer päpstlichen Dispens leicht tröstete.

Der Kaiser verzichtete also schweren Herzens auf seinen Lieblingswunsch. Er geriet dafür in Aufregung, als er die Geschichte mit Belli Hohenlohe erfuhr. Die Hohenlohe waren zwar ein reiches Fürstengeschlecht, aber kein souveränes Haus. Eine solche Braut kam nicht in Frage; unter gar keinen Umständen! Karl wurde zum Rapport bestellt.

Wenn junge Erzherzoge beim Kaiser erscheinen mußten, dann überprüften sie schnell noch einmal den tadellosen Sitz sämtlicher Knöpfe auf dem Waffenrock, denn Franz Josephs Feldwebelblick war gefürchtet. Und wenn die Uniform auch haargenau allen Adjustierungsvorschriften entsprach, wurde der Anmarschweg in die Hofburg oder nach Schönbrunn dennoch mit einigem Herzklopfen angetreten. Schließlich war man nie ganz sicher, ob man nicht eigentlich ein schlechtes Gewissen haben müßte. Vom kaiserlichen Stehpult aus betrachtet, gewann jede noch so harmlose Dummheit nur allzuleicht die Dimensionen einer Haupt- und Staatsaffäre. Der Kaiser hielt die Familie mit eiserner Hand zusammen, und sein Mißfallen konnte auch einen Erzherzog in irgendeine gottverlassene Garnison am äußersten Ende der Monarchie verbannen.

Karl dürfte also den handgeschriebenen Zettel, mit dem Franz Joseph wie üblich seine Weisung an die Adjutanten ergehen ließ, mit einigem Unbehagen zur Kenntnis genommen haben. Ein allerhöchstes Donnerwetter kündigte sich an. Daß der junge Mann, der 1911 die Uniform eines Rittmeisters trug, fünf Jahre später schon selbst Kaiser und allerhöchster Kriegsherr sein würde, lag außerhalb jeder einigermaßen begründeten Zukunftsprognose.

Bei der Audienz allerdings, die sich mit der vermeintlichen Liebesaffäre beschäftigte, konnte Karl guten Gewissens seine Schuldlosigkeit versichern. Er dachte nicht daran, die Prinzessin Belli Hohenlohe zu heiraten.

Falls er aber irgendeinmal doch daran denken sollte, so ließ Franz Joseph seinen Großneffen nicht im Zweifel, daß eine solche Ehe nicht in Frage kam. Erwünscht war eine Braut aus königlichem Geblüt; und das möglichst schnell, bitte!

Bei aller Höflichkeit, die der alte Kaiser auch dem jüngsten Erzherzog zuteil werden ließ, war dieser Wunsch nach schleunigster Brautschau ein Befehl, und er wurde auch als Befehl aufgefaßt. Karl war nicht der junge Mann, der sich einem derartigen Befehl widersetzt hätte. Und wäre er nicht ohnehin bereit gewesen, sich um die Prinzessin

Zita von Bourbon-Parma zu bemühen, so wäre er als gehorsamer Großneffe sicherlich sofort darangegangen, sich eine passende Partnerin auszusuchen. Er war eben kein Rudolf, und schon gar kein Franz Ferdinand.

Die Angelegenheit mit Zita drängte außerdem noch, denn in Hofkreisen munkelte man, die junge Dame beabsichtige, sich mit dem Herzog von Madrid zu verloben. Ob das Gerücht nur ausgestreut wurde, um Karl zu einer Erklärung zu veranlassen, sei dahingestellt. Jedenfalls tauchte der junge Erzherzog schon sehr bald nach der kaiserlichen Audienz bei seiner Stiefgroßmutter Maria Theresia auf und bat sie, die Verlobung mit Zita schnell in die Wege zu leiten.

Seine Mutter Maria Josefa, nicht sehr schnell von Begriff, benötigte allerdings noch eine Weile, bis ihr die anderen an dieser Ehestiftung beteiligten Damen klargemacht hatten, daß die Verbindung zwischen den Brautleuten wirklich nur eine Verschwägerung über die beiden Braganza-Prinzessinnen war und keine Blutsverwandtschaft. Nachdem sie es endlich erfaßt hatte, machte sie sich selbst auf den Weg in die Hermes-Villa im Lainzer Tiergarten, wo Franz Joseph sich eben von einem Bronchialkatarrh erholte. Maria Josefa sollte die Zustimmung des Kaiser einholen. Natürlich war Franz Joseph einverstanden. Die Bourbon-Parma waren auf jeden Fall standesgemäß und ebenbürtig. Da sie außerdem kein regierendes Haus mehr waren, mußte man auch keine politischen Überlegungen in Rechnung stellen. Dynastisch gesehen konnte also nichts passieren. Und zu verhindern, daß irgend etwas passierte, war in den letzten Jahrzehnten das oberste Regierungsprinzip des Kaisers. Welche Komplikationen die späteren Aspirationen von Zitas Brüdern Sixtus und Xavier noch für die Habsburger heraufbeschwören sollten, war nicht voraussehbar. Franz Joseph dachte auch bei dieser Ehe als echter Habsburger. Die Auserwählte hatte für reichen Kindersegen zu sorgen; eine größere Bedeutung stand ihr nicht zu.

Bei Zita sollte man sich in dieser Hinsicht täuschen, aber das wiederum sollte Franz Joseph nicht mehr erleben.

Die Hochzeit stand unter einem düsteren Vorzeichen. Sie wurde am 21. Oktober 1911 auf Schloß Schwarzau gefeiert. Ein uralter Wochenschaustreifen des Ereignisses hat sich bis heute erhalten. Er zeigt den vergnügt lachenden Kaiser mit dem jungen Ehepaar auf der Schloßterrasse. Die Aufnahmen dauerten damals allerdings ziemlich lange; und der Kaiser selbst hatte sich die Mühe gemacht, die Festgäste für die Photographen und den Kameramann so zu plazieren, wie es dem Protokoll entsprach. Dabei blieb er ohne Mantel in der rauhen Luft, und noch dazu eine ganze Weile. Eine neuerliche schwere Erkältung des alten Herrn war die Folge. Die Hofschranzen nahmen diese kaiserliche Grippe als böses Omen für die Zukunft des jungen Paares. Spätere Chronisten vergaßen auch nie, die Anwesenheit des jungen Marineoffiziers Nikolaus von Horthy zu erwähnen, der als Flügeladjutant des Kaisers eingeladen war; derselbe Nikolaus von Horthy, der zehn Jahre später als Admiral und Reichsverweser Karl und Zita an der Rückkehr auf den ungarischen Thron hindern würde.

Ein Jahr nach der Hochzeit erwies Franz Joseph dem Großneffen und dessen Frau eine besondere Gunst: Mit der Beförderung zum Major wurde Karl zum Infanterieregiment Nr. 33 nach Wien versetzt; das Schloß Hetzendorf wurde ihm als Wohnsitz zugewiesen. Der Grund lag auf der Hand: Zita erwartete ihr erstes Kind. Am 20. November kam es zur Welt, und es war noch dazu ein Bub. Natürlich wurde er Franz Joseph genannt, mit dem dritten Namen dann Otto. Natürlich war der Kaiser zufrieden. Der Fortbestand der Dynastie in einigermaßen direkter Linie war damit gesichert. Für den Kaiser hatte Zita damit ihre Pflicht erfüllt. Auch die Schwiegermutter Maria Josefa konnte zufrieden sein: Was die Frömmigkeit anbelangte, Maria Josefas ganzen Lebensinhalt, so schien Zita der Sächsin darin nicht nachzustehen.

Im übrigen sah und hörte die Öffentlichkeit von Karl, Zita und dem Kind Otto zunächst sehr wenig. Die Zeiten, in denen alle Habsburger eine einzige große Familie unter einem Dach bildeten, wie bei Franz Josephs Geburt 1830, waren längst dahin. Der Kaiser residierte als einsamer alter Mann in Schönbrunn; Familienvater war er eigentlich nur noch an hohen Feiertagen, zu Weihnachten beispielsweise, wenn er zu seiner Tochter Marie Valerie fuhr und dort mit seinen Enkeln spielte. Seinen Neffen und Thronfolger Franz Ferdinand sah er nur bei dienstlichen oder familienoffiziellen Anlässen; die Herzogin von Hohenberg und ihre Kinder, die im Belvedere wohnten, sah er am liebsten gar nicht. Von Hetzendorf war es nach Schönbrunn ganz nahe und zum Belvedere nicht allzuweit, aber Karl und Zita traten den Weg dahin wie dorthin nur an, wenn sie ausdrücklich gerufen wurden. Die herrlichen Zeiten, in denen eine ehrgeizige junge Mutter mit ihrem Sprößling zu jeder Tageszeit geradewegs in das kaiserliche Arbeitszimmer marschieren durfte, gab es für Zita nie.

Dabei hätte die Parma-Prinzessin eine ähnlich dominierende Stellung bei Hofe einnehmen können wie einstens die Wittelsbacherin Sophie. Als Frau des Thronerben, als Mutter des Erbprinzen wäre sie, noch dazu neben einem verwitweten Kaiser, erste Dame des Hofes gewesen. Franz Josephs Persönlichkeit jedoch schloß eine Stellung, wie seine eigene Mutter sie einst hatte, von vornherein aus. Die Luft rund um seinen Schreibtisch war ständig tiefgekühlt; und Schreibtisch sowie Stehpult waren seine vornehmlichsten Aufenthaltsorte. Er verwaltete mit der Gewissenhaftigkeit eines Registraturbeamten den Aktenlauf innerhalb eines 50-Millionen-Reiches vom Morgengrauen bis in die Abendstunden. Er war nun einmal kein Kaiser Franz, der neben einem Metternich praktisch wenig zu tun hatte und sich deshalb, gleich einem pensionierten Großpapa, schon aus Langeweile eingehend mit dem Stuhlgang jedes einzelnen seiner Enkel beschäftigte. Bei Franz Joseph wurde man auch als Mutter des Erbprinzen ausdrücklich zum Familiendiner geladen, und sein Arbeitszimmer betraten auch die engsten Verwandten nur über ausdrückliche Aufforderung auf dem Dienstweg über die Generaladjutantur.

Zita hatte es nie anders kennengelernt; seit sie ihre Umgebung zu beobachten begann, galt dieses starre Zeremoniell. Außerdem vergaß sie nicht, daß zwischen Franz Joseph und ihrem Mann Karl immer noch Franz Ferdinand stand, und der war in familiären Dingen äußerst empfindlich. Wenn schon seine eigene Frau nicht die Rolle der ersten Dame bei Hof spielen durfte, dann sollte es auch keine andere geben; seine vom Kaiser so ungemein geschätzte Stiefmutter Maria Theresia ausgenommen. Wenn Zita versucht hätte, sich diese Position zu erkämpfen, wäre Franz Ferdinand sicherlich böse geworden.

In Hetzendorf mußte man damals, in den Jahren 1912 bis 1914, noch mit einer langen Regierungszeit des künftigen Kaisers Franz II. rechnen. Ein gutes Einvernehmen schien davon abzuhängen, daß man sich nicht zu früh allzusehr in den Vordergrund spielte. Karl hatte wohl auch gar nicht die Figur dazu, sich nach Franz Ferdinands eigenem Vorbild mit eisernem Willen und unnachgiebiger Härte schon zu Lebzeiten des Kaisers eine Nebenregierung aufzubauen. Und Zita war sicherlich zu klug, um ihren Mann jetzt schon dazu anzutreiben.

Machte man sich in diesen Jahren in Hetzendorf Gedanken darüber, ob es jemals zu Karls Thronfolge kommen würde? Rechnete man damit, daß Franz Ferdinand auf die verlockenden Angebote tschechischer und ungarischer Oppositioneller eingehen und seinen Eid vom 28. Juni 1900 beiseite schieben würde, sobald er erst einmal auf dem Thron saß?

Dem Grafen Georg Wallis, Karls Erzieher, hatte der Thronfolger jedenfalls mehr als einmal gesagt: »Wenn ich erst einmal Kaiser bin, nehme ich den Karl zu mir in die Hofburg und werde ihn mit mir arbeiten lassen.«[8]

Es gab für das junge Paar in Hetzendorf keinen Anlaß, an der Ernsthaftigkeit von Franz Ferdinands Vorsätzen zu zweifeln. Er war sicherlich gewillt, den einst abgelegten Eid zu halten. An die theoretische Möglichkeit, daß bei einem unerwartet frühen Tod der Herzogin von Hohenberg der Thronfolger noch einmal und diesmal ebenbürtig heiraten und erbberechtigte Kinder bekommen könnte, dachte der in seiner Ehe so glückliche Erzherzog selbst wohl zuletzt. In Franz Ferdinands Schreibtisch lag bei den anderen für den Augenblick der Thronbesteigung vorbereiteten Dokumenten jedenfalls auch der Entwurf eines Handschreibens, das dem jungen Karl den Titel »Erzherzog-Thronfolger« verlieh.[9] Diesen Titel würde Karl dann tatsächlich führen, allerdings als Franz Josephs präsumtiver Erbe.

Das Handschreiben sollte nie abgeschickt werden. Im Mai 1914 bat Franz Ferdinand seinen Neffen und dessen Frau zum Abendessen in das Prinz-Eugen-Schloß. Aus Zitas ganzem Wesen, das sich später bei so mancher Gelegenheit manifestierte, darf man wohl schließen, daß sie die nahe Verwandtschaft mit einer geborenen Gräfin Chotek nicht eben mit Begeisterung erfüllte. Sie wußte, daß im Belvedere das Hofzeremoniell nicht galt, das in Schönbrunn beispielsweise die Frau des Thronfolgers auf den letzten Platz hinter der jüngsten Erzherzogin verdammte. Im Belvedere war Sofie die Hausfrau, die Herrin; ob es dem Zeremoniell paßte oder nicht. Karl hatte viel zuviel Respekt vor seinem Onkel, als daß es ihm eingefallen wäre, die Herzogin von Hohenberg bei solchen privaten Gelegenheiten nicht als engste Verwandte und vollgültige

Tante zu akzeptieren. Und Zita war gewiß auch dabei viel zu klug, als daß sie es anders als ihr Mann gehalten hätte.

Begegnungen wie die letzte im Mai 1914 verliefen also stets in voller Harmonie. Äußerlich zumindest. Nach dem Abendessen, während Sofie die Kinder zu Bett brachte, sagte Franz Ferdinand zu seinem Neffen: »Ich habe dir etwas zu sagen, aber ich muß es rasch sagen, weil ich nicht will, daß es deine Tante hört, wenn sie wieder herunterkommt. Ich weiß, daß man mich bald ermorden wird. In diesem Schreibtisch sind Papiere, die dich angehen. Wenn es geschieht, nimm sie an dich. Sie sind für dich!« Und nachdem Karl betreten widersprochen hatte, fügte Franz Ferdinand hinzu: »Nein, ich meine es ernst. Im übrigen ist schon alles vorbereitet, die Gruft in Artstetten ist jetzt fertig.«[10]

Wenige Wochen später wurden zwei Särge in diese Gruft getragen.

Der junge Erzherzog Karl, nunmehr schon Oberstleutnant, war nach dem Attentat von Sarajewo vollwertiger Thronfolger. Bald darauf übersiedelte Zita nach Schönbrunn. Zwei Jahre später war sie bereits Mutter von vier Kindern. Dem Sohn Otto war eine Tochter Adelheid gefolgt, dann kamen 1915 und 1916 wieder zwei Buben, Robert und Felix. Der Kaiser selbst hatte bei Kriegsbeginn die Übersiedlung von Hetzendorf nach Schönbrunn gewünscht. Nun mußte auch er auf Franz Ferdinand keine Rücksicht mehr nehmen. Die persönliche Nähe der jungen Frau und ihrer Kinder vermenschlichte den uralten, in Zeremoniell und Pflichtgefühl längst zum Denkmal erstarrten Mann. Zita erinnerte sich später, daß Franz Joseph gelegentlich abends in ihr Zimmer kam. Bei einem dieser Besuche verriet er seine wahren Gefühle und Gedanken. Es war der 17. August 1914, Karls Geburtstag und zugleich der Tag militärischer Erfolgsmeldungen aus dem Osten. Doch Franz Joseph hatte keine Freude an Zitas Gratulationen. »Ja, es ist ein Sieg«, sagte er, »aber so haben meine Kriege immer begonnen, und dann schließlich war die Niederlage. Und diesmal wird es noch ärger werden. Dann wird man von mir sagen: Er ist alt und versteht es nicht mehr; und dann werden Revolutionen ausbrechen, und dann wird es das Ende sein.«[11]

Zita war nun unbestritten die erste Dame des österreichischen Kaiserhofes. Auch sie mußte nun auf Franz Ferdinands Empfindlichkeiten keine Rücksicht mehr nehmen. Es war aber auch nicht die Zeit, in der die junge Dame viel Einfluß hätte entwickeln können. Es war Krieg. Der Kaiser mochte gelegentlich einmal seinem bedrückten Herzen vor Zita Luft machen – mehr nicht. In diesen Jahren 1914, 1915 und 1916 blieben der Thronfolger und seine Frau, räumlich wohl Tür an Tür mit dem Kaiser, wirklichem Einfluß und wirklichen Entscheidungen weiterhin fern.

Am 24. Juli 1914, vier Tage vor Ausbruch des Krieges, hatte Karl seine Beförderung zum Oberst erhalten. Er war 27 Jahre alt. In den folgenden zwei Jahren avancierte er vom Oberst in einem Husarenregiment zum General der Kavallerie und Kommandanten eines Korps. Ob die militärischen Fähigkeiten und die menschliche Erfahrung des Neunundzwanzigjährigen für ein solches Kommando auch ausreichten, diese Frage stellte sich der alte Franz Joseph nicht. Als Karl im selben Jahre 1916 schließlich vom

Korpskommandanten zum Kaiser und Obersten Kriegsherrn avancierte, konnte auch niemand die Fragen der Befähigung stellen. Kaum jemals zuvor kam ein junger Prinz in einem so entscheidenden Augenblick der Geschichte so unvorbereitet auf den Thron wie dieser Erzherzog Karl. Bis 1914 hatte man ihn links liegenlassen, weil man mit Franz Ferdinand rechnete. In den Jahren zwischen 1914 und 1916 aber hatte man es erneut unterlassen, das Versäumte nachzuholen. Den Frauen der Habsburger gab die starre Routine des Hofbetriebes kaum eine Möglichkeit, auf die Erziehung der Söhne Einfluß zu nehmen, sobald sie erst einmal den Babyjahren entwachsen waren. Da mußte man schon den unbeugsamen Willen der Wittelsbacherin Sophie haben, um sich durchzusetzen. Auch Elisabeth war mit ihrem Sohn Rudolf gescheitert, und die fromme, ein wenig einfältige Sächsin Maria Josefa war von einer Sophie und von einer Elisabeth weit entfernt. Wie die Erzherzoge »ausgebildet« wurden, darüber hat der Baron Margutti aus der kaiserlichen Generaladjutantur kummervoll berichtet:

»Man verstand es in der kaiserlichen Familie bedauerlicherweise nicht, die Prinzen einen Lehrgang durchmachen zu lassen, sondern begnügte sich damit, ihnen einige ad usum Delphini hergerichtete allgemeine Kenntnisse beizubringen, welche sie dann, schlecht und recht, halbwegs befähigten, die militärische Laufbahn einzuschlagen, die man für die allein seligmachende hielt . . .«[12]

Karl hatte, ohnehin schon eine revolutionäre Neuerung, das Wiener Schottengymnasium absolviert, allerdings nur als Externist, und der Kaiser selbst hatte es entschieden abgelehnt, ihn auch das Abitur ablegen zu lassen; – ein Erzherzog als ganz gewöhnlicher Prüfling vor einem ganz gewöhnlichen Professorenkollegium, undenkbar! Als er nun, 1914, plötzlich direkter Thronfolger wurde, brachte seine Existenz dem Staatsapparat und seinen höchsten Instanzen nur Verlegenheit. Karls späterer Kabinettschef, Graf Polzer-Hoditz, klagte bitter über diese Jahre 1914 bis 1916: »Der österreichische und der ungarische Ministerpräsident nahmen die Sache in die Hand und beorderten Minister und Sektionschefs aller Ressorts zum Vortrag bei Erzherzog Karl Franz Joseph. Die vortragenden Herren erhielten strikte Weisungen darüber, was sie vorzutragen hatten. Es war ihnen streng verboten, das vorgeschriebene Geleise zu verlassen.«[13]

Trägheit triumphierte über die Vernunft. Die mit dem Kaiser alt und müde gewordenen Größen des Reiches hatten keine Lust, einen zweiten Franz Ferdinand heranwachsen zu lassen, der ihnen das Leben unbequem machen konnte. Daß Franz Joseph bald 85 Jahre alt sein würde, daß er praktisch jeden Tag sterben konnte, daß sein System des Fortwurstelns ohnehin zum Tode verurteilt war und nur noch eine Gnadenfrist vor sich hatte, das alles weigerten sich die Männer von gestern ganz einfach zur Kenntnis zu nehmen. Diese Atmosphäre richtig zu sehen ist wichtig, um zu begreifen, warum die beiden jungen Leute Karl und Zita dann hektisch und oft unbedacht um sich schlugen, als sie ohne jede praktische Erfahrung versuchten, nach 1916 zu retten, was noch zu retten schien.

In der ganzen dramatischen Krise zwischen dem Attentat von Sarajewo und der

Kriegserklärung hatte man den Thronfolger kein einziges Mal auch nur zu Wort kommen lassen. Niemand hatte ihn um seine Meinung gefragt, niemand hatte ihn auch nur informiert, als Entscheidungen gefällt wurden, die Existenzfragen des Staates betrafen, den er aller Voraussicht nach schon bald würde regieren müssen. Wenn irgendeiner von sich behaupten durfte, daß er für den Krieg keine Verantwortung trug, dann war es Karl.

Sobald dieser Krieg ausgebrochen war, wollte der alte Kaiser den Thronfolger in der Nähe haben. Weil er selbst seit einem halben Jahrhundert nur noch so zu regieren gewohnt war, überließ er dem jungen Mann täglich einen Stoß Akten zur Bearbeitung. Ein Schnellverfahren, bei dem der Thronfolger vielleicht das Verwalten, sicherlich aber nicht das Regieren erlernen konnte. Dabei wäre es den Herren in Wien lieber gewesen, Karl wäre zur Armee gegangen – der Gedanke, der junge Herr könnte in die Fußstapfen seines Onkels Franz Ferdinand treten, schockte immer noch. Im Armeeoberkommando aber saß der selbstherrliche Baron Conrad, und der hatte genug damit zu tun, dem vorgeblichen Armeeoberkommandanten Erzherzog Friedrich die nötigen Ehren zukommen zu lassen. Noch einen unnützen hochgeborenen Nichtstuer wollte er nicht mitschleppen. Conrad hielt von Karl so gut wie gar nichts. »Er hat nichts gelernt, kann nicht einmal orthographisch schreiben. Sein Herr Onkel wollte ihn absichtlich verdummen lassen.« Das war reichlich übertrieben, aber einen erfahrenen Aufpasser hätte Conrad schon gar nicht haben wollen. Am besten, der Thronfolger ging an die Front, um die Moral der Truppe zu heben. Natürlich nicht allzu nahe an die Front, damit er nicht womöglich in Gefangenschaft geriet oder fiel!

Keiner wollte Karl haben, aber jeder wollte ihn unter Kontrolle behalten. Das war die Unlogik der ganzen Prozedur. Auf der einen Seite tat man ganz so, als würde der alte Kaiser ewig leben. Überflüssig also, den Thronerben heranzubilden. Auf der anderen Seite rechnete man mit dem baldigen Tod des Monarchen. Folgerichtig wollte man den jungen Herrn fest in der Hand haben, um zu verhindern, daß er später als Kaiser seine Extratouren ritt. Er würde sie reiten; wahrscheinlich gerade als Resultat dieser Planlosigkeit. Von 1914 bis 1916 wurde Karl zwischen Schönbrunn und Armeeoberkommando, zwischen Kaiserhof und Front hin und her geschoben. Er machte von allem etwas, aber nichts richtig. Dazu ließ man ihm gar keine Zeit. Wo immer er auftauchte, betrachtete man ihn nur als Last. Er selbst dürfte mit Grauen an den Tag gedacht haben, an dem er aus diesem unheilvollen Durcheinander heraus, mitten in einem Krieg auf Leben und Tod der Monarchie, die Verantwortung für das Reich würde übernehmen müssen.

Dieser Tag kam mit dem 21. November 1916. Der alte Kaiser hatte schon seit mehreren Tagen hohes Fieber. Er hustete stark, er verlor merkbar an Gewicht. Beginnende Lungenentzündung. Trotzdem stand er wie üblich vor vier Uhr früh auf, schleppte sich an seinen Schreibtisch, stolperte einmal sogar, fiel lang hin, ließ sich jedoch nicht dazu bewegen, im Bett zu bleiben. Die Adjutanten hielten weiter ihre Referate;

r Anfang vom Ende
s politischen Erwägungen wurden Kronprinz Rudolf und Stefanie von Belgien aneinander gebunden, trotz der teren Erfahrungen, die man mit der belgischen Ehe des Maximilian von Mexiko gemacht hatte. (Franz Joseph, nig Leopold II. von Belgien, Kaiserin Elisabeth, Kronprinzessin Stefanie, Kronprinz Rudolf, Königin Maria nriette von Belgien, die ebenfalls eine Habsburgerin war.)

Vier Frauen um einen Kronprinzen

Maria Antonia von Toskana, hieß es Jahrzehnte nach Mayerling, sei in einer Geheimehe mit Rudolf verheira gewesen *(ganz links)*. Mary Vetsera, seine letzte Geliebte, begleitete den Kronprinzen in den Tod *(links Mitte)*. D Legende machte aus einer flüchtigen Affäre eine unsterbliche Liebe. Die schöne Gräfin Marie Larisch *(rechts)*, c ihrerseits Rudolf nicht gleichgültig gegenüberstand, spielte in dem Kronprinzendrama eine zwielichtige Rol Stefanie von Belgien, die eine zeitgenössische Zeitungsillustration als verzweifelte Witwe darstellte *(unten)*, trug Rudolfs unrühmlichem Ende ein gerüttelt Maß von Mitschuld.

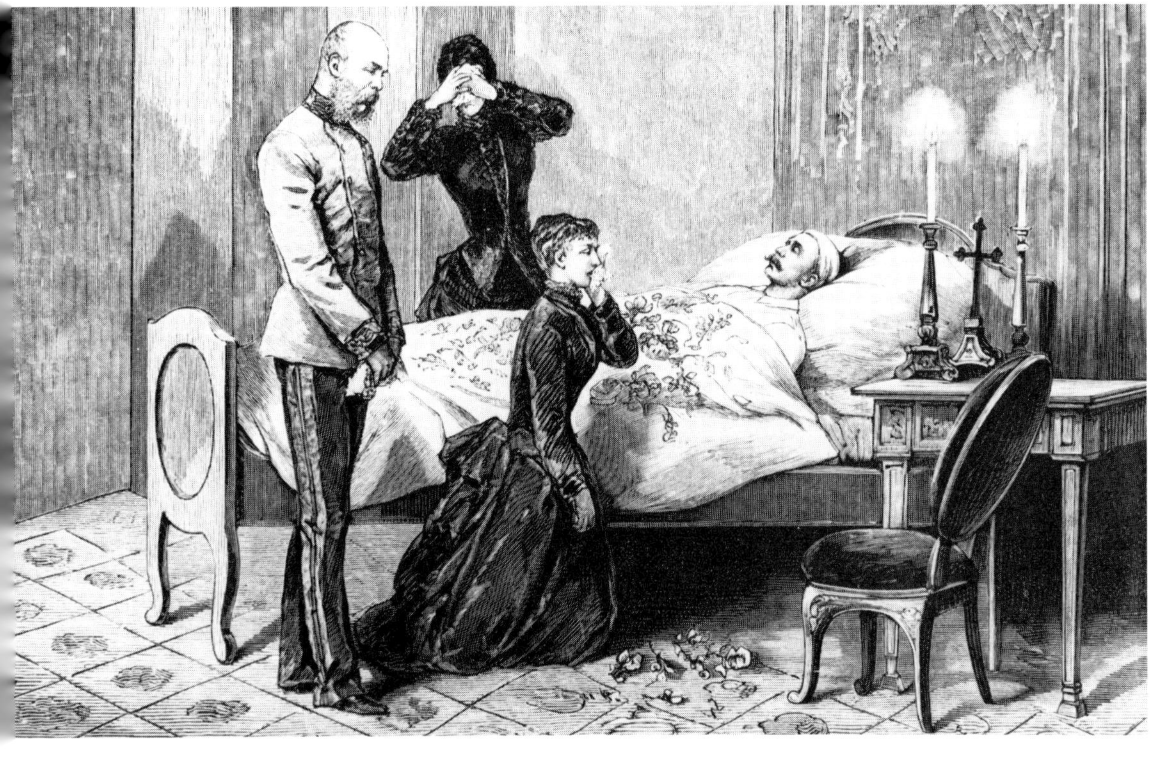

Noch eine Unglücksbringerin
Die liebreizende Tänzerin Milly Stubel, e
echtes Wiener Vorstadtkind, war die gro
Liebe des rebellischen Erzherzogs Johan
Salvator. Die Verbindung mit der Tänzeri
die der Hof mit allen Mitteln zu trenn
versuchte, trug zweifellos dazu bei, d
überdurchschnittlich begabten Toskan
prinzen in die Opposition zu seinem Kais
und dessen Regime zu treiben. Milly Stub
verschwand zusammen mit ihrem geliebt
Johann Salvator bei der Überfahrt na
Südamerika.

Habsburgertragödie 1914
Franz Ferdinand und Sofie als glückliche E
tern zweier Söhne und einer Tochter, auf d
sie stolz sein durften (rechts), und weni
Minuten vor Antritt ihrer letzten Fahrt a
28. Juni 1914 in Sarajewo (rechts unten).

Die glücklichste Ehe des Erzhauses
So unglücklich die meisten der habsburgisch-lothringischen Standesehen verliefen, die durch die Staatsraison zusammengebracht wurden, so glücklich verlief die unstandesgemäße Ehe des Thronfolgers Franz Ferdinand, mit der sich Kaiser Franz Joseph bis zum Drama von Sarajewo nicht abfinden konnte. Der deutsche Kaiser Wilhelm war einer der ersten, der die morganatische Frau des Thronfolgers als ebenbürtig und mit betonter Herzlichkeit zu begrüßen pflegte (Bild rechts, bei einem Besuch 1914).

Habsburgertragödie 1918-1922
Franz Ferdinands Neffe Karl heiratete 1912 zur Beruhigung des alten Kaisers mit der Prinzessin Zita von Bourbon-Parma eine standesgemäße Frau (*oben:* das offizielle Hochzeitsphoto auf der Schloßterrasse von Schloß Schwarzau im Steinfeld). Vier Jahre nach Franz Ferdinands Ende in Sarajewo verlor der letzte Kaiser des Hauses Österreich seinen Thron (*rechts:* Karl und Zita mit Graf und Gräfin Hunyadi an Bord des englischen Torpedojägers »Cardiff«, der sie 1922 ins Exil nach Madeira brachte).

we mit acht Kindern für 63 Jahre im Exil

·mals hat sich die letzte Kaiserin Zita mit dem Verlust ihrer Throne und Kronen abfinden können. Ihre Kinder, vor m den Kronprinzen Otto, erzog sie ganz so, als sei die Rückkehr nur eine Frage der Zeit. Als Dr. Otto Habsburg ıe Verzichtserklärung unterschrieb und nach Österreich zurückkehrte, ohne sich als Thronprätendent zu fühlen, wieg Zita zwar, gebilligt aber hat sie diesen Entschluß sicherlich nicht. Erst 1982 durfte sie ohne offizielle Verıtserklärung in Österreich einreisen.

Ohne Verzichtserklärung eingereist
Bildnis der alten Dame (1982), gegen deren Anwesenheit es keine Proteste gab.

Trotz Verzichtserklärung nicht allgemein willkommen
Otto von Habsburg, mit Ehefrau Regina bei einer Feier in Seeha
(Salzburg) mit Farbe bespritzt.

Zitas Heimkehr zur letzten Ruhe
Einsegnung in der Wiener Kapuzinergruft duch Alt-Erzbischof Franz Kardinal König.

Frontmeldungen, Polizeiberichte, am letzten Tag war sogar die Begnadigung einer Kindesmörderin dabei. Routineangelegenheiten, nicht mehr; so ganz erfaßte Franz Joseph wohl nicht, was er da bearbeitete. Die Tür zum Nebenraum blieb ständig offen: Dort beobachtete der Adjutant den kaiserlichen Schreibtisch durch einen Spiegel, und ein Kammerdiener saß bereit, falls der alte Herr zusammenbrechen sollte. Franz Joseph lag nicht im Sterben, er saß im Sterben; er durfte es aber nicht erfahren.

Für den Mittag des 21. November waren Karl und Zita angemeldet. Franz Joseph wollte aufstehen, den Hausrock gegen die Uniformbluse wechseln. Das hatte Zita vorausgesehen. Sie sagte dem Adjutanten, sie würde lieber weggehen als zulassen, daß Majestät sich anstrenge. Der Kaiser protestierte. Ganz unmöglich, eine Dame im Sitzen zu empfangen! Schließlich blieb er doch sitzen; es war das letztemal, daß er seinen Nachfolger und dessen Frau sah. Als Karl und Zita abends wiederkamen, lag der Monarch schon in Agonie.

Am Nachmittag war der Kaiser an seinem Schreibtisch zusammengesunken, eingeschlafen. Der Leibarzt wurde geholt, trommelte die Familie zusammen, doch Franz Joseph erholte sich noch einmal, unterschrieb sogar noch einige Akten. Er blieb bis zum Ende, was er nun schon seit Jahrzehnten war: gewissenhafter, niemals müder Verwalter seines untergehenden Reiches und seiner Dynastie. Er wurde zu Bett gebracht; während er dahindämmerte, wurde das Schlafzimmer zum Empfangssalon. Jeder kam, der irgendwie Zutritt hatte. So wie 86 Jahre zuvor Dutzende Menschen das Bett seiner Mutter umstanden hatten, als er geboren wurde, umstanden sie jetzt sein Sterbebett. Der Burgpfarrer betete leise; alle knieten, Karl, Zita, die Erzherzoginnen, die Adjutanten, der Arzt, die Kammerdiener. Nur die Gnädige Frau nicht! Katharina Schratt hatte man erst im letzten Augenblick verständigt, daß es zu Ende ging. Angesichts des starren Gesichts des Obersthofmeisters Fürst Montenuovo wagte niemand, sie einzulassen. Jetzt, da ihr Schutzherr auf dem Sterbebett lag, tobte sich die schäbige Rache kleiner Geister aus. Wie eine Bediente mußte die Gnädige Frau im Vorzimmer warten, zwei Rosen in der Hand.

Erst als der alte Herr schon tot war, fünf Minuten nach 9 Uhr abends, erst nachdem die Tochter Marie Valerie ihm die Augen zugedrückt hatte und Karl das Sterbezimmer verließ, bemerkte er Katharina Schratt. Jetzt war er der Kaiser; jetzt hatte der Obersthofmeister Fürst Montenuovo keine Macht mehr über ihn. Vermutlich dachte er in dieser Stunde gar nicht daran; er überlegte erst gar nicht, er handelte impulsiv, als Mensch und Herr, als er auf die Gnädige Frau zutrat, sich tief verneigte, ihr den Arm reichte. Die Familie, die Hofschranzen mochten zurückgewichen sein, mancher unter ihnen vielleicht mit zusammengekniffenen Lippen, aber Karl führte Katharina an das Totenbett, und nun konnte sie ihre beiden Rosen wenigstens auf die Brust des Verstorbenen legen.[14]

Zita war nun Kaiserin. Sie war jetzt 24 Jahre alt, und ihre ganze Lebenseinstellung, ihre felsenfeste Überzeugung von der Ewigkeit des legitimen Herrscherrechtes ließ es sicherlich nicht zu, daß sie auch nur einen Augenblick an ein bitteres Ende dieses Kaisertums dachte. Es war eine schreckliche Zeit; man führte Krieg, einen entsetzlichen, vielleicht sogar aussichtslosen Krieg. Man konnte diesen Krieg verlieren, man konnte ganze Provinzen verlieren; das alles war denkbar. Undenkbar für Zita aber war sicherlich, daß die Untertanen die Dynastie stürzen, den Monarchen davonjagen könnten. Sie mußte zwar nur in den Geschichtsbüchern blättern, um zu sehen, wie leicht, wie schnell ein solcher Sturz vor sich gehen konnte; sie mußte nur an das Schicksal der eigenen Familie, ihres Vaters denken, an das verlorene Herzogtum Parma, aber die Nutzanwendung der eigenen Erfahrung lag außerhalb ihres Begriffsvermögens. Österreich ohne das Haus Österreich schien für Zita undenkbar. Für Zita war der neue Kaiser, ihr Mann Karl, gleichbedeutend mit Franz Joseph. Nun war Karl der Monarch, und nichts würde sich ändern, was die geheiligte Person dieses Monarchen betraf.

Oder konnte man sich eine Revolution gegen den alten Franz Joseph vorstellen? Man kann sich einen solchen Vorgang heute noch nicht vorstellen. Überlegt man, was geschehen wäre, wenn Franz Joseph noch zwei Jahre gelebt hätte, wenn er den November 1918 erlebt hätte, und versucht man sich dann auszumalen, wie der Zusammenbruch abgelaufen wäre, dann versagt die Phantasie. Die Voraussetzungen für die Revolution, für den Zerfall der Monarchie wären nicht anders gewesen. Und doch – man bringt es nicht fertig, sich vorzustellen, daß der achtundachtzigjährige Franz Joseph nach 70 Regierungsjahren von seinem Schreibtisch in Schönbrunn vertrieben, in die Emigration geschickt worden wäre.

Karl war aber nicht Franz Joseph. Charakteristisch für die Einstellung ihm gegenüber sind die Aufzeichnungen eines Offiziers, der später sein besonderes Vertrauen genießen sollte, des Generals Dr. Carl Bardolff, ehemals Chef der Militärkanzlei des Thronfolgers Franz Ferdinand:

»Wir waren mit dem alten Herrn zu sehr bis ins Innerste verwoben, als daß wir so rasch dem neuen zujubeln konnten. Es bestand ja auch keine Fühlung mit ihm; wir kannten ihn kaum . . . Dieses Selbstgefühl des jungen Kaisers war nicht etwas organisch Herangewachsenes, etwas planvoll Herangebildetes, dieses Selbstgefühl war nicht nur eine innere Stärke, die sich nach außen geltend machen wollte, weil es die Aufgabe erforderte. Es war innere Schwäche, die durch Starktun nach außen verborgen werden sollte. Der junge Mann war weder auf Grund einer besonderen Begabung und einer besonderen Leistungsfähigkeit noch auf Grund von Taten von einem Augenblick zum anderen Kaiser eines Großstaates im Weltkriege geworden. Er war es geworden einzig und allein infolge der in einem alten Hausgesetz vorausbestimmten Automatik der Aufeinanderfolge einer bestimmten Ursache und einer vorausbestimmten Wirkung. Er war belastet mit der Tragik des Mythos vom Gottesgnadentum . . .«[15]

Zita glaubte an den Mythos des Gottesgnadentums. Sie glaubte, daß das Band zwischen Herrscher, Staat und Untertanen nach wie vor unzerreißbar bestand. Für sie war eben Karl gleich Franz Joseph, weil er ein Habsburger war, weil er gemäß Stammbaum der legitime Thronfolger war. Sie konnte nicht begreifen, daß es dieses Band längst nicht mehr gab; daß es nur noch den alten Kaiser Franz Joseph mit der Donaumonarchie zusammengehalten hatte. Kein Band mythischen Gottesgnadentums, sondern lediglich ein Band der persönlichen Liebe, der Verehrung, der Hochachtung für eine einzelne Person; in sehr vielen Fällen sogar nur noch ein gewisser Respekt vor einem uralten Mann.

Zita begriff nicht, daß man weder Liebe noch Verehrung, weder Hochachtung noch Respekt zusammen mit der Krone erben konnte. Ihre Einstellung war dabei wesentlich; wesentlicher sogar als Karls eigene Auffassung. Denn sie war es, die ihn bewog, an das Vorhandensein längst nicht mehr vorhandener Bindungen zu glauben. Sie war es, die nach seinem frühen Tod weiterhin an diese Bindungen glaubte, die Erziehung ihrer Kinder und ihre eigene Politik auf dieser Illusion aufbaute. Sie erfaßte nicht, jahrzehntelang nicht, daß dieses Band der Legitimität zerrissen war, daß es nur noch für einige wenige Legitimisten galt, die Zita fälschlich für die überwältigende Mehrheit der ehemals österreichischen Nationen hielt.

Daß Karl nicht mit Franz Joseph gleichzusetzen war, zeigte sich sehr schnell. Nach zwei Jahren Krieg, verlustreichen Schlachten an der Front und Hunger im Hinterland brach die Mißstimmung sich Bahn. Sie war natürlich vorher auch schon dagewesen, aber sie hatte sich nicht an Franz Joseph herangewagt. Nicht der alte Herr in Schönbrunn war schuld; er hatte es ja nicht gewollt. Schuld waren seine schlechten Berater, die unfähigen Generale, die niederträchtigen Minister; schuld war vor allem natürlich der Feind! Den jungen Nachfolger nahm man nun allerdings nicht mehr aus, wenn man nach Verantwortlichen suchte. Das war denkbar ungerecht, denn tatsächlich hatten Karl und Zita am Ausbruch des Krieges genausoviel Anteil gehabt wie die Briefträger, die im heißen Juli 1914 die Depeschen zwischen den einzelnen Staatskanzleien beförderten. Diese Überlegung aber zählte nicht. Karl und Zita galten als Repräsentanten des Systems, das diesen Krieg führte. Und Zita galt noch dazu als Repräsentantin des Feindes – die »Italienerin«. Auch wer den Krieg nicht wollte, haßte auf jeden Fall die Italiener, die Verräter, die dem Bundesgenossen in den Rücken gefallen waren. So gab es nichts Böses, das man der jungen Kaiserin nicht zugetraut hätte. Ihr Einfluß auf Karl war in aller Mund, und da man sie nicht wollte, war es natürlich ein verderblicher Einfluß.

Einfluß? Woher nahm die Masse der Untertanen das Wissen um diesen Einfluß? Die Frage ist nur aus psychologischer Perspektive zu beantworten. Man stand ganz einfach vor der ungewohnten Tatsache, daß es eine Kaiserin gab; ungewohnt deshalb, weil man längst vergessen hatte, wie natürlich eigentlich das Vorhandensein einer Kaiserin war.

Elisabeth war, als Zita Kaiserin wurde, schon achtzehn Jahre tot. Und auch als sie noch lebte, hatte man sie kaum zu Gesicht bekommen. Man wußte zwar von ihrer Existenz, aber sie war fast nie da, und dann war sie überhaupt tot. Zita war immer da. Der junge Kaiser tat kaum einen Schritt ohne sie. Sie tauchte bei Wohltätigkeitsveranstaltungen und in Lazaretten auf; sie fuhr in die Vorstädte, sie sprach mit Arbeitern, mit Verwundeten, mit Kindern, mit alten Frauen. Und immer führte sie ihre beiden Ältesten an der Hand, den Kronprinzen Otto und die kleine Erzherzogin Adelheid.

Sie glaubte damit, es richtig zu machen. Sie wollte die gläserne Wand durchstoßen, die den alten Kaiser von seinen Untertanen getrennt hatte. Auf ihre Weise wollte sie modern, fortschrittlich sein. Das Volk sollte wissen, daß die Kaiserin Anteil an seinem Schicksal nahm.

Das Volk reagierte anders. Weil es instinktiv vom Krieg und von der Dynastie genug hatte, begegnete es der so emsig agierenden Kaiserin mit Unlust. Es hieß nicht: »Sie steht dem Kaiser zur Seite«; es hieß: »Sie beeinflußt ihn.«

Beeinflußte Zita den Kaiser wirklich? Niemand war dabei, wenn das Paar allein war; niemand hörte, was sie dann miteinander sprachen. Der private Einfluß, der in der Intimsphäre ausgeübt wurde, ließ sich auch nicht wortwörtlich aus Aktenstücken herauslesen. Nur in Einzelfällen zeigte sich, was Zita vermochte, wozu sie Karl bewegen konnte. Diese Einzelfälle aber waren bezeichnend.

Einer dieser bezeichnenden Einzelfälle betraf sogar die Armee, und zwar sehr bald nach dem Thronwechsel. Beim Oberkommando der 2. Armee erschien eines Tages ein Feldkurat in Uniform, ein Jesuitenpater, der sich als Beichtvater der Kaiserin vorstellte. Die 2. Armee besaß damals eine Einrichtung, die als besonders fortschrittlich galt, nämlich Feldbordelle. Diese Anstalten hatte Generalstabschef Bardolff mit Zustimmung des Armeekommandanten Feldmarschall Böhm-Ermolli errichtet, als die Geschlechtskrankheiten unter den Soldaten bedrohlich anwuchsen. Die 2. Armee stand an der russischen Front, und die Zustände in den Ortschaften, in denen Truppen einquartiert waren, konnten nicht gerade hygienisch genannt werden. Die Frontbordelle erwiesen sich jedenfalls, wie die 2. Armee an das Armeeoberkommando bald melden konnte, als eine für die Gesundheit der Truppe segensreiche Einrichtung.

Der Beichtvater der Kaiserin tauchte nun eines Tages uniformiert beim Generalstabschef Bardolff auf, berief sich auf Ihre Majestät und teilte »deren Unzufriedenheit über die unsittlichen Einrichtungen« mit. Mehr oder weniger direkt forderte er also im Auftrag der Kaiserin die Schließung der Frontbordelle.

Bardolff lehnte unter Berufung auf den Erfolg der Bekämpfung von Geschlechtskrankheiten ab. Der Jesuitenpater fuhr sichtlich empört weg. Bardolff konstatierte: »Diese Einmengung ließ unserem Unwillen bereits freien Lauf.«[16]

War die Affäre um die Frontbordelle noch eher heiterer Natur, so sollte sich sehr bald zeigen, daß der Kaiserin auch Einflußnahmen auf wesentlich wichtigere Fragen der Kriegführung zugetraut wurden. Karl hatte schon kurz nach seiner Thronbesteigung Fliegerangriffe auf offene Städte einschließlich deren Bahnhöfe verboten. Ausnahmen gab es nur mit allerhöchster Genehmigung. Das Flottenkommando beantragte nun im Dezember 1916 eine Bombardierung der Befestigungsanlagen von Venedig. Das Armeeoberkommando lehnte auf allerhöchsten Befehl ab.

Aha, schon wieder diese Italienerin! Italienische Kriegshäfen mußten auf ihren

Wunsch hin geschont werden; daß aber italienische Flugzeuge das österreichische Marinespital in Pola bombardierten, störte sie nicht! Die Empörung innerhalb der Armee und die Anschuldigungen gegen die Kaiserin wuchsen zu solcher Lautstärke an, daß sich das Armeeoberkommando zu einer Berichtigung veranlaßt sah. Die allerhöchste Verfügung, versicherte man offiziös, habe mit einem Wunsch der Kaiserin nichts zu tun.[17] Geglaubt wurde dem Dementi selbstverständlich nicht.

Daß es nicht die Sorge der italienischen Zita um italienische Städte war, die zu dieser Verfügung führte, zeigte sich bald. Wenn die Kaiserin dahinterstand, dann im Rahmen eines weit größeren Planes, und den hatte sie als Habsburgerin gefaßt, nicht als ehemalige Prinzessin des italienischen Kleinstaates Parma. Der Plan sah vor, die Donaumonarchie aus dem Krieg herauszuführen, um ihren Bestand zu retten. Vom Anfang seiner Regierung an wollte der Kaiser Frieden machen. Weil er früher als die meisten seiner Generale erfaßte, daß der Krieg nicht zu gewinnen war, und weil er von der Nibelungentreue zum deutschen Bundesgenossen nur so weit etwas hielt, als sein eigenes Reich nicht in Mitleidenschaft gezogen wurde. Zita war da ganz seiner Auffassung; überredet mußte Karl nicht erst werden. Was er, der Unentschlossene, seiner selbst nie ganz Sichere aber brauchte, das war der Motor, der ihn ständig ankurbelte, die drängende Kraft, die einmal gefaßte Vorsätze nicht wieder einschlafen ließ, die ausführende Hand, die theoretische Pläne praktisch verwirklichte.

Der Motor, die treibende Kraft, das war Zita, zweifellos. So kam die Sixtus-Affäre zustande; der an vergangene Zeiten allerhöchster Familienpolitik erinnernde Versuch, über die in der belgischen Armee dienenden Brüder der Kaiserin mit den Franzosen in ein Friedensgespräch zu kommen.

Dieser Versuch, der französischen Regierung durch Vermittlung von Sixtus und Xavier von Bourbon-Parma einen Sonderfrieden anzubieten, war allerdings keineswegs das einzige derartige Unternehmen.

Im August 1917 verhandelte der französische Major Graf Abel Armand im Auftrag des französischen Generalstabs mit dem österreichischen Diplomaten Nikolaus Graf Revertera, hinter dem wiederum das k. u. k. Außenministerium stand.[18]

Wenige Monate später, Ende 1917, bemühte sich der Wiener Großkaufmann Julius Meinl im Einverständnis mit einer Politikergruppe, der auch der spätere letzte österreichische Ministerpräsident Professor Lammasch angehörte, in der Schweiz um eine Friedensvermittlung.[19]

Weder die offizielle Revertera-Aktion noch der private Meinl-Schritt lösten die Schockwirkung der Sixtus-Affäre aus. Weder Meinl noch Revertera wurden jemals als intrigante Verschwörer hingestellt oder gar als Verräter gebrandmarkt. Revertera hatte schließlich nur seine Berufspflicht als Diplomat erfüllt. Meinl, der sozusagen als Privatmann in die Weltgeschichte eingegriffen hatte, wurde wegen seines Mutes und der klaren Beurteilung der Situation bewundert. So weit zumindest, als die Aktion des Kaffeeimporteurs überhaupt an die Öffentlichkeit drang. Der Versuch geriet nämlich in Vergessenheit; erst Jahrzehnte später brachte der Historiker Heinrich Benedikt das

Dokumentenmaterial ans Tageslicht; trotzdem blieb das Wissen um diese viel zuwenig beachtete Friedensbemühung bis heute auf interessierte Fachleute beschränkt.

Die Sixtus-Affäre dagegen ist, seit sie 1918 aufflog, nicht mehr aus unserem Gedächtnis verschwunden. Bis heute nicht. Fürsprecher und Gegner geraten einander noch immer über Nützlichkeit oder moralische Vertretbarkeit des Unternehmens in die Haare, und vor noch nicht allzulanger Zeit ließ sich sogar die Tagespolitik damit anheizen: schändlicher Verrat am deutschen Bundesgenossen oder mutiger Verzweiflungsschritt eines Kaisers, sein Land aus der Katastrophe zu retten?

Die Einmaligkeit des Experimentes mußte zu diesem Widerhall führen. Einmalig war, was da geschah, allerdings nur für das 20. Jahrhundert; für eine Zeit also, in der die Völker den Dynastien bereits ihre Mündigkeit abgerungen hatten. Daß hier ein Monarch unter Ausschaltung der Regierung, ohne Parlament und ohne Generalstab, aber unter Einschaltung seiner Frau und seiner Schwäger gewissermaßen Politik auf eigene Faust trieb, daß er mit dem Feind verhandelte, während an den Fronten Millionen seiner Soldaten noch kämpften, daß er sozusagen mit diesem Feind konspirierte, das schien ein Rückfall in vergangene, gottlob überwundene Jahrhunderte. Das hätte noch zu Philipp IV. und Ludwig XIV. gepaßt, die Ehen stifteten, Mitgiften aushandelten und ganze Königreiche als Einsatz in ihrem Familienspiel um die Macht benützten, während die braven Untertanen einander auf den Schlachtfeldern zur höheren Ehre der Dynastien umbrachten. In den Stil, in die Gedankenwelt des 20. Jahrhunderts paßte ein solcher Versuch nicht mehr. »L'état c'est moi!« – Ludwigs XIV. Grundsatz, daß er der Staat sei, war überwunden. Den Rückfall in diese Vergangenheit wollte kaum noch jemand hinnehmen. Am Vorabend des Zusammenbruchs, angesichts der heraufdämmernden Republiken, mußte das ganze Unternehmen wie der letzte Versuch anmuten, mit den verwerflichen Methoden der Vergangenheit die Herrschaft einer Dynastie auf Kosten der betrogenen Völker zu retten.

Die Voraussetzungen für ein solches Bild stimmten allerdings nicht. Karl hatte zweifellos damals noch nicht begriffen, daß die Niederlage im Krieg auch das Ende seines Hauses bedeuten würde. Was Zita betraf, so hieße es ihre Einsicht in den ganzen Ernst der Situation, ihr Verständnis für die wahren Gefühle der Völker überschätzen, wollte man annehmen, daß sie begriff, was Karl nicht begriff. Sie glaubte noch Jahrzehnte später, daß die Untertanen sehnsüchtig auf ihre Rückkehr warteten.[20] Worum es dem Kaiserpaar ging, das war lediglich der Versuch, zeitgerecht aus dem Krieg auszusteigen, bevor man den Gegnern deren Sieg mit allzu großen Opfern honorieren mußte. Die Gegner selbst dachten im März 1917, als die Sixtus-Affäre vor geschlossenem Vorhang über die Geheimbühne der Familien Habsburg-Lothringen und Parma lief, noch keineswegs an die totale Aufsplitterung der Donaumonarchie, und das gewaltsame Ende der Dynastie gehörte nicht zu ihren Kriegszielen.

Was geschah – und vor allem, wie es geschah –, mutete allerdings wirklich wie ein Mantel-und-Degen-Stück auf dem Barocktheater an, und weder die Verkleidungsszene noch die heimlich durch den Schnee schleichenden Intriganten fehlten.

Sixtus und Xavier von Bourbon-Parma dienten in der belgischen Armee. Die beiden Brüder Zitas hatten zwar nach dem Ende ihres Hauses in Parma ein Asyl in Österreich gefunden, aber wie ihr Vater Robert fühlten sie sich als französische Fürsten, die eben nur durch Zufall nach Italien und dann durch Pech in die Donaumonarchie verschlagen worden waren. Eifriges Studium ihres Stammbaumes ließ sie für sich außerdem gewisse Ansprüche auf eine Thronfolge in Frankreich ausrechnen, falls – ja, falls die Franzosen jemals die Absicht haben sollten, wieder einen König aus dem Hause Bourbon auf ihren Thron zu setzen. Die Franzosen hatten diese Absicht zwar nicht, aber welcher Angehörige eines ehemals regierenden Hauses nimmt diese Tatsache so ohne weiteres zur Kenntnis? Noch während des Zweiten Weltkrieges sollte es dann in Algerien eine ans Groteske grenzende Verschwörung zur Wiederaufrichtung des Thrones der Bourbonen geben.[21]

Sixtus und Xavier jedenfalls blieben Franzosen, soweit sie überhaupt etwas anderes waren als Angehörige des Hauses Bourbon. Frankreich verzichtete allerdings auf ihre Dienste; sie traten in die belgische Armee ein. In französischen Zeitungen jedoch konnte Sixtus sich zu Wort melden; in mehreren Artikeln für das Blatt »Le Correspondant« bekräftigte Sixtus seine Überzeugung, daß nicht die Donaumonarchie, sondern das preußisch geführte Deutschland Frankreichs wahrer Feind sei, daß man Deutschland also besiegen, Österreich-Ungarn aber erhalten müsse.

Das machte die französische Politik jedenfalls auf Sixtus aufmerksam. In Wien mußte man allerdings erst gar nicht aufmerksam gemacht werden, welcher Vermittler sich hier anbot. Dazu Zita, Jahrzehnte später: »Fast unmittelbar nach seiner Thronbesteigung hatte mich der Kaiser gebeten, an meinen Bruder zu schreiben, um zu versuchen, ob wir mit den Franzosen Kontakt herstellen und auf familiärer Ebene Friedensbemühungen in Gang bringen könnten.«[22]

Wer Zita kannte, und wer Karl kannte, der sagte sich allerdings, daß der Kaiser seine Frau um diesen Schritt nicht allzu heftig bitten mußte. Der Brief wurde geschrieben; allerdings nicht von Zita selbst, sondern von ihrer Mutter, der früheren Braganza-Prinzessin. Die Mutter traf dann ihre beiden Söhne und brachte einen Brief Zitas mit. Der Kaiser hatte selbst einige Zeilen dazugeschrieben. Sixtus und Xavier hatten den König von Belgien eingeschaltet; der hatte zu den Verhandlungen seine Zustimmung gegeben, und die beiden belgischen Offiziere Sixtus und Xavier ließen die nächste Szene des Dramas in der Schweiz über die Bühne gehen. In die Schweiz nämlich fuhr nun des Kaisers Vertrauensmann Graf Thamas Erdödy, um mit den Brüdern direkt zu verhandeln. Sixtus hatte als Grundlage aller Friedensbemühungen vier Punkte genannt: Rückgabe von Elsaß-Lothringen an Frankreich, Wiederherstellung Belgiens, Wiederherstellung Serbiens, das Albanien bekommen sollte, und Übergabe des türkischen Konstantinopel an die Russen. Elsaß-Lothringen, Belgien und Konstantinopel regten den Kaiser nicht auf; hinsichtlich Serbiens hatte er seine eigenen Pläne. Er dachte an ein südslawisches Königreich, und er war sogar bereit, Bosnien-Herzegowina an dieses Reich abzutreten.

In diesem Stadium schaltete sich schon der Außenminister Graf Czernin ein – er war zwar dafür, daß die Kaiserin ihre Familienbeziehungen spielen ließ, aber er war gegen einen Separatfrieden. Diese Weisung bekam Graf Erdödy auch mit auf den Weg. In Paris wollte man allerdings gerade diesen Separatfrieden, denn man wußte genau, daß man sich mit den Deutschen zunächst einmal nicht einigen konnte. Elsaß-Lothringen konnte man nur durch einen Sieg zurückbekommen. So stockten die Verhandlungen; – bis Wien neuerlich die Initiative ergriff. Sixtus und Xavier wurden zu privaten Besprechungen nach Österreich eingeladen.

Sie sagten zu, und sie kamen auch. Wie in einem Agententhriller. Erdödy holte sie an der Schweizer Grenze ab; außer ihm wurde nur noch ein Oberst der Grenzpolizei eingeweiht. Der hatte geholfen, die beiden feindlichen Ausländer ins Land zu schmuggeln. Im Auto, das Erdödy steuerte, fuhr nun die seltsame Reisegesellschaft zwei Tage lang durch Österreich. Es war bitterkalt, ein Schneesturm tobte; im Morgengrauen des 23. März 1917 erreichte der Wagen Laxenburg. Vier dunkle Gestalten, bis zu den Nasenspitzen vermummt, kamen auf den Kommandanten der Leibwache zu. Man hatte sogar daran gedacht, ein Losungswort auszumachen; das nannten die vier, und der Hauptmann ließ sie passieren. Durch eine Seitentür wurden die vier Männer über eine Hintertreppe geradewegs in die Räume des Kaiserpaares geführt.

Hintertreppe, auch im übertragenen Sinn. Die ganze Szene erinnerte an die historische Begegnung Philipps IV. mit seiner Schwester, der Königinmutter Anna von Frankreich, auf der Insel im Bidassoa-Fluß, nachdem die beiden spanischen Habsburger jahrelang Krieg gegeneinander geführt hatten.

Das Resultat dieser abenteuerlichen Expedition nach Laxenburg waren am Ende zwei Briefe, die Karl an seinen Schwager Sixtus schrieb, um seine Friedensvorstellungen zu präzisieren. Das Ergebnis war letztlich gleich Null, denn Karl war nicht gewillt, die Versprechungen zu honorieren, die die Alliierten den Italienern gemacht hatten, um sie 1915 auf ihre Seite zu ziehen. Das ergab sich, als Sixtus im Mai 1917 noch ein zweites Mal nach Österreich kam. Über direkte Aufforderung der Kaiserin: »Es gibt neue Entwicklungen, die noch nicht klar sind. Italien versucht, durch Dich sich mehr zu sichern, als es von uns direkt gefordert hat. Komm zu uns.«[23]

Italien wollte Südtirol, Italien wollte Triest und Fiume, es wollte Teile der dalmatinischen Küste. Daran scheiterte letztlich die ganze dramatische Aktion. Es scheint bemerkenswert, daß die ganze von Zita mit so großem Eifer vorwärtsgetriebene Angelegenheit ausgerechnet an den Forderungen der Italiener scheiterte. Die »Italienerin« Zita war jedenfalls bereit, wie ihr Mann auf Elsaß-Lothringen zu verzichten, denn diese Reichslande hatten schließlich die Deutschen zu verlieren. Ein Verzicht auf größere italienische Gebiete der Donaumonarchie allerdings war dem Kaiserpaar nicht abzuringen; nicht Karl und nicht der Prinzessin aus Parma.

Die Verhandlungen waren jedenfalls geplatzt. Erst ein Jahr später kamen sie ans Tageslicht der Weltöffentlichkeit. Graf Czernin hatte den französischen Ministerpräsidenten Georges Clemenceau in einer offiziellen Ansprache so heftig angegriffen, daß dieser das Geheimnis der Sixtus-Reisen und der Sixtus-Briefe lüftete. Der Widerhall war ungeheuer. Karl sah sich vor seinen deutschen Bundesgenossen, Czernin sah sich vor seinen deutschen Verhandlungspartnern bloßgestellt. Nun begann eine wahre Orgie von Ausflüchten, Lügen und Verdrehungen. Der Kaiser behauptete zunächst, er habe die Briefe nicht geschrieben, dann mußte er die Echtheit doch zugeben. Czernin wich jeder Verantwortung aus, trat schließlich zurück. Was blieb, war ein schäbiges Bild: Der Kaiser wollte also nicht nur seine Bundesgenossen verraten, er log auch noch.[24] Und Zita hatte natürlich bei allem ihre Hand im Spiel. Ihre Brüder Sixtus und Xavier hatten die ganze Geschichte schließlich eingefädelt! Daß sie beide den Frieden gewollt hatten, spielte angesichts des deprimierenden Resultates für die feindselige Stimmung keine Rolle mehr.

Der einflußreiche deutschliberale Politiker Dr. Joseph Maria Baernreither notierte folgendes Urteil des Grafen Czernin über Karl: »Charakter des Kaisers ist unter dem Einfluß der Furcht und der Familie Parma Argumentation schwer zugänglich, schwach und stützig. Unaufrichtig.«[25]

Ähnlich herbe Kritik ist auch in den Aufzeichnungen von August Graf Demblin zu lesen, der als Verbindungsmann zwischen dem Außenministerium und dem kaiserlichen Hauptquartier diente. Demblin erwähnte, daß er auf dem Höhepunkt der Sixtus-Affäre den Kaiser selbst einen ganzen Tag lang nicht zu Gesicht bekommen habe, sondern von Zita abgefertigt worden sei. Demblin glaubte auch zu wissen, was seinen Chef Czernin bei Hof so verhaßt gemacht habe: Eine Schieberaffäre mit angeblichen »Liebesgaben« für die Front, an der die Familie Parma beteiligt gewesen und die von Czernin aufgedeckt worden sei.[26]

Das Ende kam ein halbes Jahr nach dem Auffliegen der Sixtus-Affäre. November 1918. Der Krieg war verloren. Die Monarchie der Habsburger brach auseinander. In Prag hatte man schon die Republik ausgerufen. In Wien stand man knapp davor. Während die k. u. k. Armee von den Fronten zurückflutete, spielten Einheiten der neugegründeten österreichischen Volkswehr mit dem Gedanken, auf Schönbrunn loszumarschieren, um den Kaiser gefangenzunehmen.

Der Kaiser saß noch immer in seinem Schloß. Er nannte sich immer noch Kaiser und König, obwohl es kein Kaiserreich mehr gab. Er hatte noch immer eine Regierung, die Regierung des Professors Lammasch, aber er weigerte sich hartnäckig anzuerkennen, daß diese Regierung nichts mehr zu regieren besaß. Lammasch und seine Minister dagegen hatten die Wirklichkeit erkannt. In ihrem Kreis wurde der Gedanke geboren, den Kaiser zu einem Verzicht zu bewegen, um einer förmlichen Absetzung und einer Gefangennahme zuvorzukommen.

Verzicht, nicht Abdankung, wohlgemerkt. Karl sollte auf »jeden Anteil an den Regierungsgeschäften« verzichten, nicht auf die Krone. Die raffinierte Formulierung war dem Sozialminister dieses letzten Kabinetts, Dr. Ignaz Seipel, eingefallen. Damit würde der augenblicklichen Volksstimmung Rechnung getragen, meinten die Minister. Der Kaiser verschwand von der Bildfläche, ohne abzudanken. Er blieb Kaiser –

für später einmal, falls sich die Verhältnisse wieder ändern sollten. Falls das Volk, das jetzt nach der Republik rief, seinen Kaiser wiederhaben wollte.

Falls . . .

Karl war am 11. November 1918 zu diesem Schritt entschlossen. Er sah keinen anderen Weg mehr. Die Verzichterklärung lag auf seinem Schreibtisch in Schönbrunn. Sein Sekretär, Baron Werkmann, hatte sie vorgelegt. Er riet dringend zur Annahme: »Der Kaiser ist nicht nur der Landesherr der Deutschösterreicher allein. Er ist ebensogut der Souverän von Ungarn, Tschechen, Polen und vielen anderen Völkern. Wer an die Zukunft denkt, der wird die Wiedervereinigung aller dieser Völker wollen. Sie kann kommen, indem die Völker in wirtschaftlicher Not sich wieder einander nähern. Dem Kaisertum Deutschösterreich wird es schwerer sein, mit der tschechoslowakischen Regierung in engere Beziehung zu kommen, als der Republik Deutschösterreich. Wenn Deutsche, Ungarn, Tschechen, Polen und sie alle sich ihres Aufeinanderangewiesenseins wieder bewußt werden, dann werden sie den Herrscher rufen, der ihnen allein Band und Spitze sein kann. Heute regiert der Irrsinn. In einem Narrenhause gibt es keine Herrscher. Seine Majestät möge die Genesung der Völker abwarten.«[27]

Karl wollte aber nicht allein entscheiden. Die Kaiserin sollte ihre Zustimmung geben. Baron Werkmann mußte Zita herbeiholen lassen und auch ihr seine Ansicht vortragen. Die Kaiserin kam, las die vorbereitete Urkunde flüchtig, lehnte sofort entrüstet ab: »Niemals – du kannst nicht abdanken!«

Karl wand sich: »Das ist keine Abdankung.«

Werkmann hatte den Eindruck, daß Zita in ihrer Erregung überhaupt nicht zugehört hatte, daß sie den Text der Erklärung nicht einmal richtig gelesen hatte. Er erinnerte sich später nur an ihren Ausbruch. Es war jener Ausbruch von wenigen Sätzen, der mehr über sie, ihr Wesen, ihren Charakter, ihre innerste Überzeugung verriet, als dicke Bücher es fertigbrächten:

»Niemals«, brach es aus Zita hervor, »niemals kann ein Herrscher abdanken. Er kann abgesetzt, kann seiner Herrscherrechte verlustig erklärt werden. Gut. Das ist Gewalt. Sie verpflichtet ihn nicht zur Anerkennung, daß er seine Rechte verloren habe. Er kann sie verfolgen, je nach Zeit und Umständen, aber abdanken – nie, nie, nie! Lieber falle ich mit dir hier, dann wird Otto kommen. Und wenn wir alle fallen sollten – noch gibt es andere Habsburger.«[28]

Dieses »Nie, nie, nie« sollte das Glaubensbekenntnis der Zita von Bourbon-Parma für den Rest ihres Lebens werden.

Der Kaiser fragte Werkmann noch: »Gibt es keine noch so kleine Macht, die willens wäre, die Monarchie zu verteidigen?«

Werkmann war der Meinung, daß es eine solche Macht nicht gäbe. So unterschrieb der Kaiser am 11. November 1918. Gegen Zitas Willen. Sie hat nie aufgehört, daran zu glauben, daß es eine Macht gäbe, die eines Tages das Haus Österreich wieder auf den Thron der Donaumonarchie zurückführen würde.

Die Kaiserfamilie verließ Schönbrunn noch am selben Tag. Nach mehr als sechshundert Jahren hatten die Habsburger ihren Weg durch die Geschichte des Abendlandes beendet. Ein halbes Jahr später verließen Karl und Zita mit ihren Kindern Österreich unter dem Druck der Republik, deren Repräsentanten auf eine förmliche Abdankung nach wie vor nicht verzichten wollten. Das Parlament verabschiedete ein Gesetz, welches das Haus Habsburg-Lothringen seiner Herrscherrechte für verlustig erklärte. Der Aufenthalt in Österreich sollte von da an nur jenen Angehörigen der Familie gestattet sein, die auf die Zugehörigkeit zu diesem Hause verzichteten und sich als getreue Bürger der Republik bekannten.

Dutzende Habsburger haben dieses Treuegelöbnis unterzeichnet. Unter den ersten, die es taten, waren die Enkel des Kaisers Franz Joseph, die Söhne seiner Lieblingstochter Marie Valerie.

Karl und Zita saßen inzwischen in ihrem Schweizer Exil und schleuderten Bannflüche gegen die Abtrünnigen.[29] Für das Kaiserpaar war der Kampf noch nicht zu Ende. Nachdem in Ungarn die kurzlebige Räterepublik des Béla Kun gestürzt und das Regime des ehemaligen k. u. k. Admirals Nikolaus von Horthy aufgerichtet worden war, glaubten Karl und Zita ihre Zeit gekommen. In totaler Verkennung der Situation nahmen sie an, daß die Siegermächte die Rückkehr der Habsburger nach Ungarn widerspruchslos akzeptieren würden. In völliger Verblendung erwarteten sie, von den einstens angeblich so getreuen Untertanen jubelnd begrüßt zu werden.

Am 24. März 1921 verließ Karl die Villa Prangins am Genfer See, in der er mit seiner Familie und seinem kleinen Hofstaat wohnte. Nicht einmal der Flügeladjutant, Fregattenkapitän von Schonta, oder der Sekretär, Baron Werkmann, wurden unterrichtet. Unerkannt gelangte Karl durch Österreich bis nach Ungarn. In Budapest traf er mit dem Reichsverweser Horthy zusammen. Er hatte offensichtlich geglaubt, Horthy würde ihn mit offenen Armen empfangen. Er hatte gedacht, er würde sich als gekrönter König vor die ungarische Nationalversammlung stellen und die Herrschergewalt wieder in seine Hände nehmen können, vom Volk umjubelt. Er hatte auf unbestimmte Berichte aus Frankreich hin erwartet, die Siegermächte würden stillschweigend zusehen.

Karl hatte sich in jeder Hinsicht geirrt. Horthy lehnte glatt ab. So ersparte sich Karl wenigstens die Enttäuschung, daß ihm niemand zujubelte. Die Alliierten ersparten sich eine militärische Intervention, aber es war erkennbar, daß sie sich im Wiederholungsfall zu einem scharfen Durchgreifen veranlaßt sehen würden. Karl nahm die Warnungen nicht ernst.

Er nahm auch das Erlebnis nicht ernst, das er bei der Rückreise durch Österreich hatte. Als der Zug, der ihn in die Schweiz zurückbringen sollte, in Bruck hielt, versuchten erregte Arbeitermassen den Bahnhof zu stürmen. Um dem früheren Kaiser »die Meinung zu sagen«, wie sie wissen ließen. Es kam nicht dazu. Unter alliierter Bedeckung erreichte Karl wieder die Schweiz. Daß die Meinung der Massen nicht für ihn war, wollte er immer noch nicht glauben.

Im Herbst 1921 startete der zweite und letzte Versuch, irgendwo auf dem weiten

Feld der ehemaligen Donaumonarchie wieder Fuß zu fassen. Er endete mit dem blutigen Gefecht bei Buda-Ör. Die allerletzte Schlacht, die das Haus Österreich schlug.

Karl und Zita hatten alle Warnungen in den Wind geschlagen. Sie hatten nicht auf die Briefe gehört, die Horthy aus Budapest schrieb; sie wollten den drohenden Unterton dieser Warnungen ganz einfach nicht hören. Für sie war Horthy ein Verräter. Der Kaiser hatte bei seiner Rückkehr vom ersten Ungarnabenteuer sein Wort verpfändet, sich nicht mehr in ausländische Angelegenheiten einzumischen, wenn er die Vorteile des Schweizer Asyls weiter genießen wollte. Karl entzog sich der Verpflichtung dieses Manneswortes mit einem billigen Trick. Wenn der gekrönte ungarische König, wurde argumentiert, in sein Land zurückkehre, so könne man nicht von ausländischen Angelegenheiten sprechen. Für ihn selbst und seine Anhänger mag diese Ausflucht genügt haben. Die Weltmeinung nahm sie ihm nicht ab. Für seine Widersacher blieb er ein Wortbrüchiger. Zuerst also ein Verräter, dann ein Lügner, nun ein Wortbrüchiger!

Bei diesem zweiten Versuch war von Anfang an klar, daß die Rückkehr auf den ungarischen Königsthron nur durch militärischen Einsatz erfolgen konnte. Die Zwischenträger, die am Exilhof des letzten Habsburgers in der Schweiz dienerten, zeichneten ein rosarot optimistisches Bild der Lage. Die ungarische Armee würde sich dem König anschließen, die Budapester Arbeiterschaft würde das Horthy-Regime durch einen Generalstreik in die Knie zwingen. Nun war Horthys Regime der feudalen Großgrundbesitzer bei der ungarischen Arbeiterschaft alles andere als beliebt, und niemand bezweifelte, daß Karl schon während seiner kurzen Regierung einige Vorsätze gezeigt hatte, die armselige Situation der ungarischen Bauern durch eine Bodenreform zu bessern. Das hieß aber noch lange nicht, daß die Arbeiterschaft für die Rückkehr des Habsburgerkönigs zu streiken gedachte. Und der General Anton von Lehár – übrigens Bruder des Operettenkomponisten – sowie der Oberstleutnant von Osztenburg, die Führer der Verschwörung in Ungarn selbst, verkörperten noch keineswegs die gesamte ungarische Armee.

Karl und Zita aber glaubten, was sie glauben wollten – daß Ungarn sehnsüchtig ihrer harrte. In einem kleinen Flugzeug unternahmen sie das damals noch keineswegs risikolose Wagnis, aus der Schweiz über Österreich im Direktflug ohne Zwischenlandung nach Ungarn zu gelangen. Diesmal wurden die engsten Vertrauten in der Schweiz eingeweiht. Ihre Warnungen wurden nicht gehört – man glaubte den Zwischenträgern. Sogar ein so bedingungslos treuer Diener wie Baron Werkmann sprach später von einer »Komödie der Irrungen«.

Karl und Zita landeten wohlbehalten in Ungarn. Die Truppen standen bereit. Die »Truppen«, das waren vor allem die Einheiten des Regiments Osztenburg. Was fehlte, das waren die Transportmittel. Es war Oktober, die ungarische Rübenernte war im Gang; die bestellten Waggons kamen nicht, weil die Rübenbauern sie nicht rechtzeitig freigegeben hatten. Als sie endlich anrollten, war es zu spät. Da hatte Horthy seine Einheiten schon alarmiert. Inzwischen hatten die Nonnen eines Klosters für den König die Kragenspiegel einer Feldmarschallsuniform gestickt. Der Nachwelt blieb ein

Bild erhalten, das Karl und Zita kniend auf den Geleisen des Bahnhofes Buda-Ör zeigt, bei der Feldmesse vor der Weiterfahrt in Richtung Budapest. Karl trug seine Uniform mit Bajonett, Zita eine dunkle Robe mit breitem weißem Kragen. Sie wäre nicht jene Zita gewesen, als die man sie kannte, hätte sie Karl allein gelassen. Sie wollte dabeisein, wenn er um seinen Thron kämpfte; sie wollte dabeisein, wenn er auf den Thron zurückkehrte.

Sie war dabei, als Karl scheiterte. Bei Buda-Ör wurde die armselige Streitmacht des Königs innerhalb weniger Stunden von Horthys Truppen zersprengt. Karl und Zita landeten als Gefangene auf Schloß Tihány am Plattensee. Von dort brachten die Briten das ehemalige Kaiser- und Königspaar schließlich donauabwärts und dann durch das Schwarze Meer und das Mittelmeer nach Madeira ins endgültige Exil. In Funchal auf Madeira starb dann der letzte Habsburger, der eine Krone getragen hatte, am 1. April 1922 an einer Lungenentzündung. Bis zu seinem Tode hatten sich die Alliierten noch nicht geeinigt, wer die Kosten der Internierung auf Madeira tragen sollte und wieviel Geld man überhaupt auszugeben bereit war. Die Familie selbst hatte kaum noch eigenes Geld; wenige Wochen vor seinem Tod verließen Karl und Zita mit ihren Kindern das Hotel, das sie bis dahin bewohnt hatten, und übersiedelten in eine kleine und einfache Villa auf einem Berg, die der Besitzer gratis zur Verfügung gestellt hatte.

Von dem Tag an, da Karl starb, legte Zita die Trauerkleidung nicht mehr ab. Sie kämpfte auch nach der allerletzten Schlacht weiter; mit ihren Mitteln. Sie weigerte sich, ihre Kinder am spanischen Königshof erziehen zu lassen, und schlug sich lieber mehr schlecht als recht in einem nordspanischen Dorf durch, denn die acht Söhne und Töchter des letzten Kaisers und Königs sollten keine Spanier, sondern Österreicher und Ungarn werden. Der Thronprätendent Otto mußte seine Matura in Deutsch und Ungarisch ablegen. Für die Mutter war er jetzt der Kaiser und König.[30] Er blieb es, als die Familie auf das Schloß eines belgischen Aristokraten bei Steenockerzeel übersiedelte. Dort war Zita permanent reisefertig, als das Schuschnigg-Regime in Österreich dem Ansturm des Nationalsozialismus einen deutlich schwarzgelb gefärbten altösterreichischen Traditionalismus entgegensetzte. Wenn der österreichische Bundeskanzler Doktor Kurt Schuschnigg dem jungen Otto nach Belgien schrieb, benützte er die Anrede »Majestät«. Die Landesverweisung wurde aufgehoben, aber Schuschnigg ließ sich Ottos Wort verpfänden, zunächst keinen Rückkehrversuch zu unternehmen. Zita schöpfte neue Hoffnungen, als der nunmehrige Dr. Otto Habsburg während des Zweiten Weltkrieges Kontakt zu Roosevelt und Churchill fand und versuchte, ihnen seine Gedanken über die Rekonstruktion eines übernationalen Staatenbundes im Donauraum einzugeben.[31]

Sie nahm 1945 die Wiederherstellung des Zustandes von 1919 schweigend hin; akzeptiert hat sie sie nicht. In ein Kloster in der Schweiz zurückgezogen, schwieg sie auch, als Otto 1961 seine Verzichterklärung unterschrieb. Ein Einverständnis durfte man von der letzten Kaiserin des Hauses Österreich wahrscheinlich auch nicht verlangen.

Otto Habsburg heiratete am 10. Mai 1951 die Prinzessin Regina von Sachsen-Meiningen und Hildburghausen, die er – als Krankenschwester – beim Besuch eines von Ungarn bewohnten Flüchtlingslagers bei München kennengelernt hatte. Die Trauung wurde nach Nancy verlegt, in die Begräbniskirche der Herzoge von Lothringen. Der Appell an die Sentimentalität blieb bei dieser Zermonie im Scheinwerferlicht der internationalen Presseberichterstattung nicht aus: Die Brokatpolster, auf denen das Brautpaar kniete, waren mit Erde aus Österreich gefüllt. Die Hofberichterstattung vermeldete: »Auf lothringischem Boden vermählte sich das Oberhaupt des Hauses Österreich mit der jugendschönen Prinzessin aus deutschem Fürstengeschlecht. Tausende waren aus der Heimat gekommen, um der Feier beizuwohnen. Sie erhielt ihre besondere Weihe durch die Anwesenheit der Herrin und Schutzfrau des Hauses Österreich, der Magna Mater Austriae, der Mariazeller Gnadenmutter, deren Standbild dem Brautpaar zum Altar vorangetragen wurde . . . Wie ein Sinnbild der engen Freundschaft, die die beiden Dynastien der Braut und des Bräutigams seit Jahrhunderten verband, trug Prinzessin Regina den kostbaren Schleier, den einst Kaiserin Maria Theresia ihrer Tochter Christine geschenkt hatte, als diese Prinz Albrecht von Sachsen geheiratet hatte, dazu das Diadem, das Kaiser Franz Joseph I. der Braut seines Großneffen, Prinzessin Zita von Bourbon-Parma, zur Vermählung überreicht hatte. Das Brautbukett enthielt Myrthen aus dem Park des Schlosses Schönbrunn . . . Nach der Trauung spendete Regina von Österreich dem Mariazeller Gnadenbild, der Magna Mater Austriae, eine neue goldene, mit Brillanten und Barockperlen verzierte Krone, die aus Teilen des Familienschmucks des herzoglichen Hauses Sachsen-Meiningen angefertigt worden war. Auch dem Jesuskind wurde als Geschenk von Freunden in der Heimat ein neues Krönlein gewidmet . . . Die Krone des Jesusknäbleins ist mit einem Brillanten geschmückt, dessen Geschwisterstein in das Krönlein des Jesuskinds von Santa Maria Maggiore in Rom eingearbeitet ist . . .«[32]

Solche und ähnliche Berichte im Stil des dahingeschiedenen Obersthofmeisteramtes – mochten sie nun mit oder ohne Zustimmung von Otto Habsburg veröffentlicht worden sein – waren genau das, was die Republikaner in Österreich unbedingt lesen wollten.

Als Dr. Otto Habsburg-Lothringen die Anerkennung seiner Verzichterklärung vor dem österreichischen Verwaltungsgerichtshof durchfocht, schien die Republik unversehens in eine regelrechte Staatskrise zu schlittern. Durch das Parlament hallte Donnergrollen wie seit Jahrzehnten nicht mehr. Durch das Hohe Haus geisterte das Bürgerkriegsgespenst der Zwischenkriegszeit, von parteipolitischen Spiritisten beschworen. Hinter dem vordergründigen Theaterdonner allerdings stand die konkrete Sorge, den kommunistischen Nachbarstaaten, mit der Sowjetunion an der Spitze, könnte ein Vorwand für irgendwelche Aktionen geliefert werden. Der Publizist Günther Nenning formulierte damals den seither berühmten Ausdruck »Habsburgerkannibalismus«, der dort auf Futtersuche sei, wo es garantiert nichts mehr zu fressen gäbe.

Dem Kaisersohn, einem älteren Herrn inzwischen, mußte man auch tatsächlich nur die Grenze öffnen, um seine Ungefährlichkeit zu demonstrieren. Die geringe Resonanz seiner Anwesenheit mag ihn selbst am meisten verblüfft haben. Er mußte sich mit der Rolle des Ehrengastes konservativer Kaffeekränzchen begnügen; die offiziellen Auftritte beschränkten sich auf die Anwesenheit bei alpinen Trachtenveranstaltungen. Offensichtlich enttäuscht erinnerte sich der ehemalige Kronprinz seines immer noch gültigen bundesdeutschen Reisedokuments und verlegte seine politische Tätigkeit wieder in die BRD. Als Kandidat der konservativeren der beiden Unionsparteien, der bayerischen CSU, wurde er als Abgeordneter in das Europa-Parlament gewählt.

Die Wende im Osten hob für den Europa-Parlamentarier Dr. Otto Habsburg dann auch ohne irgendwelche Verzichtserklärungen jene Grenzbalken, die dem Thronprätendenten des ehemaligen Herrscherhauses jahrzehntelang verschlossen gelieben waren. Ende 1989 kam Otto nach Budapest, umjubelt und von Angehörigen des konservativen »Demokratischen Forums« eingeladen, für das Amt des ungarischen Staatspräsidenten zu kandidieren. Der nun schon Achtundsiebzigjährige zeigte sich reserviert. Er schien zu abgeklärt, um den Jubel derer, die zwecks Jubel gekommen waren – und vielfach wohl auch aus Lust an der Volksbelustigung –, auch schon für allgemeine Volksbegeisterung zu halten. Er riet seinen Fans zu moderatem Abwarten. Ein paar Monate später, als sich der Sieg der Konservativen bei den ersten freien Parlamentswahlen Ungarns schon deutlich abzeichnete, schwächte er seine Zurückhaltung ab. Er würde sich einem Ruf nach Ungarn nicht verschließen: »Bestimmt nicht! Wenn ich überzeugt bin, daß es wirklich im öffentlichen Interesse ist. . . Staatspräsident, wenn es wirklich im nationalen Interesse ist: Selbstverständlich ja!«[33]

Ein Staatspräsident Dr. Otto Habsburg, wenn schon kein Kaiser und kein König aus dem Hause Habsburg-Lothringen mehr? Seit Zitas Tod ist Regina, geborene Prinzessin von Sachsen-Meiningen und Hildburghausen, inzwischen selbst mehrfache Mutter und Großmutter, die erste Dame der Familie Habsburg. Der Begriff »Dynastie« wäre fehl am Platz. Das Wort »Kaiserin« und die Anrede »Majestät« werden im offiziellen Umgang geflissentlich vermieden.

Zita, die letzte wirkliche Kaiserin und Königin aus dem Hause Habsburg-Lothringen, kam im November 1982 überraschend in die Stadt ihrer Jugenderinnerungen zurück. Der spanische König, erfuhr man, habe beim österreichischen Bundeskanzler Dr. Bruno Kreisky für Zita interveniert, auf der Insel Mallorca, dem gemeinsamen Feriendomizil. Die Heimkehr erfolgte ohne Vorwarnung. Der Grenzübertritt ging in aller Stille vor sich. So war sie dann eben plötzlich da: Eine Neunzigjährige, auf zwei Stöcke gestützt, in Trauer seit sechzig Jahren, seit dem Tod des letzten Kaisers.

Gleich nach ihrer Ankunft besuchte die alte Dame die Kapuzinergruft auf dem Wiener Neuen Markt. Den Sarg, an dem sie Blumen hätte niederlegen können, gab es nicht in der Kaisergruft des Hauses Österreich. So galt ihr Besuch einer Marmorbüste. Karl I., letzter Herrscher aus der Dynastie Habsburg-Lothringen, gestorben 1922 auf der Insel Madeira und dort begraben.

Nicht zur letzen Ruhe, wie die alte Dame wohl hoffte. An Karls Seite hatte sie Wien im November 1918 und Österreich im Frühjahr 1919 verlassen. Mit ihm, und über seinen Tod hinaus, länger als ein halbes Jahrhundert, hatte sie sich geweigert, das Ende des Kaisertraums, die Republik Österreich zur Kenntnis zu nehmen.

Die Beharrlichkeit, Katastrophen zu ignorieren und letztlich zu überdauern, war in vergangenen Epochen der Geschichte immer schon die Stärke der Dynastie gewesen. Nach 1918 galt die Anerkennung der Republik Österreich als Voraussetzung für die Rückkehr und den Aufenthalt auf deren Staatsgebiet, soweit es sich um Angehörige des ehemals regierenden Hauses handelte. Nun, 1982, 60 Jahre nach dem Tod des letzten Kaisers, verzichtete die Republik zwar nicht auf den Verzicht, doch sie übersah den Grenzübertritt der alten Dame geflissentlich.

Ein humanitärer Akt, aus dem sich auch mit bösestem Willen kein politisches Kapital mehr schlagen ließ. Die alte Dame bedankte sich mit der Feststellung, sie könne sich Bruno Kreisky durchaus auch als Ministerpräsidenten des Kaisers vorstellen. Kreisky mochte geschmunzelt haben. Er selbst konnte sich ganz gewiß keinen Kaiser als seinen Chef vorstellen. Es war wohl kennzeichnend für den Stellenwert der Dynastie Habsburg-Lothringen im ausklingenden zwanzigsten Jahrundert, daß man die alte Dame weniger nach den Ereignissen des Jahres 1918 fragte, nach dem Ende der 650 Jahre dauernden Herrschaft des Hauses Österreich, und viel mehr nach dem Drama von Mayerling.

1982 sorgte Zitas Besuch im Lande ihrer Jugend für Aufregung. In diversen persönlichen Kapuzinergrüften flimmerte es schwarz-gelb vor altersschwachen Augen, wie es gleichermaßen nostalgisch in roten Erinnerungsasylen rumorte. Es gab eben nicht nur ewig gestrige Wunsch-, sondern auch Alpträume. Die Wunsch- ebenso wie die Alpträumer wurden sieben Jahre später, rund um den 1. April 1989, noch einmal aus dem Schlaf geschreckt. Da aber anläßlich des Trauerzugs vom Stephansdom zur Kapuzinergruft weder die Monarchie aus- noch die Republik zusammenbrach, lullte ein für die Umwelt wohltätiger Schlummer die schwarz-gelben ebenso wie die roten Geisterseher schnell wieder ein.

Die Resonanz auf die Heimkehr der alten Dame war kein Symptom für latenten Monarchismus, wie sich zeigte, sondern in die Kategorie des Publikumsinteresses für die Hofberichterstattung in der Regenbogenpresse einzuordnen. 1848 und die Folgen ließen sich auch nicht durch diverse Sissi-Filme revidieren und die historischen Ursachen des k. u. k. Untergangs nicht durch das Votivbild retuschieren, auf dem ein alter Herr sorgenschwer durch den Schönbrunnerpark verklärter Erinnerungen schritt. Wenn die alte Dame nach ihrer Rückkehr meinte, den Völkern im Donauraum würde es heute unter dem Kaiser bessergehen, so sprach das nicht unbedingt für die Monarchie, sondern gegen den Kommunismus.

Der letzten Kaiserin war es nicht beschieden, noch zu erleben, daß sich den Habsburgern die Grenzen in die Nachfolgestaaten jener Monarchie öffneten, deren Territorium ihr selbst so viele Jahrzehnte versperrt geblieben war, aus deren Geisteswelt aber sie sich nie und von niemand jemals hatte vertreiben lassen.

Anhang

VON RUDOLF I.
BIS MAXIMILIAN I.

Die eingeklammerten Ziffern bezeichnen die Zählung innerhalb der Dynastie

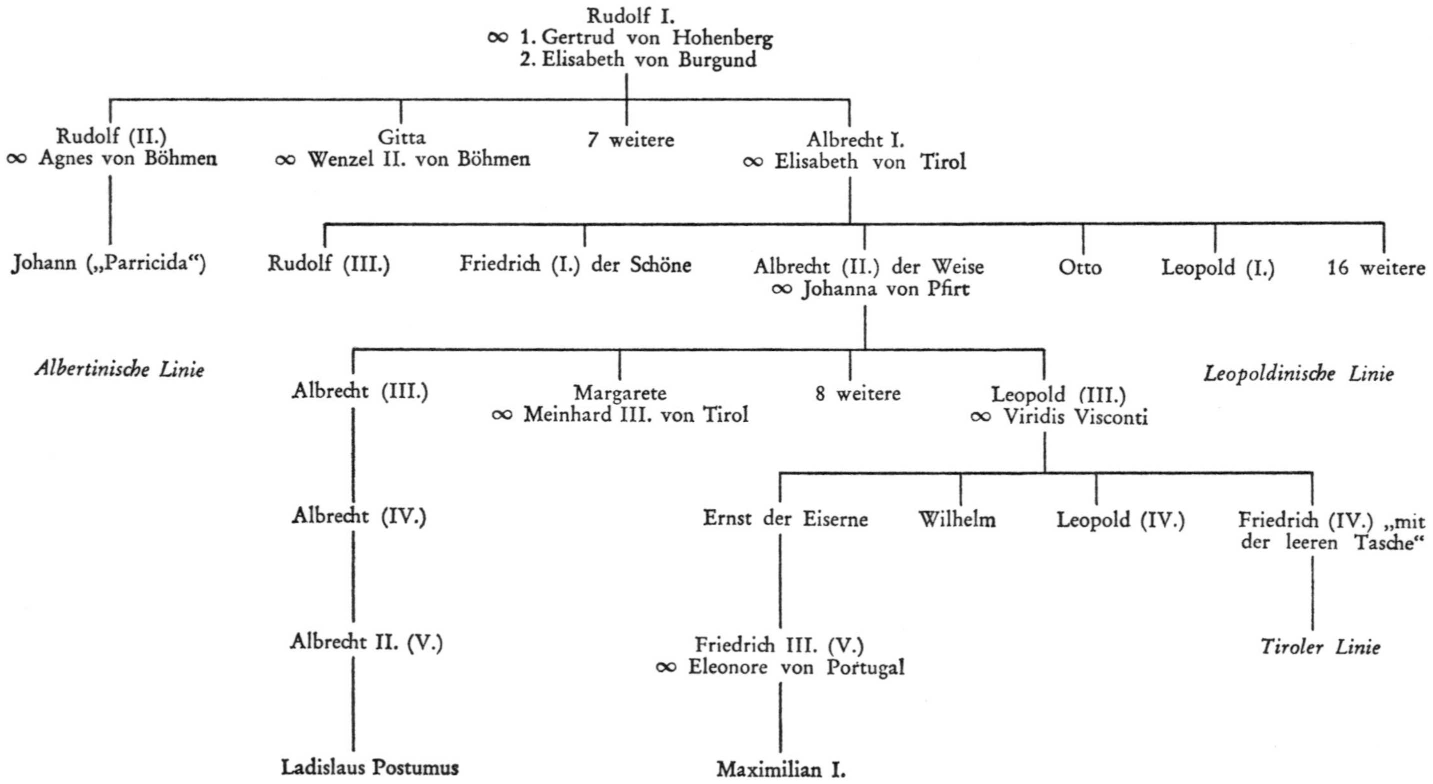

DIE ÖSTERREICHISCHE LINIE VON MAXIMILIAN I. BIS MARIA THERESIA

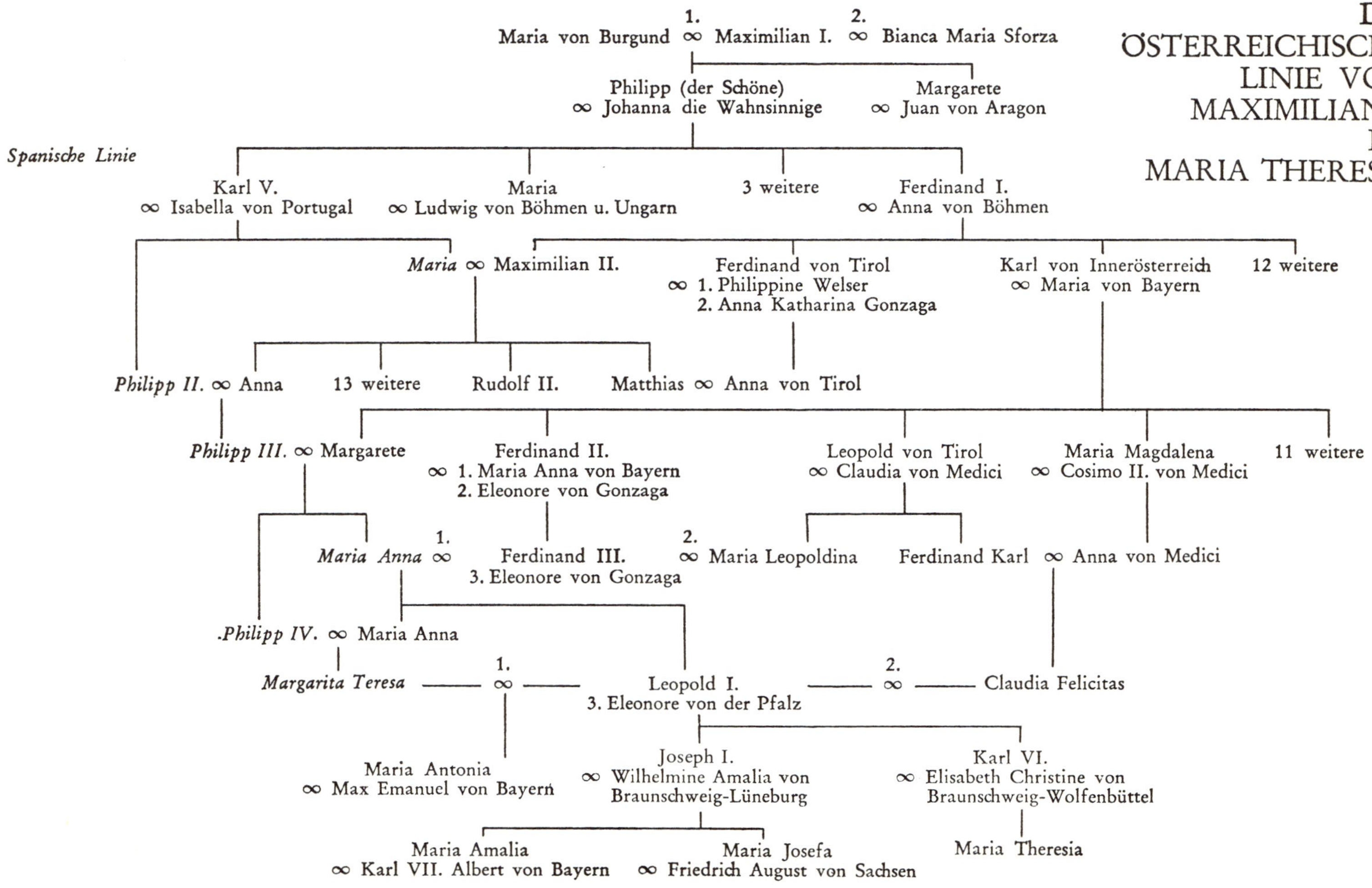

DIE SPANISCHE LINIE VON MAXIMILIAN I. BIS KARL II.

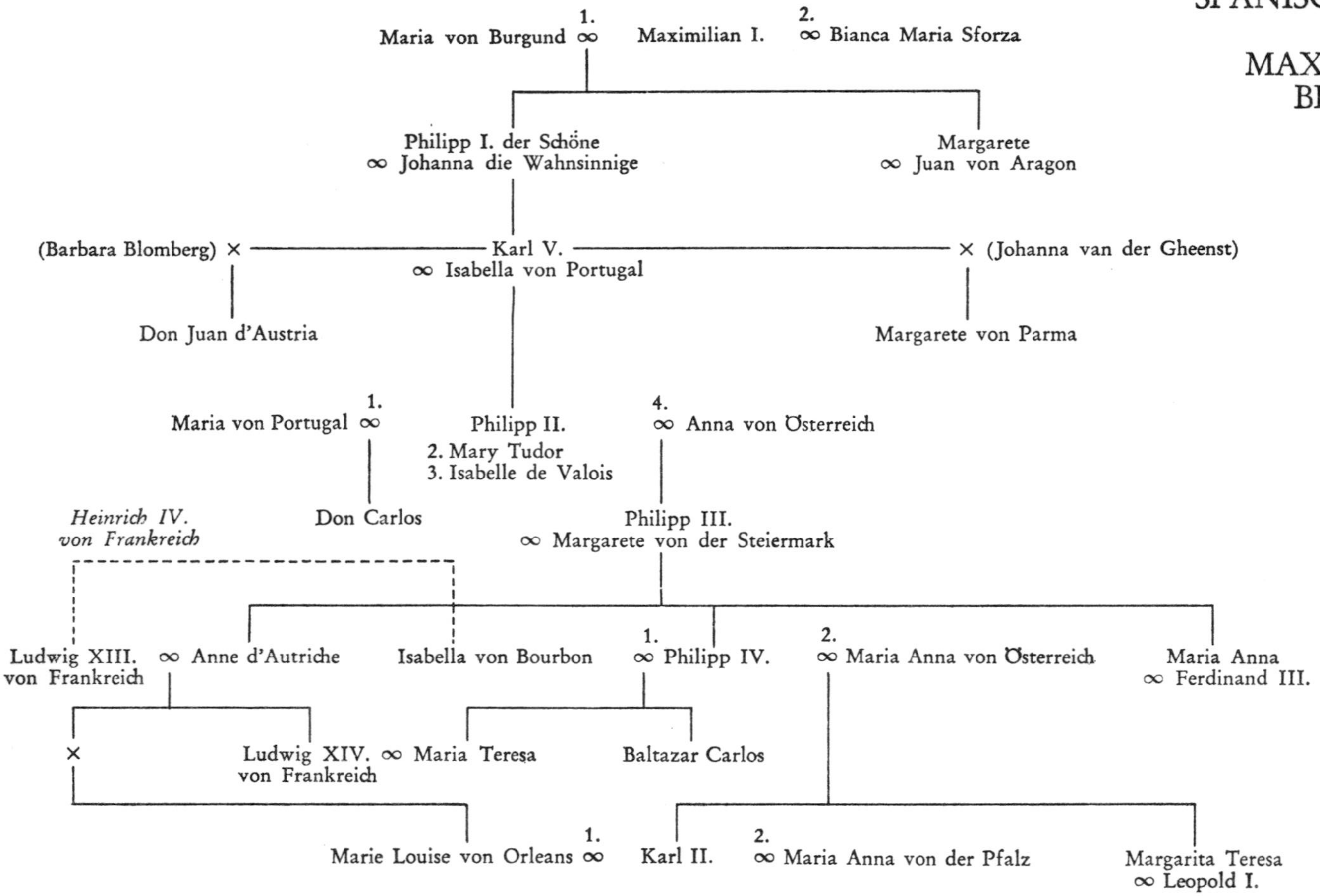

DAS HAUS HABSBURG-LOTHRINGEN

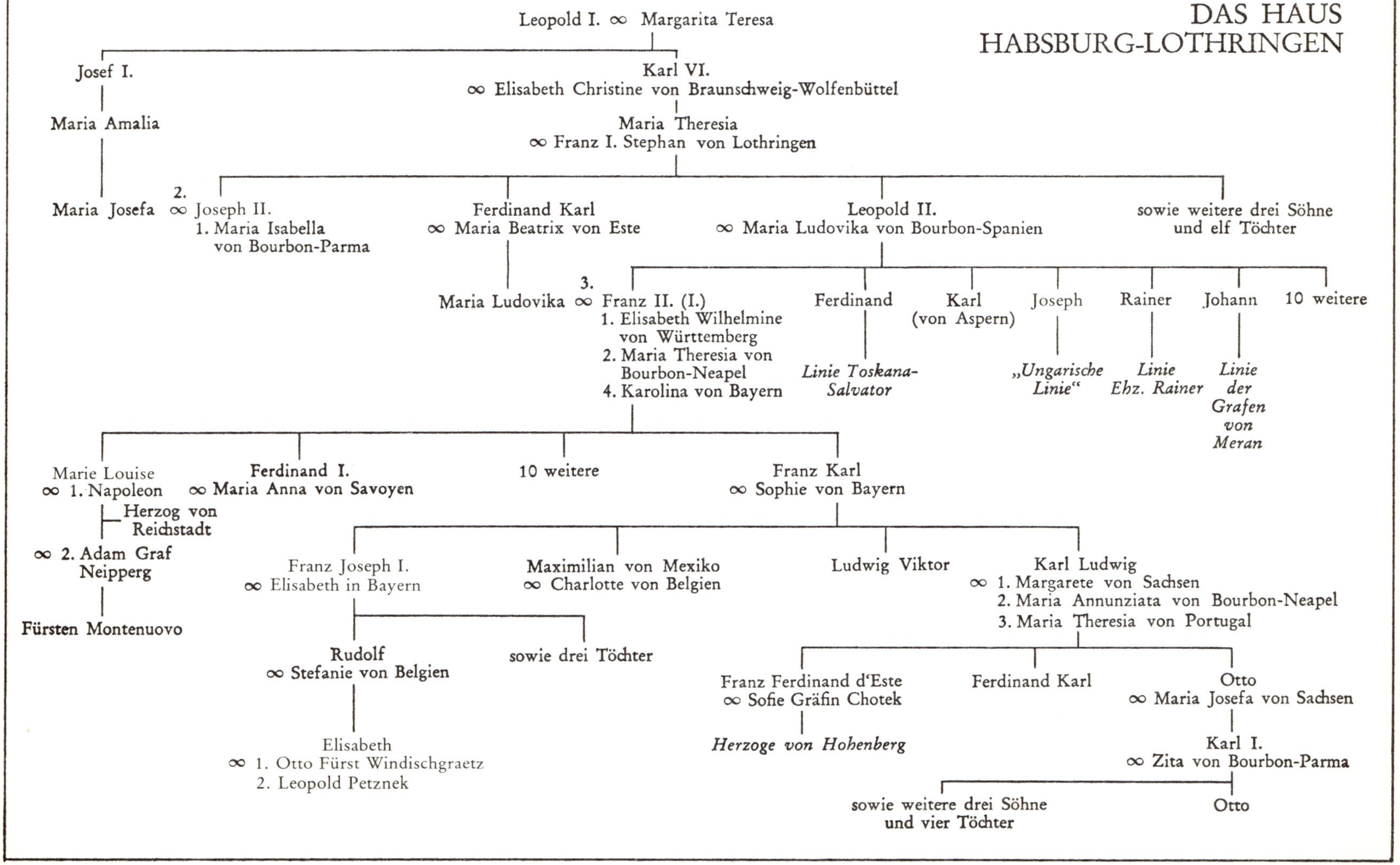

DIE COBURGER

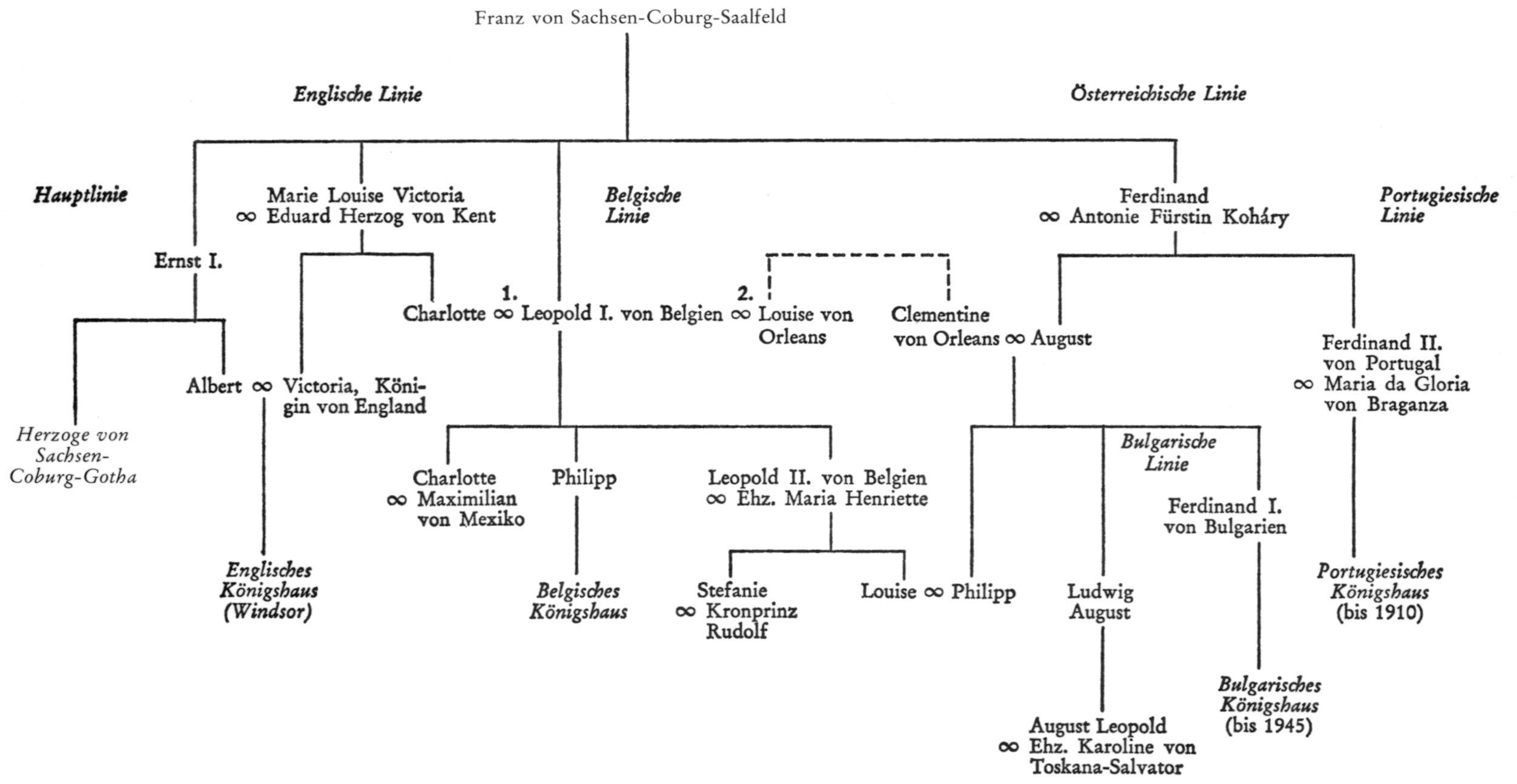

Zeittafel

Um 950	Guntram der Reiche, vermutlich erster historisch nachweisbarer Habsburger.
976	Die Babenberger kommen nach Österreich. Ein neues Herzogtum, das Kärnten, Krain, die Steiermark und Verona umfaßt, wird gegründet.
996	Der Name Österreich, Ostarrichi, taucht zum erstenmal in einer Urkunde auf.
um 1020	Die Habichtsburg, später Habsburg genannt, wird im heutigen Schweizer Kanton Aargau erbaut. Als Bauherren gelten Radbot und der Bischof Werner von Straßburg, zwei Enkel Guntrams des Reichen.
1040	Erste Erwähnung der Mark Krain.
1218	Rudolf von Habsburg geboren.
1246	Tod des letzten Babenbergers Friedrich des Streitbaren.
1247	Wilhelm von Holland zum deutschen Gegenkönig gewählt.
1248	Die Babenbergerin Gertrud wird mit Markgraf Hermann von Baden verheiratet, der von König Wilhelm mit Österreich belehnt wird.
1249	Ulrich und Philipp von Sponheim mit Kärnten belehnt.
1251	Przemysl Ottokar von Böhmen nimmt über Aufforderung der österreichischen Standesherren den österreichischen Herzogtitel an und besetzt Wien.
1252	Die Ungarn besetzen die Steiermark, werden aber von Przemysl Ottokar vertrieben. Przemysl Ottokar heiratet Margarete von Babenberg, Roman von Halics heiratet Gertrud von Babenberg.
1253	Rudolf von Habsburg heiratet Gertrud von Hohenberg; Meinhard I. von Görz erbt Tirol.
1256–1272	Richard von Cornwallis, deutscher König.
1260	Przemysl Ottokar besiegt die neuerlich in Österreich eingefallenen Ungarn bei Kroissenbrunn.
1261	Ottokars Ehe mit Margarete wird getrennt; Ottokar heiratet die Ungarin Kunigunde
1273–1291	Rudolf von Habsburg, deutscher König.
1274	Nürnberger Reichstag beauftragt Rudolf mit der Rückgliederung der dem Reich durch Ottokar von Böhmen entfremdeten Länder.
1276	Reichsacht über Ottokar von Böhmen. Im Frieden von Wien verzichtet Ottokar auf Österreich und Kärnten. Plan einer habsburgisch-böhmischen Doppelhochzeit.
1278	Schlacht auf dem Marchfeld: Tod Ottokars von Böhmen. Wenzel II. von Böhmen heiratet Rudolfs Tochter Guta, Rudolfs Sohn Rudolf heiratet Agnes, Tochter Ottokars von Böhmen.
1282	Rudolfs Söhne Albrecht und Rudolf mit Österreich und der Steiermark belehnt. Von da an bleibt die Dynastie bis 1918 im Donauraum.

1283	Habsburgische Hausordnung von Rheinfelden: Albrecht alleiniger Herrscher von Österreich und der Steiermark, Rudolf soll entschädigt werden.
1286	Meinhard II. von Tirol erhält Kärnten; Krain und die Windische Mark kommen nach Aussterben der Sponheimer an die Habsburger.
1290	Rudolfs Sohn Rudolf stirbt und hinterläßt seinem Sohn Johann den Anspruch auf Entschädigung aus dem Rheinfelder Vertrag.
1292–1298	Adolf von Nassau, deutscher König.
1298	Albrecht von Habsburg besiegt Adolf von Nassau in der Reiterschlacht bei Göllheim; Adolf gefallen.
1298–1306	Rudolf III., Herzog von Österreich und der Steiermark, später auch König von Böhmen.
1298–1308	Albrecht I., deutscher König.
1306	Tod Wenzels III., des letzten Przemysliden.
1306–1330	Friedrich der Schöne, Sohn Albrechts I., zusammen mit seinen Brüdern Herzog von Österreich und der Steiermark.
1308	König Albrecht I. von seinem Neffen Johann ermordet. Johann trägt seither in der Historie den Beinamen »Parricida«.
1308–1313	Heinrich VII. von Luxemburg, deutscher König.
1314	Doppelte Königswahl in Deutschland: Friedrich der Schöne von Österreich und Herzog Ludwig von Bayern gleichzeitig gewählt. Beginn eines achtjährigen Krieges um die Königskrone.
1315	Leopold I. von Österreich bei Morgarten von den Schweizern geschlagen.
1322	Ludwig von Bayern besiegt Friedrich den Schönen in der Schlacht bei Mühldorf, Friedrich und sein Bruder Heinrich in Gefangenschaft.
1324	Leopold I. von Österreich verbündet sich mit Karl IV. von Frankreich gegen Ludwig von Bayern.
1325	Ludwig von Bayern teilt mit Friedrich dem Schönen Königstitel und Herrschaft in Deutschland.
1326	Leopold I. stirbt in Straßburg. Sein Bruder Albrecht II. übernimmt die Führung der Habsburger.
1330	Nach Friedrichs des Schönen Tod wird Albrecht II., der Weise, auch der Lahme genannt, Herzog von Österreich und der Steiermark. Johann Heinrich von Böhmen mit Margarete Maultasch von Kärnten und Tirol verheiratet.
1335	Die Habsburger mit Kärnten, Krain und Teilen Südtirols belehnt.
1341	Margarete Maultaschs Ehe mit Johann Heinrich von Böhmen für ungültig erklärt.
1342	Margarete Maultasch heiratet Kaiser Ludwigs Sohn Ludwig von Brandenburg.
1346	Karl IV. von Luxemburg, König von Böhmen, zum deutschen Gegenkönig gewählt.
1347–1378	Karl IV., deutscher König, später Kaiser.
1350	Markgraf Ludwig von Brandenburg, Mann der Margarete Maultasch, mit Tirol belehnt.
1356	Habsburgische Hausordnung Albrechts II.
1356–1395	Herzog Albrecht III. von Österreich; er steht in ständigen Auseinandersetzungen mit seinem Bruder Leopold III.
1358–1365	Herzog Rudolf IV., der Stifter.

1359	»Privilegium maius«, die verfälschten Freiheitsbriefe Rudolfs des Stifters.
1363	Margarete Maultasch überläßt Rudolf dem Stifter ihr Tiroler Erbe.
1365	Rudolf der Stifter gründet die Wiener Universität.
1366	Habsburgisch-Luxemburger Erbvertrag infolge Heirat Albrechts III. mit Kaiser Karls IV. Tochter Elisabeth.
1373	Die Habsburger erben die Besitzungen der Grafen von Görz in Istrien und in der Windischen Mark.
1375	Herzog Leopold III. kauft die Grafschaft Feldkirch und den Bregenzer Wald.
1379	Habsburgische Erbteilung: Albrecht III. erhält Österreich mit Steyr und dem Salzkammergut, Leopold III. Wiener Neustadt, die Steiermark, Kärnten, Krain, die Windische Mark, Tirol, Vorlande und Istrien. Entstehung der Albertinischen und der Leopoldinischen Linie des Erzhauses.
1395–1404	Albrecht IV., Herzog von Österreich.
1396–1411	Leopold IV., Herzog von Steiermark und Tirol; sein Bruder Wilhelm ist Mitregent sowohl der Albertinischen wie der Leopoldinischen Linie.
1404–1439	Friedrich IV., Herzog von Tirol.
1404–1439	Albrecht V., Herzog von Österreich, später König von Ungarn und Böhmen und deutscher König.
1406–1424	Ernst der Eiserne, Herzog von Steiermark. Mehrjähriger Erbfolgekrieg zwischen Leopold IV. und Ernst dem Eisernen.
1411–1439	Erbvertrag von Preßburg zwischen Albrecht V. und König Siegmund von Böhmen und Ungarn. Albrecht mit Siegmunds einziger Tochter Elisabeth verlobt. Verlobung und Erbvertrag kommen unter dem Druck der Hussitenkriege zustande, die Siegmund hart bedrängen.
1424	Tod Ernsts des Eisernen; sein Bruder Friedrich IV. von Tirol übernimmt die Vormundschaft für die Söhne Friedrich V. und Albrecht VI.
1438	Albrecht V. zum König von Ungarn gekrönt, im selben Jahr als Albrecht II. deutscher König. Die deutsche Krone und später die römische Kaiserwürde bleiben mit einer einzigen Unterbrechung (1740–1745) beim Hause Österreich.
1439	Tod Albrechts II.
1439–1490	Sigismund, Herzog von Tirol.
1440–1493	Friedrich V. von der Steiermark zum deutschen König gewählt, als späterer Kaiser Friedrich III. Ladislaus Postumus, Sohn Albrechts II. geboren.
1442	Der jahrelange Krieg zwischen Friedrich III. und seinem Bruder Albrecht beginnt.
1444	Johann Hunyadi zum ungarischen Reichsverweser gewählt.
1446	Teilung der habsburgischen Erbländer: Friedrich III. erhält Österreich und die Steiermark, sein Bruder Albrecht VI. die Vorlande, Sigismund Tirol ud Vorarlberg.
1452	Georg von Podiebrad zum böhmischen Landesverweser gewählt.
1452–1457	Ladislaus Postumus, Herzog von Österreich, König von Böhmen und Ungarn.
1453	Friedrich III. anerkennt Rudolfs des Stifters gefälschtes Privilegium maius.
1457	Ladislaus Postumus stirbt; Ende der Albertinischen Linie des Hauses Habsburg.
1458	Georg Podiebrad, König von Böhmen, Matthias Corvinus, König von Ungarn.
1459	Maximilian, der »letzte Ritter«, in Wiener Neustadt geboren.

1463 Tod Albrechts VI.; Friedrich III. übernimmt seinen Teil an den habsburgischen Landen.

1471 Georg Podiebrad stirbt; Wladislaw von Polen zum König von Böhmen gewählt.

1473 Friedrich III. und Maximilian verhandeln in Trier mit Karl dem Kühnen von Burgund.

1477 Tod Karls des Kühnen in der Schlacht von Nancy; Maximilian heiratet Maria von Burgund.

1485 Matthias Corvinus erobert Wien.

1490 Sigismund von Tirol verzichtet auf die Herrschaft; alle habsburgischen Gebiete wieder in einer Hand vereinigt. Wladislaw von Böhmen zum König von Ungarn gewählt. Maximilian gelangt bei seinem Feldzug gegen die Ungarn bis Stuhlweißenburg.

1491 Friede von Preßburg zwischen Maximilian und Wladislaw; beide führen die Königstitel von Böhmen und Ungarn; Maximilian soll Wladislaw beerben, falls dieser ohne Thronerben stirbt.

1493–1519 Maximilian I., deutscher König, später Kaiser.

1496 Spanische Doppelhochzeit: Maximilians Kinder Philipp der Schöne und Margarete heiraten Juan und Juana, Kinder der katholischen Könige Ferdinand von Aragon und Isabella von Kastilien.

1500 Karl, später Kaiser Karl V., geboren.

1502 Ferdinand, später Kaiser Ferdinand I., geboren.

1506 Tod Philipps des Schönen.

1515 Wiener Königstreffen, das die Doppelhochzeit zwischen den Habsburgern und den Kindern Wladislaws von Böhmen und Ungarn zum Höhepunkt hat.

1516 Karl, später Kaiser Karl V., tritt die Herrschaft in Spanien, Neapel-Sizilien, Sardinien und den neu entdeckten amerikanischen Kolonien an.

1519 Maximilian I. stirbt.

1519–1556 Kaiser Karl V.

1521 Habsburgische Erbteilung: Karls Bruder Ferdinand I. erhält die österreichischen Länder mit Ausnahme von Oberösterreich, Tirol, Görz und den Vorlanden.

1522 Ferdinand erhält auch die übrigen habsburgischen Gebiete im Osten und Süden. Die Niederlande bleiben bei Karl V. Diese Erbteilung zwischen der österreichischen und der spanischen Linie des Hauses Habsburg bleibt bis 1700 bestehen; Margarete von Parma, uneheliche Tochter Karls V., geboren.

1526 Türkensieg über die Ungarn bei Mohács; Tod Ludwigs II.; Ferdinand erbt damit Böhmen und Ungarn, die von da an bis 1918 bei Österreich bleiben.

1546 Österreichisch-bayerischer Erbvertrag anläßlich der Heirat Annas von Österreich mit Albrecht V. von Bayern; dieser Vertrag sollte später nach dem Aussterben der Habsburger im Mannesstamm noch eine Rolle spielen.

1547 Juan d'Austria, unehelicher Sohn Karls V., geboren.

1554 Hausordnung Ferdinands I. mit neuerlicher Erbteilung: Von seinen Söhnen erhält Maximilian (später Kaiser Maximilian II.) die österreichischen Länder, Ferdinand bekommt Tirol und die Vorlande, Karl die Steiermark, Kärnten, Krain, Görz, Triest und Istrien. Böhmen und Ungarn bleiben bei Maximilian II.

1556 Abdankung Karls V. zugunsten seines Bruders Ferdinand I. als römischer Kaiser.

1556–1564	Kaiser Ferdinand I.
1556–1598	Philipp II., König von Spanien.
1557	Morganatische Ehe Ferdinands von Tirol mit Philippine Welser.
1558–1568	Heiratsverhandlungen für Karl von Innerösterreich mit Königin Elisabeth von England, Maria Stuart von Schottland und Maria von Bayern.
1564–1576	Kaiser Maximilian II.
1568	Tod des Don Carlos von Spanien.
1571	Karl von Innerösterreich heiratet Maria von Bayern. Die Nachkommenschaft aus dieser Ehe repräsentierte die Hauptlinie des österreichischen Zweiges des Hauses Habsburg bis Maria Theresia.
1576–1612	Kaiser Rudolf II.
1593	Erzherzog Matthias, Bruder Rudolfs II., Regent in Österreich.
1596–1637	Ferdinand III., Herzog von Innerösterreich, später Kaiser Ferdinand II.
1598–1621	Philipp III., König von Spanien.
1606	Habsburgische Familienversammlung unter Erzherzog Matthias in Wien erklärt Matthias statt des Kaisers Rudolf zum Familienoberhaupt.
1608	Rudolf II. tritt Ungarn, Österreich und Mähren an seinen Bruder Matthias ab.
1611	Matthias, König von Böhmen, seinem Bruder Rudolf bleibt die Kaiserwürde.
1612	Tod Rudolfs II.
1612–1619	Kaiser Matthias, zugleich König von Ungarn und Böhmen und Erzherzog von Österreich.
1619–1637	Kaiser Ferdinand II., König von Ungarn und Böhmen, Erzherzog von Österreich und Herr von Innerösterreich. Nur noch Tirol wird jetzt von einer Seitenlinie des Erzhauses regiert.
1621–1665	Philipp IV., König von Spanien.
1625–1633	Erzherzog Leopold V. von Tirol.
1633	Claudia von Medici übernimmt nach Leopolds V. Tod die Regentschaft in Tirol, ihr allmächtiger Hofkanzler ist Wilhelm Biener.
1637–1657	Kaiser Ferdinand III., König von Ungarn und Böhmen, Erzherzog von Österreich.
1646–1662	Erzherzog Ferdinand Karl von Tirol.
1651	Ferdinand Karl von Tirol läßt Wilhelm Biener enthaupten.
1658–1705	Kaiser Leopold I.
1662–1665	Erzherzog Siegmund Franz von Tirol.
1665	Erzherzog Siegmund Franz von Tirol stirbt; alle Länder der österreichischen Linie des Hauses Habsburg wieder in einer Hand vereinigt; Kaiser Leopold I. alleiniger Herrscher.
1665–1700	Karl II., letzter Habsburgerkönig von Spanien.
1700	Nach Karls II. Tod erhebt Leopold I. für seinen Sohn Karl, später Kaiser Karl VI., Anspruch auf den spanischen Thron. Im größeren Teil Spaniens wird Ludwigs XIV. Enkel Philipp als Philipp V. anerkannt.
1700–1714	Spanischer Erbfolgekrieg.
1703	Erzherzog Karl, der sich Karl III. von Spanien nennt, trifft in Spanien ein, kann sich aber nur in Katalonien längere Zeit halten.
1705–1711	Kaiser Joseph I.

1711–1740	Kaiser Karl VI.; er verläßt Spanien und kehrt nach Österreich zurück, ohne zunächst auf seine spanischen Thronansprüche zu verzichten. Erstes Testament des Kaisers, das die weibliche Erbfolge festlegt.
1713	»Immerwährende Satzung«, auch Pragmatische Sanktion, über die Unteilbarkeit und Untrennbarkeit der Erblande auch bei weiblicher Thronfolge.
1719	August von Sachsen und Erzherzogin Maria Josefa, Tochter Josephs I., verzichten anläßlich ihrer Eheschließung auf österreichische Erbrechte.
1722	Karl Albert von Bayern und Maria Amalia, zweite Tochter Josephs I., verzichten anläßlich ihrer Eheschließung auf österreichische Erbrechte.
1733–1738	Polnischer Erbfolgekrieg.
1736	Eheschließung Franz Stephans von Lothringen mit Maria Theresia.
1738	Wiener Friede beendet polnischen Erbfolgekrieg.
1740–1780	Maria Theresia, Königin von Böhmen und Ungarn, Erzherzogin von Österreich. Franz Stephan von Lothringen wird zum Mitregenten bestellt.
1741–1748	Österreichischer Erbfolgekrieg.
1742	Kurfürst Karl Albert von Bayern als Karl VII. zum römischen Kaiser gewählt.
1745	Tod Karls VII.
1745–1765	Franz I. Stephan, römischer Kaiser.
1756–1763	Siebenjähriger Krieg.
1765	Tod Franz' I. Stephan.
1765–1790	Joseph II., römischer Kaiser. Leopold, späterer Kaiser Leopold II., Großherzog von Toskana.
1780	Tod Maria Theresias.
1790–1792	Leopold II., römischer Kaiser.
1792–1835	Franz II., römischer Kaiser bis 1806, ab 1804 Kaiser von Österreich als Franz I.
1793	Hinrichtung Ludwigs XVI. von Frankreich und der Königin Maria Antoinette.
1804	Napoleon I., Kaiser der Franzosen. Pragmatikalpatent über die Annahme eines Titels als »erblicher Kaiser von Österreich« durch Franz II.
1806	Franz II. legt die römische Kaiserwürde ab; Auflösung des Römischen Reiches, genannt »Heiliges Römisches Reich Deutscher Nation«.
1810	Vermählung Napoleons mit Marie Louise von Österreich.
1811	Napoleons Sohn, der spätere Herzog von Reichstadt, geboren.
1814–1815	Wiener Kongreß.
1816	Marie Louise erhält Parma.
1821	Mexiko bietet Erzherzog Karl den Thron an.
1822	Dom Pedro I., mit Leopoldine, einer Tochter des Kaisers Franz, verheiratet, zum Kaiser von Brasilien ausgerufen.
1824	Eheschließung des Erzherzogs Franz Karl mit Sophie von Bayern.
1826	Tod der Kaiserin Leopoldine von Brasilien. Ihre Tochter Maria da Gloria wird Königin von Portugal.
1830	Franz Joseph geboren.
1831	Eheschließung des Kronprinzen Ferdinand mit Maria Anna von Savoyen.
1832	Tod des Herzogs von Reichstadt. Ferdinand Max, später Kaiser Maximilian von Mexiko, geboren.

1835–1848	Kaiser Ferdinand I.
1837	Elisabeth, die spätere Kaiserin Elisabeth, geboren.
1847	Nach Marie Louises Tod kommt Parma an das Haus Bourbon.
1848–1849	Revolution in Österreich und Ungarn, Krieg gegen Piemont-Sardinien.
1848–1916	Kaiser Franz Joseph I.
1852	Franz Josephs erfolglose Brautwerbung in Berlin.
1853	Attentat auf Franz Joseph. Leopold von Belgien heiratet Erzherzogin Maria Henriette. Verlobung Franz Josephs mit Elisabeth.
1854	Eheschließung Franz Josephs mit Elisabeth.
1857	Eheschließung des Erzherzogs Ferdinand Max mit Charlotte von Belgien.
1858	Kronprinz Rudolf geboren.
1859	Schlacht bei Solferino; Niederlage der Österreicher gegen Franzosen und Italiener. Die Lombardei kommt an Piemont-Sardinien.
1860	Die von Österreich abhängigen oberitalienischen Fürstentümer Parma, Modena und Toskana schließen sich dem neuen italienischen Nationalstaat an.
1863	Franz Ferdinand geboren.
1864	Annahme der mexikanischen Kaiserkrone durch Ferdinand Max. Maximilian und Charlotte kommen nach Mexiko.
1866	Zweifrontenkrieg gegen Preußen und Italien; Schlachten bei Custozza, Königgrätz und Lissa; Austritt Österreichs aus dem Deutschen Bund; Kaiserin Charlotte verläßt Mexiko.
1867	Österreichisch-ungarischer »Ausgleich«; Hinrichtung Maximilians von Mexiko.
1881	Eheschließung des Kronprinzen Rudolf mit Stefanie von Belgien.
1883	Elisabeth, einzige Tochter des Kronprinzen Rudolf, geboren.
1887	Karl, später Kaiser Karl, geboren.
1889	Tod des Kronprinzen Rudolf.
1890	Johann Salvator als Kapitän Johann Orth verschollen.
1896	Tod von Franz Josephs Bruder Karl Ludwig; dessen Sohn Franz Ferdinand wird Thronfolger.
1898	Kaiserin Elisabeth in Genf ermordet.
1900	Morganatische Eheschließung zwischen Franz Ferdinand und Gräfin Sofie Chotek, Sofie Chotek zur Fürstin von Hohenberg ernannt.
1909	Fürstin von Hohenberg zur Herzogin ernannt.
1911	Eheschließung des Erzherzogs Karl mit Prinzessin Zita von Bourbon-Parma; Johann Orth für tot erklärt.
1912	Otto von Habsburg geboren.
1914	Franz Ferdinand und die Herzogin von Hohenberg in Sarajewo ermordet; Erzherzog Karl Thronfolger.
1914–1918	Erster Weltkrieg.
1916	Tod des Kaisers Franz Joseph; Kaiser Karl I.
1917	Sixtus-Affäre.

1918	Zerfall der Donaumonarchie; Verzichterklärung Kaiser Karls für Österreich und Ungarn.
1919	Die ehemalige Kaiserfamilie verläßt Österreich; »Feldkirchner Manifest« nimmt die Verzichterklärung von 1918 zurück; Habsburgergesetze in Österreich.
1921	Zweimaliger Rückkehrversuch Karls auf den ungarischen Königsthron.
1922	Tod des letzten Kaisers auf Madeira.
1951	Eheschließung Dr. Otto Habsburg-Lothringen mit Prinzessin Regina von Sachsen-Meiningen.
1961	Verzichterklärung von Dr. Otto Habsburg-Lothringen.
1982	Rückkehr der letzten Kaiserin Zita nach Österreich.
1989	Tod der Kaiserin Zita.

Anmerkungen und Quellenhinweise

Kapitel 1 · Die Geburt einer Dynastie

[1] Gewählt wurden die deutschen Könige durch die sieben Kurfürsten: die Erzbischöfe von Köln, Trier und Mainz, den König von Böhmen, den Herzog von Sachsen, den Markgrafen von Brandenburg und den Pfalzgrafen bei Rhein. Dieses von alters her bestehende Gewohnheitsrecht wurde dann 1356 durch Karl IV. in der »Goldenen Bulle« als Reichsgrundgesetz verankert. In vielen Fällen erfolgte die Wahl eines deutschen Königs schon zu Lebzeiten eines römischen Kaisers, wenn es diesem gelang, seinen Sohn durch die Kurfürsten als Nachfolger anerkennen zu lassen. Römischer Kaiser wurde der deutsche König ursprünglich erst mit der Krönung durch den Papst. Maximilian I., der »letzte Ritter«, wurde nicht zum Kaiser gekrönt, sondern im Dom zu Trient zum »Erwählten Römischen Kaiser« proklamiert, da ihm venetianische Truppen 1508 die Pässe auf dem Weg nach Rom sperrten. Als letzter Kaiser wurde dann Karl V. in Bologna von einem Papst gekrönt. – Ihre Residenz, soweit eine solche bestand, hatten die Könige und Kaiser in ihren Stammlanden als deren Landesherren. Die ursprüngliche Residenz der Habsburger, die Habsburg zwischen Aare und Reuß, wurde in der ersten Hälfte des 11. Jahrhunderts von Bischof Werner von Straßburg erbaut, einem Enkel Guntrams des Reichen.

[2] Der Bau der Burg wurde von den Böhmen 1275 begonnen. Die Babenberger hatten seit ihrer Übersiedlung von Klosterneuburg nach Wien in einem Gebäude Am Hof residiert.

[3] Hingerichtet wurden die Wiener Bürgermeister Konrad Vorlauf (1408) und Wolfgang Holzer (1462), weil sie das Pech hatten, in zwei Bruderzwisten zwischen Habsburgerherzogen auf der falschen, das heißt, der Seite des Verlierers zu stehen. 1522 wurde dann Bürgermeister Doktor Martin Siebenbürger hingerichtet, weil er sich in den Wirren nach dem Tode des Kaisers Maximilian gegen dessen Enkel, den späteren Kaiser Ferdinand I., erhoben hatte.

[4] »Österreichisches Interregnum oder Staatsgeschichte der Länder Österreich, Steyer, Krain und der Windischen Mark, von dem Todesfalle Friedrichs des Streitbaren, letzten Herzogs von Österreich und Steyer des babenbergischen Geschlechts, bis auf die Einsetzung der neuen Herzoge des Durchlauchtigsten Hauses Habsburg«, herausgegeben vom Wiener Stadtsekretär Philipp Lambacher 1773. Dieses Buch enthält die erste, nahezu komplette Sammlung von Dokumenten zur »österreichischen Frage« nach dem Tode des letzten Babenbergers.

[5] Siehe 5. Kapitel, »Die Schwiegermutter Europas«.

[6] Lambacher, a. a. O.

7 Beim Augsburger Reichstag 1275 ließ Ottokar durch seinen Vertreter, den Bischof Wernher von Seckau, gegen Rudolfs Wahl Einspruch erheben.

8 Noch zu Lebzeiten des letzten Hohenstaufenkaisers Friedrich II. wurde 1246 Graf Wilhelm von Holland zum Gegenkönig gewählt. 1257 wählte dann ein Teil der Kurfürsten Richard von Cornwall, ein anderer Teil König Alfons X. von Kastilien. Dieser König kam überhaupt nie nach Deutschland. Das Interregnum endete erst mit der Wahl Rudolfs von Habsburg.

9 Lambacher, a. a. O.

10 Kärnten und Krain kamen durch Erbschaft an Ottokar II., da der letzte einheimische Herzog aus dem Hause Sponheim, Ulrich III., seine Besitzungen dem Böhmenkönig testamentarisch vermacht hatte, obwohl Reichsfürsten nicht eigenmächtig über erledigte Reichslehen verfügen durften. Meinhard II. teilte 1271 den Besitz seines Hauses mit seinem Bruder Albert. Meinhard behielt Tirol mit der damaligen Hauptstadt Meran, Albert erhielt Görz, das Pustertal, Möttling und Istrien, das ebenfalls zum Erbe dieses Geschlechts gehörte.

11 Lambacher, a. a. O.

12 Aeneas Silvius Piccolomini, später Papst Pius II., war eine Zeitlang Sekretär Kaiser Friedrichs III. Siehe 2. Kapitel, »Du, glückliches Österreich, heirate«.

13 Adam Wandruszka, »Das Haus Habsburg«, Wien 1956.

14 Johannes Scherr, »Deutsche Kultur- und Sittengeschichte«, Leipzig 1938.

15 Clementia wurde ein Jahr nach ihrer Eheschließung in die süditalienischen Wirren hineingezogen, deren Höhepunkt 1282 die Sizilianische Vesper war und in deren Verlauf das Haus Anjou Sizilien verlor.

16 Siehe 5. Kapitel, »Die Schwiegermutter Europas«.

17 ebda.

18 Friedrich erwies sich nicht nur als schön, sondern – im Gegensatz zu den üblichen Gepflogenheiten seiner Zeit – auch als edel und ehrenhaft. Als er im Kampf gegen seinen Gegenkönig Ludwig von Bayern in dessen Gefangenschaft geriet, ließ Ludwig ihn zur Herstellung eines Übereinkommens mit den Habsburgern auf Ehrenwort frei. Als Friedrich dieses Übereinkommen nicht erzielen konnte, kehrte er in Ludwigs Gefangenschaft zurück. Dieser war so gerührt von der Mannestreue des Gegners, daß er sich vornahm, die Herrschaft mit Friedrich zu teilen. Die wie eine Lesebuchlegende anmutende Geschichte hat den Vorzug, wahr zu sein.

19 Hermann Wiesflecker, Meinhard der Zweite, Innsbruck 1955.

Kapitel 2 · »Du, glückliches Österreich, heirate«

1 Siehe 1. Kapitel, »Die Geburt einer Dynastie«.

2 Siehe Anmerkung 18 zum 1. Kapitel.

3 Alphons Lhotsky, »Geschichte Österreichs seit der Mitte des 13. Jahrhunderts«, Wien 1968.

4 Johannes Scherr, »Deutsche Kultur- und Sittengeschichte«, Leipzig 1938.

5 »Die Presse«, Wien, 13./14. 4. 1985.

6 Heinrich Penn, »Die Geschichte der Stadt Wien und ihrer Vorstädte«, Wien o. J.

[7] Seit einem Dekret Kaiser Konrads II. vom Jahre 1027 übten die Bischöfe von Brixen und Trient die Herrschaft in Tirol aus. Die weltliche Macht wurde durch Vögte repräsentiert, zunächst durch die Grafen von Andechs und die Grafen von Tirol, die sich nach ihrem Schloß so nannten. Das Schloß hat später dem Land den Namen gegeben, als die Grafen von Andechs ausstarben und die Grafen von Tirol das Land in einer Hand vereinigten. Die Herrschaft der Bischöfe wurde zurückgedrängt. Meinrad I., Vater von Rudolfs Bundesgenossen Meinhard II. von Görz und Tirol, war der erste dieses »gefürsteten Grafen« von Tirol.

[8] Trotz selbstbewußtem Festhalten an ihren Sonderrechten haben die Tiroler im Laufe dieser 600 Jahre wiederholt erbittert um die Zugehörigkeit zu Österreich gekämpft, vor allem gegen die Bayern, die immer wieder dieses Land einzunehmen versuchten. Zuletzt bewährten sie ihre Treue nach dem Ende des II. Weltkriegs, obwohl damals, 1945, die sowjetische Besetzung des östlichen Österreichs mit der Hauptstadt Wien ein Festhalten am gemeinsamen Staat alles andere als erstrebenswert machte. Von Tirol gingen die stärksten Impulse aus, mit der von den Sowjets installierten Regierung Renner zusammenzuarbeiten.

[9] Die klügste Analyse der Beweggründe für die Fälschung, ihre Durchführung und ihre Auswirkungen gibt Alphons Lhotsky, »Epilegomena zu den österreichischen Freiheitsbriefen«, in »Aufsätze und Vorträge«, Bd. 1, Wien 1970. Rudolfs Elaborat baute auf dem »Privilegium minus« auf, das unter dem Babenbergerherzog Heinrich Jasomirgott die eigenständige Entwicklung Österreichs begründet hatte. Rudolfs »Zusätze« legalisierten gewissermaßen nur die Erweiterungen der Sonderrechte, die in der Praxis inzwischen ohnehin längst in Anspruch genommen und auch anerkannt wurden.

[10] So beispielsweise Hanns Leo Mikoletzky.

[11] Die Visconti sind seit dem 11. Jahrhundert in Mailand nachweisbar. Otto Visconti, seit 1263 Erzbischof von Mailand, vertrieb den von Rudolf von Habsburg eingesetzten Statthalter Pagano della Torre und begründete damit die Herrschaft seiner Familie über die Lombardei.

[12] Der letzte Habsburger der Tiroler Linie, Siegmund, auch Sigismund, starb zwar erst 1496, also nach dem Tode Friedrichs III.; er hatte aber schon 1490 – kinderlos, wie er war – zu Friedrichs Gunsten auf sein Land verzichtet.

[13] So schrieb Jakob Burckhardt in seinen »Historischen Fragmenten«. Lhotsky erwähnt auch die spöttische Bezeichnung »des Heiligen Römischen Reiches Erzschlafmütze«.

[14] Casimir Chledowski, »Siena«, Berlin 1923.

[15] Antonia Zierl, »Kaiserin Eleonore, Gemahlin Friedrichs III.«, im Katalog der Ausstellung »Friedrich III.« (Wiener Neustadt), Wien 1966.

[16] Chledowksi, a. a. O.

[17] Wenzel, 1378 an die Regierung gekommen, lebte bis 1419, die Kurfürsten wählten jedoch schon 1400 den Grafen Ruprecht von der Pfalz zum Gegenkönig; nach Ruprechts Tod 1410 wählten sie dann Wenzels Bruder Sigismund, der bis 1437 regierte.

[18] Sigismund war in zweiter Ehe mit Barbara, der Tochter des Grafen Hermann von Cilli, verheiratet. Die beste Übersicht der äußerst komplizierten Verwandtschaftsverhältnisse im österreichisch-ungarisch-böhmischen Raum liefert bis heute Wenzel Dinzenhofer mit seinen 1805 in Prag erschienenen »Genealogischen Tafeln der Böhmischen Fürsten, Herzoge und Könige«.

[19] Das Amt eines Hubmeisters entsprach etwa dem eines Finanzreferenten der Landstände.

[20] Die landläufige Erklärung lautet »Alles Erdreich ist Österreich untertan«, oder auch: »Austria erit in orbe ultima«.

[21] Antonia Zierl, »Kaiserin Eleonore, Gemahlin Friedrichs III.«, a. a. O.
[22] Hermann Wiesflecker, »Friedrich III. und der junge Maximilian«, im Katalog der Ausstellung »Friedrich III.« (Wiener Neustadt), Wien 1966.
[23] Wiesflecker, a. a. O.
[24] Karl Haltaus, »Geschichte des Kaisers Maximilian des Ersten«, Leipzig 1850.
[25] Wiesflecker, a. a. O.
[26] Zitiert bei Scherr, »Deutsche Kultur- und Sittengeschichte«, a. a. O.
[27] Das Haus Sforza löste das Haus Visconti in Mailand ab. 1450 wurde Francesco Sforza, Heerführer und Schwiegersohn von Filippo Maria Visconti, nach dessen Tod zum Herzog gewählt.

Kapitel 3 · Bräute in Ost und West

[1] Mit dem Tode des letzten Westgotenkönigs Roderich in einer Schlacht, die vermutlich bei Jeres de la Frontera stattfand, geriet Spanien 711 mit Ausnahme einiger Randgebiete unter arabische Herrschaft. Das Vordringen der Araber über die Pyrenäen wurde von Karl Martell 732 in der Schlacht zwischen Tours und Poitiers gestoppt. Die »Reconquista«, die Wiedereroberung Spaniens durch die christliche Bevölkerung, begann schon 722 mit der Gründung des Königreiches Asturien durch Pelayo, der die Araber bei Covadonga schlug. Diese Reconquista erfüllte Spaniens Geschichte siebenhundert Jahre lang und führte zur Aufsplitterung des Landes in mehrere Königreiche, unter denen zuerst das Königreich Leon, später die Königreiche Kastilien und Aragon die wichtigsten Rollen spielten. Die Reconquista endete erst 1492 mit der Eroberung Granadas durch Ferdinand von Aragon. Der letzte arabische König von Granada, Boabdil, flüchtete nach Afrika.
[2] Ludwig Pfandl, »Johanna die Wahnsinnige«, Freiburg 1930. Diesem Forscher verdankt die Geschichte den endgültigen und unumstößlichen Nachweis, daß Juana tatsächlich wahnsinnig und nicht das Opfer ihrer Familie war.
[3] Philipps Schwester Margarete schien überhaupt eine sehr liebebedürftige Dame gewesen zu sein. 1501 heiratete sie noch ein zweites Mal, den Herzog Philibert II. von Savoyen. Die Ehe dauerte nur drei Jahre, doch diese Zeit blieb Margarete so eindringlich in Erinnerung, daß sie 1530 vor ihrem Tode noch verfügte, ihre Leiche möge neben Philibert bestattet werden. Trotz dieser Liebe über den Tod hinaus wußte man in den Niederlanden viel von Margaretes Liebesabenteuern zu erzählen.
[4] Schilderung des Ereignisses nach Cuspinianus bei Franz Tschischka, »Geschichte der Stadt Wien«, Stuttgart 1853. Das Haus Fugger, das den Großteil der Kosten trug, zog damals aus dem Rinderhandel zwischen Ost und West große Gewinne.
[5] Cuspinianus a. a. O.
[6] Jagello von Litauen, Stifter der polnisch-ungarisch-böhmischen Dynastie, war erst 1386 mit seinem Volk vom Heidentum zum Christentum hinübergewechselt. Er lebte am Rande des Machtbereichs des Deutschen Ordens, und seine »Bekehrung« war ein politischer Schachzug.

[7] Karls mächtigster Konkurrent bei der Königswahl von 1519 war der französische König Franz I., der von Papst Leo X. unterstützt wurde. Die Gelder, die das Haus Fugger dem Habsburger vorstreckte, dienten hauptsächlich zur Bestechung der Kurfürsten.

[8] Karl Brandi, »Kaiser Karl V.«, München 1937, spricht von Johanna, während der Wiener Historiker Walter Tritsch das Mädchen in seiner Biographie Karls V. nur Margarete nennt.

[9] Parma und Piacenza, seit 1512 Bestandteile des Kirchenstaates, wurden von Papst Paul III. seinem natürlichen Sohn Luigi Farnese als Herzogtümer verliehen. Nach dem Aussterben der Farnese 1731 kam Parma an den spanischen Zweig des Hauses Bourbon. Im Wiener Frieden von 1735 wurde das Herzogtum österreichisch; 1747 kamen die Bourbonen zurück. Aus dieser Linie des Hauses stammte die letzte Kaiserin von Österreich und Königin von Ungarn, Zita von Bourbon-Parma.

[10] Der Vorgang lieferte Goethe die Grundlagen für seinen »Egmont«.

[11] Siehe 5. Kapitel, »Die Schwiegermutter Europas«.

Kapitel 4 · Die vielen toten Königinnen

[1] Die beste Darstellung Philipps II. und der Folgen der habsburgischen Inzuchtpolitik gibt Ludwig Pfandl in seinen beiden Büchern »Philipp II.«, München 1938, und »Karl II.«, München 1940. Siehe auch R. Trevor Davies, »Spaniens goldene Zeit 1501–1621«, München 1939. Davies führt in seiner Arbeit sämtliche zeitgenössischen Quellen ausführlich an. Sie lassen vor allem an dem unromantischen Ende des Don Carlos keinen Zweifel.

[2] Pfandl, »Philipp II.«, a. a. O.

[3] Pfandl, »Philipp II.«, a. a. O.

[4] Mailand, dessen Besitz die Voraussetzung für die Herrschaft über Oberitalien darstellte, war seit dem frühen Mittelalter ständiger Zankapfel zwischen den Kaisern und den Päpsten, später zwischen den Kaisern und den französischen Königen. Nach dem Aussterben der Visconti und der Wahl Francesco Sforzas zum Herzog erhob Ludwig XII. als Enkel der Valentina Visconti Anspruch auf Mailand und eroberte es 1499. Nach mehrmaligem Besitzwechsel kam Mailand 1535 mit dem Tode des letzten Sforza endgültig an das Haus Österreich; zuerst im Besitze der spanischen, dann der österreichischen Linie der Habsburger. Nach dem Zwischenspiel der napoleonischen Besetzung blieb die Lombardei dann bis 1859 beim Hause Österreich.

[5] Pfandl, »Philipp II.«, a. a. O.

[6] Adam Wandruszka, »Das Haus Habsburg«, Wien 1956.

[7] Siehe 5. Kapitel, »Die Schwiegermutter Europas«.

[8] Maria (1516–1558), die »blutige Mary«, war König Heinrichs VIII. Tochter aus dessen erster Ehe mit der später verstoßenen Katharina von Aragon. Der König setzte Mary erst knapp vor seinem Tode wieder in ihre Erbrechte ein. Elisabeth I. (1533–1603) war Heinrichs Tochter aus der zweiten Ehe mit der später hingerichteten Anna Boleyn. Nach katholischer Auffassung war diese Ehe ungültig und Elisabeth demzufolge ein illegitimes Kind. Auf diesen Umstand führte die dritte Königin im Ehekarussell dieser Jahrzehnte, Maria Stuart von Schott-

land, ihre eigenen Erbansprüche auf den englischen Thron zurück. Ihr Großvater, Jakob IV. von Schottland, hatte eine Schwester Heinrichs VIII. zur Frau. Maria Stuart, wegen angeblicher oder auch tatsächlicher Verschwörung gegen das Leben der Königin Elisabeth 1587 hingerichtet, triumphierte allerdings postum über den Tod ihrer Widersacherin hinaus: Da das Haus Tudor mit der »jungfräulichen Königin« Elisabeth ausstarb, kam der Sohn der Schottin aus deren Ehe mit ihrem Vetter Henry Stuart Lord Darnley als Jakob I. auf den englischen Thron. Damit vollzog sich auch die Vereinigung von England und Schottland. Als kurioses Detail sei hier erwähnt, daß auch die Habsburger Erbansprüche auf die englische Krone zu besitzen vermeinten. Kaiser Maximilian, der »letzte Ritter«, der sich hier als besonders eifriger Ahnenforscher betätigte, nahm z.B. das englische Wappen gelegentlich für sich in Anspruch.

9 Eine übersichtliche Darstellung der verwirrenden Ehekombinationen rund um Karl von Innerösterreich gibt Karl Vocelka, »Habsburgische Heiraten 1550–1600«, Wien-Köln-Graz 1976. Hier finden sich auch sehr ausführliche Quellenhinweise.

10 Vocelka, a. a. O.

11 Pfandl, »Karl II.«, a. a. O.

12 Wanda Kampmann, »Deutsche und Juden«, Heidelberg 1963.

Kapitel 5 · Die Schwiegermutter Europas

1 Die Erinnerungen der Lady Montague sind wiedergegeben bei Dr. Eduard Vehse, »Geschichte des österreichischen Hofes und Adels und der österreichischen Dynastie«, Hamburg 1852. Der Hanseate, dem jeder Respekt vor gekrönten Häuptern fehlte, lieferte eine Fülle emsig zusammengetragener Details aus Gesandtenberichten, Briefen und Memoiren von Zeitgenossen über das Privatleben der kaiserlichen Familie.

2 Vehse, a. a. O.

3 Oswald Redlich, »Das Werden einer Großmacht«, Baden bei Wien 1938.

4 Vehse, a. a. O.

5 Vehse, a. a. O.

6 Vehse, a. a. O.

7 Durch den Vertrag von Verdun wurde 843 das Reich Karls des Großen von seinen Enkeln geteilt. Kaiser Lothar erhielt das sogenannte »Zwischenreich« von Friesland bis zur Provence. Vom Namen des Kaisers ist die Bezeichnung »Lotharingien«, später Lothringen, abzuleiten.

8 Redlich, a. a. O.

9 Der Tod des letzen noch lebenden, kinderlosen Medici-Herzogs Gian Gastone war in diese Kombination von vornherein einkalkuliert. Gegen den noch zu seinen Lebzeiten abgeschlossenen österreichisch-französischen »Erbvertrag« hat er vergeblich protestiert.

10 Hanns Leo Mikoletzky, »Kaiser Franz I. Stephan und der Ursprung des habsburgisch-lothringischen Familienvermögens«, Wien 1961.

11 Mikoletzky, a. a. O.

12 Vehse, a. a. O.

13 Vehse, a. a. O.

14 In zahlreichen Berichten wird von der außergewöhnlichen Grausamkeit der preußischen Truppen sowohl während der schlesischen Feldzüge als auch während des Siebenjährigen Krieges gesprochen. Diesbezügliche Unterlagen, die sich im Wiener Kriegsarchiv befanden, sind jedoch verschwunden. Einzelne Historiker vermuten, daß dieses Aktenmaterial während der Leitung des Archivs durch den Oberst a. D. Edmund Glaise-Horstenau ausgeschieden wurde. Einer dieser Historiker, Ludwig Jedlicka, sagte dem Autor dieses Buches wörtlich: »Glaise-Horstenau war ein Sauberbold. Er wollte das Ansehen preußischer Soldaten schonen.«

15 Vehse, a. a. O.

16 Auch diese Details stammen aus den Berichten des preußischen Kanzlers Baron Fürst, wiedergegeben bei Vehse, a. a. O.

17 »Briefe eines Kaisers«, Joseph II. an seine Mutter und seine Geschwister. Gesammelt und übersetzt von Dr. Otto Krack, Berlin 1912.

Kapitel 6 · Das Blut des Hauses Bourbon

1 Eine ausführliche Schilderung dieser Ehe gibt Ernst Benedikt, »Kaiser Josef II.«, Wien 1947.

2 Benedikt, a. a. O. Isabellas Beziehungen zu Marie Christine schildert ausführlich Ursula Tamussino, »Isabella von Parma«, Wien 1989.

3 Über Leopolds Tätigkeit in der Toskana unterrichtet eingehend Adam Wandruszka, »Leopold II«, Wien 1964. Von den vielen Inschriften, die an Pietro Leopoldo erinnern, scheint besonders jene in der kleinen toskanischen Stadt Colle Val d'Elsa auf dem Weg von Florenz nach Siena bemerkenswert: An einem anderen Gebäude, gleich gegenüber, ist nämlich eine Gedenktafel an die beiden italienischen Nationalhelden Giuseppe Garibaldi und Guglielmo Oberdan angebracht, die als Kämpfer gegen das Haus Österreich gefeiert werden. Im Geschichtsbewußtsein der toskanischen Bevölkerung lebt Leopold nicht als Habsburger, sondern als Einheimischer weiter.

4 Wandruszka, a. a. O.

5 Wandruszka, a. a. O.

6 Wandruszka, a. a. O. Leopold II. lieferte seinen Zeitgenossen und der Nachwelt so manchen Stoff für pikante Geschichten. So blieb ein kleines Laboratorium erhalten, in dem Leopold eigenhändig Liebestränke zur Stärkung seiner Manneskraft hergestellt haben soll. Von seiner Hochzeitsnacht allerdings erzählte man sich, daß er sie wegen seiner Darmerkrankung nicht konsumieren konnte. Ein in diesem Laboratorium hergestelltes Potenzmittel hat dann möglicherweise auch zu seinem plötzlichen Tod geführt.

7 »Briefe eines Kaisers«, Joseph II. an seine Mutter und seine Geschwister. Gesammelt und übersetzt von Dr. Otto Krack, Berlin 1912.

8 »Briefe eines Kaisers«, a. a. O.

9 Leopold Wölfling, »Habsburger unter sich«, Berlin 1921.

10 So geringe Bedeutung man der Erbbiologie beimaß, um so gewissenhafter ging Kaiser Franz I. in anderer medizinischer Hinsicht vor. Er besaß eine geradezu krankhafte Angst vor

Geschlechtskrankheiten und ließ jede Dame, mit der er Beziehungen aufzunehmen plante, vorher peinlich genau untersuchen.

11 Alfons Dalma, »Ein Ehrenplatz für Marie Luise«, in: »Die Presse«, Wien, 23. 4. 1985. Die neueste Biographie der Napoleon-Witwe schrieb Irmgard Schiel, »Marie Louise«, Stuttgart 1983, ganz im Sinne einer »Ehrenrettung«.

12 Maria da Gloria blieb auch als Königin von Portugal ein Heiratsobjekt. Die Briten zeigten sich an ihrem Schicksal am stärksten interessiert, angesichts der traditionell engen Bindungen zwischen London und Lissabon. Portugal mit seiner Atlantikküste und seinem Kolonialreich bemühte sich stets um das Wohlwollen der britischen Seemacht. So wurde Maria da Gloria 1836 mit dem Prinzen Ferdinand von Sachsen-Coburg-Gotha verheiratet. Der Prinz war ein Neffe der Herzogin Marie Louise Victoria von Kent, einer gebürtigen Coburgerin aus der Dynastie der in dem kleinen sächsischen Fürstentum herrschenden Wettiner. Die Tochter der Herzogin von Kent, Victoria, wurde 1837 englische Königin von Großbritannien und Irland. Sie heiratete 1840 ebenfalls einen Coburger, Ferdinands Cousin Albert. Da es der britischen Politik schon 1831 gelungen war, den Coburger-Prinzen Leopold zum König von Belgien wählen zu lassen, befand sich die Atlantikküste des europäischen Kontinentes über diese dynastischen Bande unter Londons Kontrolle. Maria da Glorias Ehemann Ferdinand bekam in Portugal auch den Königstitel; seine Nachkommen regierten dort bis 1910. Maria da Gloria hatte auch noch einen jüngeren Bruder, und dieser Sohn der Österreicherin Leopoldine folgte 1834 seinem Vater, Dom Pedro, auf den brasilianischen Kaiserthron. Erst 1889 machte eine Revolution diesem Kaiserreich und der Herrschaft Dom Pedros II. ein Ende.

13 Olga Obry, »Grüner Purpur, Brasiliens erste Kaiserin.«, Wien 1958.

Kapitel 7 · Die bayerische Verwandtschaft

1 Die Zahl sollte sich vor allem durch den Kindersegen der toskanischen Zweige des Erzhauses im 20. Jahrhundert noch wesentlich vermehren. Gegenwärtig leben etwa 150 Angehörige der Familie Habsburg-Lothringen.

2 Egon Caesar Conte Corti, »Vom Kind zum Kaiser«, Graz 1950. Die Geschichtsforschung verdankt Corti trotz aller Einwände, die gegen seine oft romanhafte und glorifizierende Art der Darstellung erhoben werden, eine Fülle von Material, die Corti durch seine persönlichen Verbindungen aus Privatarchiven zutage bringen konnte.

3 Corti, a. a. O.

4 Corti, a. a. O.

5 Der Briefwechsel der Erzherzogin und ihre Tagebücher wurden von Corti, a. a. O., erstmals veröffentlicht.

6 Albert Freiherr von Margutti, »Kaiser Franz Joseph«, Wien 1924.

7 Erwin Ringel, »Die österreichische Seele«, Wien 1984, sowie Ringel in einer ORF-Fernsehdiskussion »Franz Joseph und seine Zeit«, Wien, 20. 9. 1984.

8 Corti, a. a. O.

9 Corti, a. a. O.

[10] Corti, a. a. O.
[11] Corti, a. a. O.
[12] Corti, a. a. O.
[13] Egon Caesar Conte Corti, »Mensch und Herrscher«, Graz 1952.
[14] Maria Freiin von Wallersee, »Meine Vergangenheit«, Berlin 1901.
[15] Egon Caesar Conte Corti, »Vom Kind zum Kaiser«, Graz 1950.

Kapitel 8 · Die seltsame Frau und die gnädige Frau

[1] Die in Possenhofen ansässigen Verwandten der Königsfamilie führten nicht den Titel »von« sondern »in« Bayern.
[2] Egon Caesar Conte Corti, »Elisabeth – die seltsame Frau«, Salzburg 1934.
[3] Corti, »Elisabeth«, a. a. O.
[4] Die Historikerin Brigitte Hamann entdeckte im Schweizer Bundesarchiv eine Kassette mit Gedichten der Kaiserin Elisabeth: »Es sind etwa vier Gedichtbände, handschriftlich ganz eindeutig die Handschrift der Kaiserin, dazu einige gedruckte Bände, Gedichtbände, die anonym erschienen sind, die aber genau mit den handschriftlichen identisch sind. Und dann hab' ich auch schon gesehen, daß die Gedichte nicht gut sind, aber andererseits haben sie eine ungeheure Aussagekraft . . .« (Brigitte Hamann in der ORF-Sendung »Club 2« am 12. 11. 1981)
[5] Die wichtigsten Punkte des Konkordats von 1855 betrafen die geistliche Schulaufsicht über die gesamte Erziehung. Nicht nur im Religionsunterricht, sondern in allen Gegenständen wurden die Lehren der katholischen Kirche für Lehrer und Lehrbücher verpflichtend. 1868 wurden die meisten Bestimmungen des Konkordats durch die liberale Reichsratsmehrheit wieder außer Kraft gesetzt.
[6] Corti, »Elisabeth«, a. a. O.
[7] Corti, »Elisabeth«, a. a. O.
[8] Hamann, a. a. O.
[9] Die Liebesaffären des Kaisers Franz Joseph, vor allem in der Sommerresidenz Ischl, sind in der historischen Forschung noch kaum dokumentiert. Der Schriftsteller Alexander Lernet-Holenia, der auf allerhöchsten Hintertreppen oft das Gras wachsen hörte, will in der Salzkammergut-Metropole mehrfach unverkennbare Abkömmlinge des Monarchen getroffen haben. Auch über die unmittelbaren Ursachen der ersten »Flucht« Elisabeths aus Wien hat die Geschichtsforschung noch kein endgültiges Urteil gefällt. Der Autor dieses Buches erinnert sich an die Mitteilungen der Verfasser eines Fernsehspiels über die Kaiserin, die auf Grund erhaltenen gebliebener ärztlicher Verschreibungen den Beweis führen wollten, daß Elisabeth mit Gonorrhöe angesteckt worden sei, offenbar von Franz Joseph. Daß die Erkenntnis einer solchen Erkrankung und ihres Ursprungs bei einer jungen Frau einen Schock für das ganze Leben auslösen könnte, wäre verständlich. Die Verarbeitung dieses Sachverhalts in der TV-Sendung unterblieb jedoch, da die Verantwortlichen der produzierenden Sendestationen es letztlich vermeiden wollten, an der Sisi-Legende zu rütteln.

[10] Albert Freiherr von Margutti, »Kaiser Franz Joseph«, Wien 1924.
[11] Margutti, a. a. O.
[12] Margutti, a. a. O.
[13] Margutti, a. a. O.
[14] Hamann, a. a. O.
[15] Corti, »Elisabeth«, a. a. O.
[16] Egon Caesar Conte Corti, »Mensch und Herrscher«, Graz 1952.
[17] Corti, »Elisabeth«, a. a. O.
[18] Maria Freiin von Wallersee, ci-devant Gräfin Larisch: »Meine Vergangenheit«, Berlin 1913. Eine englische Ausgabe erschien schon vorher in den USA, wo die Gräfin Larisch, zum zweiten Male verheiratet, als Mrs. Brucks lebte. Über die Rolle dieser Frau in der habsburgischen Familiengeschichte am Ende des 19. Jahrhunderts siehe auch 10. Kapitel, »Mayerling und kein Ende«.
[19] »Neue Freie Presse«, Wien, 2. Februar 1884.
[20] Erich Graf Kielmansegg, »Kaiserhaus, Staatsmänner und Politik«, Wien 1966. Kielmansegg, viele Jahre lang Statthalter von Niederösterreich und einmal kurzfristiger Ministerpräsident, beschäftigte sich in seinen Aufzeichnungen sehr ausführlich mit Katharina Schratt und der Rolle des Länderbankdirektors Eduard Palmer in der Beziehung des Kaisers zu der Hofschauspielerin.
[21] Jean de Bourgoing, »Briefe Kaiser Franz Josephs an Frau Katharina Schratt«, Wien 1949.
[22] Kielmansegg, a. a. O.
[23] Corti, »Elisabeth«, a. a. O. Die Bemerkung »Mir bleibt doch nichts erspart« machte Franz Joseph nach Angaben der Kaiserin Zita allerdings erst nach der Ermordung von Franz Ferdinand in Sarajewo dem Thronfolger gegenüber.
[24] »Club 2«-Diskussion im ORF, im Anschluß an das Erscheinen des Buches von Georg Marcus, »Katharina Schratt – Die heimliche Frau des Kaisers«, Wien-München 1982.
[25] Marcus, a. a. O.

Kapitel 9 · Ein Kaisertraum

[1] Dr. E. Schmid Ritter von Tavera, »Geschichte des Kaisers Maximilian I. und die französische Intervention in Mexiko«, Wien 1903. Schmid, k. u. k. Gesandter, begleitete Maximilian auf seine Fahrt nach Mexiko.
[2] Die Kongogreuel wurden Anfang des 20. Jahrhunderts von dem britischen Diplomaten Sir Roger Casement untersucht und von der britischen Regierung in einer Dokumentation veröffentlicht. Die Gründe für die Publikation waren allerdings weniger moralischer Natur als Englands eigene Ambitionen in Afrika. Casement wurde übrigens 1916 als einer der Führer des irischen Aufstandes hingerichtet.
[3] Juliana von Stockhausen, »Im Schatten der Hofburg«, Heidelberg 1952. Juliana von Stockhausen, verehelichte Gräfin Gatterburg, wurde seinerzeit von der Kronprinzessin Stefanie, Witwe nach dem Kronprinzen Rudolf, als Beraterin bei der Abfassung ihrer Erinnerungen

zugezogen. Ihre Berichte, »Aus meinen Gesprächen mit Prinzessin Stefanie von Belgien, Fürstin Lonyay, der letzten Kronprinzessin von Österreich-Ungarn«, sind eine interessante Mischung aus wiedergegebenem, aber kennzeichnendem Familientratsch und bemerkenswerten selbst beobachteten Details.

[4] Egon Caesar Conte Corti hat auch die Geschichte des Kaisers Maximilian und seiner belgischen Frau in zwei Werken, »Maximilian und Charlotte von Mexiko« sowie »Tragödie eines Kaisers«, mit bis dahin unbekanntem Dokumentarmaterial als Grundlage veröffentlicht.

[5] Corti, »Tragödie eines Kaisers«, a. a. O.

[6] Corti, »Tragödie eines Kaisers«, a. a. O.

[7] Weygand hat zu diesen Gerüchten, die ihm zweifellos bekannt sein mußten, niemals selbst Stellung bezogen.

[8] Egon Erwin Kisch, »Entdeckungen in Mexiko«, Wien 1946.

Kapitel 10 · Mayerling und kein Ende

[1] Prinzessin Stefanie von Belgien, Fürstin von Lonyay: »Ich sollte Kaiserin werden«, Leipzig 1935. Stefanies Memoiren, wie sie ursprünglich von Juliana von Stockhausen niedergeschrieben wurden, erschienen nach einer heftigen Kontroverse innerhalb österreichischer Monarchistenkreise in wesentlich abgeschwächter Form.

[2] Juliana von Stockhausen, »Im Schatten der Hofburg«, Heidelberg 1952. In diesem Buch schildert Frau Stockhausen ihre Begegnungen mit der ehemaligen Kronprinzessin Stefanie, deren Memoiren sie formulieren sollte, und berichtet darüber hinaus über diverse Familiengeheimnisse des Erzhauses, die ihr bei diesen Gelegenheiten mitgeteilt wurden. (Siehe auch Anmerkung 3 zum 9. Kapitel.)

[3] Stefanie, a. a. O.

[4] Stefanie, a. a. O.

[5] Stefanie, a. a. O.

[6] Stefanie, a. a. O.

[7] Stefanie, a. a. O.

[8] Stefanie, a. a. O.

[9] Stefanie, a. a. O.

[10] Den größten Skandal lieferte Luise, die 1891 mit dem späteren König Friedrich August von Sachsen verheiratet wurde. Die Ehe wurde 1903 geschieden; Luise ging mit dem Geiger Toselli durch, den außer dieser Liebesaffäre nur noch eine Serenade berühmt machte.

[11] Stockhausen, a. a. O.

[12] Die Flut der Mayerlingliteratur ist längst unübersehbar geworden. An ernsthaften Darstellungen des Lebens des Kronprinzen Rudolf gibt es allerdings nur wenige; vor allem das Buch von Oskar von Mitis, »Das Leben des Kronprinzen Rudolf«, Leipzig 1928. Mitis, langjähriger Direktor des Haus-, Hof- und Staatsarchivs in Wien, hatte Zugang zu sämtlichen erhalten gebliebenen Dokumenten. Auch er war sich allerdings der Tatsache bewußt, daß eine Reihe von Dokumenten – vermutlich die für den Schlußakt der Tragödie wichtigsten – zum Ver-

schwinden gebracht worden waren. Eine zweite, spätere Darstellung auf Grund von Dokumentarmaterial gibt Werner Richter, »Kronprinz Rudolf von Österreich«, Zürich 1941. Bemerkenswert sind auch die von Dr. Julius Szeps herausgegebenen Briefe des Kronprinzen an den Eigentümer des »Wiener Tagblattes«, Moritz Szeps, erschienen Wien 1922. Das jüngste ernsthafte Werk über den Kronprinzen veröffentlichte Brigitte Hamann, »Rudolf – Kronprinz und Rebell«, Wien 1978.

[13] Über die Herkunft der Familie Vetsera berichtet in anderem Zusammenhang Sigmund Mayer, »Die Wiener Juden«, Wien 1917.

[14] Richter, »Kronprinz Rudolf von Österreich«, a. a. O.

[15] Klarheit konnte hier nie erzielt werden. Marie Wallersee gibt nur undurchsichtige Hinweise. Auch die 1955 erschienene Publikation des Polizeiaktes zum Mayerlingdrama, »Das Mayerling-Original«, informiert nur bruchstückhaft, da es sich auf amtliche Dokumente konzentriert, die übrigens zumeist schon lange vor dem Erscheinen dieser Zusammenstellung dem Inhalt nach bekannt waren.

[16] Sämtliche Telegramme von Angehörigen des Kaiserhauses mußten dem jeweiligen Handelsminister als dem obersten Chef der Postverwaltung vorgelegt werden. Auch auf diese Weise unterstanden die Erzherzoge und Erzherzoginnen der Kontrolle durch die dem Kaiser ergebenen höchsten Beamten. Franz Joseph dürfte also über Mary Vetsera genau Bescheid gewußt haben.

[17] Walter Hummelberger, »Maria Caspar und Josef Bratfisch. Biographische Notizen«, in »Jahrbuch des Vereines für Geschichte der Stadt Wien«, Band 19/20, Horn 1964.

[18] »Mayerling-Original«, a. a. O., sowie Hamann »Rudolf«, a. a. O.

[19] Richter, »Kronprinz Rudolf von Österreich«, a. a. O.

[20] Richter, »Kronprinz Rudolf von Österreich«, a. a. O., sowie Mitis, »Das Leben des Kronprinzen Rudolf«, a. a. O.

[21] »Mayerling-Original«, a. a. O.

[22] Stefanie, a. a. O.

[23] Egon Caesar Conti Corti – Hans Sokol, »Der alte Kaiser«, Graz 1955.

[24] Marie Larisch-Wallersee schrieb ihre Memoiren, als sie schon Amerikanerin und Mrs. Brucks war. 1900 ließ Franz Joseph über Vermittlung von Katharina Schratt das Manuskript und die greifbaren gedruckten Exemplare des Buches durch den Länderbankdirektor Palmer und den Burgtheaterdirektor Burckhard aufkaufen. Der Kaiser verbrannte das peinliche Material dann eigenhändig unter Mithilfe seines Kabinettsdirektors Baron Schießl im Ofen seines Arbeitszimmers in der Hofburg. Mrs. Brucks nahm zwar das Geld, brachte ihre Memoiren dann aber doch noch heraus.

[25] »Zita: Es war Mord!«, Reportagenserie von Dieter Kindermann in der Wiener »Kronenzeitung«, März 1983. Der prominente österreichische Historiker Adam Wandruszka, Professor an der Universität Wien und Experte für habsburgisch-lothringische Familiengeschichte, charakterisierte die Angaben der ehemaligen Kaiserin glattweg als »Unsinn«.

Kapitel 11 · Ehe zur linken Hand

[1] »Franz Ferdinands Lebensroman«, Stuttgart 1919. Dieses »den Tagebüchern eines seiner Lehrer nacherzählte Dokument unserer Zeit«, wie es sich nennt, hat Adam Müller-Guttenbrunn zum anonymen Autor. Es wird, allerdings mit einigem Vorbehalt, heute als Quellenmaterial anerkannt.

[2] »Franz Ferdinands Lebensroman«, a. a. O.

[3] Albert Freiherr von Margutti, »Kaiser Franz Joseph«, Wien 1924.

[4] Victor Eisenmenger, »Franz Ferdinand«, Wien 1930. Dr. Eisenmenger war jahrelang Franz Ferdinands Leibarzt.

[5] Eisenmenger, a. a. O.

[6] Margutti, a. a. O.

[7] Margutti, a. a. O.

[8] Margutti, a. a. O.

[9] Eisenmenger, a. a. O.

[10] »Franz Ferdinands Lebensroman«, a. a. O.

[11] Egon Caesar Conte Corti – Hans Sokol, »Der alte Kaiser«, Graz 1955.

[12] »Franz Ferdinands Lebensroman«, a. a. O.

[13] »Franz Ferdinands Lebensroman«, a. a. O.

[14] Heinrich Benedikt, »Die Monarchie des Hauses Österreich«, Wien 1968.

[15] Margutti, a. a. O., schildert den bezeichnenden Vorfall, bei dem Franz Joseph einen Offizier wegen eines Knopfes, der an seinem Uniformärmel fehlte, weil er vom Schneider weggelassen worden war, in brüllendem Tonfall zur Rede stellte. Hier ist der Ursprung für die immer wiederkehrende Floskel zu suchen, daß der Kaiser sich um jeden Uniformknopf persönlich kümmerte.

[16] Eisenmenger, a. a. O.

[17] Eisenmenger, a. a. O.

[18] Margutti, »Kaiser Franz Joseph«, a. a. O.

[19] Margutti, a. a. O. Dieser Autor hatte zu Franz Ferdinand persönlichen Kontakt, da er lange vor seiner Berufung in die kaiserliche Generaladjutantur als Generalstabsoffizier bei der böhmischen Brigade des Thronfolgers diente.

[20] Corti – Sokol, »Der alte Kaiser«, a. a. O.

[21] Georg Franz, »Erzherzog Franz Ferdinand und die Pläne zur Reform der Habsburgermonarchie«, Brünn 1943. Darin die Wiedergabe sämtlicher für den Thronwechsel vorbereiteter Dokumente.

[22] Friedrich Funder, »Vom Gestern ins Heute«, Wien 1952.

[23] Funder, a. a. O.

[24] Hans Uebersberger, »Österreich zwischen Rußland und Serbien«, Graz 1958, gibt eine bis ins kleinste Detail gehende Darstellung der Vorgeschichte des Attentates.

[25] In einem Gespräch mit dem Autor dieses Buches in Pöcking, Sommer 1965.

[26] Margutti, »Kaiser Franz Joseph«, a. a. O.

[27] Corti – Sokol, »Der alte Kaiser«, a. a. O.

[28] Bertha Zuckerkandl, »Österreich intim«, Frankfurt/M.–Berlin–Wien 1970.

[29] Gordon Brook-Shepherd, »Um Krone und Reich«, Wien 1968.

[30] Eisenmenger, »Franz Ferdinand«, a. a. O.

Kapitel 12 · Das letzte Aufgebot

[1] Über die Herkunft der Bourbon-Parma siehe Anmerkung 9 zum 3. Kapitel.

[2] Gordon Brook-Shepherd, »Um Krone und Reich«, Wien 1968.

[3] Brook-Shepherd, a. a. O.

[4] Das Haus Bourbon-Parma leitete seine Ansprüche aus dem 18. Jahrhundert ab, als Karl III., König von Spanien, das Herzogtum Parma an seinen Bruder Philipp abtrat. Die Bourbon-Parma betrachteten sich als die legitimen Thronprätendenten der spanischen Linie des Hauses Bourbon, seit König Ferdinand VII. nach altkastilischem Recht seine Tochter Isabella statt seines Bruders Don Carlos zur Nachfolge bestimmt hatte.

[5] Die Kämpfe der Anhänger des Don Carlos gegen Isabella II. und ihren Sohn Alfons XII. dauerten jahrzehntelang. Noch im spanischen Bürgerkrieg von 1936 bis 1939 bildeten die Carlisten eine eigene Partei. Schon damals wurden sie von Xavier von Bourbon-Parma geführt, der nach dem Tode des Don Carlos und seiner Nachkommenschaft die Erbansprüche seiner Familie anmeldete.

[6] Karl Werkmann, »Der Tote auf Madeira«, München 1923. Werkmann war Karls Sekretär; er begleitete den letzten Kaiser auch in dessen Schweizer Exil.

[7] Brook-Shepherd, a. a. O.

[8] Arthur Graf Polzer-Hoditz, »Kaiser Karl«, Wien 1929.

[9] Georg Franz, »Erzherzog Franz Ferdinand und die Pläne zur Reform der Habsburgermonarchie«, Brünn 1943.

[10] Brook-Shepherd, a. a. O.

[11] Brook-Shepherd, a. a. O.

[12] Albert Freiherr von Margutti, »Kaiser Franz Joseph«, Wien 1924.

[13] Polzer-Hoditz, a. a. O.

[14] Egon Caesar Conte Corti – Hans Sokol, »Der alte Kaiser«, Graz 1955.

[15] Carl Freiherr von Bardolff, »Soldat im alten Österreich«, Jena 1938.

[16] Bardolff, a. a. O.

[17] Bardolff, a. a. O.

[18] Robert A. Kann, »Die Sixtusaffäre und die geheimen Friedensverhandlungen Österreich-Ungarns im Ersten Weltkrieg«, Wien 1966.

[19] Heinrich Benedikt, »Die Friedensaktion der Meinlgruppe 1917/18«, Graz 1962.

[20] Ein ungarischer Aristokrat berichtete dem Autor dieses Buches von einem Besuch, den er Mitte der dreißiger Jahre der kaiserlichen Familie in Steenockerzeel abstattete. Als er bei der Verabschiedung erwähnte, daß er bei seiner Rückkehr von einem einjährigen Studienaufenthalt in London wieder vorbeikommen würde, antwortete ihm die ehemalige Kaiserin: »In einem Jahr sind wir schon nicht mehr hier. Da sind wir schon längst wieder zurück nach Österreich oder nach Ungarn.«

[21] Die Ermordung des Admirals Darlan, Oberhaupt der französischen Algerienregierung, geht auf ein Mitglied der Monarchistenbewegung zurück.

[22] Brook-Shepherd, a. a. O.

[23] Brook-Shepherd, a. a. O.

[24] Friedrich Funder, »Vom Gestern ins Heute«, Wien 1952. Funder berichtet, Czernin habe ihm gegenüber selbst zugegeben, daß er den Kaiser zu dieser Lüge mit der Drohung gezwun-

gen habe, sich sonst zu erschießen. Erst unter dem Druck dieser Drohung habe Karl die Erklärung unterschrieben, daß die Sixtus-Briefe nicht von ihm verfaßt seien; eine Erklärung, die er bald darauf wieder zurücknehmen mußte.

25 Kann, a. a. O.

26 August Graf Demblin, »Czernin und die Sixtusaffäre«, München 1920.

27 Werkmann, a. a. O.

28 Brook-Shepherd, a. a. O.

29 So verfügte Karl, daß jene Mitglieder, die die Loyalitätserklärung für die Republik unterschrieben, keine Zuwendungen mehr aus dem – inzwischen allerdings von der Republik beschlagnahmten – Familienfonds erhalten sollten. Als Groteske am Rande sei erwähnt, daß jenes Gesetz, welches dann in der Schuschnigg-Ära die Beschlagnahme aufhob, auf diesen kaiserlichen Beschluß zurückgriff: Jene Familienmitglieder, die der Republik von 1918 die Treue geschworen hatten, sollten vom Ständestaat des Jahres 1934 keine Gelder bekommen; nur jene waren zu beteilen, die sich geweigert hatten, eine Loyalitätserklärung zu unterzeichnen.

30 Auf die Frage des Autors dieses Buches an Karls zweiten Sohn, Robert, ob es wahr sei, daß seine Mutter ihren Sohn Otto mit »Majestät« anspreche, erwiderte Robert: »Meine Mutter versäumt nie, zu betonen, daß mein Bruder Chef des Hauses ist.« Die Befragung erfolgte 1965 in Paris anläßlich der Aufnahme für eine Fernsehdokumentation.

31 Die Protokolle der Besprechungen sind auszugsweise abgedruckt bei Hellmut Andics, »50 Jahre unseres Lebens«, Wien 1968.

32 Arthur Werner, »Otto von Habsburg«, Selbstverlag Dr. Otto Werner, Wien 1959.

33 Interview mit Dr. Otto Habsburg im Wiener »Standard«, 20. März 1990. S. 5.

Bildnachweis

Abkürzungen:

HM	Historisches Museum der Stadt Wien
HeM	Heeresgeschichtliches Museum, Wien
KM	Kunsthistorisches Museum, Wien
NB	Bildarchiv der Österreichischen Nationalbibliothek

Bilder zwischen S. 80 und S. 81

Gertrud, Prinzessin von Hohenberg. Anonymer Stich. NB
Johanna von Pfirt. Stich von Mathias von Somer. NB
Margarete Maultasch. NB
Eleonore, Gemahlin Kaiser Friedrichs III. Stich von Nikolaus Hautt. NB
Friedrich der III. empfängt vor den Toren Sienas seine von Aneas Silvius Piccolomini geleitete Braut Eleonore von Portugal. Stich von Raimondo Faucci nach einem Fresko von Pinturiccio in der Dombibliothek von Siena. NB
Maximilian der I. mit seiner ersten Gattin Maria von Burgund. Stich von de Passe (?). NB
Anna von Bretagne. Lithographie von Zéphirin Belliard. NB
»Johanna die Wahnsinnige« von Aragonien. Stich von Masson. NB
»Tu felix Austria nube.« Doppelhochzeit im Stephansdom, 22. VII. 1515. Wenzel von Brožik. NB
Anna von Ungarn. Gemälde von Hans Maler, 1520. NB
Margareta Theresia im Alter von 8 Jahren. Gemälde von Velasquez, 1659. NB
Marianne von Österreich, Gemahlin Philipps IV. von Spanien. Gemälde von Velasquez und Werkstattgehilfen. KM

Bilder zwischen S. 160 und S. 161

Maria Theresia, Erzherzogin von Österreich. Meytens-Kreis. NB
Kaiserin Maria Theresia mit Franz Stephan von Lothringen und 12 Kindern. Stich von Johann Gottfried Haid, 1760. NB
Kaiserin Maria Theresia. Stich von Jaques Cathelin nach einem Gemälde von Josef Ducreux. NB
Kapuzinergruft. Sarkophag Maria Theresias und ihres Gemahls, Franz Stephan von Lothringen. NB
Joseph der II. am Wochenbett seiner ersten Gemahlin, Maria Isabella, Prinzessin von Parma.

Gouache von Erzherzogin Maria Christine, 1762. NB
Maria Josepha von Österreich. Jakob Schmutzer. NB
Maria Ludovika. Gemälde von Marcello Vieri. Stich von Carlo Fancci, 1772. NB
»Familienvereinigung des österreichischen Kaiserhauses im Herbst 1834.« Gemälde von Peter Fendi, 1834. NB
Personenschlüssel zu »Familienvereinigung des österreichischen Kaiserhauses im Herbst 1834.« Stich von Johann Passini. NB
Anna Plochl als Braut. Gemälde von Johann Ender. NB
Napoleon I. mit Maria Louise. Stich von Franz Josef Leopold. NB
Ferdinand I. im Krönungsornat mit seiner Gemahlin, Maria Anna Karoline. Stich. NB

Bilder zwischen S. 256 und S. 257

Sophie, Erzherzogin von Österreich, mit ihrem Sohn Franz Joseph als Kind. Gemälde von Josef Karl Stieler. NB
»Ein Tag aus dem Jugendleben Sr. Majestät Franz Joseph I.« Lithographie von Leybold nach Laufberger. HM
Kaiserin Maria Anna und Erzherzogin Sophie geleiten Franz Joseph zum Thron, um welchen Alfred Fürst zu Windischgraetz, Josef Graf Radetzky und Josef Graf Jellačić versammelt sind. Aquarell von Leopold Kupelwieser. NB
Kaiserin Elisabeth von Österreich mit ihren Kindern Erzherzogin Gisela und Kronprinz Rudolf. Aquarell von Josef Kriehuber, 1858. NB
Kaiserin Elisabeth von Österreich. Gemälde von Karl v. Roliesky. NB
Franz Joseph in bayerischer Tracht mit Elisabeth auf dem Starhemberger See. NB
Das Königspaar Franz Joseph und Elisabeth bei der ungarischen Milleniumsfeier am 8. Juni 1896. Ausschnitt aus einem Gemälde von Gyula Benczur. NB
Kaiserin Elisabeth mit einer Hofdame. NB
Maximilian I., Kaiser von Mexiko, und seine Gemahlin Charlotte beim Empfang des Kaiserpaares Franz Joseph und Elisabeth in Miramare, 1861. NB
Maximilian I., Kaiser von Mexiko, und seine Gemahlin Charlotte bei der Landung in Mexiko. NB
Maria Theresia, Gemahlin des Erzherzogs Karl Ludwig. NB
Katharina Schratt. NB
Franz Joseph und Katharina Schratt. NB

Bilder zwischen S. 336 und S. 337

Von links nach rechts: Kaiser Franz Joseph, Leopold II., König von Belgien, Kaiserin Elisabeth, Kronprinzessin Stefanie, Kronprinz Rudolf, Marie Henriette, Königin von Belgien. NB
Erzherzogin Marie Antoinette. NB
Marie Freiin von Vetsera. NB
Marie Gräfin Larisch. NB
Aufbahrung des Kronprinzen Rudolf in der Hofburg. Um ihn versammelt das Kaiserpaar Franz

Joseph und Elisabeth und Kronprinzessin Stefanie. Nach einer Zeichnung von Theodor Breidwiser. NB

Milly Stubel. NB

Besuch Kaiser Wilhelms II. bei Erzherzog Franz Ferdinand auf Schloß Miramare, 1914. HeM

Franz Ferdinand, Erzherzog von Österreich-Este, mit seiner Gemahlin Sofie und ihren Kindern. NB

Erzherzog Franz Ferdinand und seine Gemahlin Sofie beim Verlassen des Rathauses von Sarajewo am 28. Juni 1914. NB

Hochzeitsgesellschaft anläßlich der Eheschließung Erzherzogs Karl mit Prinzessin Zita von Bourbon-Parma auf der Terrasse von Schloß Schwarzau, 1911. NB

Karl und Zita mit Graf und Gräfin Hunyadi an Bord des englischen Torpedojägers »Cardiff« auf der Fahrt ins Exil nach Madeira. Privatbesitz.

Kaiserin Zita mit ihren acht Kindern in Sequeito, 1923. NB

Bildnis der alten Dame Zita, 1982. Prof. Erich Feigl

Dr. Otto von Habsburg-Lothringen und Gattin Regina in Seeham (Salzburg), 1967. Carl Pospesch

Einsegnung der Kaiserin Zita in der Kapuzinergruft, 1989. Klaus Titzer

Namenregister